U0794497

海宁科技人物

HAINING TECHNOLOGY PERSONAGE

主编　周文俊　金继光

科学技术文献出版社
SCIENTIFIC AND TECHNICAL DOCUMENTATION PRESS
·北京·

图书在版编目（CIP）数据

海宁科技人物 / 周文俊，金继光主编. — 北京：科学技术文献出版社，2022.5
ISBN 978-7-5189-8615-6

Ⅰ.①海… Ⅱ.①周…②金… Ⅲ.①科学工作者 — 生平事迹 — 海宁 Ⅳ.①K826.1

中国版本图书馆 CIP 数据核字（2021）第 232694 号

海宁科技人物

策划编辑：王黛君　　责任编辑：张凤娇　　责任校对：张永霞　　责任出版：张志平

出 版 者　科学技术文献出版社
地　　址　北京市复兴路15号　邮编 100038
编 务 部　(010) 58882938，58882087（传真）
发 行 部　(010) 58882868，58882874（传真）
邮 购 部　(010) 58882873
官方网址　www.stdp.com.cn
发 行 者　科学技术文献出版社发行　全国各地新华书店经销
印 刷 者　廊坊市海涛印刷有限公司
版　　次　2022 年 5 月第 1 版　2022 年 5 月第 1 次印刷
开　　本　787×1092　1/16
字　　数　834千
印　　张　40.5
书　　号　ISBN 978-7-5189-8615-6
定　　价　158.00元

版权所有　违法必究

购买本社图书，凡字迹不清、缺页、倒页、脱页者，本社发行部负责调换

编 委 会

主　编： 周文俊　金继光

副主编： 金晓董　钱　菁　李瑞芝

编　委： 周文俊　金继光　金晓董

钱　菁　李瑞芝　陈子强

钱志达　徐锦时　潘伟标

陈洪明　马陈燕　何庄新

葛青莲

创新中国

叶奇蓁

2020.9.28

注：海宁籍中国工程院院士叶奇蓁先生为本著作题词。

序　言

海宁历史悠久，文化灿烂，英才辈出。

距今约 6 000 年的新石器时代，我们的先民高擎火把在这块土地上开天辟地，繁衍生息。他们种植水稻，挖掘水井，烧制夹砂红陶罐……

从秦汉以来的 2 000 多年，海宁得到了快速发展。五代以来，中国的政治、经济、文化中心向南方转移。宋朝至清朝乾隆、嘉庆时期，海宁曾涌现出许多优秀的科学家、发明家、医学家，像水利学家周文英，著有《论三吴水利》，创“掣淞入浏”之说；医学家陈司成，写成我国第一部梅毒学专著《霉疮秘录》，砷剂治疗梅毒是其首创，迄今仍被世界医学所公认；博物学家陈元龙，所著的《格致镜原》是中国古代博物学类著作集大成者；数学家李善兰，提出解决三角自乘垛求和问题的恒等式，被国际数学界命名为“李善兰恒等式”，为中国近代科学的先行者；……一项项的发明创造，一页页的光辉篇章，极大地充实了中华民族的科学技术宝库。

19 世纪初，封建统治阶级走向没落，加之帝国主义列强的入侵，近代中国社会极不稳定，战争连连，兵荒马乱，民不聊生，科学技术停滞不前，并远落后于西方。但是，就是在这样的时期，许多优秀的海宁儿女仍抱定“科学救国”的思想，远赴他国，立誓学成归国，报效国家，为发展中国近代科技事业做出了应有的贡献。这一时期的杰出代表有钱崇澍、苏元复、叶奇蓁等 7 名院士，以及徐骝良、费鸿年、王子仁、潘鼎、王绍明、王家柱等，他们是植物学、工程学、化学、机械工程学、动物学、材料学、物理学、水利学等方面的开拓者或奠基人。

众所周知，由于历史原因和封建统治阶级对科学技术的偏见，在古代科学技术上有过特殊贡献的科技人物和劳动人民在卷帙浩繁的正史中不见记载。千百年来，他们的贡献湮没无闻，他们的事迹鲜为人知。

检索文献发现，全国、省科技人物传略著作较多，地级市相对较少，县级市尚有零星，但年代久远。知过往方可明其将往，海宁正在全面加快推进科技创新发展，因此，非常有必要对此做挖掘梳理和系统著录。

由海宁市科学技术协会主编的这本《海宁科技人物》，共收录海宁历代（中华人民共和国成立前出生）科技工作者654人，内容分为三个部分。第一部分为“院士风采”；第二部分为“海宁科技人物传略”，主要收录了在历史上较有影响力的海宁人，这两部分除撰写行略外，对其求学经历、学术成就、著述特色、主要贡献等做了详细阐述。第三部分为“海宁科技人物名录”，以他们的生平简介及学术成果为主。

科学技术是人类伟大的创造性活动。科技兴则民族兴，科技强则国家强。该著作的出版，将完善海宁名人文化研究的科技人物板块，为县级科技人物研究提供样板，为人才引进提供新思路。同时，有助于营造重视科技、尊重人才的社会氛围，引导广大青少年树立科技强国的理念，激励科技工作者凝心聚力、矢志不渝，为改革创新贡献力量。

海宁市中医院的钱菁、李瑞芝，海宁卫校的金晓董三位同志以地方史志、医学文献研究见长，勤于著述，成果颇丰。2018年12月三人受海宁市科协的委托，在原有积累的基础上，花费近3年的业余时间，搜集了大量的文献史料，爬梳钩沉，反复考订，继而构架篇目，深度探索，征求意见，数易其稿，撰成《海宁科技人物》一书。该书的编著出版，既是海宁科技界的一件大事，也是海宁文史界的一件大事，值得庆贺，也值得推荐给读者诸君。

缘于斯，乐为之序。

中共海宁市委副书记、政法委书记

2021年5月

凡　例

一、本书收录的为不同历史时代、不同专业领域的海宁籍或外市籍长期在海宁工作，在历史上有突出贡献的科技人物。涵盖数学、物理学、化工学、航空航天学、计算机学、天文学、气象学、地质学、农学、地理学、医药卫生学、工程机械学、心理学、会计学等领域。

二、本书所收录的科技人物为有文献记载，或由本人、家属直接提供。对7名海宁籍两院院士及从明朝的陈司成至2019年底去世的重要科技人物立传。名录人物收录的是1949年10月1日及以前出生者。1949年10月1日以后出生者，将以续编收录，未列于本书中。

三、本书分三个部分。第一部分为“院士风采”；第二部分为“海宁科技人物传略”，以历史上较有影响力者为主。这两部分除撰写行略外，对其求学经历、学术成就、著述特色、主要贡献等做了详细阐述。第三部分为“海宁科技人物名录”，主要介绍所收录人物的简介生平及学术成果。后附科技人物人名姓氏索引，便于读者查找。历史上的中医人物因编有《海宁历代医家学术要略》一书，本书不再重复收录，仅选择历史上有重大贡献者。

四、本书科技人物名录资料主要来源于《中国历史上的科技人物》《中国历代科技人物生卒年表》《中国专家大辞典》《中国专家人才库》《中华人民共和国享受政府特殊津贴专家、学者、技术人员名录》《中国科学技术专家传略》《北大人》《上海高级专家名录》《上海高等教育系统教授录》《同济大学教授录》《复旦大学教授录》《浙江古今人物大辞典》《浙江教育名人》《海宁世家》《海宁人物资料》《当代海宁人》《海宁历代医家学术要略》《海宁历史人物名录》等，部分来源于各地方史志、家谱及各种著作中的零星资料。

五、本书写作按照传记体裁要求，语言力求朴素简练，通顺流畅。因古今时代不同，文体亦异，故行文宜旧则旧，当新则新。

六、本书行文纪年表述，1912年以前用王朝年号，括注公元纪年。1912年后采用公元纪年。

七、人物生卒时间，有据可查者或不详者，均予标明；知其大约者，加“约”字表示；无可考究者，代以“?”表示或注明“生卒不详”或“大致年代”。

八、各种名称、称谓均以其当时通用的为准。外国名称采用汉语通用译名，必要时在译文后括注原文。各朝代名称一律用历史通称。“传”中人物直呼其名，不加褒贬。

九、学术名词原则上以基础学科通行所定为准，外来科学技术术语以新华通讯社或专业工具书通用名为准。

十、行文中的数字表述，遵从 GB / T 15835-2011《出版物上数字用法》。

十一、以朝代顺次编排，“传”主以生年排序，卒年划代，同一朝代中以出生年为序。出生年不详者，排在同朝代人物的末尾，以姓氏笔画为序。

十二、本书共收录历代科技工作者 654 人，详细记载了其中 45 名科技工作者的传略。有传略者，名录中不再重复。

十三、参考文献采用尾注。

目 录
CONTENTS

第一部分 院士风采

第二部分 海宁科技人物传略

第三部分 海宁科技人物名录

第一部分
院士风采

中国近代植物学开拓者之一——钱崇澍院士

1883—1965

钱崇澍，浙江海宁路仲人，中国科学院院士，植物学家，中国科学院植物研究所所长。毕业于芝加哥大学，获硕士学位。长期从事植物学研究，是中国近代植物学的开拓者之一，在中国最早发表有关植物分类学、植物生理学、植物生态学和植物群落学等相关学说。

钱崇澍，字雨农，光绪九年（1883 年）11 月 11 日出生在浙江杭州府海宁州一个书香门第。祖父为“清风室”主人钱保塘，为本乡著名藏书家，咸丰九年（1859 年）举人，长年在四川做官。父亲钱剑虹，善作诗词，以教书为生。

从钱崇澍少年到青年时期的求学经历可以看出他是一位名副其实的学霸。由于良好的家庭教育氛围，幼承庭训，才思敏捷的钱崇澍，于光绪三十年（1904 年），在清朝举行的最后一次科举考试中，考中秀才。少年时深受科学救国的影响，光绪三十一年（1905 年），清政府宣布废除科举制度，钱崇澍考入上海南洋公学。毕业后于宣统元年（1909 年）被保送到唐山路矿学堂学习，宣统二年（1910 年），钱崇澍以第 16 名的优异成绩考取清华留美公费生，与胡适、李四光、赵元任、竺可桢等一起远渡重洋，赴美深造，先后在美国伊利诺伊大学、芝加哥大学、哈佛大学学习，并获得伊利诺伊大学理学学士学位、哈佛大学理学学士学位和芝加哥大学硕士学位。他先习农学，后主攻植物学，于 1914 年毕业。5 年内，在美国获得三所著名大学的学位，其刻苦用功的程度可见一斑。

钱崇澍 1916 年学成回国，受聘于江苏甲种农业学校教书，除教授植物学和树木分类学外，还开始从事植物学的研究。1919 年，他受聘在南京金陵大学任教授，其学术能力已初露端倪，旋即被国立东南大学和北京农业大学聘任为教授，讲授《植物学》《植物生理学》《植物分类学》《树木学》等课程。1923 年，钱崇澍又到清华留美预备学校教生物学,1925年该校改为清华大学,1926年设立生物系，其担任清华大学生物系第一任系主任。后又任厦门大学教授，中国科学社生物研究所所长、教授兼植物学部主任，四川大学教授兼生物系主任以及复旦大学教授兼农学院院长。

回国后的短短几年，钱崇澍便在植物学领域做出了很大的成就，先后发表了植物分类学、植物生理学、植物生态学和植物群落学论文，这均属我国在这些领域的第一篇科学文献，也让他成为我国名副其实的植物学创始人。

中国植物种类繁多，资源丰富，长期以来，在植物学这个领域，英、美、法、德等许多国家的科学家来我国调查植物资源和采集植物标本，主要研究均由外国人把持，有关中国植物学的调查和研究论文也是外国人写的。满怀救国之心的钱崇澍，决心要更快地将自己学到的近代植物学知识播洒在祖国大地上，让它生根、开花、结果。他克服了人力、物力和财力上的重重困难，以极大的热情和毅力，致力于在国内建立和发展近代植物学的研究工作。为了达到科学研究的目的，他多次冒险进入禁区，考察植物种类与分布。在植物分类学方面，他发表的《宾夕法尼亚毛茛两个亚洲近缘种》，是中国人用拉丁文为植物命名和分类的第一篇文献，也是第一个用拉丁文发表植物新种的中国科学家，开中国学者发表植物新种之先河。在植物生理学方面，他是中国最早研究植物生理学的学者，发表的《钡、锶、铈对水绵属的特殊作用》是我国应用近代科学方法研究植物生理学的第一篇文献；在植物生态学和植物群落学方面，钱崇澍是国内第一个选择了在植物分类工作中难度较大的兰科、荨麻科、豆科、毛茛科等植物进行系统研究的学者。他的《安徽黄山植被区系的初步研究》，是中国植物生态学和地植物学的首篇论文，成为最早提出中国植被分类与分布的学者。1929年，翻译了《细胞的渗透性质》《自养植物的光合作用》等植物生理方面的论文，是研究中国植物生态学的第一个学者。

钱崇澍早期的论著和译文，大多数发表在《科学》《中国科学社生物研究所论文集》《中央研究院植物学文集》等刊物上。除上述文章外，他所发表的《森林之种类与分布》《植物疏密之试验》《植物之天演》《浙江之兰科三新种》《中国植物之新种》等论文，也都是当时的代表作。钱崇澍在植物分类学、植物生理学及植物生态学和地植物学所做出的贡献，为我国近代植物学的建立奠定了基础。

钱崇澍非常重视野外考察工作。回国不久，他就不畏千辛万苦，深入浙江和江苏南部山区，进行植物区系的研究，采集植物标本1万多件，对浙江省植物做过系统的收集和整理，对南京钟山的森林和岩石植物进行过专门的观察和研究。他还制订了江苏、浙江、安徽、四川各省的植物调查规划。他所组织的采集队走遍了这些地区的山山水水，积累了丰富的资料，为我国东南、西南植物分类、区系和植被等方面的研究开辟了道路，也为以后编写地区植物志、全国植物志以及研究植物地理学创造了条件。

钱崇澍还是一位出色的科学组织者和领导者。1922年，他与国内的其他植物学家合作，在南京中国科学社生物研究所内组建植物部，建立实验室、标本室、图书馆，积极开展调查研究，出版刊物及图书，使生物研究所植物学的研究工作取得了快速的进展。20 世纪 30 年代，钱崇澍等人共同倡议组织中国植物学会，该学会于 1933 年 8 月在重庆北碚中国西部科学院组建成立，他一直是植物学会的领导人之一。

抗日战争爆发后，为了保存中国科学社生物研究所刚建立起来的科研队伍，在中国西部科学院卢作孚的帮助下，钱崇澍率领中国科学社生物研究所一部分科技人员，迁往西南大后方重庆北碚。生物研究所迁到北碚后，战乱时的重庆物价飞涨，经费困难，许多职工难以维持生活。为了摆脱困境，钱崇澍带领大家种菜、养猪，还和一些高级职员到外面兼课，以所得资金补助困难职工，维持最低限度的生活。在这种极端艰难的境遇中，他继续坚持研究工作，写出了《四川北碚植物鸟瞰》《四川的四种木本植物新种》《四川北碚之菊科植物》等论文。钱崇澍在青城山一带采集的植物标本为科学研究和教育提供了宝贵的资料，至今仍在使用。

抗日战争时期，国民党要员乘机大发国难财。有人看到钱崇澍生活困难，劝他去做国民党立法委员，他断然拒绝，并写诗明志。他宁愿到几十里以外的一个中学去兼课以维持生活。抗战胜利后，钱崇澍随复旦大学迁回上海，任农学院院长。当时国民党镇压学生的正义斗争，钱崇澍总是站在革命学生一边，凡学生参加反蒋斗争活动都不算缺课。1947 年，当有人提出由美国出钱与我国合编《中国植物志》时，他慷慨陈词："我国的植物志，必须由中国人自己编写，不能由外国人写。"他的意见受到有民族自尊心的爱国科学工作者的拥护。

1945—1949 年，钱崇澍担任复旦大学教授兼农学院院长；1948 年，当选为中央研究院院士。中华人民共和国成立前夕，有人诱惑他去台湾，但他坚决拒绝了。

中华人民共和国成立后，党对科学事业的重视和关怀，使钱崇澍深受鼓舞，他便以全部精力投入了祖国的建设事业。他应邀到中国科学院任植物研究所所长，于 1955 年当选为中国科学院学部委员（院士）。除了日常的领导工作外，钱崇澍还亲自参加了植被与植物区划的研究工作，取得了许多新的成果，如《黄河流域植物分布概况》（与吴中伦合作）、《中国植物区划草案》（与吴征镒等合作）、《中国植被类型》（与吴征镒、陈昌笃合作）、《中国森林植物志》等重要著作。《黄河流域植物分布概况》一文，对于黄河流域的人工造林和做好水土保持工作提供了科学依据，至今仍有一定的参考价值。在他古稀之年又主持了《中国植物志》的编撰工作，并任主编，担任荨麻科部分的编写工作。我国是世界上植物种类最多的国家之一，植物志编写任务十分艰巨。1959—1965 年，他任主编其间，《中国植物志》共出版了 3 卷。此后，全书总计 80 卷 125 册，约 4 000 万字。它是发展我国农、林、牧、渔、医药、环境保护等事业以及进行植物学研究的基本资料，也是我国植物学发展史上一项划时代的成就。

钱崇澍作为教育界的老前辈，为我国培养植物学人才倾注了大量的心血。他曾多年在大学任教，教过很多课程，如生物学、树木学、植物分类学、植物生理学等。为了使学生对每门课都有一个完整的认识，他认真备课和编写教材。即使是在抗日战争时期的艰苦条件下他也始终坚持不懈，常在暗淡的桐油灯下工作到深夜。为了使学生更快学习到新的植物学知识，1923 年，他与邹秉文、胡先骕合作编写了我国第一部植物学教科书《高等植物学》，书中内容新颖，纠正了旧教科书中不科学的名称，如将隐花植物改为孢子植物、显花植物改为种子植物、藓苔植物改为苔藓植物、羊齿植物改为蕨类植物等。这在当时还没有教科书的时代，对青年学习植物学有很大帮助，在教育界产生了很大的影响。

在教学中，他重视培养学生独立工作能力和树立专业思想。他教植物分类课，让学生自己采集标本，查阅图鉴、检索表，自己定名，然后根据他们的工作情况评定成绩，讲授时不是只教一科、一属或一种，而是将某些地区的植物进行综合讲解，阐述它们之间的亲缘关系以及在自然系统中的地位。他十分重视野外实习，每周带领学生到野外实习一次，认识自然界的植物和丰富多彩、千姿百态的植物景观，使学生进一步理解课堂内容，唤起同学们极大的兴趣和采集热情，并逐渐养成了他们热爱植物和植物学的兴趣。同样，在北京农业大学教授生理学时，钱崇澍从植物和水、土壤、阳光的关系，再谈到植物的生命活动，并通过在室内和田野对植物的观察，增加学生的感性知识。他讲课言辞生动、条理分明，深受学生欢迎。植物学家仲崇信、汪振儒都是在他影响下学的植物学，植物分类学家秦仁昌的启蒙老师也是钱崇澍，秦仁昌的毕业论文《南京木本植物》就是在他的指导下完成的。每当秦仁昌谈起这段往事时，对钱崇澍老师充满了崇敬和怀念之情。

钱崇澍为了帮助成绩优秀的青年出国深造，到处奔波，争取国内外的奖学金。如方文培、裴鉴教授 20 世纪 30 年代出国留学，都曾得到他的帮助。他还热情支持青年人发表著作，如裴鉴的《中国药用植物》就是在他的建议下写成的；吴中伦翻译的《植物群落学》，是由他帮助修改、校对的。对于勤奋好学的人，只要向他求教，他总是热情相待，耐心帮助。他审阅各种文稿，都是逐字逐句，包括学名的拼法，文字的修辞以及标点、符号等都认真审查、修改，并给予批注。直到他晚年养病期间，仍然为《植物学报》审阅和校对稿件。

他还非常珍视助手和学生的劳动以及彼此之间的友情。中国科学社采集员陈长年，在野外工作中不幸逝世，钱崇澍为失去了一位业务助手而痛心。为了纪念他，特以陈长年的名字作为兰科中的一个新属名，这就是长年兰属（Chang-nienia）定名的由来。

钱崇澍呕心沥血，为我国培养了许多植物学人才，可谓是桃李满天下。他的不少学生如秦仁昌、李继侗、郑万钧、曲仲湘、方文培、杨衔晋等，都已成为国内外知名的植物学家。

钱崇澍对植物学史亦颇有研究，他在《李时珍——伟大的药物学家和植物学家》一文的结束语中说："《本草纲目》为当时药物经典著述，书成之后广行于世。译成外文不止一版。李时珍著此为人民需要之书，也是我们所应当效法的，在近400年以前的时代，李氏的书在科学水平上为任何国家所不及"。

钱崇澍对中国自然保护区的建设倾注了大量心血。1956年，他和四位科学家向全国人大提交的关于需要在全国各省（区）划定若干个森林禁伐区（自然保护区）的92号提案得以通过。林业部于当年10月随即提交了《林业部关于天然森林禁伐区（自然保护区）划定草案》，并于当年率先在广东鼎湖山建立了中国第一个自然保护区，拉开了中国自然保护区建设事业的序幕。

钱崇澍是我国著名的植物学家和教育家，是中国近代植物学的奠基人与开拓者之一，是中国植物分类学、植物生理学、植物群落学、植物区系学的先驱者。他把一生都贡献给了祖国的科学事业，为中国植物学的研究和发展做出了杰出的贡献。

1965年12月28日，钱崇澍因胃癌在北京逝世，享年82岁。

主要著作

1. 胡先骕，邹秉文，钱崇澍. 高等植物学［M］. 北京：商务印书馆，1929.

2. 钱崇澍. 中国森林植物志［M］. 上海：中国科学社生物研究所，1937.

3. 乐天宇，徐纬英. 陕甘宁盆地植物志［M］. 钱崇澍，陈容，校. 北京：中国林业出版社，1957.

4. 欧斯汀. 植物群落的研究［M］. 吴中伦，译. 钱崇澍，校. 北京：科学出版社，1959.

5. 钱崇澍，陈焕镛. 中国植物志［M］. 北京：科学出版社，1961.

主要论文

1. 钱崇澍. 植棉疏密之试验［J］. 科学，1916，2（6）：685-694.

2. 钱崇澍. 植物名词商榷：光合作用与同化作用［J］. 科学，1917，3（8）：879-880.

3. 钱崇澍. 植物名词商榷：隐化植物与显化植物［J］. 科学，1917，3（8）：880-881.

4. 钱崇澍，邹树文. 植物名词商榷：大蕊小蕊二［J］. 科学，1917，3（8）：877-879.

5. 钱崇澍. 植物之天演［J］. 科学，1919，5（6-12）：882-891.

6. 钱崇澍. 化学情形与植物的关系［J］. 清华大学学报（自然科学版），1927（1）：1265-1271.

7. 钱崇澍. 杂俎：细菌与地衣共生［J］. 博物学杂志，1927，2（2）：113-114.

8. 钱崇澍. 杂俎：滇蜀西藏边界生物的调查［J］. 博物学杂志，1927，2（2）：117.

9. 钱崇澍. 杂俎：细菌与高等植物共生［J］. 博物学杂志，1927，2（2）：119-120.

10. 钱崇澍．北碚菊科植物志［J］．复旦学报（社会科学版），1945（2）：363–387.

11. 钱崇澍．四川北碚植物鸟瞰［J］．科学，1947，29（11）：363–365.

12. 钱崇澍，胡先骕，林镕，等．美军飞机在朝鲜北部和中国东北撒佈两种朝鲜南部特产树叶的报告［J］．科学通报，1952（A1）：132–135.

13. 钱崇澍，吴中伦．黄河流域植物的分布概况［J］．地理学报，1954（3）：267–278.

14. 钱崇澍，吴徵镒，陈昌笃．中国植被的类型［J］．地理学报，1956（1）：37–92.

参考文献

［1］汪前进，黄艳红．中国科学院人物传：第1卷［M］．北京：科学出版社，2010.

无限忠诚的“边区工业之父”——沈鸿院士

1906—1998

沈鸿，浙江海宁硖石人，中国科学院院士，机械工程学家，中国机械工业的卓越领导人之一。长期从事机械工程的研制和组织领导工作，是我国第一台12 000吨水压机的总设计师，主持制造了用于冶金工业的30 000吨模锻水压机，80~300毫米钢管轧机和特薄板轧机等“九大设备”。组织编写了中国第一部《机械工程手册》和《电机工程手册》，为我国机械工业的发展做出了重要的贡献。

沈鸿，光绪三十二年（1906年）5月19日生于杭州府海宁州硖石镇，7岁开始在本镇“米业学堂”读书4年，这是他一生中接受的全部正规教育。

1919年，沈鸿到上海协泰新布店当学徒，从此走进“社会大学”。他的所有知识都是在“社会大学”里通过刻苦自学和大量的实践总结获得的。在当了3年学徒之后，1922年升为店员，协助管账。在这期间，沈鸿目睹或亲身经历了上海人民在五四运动影响下向帝国主义争取“华人市民权”的斗争，“五卅”惨案后的罢工、罢市和游行示威，欢迎国民革命军北伐进入上海，以及“四·一二”惨案后黑暗势力重新恢复统治等一系列历史事件，开始感觉到内外反动势力强加给中国人民的羞辱和深重灾难，逐渐萌发了“天下兴亡、匹夫有责”的爱国意识。同时，上海的工商业和社会环境引发了沈鸿对机器的浓厚兴趣。他从拆装钟表，修理小电器开始，进而注意观察布店附近机器厂里的机床、动力机械以及各种工厂里的设备。1929—1931年，他帮人筹建纺织厂、橡胶制品厂，进一步增加了对大机器生产的了解。其间，他通过上夜校和自学，补习了英文和初中数、理、化。他深信，一个受正规教育少的人只要下苦功夫，通过自己学习和实践同样能够做出一番事业来。

1931 年冬，沈鸿从布店同事和亲友中集资 5 000 元开办了“利用五金工业厂”，制造弹子锁。当时，这种“洋锁”是少数洋行垄断的产品。利用锁厂敢于向这块阵地发起挑战，引起了洋人们的惊奇和记恨。耶勒公司先想花钱收买该锁厂，遭到沈鸿的拒绝。收买不成便施展降价倾销政策，企图把“利用锁厂”挤垮。沈鸿通过提高产品质量，薄利多销，不但使“利用”牌弹子锁在上海站稳了脚跟，还远销到香港和南洋市场。通过这场商战，沈鸿一方面痛感民族工业深受外国势力的压迫；另一方面又增加了中国货能与洋货竞争的信心，于是他开始产生制造汽车的雄心。他利用代友人管理汽车队的机会参加修理、拆装汽车，同时夜以继日地钻研《汽车发动机构造》《材料学》等书籍。他决定先从汽车零件和维修设备做起，1936 年，他设计制造了一套制造气门的机器，获得成功。可惜不久抗日战争爆发，沈鸿制造汽车的梦想未能实现。1937 年 8 月 13 日，日军进攻上海。沈鸿不愿沦为亡国奴，便于 9 月带领利用锁厂的 7 名青工、10 部机床，乘两条小木船，随以胡厥文为首的爱国工商界迁移委员会向大后方迁移。

长途奔波到达武汉之后，沈鸿发现国民党政府无心组织内迁的工厂为抗战出力，只是溃散逃跑，没有明确的方向。正当他彷徨失望的时候，八路军平型关抗日大捷。同时他听到和看到的种种事实证明，共产党是真心抗战的，于是他决心带着全部工人和机器，经西安奔赴延安。

抗战时期的大部分时间沈鸿在安塞山沟里的“茶坊兵工厂”担任总工程师。在这段时间里，为挽救民族危亡，沈鸿解决了一个接一个的技术与生产难题。他以极大的毅力和刻苦钻研的精神，向能够找得到的书本学习，向李强、钱志道、徐驰等专家和有丰富实践经验的老工人学习，经过反复实践探索，从当时当地的具体条件出发，使一个个难题都得到了创造性地解决。据统计，八年中沈鸿与茶坊兵工厂的技术人员和工人共设计制造了供子弹厂、迫击炮厂、枪厂、火药厂和前方游动修械厂用的成套机器设备 134 种型号、数百台（套），还为民用工业，包括制药、医疗器械、造纸、印刷、造币、化工、炼铁、炼焦、玻璃、石油等工厂设计制造了成套机器设备、单机和重要部件 400 多台（件）。经过这样的艰苦锻炼，沈鸿的知识和本领大大提高了，对抗战做出了很大贡献。为此，他三次被评为陕甘宁边区的劳动模范和特等劳动模范。毛泽东曾亲笔为他题写“无限忠诚”四个字，称他为“边区工业之父”。

抗战胜利后，沈鸿从延安到晋察冀解放区工作，曾任张家口龙烟煤矿代经理，兵工局华北企业部工程师。1947 年 4 月，他加入中国共产党。1949 年 3 月到北京，1949 年 9 月 30 日，中华人民共和国成立前夕，沈鸿与志同道合的吴平结婚，实现了“先立业，后成家”的夙愿。

中华人民共和国成立前后至 1955 年 4 月，沈鸿在中央财经委员会任处长、副局长。他的主要工作是对全国工业状况的调查研究和与苏联洽谈援建项目。在国内，他跑遍重要工业部门的大多数厂矿。在国外，他多次随周恩来总理、李富春副总理和其他领导同志去苏联考察、谈判，奔波于北京、莫斯科之间办理设备交接工作。1955年9月到1959年8月，沈鸿先后任第三机械工业部（主管地方机械工业）部长助理，电机制造工业部副部长和煤炭工业部副部长，一直协助张霖之部长工作。

在这以后，因为中国基础工业已初具规模，他将注意力集中到决定国家工业和军事实力的大型设备。1958年5月，在出席中共八届二中全会期间，他写信给毛主席建议制造万吨水压机，得到批准。当年秋天便开始万吨水压机的设计工作。这时，中国的生产设备尚无制造万吨水压机的能力，沈鸿采用了前所未有的拼焊结构。1959年8月到1961年底，沈鸿调任农业机械工业部副部长。在这期间，完成了万吨水压机的制造、安装和投入生产。同时期奉周恩来总理之命，协助水电部解决了三门峡水电站15万千瓦大型水轮机转子焊接的难题。1961年底，沈鸿调任第一机械工业部副部长，主持中国国防尖端工业所需九大设备的设计制造工作。九大设备工程浩大，难度极高，前后历时9年，到1969年才最后完成。1980—1982年初，调任国家机械工业委员会副主任。在1961—1982年还主持了马鞍山铁路车轮轮箍轧机、本溪辊宽1700毫米薄钢板连续式热轧机、攀枝花钢铁公司成套生产设备、舞阳宽4200毫米特厚钢板轧机的设计制造工程；积极参与了汽车工业技术改造、葛洲坝闸门等工程；主持或参与了从仪器仪表到发电设备，从农业机械到军工配套的大量工程项目的研究和决策。

20世纪70年代中期，为了汇总国内外机电工程的知识和经验，沈鸿主持编写了总共25卷，3 000万字的《机械工程手册》和《电机工程手册》，获1982年全国优秀科技图书一等奖。在20世纪80年代，又主持编辑了250万字的《中国大百科全书·机械工程》。

沈鸿负责主持的重大工程项目很多，最早而最重要的是12 000吨水压机。1958年，沈鸿在中国共产党八大二次会议上写信给毛主席建议："解放思想，自力更生，自己设计、制造符合中国情况的12 000吨水压机"得到批准。万吨级水压机在原理上、结构上并无奥秘，难处在于它的零件非常大，因此制造它所需的设备也非常大，当时，中国没有生产12 000吨水压机的条件。但那时，对于一种新的焊接方法——电渣焊已被成熟掌握。沈鸿看到了这里有一个机会，便考虑用拼焊方法，将我们不能做的零件先做成较小件，然后将它们用电渣焊拼合起来。沈鸿这一想法，是一个关键性的战略决策，不但万吨级水压机提前几年制造成功，而且对全国科技界、工业界都有很大启迪和鼓励，并推动了技术的发展，但要实现这一方案的工作是极其艰巨的。以水压机的四根立柱为例，因为当时没有足够的大钢锭和锻造能力，想了多种方案，最后决定用锰钒铸钢筒体八段，电渣焊接成为长18米的大钢柱，每根净重80吨，这四根擎天柱是12 000吨大水压的最关键部件。这一关过了，其他许多高压容器、高压缸等都迎刃而解。沈鸿常说这种方法可以说都是依靠有经验的技术人员和老技术工的创造，而我自己只是参加讨论和最后决策而已。其实，这台全焊接结构的万吨大型水压机的制造是一个相当复杂的过程，任何一个步骤中如有失误，都会为以后造成极大的困难。沈鸿和他的助手林宗棠在这项工作中，从设计到工艺安排，直到施工安装，每一环节都亲临前线指挥。为了检验设计，先制造了一台 1/10 的 1 200 吨试验机来验证和修改设计。12 000 吨全焊接结构的制成完全是依靠中国人自己的力量而不是依靠外力，增强了中国机械工程技术人员和工人艰苦奋斗、自力更生的决心。

万吨水压机的工程还没有脱手，沈鸿又接受了领导“九大设备”设计和制造的更艰巨的任务。如果说，万吨水压机之役还只是沈鸿亲率一支精兵，在上海打了一场攻坚战，那么，“九大设备”之役便是以全国为战场，打了一场重型机械制造的攻坚战。那正是“三年困难时期”，国际环境严峻。中央决定自力更生研制原子弹、导弹和新型飞机，以加强国防力量，所需的新型原材料必须立足于国内。1961 年 5 月，党中央批准研制的“九大设备”就是为生产这些新型材料而研制的重大机器设备。

“九大设备”不是九台大设备，而是九套大型成套设备，包括 840 种、1 400 多台，总重量 45 000 吨的复杂、精密的重大机器设备。这九套设备是：

第一套：30 000 吨模锻水压机。

第二套：12 500 吨卧式挤压水压机。

这两套共有 298 种、460 台，总重量 24 750 吨的机器设备，主要用于飞机、导弹的翼梁、壁板、型材、鼻锥的锻造和挤压。

第三套：辊宽 2 800 毫米铝板热轧机。

第四套：辊宽 2 800 毫米铝板冷轧机。

这两套共有 221 种、303 台，总重 10 000 吨的机器设备，用于轧制飞机、导弹用的大铝板。

第五套：直径 2 ~ 80 毫米钢管轧机。

第六套：直径 80 ~ 200 毫米钢管轧机。

这两套共有 189 种、318 台机械设备，总重 3 800 吨，用于轧制飞机、导弹及其他尖端技术用的薄壁耐高温钢管、不锈钢管等。

第七套：辊宽 2 300 毫米薄板冷轧机。

第八套：辊宽 700 毫米、20 辊特薄板轧机。

这两套共有 106 种、222 台机器设备，总重 6 220 吨。用于轧制宽而薄及特薄的耐高温钢板和不锈钢板。

第九套：10 000 吨油压机。

主机 2 种、2 台，总重 1 500 吨，用于压制玻璃钢导弹鼻锥。

在这些机器设备中，重百吨以上的大工件有 18 件，最大的工件重约 160 吨。

这一大战役，涉及中央 10 个部委，上百家工厂，1 000 多名工程技术人员，1 万多名工人，进行了100多项重要的试验研究。原定1966—1967年完成交货，但正在交付设备的过程中，“文化大革命”风暴到来，工作被严重影响。幸经聂荣臻元帅亲自检查督促，才在1969年最后完成。历时近9年完成的“九大设备”，当时世界上全部拥有的只有两三个国家。这些设备实用、可靠、造价低。对外开放以后，美、日、联邦德国等国专家参观之后，对20世纪60年代中国已研制出这样的成套设备无不表示惊讶和赞佩。

沈鸿并不是从一开始便领导这项工程的，而是在参加各方统一不了指导思想，工作路数不清，要求又很紧迫的困难局面下受命的。

沈鸿于1962年1月2日到任，首先深入调查研究，听取各方意见。他了解到，各方想法不一致，工作已陷入僵局，总进度定不下来。在了解到这一事关全局的问题之后，以他一贯实事求是、敢说真话的精神，亲笔给中央写了一个报告，说：“九大设备已不可能按原定总进度完成，至于究竟何时能完成，请求给我几个月时间调查研究后，另报。”报告短短几十个字，一语道破了大家心中明白，却不敢说出来的真实情况。面对这位敢说真话、实事求是的新领导，参与这一工作的干部们一方面感到工作可以落到实处，心情振奋；另一方面也感到工作作风必须脚踏实地，大帽子压人、空话连篇不行了。

沈鸿向有关各方强调，九大设备是大家的共同事业，必须以大局为重，团结协作，工作中实行多种三结合，集思广益，避免片面性。九大设备中的八套，用户是冶金部的工厂。沈鸿商请冶金部党组同意派冶金部徐驰副部长专职领导这项工作。沈鸿与徐驰在延安时期就曾密切合作，两人都是技术专家，都有奋发图强、自力更生的精神和顾全大局、相互支持的风格。以后的重要设计审查会都由沈鸿与徐驰两人共同主持，他们互相理解、支持，加上他们准确的分析判断，过去僵持不下的问题，一个一个很快得到了合情合理的裁定解决。由于两位部长在上面以身作则，并对所属基层单位做思想工作，机械、冶金两部从上到下很快形成了团结合作的良好气氛。两部工程技术人员对口结合，共同学习、考察、研究、讨论，许多原来有分歧的技术问题，逐渐在认识上取得了一致。沈鸿把他在万吨水压机研制过程中创造的“七事一贯制”和“四个到现场”的工作方法也传授给了九大设备的设计队伍。沈鸿和徐驰针对有关各方的思想倾向，为九大设备的设计和制造规定了总的指导原则：既不应单纯为了可靠而选用现成老设备拼凑成套，也不能片面追求“先进”而采用些不是十分必要，一时还没有把握的新技术，拖住整个工程进度。

为贯彻这一原则，沈鸿不顾自己已是近60岁的人，不辞辛劳，几乎跑遍全国，到设计、试验、制造、使用单位调查研究、审查方案，督促检查。他所到之处，不是先听少数领导同志汇报，而是看图纸、模型、计算书，亲临现场，把情况和问题弄得一清二楚。遇到关键疑难问题，他常常夜晚自己查资料、计算、绘图，第二天早上带着图纸、资料，到会上参加讨论。“部长出差必带绘图器”，一时传为美谈。

1961年，三门峡水电站15万千瓦大型水轮机组的组装遇到了难题。这个分为两块合起来直径达5米多的水轮机转子是某大国卖给中国的，1959年便已运到工地，按照合同，把两块焊接好，才算交货。然而，风云突变，对方专家撤走了，屡催不应。水电部部长刘澜波向周恩来总理建议派沈鸿去处理这个难题，总理同意。沈鸿毅然受命，他说：“既然对方不干了，怎么也得自己干嘛！”他先与设计制造万吨水压机的助手林宗棠商量请上海江南造船厂老焊工唐应斌及全国100多位冶金、机械、焊接专家先后到工地观察研究，制订焊接方案。施工之前，通过考试选了10名最好的焊工，沈鸿请他们在工地先养精蓄锐一个星期，睡好，吃好。当时大家生活困难，没有肉吃，沈鸿却要保证10名焊工每人每天半斤肉。因为他知道，焊这个大件至少要连续工作两昼夜，如果焊工体力不支，现场昏倒，就会耽误了大事。施工时，沈鸿与水电部冯仲云副部长现场指挥。10月3日开工，10月5日顺利完成。10月8日周恩来总理和陈毅副总理陪尼泊尔马亨德拉国王到三门峡水电站参观，看到大水电机已焊好，非常高兴，便同沈鸿及在场工作的同志们合影留念。

1962年春天，沈鸿又投身于打破同一大国封锁的另一场战斗——自制火车车轮轮箍。轮箍是机车大车轮上的箍套，也叫火车头的“靴子”。本来对方答应供给我们。关系紧张之后，突然宣布停供，中国几万公里铁路面临停运的威胁。中国在1958—1960年已准备自造，由于冶金、机械两部的设计制造要求不协调及厂址的不能确定等原因而停下。当时的中央委员会总书记邓小平指示：自力更生，赶紧自己做。铁道部同志问沈鸿能不能快一些做轮箍轧机，沈鸿说：“大力协同一定能。”于是，一机部、冶金部、铁道部立刻组织起来，建造自己的轮箍轧机，建设马鞍山车轮厂。为了把轮箍轧机的设计、制造、安装、调试工作做好，1962年4月至1965年11月，沈鸿在各有关单位之间往返奔波，察看现场，审查设计，检查进度，检验质量，其中仅马鞍山钢铁厂就去了7次。1963年11月18日22时45分，中国自制的轮箍轧机终于轧出中国第一个车轮轮箍。以后沈鸿又多次到马鞍山帮助解决轧机存在的问题。20多年的实践证明，机器的质量是好的，轮箍轧机的产品包括轮箍、盘件、环件不但满足了国内需要，还有一部分出口。

1972年11月，周恩来总理指定沈鸿参加长江葛洲坝工程技术委员会。对此，他恪尽职守，船闸大闸门每扇高34米，宽19.7米，重600吨。在设计过程中发生了“拉门”与“人字门”之争和“液压启闭”与“机械启闭”之争。为了掌握实际运行情况，1975年三四月间，沈鸿亲赴江浙两省，对30多座船闸进行了深入的调查研究。1976年1月，在追悼周总理的大会上，他因悲痛休克，住院抢救两天，出院后立即又研究起闸门启闭机问题来了。1976年3月10日，他又因过度劳累在葛洲坝工程技术委员会会议上昏倒。这次住院8天，但出院次日，他就召集一机部重机、电工、矿机三个局的领导干部开会，研究如何保证葛洲坝发电、通航等问题。对于葛洲坝电站水轮发电机组的大小又发生了争论。四川东方电机厂设计制造了17万千瓦机组，水轮机转子直径11.5米，是当时世界最大的。有人对此津津乐道，葛洲坝电厂的技术负责人认为不大可靠。沈鸿说：“首先不是赶超世界先进水平，而是可靠、耐用和经济效果。”他请当时一机部机械科学研究院院长周建南组织研究设计了12.5万千瓦机组，各方都很满意。这时又有人主张完全放弃17万千瓦机组。沈鸿则主张把17万千瓦机组做完，安装上，作为试验机组。一则减少浪费，二则保护设计制造人员的积极性，三则取得对大机组的经验。葛洲坝电站因此安装了17万千瓦机组2台，12.5万千瓦机组19台。经过多年的运行考验，证明两种机组都是好的，1986年双双获国家科技进步特等奖。

纵观沈鸿一生所主持的重大工程大多是关系国家命脉的要害项目，他都以满腔热情、创新精神，团结各方，最终圆满完成。由于其贡献突出，1980当选为中国科学院技术科学部委员（院士）。

主要著作

1. 沈鸿．对机械产品设计工作的几点意见［M］．北京：机械工业出版社，1965.
2. 沈鸿．12000吨锻造水压机［M］．北京：机械工业出版社，1980.
3. 电机工程手册编辑委员会．电机工程手册［M］．北京：机械工业出版社，1982.
4. 沈鸿．沈鸿论机械科技［M］．北京：机械工业出版社，1986.
5. 沈鸿．沈鸿文选［M］．北京：机械工业出版社，1993.
6. 电机工程手册编辑委员会．机械工程手册［M］．北京：机械工业出版社，1996.
7. 中国大百科全书总编辑委员会．中国大百科全书机械工程［M］．北京：中国大百科全书出版社，1998.

参考文献

［1］中国科学技术协会．中国科学技术专家传略·工程技术编（机械）：卷1［M］．北京：机械工业出版社，1996.

国内化学工程专业首创者——苏元复院士

1910—1991

苏元复，浙江海宁郭店人，中国科学院院士，华东化工学院教授，化学工程学家，教育家。1933年，毕业于浙江大学化学工程系。1937年，研究生毕业于英国曼彻斯特大学工学院纺织化学系。其长期从事化学工程的教学和科学研究工作，研究领域以液－液萃取为主，许多成果为工厂企业采用，并获得显著的经济和社会效益。

苏元复，宣统二年（1910年）4月19日出生在浙江杭州府海宁州郭店，苏家在当地也算是名门望族。他的祖父苏钟岳是前清秀才，在郭店镇上开设磨坊和糟坊，经营麦、豆加工和酿酒事业。他接受近代新思想，热心地方公益又注重教育，曾把私有房屋捐赠给镇上当小学校舍。父亲苏宗轶，字枕山，杭州法政专科学校毕业，先后任职杭州、吉林、天津等地的高等法院。母亲程韵筝，出身于本县斜桥镇望族，知书达理，是一位典型的贤妻良母。

苏父非常重视对儿子的教育，所以在苏元复上小学的同时，家里还为他聘请了塾师，专门教他古文和书法。在这种环境下成长的苏元复在同龄人中显得沉默寡言，但他天资聪颖，从小就善于观察和模仿大自然中各种神奇的现象。他不喜欢私塾那种枯燥的教学方法，于是常常想办法“自我解放”。最常用“招数”是借口头痛不去上课，却悄悄溜进父亲的书房偷读《水浒传》《西游记》《三国演义》。可是他的小把戏很快被父亲发现，于是每天晚上把他关进书房，凑着油灯读《左传》等中国典籍。后来苏元复回忆起儿时的这段经历，在日记中写道：“这虽然活葬了天真活泼的孩子气，却培养了忍耐性和埋头苦干的精神。”

小学毕业后，苏元复到海宁县城的乙种商校读书。可是商校里珠算、簿记等课程都让他感到枯燥乏味，并不是他的兴趣所在，他决定到杭州的普通中学求学。当时要插班到杭州的中学，必须考代数和几何等课程，这些苏元复之前从来没有学习过，于是就买来初中数学教材，在家自学一周，就轻松通过了考试，插班进入蕙兰中学（后来的杭州第二中学）初中二年级学习。在此求学期间，苏元复成长为一个更加有想法的少年。蕙兰中学是一所教会学校，要求学生在必修课之外还要加修一门圣经课，每周六下午学校还要组织学生去教堂做礼拜。苏元复旁边的同学很快就发现了一个秘密：每次全校师生在念念有词背诵圣经的时候，苏元复都用很轻的声音背诵英语课文。

1929 年，高中毕业的苏元复站在了选择今后学习道路的十字路口。父亲对他的前途表示了由衷的关注，并且表示希望他考政法学院，将来成为一名法官。苏元复却对法律不感兴趣，他要学习科学，为国家富强之路出自己的一份力。年轻的苏元复用行动证明了自己的志向，1929 年，他以优异的成绩保送进东吴大学，在东吴大学读一年级时，苏元复喜欢听徐景韩教授的物理课。徐先生非但课讲得生动，而且在指导实验时重视数据的处理，将学生们实验所得不同数据标绘于图表作相互比较，指出优劣，这种方法使苏元复终生不忘。在东吴大学的两个学期，苏元复两次荣获成绩优秀奖。由于东吴大学学费昂贵，虽家中略有薄产，仍感不胜负担。苏元复经过考试转入浙江大学化学工程系继续读二年级。浙江大学潘承圻教授的分析化学当时享誉全国。苏元复勤于思考，常常有意识地更改实验细节而深得潘先生的关注。大学三年级时，苏元复去上海天原化工厂实习，他在测定了该厂多效蒸发器的数据以后，分析了该设备的潜在生产力，并且把研究的结果写成文章发表在《浙江大学学报》上，解决了天原厂多年来未敢问津的难题。由于在校时表现优异，大学毕业时，他由系主任李寿恒先生亲自介绍，去天津南开大学应用化学研究所工作，任助理研究员。在研究所工作的两年多时间里，他与张克忠合作编辑出版了《无机工业化学》一书，在《中国化学会杂志》上合作发表了论文。

强烈的求知欲催促着这个才华横溢的青年，让他继续寻找自己的科学之路，他决定参加中英庚款留学考试到西方去学习更先进的科学知识。中英庚款留学有着非常严格的选拔流程，在全国范围内招考，每个专业选拔 1~2 名，因此竞争非常激烈，所选拔的人员也是成绩最优异的。1935 年，苏元复成为全国各学科录取的 24 名中英庚款留学生中的一名，赴英国曼彻斯特大学工学院纺织化学系深造。1937 年，他以一篇题为《人造纤维中微晶体排列》的论文获硕士学位。

就在苏元复英国求学的时候，中国的全面抗战已经打响。苏元复原本的理想是回国后创办人造丝厂，走实业救国之路，战争让他意识到原先的理想难以实现，他认为当时的中国更需要军事化工人才，他选择根据祖国的需要调整人生的方向。获得硕士学位后，他去了瑞典卜福司火药、炸药厂实习。该工厂的工作人员发现，这个来自东方的年轻人，为人谦逊好学，经常虚心向技术人员讨教。经过努力，苏元复掌握了制造硝酸、火药、硝化甘油等关键技术。不仅如此，他还绘制了近百幅图样，详细记录了各车间的操作规程，这些图纸被他带回中国，成为他从事国防化工工作的宝贵资料。

1938 年 9 月，苏元复取道法国马赛回到祖国，直奔抗日大后方重庆，参加抗战。他的妻子杨敏衡带着年幼的儿子从家乡出发，辗转数千里，历尽辛苦，也来到重庆与他会合，支持他的事业。回国后，苏元复被任命为四川泸州兵工厂研究员，兼第五工场和氧气工场主任工程师。在 3 年时间里，他先后完成了液氧炸药、油脂水解、甘油提取等实验研究，并建成中试工厂，完成了将实验室中的结果变成工厂产品的过程。

在灾难深重的旧中国，苏元复满腔的抱负无法施展。他痛感国家教育和科技的落后，决心献身教育，培养人才，以振兴科技。1941 年，苏元复应母校浙江大学之聘，任教授兼研究生导师。当时，浙江大学已迁在贵州省遵义，在极为困难的条件下，他利用辗转千里从杭州运来的设备，建成此时国内唯一的化学工程实验室，为维持抗战期间的化学教学创造了现实可行的条件。1948 年 9 月，他应聘到交通大学，先后任化学系和化工系教授及系主任，同时兼大同大学、纺织学院教授及东海硝酸纤维厂经理。在上海交通大学任教时，他分别担任过《工业化工》《化学工程实验》《化工原理》《化工原理实验》等课程的教学工作，建起了化学工程实验室。上海解放前夕，他发动两系师生，疏散、转移和保存了大量的仪器设备，免遭国民党的破坏，为中华人民共和国成立初期高教工作的迅速恢复提供了条件。

1950 年，苏元复受派赴东北地区考察后，向中央提出了该地区发展化工、化学教育的可行性报告，并动员大批师生到东北去支援建设。1952 年，苏元复作为主持人之一，筹建上海华东化工学院。此后，历任该院教授、副教务长、副院长、化学工程研究所所长等职，在国内首创化学工程专业及其研究机构。从 1956 年起，他曾三次参与制订全国科学技术远景规划。由于苏元复在化工行业的突出贡献，1980 年 11 月被选为中国科学院学部委员（院士）。1985 年起担任世界银行贷款中国地方大学发展项目的中方专家组组长。他根据自己的科研实践，结合云南省矿业发展战略研究，在 1985 年针对磷矿等的综合利用情况，提出了 4 项颇有见地的科学建议。1988 年，他又向中央反映，对外资侵入、垄断我国的稀土资源深表忧虑，认为中国完全有能力自力更生开发稀土资源，表现了他一片拳拳赤子之心。

苏元复的科学活动创造了巨大的财富，但他自己却淡泊一生，不为名利所动。早在中华人民共和国成立之初，他把自己所有的股票都捐献给国家，心无旁骛地投入祖国的经济建设事业。他数十年的研究成果，都无私地献给了祖国，没有任何怨言。“文化大革命”中，他被诬为“反动学术权威”受到严重迫害，而粉碎“四人帮”后，上级为他平反，问他有何要求，他只求继续工作，别的一概不计较。

苏元复在教学之余长期不懈地坚持科学研究，最为主要的研究方向为液－液萃取理论及应用。1965年，苏元复用四种体系，测定有机溶液液滴在水中自由沉降时落质的传质速率，以大量实验数据检验了汉德劳斯（A. E. Handlos）、格里菲斯（R. M. Griffith）和托森（Thorsen）等人的各种关联式并有所创新。为了考察液滴传质有时出现的异常结果，他还研究了界面湍动现象及其对液滴传质速率的影响，对前人关于二元体系在传质时有无界面的湍动问题做了明确答复。1983年，他提出了一个在萃取塔中，既考虑液滴的前混，又考虑返混的复合模型，还发现了转盘萃取塔的操作转速范围内存在一个过渡区域，并提出了该区域特征速度计算式，首创了两种新型的高效萃取塔。这些成果已多次编入有关专著，其中液滴界面湍动现象的彩色图片被载入《中国大百科全书》（化工卷）。

苏元复将此技术运用在柠檬酸提取上。当时化工界传统的柠檬酸工业生产用钙盐法。过滤后的发酵液先用碳酸钙沉淀出柠檬酸钙，洗涤后用硫酸分解，滤去硫酸钙，得到柠檬酸溶液，然后浓缩结晶制成产品。后来，有瑞典学者提出了用萃取法提取柠檬酸，但是碰到了操作乳化、回收率低等困难，没有实现工业化应用。苏元复对发酵滤液做了有效处理，用活性炭吸附除去发酵液中的杂质，并找到了更合适的萃取剂，从而解决了操作乳化、回收率低等一系列难题，实现了萃取法提取柠檬酸的工业化生产。该项“萃取法提取柠檬酸”的技术获得1987年南斯拉夫萨格勒布国际博览会金质奖。

苏元复的研究注重中国国情，特别注意资源的综合利用、节约能源和环境保护，体现了一个科学家的远见卓识。他先后领导开发了独居石、硼镁矿、磷矿等综合利用新工艺。

独居石砂是稀土、钍、铀的正磷酸盐。工业上一般先用硫酸分解，再用化学沉淀法及离子交换法分离各元素，流程复杂，而且所得铀、钍纯度不高。苏元复等深入研究了钍的萃取化学，提出了新的分离各元素的流程。这样既避免了后继工序的放射性化学污染及沉淀法产生的大量废水废渣，又回收了磷。该项研究开创了分离铀、钍和稀土元素的新途径。

硼在国民经济和国防工业中是重要元素。中国学者发明了从纤维硼镁矿中提取硼砂的碳碱法，方法是用硫酸分解来制取硼酸。此法消耗大量能源，回收率低，同时产生大量废渣。苏元复为克服碳碱法的缺点，先用盐酸分解硼镁矿，再利用氯化镁使硼酸有效地萃取入溶剂，经水反萃取得硼酸。萃取余液中含有氯化镁，经除去少量的钙、脱水、煅烧，可制得氧化镁和盐酸。盐酸再用于矿石分解，氧化镁可作为耐火材料。

中国施用的化肥，氮、磷、钾比例严重失调，必须大力发展磷钾肥。苏元复结合中国国情，提出用硫酸、盐酸或硝酸分解磷矿，进而用萃取法提取纯磷酸的方法。他采用萃取法促成磷酸和氯化钾的液－液复分解反应，制成磷酸二氢钾。他还以青海湖的光卤石为原料，采用液－液－固复分解反应，制成了高效磷钾复合肥料。这些研究为中国复合肥料工业及磷、钾资源的合理利用开辟了广阔的前景。他不仅开发了多种矿物综合利用的新工艺，还发明了从麻黄草中提取麻黄素，改变了我国麻黄素生产的落后面貌，从发酵液中分离有机酸的新方法，大大降低了能耗，提高产率和质量。在漫长的教学、科研活动中，苏元复取得了丰硕的成果，共发表学术论文100余篇，获得中外专利7项，他主持的科研项目先后获石油部优秀科技二等奖、国家教委科技进步二等奖、国家科委科技进步二等奖和一等奖。

作为著名的专家学者，苏元复的学术活动十分繁忙。1958年，受聘为《辞海》编委和分科主编。1979—1987年任《化工学报》编委会主任，《化学工程手册》编委会副主任，《中国大百科全书》化工编委会副主任、分支主编。他多次赴美、英、德、比利时、加拿大、瑞士、奥地利、苏联、日本等国，出席国际学术会议或讲学。1984年，被选为国际溶剂萃取委员会委员。

半个多世纪以来，苏元复培养了数以千计的化工高级人才，把自己的聪明才智无私地奉献给了祖国的化工教育事业。除了在青年时代与张克忠合编了《无机工业化工》一书外，1951年还在上海交通大学时，他与张震旦、王承明共同编写了《化工原理》一书。这是中华人民共和国成立后国内自编的第一部化学工程教科书，为全国高等化工院校普遍选用。该书吸收了当时有关化工单元操作的最新成果，阐明了各种单元操作所依据的物理化学原理，介绍了设备及过程的计算方法。书中拟定的许多化工术语一直沿用至今。1954年，苏元复与璩定一合编的《化工算图集》(一、二、三集)问世。全书汇集了散见于历年文献中的化工算图360多种，详加注释，按图举例说明，给化学工程技术人员和师生带来了极大的方便。出版后多次再版重印。1979年，苏元复参加审定了全国统编教材《化学工程》(一、二册)。这些书籍对中国化学工程师的培养和训练以及化学工业的发展产生了深远影响。

1980年起，苏元复院士开始招收博士研究生，直到80岁高龄，仍然每天到实验室指导研究生。在他的指导下，很多学生成为化工学科带头人或技术骨干，还有学生继承他的衣钵成为知名的化工专家。他重视学生能力培养和独立研究。他的助手沈祖钧在他指导下，经过反复研究，开发出性能优良的大三角形搅拌浆混合澄清器，产品被广泛用于中国的稀土分离厂，取得极大的经济效益。他把首创的垂直管道反应器交给李宽宏研究开发，取得许多成果。这两人现已成为中国知名化工专家。

苏元复热爱家乡，极为关注家乡的经济发展。1985年，当时的海宁县长田永昌想请他来为本县化工业的发展做规划，尽管他的日程已经排满，但他还是抽出1天时间赶到海宁，同时特意带了助手2人，并邀请华东化工学院客座教授罗德成夫妇一起来工作。他的助手给大家做了5个项目的技术介绍，供有关企业参考。苏元复就大众食品豆腐的生产工艺改进及尽快规划创建海宁大学，以培养下一代人才，向县长提出建议。1987年苏元复没有时间亲自来参加海宁的科技会议，但还是派他儿子苏以新带了3个新的项目来参加。

1991年5月30日，苏元复抱病赴哈尔滨、北京等地，主持国家教委世界银行贷款中外专家评估团会议，因劳累过度，回到上海突发心肌梗死，于1991年6月17日下午3点30分逝世。

主要著作

1. 张克忠，苏元复．无机工业化学［M］．上海：商务印书馆，1950.

2. 苏元复，张震旦．化工原理［M］．上海：龙门联合书局，1951.

3. 苏元复，王承明．化工分析［M］．上海：龙门联合书局，1952.

4. 苏元复，璩定一．化工算图集：第1集流体流动及储存［M］．上海：科技卫生出版社，1958.

5. 苏元复，璩定一．化工算图集：第2集传热·燃料及燃烧［M］．上海：科技卫生出版社，1958.

6. 苏元复，璩定一．化工算图集：第3集化工单元操作［M］．上海：科技卫生出版社，1958.

主要论文

1. 苏元复．沸腾液之传热［J］．化工，1934（2）：91–97.

2. 苏元复．化学工业中之冷却法［J］．化工，1935（2）：46–53.

3. 苏元复．液气炸药［J］．化工通讯，1939（20）：2–9.

4. 苏元复．液气炸药［J］．化工通讯，1942（20）：2–20.

5. 苏元复．纤素之化学及物理［J］．科学世界，1950（1–6）：33–44.

6. 苏元复，汪巩，方懿行，等．溶剂萃取法从麻黄草浸渍液提取麻黄素Ⅰ．萃取溶剂的选择及分配数据的测定［J］．化工学报，1958（1–2）：24–34.

7. 苏元复，汪巩，方懿行，等．溶剂萃取法从麻黄草浸渍液提取麻黄素Ⅱ．萃取塔的功应［J］．化工学报，1958（1–2）：34–51.

8. 苏元复，施亚钧，尤大衡，等．煤气废水中酚的萃取［J］．化工学报，1959（2）：153–156.

9. 苏元复，卢鸿业，毛之侯，等．单液滴的传质速率滴外传质系数的研究（摘要）［J］．原子能科学技术，1964（6）：746–747.

10. 苏元复，卢鸿业，毛之侯，等．滴外传质系数的研究［J］．化工学报，1965（4）：221–236.

11. 苏元复．液液萃取技术在革新工业过程中的应用实例及尝试［J］．化工进展，1982（2）：23–32.

12. 苏元复．磷矿的利用开发［J］．自然杂志，1983（6）：418，444-446.

13. 苏元复．磷矿的利用开发［J］．复印报刊资料（中国地理），1983（6）：49-53.

参考文献

［1］《嘉兴院士》编辑委员会．嘉兴院士［M］．杭州：浙江大学出版社，2015.

［2］叶取源．上海交通大学校友院士风采录［M］．上海：上海交通大学出版社，2000.

我国雷达技术主要先驱者——张直中院士

1917—2011

张直中，浙江海宁盐官人，中国工程院院士，雷达与信息处理技术专家，电子工业部第十四所研究员、总工程师。1940年，毕业于浙江大学。长期从事雷达研制工作。1953年，主持试制了中国第一部中程对空警戒雷达；1957年，指导研制中国第一部微波动目标显示雷达；1964年，研制中国第一部单脉冲试验雷达；20世纪80年代，开展多普勒波束锐化、逆合成孔径雷达等多项技术的研究。1993年，获“申仲义奖”；1998年，获中国工程院科技进步奖；1999年，获得香港何梁何利科学技术进步奖。

张直中，1917年4月1日出生于浙江省海宁盐官镇一个书香之家，其家世代经营蚕丝生意，在盐官小有名气。直到父亲张正学这辈，开始转入学界。张正学毕业于天津北洋大学法科，先后在上海法院任律师、东吴大学法学院任兼职教授。

张直中6岁随父母定居上海，进入上海尚公小学读书。当时的上海是典型的半殖民地区域，市内有英租界、法租界、美租界、日租界。他清楚地记得公园大门前“华人与狗不准入内”的牌子，也忘不掉英租界里，裹着红头巾的印度警察拿警棍对街上走过的中国劳工肆意打骂。父亲告诉他“中国太弱了，所以外国人敢在中国的土地上欺负我们中国人，不把中国人当人啊。”张直中从此无法忘记国人遭洋人欺凌的情景，幼小的心灵迸发出对帝国主义的憎恨。

中学时代，“九一八”事变、“一·二八”事变的相继发生使张直中不得已从上海东吴大学附中转入上海光华大学附中。对自己的国家不断战败、割地赔款，张直中痛心疾首。他一边求学，一边开始思考救国之路。当时，在中国知识分子中有这样一种论调：国弱是由于中国的工业太弱，强国必先振兴民族工业。这种“科学救国”“工业救国”思想深深地植入张直中的心中。

高中毕业后，张直中违背了父亲的意愿，没有走上政法之路；也说服了祖母，放弃报考海关学院。在1936年的招生考试中，他同时报考了浙江大学与中央大学，并如愿被双双录取。然而，他毫不犹豫地选择了浙江大学工学院电机系。他说，因为当时浙江大学的办学目标就是“培养理想上完全工业人才”，在教学安排上也是注重科技发展和最新成果的实际应用。

“七七事变”爆发，打破了正常的教学秩序，浙江大学被迫西迁。学校抗日气氛浓重，师生一路走，一路做抗日宣传。学校迁至广西宜山时，日军派18架飞机轰炸浙江大学，投弹100多枚。当时张直中正在教室温习功课，听见飞机声临近，即刻跑出，仰卧在操场上。刹那间，仅离他约40米处被炸出一个直径4米左右的大坑……看着学校仅有的两座宿舍楼被炸毁了一座，教室、办公室、体育室、阅报室、礼堂等被烧掉，百余同学除身上所穿衣服外，书籍、衣服、被褥荡然无存，张直中暗下决心，要为抗日而发奋读书。

浙江大学电机系当时有电力和电讯两个专业，学生一至三年级均读相同课程，四年级才分专业。张直中定向电讯，投身无线电行业。

1940年大学毕业后，张直中到重庆电信机械修造厂技术室当了技佐，为抗日部队研制过通话距离达16公里远的电子报话机。由于他勤奋努力，不久提升为技士，工作不到5年，就被国民政府选派，作为访问学者前往英国莱斯特大学进修，学习超高频技术和雷达技术。他是第一位到英国皇家通信工程兵学院工厂基地的中国学者，看到了当时英国在二战中使用过的三种先进雷达，即警戒雷达、探照灯雷达和炮瞄雷达。零距离观摩、学习，让张直中开阔了眼界。于是，通过申请，他获准进入位于伦敦郊区伍尔维奇的英国皇家机电工程学院工厂基地继续访学。1946年3月，张直中又来到同样位于伦敦郊区的英国电子和电气公司学习电子管技术。

两年的求学时光转瞬即逝，张直中分秒不停地汲取、吸收，他知道战后的祖国百废待兴，需要大规模建设。现在多掌握一点，将来就能为振兴民族工业多出一份力。

1947年初，回国心切的张直中几经周折，终于怀着激动的心情，踏上了祖国的土地。在与家人短暂的团聚后，他马不停蹄地赶往重庆电信机械修造厂。让张直中没想到的是，此时的国民党当局执着内战，无心建设。无奈之下，他选择在重庆大学兼职，用另一种形式报效国家。每天上午，张直中用自己编写的讲义备课，到了下午，就为学生们进行英文授课，向大家介绍英国电气方面的最新技术。期间，他发表了第一篇雷达论文，刊登在《联勤学术研究季刊》杂志创刊号，详细介绍了英国研制的探照灯雷达。这样的教学时间持续了近两年，直至内战结束。张直中以工程师身份被任命为电信厂工务组组长。他的上司非常欣赏其才干，曾劝他一同飞往台湾，但他不为所动，自信只有中华人民共和国才能实现他的雷达梦想。

1950年10月，重庆电信机械修造厂接到北京密令，调张直中前往军委通信部南京雷达研究所工作。张直中得知后，非常兴奋，英雄终于有了用武之地。

中国的雷达技术研究始于20世纪40年代，发展于50年代，经历了从装配修理、仿制改进到自行研制的过程，张直中是整个中国雷达发展历程的见证人、设计者。

张直中到南京后做的第一件事是主持整修各式日、美雷达100多部，运往东北，部署在鸭绿江边，用于志愿军抗美援朝。1952年上半年，张直中接受了一个月内要完成4部101警戒雷达的任务。他的团队争分夺秒，成功攻克了发射机不稳定的技术难关，不到一个月时间，4部雷达及时运到了朝鲜前线，有力地保障了志愿军的防空作战。

1953年，研究所成立设计室，张直中被任命为主任，受命仿制苏式防空警戒雷达。当时所里没有一张雷达图纸，只有一台没有天线的苏式Ⅱ-3型样机。在没有任何借鉴和参数的情况下，张直中只能从零开始，自行设计。张直中率领十多名技术骨干和十多名新分配来的大学生进行全机系统及天线馈线设计。大家凭借“管中窥豹”“一叶知秋”的思维模式，实施“反设计”，通过不断地测绘、试制、改进，难关一个又一个被攻克，最终仿制成功第一部国产中程防空米波警戒雷达，从此，中国开始自行制造雷达。

从我国进入自行设计雷达开始，张直中就抱着要跟上国际上雷达先进水平的决心。他悉心研究国外雷达的新技术、新动向，根据我国的具体情况，提出采用新体制、新技术的实施方案，诸如动目标显示脉冲压缩、单脉冲、相控阵预警、脉冲多普勒、逆合成孔径等技术。

1956年，张直中升任研究所副总工程师，主持论证研制低空警戒雷达方案时，他认为需要研制一种在我国尚属首次涉猎的动目标显示雷达，并提出解决动目标显示的重要课题，减少地杂波强度。根据张直中指出的方向，第十四所组织了攻关，取得初步成果后移交七二〇厂继续研制。该厂经过努力和改进，终于研制成功我国第一部微波动目标显示雷达。

1958年，第十四所受命研制我国第一部大型超远程跟踪雷达。作为技术负责人，张直中科学地分析了国外雷达技术的发展状况和国内电子工业的技术基础。他认为研制超远程跟踪雷达参考美国50年代前期的“磨石山”雷达已经落后，因这种雷达角跟踪采用圆锥扫描方式，由于脉间目标回波的幅度起伏限制了角跟踪精度的提高，而国际上正在开发脉冲压缩、单脉冲跟踪等新技术，前者能解决探测距离远同时又要求高分辨力和高测距精度的矛盾，后者能提高角跟踪精度、推远跟踪距离和具有优良的抗干扰性能。因此，先进的超远程跟踪雷达应是单脉冲测角和脉冲压缩体制，接收机应采用低噪声参量放大器。在他的主持下，1961年第十四所开展了单脉冲跟踪体制的研究，1964年研制成功第一部四馈源和差单脉冲实验雷达，实践证明在同样的条件下，单脉冲的测角精度（2.52［角］分）确实优于圆锥扫描（6.12［角］分），为在20世纪60年代中期以后研制导弹、卫星无线电测控系统中的单脉冲精密测量雷达做好了技术上的准备。

1962年，张直中发表的《雷达信号理论与脉冲压缩》论文，为我国雷达行业研究脉冲压缩技术做了理论上的准备，同年他主持开展脉冲压缩课题研究。经过两年的研究，明确了线性调频脉冲压缩的性能和现实性都较二相编码优越。1964年在一台407型远程警戒雷达上改装成我国第一台采用体波色散线的线性调频脉冲压缩试验雷达，验证了系统的压缩效果，从而取得了雷达脉冲压缩技术系统设计的实践经验。1964年和1965年，因我国要研制远程和超远程雷达，张直中提出为适应不同雷达的需要，要探索各种不同的线性调频信号的产生和处理办法。在张直中的主持下，第十四所的色散线和脉冲压缩电路技术不断深化和发展，能够提供各种不同雷达需要的色散线和脉冲压缩电路。脉冲压缩技术首先用在110超远程精密跟踪雷达上，后又用在583频扫三坐标雷达、7010相控阵预警雷达、112-1超视距实验雷达、147-1机载脉冲多普勒雷达、146-1和385固态三坐标雷达等上面。其中110超远程精密跟踪雷达和7010相控阵预警雷达是探测外空目标的雷达，对我国发射中程和远程导弹、人造卫星、同步卫星等都起了重要作用，使我国的雷达技术与国际先进水平的差距缩短了。110超远程精密跟踪雷达及其他单脉冲测量雷达是作为我国进入国际先进水平的导弹、卫星无线电测控系统的一个重要组成部分而受到国际上的重视。1979年和1983年，我国用自己研制的110超远程精密跟踪雷达和7010相控阵预警雷达作为主要探测设备准确地跟踪了美国“天空实验室”和苏联1402号核动力卫星，为我国准确地预报两颗失控卫星坠落的时间和地点提供了数据，在国内外产生了较大影响。

1964年6月，中国电子学会在北京举办第十二次无线电电子学科学技术报告会，张直中应邀做了题为《雷达技术的现况及发展趋势》的学术报告，报告叙述雷达在空间时代的应用以及为了满足这些新用途而创建的新体制和新技术，说明了国际上最近十年来这方面的情况并预测了今后十年的发展趋势，听众多达600人。

正当张直中全身心地研制大型单脉冲精密跟踪测量雷达时，“文化大革命”爆发了，张直中的研究工作戛然而止。造反派以他曾在国民党时期重庆电信机械修造厂任过职为由，将他列为“清理阶级队伍”的对象，关入“牛棚”，并强行指控他为“埋伏得很深的特务”。然而，张直中坚信自己历史清白，对自己所选择的道路依然无怨无悔。在此期间，他做了两件大事，一是去北京翻译并总校了一部数百万字的《雷达手册》（国防工业出版社，1978年）；二是总结了自己十多年来在雷达信号处理方面的理论与实践，完成一部《雷达信号的选择与处理》（国防工业出版社，1979年）书稿。

1974年1月，张直中被恢复副总工程师职务并受命领导新雷达论证工作，重新开始了他的雷达研究。1979年，62岁的他双喜临门，年初升任研究所总工程师，年底加入了中国共产党。

1980 年 4 月，张直中率领中国雷达代表团访问美国，出席第二届国际雷达会议。对于中国首次在国际雷达会议上的亮相，与会的各国专家感到新奇，很想了解刚刚开放不久的中国雷达发展情况。他们从会议散发的简历中发觉代表团团长是一位中国雷达研究行业的重要人物，但没有料到的是，这位风度翩翩却不善言谈的银发学者用一口流利的英语，从容地做了题为《中国雷达技术研究发展概况》的精彩讲演。报告时间不长，但内容翔实、精深，令与会代表大为震动，让知名专家刮目相看。各国专家纷纷表示愿和中国同行进行技术交流，由此开启了中国雷达技术的国际交流窗口。

会议结束后，在中国驻美大使馆的安排下，张直中一行参观了美国 6 个研究所和 4 所大学，与美国雷达同行充分交流，走访了美国“海洋卫星”研究所，观看了即将发射升空的一颗“海洋卫星”，了解了有关星载合成孔径雷达方面的发展趋势。同年 9 月，美国政府派出了由国防部副部长为首的雷达和微波高级代表团回访中国，第一站便是张直中所在的南京第十四研究所。

1980 年初，作为研究所的总工程师，张直中被国防科工委召去北京，接受研制歼击机脉冲多普勒雷达的任务，主持该体制样机方案论证和技术攻关。任务下达后，他立即组织技术人员进行全面论证，还加强了多普勒雷达总体室技术力量。当年年底，张直中带上已论证出的雷达总体方案赴北京向国防科工委组成的专家评审组汇报，获得好评。经过 3 年的攻关，取得了初步成果，为实战型机载多普勒雷达的研制开拓了道路。

1984 年，中国军事代表团访问美国，与美国军方谈判确定购买美国装在 F16 战斗机上的脉冲多普勒雷达。美方雷达专家于 1987 年 9 月到所介绍其雷达的原理、技术和性能，并告知美国军方已将该雷达在空对地工作方式中原来拥有的对地多普勒锐化 8 倍技术去除，不给中国了。张直中得知后非常气愤，不能容忍那样出尔反尔的霸道行径，决定自力更生，攻克美国禁让技术，研制出自己的机载雷达对地多普勒锐化，给国人争气。

1989 年，该体制样机试制出来，需要将样机带上天空，做固定方位波束锐化比达 12 倍的试验。雷达上天测试，在空中需要好几小时的时间，同事都劝他不要像以往那样上天了，只要事后查看飞行记录就行了。张直中却认为，观察飞行中的数据变化，对他的研究课题至关重要。为了掌握第一手资料，已 70 多岁的他就是不听劝阻，执意上天。大家只好找来一位医务室医生全程陪同。张直中登上了老式螺旋桨飞机，在南京上空转了近四个小时，圆满地完成了测试任务，成功地在显示器上获得了波束锐化的地形实验图片。下飞机时，张直中面带喜悦，精神矍铄，而看护他的医生却头晕了。

功夫不负苦心人，张直中的机载雷达总体和信息处理研究经历了多次失败和改进，于 1989 年顺利通过了国家鉴定，20 世纪 90 年代实现某型号机载雷达比美国西屋公司锐化 8 倍更高的对地多普勒锐化效果，被时任军委主席江泽民称之为“争气雷达”。

1980年，张直中就开始了合成孔径雷达的研究。1985年，在《现代雷达》杂志上，他开办了题为《合成孔径、逆合成孔径雷达和成像雷达》学术讲座，详细介绍合成孔径雷达的基本原理、不同形式、二维分辨力以及偶合和模糊等限制因素，同时还包括它们的功率、运动补偿、光学和数字处理等内容。

1988年，年过八旬的张直中接受了国家高科技“863计划”项目——“逆合成孔径雷达（ISAR）成像”研究课题。1992年，电子工业部授予他的《逆合成孔径雷达运动补偿和成像》学术论文科技进步奖一等奖。1994年张直中当选为中国工程院院士。

一生从事雷达事业的张直中将雷达比作一首美妙的诗，吟诵一辈子也不厌倦。他在回忆自己的经历时说：“我有幸经历了中国雷达技术发展从无到有、从小到大的60年。回顾自己的雷达人生，我无怨无悔，心满意足。人生有限，科学无限。活到老，学到老，以有限逐无限，是科学工作者的无悔本质。我觉得，雷达这个高科技领域，过去、现在、将来都充满着激烈的竞争。凡是最尖端技术，人家‘卡’你，实行‘禁运’，怎么办？唯有靠自立，长志气。当前尤其应大力发展应用研究、开发设计、制造加工等综合工程技术，以有利于在雷达技术总体上尽快赶上世界先进水平。愿建设21世纪富强祖国的年轻‘雷达’人，踏在我们老一辈科学工作者的肩膀上，奋力攀登！”

主要著作

1. 斯科尔尼克 . 雷达手册（合订本）[M]. 谢卓，张直中，译 . 北京：国防工业出版社，1978.

2. 张直中 . 雷达信号的选择与处理 [M]. 北京：国防工业出版社，1979.

3. 张直中 . 合成孔径、逆合成孔径和成像雷达 [M]. 南京：《现代雷达》编辑部，1986.

4. 张直中 . 微波成像术 [M]. 北京：科学出版社，1990.

5. 张直中 . 机载和星载合成孔径雷达导论 [M]. 北京：电子工业出版社，2004.

主要论文

1. 张直中 . 雷达信号的理论与脉冲压缩 [J]. 电子学报，1962，1（2）：1–14.

2. 张直中 . 高频脉冲相参积累滤波器 [J]. 电子学报，1963（2）：2–12.

3. 张直中 . 雷达信号的模拟与数字处理技术：上 [J]. 国外电子技术，1975（9）：23–35.

4. 张直中 . 雷达信号的模拟与数字处理技术：下 [J]. 国外电子技术，1975（10）：1–7.

5. 张直中 . 现代雷达的性能三要素和新体制新技术 [J]. 现代雷达，1979，1（1）：1–23.

6. 张直中 . 机载脉冲多普勒雷达 [J]. 现代雷达，1985，7（2）：1–11，76.

7. 张直中 . 九十年代搜索跟踪雷达的信号处理［J］. 现代雷达，1985，7（3）：10–18.

8. 张直中 . 合成孔径、逆合成孔径和成象雷达（一）［J］. 现代雷达，1985，7（5）：69，95–110.

9. 张直中 . 合成孔径、逆合成孔径和成象雷达（二）［J］. 现代雷达，1985，7（6）：95–122.

10. 张直中 . 合成孔径、逆合成孔径和成象雷达（三）［J］. 现代雷达，1986，8（1）：119–167.

11. 张直中 . 高重复频率（PRF）脉冲多卜勒雷达的测距模糊分辨法［J]，现代雷达 . 1986，8（2）：28–34.

12. 张直中 . 用 95 千兆赫对雷达目标三维成象［J］. 现代雷达，1986，8（6）：28–33，45.

13. 张直中 . 航天飞机的合成孔径雷达天线［J］. 现代雷达，1986，8（6）：59–63.

14. 张直中 . 大相控阵天线自适应聚焦成像技术［J］. 现代雷达，1987，9（4）：96–141.

15. 张直中 . 对微波暗室转石成象应达到的若干性能要求的探讨［J］. 现代雷达，1990，12（3）：29–37.

16. 张直中 . 多普勒波束锐化（DBS）理论和实践中若干问题的探讨［J］. 现代雷达，1991，13（2）：1–12.

17. 张直中 . 用微波雷达对多目标成象初探［J］. 现代雷达，1991，13（6）：1–17.

18. ZHANG Zhizhong.The Principle and Technique of Doppler Beam Sharpening（DBS）Proceedings of CIE 1991 International Conference on Radar，98–102.

19. ZHANG Zhizhong，DAI Jianhua. Dopple Beam Sharpening for Arc Turning Flying. Chinese J. of Systems Engineering Electronics，1992，3（2）：27–37.

20. 张直中 . 论宽带相控阵雷达的战术优越性［J］. 电子学报，1993（3）：86–91.

21. 张直中 . 合成孔径雷达和成像［J］. 电子科学技术评论，1995（4）：2–10.

22. 张直中 . 合成孔径雷达遥感技术及其应用［J］. 电子工程师，1997，23（4）：2–7，11.

23. 张直中 . 合成孔径雷达（SAR）的最新发展［J］. 电子科技导报，1997（6）：2–7.

24. 张直中 . 发展中的三维成像合成孔径雷达［J］. 现代雷达 . 1999，21（5）：6–13.

25. 张直中 . 军和民两用的 AN/APG–76（V）机载雷达［J］. 现代雷达 . 1999,21（6）：1–4.

26. 张直中 . 合成孔径雷达遥感技术及其应用［J］. 火控雷达技术 .2000（1）：1–7，39.

27. 张直中 . 合成孔径雷达（SAR）的最新发展［J］. 现代雷达 .2003，25（1）：1–8.

28. 张直中. 大力发展合成孔径雷达技术［J］. 国际电子战，2004（3）：1.

29. 张直中. 双基地合成孔径雷达［J］. 现代雷达，2005，27（1）：1-7.

30. 张直中. 先进合成孔径雷达 / 逆合成孔径雷达成像及其特征分析［J］. 雷达科学与技术，2005，3（2）：65-70.

31. 张直中. 三维合成孔径雷达的原理和实例［J］. 雷达科学与技术，2006，4（1）：12-12.

32. 张直中. 聚束 SAR 和对飞机 ISAR 成像的同和异［J］. 现代雷达，2006，28（1）：1-6.

33. 张直中. 用合成孔径雷达（SAR）对地面动目标（GMTI）成像［J］. 电子工程师，2006，32（2）：1-4.

34. 张直中. 逆合成孔径雷达（ISAR）成像［J］. 中国电子科学研究院学报，2006（5）：391.

35. 张直中. 数字式波束形成在星载双基和多基 SAR 中的优越性［J］. 电子工程师，2007，33（9）：1-2，9.

36. 张直中. 空间（卫星）SAR/MT 应用辅助波束的多星形式分析［J］. 电子工程师，2007（8）：5-7.

参考文献

［1］张藜. 跨越时代的百位中国科学家：第 3 册［M］. 北京：中国科学技术出版社，2017.

［2］张直中. 雷达人生：张直中口述自传［M］. 钱永红访问整理. 长沙：湖南教育出版社，2013.

［3］钱永红，候艺兵. 张直中：无悔的雷达人生［J］. 军工文化，2014（4）：52-55.

我国 20 世纪 IT 事业最有影响人物[①]中的第一人——张效祥院士

1918—2015

张效祥，浙江海宁狮岭人，中国科学院院士，我国计算机事业创始人之一。1943 年，毕业于武汉大学电机系。长期从事计算机研究，是我国第一台大型 104 数字电子计算机研制的主持人，也是我国自行设计的电子管、晶体管和大规模集成电路各代大型计算机研制的组织者和直接参与者。

张效祥，1918 年 6 月 26 日出生于浙江省海宁狮岭张家埭。他在海盐横山村接受启蒙教育并读小学，1931 年在海盐县中心小学读完高小。少年时代，张效祥的父母先后不幸去世，他只身来到上海投奔哥哥。1936 年，18 岁的张效祥从上海来到杭城，就读于浙江省立杭州高级中学。1937 年日本侵华，他又辗转到四川国立第二中学读书，后以优异的成绩考入武汉大学，1943 年顺利毕业于武汉大学电机系。参加工作几年后，便迎来了中华人民共和国的成立。面对新的社会制度，新的社会环境，张效祥参加了中国人民解放军，以火热的激情投身于祖国的科学事业。

中华人民共和国成立初期，百废待兴。那时，虽然距离世界第一台计算机诞生仅有 10 年左右的时间，且计算机还处于电子管时代，体积庞大、能耗惊人，计算机性能在今天看来简直不堪一提，但许多专家已经预见到计算机将给国防、经济等领域带来的深远影响，纷纷致力于计算机的研制或进一步的升级研究。当时的世界计算机研究领域中，拥有第一台电子管计算机的美国为领先者，其后为苏联，其计算机科学大致落后美国 5 年。而

① 《计算机世界》报于 2000 年初组织了一次“世纪评选”，根据专家和群众的意见评出对我国 20 世纪 IT 事业最有影响的 10 个人。

我国计算机科学领域在当时是一片空白，既没有自己的计算机，又没有自己的计算机研究人员。

中华人民共和国成立后，我国在短时间内建立了门类齐全的工业体系和相对齐全的科研机构和部门。随着国民经济的逐渐恢复，国家设想在第二、第三个五年计划时期全面大规模地开展经济建设，全部或部分完成国民经济各部门的技术改造，实现社会主义工业化。这个总目标的实现，有赖于科学技术的发展，也使制定科学技术发展规划的工作提到了议事日程上来。

1956 年 1 月 4 日至 20 日，中央召开知识分子会议。周恩来总理在会上谈到当今世界科学技术发展潮流时，强调了计算机是新的技术革命，随即在 1 月 31 日，周恩来总理亲自主持了中国第一个科技发展中长期规划，即《1956—1967 年科学技术发展远景规划》（简称《十二年科学技术发展规划》）。国务院专门成立了科学规划委员会，调集了数百名专家学者参加规划编制工作。中央政府高度重视电子计算机的发展，邀请苏联科学院精密机械与计算技术研究所所长列别捷夫院士到中国参加计算技术的规划。张效祥便作为计算机技术与数学发展远景规划的成员，也参与制定。

1956 年 3 月，应苏联科学院主席团学术秘书长 A. B. 托普契也夫院士之邀，中科院派出由闵乃大为团长，张效祥为成员的 6 人代表团出席在莫斯科举行的“苏联数学机械与数学仪器制造发展的途径”国际会议。

这次国际会议安排了有关计算机的六个总结报告和三个分组报告，讨论了有关通用快速电子计算机的问题、如何利用它解决数学逻辑的问题，以及有关专用计算机和模拟装置的问题。中方代表听取了大会的技术报告，参加了会议的交流。

由于中国政府已经决定要制定计算机技术的发展规划，所以代表团还肩负着为计算机技术的规划做准备的重任。他们尽量了解苏联在计算机的研究、制造和人才培养方面的情况，学习成功的经验；参观了苏联科学院精密机械与计算技术研究所、计算中心、动力研究所、自动控制和远距离操纵研究所以及莫斯科大学数学系计算中心，看到了苏联研制完成的最先进的电子计算机 Б Э С М 机电式高级分类统计机。考察了莫斯科大学计算机专业的课程计划，与列别捷夫院士、苏联科学院计算技术中心主任朵罗德尼钦院士、莫斯科大学数学教研组主任索伯列夫等进行了座谈，听取了他们提出的建议。如建议让当时已在莫斯科大学学力学数学的中国研究生熟悉计算机技术，派出约 15 名工程师和约 20 名数学研究人员改行分别到列别捷夫研究所和计算中心作为期一年的进修，派出两组中学毕业生各约 30 名，分别入莫斯科动力学院和莫斯科大学本科学习计算机技术和计算数学；在中国国内聘请苏联专家授课，组织 40 ~ 100 名科学家改行学计算机，在中国大学里组织 100 ~ 150 名高年级学生开设计算技术专业教育等。

1957 年 2 月，根据紧急措施的要求和筹委会的安排，中科院以计算所筹备处人员的名义，派出了一个 20 人组成的进修团，由张效祥担任团长，赴莫斯科苏联科学院精密机械与计算技术研究所和苏联科学院计算中心等科研单位学习计算技术，进修期原定一年。

张效祥回忆道："进修队赴苏时，思想上只明确一定要把计算机技术学到手，具体应该学些什么，目标并不很清楚。我们到苏联后，只提出了各人准备学习的专业方向和希望接触先进技术的愿望，具体安排则是与列别捷夫院士等洽谈后定下来的。院士的基本想法是让我们学一点 M-20 计算机研制中的技术，所以在进修前期我们的学习着眼于掌握计算机专业的基础技术，而不是针对某一台具体的、完整的计算机系统。"

张效祥还说："进修队学习的主要内容是苏联 M-20 计算机的技术资料及实现技术。M-20 是当时苏联科学院精密机械与计算技术研究所继 Б Э С М 计算机之后研制的大型计算机，运算速度每秒 2 万次，电子器件采用小型电子管。我们到苏联时，M-20 的模型试验刚结束不久，机架尚未拆除，正在工厂试制样机，我们的学习和试验基本上是围绕它来进行的。"

1957 年底，另有一个中国科学院代表团抵达莫斯科，前往苏联科学院，专门洽谈帮助我国研制第一台大型计算机的问题。由于张效祥在苏联已学习近一年，对情况比较了解，因此应代表团之邀也参加了谈判。苏方主要代表为列别捷夫院士、道洛德尼钦院士和勃鲁克院士。

当时的谈判主要有两个方案：一个是中方的方案，即希望苏方能帮助我们在国内研制出第一台比较先进的大型机。但苏方认为在我国研制计算机的条件不成熟，建议我国派出科研队伍去苏联成立研究室，在苏联研制出第一台大型机，这就是苏方的另一方案。我方对在苏联研制的意见没有接受。

张效祥回忆道："我当时也曾多次向代表团和国内提出自己的看法，认为我国是要建立计算机学科，而不止造出一台机器。只有在国内进行，才能通过研制机器，建立和培植我们自己的科研、工业生产、应用和管理的基地和队伍，使全社会各种有关工业能配合计算机事业，这有利于国家和社会各行业对计算机事业的支持。归根结底是要在中国建立自己的基础才能发展。"

洽谈结果，我方最后确定在中国科学院计算技术研究所，以 Б Э С М 为蓝本制造自己的第一台大型机。为此国内决定进修队延长进修期半年，全力就地集中消化 Б Э С М 全部图纸资料，以利回国形成仿制的骨干队伍。张效祥强调："所以我们自己全面掌握技术是十分重要的。"

我国第一台大型电子管数字计算机的研制，首先是从 103 小型计算机开始的。它是我国仿制苏联 M-20 计算机而成的。从 1957 年 11 月接到苏方第一批图纸开始，科研人员就在十三陵水库废寝忘食地苦战，直到 1958 年 8 月 1 日，103 机终于研制成功。

103 小型机的诞生，让我国计算机事业有了激动人心的开始。但对于计算机科研人员来说，这台只能运算4条指令、“智力发育不全”的机器，是远远不能令他们“过瘾”的。而104大型机的研制，让我国计算机事业的这些开拓者更为期待。

张效祥与进修队的大部分人员都于1958年8月回到北京，立即投入“104大型通用计算机”设计加工制造工作。104机以 Б З С М 为蓝图，用我国的材料和设备研制自己的大型计算机，起先由张效祥和吴几康研究员共同负责，后来，吴几康改任119机研制负责人，104机研制的负责人便由张效祥一人担任。

当时，苏联专家4个月一换，主要设计和调试工作还是依靠我国专家。张效祥作为中方负责人，与几位同志一起，失败了，重来；再失败，再重来，反复试验，不知多少个日日夜夜，他们没有合眼。按照原计划，104机将于1959年底基本完成。为了提早完成研制任务，研究技术人员和工人不分昼夜，苦干巧干，于1958年底便完成了制造装配工作，并且开始了机器的调试。到1959年4月，104机经过调试稳定，可以开始计算题目了。4月30日，104机调通逻辑，算出了第一个课题——五一节天气预报。后经稳定性考验调试，104机于1959年国庆前夕宣布完成研制工作。《人民日报》头版头条刊发了新闻，宣布我国第一台大型计算机研制成功并投入运行。

作为第一代电子管计算机，104机的逻辑元件主要由电子管和电阻电容等分立元件构成，一台整机要占地数十平方米。104电子管计算机有22个机柜，主机、电机组机房各占地200平方米。全机共用4 200个电子管、4 000个晶体二极管。尽管“外形蠢笨”，但“性格细腻、头脑聪明”，每秒能进行1万次运算，是那时颇为先进的“神算子”。张效祥作为我国第一台大型计算机104机研制的主持者，该项目荣获国家科技进步特等奖。当时，许多重大科研课题都用了104机，其中包括三峡水坝应力分析的计算、中期短期天气数值预报的计算、铁路路线选择方案的计算以及我国第一颗原子弹研制的有关科学计算等。104机的诞生，开辟了我国计算机事业的新纪元。

1960年冬，郭沫若院长特为104机的研制成功题诗：

计算技术开新元，一零四机冒尖端。
百尺竿头进一步，实事求是埋头干。

在此后的35年中，张效祥先后组织领导并亲自参加了我国第一台晶体管大型计算机、第一台集成电路大型计算机、第一台大规模集成电路大型计算机的研制。20世纪70年代中期，率先在中国开展多处理并行计算机系统国家重大项目的探索与研制工作。这些计算机运算次数从每秒10万次、20万次、50万次、70万次、80万次、100万次、500万次，经过多年努力，于1985年胜利完成中国第一台亿次巨型并行计算机系统。他从研制运算速度超亿次计算机开始，首创了分布并行结构，使得计算机运算速度大规模提高，从千万次直接跃进亿次级别，奠定了我国大型计算机走向巨型计算机的基础，也对中国跟踪当代国际计算机向多处理器化发展的趋势起到了重要的推进作用。由他主持生产的设备在国防现代化、军事现代化建设中，发挥了重要作用。张效祥也因此先后获得了国家科技进步奖特等奖和军队科技进步奖一等奖。1991 年，当选为中国科学院学部委员（院士）。

1962 年 6 月，中国计算机学会成立，虽然作为中国电子学会的二级学会，但挂靠单位和办公地点却设在中科院计算所，因此，该学会聚集了国内一大批知名的专家和学者，推动了我国计算机事业的全面发展。

1985 年 3 月，国家批准计算机学会从二级学会升为全国性一级学会。根据学科的发展，在各个研究领域逐步成立了 33 个专业委员会。张效祥担任中国计算机学会理事长的时间最长，连任了数届，承担了团结各界专家、促进学术交流、培养新人的重任。

计算机学会定期进行学术交流和研讨，共同推动我国计算机科学的发展。1984、1986 年与电气与电子工程师协会（IEEE）计算机学会联合举办了国际计算机和应用大会。2000 年与中国电子学会、中国通信学会一道，成功举办了世界计算机大会（WCC）。还在北京成功举办了第四届亚洲高性能计算机会议（HPC-Asia2000）。2000 年，学会承办了由教育部、中国科协等主办的第 12 届国际信息学奥林匹克竞赛，并获得了巨大成功，是学会成立以来组织规模最大的活动。

为了探讨我国计算机发展的正确道路，为年轻的计算机工作者提供直接交流的机会，中国计算机学会于 1998 年 5 月创建了青年计算机科技论坛（YOCSEF），紧紧围绕我国 IT 发展的诸多问题举办专题讨论。张效祥作为 YOCSEF 指导委员会的首席专家，对年轻人寄予厚望和指导。

同时，计算机学会博采各路专家意见，向国家计算机工业的主管部门献计献策。以张效祥为理事长起草的《中国计算机学会关于发展我国大型通用机的建议》，引起了国家领导人的高度重视，对国家“八五”计划纲要和《十年发展规划》把计算机的发展放到突出位置，具有非常重要的作用。

张效祥说：“那个时候，有些人对中国计算机事业持悲观态度，主张不能花大力气自己搞，认为再怎么搞也搞不过外国。我国在微机和中小型机的领域与发达国家竞争，确实比较难，他们在价格、性能等方面有绝对优势，而且技术底子厚、更新快，我们一下子难以赶上他们。然而，计算机的作用，一方面是可以形成新经济效益的产业，另一方面更重要的是应该通过计算机应用促进各行各业的发展。从我国经济建设的情况看，作为基层或市一级，微机和中小型机大致够用，但在国家这一级，在宏观控制、决策和重要的科研领域，则非装备高性能计算机不可。国外高性能计算机确实很先进，但因为国外的高科技垄断政策，门进不来，这就逼得我们只有自行研制，也使我们有可能在没有强手竞争的条件下发展自己的高性能计算机，从而把巨型机和大型机搞上去。”

张效祥强调我国自行研制巨型和大型计算机，不仅仅是因为发达国家对我国实行出口管制，更重要的是，计算机进口系统暗藏“后门”，对国家安全是一个重大的隐患。张效祥是最早察觉这一危险的科学家之一。在近三十年的时间里，他一直致力于支持我国自行研制芯片及系统的工作，并向历届国家最高领导人上书建议并说明其重要性。

1998年，由张效祥主编并组织全国400多位专家学者撰文、历时5年多完成的《计算机科学技术百科全书》正式出版。这是我国计算机学术、教育、产业与应用等诸领域工作者和广大计算机爱好者常用的一部工具书。从书的内容讲，此书可谓博大精深，但参与编撰的院士、教授融科普于学术研究之中，想方设法使文字通俗易懂，使高中以上文化水平的读者都能读懂所有内容。不过，要以通俗的文字阐释艰深的内容，实非易事。仅是一篇总论，身为主编的张效祥与副主编二人就五易其稿。这部著作，被誉为我国科技出版界的优秀典范，对我国计算机研究的深入、应用的普及，发挥了重要的作用。

这一切正如中科院院长路甬祥在张效祥院士80寿诞时写来的一封贺信所说，“作为我国知名的计算机专家，您为我国的计算机事业和科学技术咨询不停地工作；您作为老一辈科学家具有的敬业精神，为后人树立了楷模。”

2000年，张效祥被评为对我国20世纪IT事业最有影响人物中的第一人。2009年，应邀出席总参英模大会，被评为总参英模，中央军委授予他“不朽功勋章”。

2015年10月22日，张效祥院士在北京逝世，享年98岁。

主要著作

1. 张效祥，陈树楷．计算机科学技术学科发展战略［M］．北京：电子工业出版社，1991.

2. 张效祥，崔良海．大步跨越时空信息技术［M］．上海：上海科技教育出版社，1996.

3. 张效祥．计算机科学技术百科全书［M］．北京：清华大学出版社，1998.

4. 张效祥，张夷人．现代科技与战争［M］．北京：清华大学出版社，2005.

参考文献

［1］方守贤．院士的故事圆梦中华：科学寄语［M］．北京：科学普及出版社，2014.

［2］《嘉兴院士》编辑委员会．嘉兴院士［M］．杭州：浙江大学出版社，2015.

著名古植物学和地层古生物学家——周志炎院士

1933—

周志炎，浙江海宁盐官人，中国科学院院士，古植物学和地层古生物学家，中国科学院南京地质古生物研究所研究员，博士生导师。长期从事古植物学和古生物学研究工作，以中生代裸子植物与蕨类化石的研究见长。中生代银杏目化石的系统研究被誉为在该领域具有里程碑意义的工作。

周志炎，1933 年 1 月 11 日出生于上海，祖籍浙江海宁盐官。周家是当地的世家望族，其父周季无从杭州商专毕业后，就前往上海就业，从事证券交易工作。周志炎是家里的第一个男孩，他有两个姐姐。从开始识字时，父亲就为他买了商务印书馆出版的《儿童文库》，他从小就喜欢亲近大自然，喜欢采集和制作标本。“我们家靠近一个公园，现在叫复兴公园，我几乎天天都去。”周志炎回忆时说。

1937 年，卢沟桥事变之后，日寇大举入侵，不久上海沦陷。年仅 5 岁的周志炎和家人开始了颠沛流离的逃难生活，一家人先逃避到浙江兰溪附近的甘溪乡下，半年后又绕道温州返回上海法租界。周志炎早年学业是从一个“弄堂小学”开始的。到小学二年级进了一个离家不远的私立学校，因遗传了父亲的近视眼，在天色较暗的日子里常常看不清黑板上的字，所以学习成绩也很是一般。

1945 年抗战胜利之后，周志炎考上了上海市立敬业中学。当时学校请来的一位原来在清华大学任教的地理老师，他讲的自然地理课内容丰富多彩。奥妙无穷的自然界，引发了周志炎的好奇心和想象力，从此一发不可收拾地爱上了生物学和自然地理。一次学校组织到震旦博物馆参观，那些陈列品、生物标本、医学标本等给周志炎留下了难以忘怀的印象。这一切都对他后来的专业选择产生了很重要的影响。

中华人民共和国成立后，1950年，周志炎进入浙江大学地理系学习。1952年，全国高校院系调整，转入南京大学地质系。在浙江大学和南京大学期间，他得到地学界的前辈朱庭祜、李春芬、徐克勤、孙鼐、陈旭和郭令智等老师的教诲和指导。1954年1月毕业后，进入中国科学院南京地质古生物研究所，又幸运地跟随了我国古植物学奠基人之一的斯行健老师攻读研究生，1961年以论文《江苏龙潭组植物群》顺利毕业。后来又长期在李星学老师的领导下工作。这些前辈和老师们的教导和提携，将他引进了科学的殿堂。

很多人都不了解古生物学研究的意义。古生物学是地球科学的一个分支，正是古生物学家的辛勤努力，才使我们对生命和地球历史有了越来越清晰而深刻的了解。为探索远古时代的秘密，古生物学家常常需要在偏远和生活工作环境条件很差的地区考察和标本采集，来探寻地球历史时期生物发生、发展和演化的蛛丝马迹。

每天要背着包，靠罗盘、锤子和放大镜在岩石中寻找化石。不同的化石，就可能代表着不同的时代，各个地质年代各有独特的化石。周志炎回忆起当年在野外采集标本的情景时说："我到东北时正处国家困难时期，吃得很差，我一直是很瘦的，那个时候才100斤。有时睡觉是在大车店，盖的东西也没有，铺的也没有，就在炕上待着。晚上的蚊子很多，我们叫轰炸机，第二天起来身上到处都是蚊子包。有时候跑路没有水喝，河沟里的水都去喝，吃点大蒜，以免拉肚子。当然，还要自己背沉重的（化石）标本回住处。"

1980年9月，47岁的周志炎首次出国，赴英国里丁大学访问进修。到英国后，周志炎得到古植物学一代宗师T.M.哈里斯教授的倾心指导和W.G.钱勒讷、K.阿尔文、C.R.希尔等前辈和同行们的帮助。"那时国内和国际学科水平是脱节的，像我们这代人是改革开放后出去的，跟国际先进学科学习、接轨，此后再做了些引进、消化，并根据我们自己的材料，独立自主来做，发展我国自己的学科。"

不过，"做学问要有骨气，要勇敢直面国外'权威'。"回忆起当年出国进修期间的往事时周志炎说，"我在英国进修时，那时我是带着些标本出去的，那是我们在国内建的新属（周志炎在进行松柏类植物研究中，建立了一个新属——缝鞘杉），但是他们不予承认。当时中国刚改革开放，有的专家就对中国很轻视，中国的文献也不看，对你的工作根本就看不上眼。我把标本带过去给对方看，想着我们可以一起做研究讨论，看看是不是一个新的植物。对方的态度非常不好，说是瞎搞，将来肯定得不到认可，也不能发表。我们也承认我们当时落后，但是我也不服这个气，我就一个人在那边工作，做完了以后，把这篇文章投在英国的专业杂志《古生物学》，发表了。到现在也没人说我这个属不对，我就争口气。"

周志炎早年参与合作的《中国古生代植物》论著获得1978年全国科学大会、中科院重大科技成果奖。参与"中国各纪地层"和"中国各门类化石"两大系统性课题的整理编著工作，系统地整理和汇编了大量零星而分散的地层和古植物资料，为我国古植物学和中生代陆相生物地层学的发展和提高奠定了基础，获得国家自然科学二等奖。他前后组织主持完成的中南和东北等一些地区中生代陆相地层和植物群的研究，部分成果获院、省级奖励。1979 年完成的中国古生物志《湘西南早侏罗世早期植物化石》首次明确地在我国南方划分出早侏罗世早期植物组合，阐明满江红大孢子壁超微结构的方向性及其潜在分类意义，系统总结中国掌鳞杉科化石。参与南极乔治王岛、菲尔德斯半岛晚白垩世及早第三纪真蕨类和松柏类研究，对地层的划分和对比以及煤田地质勘探等也有较重要的理论和实践价值。在长期研究的基础上，1980 年对中国中生代陆相地层的分区和进一步划分，以及国际和国内的对比和时代等重大问题，根据古植物学的研究，做了系统和全面的探讨。

从 20 世纪 80 年代至今，对周志炎来说，值得提及的是有关古银杏的研究。他在这个领域卓有成效的工作被国外同行誉为“对银杏化石的最重要的贡献之一”“是古植物科学发展漫长而艰辛道路上的一个里程碑。”

古银杏携带有当时地球气候环境的珍贵信息，如果我们能把银杏的历史搞清楚了，就有助于了解和掌握古代的气候环境演变。在植物分类学上，银杏属于银杏纲银杏目银杏科银杏属，且是银杏纲植物现代残存的、唯一的种，仅在我国有自然生长的植株。别看它现在只有“孑身一种”，在侏罗纪和早白垩世时期，银杏类植物却曾经繁盛一时，种类繁多，占据了地球上的绝大部分地区。只是当被子植物于早白垩世晚期在世界范围内迅速崛起时，银杏类才开始急剧衰落，直到现在一直处于不断衰减的过程中。要研究银杏家族的面貌和发展过程只能借助化石。然而，在中生代这个被称为银杏类植物最繁茂的时代里，科学家们很长时间以来发现的差不多全是叶部化石，缺乏可靠的种子和生殖器官化石。因为一直没有发现有价值的化石，当时在世界古植物学界，有关银杏的研究一直处于低水平状态。

20 世纪 80 年代，在中国河南义马地区首次发现了许多银杏类果实的化石（科学上称为胚珠器官）。它不仅弥补了银杏类化石的空白，也给研究工作带来了希望。揭开银杏演化的谜团——这个“果实”应该由中国科学家来收获。

虽然古生物学家面对的是遥远的地质时期，但这并不表明其研究手段的古老和落后，把现代科学的思想、现代科学的手段引入古生物学研究，是衡量其研究水平的标志之一。从 1980 年开始，周志炎就在我国古植物研究中率先应用和提倡支序学说、异时发育和整体重建等学说和方法论，采用电子显微技术和超薄切片等手段，并把这些方法和手段应用到古银杏研究中，取得了一系列的突破。1989 年，周志炎在德国大型《古生物图志》上发表了关于中国中侏罗世银杏的论文，首次根据胚珠器官研究证实了可靠的银杏属的最早生存年代，还证实了地质历史时期银杏的营养和生殖器官以退缩为主的进化过程。以后，周志炎又用了两年的时间，结合中外银杏目其他成员的营养和生殖器官的资料，应用支序学说等对中生代银杏目的系统发育和进化趋向进行了较深入和全面的研究，并且又在德国

《古生物图志》上发表了对银杏科已绝灭的拜拉属的雌性生殖器官首次详尽研究的文章，完成了银杏胚珠异时发育起源的探索和银杏科现代和化石成员胚珠大孢子膜的超微结构的比较研究。这些研究大大提高了世界古银杏研究的水平，其成果多次被国内外专家学者在论文和一些教科书采用引载，使中国在这个领域的研究处于世界领先地位。1994 年，该项研究获中国科学院自然科学奖一等奖。

1986—1996 年，周志炎担任国际古植物学协会中国地区代表。1987—1992 年，担任国际古植物学协会副主席。从 1993 年起，担任国际植物分类协会植物化石委员会委员。1995 年 10 月，周志炎以累累硕果当选为中国科学院院士。1996 年，以著名古植物学家萨尼命名的印度萨尼古植物研究基金会授予周志炎“萨尼百年纪念奖”。

2003 年 6 月 19 日，周志炎院士等在英国《自然》杂志发表论文，报道了在辽宁义县发现的 1.2 亿年前的银杏化石，填补了目前已知 1.7 亿年前最古老银杏（由周志炎等在我国河南义马发现）向现生银杏演化进程中的“缺失链环”，显示出银杏演化中长达 1 亿多年的“迟滞”势态。

在有关研究成果的基础上，周志炎与研究所杨小菊、吴向午研究员，对中国的银杏目化石进行了系统总结，编写《中国银杏植物》一书，收录了我国产出和报道的 32 属 228 种银杏类植物，并对它们进行了系统分类厘定，对银杏的历史演化过程的了解，添砖加瓦。此书已于 2020 年出版。

2019 年 11 月 18 日，周志炎院士获得中国古生物学会授予的终身成就荣誉称号。

主要著作

1. 周志炎，全国地层委员会．中国中生代陆相地层［M］. 北京：科学出版社，1962.

2. 周志炎，中国科学院南京地质古生物研究所，中国科学院植物研究所《中国古生代植物》编写小组．中国植物化石：第 1 册中国古生代植物［M］. 北京：科学出版社，1974.

3. 李星学，周志炎，郭双兴．植物界的发展和演化［M］. 北京：科学出版社，1981.

4. 周志炎，湘西南早侏罗世早期植物化石［M］. 北京：科学出版社，1984.

5. 周志炎，吴向午．中国古植物学（大化石）文献目录：1865—2000 汉西文对照［M］. 合肥：中国科学技术大学出版社，2002.

6. 刘秀英，杨小菊，周志炎．西藏东部晚中生代植物［M］. 北京：地质出版社，2007.

7. 周志炎．远古的悸动生命起源与进化［M］. 南京：江苏科学技术出版社，2010.

8. 周志炎，张弥曼．中国古生物志［M］. 北京：科学出版社，2016.

9. 周志炎．远古的葱茏古植物王国［M］. 南京：江苏科学技术出版社，2018.

主要论文

1. 周志炎，张善桢，张璐瑾．Protoblechnumwongii Halle 的一块新的分叉蕨叶标本［J］．古生物学报，1955（3）：11–13.

2. 周志炎，张善桢．延长层在阿拉善旗的发现［J］．古生物学报，1956（1）：53–60，110–111.

3. 周志炎．叙述龙潭船山石灰岩中的一种 Girvanella 化石并讨论“球状结构”［J］．古生物学报，1956（3）：323，330，479.

4. 周志炎．描述河北峯峯上石盒子组的两种带羊齿［J］．古生物学报，1962（1–4）：410–414.

5. 周志炎，曹正尧．中国东部白垩纪 8 种新的松柏类化石及其分类位置和演化关系［J］．古生物学报，1977（2）：17–36，155–159.

6. 周志炎，厉宝贤．海南岛琼海县九曲江早三叠世植物的初步研究［J］．古生物学报，1979（5）：32–52，105–106.

7. 周志炎，曹正尧．华南白垩纪几种松柏类化石及其地层意义［A］．中国科学院古脊椎动物与古人类研究所，中国科学院南京地质古生物研究所编辑．华南中、新生代红层——广东南雄“华南白垩纪早第三纪红层坝场会议”论文选集［C］. 北京：科学出版社，1979：218–222.

8. 周志炎．湖南晚三叠世和早侏罗世几种种子蕨［J］．古生物学报，1981（1）：15–26，99–102.

9. 周志炎．华东白垩纪：种具异型叶的掌鳞杉科松柏［J］．古生物学报，1983（26）：789–811.

10. Zhou Zhiyan.Stalagma samara, a new Podocarpaceous conifer with monocolpate pollen from the Upper Triassic of Hunan, China. Palaeontographica, 1983，B. 185, 56–78, 12pls.

11. 周志炎，刘秀英．藏东早白垩世一种海金砂科化石——西藏硬蕨［J］．科学通报，1986，31（5）：369–371.

12. 周志炎，刘秀英．Scleropteristibetica，A Schizaeaceous Fern From T［J］．科学通报（英文版），1987（6）：399–401.

13. 周志炎．中国辽宁早白垩世 Elatidesharrisii 新种［J］．古植物学和孢粉学评论，1987（51）：189–204.

14. 周志炎，章伯乐．河南义马中侏罗世两种银杏目的雌性生殖器官［J］．科学通报，1988（3）：216–217.

15. 周志炎，吉纳．中国河南中侏罗世义马组两种茨康植物的叶角质层超微结构［J］．

古植物学和孢粉学评论，1988，102（34）：179–187.

16. 周志炎．湖南衡阳杉桥晚三叠世植物［J］．华夏古生物志，1989（4）：131–197.

17. 周志炎，章伯乐．中国河南义马中侏罗世一种具有胚珠器官的银杏［J］．古生物图志，B.1989，211：113–133.

18. 周志炎，章伯乐．中国河南中侏罗世一种菱铁矿化具有虫穴和虫矢的原始柏型木［J］．古植物学和孢粉学评论，1989（56）：133–143.

19. 周志炎，李浩敏，曹正尧．香港坪洲岛若干白垩纪植物化石［J］．古生物学报，1990，29（4）：415–426，513–516.

20. 周志炎．中生代银杏目植物的系统发育和进化趋向［A］．理论古生物学文集［C］．戎嘉余，等．南京：南京大学出版社，1990：1–19.

21. 周志炎，章伯乐．中国河南中侏罗世 Baierahalleisze 和伴生的胚珠器官［J］．古生物图志，B.1992（224）：151–169.

22. 周志炎，科奇纳．德国组伦堡格岁斯霍芬里阿斯阶底部的 Himerella 炭化木［J］．中国植物学杂志，1992，4（1）：5661.

23. 周志炎．古植物整体研究和重建［J］．古生物学报，1992，31（1）：117–126.

24. 周志炎．银杏型胚珠器官的异时发育起源［J］．古生物学报，1994，33（2）：131–139，263.

25. 周志炎，李浩敏．南极乔治王岛一些晚门垩世植物化石［A］．沈炎彬．南极乔治王岛菲尔德斯半岛地层及占生物研究［C］．北京：科学出版社，1994：83–94.

26. 周志炎，吴一民．藏南普那组上冈瓦纳植物［J］．古植物学家，1994，42（2）：120–125.

27. 周志炎．白垩纪几种假拟节柏及中国掌鳞杉科松柏的简要训述［J］．古植物学和孢粉学评论，1995（84）：419–438.

28. 周志炎，章伯乐．中国河南中侏罗世义马组一种侏罗纪的具长短枝的 Arctobaiera（Czekanowskiales）［J］．古植物学家，1996（45）：361–368.

29. 周志炎．中生代银杏目大化石：系统学评述［A］．HORIT，等．银杏——从生物学到医药的全球瑰宝［C］．柏林：施普林格出版社，1997：183–206.

30. 周志炎，章伯乐．中国河南中侏罗世义马组一种和 Phoenicopsis 伴生的新型枝叶 Tianshi patens 新属种［J］．古植物学和孢粉学评论，1998，102（3–4）：165–178.

31. 周志炎，塞弗纳，巴拉勒，等．华东白垩纪一种具旱生形态的松柏植物［J］．古生物学，2000，43（3）：561–572.

32. 周志炎，章伯乐．论裸子植物钉羊齿的异质性并描述河南侏罗纪义马组两新种［J］．古生物学报，2000，39（增刊）：14–25.

33. ZHOU Zhiyan, ZHANG Bole, WANG Yongdong, et al, G. A new Karkenia (Ginkgoales) from the Jurassic Yima Formation, Henan, China and its megaspore membrane ultrastructure [J]. Review of Palaeobotany and Palynolgy, 2002 (120): 91-105.

34. 周志炎. 中生代银杏类植物系统发育、分类和演化趋向 [J]. 云南植物研究, 2003, 25 (4): 377-396.

35. Zhou Zhiyan, Zheng Shaolin. The missing link in Ginkgo evolution [J]. Nature, 2003 (423): 821-822.

36. ZHOU Zhiyan, WU Xiangwu. The rise of ginkgoalean plants in the early Mesozoic: a data analysis [J]. Geological Journal, 2006, 41: 363-375.

37. ZHOU Zhiyan, ZHENG Shaolin, ZHANG Lijun. Morphology and age of Yimaia (Ginkgoales) from Daohugou Village, Ningcheng, Inner Mongolia, China [J]. Cretaceous Research, 2007 (28): 348-362.

参考文献

[1]《嘉兴院士》编辑委员会. 嘉兴院士 [M]. 杭州: 浙江大学出版社, 2015.

[2] 张家先. 科海星光 [M]. 南京: 南京大学出版社, 1996.

秦山核电二期工程总设计师——叶奇蓁院士

1934—

叶奇蓁，浙江海宁盐官人。中国工程院院士，核反应堆及核电工程专家。1955年，毕业于上海交通大学。1960年，获苏联莫斯科动力学院电力系统专业副博士学位。长期从事核反应堆设计、研究、建造、生产工作，是我国首座60万千瓦自主设计、自主建设的商用核电站——秦山核电二期工程总设计师。

叶奇蓁，1934年9月16日出生于湖北武汉，祖籍浙江海宁盐官。年幼时，他随父母定居上海，当时的上海还沦陷在日军手里，老百姓吃不上米，为了买米，叶奇蓁经常要穿过日本人的岗哨和铁丝网到徐家汇一带的农村买米，那时候他心中就立下誓言，一定要努力学习，科技强国，才能赶走日本人。

1955年7月，叶奇蓁从上海交通大学电力工程发电专业毕业，时年21岁。品学兼优的他被组织公派到苏联莫斯科动力学院攻读研究生。在这所著名高等学府里，叶奇蓁时刻抱定报效祖国发奋学习的信念，几年里，他没有出去旅游欣赏异国风情。用他的话说就是“玩根本没装在脑子里”。1960年他获电力系统专业副博士学位。

1961年5月回国后，他被分配到二机部核工业第二研究设计院工作，对于这个分配，他初感意外，“一个学电力的，怎么搞核研究”。在领导简单的解答之后，他就释然了，义无反顾地投身到不为外界所知的神秘领域。

他接到的第一项重大任务便是参与我国“两弹”研制有关的工程建设。当时正赶上苏联政府撕毁了合同，撤走在华专家，停止供应中国建设需要的资料和设备。他们扬言：“20年你们也搞不成原子弹……这里将变成一堆废铜烂铁。”面对棘手的问题，叶奇蓁与我国第一代核工业人一道，艰苦奋斗，自力更生，奋发图强。从那时起，一个信念在叶奇蓁心里发芽：强国必须靠自己！“自主精神”成为他日后成功的信念和源泉。

20世纪60年代，叶奇蓁参与了我国第一座核生产堆的设计和建设，主持了武器级钚生产堆的控制和仪表研制项目，完成了运行及事故动态分析，编制了运行及事故处理规则、调试启动大纲，从而确保生产堆按时建成和安全运行，成为“两弹”最终成功研制的幕后功臣。20世纪70年代负责生产发电两用堆的设计，主持制订了生产及发电的工艺流程，以及发电的控制方案，任设计总工程师。20世纪80年代初主持筹建核工业计算机应用研究所并任所长，其间组织开发了计划协调技术应用软件，为我国首座核电站——秦山核电站编制了工程网络计划，指导了工程建设。

1986年5月，叶奇蓁被任命为中国核工程公司副总经理，担任我国首座自主设计的商用核电站总设计师，从事秦山二期工程二环路65万千瓦级核电站的筹建工作。

根据中央决定，秦山核电二期工程开始是采用国际标准化设计，与国际接轨，以我为主，立足国内的首座商用化核电机组。它的建成为我国核电的自主化奠定了基础。由于当时国产汽轮发电机组刚引进美国西屋公司的60万千瓦火电机组技术，为提高国产化能力，考虑到当时国内电网的容量，国家有关部门决定，从65万千瓦级二环路核电机组着手，将来加一个环路可建三环路百万千瓦级核电机组，再加一个环路可开发成四环路120万千瓦以上的核电机组。为了实现这一使命，叶奇蓁与秦山二期工程的建设者们整整花了3年时间进行方案认证，在“以我为主，中外合作”的方针指引下，先后与德国KBU公司、法国法玛通公司、日本三菱公司、美国西屋公司等进行了交流和合作谈判。通过谈判，叶奇蓁体会到，核电是政治敏感的技术，代表了国家的科技和工业水准。有的国家不批准向中国出口核电设备，有的国家技术转让还要经原技术输出国同意，而有的国家则经过改进创新，不仅超过了原设计水平，还有了自主权。

秦山二期工程的经历就是一条自主创新的道路。1989年以后，欧美等国借口对我国实行制裁，不提供贷款，秦山二期的“中外合作”产生了危机，是不折不挠地继续进行下去，还是等待时机好转后再搞？秦山二期工程的建设者们下定决心：“项目必须要做下去。”叶奇蓁同大家一道，发扬“两弹一星”的精神，自主设计，吸取秦山一期的经验，参考当时正在建设的大亚湾核电站，利用一切可能得到的资料，自力更生地继续开展厂址前期工作、可行性研究、总体设计、初步设计、试验研究和科研攻关。正是这一阶段的努力，奠定了秦山二期工程二环路核电站特有的技术方案，以及自主创新的基本思路。1991年在与法玛通公司和法国电力公司交流时得到基本肯定，从此逐步开展与法国的设计和技术合作。1994年底开始部分主设备的国外采购，本着“货比三家，择优选用”的原则，对外进行合作谈判，优选合作伙伴。当然，作为设计者选择单一的供货商，从技术上讲是最有把握的，最可靠易行的，但往往不是价格不优惠，就是贷款不落实。为了使工程投资尽可能低，技术性能尽可能好，在“自主”思想的主导下，秦山二期采取了“多国采购”的方针，集成国际上技术性能较好的设备，拿到优惠的价格和有利的贷款条件。为了这一步，不少人替这项工程捏一把汗，担心拼成一个“四不像”，建成后开不起来。也有人担心需要用很长的时间处理接口，工期会一拖再拖，投资资金会一再追加，达不到商用核电站的目标。这些风险确实存在，但是叶奇蓁认为，秦山二期的设计和建设队伍是一支经过“两弹一星”锻炼的队伍，加上当年的国际环境相当有利，只要我们坚持“以我为主，中外合作”的方针，奋发图强，攻克难关，一定能建成秦山二期工程，而且会带有自己的特色。

叶奇蓁院士说：“在秦山二期工程设计、建造过程中，始终坚持了‘以我为主、中外合作’的方针，按照国际规范，根据国际核电发展趋势，自主选定设计目标，确定技术方案，选定技术参数，确定关键设备的功能和指标，自主进行重大科研开发和实验验证，自主实施技术创新和设计改进，从而掌握了技术的决策权。”

在筹建秦山二期65万千瓦级核电站工程中，叶奇蓁主持可行性研究，完成多种方案的可行性研究报告；参加技术路线、堆型选择、主要技术指标确定等决策性工作；主持厂址选择、现场勘探，以及厂址的评估和论证；主持总体设计，确定标准规范的选取、主参数、主要工艺系统功能，以及厂房总体布置；组织初步设计及重大技术方案的审定，提出121组（17×17）组件的堆芯设计方案；确定主回路参数、汽轮发电机组、主变等设计参数及其优化设计方案；确定直接安注系统方案和（$4 \times 100\%$）冗余度的辅助给水系统改进方案；为节省用电，在国内首次实施核岛、常规岛不同厂坪标高的设计方案；主持确定控制棒驱动机构、装卸料机科研攻关方案，人员闸门、棒控棒位测量系统、电站计算机系统、常规岛数字化控制系统、设备国产化等研制方案；主持制订了流致振动的实测方案，并在国内首次实施了堆内实测。制定接口处理的原则，处理协调了大量接口技术问题和施工中的重大技术问题。

秦山二期为二环路65万千瓦级机组，按30万千瓦一个环路的国际标准设计，而作为参考的大亚湾核电站为三环路百万千瓦机组。因此设计上的差异很大，很多设计参数需要经过专门的试验或计算得到，其中堆芯设计是核电站设计的核心技术，核裂变反应就是从这里开始，万一出现闪失，后果不堪设想。设计一个全新、安全、有特色的堆芯是科研人员面临的艰巨和紧迫的任务。为此，科研人员做了大量的分析计算和实验研究，除进行物理、热工水力、力学的计算分析外，还开展了堆芯水力学试验及流量分配试验、堆内构件流致振动模型试验等大型科研攻关试验，有效验证了设计的正确性并为设计优化提供了依据。秦山二期自主设计了全新的反应堆堆芯，采用国产的燃料组件，降低了平均线功率密度。这一创新使得秦山二期核电厂的堆芯燃料棒平均线功率密度较引进的核电站降低了15%，也低于国际上同类的两环路核电站，提高了堆芯的热工安全裕量，满足美国“用户要求文件（URD）”对先进堆的要求，符合国际上进一步提高核电站安全性的趋势。

鉴于反应堆堆内构件设计属非原型二类，为了验证上述改进在流致振动上是安全的，根据核安全法规的要求，秦山二期不仅做了 1∶5 的流致振动模型试验、理论分析计算，还在调试阶段在实堆上进行了流致振动实测。通过堆上实测和全面检查，证明流致振动的影响满足核安全法规的要求，而且实测数据、模型试验和计算分析结果均符合得很好，证明了计算分析软件和模型仿真理论的正确性。在堆上进行高温、高压下流致振动的实测，技术难度相当大，国外也只在少数堆上进行过，国内尚属首次。

驱动线设计又是一项重要的设计内容，它直接关系到反应堆的运行安全。落棒时间是安全停堆的重要考核指标。为了验证设计，除了对影响驱动线性能的各项因素进行试验分析外，还进行了驱动线热态综合考验以验证控制棒驱动线在正常和异常工况下的运行性能和落棒性能，驱动机构的寿命、导向筒组件的导向性能及控制棒磨损等。此外，还通过多点激振的地震试验，验证了控制棒驱动线在地震条件下的运行特性、落棒性能等。

主参数的优化也是一项重要的设计创新，考虑了国内 60 万千瓦级汽轮发电机组的性能指标和特点，通过优化设计，以确定核电站的主参数，并在保证安全的前提下，适当提高主参数，使得每个环路的出力达到 33 万千瓦，高于美国、日本的二环路压水堆核电站单个环路的出力（约 29.5 万千瓦）。核电站的出力在全年平均水温（18℃）下出力为 68.9 万千瓦，夏季工况最高水温（31℃）下出力为 65 万千瓦。在同类型二环路压水堆核电站中，秦山二期汽轮发电机组的出力是最大的。核电厂的毛效率近 36%（设计水温 18℃工况），也是二环路核电厂中比较高的，所采用的国产汽轮发电机组和升压变压器中容量也是当时最大的。

安全系统设计是另一项重要的设计内容，二环路 65 万千瓦组机组不能按三环路百万千瓦机组设计，只能自主创新，秦山二期为保证堆芯的冷却，安全注入系统增设了反应堆压力容器上的两个直接安注，以提高安注系统的有效性。同时为了保证在主蒸汽管道断裂事故时，高压安注浓硼注入的有效性，在安注的前 3 分钟通过硼酸注入箱注入主回路冷段，3 分钟后再打开旁路直接注入反应堆压力容器，从而抑制了由于温度效应而引起的正反应性突增，经过详细的事故瞬态分析，上述方案，满足核安全要求。秦山二期辅助给水系统 A、B 两列中的每一列分别采用一台汽动泵和一台电动泵，系统中能动部件的冗余度为（4×100%），提高了系统可靠性，它与当前先进压水堆的研究方向相一致。

秦山二期工程所用的钢衬里和焊材也是国内首次研制的，第一次施工时，40%的焊缝不合格，于是研究单位和制造商紧急赶到现场，分析问题，立即研制第二、第三批焊条，解决了焊接的质量问题，没有影响工程的工期。

在钱塘江口泥沙含量多的地区使用板式热交换器也是首次，通过对系统和板式热交换器的模型试验，合理地选择流速和流道设计，防止了泥沙淤积和堵塞。后来在运行中发现局部堵塞和磨损，根据运行经验改进后得到了解决。

坚持以我国为主，使秦山二期掌握了国际标准的环路和关键设备设计的核心技术。关键设备通过合作生产方式，一号机组由国外供货，二号机组由国内生产，从而掌握关键技术，为以后百万千瓦级核电关键设备的国产化打下基础。

秦山二期工程共进行了300多项的创新和改进，为了这一系列的创新和改进，秦山的设计建设人员付出了大量的艰苦劳动，翻阅了世界各国的相关技术资料，进行对比分析、分析计算，甚至实验研究，吸取世界上所有核电站建设的先进经验，进行创新。

2002年4月15日，二期工程终于迎来建设史上最重要的一刻。这天，其一号机组顺利通过考验期，提前47天投入运行。秦山二期工程，首次按照国际上先进的核电站建造标准，不经过原型阶段，完全由我国自行设计建造，并达到了国际同类核电站的技术水平。

在2003年度的国防科学技术进步奖中，与秦山二期相关的成果共有4项荣获科技进步一等奖，12项荣获科技进步二等奖，22项荣获科技进步三等奖。

由于在秦山二期工程中的突出贡献，2003年12月叶奇蓁当选为中国工程院院士。2004年，作为“秦山600 MW核电站设计与建造”项目第一完成人，荣获2004年度国家科学技术进步奖一等奖。2005年3月28日上午，叶奇蓁作为获奖代表参加了在北京人民大会堂举行的国家科技奖励大会，接受了党和国家领导人颁发的奖状。当天中央电视台新闻频道开通了“2004年度国家科技奖励特别报道”，叶奇蓁作为嘉宾应邀前往中央电视台录播室接受了访谈。2012年，秦山二期最后的第4号机组全面建成并投入使用。至此，秦山二期工程前后历经20余年，终于画上了一个圆满的句号。

至今，二期工程四套机组陆续建成并运行十余年，一直保持着高效、稳定的状态，源源不断地将电力输送至华东乃至全国。优异的运行状况，证明了我国已经完全具备自主设计、自主建造、自主管理、自主运营大型商用核电站的能力，更加坚定了国家立足自主创新、发展民族核电的信心，对推动我国核电自主化建设具有十分重要的现实作用和深远的历史意义。

主要著作

1. 叶奇蓁，李晓明，俞忠德，等．中国电气工程大典：第6卷核能发电工程［M］．北京：中国电力出版社，2009.

2. 叶奇蓁．为什么要发展核电［M］．北京：中国原子能出版社，2013.

主要论文

1. 叶奇蓁，陈玉峰 . 秦山核电二期工程的设计原则和主要技术特征［J］. 核经济研究，1994，4（6）：14–18.

2. 叶奇蓁 . 秦山二期建设与核电可持续发展［J］. 中国核工业，2000，6（3）：17–18.

3. 叶奇蓁，张敬才，黄坚持，等 . 秦山核电二期工程反应堆堆内构件流致振动综合评价［J］. 核动力工程，2003，24（A1）：82–86，113.

4. 叶奇蓁，喻丹萍，方小朋，等 . 秦山核电二期工程反应堆堆内构件流致振动试验［J］. 核动力工程，2003，24（A1）：87–90，101.

5. 叶奇蓁 . 秦山核电二期扩建工程的技术创新［J］. 中国核工业，2006，12（5）：53–57.

6. 叶奇蓁 . 大力推进我国核电标准化工作［J］. 核标准计量与质量，2007（4）：13–14.

7. 叶奇蓁 . 把握核电可持续发展的几个重要问题［J］. 中国核电，2008，1（4）：290–295.

8. 叶奇蓁 . 坚持自主创新 推进核电可持续发展［J］. 电器工业，2009（2）：29–34.

9. 叶奇蓁 . 关于中国核能发展战略的几点思考［J］. 中国核工业，2009，15（11）：25–29.

10. 叶奇蓁，张志银 . 核电厂放射性废物管理进展及挑战［J］. 环境保护，2009，37（22）：20–22.

11. 叶奇蓁 . 中国核电发展战略研究［J］. 电网与清洁能源，2010，26（1）：3–8.

12. 叶奇蓁，张志银 . 我国核电厂放射性废物管理进展及挑战［J］. 中国核电，2010，3（3）：194–199.

13. 叶奇蓁 . 叶奇蓁：中国核电设计四道屏障保障安全［J］. 创新科技，2011（4）：7.

14. 叶奇蓁 . 从“福岛第一核电站事故”看我国核能利用的安全性［J］. 军工文化，2011（5）：22–24.

15. 叶奇蓁 . 后福岛时期我国核电的发展［J］. 低碳世界，2012（1）：14–15.

16. 叶奇蓁 . 中国核电的安全与发展［J］. 中国核电，2012，5（4）：294–297.

17. 叶奇蓁 . 我国核电发展不是“大跃进”［J］. 中国核工业，2012，18（6）：17.

18. 叶奇蓁 . 发展核电突破环境制约，助力“美丽中国”［J］. 中国核电，2013，6（4）：290.

19. 叶奇蓁 . 我国第三代核电建设居世界之首［J］. 中国核电，2014，7（2）：98.

20. 叶奇蓁 . 中国核电站运行安全可靠［J］. 中国核电，2014，7（4）：290–291.

21. 叶奇蓁 . 自主创新是秦山核电的精神财富［J］. 军工文化，2016，8（A1）：31–33.

22. 叶奇蓁 . 提升核电仪控技术水平，助力核电产业长足发展［J］. 中国核电，2017，10（3）：300–301.

23. 叶奇蓁 . 未来我国核能技术发展的主要方向和重点［J］. 中国核电,2018,11（2）：130–133.

参考文献

［1］秦山核电基地党委宣传部 . 中国核电从这里起步：记为核电建设拼搏奉献的勇士们 1［M］. 北京：北京十月文艺出版社，2008.

第二部分

海宁科技人物传略

世界公认的治梅毒专家——陈司成

1593—康熙年间

陈司成，字九韶，浙江海宁盐官人，梅毒治疗专家，出版了我国第一部梅毒学专著《霉疮秘录》，其首创用砷剂治疗梅毒，迄今仍为世界医学所公认。

陈司成，生于1593年，卒年不详。从著作来分析判断大概卒于清康熙年间。浙江海宁盐官人。家族世代业医，传至陈司成已历八世，与古代士子一样，陈司成也是先习举子业，科举不成，转而学医，继承祖业。陈司成生活的时代在明朝末年，在明朝以前，中国古代没有梅毒病例，古代医籍中也从未有过记载。明末清初，西风渐入，中国和西方各国贸易往来开始密切，尤其广东、福建一带，东西方商人交流频繁，随之，一些西方的流行病也开始在沿海地区传播，并逐渐向内地发展。年轻的陈司成正好经历了梅毒在我国流行的高峰时期，面对前所未见的疾病，当时的医生几乎束手无策，“独见梅疮一证，往往处治无法”。面对梅毒的肆虐，激励了年轻的陈司成刻苦钻研，深入临床，大胆探索，及时总结经验。经过陈司成考证，中国的梅毒，首先由洋人传入广东，再传播到东南沿海乃至“蔓延通国，流祸甚广”。据当代有关学者考证，中国的梅毒是由16世纪初驻印度的葡萄牙水手来华开始传播，与陈司成的记载基本一致。

陈司成认为，广东气候温暖潮湿，容易引起霉变，以至各种污秽之气的致病因素聚积于此，到了春夏季节，湿毒与瘟疫相交织，人就极易受疮疡侵害。因而认为此病是由霉变引起，所以当时称为霉疮。又因梅毒发病后，皮肤有类似杨梅状病变，故又称此病为“杨梅疮”或“杨梅大疮”。这个认识并不囿于当时流行的“运气”之说，而是认为由“毒气”而致的传染病，此病传染性极强，人一旦得病，便夫妇相传并延及子女，危害极大。这种认识在当时的历史条件下，具有先进意义。

从陈司成《霉疮秘录》的自序可知，他研究此病纯属偶然，是朋友患病，出于隐私找他治疗。陈司成阅遍祖传医书及各家秘方，最终竟然奇迹般地治愈了朋友的梅毒。这是陈司成第一次接触梅毒。不久，因家境衰落，“居无何，余食贫而家且圮”，陈司成干脆“弃去经生，业长桑君之术”，从此以医为业。

陈司成学医非常刻苦，他在序文中写道：“于是披《素》《难》，究《针经》，老人、带下、婴儿三科，靡不博涉。”《素》《难》《针经》都是中医经典著作，即《黄帝内经·素问》《难经》与《灵枢经》，而临床上则涉及老人、妇女和儿童，即内、妇、儿三科。陈司成学成后，并未在家乡固定场所行医，而是走遍“三吴”。在行医过程中，陈司成对散落在各地的疑难杂症尤感兴趣，按他自己所说，“参访遇有剩病，则搜奇剔怪以瘳之”。正是这种知难而进，寻根究底，千磨万击还坚劲的性格特性，成就了陈司成这位伟大的医学家。在行医过程中，陈司成看到了太多的病例，尤其是沿海地区的梅毒重证，“迩来世薄人妄，沉溺于花柳者众，忽于避忌”“更见公子王孙，一犯其毒，终为废疾”。公子王孙，富家子弟属于有钱有闲的群体，纵情声色，嫖娼狎妓，他们当然首当其冲，因此，这个群体也是当时梅毒的主要发病人群之一。

当时的医生面对“方书不言，言亦不悉”的状况，眼看病人成为终身残疾而无能为力。陈司成怀着恻隐之心，“余甚愍之，因察气运天时，病源传染，嗜好爰及”，出于医生的仁爱之心，从研究天气环境的变化，到疾病传染的源头，甚至于病人的嗜好所及，最后制订治疗方案。经过20余年的行医实践，终成为我国历史上最早的梅毒治疗专家，将其临床经验裒为一帙，名曰《霉疮秘录》，亦成为我国医学史上第一部论述梅毒的专著。在如此巨大的成就面前，陈司成依旧很谦虚：“非敢以立言自任，聊补前人所未发，幸高明者不鄙而采之”。

《霉疮秘录》成书于明天启三年（1623年），刻印于明崇祯五年（1632年），目前国内已无初刻本，现在能见到的最初版本，是从日本流传回国，由清光绪十一年（1885年）浦鉴庭根据日本版本所翻刻。《霉疮秘录》问世不久，便传入日本，为日本治汉医者所重视并捧为至宝，为同时期日本梅毒的治疗和控制传播，起到了非常及时的作用，故近代医学家谢利恒在其主编的《中国医学大辞典》中对其做出了高度评价：“霉疮为晚出之证，古无治法，散见于近世疡医书中者，多语焉不详，其著为专书者，善自此始，故日本之治汉医学者，亦奉为鸿宝也。”

明末至清初，在日本就有不少刻本流传。如刻于日本享保乙巳十年（1725年）的江都书铺版，有日本贺府医官不破元澄以及东都医家望震百里的序文，肯定了是书对刚流行于日本的梅毒诊治所做的贡献，特录望震百里的序文如下：

夫王侯贵介，无甲兵之故，而有倾国丧身者，盖亦由《关雎》不诵，而阴化内薄，礼节外驰，遂至使后人，颠倒衣裳，不亦伤乎。劳不至倦，逸不至流，起居有常，嗜欲有节，寒暑外避，精神内守。虽则有贼风虚邪，病安从来哉。昔，医和视晋侯之疾曰：“是近女室，疾如蛊，非鬼非食。”即论曰：“天有六气，阴阳风雨晦明也。分为四时，序为五节，过则为灾，阳淫热疾，晦淫惑疾。夫女阳物而晦时，淫则生内热、蛊惑之疾。今君不时不节，能无及此乎！”古犹若斯，后世亦然。余意如后世杨梅疮之疾，其在兹乎，其在兹乎！然尚及古方之阙文也，亦惟滥觞宋元之交，初起岭表。盖闻岭南者，卑湿之地，岚瘴熏蒸，饮啖辛热，男女淫猥，湿热之邪，蓄积既深，发为毒疮，遂互胥传染，自南而北，乃及海内。其证虽多端，要之属厥阴阳明之二经，而毒传诸经是已。大抵淫邪嗜欲之人，病之者多，则经所谓之温热者疮，盖亦非他，阳物晦时，淫则为疾也。在王侯贵介，则生内热蛊惑之疾；在庶人工商，则为湿热恶疮之病。盖其病状虽殊异，其实者一也。子不曰乎：“吾未见好德者，如好色者。”如此书可谓详审矣。余也素好古方书，而不屑读晚季之书，而喜其补天之业，遂为旁训国字，以命剞劂云。

享保甲辰秋九月，东都望震百里题

此序言写于享保甲辰秋即1724年，距《霉疮秘录》在中国出版不到百年。这个时代正是日本享保改革时期，梅毒从中国岭南沿海传入日本。这位中国医学通的日本医家其医理水平远不如同时期的中国医家，虽说：“余素喜好古方书，而不屑读晚季之书”，但对陈司成这本《霉疮秘录》则是刮目相看，以“喜其补天之业”而“旁训国字，以命剞劂”，流露出明显的赞许。因此，陈司成的《霉疮秘录》一书，不仅是我国第一部系统论述与治疗梅毒的专著，还为日本医学的发展做出了贡献。

《霉疮秘录》全书分为五个部分：一为“总说”，主要综述本病病因、传染、病理和症状；二为“或问”，以问答体裁，对梅毒的诊治和预防等24个问题进行解释；三为“治验”，列举病案29例，其中包括早期、晚期和胎传梅毒，除个案外，均相当典型；四为“治法”，扼要阐述本病治疗方剂55个，分述其适应证和应用方法，其中包括自己研制的各种“化毒丸”，特别介绍了自创的“生生乳”；五为“宜忌”，列举6则案例，论证不分宜忌所致之恶果，继而按心、肝、脾、肺、肾五经病变，分别叙述药食宜忌，且具体列有宜忌药食品名。

陈司成以其特有的天资，通权达变，以“为医全在活泼”的思维方式，贯穿于他对梅毒的认识、诊断、治疗以及预防的各个环节。其《霉疮秘录》的主要学术贡献可概括为以下几个方面。

首先，正确论述了梅毒的传染途径。陈司成认为本病传染途径有三：一为性生活直接传染，即“交媾斗情，气相传染，一感其毒，酷烈匪常”；二为间接传染，“是证也，不独交媾相传，禀薄之人，或入市登圊，或与患者接谈，偶中毒气”；三为胎传梅毒，他在书中指出：本病“或祖、父遗毒相传”，亦可“传于内室，或内室无恙，而移患于子女甥孙者。”这些认识，与现代医学的认识基本一致。尤其是认为体质的强弱，对构成传染有很重要的影响，为什么“有人与患者同寝共食不传染者何也？余曰：此系先天之气充固，邪气无闻而入。”认为“一犯有毒之妓，淫大交炽，真元弱者，毒气乘虚而袭”，都说明了身体抵抗力强弱对抗病能力的重要性。

其次，完整描述了梅毒的症状特征。陈司成对梅毒皮肤黏膜损害和内脏、器官受累情况有相当准确和完整的认识和描述。如：“毒中肾经，始生下疳，继而骨痛”“形如烂柿”“甚则毒伤营阴阳二窍”，而“毒中肝经，先发便毒，嗣作筋痛”，这些论述都是临床一期梅毒的主要症状或其转归。对二期梅毒的叙述尤为详尽，如“毒伤阴阳二窍，传于心，发大疮，上下左右对称，掣痛连心，移于肝，眉发脱落，眼昏多泪，或溃爪甲，毒伏本经，作偏正头痛，甚则目盲耳闭。”对扁平湿疣的描述也颇为形象：“疮标发际口吻或堆肛门，形如鼓钉”“移于肺，肌肤生癣如花，色红紫，褪过即成白癜”。而对二期梅毒所见的神经系统症状，也有详细的记载：“传于肾，骨痛髓裂”“传于肝，作筋痛，过月郭空，或天阴、申酉时分作痛”，最后导致“手足起止不随”“甚则筋痿不起”。而三期梅毒，中医称为“结毒”。本书对结毒可见于身体各处也有论述：“夫结毒者，霉疮毒气结于四肢、百骸、孔窍、经络。”其在皮肤黏膜的主要损害有二,一为“不易散解作痛作肿”的肿块或结节，一为“久则块破溃烂不已”的溃疡，其多发部位是头颅、颈项、四肢及阴部生殖器官，可致四肢运动障碍，“手不能举，足不能步”，可继发感染，还可表现为“肌肉蛀烂蔓延”“或发大块破溃腿臁”等相当于结节蛇行性溃疡，或下腿树胶肿样溃疡。甚至对于器官的破坏，陈司成也做了明确阐述：“毒结于大肠肺经者，为喉癣，多作痰唾，久则成天白蚁，渐蚀鼻梁低陷”，即咽喉部受累，黏膜浅溃疡愈后可有白色疤痕，吐脓性痰，甚而可致悬雍垂毁损、软腭穿孔，鼻骨烂坏，致鼻梁陷，甚至鼻翼被毁以及“毒注瞳仁，似乎内障”，从而发生眼损害及其他全身损害。这些描述均与现代医学高度一致。对胎传梅毒，在“生嗣不寿”中回答一病人，其内室受染既已治疗，又何以生子多夭的问题时，他说：“或初生无皮，或余月内生疮，或作游风丹肿，或发块，或出癣，皆霉疮之遗毒也。”

再次，详细列举各期梅毒的治疗方法。陈司成在细致观察各期梅毒症状特点的同时，还认识到本病的共同特点是“形状多端”，症状复杂多变，治疗如不彻底，易于复发等特点。书中因此详细提出了梅毒的治疗原则，认为对梅毒的治疗应察脉审证，辨证施治，应根据病有虚实，治分缓急，攻邪补元，标本兼顾的原则，认为本病“邪之所在，攻必从之。受邪为本，见症为标，五虚为本，五邪为标。病属于实，治宜以急，实者邪气胜也，邪不速逐，则为害蔓延，故治实无迟法。病属于虚，治宜以缓，虚者精气夺也，治宜次第，故治虚无速法，亦无巧法。”依据这些原则，在处理肝、肾、脾、肺、心各经早期形症时，按不同症候，先分别服用养荣汤、补真汤、保脾饮、益胃散等方药，强调“益正气”，使其正气足而邪自除。书中所举 29 例病案中，几近半数为先经他医误治而致恶化后再经陈司成诊治而愈者。

在医学上，陈司成的贡献还在于首创梅毒砷剂减毒疗法。《霉疮秘录》列举治法 49

条，含各种处方55首，其中有汤、散、丸、膏剂等内服药，尚有掺药、熏洗、熨烙、点药、吹药、膏药等外用处方，随情况不同灵活选用。还特别介绍了其所创制的“生生乳”炮制方法，且以生生乳为主药，研制成含有其他不同药物的化毒丸11种，作为治疗各种霉疮的主要方剂。“生生乳”配方如下：

煅炼礜石三钱，云母石二钱五分，硝石（即盆硝）一两六钱，朱砂（即朱贡）液九钱六分，色粉红者为上，晋矾一两二钱，绿矾一两八钱，食盐三钱五分、枯矾五钱六分、青盐三钱五分。

以上共研不见星，入羊锡罐内，三方一顶火，俟药化面有霜头起，离火候冷，用铁盏盖扎，盐泥固济，待罐口泥干，入八卦炉内，先用文火，候盏底热透，微微擦水，加炭平口，用武火，三香足离火。先用甘草、牙皂各二钱，煎浓汁收盏底，白丹砂绵纸包裹，浸汁内片时取出，连纸埋土中三日夜，取出晒干，每两加冰、麝各七厘，辰砂九分，共研极细，外用乳香钱二分，滚水炖化，和前末研匀为丸，每重一钱一分，外以黄蜡封固，即名生生乳，照方配合服之，刻日奏效。

陈司成的“生生乳”，其意为“配礜石用佐药炼百日而成，成则生生不息，乃此症末要药”“余愿此方公之于海内，而后世易为采择，永无差误”。能够将自己“十年间屡用屡效，诚千古不易王道之圣药也”的临床经验，毫无保留地公之于世，这种医者仁心的精神，足以成为医者之楷模。

陈司成在继承祖业，熟读经典，精于内、儿、妇三科的基础上，对于古书未载，治乏良方的霉疮，并不望而止步，坚持长达20余年的临床研究，反复验证，崇古而不泥古，勇于探索，敢于创新，最终成为一代大家。陈司成著成《霉疮秘录》时，梅毒在我国流行已经100余年。他研制的减毒砷剂疗法在今天看来自然不及青霉素疗法为优，但在17世纪确为有重大价值的学术成就，挽救了许多病人，也给医学史增加了崭新的一页，所以说，陈司成不但是中国第一位梅毒医学家，也是世界梅毒学的先驱！

主要著作

陈司成．霉疮秘录［M］．高丹枫，注释；陈辉，译．北京：学苑出版社，1994.

参考文献

［1］陈司成．霉疮秘录［M］．高丹枫，注释；陈辉，译文．北京：学苑出版社，1994.

［2］赵石麟．明代梅毒学家陈司成及其学术贡献［J］．中国科技史料，1991，12（2）：29-35.

［3］陈司成．霉疮秘录［M］．日本江都书铺，享保十年（1725年）.

中国古代博物学集大成者——陈元龙

1652—1736

陈元龙，字广陵，浙江海宁盐官人，博物学家。康熙二十四年（1685年）一甲二名进士，授编修。历任翰林院掌院学士、广西及广东巡抚、工部尚书，官至大学士兼礼部尚书，所著《格致镜原》是中国古代博物学类著作集大成者。

清朝初期，海宁渤海陈氏三位大学士中的第二位陈元龙，几乎无人不晓，除了康熙重臣，文坛耆宿，著作等身外，很少有人知道，陈元龙还是一位杰出的博物学家。

陈元龙，字广陵，号乾斋，浙江海宁盐官人。康熙二十四年（1685年）一甲二名进士，授编修，入南书房。历任翰林院掌院学士、广西及广东巡抚、工部尚书，深受康熙帝的信任，官至大学士兼礼部尚书。著有《爱日堂文集》《爱日堂诗集》《历代赋汇》《格致镜原》等。其中《格致镜原》是一部博物学著作，是陈元龙53岁向康熙陈情归养时，在海宁盐官老宅完成的一部力作，也是陈元龙一生中非常重要的一部著作，奠定了陈元龙被后人视为博物学家的基础，以及陈元龙在中国古代博物学家中的地位。

什么是博物学？博物学是人类与大自然打交道的一门古老学问，指对自然界动物、植物、矿物、生态系统等所做的宏观层面的观察、描述和分类。博物学内涵丰富、历史悠久，它是自然科学研究的传统之一，包括当今意义上天文学、地质学、地理学、生物学、气象学、人类学、生态学、自然文学、动物行为学、保护生物学等学科的部分内容。在世界科学史上，博物学对自然科学的贡献很大，世界历史上著名的博物学家有亚里士多德、达尔文、华莱士等，文学家中如卢梭、歌德等都是博物学家，中国的沈括、曹雪芹、贾祖璋、竺可桢等也都是著名的博物学家。

《格致镜原》之所以是一部重要的博物类著作，它最大的优点是与传统的综合性百科类书划清了界线。我国古代类书的产生，最初是为了供帝王览古借鉴及文士写作的需要。东汉以后，文体崇尚骈偶，讲究在文章中运用典故、排比事类。这种风气，直接促进了类书的产生与发展。自三国魏文帝敕令撰集《皇览》而下，类书的内容范围不断扩大，编次的形式也逐渐精密。唐初出现的《艺文类聚》，标志着综合性百科类书的成熟。

闻一多先生说类书“既不全是文学，又不全是学术，而是介乎二者之间的一种东西，或者说兼有二者的混合体。”这说明，它既向读者提供“事”，又向读者提供“文”。

现在看来，综合性百科类书是一种辞藻和文献的分类汇编。无论是《初学记》《艺文类聚》《太平御览》《古今合璧事类备要》《类腋》，侧重尽管各别，但“事”的内容，即文学和史学，在其中始终占着主要的地位；“物”即自然科学的内容，始终只是从属的。这不仅反映在它们的编纂目的上，也反映在门类主次多寡的安排以及每一条细目中。

《格致镜原》的编撰却更注重“物”，使之成为主体，“专务考订以助格致之学”。书中对每一物，“必究其原委，详其名号，疏其体类，考其制作”，而对于文学修辞类的语言，或来自诗赋中的故事，一概不录，体现了学术性和科学性。这说明《格致镜原》具有更明显的实用性，是带有理科性质的博物学类书。

《格致镜原》全书分乾象、坤舆、身体、冠服、宫室、饮食、布帛、舟车、朝制（有关符印、仪仗等器物的资料）、珍室、文具、武备、礼器、乐器、耕织器物、日用器物、居处器物、香奁器物、燕赏器物、玩戏器物、谷、蔬、木、草、华、果、鸟、兽、水族、昆虫共30类，类下又分细目，凡886子目。是书将当时人们视野所及的“物”尽数纳入这30类中，而原来传统所设有关帝王、州郡、职官、礼仪、政事、刑法、祥瑞、仙释、神鬼这些部类，则全部淘汰。这样，30类全部属于可感的“物”的范畴，而在每一类所立细目的数量上，又大大超过旧有的类书。作者所处的时代，使他增添了大量前人未予重视的资料。这部专题性的百科类书，如它的名字，充满了“格致之学”的博物气息。

下面举几个类目，以见一斑。

乾象类（四卷，凡38目）：为有关天体、气象、律历、时序、物候的资料。如：天、日、月、星、二十八宿、天河、雷电、虹霓、浑天仪、刻漏、测日表、候气等。

坤舆类（六卷，凡44目）：为有关地形地质的资料。如：地、山、海、石、水、泉、瀑布、井、舆地图、地动仪、化石、华表等。

布帛类（一卷，凡38目）：为有关织物织品的资料。如：丝、狩丝、锦、绣、绮、罗、绫、帛、麻布、棉布、火浣布、毡等。

玩戏器物类（二卷，凡38目）：为有关游戏器物及运动、竞技的资料。如：围棋、象棋、弹棋、双陆、骰子、叶子、秋千、拔河、毬、角觝、傀儡、影戏等。

《格致镜原》的体例，有继承，也有创造。在它的每一类下，分设若干条目。一种名物而资料多的，则以总论、名类、称号、纪异等分别标列其首，以为条目。如“坤舆类”“石”就分为总论、详类、古人珍玩诸石、古迹诸石、象形诸石、异石、化石、石异诸条，把有关“石”的大量资料组织得层次条理井然。内容之间相互关联的，就作为附条，放在主要条目之后，如同类“地”这一条，就附有舆地图、地动仪、土圭、罗经、铜表诸条。不足成一类者，则附见于各类之末，如“竹”附于“木类”，“藤”附于草类，“工匠器物”附于耕织器物类。又有一物而分见于两类，如桃花、李花在花类；果类则另立“桃”的总论、详类、异桃和“李”的总论、详类、异李共六条。这是因其范畴不同，互相参见而又各有侧重。

本书编撰十分严谨，所引文献大多直接采自原书，“是书大而连篇，小而只句，必系书名，或偶忘其书，必系某人曰”，很少转抄其他类书。所用版本，多编者家藏旧刻或其婿昆山徐德秩家“传世楼”善本，甚少讹文脱字，是一般类书所不及。但《格致镜原》也有它的局限和缺点，在翔实有用的材料中有时会出现一二条荒诞不经的故事。例如“身体类”血一条，所录几则全是“佞人禄、功人戮、天雨血”“苌弘死于蜀，藏其血三年，而化为碧”之类，远离了“以资实用”的本旨。归类也常有不当之处，如以桥、城、土牛归入“坤舆类”等。

关于《格致镜原》一书的编纂背景以及成书的过程，陈元龙在此书序言中有明确的交代，为什么要编纂这样一部书，陈元龙这样写道：

物有万塞，天地皆物也。知无涯，充吾心，皆知也。一物不知，君子耻之，故格致尚焉。用其物，之谓事；称其物，之谓名；聚其物，之谓类。是故物也者，根柢于三才，变化于五行，蔑不声明昭著，生动活泼，以载道而出，而察于人手、目、口、耳之间，历万世而不尽，世遂习而忘之，溯厥所繇而茫然不知者，众矣。

自然界的一切事物都有其名称和作用，只要有一物不知，便是君子的耻辱，因此通过穷究事物的本质而求得知识，是必须尊崇的准则。世间万物的根源在于天、地、人三才，自然界自有其运行变化的规律，是万世不变存在于人们的感觉之中，现在的人只不过习以为常而忘记了它们的名称和作用，人们不去追溯，所以导致茫然不知。

这就是陈元龙要想编纂《格致镜原》的原因，希望天下的读书人，对天地万物间的事物有所了解。接下来，他在序中进一步写道：

然使因陋就简，沿伪袭缪。曰此固非我所知也，此不知何害也？则博学多识，何以圣人尚从事于此，而子产、茂先又何以称道至今哉！予尝读罗欣《物原》，刘冯《事始》，徐炬《事物原始》及《说原》《纪原》诸籍，皆可以资考稽，或略弗详，或缺未备，欲囊括万有以成一书，而未有暇。

序中提到了几位先辈，都是以博学多才著称于世。陈元龙要想说明的是，博物之学，古代的圣贤是非常重视的。在编著《格致镜原》之前，陈元龙曾认真读过《物原》《事始》《说原》《纪原》等前人著作，但这些著作尽管各有特色，但或略而不详，或缺而未备，都令他不满意。一直以来，他想自己重新编写一部比较完备的博物学著作，只是忙于宦海，没有空余时间。

一直到了康熙甲申年（1704 年），陈元龙因父亲生病，向康熙陈情归养，康熙同意他暂时回家，但给了他一个任务，要求在家侍养期间，完成康熙御定的《历代赋汇》一书的编纂。在编纂此书的过程中，古人辞赋中涉及了大量天文、地理、人事之物，这就萌发了陈元龙编写一部工具书的念头。

所以确切地说，《格致镜原》是《历代赋汇》的副产品，把古人在辞赋中所涉及的物类再加上尚未提及的事物，进行分门别类，形成了洋洋百卷大书。对于曾担任过东宫讲筵，作为康熙及朝臣老师的陈元龙，是对其学问之渊博的一次极大检验。更何况陈元龙当时的藏书大多在京城的家中，在手头工具书不足的情况下，编纂这样一部大型类书，实属不易。

书完成后，陈元龙并未立即刻印，因为当时的主要任务是编纂《历代赋汇》，这是康熙交给他的首要任务，不能喧宾夺主。因此，《格致镜原》书稿在盐官老宅存放了十多年，直至康熙庚寅年（1710 年），陈元龙重召回朝，任翰林院掌院学士，不久又出任广西巡抚。在广西期间，陈元龙发现，当地雕版印刷费用远较江浙、京城廉价，于是书稿决定在桂林开雕。刚完成制版，还来不及印刷，陈元龙又奉诏回京，只好把书版带回盐官家中，一放又是十余年。直到雍正十一年（1733 年），陈元龙 81 岁那年，雍正恩准告老还乡，寓居在盐官隅园（安澜园前身）的陈元龙，才有空重新整理修改。又花了两年时间，于雍正乙卯年（1735 年）正式印刷。从 53 岁开始编写，到 83 岁印成，此书经历了 30 年的时间。陈元龙在《格致镜原》序中最后写道：

予告归林泉，多暇，取而复阅之，虽未尝无阙略，而荟萃以资学者之考稽，较他书稍详备矣。夫子思所谓鸢鱼，释氏所谓黄花翠竹，庄子所谓蝼蚁、瓦甓、稊稗，皆习见闻之物也。不知则如无物，知之则不滞于物，毋谓是书徒语小识小也。闳览博物，君子或有取焉。

陈元龙很谦虚，认为此书还是有阙漏之处，只不过较以前的书稍有详备而已，书中记录解释的条目，大多是鸡毛蒜皮的小物，人们多习以为常，也未必知道它们的名称或作用。读者查阅此书，不要以为这些细小的事物而不以为然，广泛阅读，以备所需，应该会有所收获。

明末清初是中国第一次“西学东渐”时期，西方的科学和技术随着最早的一批传教士进入中国，对长期封闭的中国传统文化开始冲击。事实上，第一次的“西学东渐”，并没有打破中国本土文人认识论的框架，从当时的传统博物学来看，沿袭了 1 000 多年的传统，依然是以博闻强记和有据可考为特征。其中康熙年间的两部博物类著作《康熙几暇格物编》和《格物镜原》，前者是博物学的官方类书，后者则是民间著作，分别代表了当时中国博物学的最高水平。

《格致镜原》是中国传统博物学发展至清代的一个标志，体现了中国传统博物学发展到了清代，既有继承，又有发展。尽管最终随着大规模的西学输入，导致中国传统博物学的终结，但其传统的文化和科学价值依然不容忽视。

举一例说明陈元龙《格致镜原》一书的贡献及博学，关于“茶”这一条，陈元龙收集、引用前人的著作达50余种，内容涉及经、史、子、集。现在都知道的神农尝百草，一日而遇七十毒，神农得茶解毒这样说法，但出于哪部著作，已成悬念。目前出版的《神农本草经》一书，在该书记载的365种中草药中，不仅没有“神农得茶解毒”之语，连“茶”的词条都没有。后来的专家，在引用该语时，大多认为，此说在古本《神农本草经》上应该有的，只是现在没发现，也许散佚了，但都没有明确的证据。而陈元龙《格致镜原》就有明确引录，“《本草》：神农尝百草，一日而遇七十毒，得茶以解之。今人服药不饮茶，恐解药也。”说明陈元龙看到的《神农本草经》版本是有明确记载的。

《格致镜原》出版于1735年，1773年被收入《四库全书》，成为皇家图书馆藏书。在近代科技史上，这部《格致镜原》被称为18世纪的小型百科全书，成为一部古代科学技术的专门性类书。李约瑟在编写《中国科学技术史》时，在提到的参考文献中，他认为《格致镜原》在“专门涉及科学技术史的小型百科全书和类似书籍”中是“最好的”。

《格致镜原》有清康熙五十六年（1717年）海宁陈氏广州刻本、清雍正十三年（1735年）海宁陈氏重印本、清光绪十四年（1888年）上海大同书局石印本、清光绪二十二年（1896年）上海积山书局石印本等。目前有广陵出版社和上海古籍出版社影印本出版发行。

主要著作

1.（清）陈元龙．格致镜原．

2.（清）陈元龙．爱日堂诗集二十八卷．

3.（清）陈元龙．历代赋汇．

参考文献

［1］陈元龙．格致镜原［M］．上海：上海古籍出版社，1992.

著名级数研究学家——陈世仁

1676—1722

陈世仁，字元之，号焕吾，浙江海宁盐官人，清代著名数学家，著有《少广补遗》一卷，专论“垛积之法”，为我国级数研究方面的重要之作。

陈世仁，字元之，号焕吾，出生于清康熙十五年（1676年），浙江海宁人。康熙三十二年（1708年）中举，五十四年（1715年）中进士入翰林院，后辞官返里，侍奉老母。著有《少广补遗》一卷，专论“垛积之法”，为我国级数研究方面的重要之作。另著有《方程申论》六卷，未刊刻。

陈世仁之所以专心研究数学，与所处的家庭环境有一定关系，其叔父陈訏，著有《勾股引蒙》和《勾股述》。同辈中的陈世佶也是一位数学家，著有《弧矢割圆》《少广补遗发明》《开方捷法》《勾股演段》等书。

《少广补遗》是关于垛积问题的专著。乾隆三十七年（1772年）开四库全书馆，四十六年（1781年）据两江总督采进本，收入《钦定四库全书》子部六天文算法类二的算书之中，上写“算书之属”，该书提要说：

其书以一面尖堆及方底、三角底、六角底、尖堆、各半堆等题，分为十二法，复有抽奇、抽偶诸目。盖堆垛之法也。按堆垛乃少广中之一术，与尖锥体、台体相似，而实不同。盖尖堆体、台体外平而中实，堆垛为众体所积，面有崚嶒，中多空隙，故二法相较，烦简顿殊。古《少广》中仅具以边数层数求积数法，亦未有解其故者。至以积求边数层数之法，则未备焉。又其为用甚少，故算家率略而不详。世仁有见于此，专取堆垛诸形，反复相求，各立一法。

陈世仁把“垛积术”列为“少广”。“少广”原是中国古代算法之一，本意是“御积幂方圆”。《九章算术》少广章，李淳风注说：“一亩之田，广一步，长二百四十步。今欲截取其从少，以益其广，故曰少广。”字面意义是保持长方形面积不变，而变换其边长的方法。《九章·少广》包括开平方、开立方、开立圆（球）；虽然求体积问题多在《九章·商功》，但有的也归为“少广”。而“垛积术”在传统上被看作是与求尖锥体体积类似而不同的求积术，正如《四库全书总目提要》所解释的那样。

事实上“垛积术”是我国古代解决高阶等差级数求和的一种方法。等差级数问题的研究在我国出现较早，首见于《周髀算经》（公元前1世纪），其后《九章算术》（公元前1世纪）、《张丘建算经》（公元4世纪）也有不少此类题目。北宋沈括（1031—1095）在其著作《梦溪笔谈》中提出解决长方台形垛积的一般求和公式的“隙积术”，得出正确的二阶等差级数求和公式，南宋杨辉称此术为“垛积”。元代朱世杰把我国高阶等差级数求和问题的研究向前推进了一步，发展成为垛积招差。元明的丁巨、周述学、程大位等都对此问题有所研究，但都没有多少新成果。《少广补遗》一书中的内容有由总和求径数与底数，即求数级的项数与最后一项的数值问题，故陈世仁的研究，是继朱世杰之后四百余年间才取得的重大突破，对我国高阶等差级数研究做出了重要贡献。近人钱宝琮给予高度评价：“其时宋元算书湮没不传，当代畴人无研制垛积术者，世仁自出机杼，独于此学多所发明。所撰书虽止一卷，然以少许胜人多许，亦足以自豪矣。”阮元对陈世仁的成就也给予肯定：“世仁详人之所不详，其用心有足尚已。”

《少广补遗》全书一卷，分为7篇，约13 000字，书末附有“少广补开尖法设如”与“少广补开尖法发原”两部分。

第一篇“准本章平立方圆开三角及诸尖一十二法”。分别是：平尖、立尖、倍尖、方尖、再乘尖、抽奇平尖、抽偶平尖、抽偶数立尖、抽奇数立尖、抽奇偶数方尖、抽偶再乘尖和抽奇再乘尖。共载12个公式。

第二篇“开抽奇抽偶立尖”。分别是：立尖内层数偶者去之、立尖内层数奇者去之、立尖诸层内数偶者去之、立尖诸层内数奇者去之，共载4个公式。

第三篇“准本章带纵诸方开三角及诸尖之半积为三角带一钝角形，诸尖先得径数以法得底数”，分别是：平尖、抽奇平尖、抽偶平尖、立尖、方尖，共载5个公式。

第四篇“开三角及诸尖之半积，先得径数以法算得底数”，分别是：抽偶立尖，本尖内层数偶者去之；抽偶立尖，本尖内层数及诸层内数偶者皆去之、抽奇立尖，本尖内层数奇者去之；抽奇立尖，本尖内层数及诸层内数奇者皆去之；抽奇偶方尖；共载5个公式。

第五篇“开抽偶立尖之半积合尖内奇偶诸层取层内数偶者去之，先得径数以法算得底数”，共载4个公式。

第六篇“开抽奇立尖之半积合尖内奇偶诸层取层内数奇者去之，先得径数以法算得底数”，共载4个公式。

第七篇“准本章多乘方以立尖形律余尖得四法”，分别是：方尖准立尖、抽偶方尖准立尖、抽奇方尖准立尖、立尖还准立尖，共载 4 个公式。

全书共 38 个公式，其中第一篇的 12 个公式是基本的，其余都是这些公式的变形。全书的结构按 5 个最基本公式展开。

（1）平尖：平尖、抽奇平尖和抽偶平尖、平尖半积、抽奇平尖半积和抽偶平尖半积。

（2）立尖：立尖、抽奇立尖和抽偶立尖、开抽奇立尖和开抽偶立尖、立尖半积、抽奇立尖半积和抽偶立尖半积、开抽偶立尖半积和开抽奇立尖半积、立尖还准立尖。

（3）倍尖：仅此倍尖一个公式。

（4）方尖：方尖、抽奇偶数方尖、方尖半积、抽奇数方尖半积和抽偶数方尖半积、方尖准立尖、抽偶方尖准立尖、抽奇方尖准立尖。

（5）再乘尖：再乘尖、抽偶再乘尖和抽奇再乘尖。

以上 38 个公式，其中除“平尖”“立尖”“方尖”等是前人已有的外，其余“倍尖”“抽偶平尖”“抽偶方尖”“抽偶再乘尖”等属于陈世仁独创。

可惜的是，该书对于各类问题只给出解法，没有说明道理，有些题目的解法令人费解。尽管如此，《少广补遗》一书在中国数学发展史中的地位和作用是应肯定的。正因为陈世仁在级数研究方面的开创性工作，到了 19 世纪中期其同乡李善兰又创立了属于微积分的“尖锥术”，并应用了陈世仁首创的名词。

四库馆员们也曾给予公正的评价：“虽图说未具，不能使学者窥其立法之意，而与《少广》之遗法，引伸触类，实於数学有裨，不可以其一隅而少之也。”李俨对该书进行了较为详细的研究，将各类问题逐条翻译为现代数学式子，给后人阅读该书提供了极大的方便。

《少广补遗》一书没有刊本，除了纳入《四库全书》的版本外，尚有几个抄本分别藏于南京图书馆和广东中山图书馆，其中李俨的抄本现藏于中国科学院自然科学史研究所图书馆。

主要著作

（清）陈世仁著．少广补遗．

参考文献

［1］吴文俊，李迪卷．中国数学史大系：第 7 卷 明末到清中期［M］．北京：北京师范大学出版社，2000.

［2］罗见今．陈世仁《少广补遗》对“立尖”的分解［J］．内蒙古师范大学学报（自然科学汉文版），2012，41（4）：428-432.

有清一代著名医药学家——吴仪洛

1704—1766

吴仪洛，字遵程，出生于浙江海盐，迁居海宁硖石，有清一代著名医药学家。著《本草从新》，较汪昂《本草备要》新增草药300种，首载冬虫夏草、太子参等。《成方切用》录时用之方1 100余首，阐释方义，详述加减，是继《医方考》（明）、《医方集解》（清）后又一部较为著名的方论类著作。

吴仪洛，1704年出生于浙江海盐澉浦镇。吴氏乃浙西望族，海宁、海盐各支历代名家辈出。乾隆初年，澉浦吴氏十二世孙吴仪洛举家迁居浙江海宁硖石镇河西街，设利济堂，以行医为业。

吴氏祖辈以官宦或商贾为主，书香门第，家境富裕，且富藏书，良好的家庭氛围使吴仪洛自幼得到较好的文化启蒙。少年时期酷爱“程朱理学”，仰慕刘宗周、高足、张履祥先生，幼年的吴仪洛曾在张履祥先生私塾苦读经史子集与诸子百家，受张先生“格物穷理”“躬行实践”的思想影响至深。幼年的儒家经典教育，为他成人后立身处世奠定了思想基础。科举是古代学子的必经之路，吴仪洛亦不例外，于清雍正二年（1724年）考取秀才，以后科举不顺，便无心于功名，最终彻底放弃仕途，兴趣渐渐转向家藏医书，究心于岐黄之术，萌生“不为良相即为良医”的念头，决定走“济世医人”之路。于是，阅遍家藏书籍后的吴仪洛，又来到宁波“天一阁”藏书楼，研读各类经籍达五年之久。嗣后，又游历湖北、广东、河北、河南等地，行医游学四十余年，终成大家，成为清初一代名医。晚年的吴仪洛，定居于海宁硖石镇利济堂，行医授徒，著书立说，先后完成《医学十种》丛书，其中包括存世的《本草从新》《成方切用》《伤寒分经》，以及散佚的《一源必彻》《四证须详》《杂证条律》《女科宜今》《周易识》《春秋传义》等。

《本草从新》和《成方切用》是吴仪洛最有影响力的著作。

《本草从新》作于乾隆二十二年（1757年），初刻本有吴仪洛自序，写于硖石利济堂：

余先世藏书最夥，凡有益于民用者，购之尤亟。以故岐黄家言，亦多海内希见之本。余自髫年，习制举业时，即旁览及焉。遇有会意，辄觉神情开涤，于是尽发所藏而精绎之，迄今四十年矣。夫医学之要，莫先于明理，其次则在辨证，其次则在用药。其一曰《一源必彻》，其二曰《四诊须详》。于经义病情，必斟酌群言而期于至当也。而又念天之生药，凡以济斯人之疾苦者也。有一病，必有一药，病千变，药亦千变。能精悉其气味，则千百药中任举一二种用之且通神。不然，则岐多而用眩。凡药皆可伤人，况于性最偏驳者乎？自来注《本草》者，古经以下，代有增订，而李氏《纲目》为集大成，其征据该洽，良足补《尔雅》《诗疏》之缺，而以备医学之用。或病其稍繁，踵之者有缪氏之《经疏》，不特著药性之功能，且兼言其过劣，其中多有发明，而西昌喻嘉言颇有异议。最后新安汪氏祖述二书，著《备要》一编。卷帙不繁，而采辑甚广，宜其为近今脍炙之书也。独惜其本非岐黄家，不临证而专信前人，杂采诸说，无所折中，未免有承误之失。余不揣固陋，取其书重订之，因仍者半，增改者半，旁掇旧文，参以涉历，以扩未尽之旨。书成，名曰《本草从新》。付之剞劂，庶几切于时用，而堪羽翼古人矣乎。其余数种，将次第刊布，与有识者商之。

乾隆丁丑岁三月上巳日澉水吴仪洛遵程书于硖川之利济堂

从自序中可知，吴仪洛祖上留下藏书很多，先祖藏书的原则是凡有益于民的书籍，则列为优先购藏，因此，家中所藏以医学类书籍为最多，而且许多是海内罕见之孤本。这为吴仪洛学医提供了良好氛围，也为吴仪洛著书立说创造了得天独厚的条件。

吴仪洛对本草学的研究倾注了很多心血，吴仪洛以前的时代，所有本草著作中，是以明朝李时珍的《本草纲目》、缪希雍的《本草经疏》、汪昂的《本草备要》为集大成。但是吴仪洛似乎并不满意这几部书，认为《本草纲目》"其征据该洽，良足补《尔雅》《诗疏》之缺，而以备医学之用，则病其稍繁"；缪希雍的《本草经疏》，则不特著药性功能，且兼言其过劣；汪昂的《本草备要》，则"卷帙不繁，而采辑甚广，宜其为近今脍炙之书也"，只可惜汪昂不是医家，因此没有临床经验，不临证而信前人，杂采诸说，无所折衷，未免有承误之失。正是这种读书质疑的精神，引发吴仪洛下决心补其不足。为此，吴仪洛重新考证了《本草纲目》，并结合缪希雍的《本草经疏》，在汪昂《本草备要》的基础上，重订而成《本草从新》，将当时在临床中常用之药，或以前本草书上未收入的药物，都收入书中。

由此可见，《本草从新》是吴仪洛在前人基础上修订而成。其内容既有保留也有删减，书中对各药的性味、功用重新做了综述，可谓博采众家之长，并结合自己的经验，扩未尽之旨，切合临床，简明而实用，使本草类著作内容更加翔实。本书刻印后，在近代本草学著作中流传较广并为医家所重，成为现在初学中医药及临床医生的重要参考书。

《本草从新》全书十八卷，卷首为“药性总义”，后分草、木、果、菜、谷、金石、水、火土、禽兽、虫鱼鳞介、人共11部52类，载药720种，其分类方法基本同《本草纲目》。各药论述分为药物性味、主治、真伪鉴别、炮制方法及临床配伍运用等，凡引用资料均有出处。新增草药太子参、冬虫夏草均是被本书首次载入药用。草部专列太子参一条：“太子参（大补元气），虽甚细如参条，短紧坚实而有芦文，其力不下大参。”目前该药已被临床广泛使用。

冬虫夏草记载如下：

冬虫夏草，补肺肾。甘平保肺，益肾止血，化痰已劳嗽，四川嘉定府所产者最佳，云南贵州所出者次之。冬在土中，身活如老蚕，有毛能动，至夏则毛出土上，连身俱化为草。若不取，至冬则复化为虫。

对虫草的产地、形态、功效撰述明确，尤其对其功效的解释，并未像现在那么夸大，很切合实际。由此可知，目前风靡全国，贵如黄金的冬虫夏草竟然是200多年前，为海宁人吴仪洛所发现并列为药用。

吴仪洛的《本草从新》之所以受到后世医家的重视，因为他认为“夫医学之要，莫先明理，其次则在辨证，其次则在用药，理不明，证于何辨？证不辨，药于何用？”他把明医理与辨药性放在同样重要的地位，在这一思想主导下，论药议方时注重以中医基础理论对药物的性能功效进行阐述，尤其重视药物的主治及症状的分析，指明药物治病的机理，以更切合于临床。

吴仪洛在治疗病人时，发现一些不法商人，在药肆中有以假乱真、以次充好的现象，为此吴仪洛大声疾呼，认为此现象断不可行，并把自己丰富的辨药经验写入书中，对易作假、易混杂的药物进行了详尽剖析鉴别，去伪存真，去劣留优，并总结出药品鉴别的四个方面：辨产地，辨形态，辨品种，辨炮制。吴仪洛列举了40余种容易以假乱真的药物给予详细辨讹，这也从侧面反映了吴仪洛实事求是且严谨的治学态度。

《本草从新》成书于乾隆二十二年（1757年），首次刊印后因受到医家重视，分别于乾隆四十三年（1778年）、乾隆五十三年（1788年）、乾隆六十年（1795年）、嘉庆十一年（1806年）及道光、咸丰、同治、光绪年间刊刻出版。据医史学者李经纬先生考证，该书首刊后，到1957年的200年间，刊行次数达51次之多，创了平均不到4年即有一次刊刻印行的记录。在中国医学史上绝无仅有，也算是一个奇迹。

由此可见，《本草从新》是一部很有影响力的著作，它的问世对中药学的发展和贡献为中医药界所公认。根据李经纬的《中医史》记载，当年慈禧太后案头也常备此书，用来检验御医诊疗用药之正确与否。

《成方切用》是吴仪洛一部方剂学著作，成书于乾隆二十六年（1761年），为《吴氏医学述》第4种。通过对本草学的研究，吴仪洛认为前代流传较广的方剂学著作，也存在明显的不足，如明代吴昆的《医方考》与清代汪昂的《医方集解》，都是当时比较有名的方剂学著作，两书虽各有优胜，但亦各有不足。因此，吴仪洛以上述两书为蓝本，据“方有宜古不宜今者”与“医贯变通，药在合宜”的观点指导下，取吴氏、汪氏所辑而增改之，得古今良方1 100余首，取名为《成方切用》，其用意是“所录皆取切于时用之方，而尤期用方者之切于病情也”。与前两书比较，《成方切用》条理明晰，释证详细，学术价值较高，对于方剂理论发展与临床辨证施治更具指导意义。

吴仪洛在《成方切用》一书的自序中，对编撰此书的目的有详细的介绍。

> 《内经》，医之奥旨也。诸方，医之粗迹也。近代时医，相率以方授受，而求经论者无之。舍奥旨而务粗迹，安望其术之神良乎。虽然方亦何可废也，方以立法，法以制宜。譬之工倕，匠心独创，断未有偭规矩而为之者。特神而明之，存乎其人焉耳。古昔方书，得人乃传。扁鹊仓公，皆称禁方，秘不轻授。所以汉时以前，成方绝少，而仲景为方书之祖也。仲景以后，方书充栋，无如制方者日益多，而注方者不少概见。宋成无己始将仲景一百十三方，论而注之，使观者知其端绪，渐得解会，但循文训释，仲景之良法精义，不能尽彻。迄明兴，始有吴鹤皋之《医方考》，因病分门，词旨明爽，海内盛行，但搜采不无阙略。近日汪讱庵仿成氏、吴氏之意而扩充之，采辑古方，名曰《集解》，先详受病之由，次解用药之意，硕论名言，采搜甚富，然不能无承讹袭愆之说，且于新方，总未采录，均未可以语全书也。洛不揣愚陋，取吴氏、汪氏所辑而增改之，得古今良方凡一千一百余首，禀诸经以观其合，订之证以发其微，编为十三卷，题其端曰：“成方切用”。以所录皆取切于时用之方，而尤期用方者之切于病情也。何则？迩来风气浸薄，人之禀受，远不及古，故方有宜古不宜今者。设起仲景于今日，将必有审机察变，损益无已者，而谓录方可不切于时用乎？且病有标本先后，治有缓急逆从，医贵通变，药在合宜。苟执一定之方，以应无穷之证，未免实实虚虚，损不足而益有余，反致杀人者多矣。用方之切于病，岂易易哉！然则如之何而后可？曰：研穷乎《灵枢》《素问》，而经义无不通也。详求夫望闻问切，而证因莫能循也；深悉于气味阴阳，而药性剖其微也。夫然后经之以法，纬之以方，从斯集而合离变化焉，自迎刃而中其肯綮矣。
>
> 乾隆辛巳仲冬月澉水吴仪洛遵程书于硖川之利济堂

《成方切用》卷首为制方总义及《黄帝内经》12方，卷末附“勿药元诠”，介绍历代调神、调息等非药物养生保健法。全书正文12卷，每卷又各分上下，各为一门，共设治气、理血、补养、涩固、表散、涌吐、攻下、消导、和解、表里、祛风、祛寒、消暑、燥湿、润燥、泻火、除痰、杀虫、经带、胎产、婴孩、痈疡、眼目、救急24门。每门开篇有总论，后列诸方，每方先记主治病症，并分析每种病症产生的机理，继出组方用药、剂量与服用法；再论配伍原理，即方论及用方禁忌；最后有方剂加减变通运用方法。

全书在《医方考》和《医方集解》两书的基础上广撷《伤寒论》《金匮要略》《千金方》《三因方》《小儿药证直诀》等书，博采张仲景等各医家之成方论述，以《黄帝内经》制方理论为指导，运用阴阳、五行、精气血津液理论阐述治则治法及方剂配伍变通，重视药物性味归经、功效主治、有毒无毒、炮制方法等与处方用药关系，全书所选之方切合实用，所论所言尽彻良方精义，充分体现出尊古不泥、明体辨用的学术风格，以及博极医源、旁涉百家的医学见解。

吴仪洛强调医方为治法的表达方式之一,一个治方可衍生为无穷之制方，故不可执一定之古方为今之定式。历代名方虽然体现了传统的组方思想，但是临床运用时亦需“审机察变，损益无已”。吴仪洛认为学好成方的原则是精通经义，详求四诊，深悉药性，以法统方，权衡变化。

本书稍晚于《本草从新》，但自问世后，同样备受学者称颂，影响颇大，被后人誉为读完此书，不会再有“医病三年，无可用之方”的感叹了。书中的许多名言警句，如“医贵通变，药在合宜”“苟执一定之方，以应无穷之证，未免实实虚虚，损不足而益有余，反致杀人者多矣”“用方之切于病，岂易易哉！”至今已成了医生的座右铭。

吴仪洛的第三部著作是《伤寒分经》。

《伤寒分经》是吴仪洛所撰《吴氏医学述》第五种，成书于1766年。是吴仪洛一生研读伤寒之学的成果，书中对历代注解《伤寒论》的王叔和、林亿、成无己等人提出了批评，吴仪洛特别推崇方有执和喻嘉言，认为对《伤寒论》发展有杰出贡献。方有执是明代医学家，是注解《伤寒论》的临床大家，对后世影响很大；喻嘉言是明末著名医学家，也是重订《伤寒论》的代表人物。《伤寒分经》就是在喻嘉言《尚论篇》的基础上编次而成，书中注文也多用上述两位医家之说。

《伤寒分经》全书共十卷二十篇。卷一至卷四有十一篇，依次论述了太阳、阳明、少阳、太阴、少阴、厥阴六经病变；卷五有上、中、下三篇，主论春温，以冬伤于寒、冬不藏精、二者同时病发立论；卷六为夏热全篇，主论痉、湿、暍、湿温、霍乱诸病；卷七有上下篇，论脉法，脉法前篇“明脉理之精微”，脉法后篇“示诊法之大要”；卷八为诸方全篇，以《伤寒论》113方分注仲景立法之妙；卷九为补卒病论大意，详论“卒暴中寒”、直中阴经等症；卷十为秋燥全篇，以秋燥病机、证治、医案之辑录，补充完善四时外感证治，以伤寒通括秋燥，补《伤寒论》之未备。本书编著特点是在《伤寒论》条文中加上串解文字，使条文的词语连贯、通畅，条文的含义得到提示、阐发，便于初学者理解、掌握原文的精神，是学习《伤寒论》通俗易懂的入门参考书。

《伤寒分经》的学术特点主要有以下两点：

首先，该书提纲挈领，分经立法统括四时。吴仪洛认为“仲景书，一语可当千百言”，然“仲景立法，独详于冬寒”，而喻嘉言将“冬伤于寒、春伤于温、夏伤于暑热者，四序中主病之大纲”提挈明示，又将“三百九十七法分隶于大纲之下”，编次而纲举目张，阐发则独开生面，是深知张仲景《伤寒论》之真谛的大家。由此，吴仪洛推衍、汇集、发挥喻氏之论，以冬月之伤寒，统领四时之外感，即统领春温、暑湿、秋燥三季主病大纲，又以伤寒六经之太阳经风伤卫、寒伤营、风寒两伤营卫为鼎足三纲，分经立法，统括四时，使外感之伤寒、温病囊括其中，瘟疫、暑湿、中寒、秋燥涵盖其间。尤其是将《秋燥论》纳入《伤寒分经》，并独立成篇，凸显了吴仪洛的有识之见。

其次，全书述而不作，编订《尚论》，阐发《伤寒》。喻嘉言的《尚论》分前后篇，后篇四卷在喻氏生前未曾刊行，去世后由其族人整理，附于《尚论篇》后，于乾隆年间合刊而行。吴氏虽对喻嘉言推崇备至，对其著述极尽溢美之词，但也认为《尚论篇》还存在“白璧微瑕”，稍为更易，可“大畅作者之宗旨”，因“效程子说诗法，为之句栉字比，添细注以联贯而疏明之”。

《伤寒分经》在引述《伤寒论》条文时，突出特点之一就是其中添加串解、注释性文字，这既需要通贯《伤寒》全篇旨意，又需要深厚的训释古文字功底，看似简易，实则不凡。由于吴氏《伤寒分经》全面收录喻氏《尚论篇》并汇辑喻氏《医门法律》《寓意草》之“中寒门”“秋燥论”“会讲语录”“医案问答”等内容，实属“述而不作”之著。但因其编次整理，使喻氏之观点更加明晰和完善，文中细注，使伤寒理论更加通俗易懂，也成就了吴氏《伤寒》之学术平实无华的风格特征。

吴仪洛留下的《本草从新》《成方切用》《伤寒分经》三部医药学著作，是我国中医药文化历史遗产的重要组成部分，也因此奠定了吴仪洛作为有清一代著名医药学家的地位。

1766 年，吴仪洛病逝于海宁硖石利济堂，享年 62 岁。

主要著作

1.（清）吴仪洛著．伤寒分经．

2.（清）吴仪洛著．本草从新．

3.（清）吴仪洛著．成方切用．

参考资料

[1] 吴仪洛．本草从新［M］．上海：上海科学技术出版社，1958.

[2] 吴仪洛．成方切用［M］．北京：人民卫生出版社，2007.

[3] 张胜忠，胡久略，蔡永敏．吴仪洛与《伤寒分经》［J］．浙江中医药大学学报，2013.

温病四大家之一——王士雄

1808—1863

王士雄，字孟英，号梦隐，浙江海宁盐官人，清代温病四大家之一。长期从事中医临床和理论研究，对温病学说的发展做出了承前启后的贡献，尤其对霍乱的辨证和治疗有独到的见解。

王士雄，出生于1808年，字孟英，又字籛龙，号梦隐，一作梦影，别号半痴山人，晚号睡乡散人，斋号潜斋，在著作中又曾自署“海昌野云氏”。后世以字行，故称王孟英。

海宁王氏称为“安化王”，先祖为抗金名将王禀，殉国后，其孙王沆随宋室南渡，迁至临安，袭封安化郡王，赐第盐官。王孟英为安化王氏南渡后第二十七世孙，先祖世居海宁旧仓（今海宁袁花双丰村），至曾祖王学权时期，因钱塘江潮灾频繁，海堤常决，海水倒灌，民生艰难。王学权出于无奈，举家迁于杭州。曾祖王学权是一位饱学之士，《海宁州志稿》称其为“身通百艺”，但后世仅以医传，留下一部医学著作《重庆堂随笔》。祖父王国祥，父亲王升均以业医为生。

王孟英出生于杭州，曾祖王学权为其取的名字。两年后，王学权去世，8岁那年，祖父王国祥去世，14岁时父亲王升去世。父亲临终前，曾告诫王孟英：“人生天地间，必期有用于世”，即希望儿子学医。少年王孟英因家贫，较早承担起养家糊口的责任，14岁便离开杭州，到金华从事盐务，业余时间见习医学。王孟英自幼聪颖，被长辈视为“有夙慧，书一览即领解”，平时性喜“多与医人文友交往”。平日里，白天佐理盐业，至晚上，则“综览群书，夜以继日”。夏天为避免蚊虫叮咬，只能躲在帐内看书，“于是灯燃帐内，顶为之黑”。在这样的艰苦环境下，“孟英之锐志于医也，足不出庭者十年，手不释卷者永处”，通过十年的刻苦攻读，并义务为当地病人治疗，积累起了丰富的临床经验，在离开金华前，年轻的王孟英在当地已颇有名气。

道光十一年（1831年），24岁的王孟英回到杭州，以行医为生。没多久，便凭借自身的医术、学问和人格魅力，在医家林立、名医众多的杭州赢得了声誉，并有了一席之地。从王孟英最早的医案集《回春录》中所记载的医案来看，这一时期，他出诊繁忙，救治疑难杂症不少，得到了杭州及周边地区士大夫阶层的信任。尽管王孟英出生贫穷，为人看病，却从不计较钱财，为穷人治病甚至不收费，被朋友视为一生不积财，善施舍，无余赀，保持了一介书生的纯粹性。好朋友胡荣甫对王孟英做了这样的称赞："临证如神，叙证如绘，佛心仙手，其言蔼然"。在金华期间就与王孟英结为好友的周光远，见证了王孟英近二十年的行医经历，他在为王孟英编辑的第一本医案集《回春录》序言中这样写道：

二十年，活人无算，岂非以用世之才，运其济世之术，而可垂诸后世者哉！

回到杭州不久，王孟英正好遇到霍乱在中国的第二次大流行。第一次霍乱在中国流行时间是1817—1823年，当时王孟英正值少年，曾目睹了霍乱暴发的可怕，"余自髫年，即见此证流行，死亡接踵，然闻诸父老云，向来此证甚稀，而近则常有"，王孟英已经观察到，此病的传染性极强，"一朝卒发，渐至阖户沿村，风行似疫"。霍乱的第二次大流行则发生于1826—1837年，正是王孟英在杭州行医的鼎盛时期。十余年内霍乱反复流行，王孟英都经历了，给了他直接观察、思考和临床实践的机会。通过研究得病后的演变以及治疗后康复或死亡的大量案例，王孟英发现了霍乱的发病规律，并及时总结了治疗经验。王孟英当时救治霍乱病人，成功率极高，正如他自己所说，"此证盛行，经余治者，无一不活"，为当时霍乱的治疗及预防做出了巨大贡献。

道光十八年（1838年），王孟英的好友张洵调任玉环知县，浙江东部缺医少药，张洵邀请王孟英同行，参与当地瘟疫治疗。王孟英在玉环期间，除了为当地百姓看病，利用空余时间，完成了《霍乱论》的编写，成为中国第一部论霍乱专著。此书的问世，距霍乱第一次在中国流行（1820年）仅17年，说明当时以王孟英为代表的温热病学派，对时疫有了预见能力。王孟英因此也成为中国积极探索治疗霍乱的里程碑式人物。

王孟英的另一部不朽著作是《温热经纬》。其实频繁发生于道光年间的时疫，不仅局限于霍乱，当时的瘟疫还包括疟疾、水痘、天花、麻疹、白喉、烂喉痧等急性传染病。到了咸丰元年（1851年），瘟疫再次流行，江浙地区由于人口密集，商贸繁荣，成为全国的重灾区。面对疫病，王孟英寻求古训，尊古而不泥古，又能博采众长，严谨治学，在临床上求真务实，探本溯源，在特定的时代发挥自己的聪明才智，展示了一位临床大家的风采，并创造性地发展了温病学派的学术理论和临床治疗手段，成为后世医家之楷模。除了积极救治外，王孟英还将自己的经验方毫无保留地大量刊印，分发给民众。

在长时间的观察和临床实践后，王孟英有感于前人对于温热病的理论和实践的不足，于是重新梳理了前人的著作，并结合自己新的认识和经验，于咸丰二年（1852年），出版了温热病的论著《温热经纬》。

《温热经纬》全书分为五卷，卷一为《黄帝内经》伏气篇；卷二为张仲景伏气温病篇，前二卷旨在说明经典中对温病理论的认识早有论述，也是先“经”后“纬”之意；卷三是叶天士外感温热篇；卷四为陈平伯、薛生白、余师愚论温热、湿热及疫病，收集了前辈有关温热病的各家学说；卷五为方论，精选各家治疗温病验方 113 首，其中保留了张仲景之经方 50 余首。选方之数是效仿张仲景《伤寒论》，可见王孟英用心良苦，希望《温热经纬》能与《伤寒论》一样成为不朽。《温热经纬》问世以后，被后人称为治疗温热病的“千狐之裘”“百衲之琴”，誉为极具珍贵。至目前，此书仍为广大医家所喜爱，流传甚广，为温病学之基本教材，为医林所重。

作为温病四大家之一，王孟英还是寒凉派的代表人物。对温补派的抨击，贯穿于王孟英的一生。明朝中期以后，中医流派中温补学派盛行，一直到了清朝初期，寒凉派开始崛起，但在临床上，喜好温补的医家依然占据主导地位，病家中喜好温补似乎已经成为习俗。在王孟英看来，此风不但普遍，甚至有泛滥之势。在《回春录》一书中就有批评：“乃世人不知药为治病而设，徒以贪生畏死之念，横于胸中，遂不暇顾及体之有病无病，病之在表在里，但闻温补之药，无不欣然乐从者，模棱之辈，趋竞存心，知其死于温补而无怨悔也。乃衣钵相传，不必察其体病脉证之千头万绪，仅以温补之品二十余味，相迭为用，即成一媚世之方。”当时的社会现状确是如此，清朝经过康乾盛世，国家统一，国力强盛，社会稳定，经济繁荣，是中国古代历史上最后一个太平盛世，史称康乾盛世，这一强盛的社会经济状况一直延续至嘉道以后才渐趋衰落。当时的社会主流，达官贵人，追求奢靡，享受吃喝，沉浸在歌舞升平的太平盛世之中，因此养生好补之风盛行。尽管到了王孟英时代，已是嘉道后期，但此奢靡之风依然大行其道，甚至有过之而无不及。王孟英在稍后的《仁术志》一书中这样写道：“本朝乾纲丕振，雀顶尚红，冠饰朱鹦，口燔烟草，皆为阳盛之象。”这样的社会现状以及百姓所追求的生活方式，必然导致虚火上升，故人患病则以火证偏多。在治疗上，作为医生必须明白，有用的治疗手段不应再火上浇油。从王孟英大量的临床治疗医案来看，尤其是一些危重急症，往往当机立断，摒弃前医思路，改温热之剂为清凉之剂，而每获奇效。

一次遇到一富贵之家公子病危，主人甚至以打擂的方式请来了杭州当地诸多名医，在用温热与寒凉观点上，大家各持己见。在相持不下时，王孟英不惜立下军令状，结果救治成功，用事实回击温补派的高谈阔论。王孟英为此大声疾呼：“甚矣！服药之不可不慎也，富贵之家，可为炯戒。”类似这样的情况，在王孟英一生的医案中比比皆是。凡遇到执迷不悟，最终夭折的病人，他曾多次痛心疾首地说过：“不详勘其兼证，而妄投温散燥补以误事者多矣。”以清凉清淡之剂治疗疾病的风格，贯穿于王孟英一生的医学理念之中。

咸丰三年（1853 年），太平天国战争爆发后，江南大部分地区陷于战乱，杭州及周边城市相继沦陷。咸丰五年（1855 年）夏，王孟英携全家移居海宁路仲长达六年之久。尽管王孟英为杭州名医，平时诊务繁忙，收入颇丰，但他生性豪侠，为穷人看病多不取费用，故平时生活简朴，律己甚严，又不擅理财，无甚积蓄，又适逢战乱，颠沛流离，身无长物。归籍时，按王孟英自己的话说，仅一砚随身。

回到家乡的王孟英，除了热心为乡里乡亲提供医疗服务，还为家乡人民带来了全新的卫生理念。王孟英首先看到的是，海宁处于水乡泽国，水卫生的状况是决定疫病流行的主要因素，这是王孟英对时疫流行长期观察得出的经验。

海宁地处杭嘉湖平原，南临钱塘江，境内河网密布，沟渠纵横，湖泊星罗，是典型的江南水乡。自古以来，水乡居民傍水而居，因水而生，依水而兴，生息繁衍，饮用水一直是以河水为主，日用洗浣、耕作浇灌，都离不开每家每户房前屋后的一条河流，而且人畜不分。海宁濒临钱塘江，受到潮灾影响很大，海水倒灌，水质很差，这些不良习惯和不利条件，对家乡人民的身体健康造成很大影响。于是，王孟英到海宁后的第一件事，便是呼吁凿井取水，把饮用水习惯于河水改为井水。回到家乡不到半年，王孟英便为官府和乡贤提交了一篇调研报告《水乡必宜凿井说》，文中竭力提倡疏浚河道，广凿井泉，改变饮用水的来源。对井泉的选址，开凿的具体方法，井水的消毒等都做了具体的指导。经过王孟英的呼吁，以及官府乡绅的共同努力，海宁凿井取水之风开始盛行，这一习俗一直延续至20世纪80年代。

在海宁的六年，王孟英又完成了一生中的另一部力作《归砚录》。书中王孟英“感身世之沦落，叹时势之艰难”，将自己的归乡过程及交游、诊疗活动如数记载。

在海宁的六年，也是王孟英一生相对安定的时期，直至咸丰十年（1860年），太平军在江南地区势如破竹，继杭州沦陷后，湖州、嘉兴等地相继沦陷，海宁也岌岌可危。王孟英的一些好朋友，如蒋光煦、蒋光焴、钱泰吉等，死的死，逃的逃，无奈之下，王孟英应邻县濮院董耀邀请，再次离家避难濮院，又开始了动荡不安的生活。到濮院不久，适逢霍乱流行，由于王孟英的及时到来，为小镇带去了更好的医疗技术。由于战乱，王孟英在濮院的生活异常艰苦，常忍饥挨饿，普通百姓更是无食可餐，惟“食糠秕以充饥”。此时的王孟英，白天参与诊疗，晚上则在孤灯长夜饥寒交迫之时，写下了又一部力作《随息居饮食谱》。在百姓缺医少药，食不果腹的生活状况下，王孟英写此书的目的在于，让百姓从日常饮食中懂得食物的性味，指导百姓随地取药，随处取食，以求得更多的生存机会。王孟英戏称自己是“画饼思梅”，聊以充饥。因为在长夜昏灯下，饥寒交迫是可想而知的。

《随息居饮食谱》是一部营养和食疗的专著。王孟英一生非常重视药物的使用及食物养生的重要性。在他的《王氏医案》中，有许多应用食疗治病的案例，在食疗方面颇多创见。王孟英认为，以食代药“处处皆有，人人可服，物异功优，久服无弊。”如对伤津液的病人，主张大量频频进梨汁、蔗汁，以其凉甘之性味达到救阴养阴之目的。他称梨汁为“天生甘露饮”，甘蔗汁为“天生复脉汤”，西瓜汁为“天生白虎汤”等。王氏选择食物，配合适当方剂，临床常用以提高疗效。如以橄榄、生萝卜组成“青龙白虎汤”治疗喉症；以生绿豆、生黄豆、生黑大豆（或生白扁豆）组成“三豆饮”以治痘症、明目、消痱、疮疡、泄泻；以漂淡海蜇、鲜荸荠合为“雪羹汤”，以化痰止咳等。

尤为可贵的是，《随息居饮食谱》一书中突出“重水，倡素食”的思想，把水列入首篇，详细论述了各种水在不同使用过程中的优劣利弊，王氏认为，“人可以一日无谷，不可以一日无水”“水为食精”，充分强调水在生命中的重要性，故书中将水饮列为第一。清咸丰年间，瘟疫暴发，霍乱流行，王氏认为，霍乱多与饮水的恶浊有关。故他极力提出要疏浚河道，毋使污积，或广凿井泉，毋使饮浊，普及民众对洁水使用的常识。王氏还从养生出发提倡“素食”，多食时鲜蔬果，对黄豆芽、绿豆芽、蚕豆、豆豉、豆腐等贫富皆宜之类极力赞赏，而讥讽世俗“孳于肉食”“不敢淡泊”。书中还介绍了不少种子和坚果类食物，这些观点很符合目前我国国情的膳食。

继《随息居饮食谱》完成之后，王孟英在濮院还写了一部《鸡鸣录》。顾名思义，为凌晨鸡鸣之时所作，其名取于《诗经》之“风雨如晦，鸡鸣不已。既见君子，云胡不喜”。意为在风雨交加，天色昏暗的凌晨，雄鸡啼叫不止。比喻在黑暗之中喜迎光明的到来，这也是王孟英对前景的憧憬。

《鸡鸣录》是一部提供简易自疗方法的方书，所列方剂大多取材容易，制作简单，体现了“处处皆有，人人可用”的理念。《随息居饮食谱》和《鸡鸣录》被后世认为是养生学的重要著作。在缺医少药和战乱的年代，王孟英非常重视“人以食为养”的养生理念，因此食物与养生始终成为王孟英最为关注的问题。王孟英的许多食物养生的观点，至今已经受到越来越多的认可。

王孟英在濮院居住的一年多时间里，海宁、濮院也相继沦陷。王孟英又应朋友邀请避难上海。其时当地正遇霍乱大流行，上海的医生需要他，上海的病人更需要他。

同治元年（1862 年）五月，王孟英只身先到上海。到达上海后，王孟英对所看到的第一印象，做了这样的描述：“此地曾遭兵燹，不但沧海渐变桑田，中原宛如外国，二十年来，开辟日甚，商舶鳞集，而江浙之幸免于难者，率避于此，帆樯林立，踵接肩摩，弹丸小地，居然成一大都会矣”。在繁华的表象下面，王孟英很清醒地看到了一个非常恶劣的环境，“然人烟繁萃，地气愈热，室庐愈盛，附郭之河，藏垢纳污，水皆恶浊不堪。今夏余避来游，适霍乱、臭毒、香痧诸证盛行，而臭毒二字，切中此地病因，奈医者茫然。”

发生于同治元年（1862 年）的这次霍乱，其程度与范围都较前几次更为严重和广泛，尤其是上海，人口稠密，加上战乱频繁，人口流动致使传播极速。当时上海医生不足，也毫无思想准备，以至于束手无策。由于王孟英的及时到来，上海正在流行的霍乱有了专业的治疗医生。在重大灾情面前，由于缺医少药，或是误诊误治，导致霍乱的死亡率大增。因此，有朋友大声呼吁，建议王孟英重订《霍乱论》，以传播霍乱的预防和治疗知识。王孟英在上海新结识的朋友金簠斋愿意出资出力，帮助重新刊印。不久，王孟英的几位好友也相继患霍乱去世，这更激发了他重印此书的决心，经过五个多月的努力，于同治二年（1863 年）正式完稿。这次王孟英在原书的基础上，根据近二十多年的经历和思考，增加了不少临床方面的内容，对于霍乱的流行，在认识和治疗上，较前有了更大的提升。尤其认识到水质的恶化与霍乱的流行有着密切的关系，进而希望通过官府与社会的共同努力，清理河道，消毒饮水，敛埋暴露的人畜尸体，扫除秽恶等，强调了环境卫生对霍乱预防的重要性，这些理念与现代预防疫病的观念基本一致。重新修订的《霍乱论》，已经基本具备了较为完整的霍乱理论与治疗体系，尤其是对疾病防控的观念，在当时的认识上确实是卓越超前的。

在上海，王孟英除了治病、著述，还将自创的救治霍乱经验方"黄芩定乱方"，刻印张贴，广为分发，起到了救治更多病人的作用。这期间，王孟英还将自己治疗病人的经历记录在案，成为王孟英一生中最后一部著作《乘桴医影》，可惜只是未尽之稿。

同治二年（1863 年）五月二十六日（公历 1863 年 4 月 20 日），王孟英不幸染上霍乱，因没有得到及时救治而去世。

纵观王孟英的一生，医德高尚，医术精湛，忙于诊疗，勤于著述。一生南北奔走，疗疾无数，遇瘟疫危疾，毫不畏惧，竭力图治。他学识过人，独具热肠，凡遇危重患者，从不轻言放弃。他诊治的病人，如经其他医生治疗无效，也绝不乘机诋毁前医而借机抬高自己，这样的医德操守在其医案中随处可见。王孟英知识渊博，极富才华，一生著作等身。据《全国中医图书联合目录》统计，王孟英的著作及评注参订他人之作有 33 种，是一位非常勤奋的医家。正如好友管庭芬在日记中初次见到王孟英时所记："人极儒雅，著述甚富"。最后以王孟英悬挂在自己书房的一副对联"精神到处文章老，学问深时意气平"，作为结语，可谓言近旨远，儒医渊深。

主要著作

1.（清）王孟英．温热经纬．
2.（清）王孟英．随息居重订霍乱论．
3.（清）王孟英．回春录．
4.（清）王孟英．仁术志．
5.（清）王孟英．王氏医案三编．
6.（清）王孟英．归砚录．
7.（清）王孟英．潜斋简效方附医话．
8.（清）王孟英．四科简效方．
9.（清）王孟英．随息居饮食谱．

10.（清）王孟英.鸡鸣录.

11.（清）王孟英.女科辑要按.

12.（清）王孟英.古今医案按选.

13.（清）王孟英.医砭.

14.（清）王孟英.言医选评.

15.（清）王孟英.校订愿体医话良方.

16.（清）王孟英.柳州医话良方.

17.（清）王孟英.洄溪医案按.

18.（清）王孟英.乘桴医影.

参考文献

[1] 钱菁著.大国医王孟英传[M].杭州：浙江人民出版社，2019.

中国近代科学先驱——李善兰

1811—1882

李善兰，字竞芳，号秋纫，浙江海宁硖石人，清代著名数学家、中国近代科学的先行者。长期从事数学研究，在中国传统数学垛积术基础上，发明了“尖锥术”，提出“对数论”；创造出解决三角自乘垛求和问题的恒等式，被国际数学界命名为“李善兰恒等式”。

李善兰，出生于1811年，原名李心兰，字竞芳，号秋纫，别号壬叔，浙江海宁硖石人。李善兰出生于书礼之家。父亲李祖烈是当地名儒，家富藏书，不求闻达，母亲则是横山脚下的望族崔家崔景远之女。李善兰的外伯祖宋樗里是海宁的一位乡绅，也是当时著名的诗坛领袖，从小为他打下了很好的诗学基础。所以，李善兰长大后不仅是一位数学家，也是一位诗人。

李善兰资禀颖异，勤奋好学，所读诗书，过目成诵，但对科举并不十分热衷。少年时代喜欢写诗，一直到老都保持这个习惯，一生留下不少诗作。少年时代，李善兰生活很悠闲，家庭没有给他太大的科举压力，可以自由读书、作诗、交友、游玩，自由自在地生活，这养成了李善兰“吃喝玩乐”的习惯。他酒量很好，棋也下得不错，从《曾国藩日记》和《曾纪泽日记》中可知，他在曾府做幕僚时，常陪曾国藩父子喝酒、下棋。年轻时的李善兰在家乡有许多诗友，如与管庭芬、钱泰吉、蒋光煦、蒋光焴、蒋仁荣、许梱、许光清等名流，似乎都有过深切交往。诗酒琴棋毕竟只是爱好，读书则是古代年轻人唯一的出路，在自幼的启蒙教育中，李善兰则显示出了数学方面的天分。10岁时，李善兰发现父亲的书架上有一本《九章算术》，自学后感到十分新奇有趣，从此迷上了数学。李善兰晚年回忆自己如何迷上数学时说的话写在了《则古昔斋算学》一书的序言中：善兰年十龄，读书家塾，架上有古《九章》，窃取阅之，以为可不学而能，从此遂好算。这应该是李善兰爱好数学的开始。

《九章算术》是我国流传至今最古老的经典数学著作，成书于西汉时期。书中收集了246个算术题目的解法，其中的负数、分数计算、一次方程解法等，都是具有世界意义的成就，此书在数学理论方面也有不少新的创新。长期以来，《九章算术》成为具有古代官方性质的数学教科书，就是这本书引领李善兰步入了数学殿堂。

15岁那年，李善兰又通过自学，读完了欧几里得《几何原本》前六卷，这是明末徐光启与利玛窦合译的古希腊数学名著。欧氏几何严密的逻辑体系，清晰的数学推理，与偏重实用解法和计算技巧的中国古代传统数学思路迥异，开拓了少年李善兰的思路。在《九章算术》的基础上，又吸取了《几何原本》的逻辑体系和数学推理的思维方式，进一步奠定了他的数学基础。

李善兰虽自少年即习举子业，但终究无心科考。几年后，作为州县的生员，李善兰到省府杭州参加乡试而落第。他在《则古昔斋算学》自序中说："于辞章训诂之学，虽皆涉猎，然好之总不及算学，故于算学用心极深。"在杭州考试的这段时间，他留意搜寻各种数学书籍，买回了李冶的《测圆海镜》和戴震的《勾股割圆记》，认真研读先辈数学论著，使他的数学水平有了更大提高。

少年时期的李善兰，在家乡流传了不少因研究数学发愤到痴迷的故事。有一个故事说，少年李善兰日夜研究数学，即使夜里躺在床上，脑子里还在不停地运算数学题目，一旦有了新的发现，立即起来记录，一时找不到纸张，便用笔写在蚊帐上，以至于满蚊帐都是"墨痕累累"。

还有一个故事，说的是李善兰每到月夜，总要坐到屋顶上去，观察天际星象，有时夜深了，就在屋顶上迷迷糊糊地睡着了。一个夏天，邻居听到屋顶上有人，大喊有贼，不料走下来的是李善兰，虚惊一场。

更有离奇的故事，说的是新婚之夜的李善兰，在拜堂之时却找不到人了，大家都焦急去找。两位弟弟心知肚明，在顶层阁楼的天窗前，找到了正在全神贯注观察天象的李善兰，全然忘了下面大堂那么多人在等他拜堂成婚。

这些传说中的故事，尽管有些夸张，但都是说明青少年时期，李善兰痴迷于数学的执着和毅力。当时的李善兰，对数学和天体星象的推算，已具备了很强的逻辑思维能力。

还有一个故事很能说明少年李善兰是个天才。一次，几位朋友一起外出游玩，李善兰却带着雨伞，因当时天气晴朗，大家还嘲笑他，而李善兰不以为然地说："等一下会下雨。"等到归时"果已风雨交作"，这是李善兰通过观察和预算，准确地测算出天气的变化。

青年时期的李善兰曾二次参加过科举考试，由于沉浸于数算运算的思维方式中，因不擅长于八股文式的应试考试，当然是无功而返。李善兰的兴趣也不在于官场，继续沉迷于搜寻和研读数学书籍。这段时间，李善兰重点研读了元朝数学家李冶的《测圆海镜》和清代戴震的《勾股割圆记》。这两本书对李善兰的影响很大，尤其是李冶的《测圆海镜》，是一部天元术讨论几何问题的专著。所谓"天元术"，是一种半符号式代数，其实就是现代数学当中的列方程的方法。这一数学思想对李善兰一生也有很大影响。晚年的李善兰在北京同文馆任算学总教习时，把《测圆海镜》作为同文馆教材，在67岁那年，为《测圆海镜细草》12卷作序，由同文馆出版印行。

戴震的《勾股割圆记》，尽管此书的数学成就并不高，但因戴震的著作初具了西方算学的内容，这对李善兰年轻时服膺"西学中源说"有很大的启发。

> 道光二十五年（1845年），46岁的李善兰因生活所迫，来到嘉兴陆费家设馆授徒，得以与江浙一带同样研究数学的学者顾观光、张文虎、汪曰桢等人相识，他们经常在一起讨论数学问题。此间，李善兰有关于"尖锥术"的《方圆阐幽》《弧矢启秘》《对数探源》等著作问世。稍后，又撰写了《四元解》《麟德术解》等。咸丰元年（1851年），李善兰与著名数学家戴煦相识。戴煦在《外切密率》自序中称："去岁获交海昌壬叔李君……缘出予未竟残稿请正，而壬叔颇赏予余弧与切割二线互求之术，再四促成。今岁又寄扎询及，遂谢绝繁冗，扃户抄录，阅月乃竟。嗟乎！友朋之助，曷可少哉？"两位数学家之间在学术上相互切磋，取长补短，共同提高。据李善兰嗣子崔敬昌作的《李壬叔征君传》中也说道："与数学家罗士琳、徐有壬之间同样也是'邮递问难，常朝覆而夕又至'。"

咸丰二年（1852年）夏，李善兰离开嘉兴来到上海，任职于上海墨海书馆。墨海书馆创立于1843年，是上海开埠以后建立最早的新式出版机构，主要从事西方科技著作的翻译出版工作。这前后八年，成为李善兰一生中的非常时期。在此期间，李善兰结识了不少西方的传教士及科学家，他把自己的数学著作给来华的外国传教士展阅，受到伟烈亚力等人的赞赏，从此开始了他与外国人合作翻译西方科学著作的生涯。李善兰与伟烈亚力翻译的第一部书，是欧几里得《几何原本》后九卷。在译《几何原本》的同时，他又与艾约瑟合译了《重学》二十卷。其后，还与伟烈亚力合译了《谈天》十八卷、《代数学》十三卷、《代微积拾级》十八卷，与韦廉臣合译了《植物学》八卷。以上几种书均于1857—1859年由上海墨海书馆刊行。后来，李善兰在曾国藩幕府时，《几何原本》一书受到曾国藩的极大重视，他把徐光启、利玛窦合译的前六卷与李善兰、伟烈亚力合译的后九卷并为一书，成为我国第一部《几何原本》的全译本，曾国藩亲自写序。此书问世后，受到当时中国知识界的极大欢迎，给中国学术界带来了一种全新的理念和方法。

《重学》是一部关于力学的著作。力学对于晚清时期的中国学术界来说，是一个十分陌生的领域，被认为是西学中最为深奥的学科。牛顿的力学定律就是通过此书第一次介绍到中国。

在《重学》的序言中，李善兰写道：呜呼！今欧罗巴各国日益强盛，为中国边患。推原其故，制器精也；推原制器之精，算学明也。曾、李二公有见于此，亟以此付梓。上好之，下必有甚焉者。异日人人习算，制器日精，以威海外各国，令震慑，奉朝贡。这段话成为李善兰最为著名的言论，至今被广为传播，这也是中国知识分子最早的科学强国之心声。

《代数学》是李善兰与伟烈亚力合译的另一部英国数学家的著作，是第一部介绍西方符号代数学方面的书。此书对于中国数学家来说，有着不少新的内容。如第一次讲到虚数、数列极限、无理数、无穷级数等概念。李善兰在翻译过程中，创立了许多新的概念、新的名字和新的符号，这些源于西文中的概念，经过李善兰的再创造，成为现今的通用词汇。如代数学、系数、根、方、方程式、函数、微分、积分、几何学、横轴、纵轴、无穷、极大、极小等，包括一些特殊的数学符号，都流传至今未改。此书刊印不久，由日本数学家翻译后传入日本，并广为传播，不少代数名词也被日本沿用至今。

《代微积拾级》译于 1857 年，是李善兰最为重要、影响最大的译著之一，也是中国第一本微积分教材。《代微积拾级》的翻译出版，标志着西方高等数学传入中国。《代微积拾级》并非数学研究专著，而是美国的一本大学教材，作者罗密士说："本书不是为数学家而写，也不是专为有数学天赋或数学爱好者的学生做准备的，而是面向中等能力的多数大学生们。"这也是李善兰决心翻译并介绍给中国知识分子的原因。至于为什么取这个书名，李善兰在序言中解释说："是书先代数，次微分，次积分，由易而难，若阶级之渐升。译既峻，即名之曰《代微积拾级》。"先易后难，像台阶一级级攀登，期望读者拾级而上，所以名为"拾级"。作为中国第一本微积分教材，该书出版后，立即在知识界引起了巨大反响，迅速流传，好评如潮，被称之为"极古今未有之奇萃，中外一家之盛"。成为晚清书院唯一的微积分教材。

《谈天》出版于咸丰九年（1859 年），也是跟伟烈亚力合译。原著是英国天文学家赫歇耳的一部天文学名著，原名《天文学纲要》，李善兰把它译为《谈天》，显然是照顾到了中国人的阅读习惯。中译本共有十八卷，分四本出版。全书正文之前有李善兰、伟烈亚力序言各一篇，凡例一篇。各卷名称依次为：论地、命名、测量之理、地学、天图、日躔、月离、动理、诸行星、诸月、彗星、摄动、椭圆诸根之变、逐时经纬度之差、恒星、恒星新理、星林、历法，并有附表一卷。其中"命名"卷专门解释天文学概念，可以说是第一本天文学名词词典。《谈天》极力宣传哥白尼的"日心说"，它的出版给中国人带来了新的天文学知识，确切地说，中国老百姓对天体的科学认识，就是肇始于李善兰的《谈天》。

《植物学》在李善兰的译著中，也是一部颇有特色的著作。全书八卷，却只有寥寥

35 000字，不过是一篇论文的规模，但各种插图却有242幅，这在当时是较为少见的。《植物学》译著是中国科学发展史上具有标志性意义的重要著作。在此之前，西方植物学中的许多术语在中文中是没有的，这就意味着在翻译时必须创译一大批新的名词术语。李善兰在这里又一次表现了他的深厚学术造诣和卓越的语言天赋。除了极少数原产于外国的植物名称只能采用音译外，《植物学》的名词术语大多是李善兰所创译，如植物学、细胞、萼、瓣、子房、胚等专用名词，以及分类学上的许多科名，如伞形科、石榴科、蔷薇科、豆科、菊科等，都是在《植物学》一书中首次出现，并沿用至今。一个从未接触过现代植物学的传统学者，第一次翻译西方植物学著作，所创译的专用名词术语能被沿用至今，这不能不让人惊叹李善兰的语言和科学天赋。

在上海时期，李善兰除了与西方学者合译了不少外国数学、物理方面的著作外，自己在数学研究上也取得了很大的成就。李善兰在数学上的最大成就是他独创的尖锥术。“尖锥术”是一种确定面积或体积的普遍运算法，进而用以解决级数展开、对数计算之类的重要问题，初步具备了西方微积分的雏形。李善兰的尖锥术，解决了当时数学研究中的不少实际问题，处于数学的领先地位，表明在西方微积分没有传入中国之前，中国的数学家也会通过自己的特殊方法，用传统的思维方式解决用西方微积分才能解决的问题。尖锥术的运用基本上完成了从初等数学到高等数学的转变。

同治元年（1862年），李善兰应曾国藩之邀，与著名化学家徐寿、数学家华蘅芳一起入幕，被“聘入戎幄，兼主书局”。他一到安庆，就拿出“印行无几而板毁”于战火的《几何原本》等数学书籍，请求曾国藩重印刊行，并推荐张文虎、张斯桂等人入幕。他们同住一处，经常进行学术讨论，积极参与洋务新政中有关科学技术方面的活动。同治三年（1864年）夏，曾国藩攻陷太平天国首都天京（今南京），李善兰等也跟着到了南京。他再次向曾国藩提出刻印他所译、所著的数学书籍，得到曾国藩的支持和资助。与此同时，在南京开办金陵机器制造局的李鸿章，也资助李善兰重刻《重学》二十卷，并附《圆锥曲线说》三卷出版。

同治五年（1866年），清政府在京师同文馆内增设天文算学馆，经广东巡抚郭嵩焘上疏举荐李善兰为天文算学总教习，到京后他开始转向数学教育和研究工作。直至1882年逝世。他从事数学教育十余年，其间审定了《同文馆算学课艺》《同文馆珠算金踌针》等数学教材，培养了一大批数学人才，是中国近代数学教育的鼻祖。据崔敬昌《李壬叔征君传》所载，李善兰一生所教授的学生先后百余人。口讲指画，十余年如一日。诸生以学有成效，或官外省，或使重洋。知名者有席淦、贵荣、熊方柏、陈寿田、胡玉麟、李逢春等。李善兰在北京期间，即被钦赐中书科中书，后加内阁侍读衔，再升户部主事、员外郎、户部正郎、广东司行走、总理各国事务衙门章京等职。一时间，京师各“名公巨卿，皆折节与之交，声誉益噪”。但他依然孜孜不倦地从事京师同文馆教学工作，并埋头进行学术著述，1872 年发表《考数根法》，1877 年演算《代数难题》，1882 年去世前几个月，“犹手著《级数勾股》二卷，老而勤学如此”。

李善兰精算历亦善诗，年轻时曾与故里蒋仁荣、崔德华等亲朋好友结社吟诗，与蒋光煦、管庭芬等名流，分韵唱和。《管庭芬日记》中载有他《咏秋花》二律。其一《芦花》：瑟瑟萧萧滚作团，惯藏鸥梦与鱼竿。白云两岸迷清影，秋水一江摇薄寒。好共飘蓬分聚散，却迎归雁慰平安。羡他古渡寻诗客，映入吴枫着意看。”其二《蓼花》：“淡借斜阳照碧流，乱红萧散任沉浮。参差萍末三分艳，点缀荷塘一段秋。凉浸烟波堪入画，冷支风露不知愁。怜渠细蕊娇如粟，不见渔娅插满头。俨然是一位诗人的咏秋佳作。

李善兰通过自己的刻苦钻研，将西学的思维逻辑与中国传统思路相结合，使他的数学造诣日益精深。在 19 世纪 40 年代，近代西方数学尚未传入中国的前提下，李善兰异军突起，独辟蹊径，大胆创新，发明了尖锥术，具有解析几何的启蒙思想，得出一些重要积分公式，创立了二次平方根的幂级数展开式，研究各种三角函数、反三角函数和对数函数的幂级数展开式。李善兰的主要著作除了上述介绍的译著外，尚有《方圆阐幽》一卷、《弧矢启秘》二卷、《对数探源》二卷、《垛积比类》四卷、《四元解》二卷、《麟德术解》三卷、《椭圆正术解》二卷、《椭圆新术》一卷、《椭圆拾遗》三卷、《火器真诀》一卷、《对数尖锥变法释》一卷、《级数回求》一卷、《天算或问》一卷。以上 13 种于 1867 年，在曾国藩的资助下于南京刊印出版，名为《则古昔斋算学》。其他还有《考数根法》《测圆海镜解》《测圆海镜图表》《九容图表》《粟布演草》《同文馆算学课艺》《同文馆珠算金踌针》等多种。

李善兰的数学成就主要有尖锥术、垛积术、素数论三项。这些成就使李善兰成为中国近代著名的数学、天文学和力学家，是 19 世纪中国数学界的杰出人物。

主要译著

1. 棣麋甘．代数学［M］．李善兰，译．
2. 罗密士．代微积拾级［M］．伟烈西加，译；李善兰，笔述．
3. 胡立威．重学［M］．李善兰，译．
4. 侯失勒．谈天［M］．伟烈亚力，李善兰，合译．北京：商务印书馆，1930.
5. 欧几里得．几何原理［M］．徐光启．伟烈亚力．李善兰，合译．北京：商务印书馆，1936.
6. 韦廉臣．植物学［M］．艾约瑟辑，译；李善兰，笔译．上海：上海交通大学出版社，2014.

主要著作

1. 李善兰 . 粟布演草 2 卷补 1 卷［M］. 丁取忠在，左潜述撰 .
2. 李善兰 . 九容图表［M］. 京师同文馆 .
3. 李善兰 . 火器释要［M］.
4. 李善兰 . 火器真诀释例［M］. 湖北抚署 .
5. 李善兰 . 测圆海镜解［M］. 算学书局 .
6. 李善兰 . 则古昔斋算学十三种［M］. 上海：上海古籍出版社，1996.

参考文献

［1］杨自强 . 学贯中西李善兰传［M］. 杭州：浙江人民出版社，2006.

中国早期著名铁路工程专家——徐骝良

1878—1942

徐骝良，浙江海宁硖石人，著名铁路工程专家，毕业于法国塔贝尔大学和巴黎工程大学，长期从事铁路建设，为开拓中国铁道事业做出了重要贡献。

徐骝良，又名徐策、徐张策（兼母姓），谱名积鑫，号励身，浙江海宁硖石人，出生于清光绪四年（1878年）农历七月十五日（公历8月13日）。1895年，徐骝良参加科举系统的初级考试，名列海宁考生“府榜”第13名。1897年12月，徐骝良以正取第二的成绩被江南储材学堂录取。江南储材学堂是甲午战争后兴办的颇有特色的学堂，由时任两江总督的张之洞在1897年6月筹建完成，校址设在“金陵仪凤门内三牌楼地方”。学堂创办之初，就把选派学生出洋深造作为培养优秀人才的重要途径，志在“俾育人才而济实用”，专门培养实政人才。

徐骝良随即留学法国，1900年毕业于法国塔贝尔大学工科专业，后又入巴黎工程大学校函授铁路建筑专业继续深造。

回国后，徐骝良先后担任津浦铁路工程师，浙江铁路、陇海铁路、浙赣铁路常玉段、平汉铁路等工程总工程师，从勘察、测量、设计到施工，无不亲临现场，身体力行。徐骝良心中时时刻刻想着国事公事，不谋私利，不怕权势，常常为坚持科学而敢于顶撞上司，从而得了一个“徐铁头”的绰号。

徐骝良一生追求变革思想，为人正气。辛亥革命之前，作为同盟会会员参加了孙中山领导的革命工作。他负责组织和领导铁道大队，并任命里人朱起凤为秘书，随同孙中山北伐。光绪三十一年（1905 年）浙路公司筹建当时的苏杭甬铁路，即后来的沪杭甬铁路时，为避开塘栖至嘉兴之间的小轮往来要道，改由艮山门越笕桥、临平、长安、斜桥、硖石、王店达嘉兴。此线路客货殷阗，长安离盐官、石门、平湖亦近，况且硖石是浙西第一镇，地居上河，施工建设土方较省。

在内忧外患之际，铁路建设费资尤巨。徐骝良带头募股一万元，各界人士亦纷纷认股，筹足资金，使沪杭铁路顺利于宣统元年（1909 年）7 月建成通车。海宁境内设硖石、斜桥、周王庙、长安、许村 5 个车站。

宣统二年（1910 年），徐骝良代表邮传部出席万国铁路公会第八次大会，并周游欧洲 10 多个国家，考察和研究各国的铁路工程。从欧洲考察归来后，随即创办铁路讲习所，为国家培养铁路工程人才。宣统三年（1911 年），徐骝良又组织浙江北伐军海宁铁道大队。到南京后，编为陆军第三师交通团铁道营。

徐骝良长年在外工作，很少回故乡。1916 年，袁世凯称帝，他因追随孙中山参加“讨袁护国”运动，被袁世凯指名通缉，不得已回到家乡暂避。在硖石，他看到通往火车站的道路不便，就自己出资造了一座水泥桥，命名花园桥，以方便行人。此桥在今市区河西路北端。

1926 年，徐骝良在陇海铁路工作时，因军阀混战，战事频繁，从连云港市海州区至徐州测量线路时碰到很多困难。那时四面荒凉，盗匪出没无常。他不怕艰苦，冒着生命危险出去测量和勘察线路，时常受惊受伤。有一次，徐骝良骑的那匹白马单独跑了回来，原来是徐骝良受了伤，困在高粱地里过夜，工友们跟着那匹白马前去寻找，才把他找回来。

陇海铁路穿越江苏、河南、陕西、甘肃四省。西北沿线多山，要打通许多隧道，工程十分艰巨浩大。在勘察、测量、设计并编制工程预算呈送铁道部后，因经费困难，无法动工。他认为这是一条沟通我国东西交通的大动脉，对国家发展关系重大，因而和章笃臣等几位留法同学相商，帮助政府向法国贷款建造。在他的努力下，政府得到法国贷款，终于把这条铁路建成。为沟通陇海铁路同上海的水陆联营，他曾在连云港试办一个庞大的联运公司，以利物资交流。

与此同时，他还兼任津浦铁路工程师。津浦铁路常被战火破坏，为支援北伐军北上，做好交通运输准备工作，他不惜冒着战火，坐在火车头后面的煤堆上，亲自去各地视察和抢修。后来沿线职工大都逃离失散，吃都成了问题，交通又断断续续，没有火车，他就利用手压车（一种用人力压行在铁路上的手摇车）深入施工现场，抢修被破坏的路段。直到炮火迫近，无法抢修，才于 1926 年底，与两位工友用手压车沿津浦铁路南下到达浦口，转道上海回到硖石。

在担任浙赣铁路常玉段总工程师时，他差一点断送了性命。因为建造铁路必须经过农田、坟地、住屋等地方，江西玉山县有些迷信固执的人以为造铁路要破坏风水，竟将徐骝良打成重伤并休克，经抢救才脱险。常山县当局逮捕了凶手，将其处以刑罚。徐骝良苏醒后，却不记仇，反而出面为闹事人讲情，要求当地政府不要处死闹事人，免去肇事者的刑罚。后来浙赣铁路通车，徐骝良应邀参加通车典礼，还会见了当年打他的凶手。对此，原铁道大队秘书朱起凤有诗曰："海外归来历暑寒，伫看威武振桓桓。名声已向鳣堂著，伟绩还从虎帐看。吹到春风百草绿，驱除北虏万民安。常山功绩碑犹在，祷祝长才主敦槃。"徐骝良胸襟之大，难能可贵，令人钦佩。

1935 年，南京城防工程需要土木专家，参谋部要铁道部推荐一位有专业经验的工程师。铁道部说："人是有一位，就是年纪大一点，而且有脾气，绰号'徐铁头'。"就这样，徐骝良被聘为南京城防工程师，参与设计修建南京城防地道的工程。此项工程由南京城内富贵山通到城外紫金山，地道内造有进出汽车的通道、蓄水池，还有亭楼。工程规模浩大，必须计算精确，才能两头会合打通。工程需要大量人力，他即回乡动员了几千人去南京参加施工。

1937 年抗日战争全面爆发，他意识到必须加紧施工，日夜坚持在现场。隧道及时竣工，给后来我方撤离南京以极大方便。在撤离时，徐骝良自己却没有先走，1937 年 12 月 13 日，南京沦陷的当天上午他还前往工地，直到下午才仓促地从工地去下关，离开南京，致使他和家属失散。几个月后，徐骝良才在湖南岳阳与家人取得联系。之后，又经贵州去重庆，在重庆办理了南京城防地道工程的结束工作。

1938 年，徐骝良前往云南昆明，后出任川滇公路管理处督察工程师。这是一条为了抗战军运需要，急需建筑的重要公路。该公路由四川泸州到云南昆明，是一条艰险多山的公路。不久，管理局由昆明迁到贵州毕节，当地生活条件很差。

1941 年夏天，川地酷热，在泸州为抢修一条便桥，已年过六旬的徐骝良，在骄阳下不停地跑着、测着，导致中风，致使右手不能动弹。在毕节养病一年多，他还试着用左手继续写作。由于当地缺医少药，又缺乏精心护理，徐骝良再次中风，18 天不能开口，不幸于 1942 年 12 月 22 日逝世，享年 64 岁。1994 年，归葬于海宁殳山公墓。

徐骝良博学多识，一生著作不少。1914 年所写《全国铁路线意见书》曾获交通部二等奖。所著的《子午历》是他多年研究历法的心得。只可惜其他著作都在战乱中散失。

徐骝良品格高尚，为人正直，不谋私利，虽然长期在铁路工作，其家属从来不免票乘车，他本人私事外出，也照章买票。他乐于助人，热心教育事业。当年他月薪很高，每月有 360 ~ 800 银圆，但家中生活十分俭朴。他经常资助亲友子弟读书、兴办教育、帮助有困难的工人。他从法国回国时，曾聘请数位法籍女保育员，以求改进中国的儿童教育与保育事业，但因行不通，不得不出资将她们又送回法国。

徐骝良毕生从事铁路工程工作，是中国早期的铁路专家，对祖国的铁路、公路、桥梁、隧道、地道、城防工程的建设都做出了重要贡献，广受赞誉。

参考文献

[1] 朱逢辰. 海宁采芹录 [M]. 清宣统三年（1911 年）.

[2] 储材示谕 [N]. 申报，1897-12-9（3）.

[3] 京汉铁路管理局. 民国三年十二月职员委任乙种报告表 [M]. 1914.12.

[4] 杭嘉路线说 [J]. 正谊，1914（1）8.

[5] 杭嘉铁路近事纪闻 [N]. 北洋官报，1908-9-20（11）.

省级名中医——王和伯

1891—1970

王和伯，浙江海盐石泉人，移居海宁硖石，浙江省名中医。师从桐乡大麻名医金子久，长期从事中医临床诊疗，擅治虚劳杂症、咳嗽吐血，力挽沉疴。

王和伯，原名箴，又名宗坤，字和伯，后以字行，为海宁安化王氏水北支三十世孙。1891 年出生于浙江海盐一贫苦手工业家庭。王和伯天性颖悟，4 岁即记事，9 岁入私塾，课读七载。16 岁上了半年学后辍学，下半年入杭州一私立学堂，求学仅 3 个月，不幸学堂因经费不济而停办。17 岁时，其父梭波托族人王守基荐引，因王守基当时正坐馆于德清大麻名医金子久家，王和伯得于拜师金子久先生门下，专攻岐黄术。王和伯本身天分极高，加上学医期间刻苦用功，几年以后，成为金子久诸多门生中的佼佼者。民国元年（1912 年）学成归里，同年四月与蔡氏完婚，五月在海盐石泉挂牌开业。同年秋，父亲因积劳成疾而弃养。

王和伯临诊独具慧眼，辨证精确，施治效如桴鼓，三四年后业务即蒸蒸日上，踵门求诊者日众。1918 年秋，适逢瘟疫流行，肆虐乡里，沿门挨户。王和伯大显身手，积极救治，疗效卓著。最忙时连续 49 个昼夜出诊，奔波在外，无暇归家，从此声誉鹊起。1921 年春开始购地自建住宅，将值兴工，发妻病殁。1923 年春新宅落成，续弦谈桥漳溪徐氏。其时，诊务更忙，每日七八十号，出诊散在四乡，最远竟达百里之外，因此备有大小木船 2 只，常年雇摇船工 3 人。下午出诊坐船，常到翌日天明，终夜无眠，不胜劳苦，终年碌碌。王和伯的弟子曾回忆老师刻苦用功的程度，“在平日繁忙的诊务中，在出诊坐船途中，除了打盹休息、吃饭外，只要一有空闲，即手不释卷，博览医书。他记忆力惊人，对中医经典、金元四大家、清代温病诸家学说以及各流派学术著作等，均深入研读，融会贯通于临证之中。”

王和伯认为，作为好的医生，要保证临床疗效，必须要有质量保证的药物，他不赞成医药分开，如医者只知治病，而药肆卖药势必追逐经济利益，往往导致采药不及时，炮制不合法，甚而出现以假乱真，鱼目混珠，唯利是图的现象。后来在20世纪40年代，他曾在一篇长篇论文中写道：“余自学医以来，即存心傍研药物，迄今垂三十年。不但习知药品之真赝优劣，抑且深悉凡设在大埠之药肆，资力较雄，营业又盛，加以同业林立，相互竞争而有所比较，故大都不敢轻忽。进货之时恒不惜重价而遴选优良之品质。至设在乡村小镇之药肆，资本微薄，营业欠旺，兼以一家数口，均衣以斯食以斯，遂不得不泯却天良，以劣货相蒙混，甚至以赝品作抵充。”在诊务日益繁忙后，他为了确保中药的质量道地，20世纪20年代在石泉东市开设“东承志药店”，延聘专职经理管理。在小乡村开药店，就是为了保障病人用药的质量。这期间，因服膺王和伯精湛医术，在上海经商的海盐澉浦籍同乡，力荐其去上海行医发展，终因淡泊名利，不慕繁华，而婉言相却。1929年任海盐县中医协会常务委员。

1934年夏秋，正遇百年罕见大旱，良田颗粒无收。王和伯赈灾济民，在石泉东市、中市、西市分设施粥摊点，无偿馈赠，连续一周余。后因旱而水路断绝，船路阻隔，石泉小镇，交通终究不便，在亲友的一再劝说下，于同年九月间，携家人及学生迁居海宁硖石，挂牌于硖石南寺街。到抗战爆发的三年间，诊务依然繁忙，上午门诊五六十号，下午在本镇出诊，乡间出诊渐得减少。1937年，日寇侵占硖石，遂辗转避难，停诊三年，为维持生计，一度以贩卖零布为生。虽颠沛流离，仍不乏侠义之举。曾为抗战牺牲的将领李全出资购得一副价值百余元的上等寿材，用以厚葬。1940年秋后，因米价腾贵，糊口愈难，复回硖石行医。1944年起多次任硖石中医公会理事。1945年秋，日寇战败，八年离乱结束，王和伯满以为劫后残年，可享承平之乐，不料内战烽烟又起，币值紊乱，生计日蹙。1946年冬，79岁老母见背，王和伯因哭母而致疾，遂停诊一月余。

中华人民共和国成立后，王和伯结束了颠沛流离的生活状态，又开始全身心投入到钟爱的中医事业之中，诊务繁忙，名声日隆。1950年诊治硖石一吴姓青年，此人患重症伤寒，高热神昏、疹迭见、小溲失禁、鼻衄如注，更医数人，均未得转机。乃请王和伯诊治，辨为温邪内燔、入营动血，径投清营凉血、宣窍醒神之剂。经匝月救治，挽狂澜于既倒，而告痊愈。病家感恩戴德，赠送大型木制匾额，镌刻“扁鹊再生”四个大字，悬挂于硖石南寺街32号王氏诊所厅堂内。

1951年，王和伯担任海宁卫协会副主任。1952年5月，响应政府号召，走集体化道路，联合同仁10余人，集资创办了“硖石中西医联合诊所”（即海宁中医院前身），并任副所长之职，从此由自由职业者走上集体行医之路。他曾当选为海宁县（现为海宁市）人民代表大会第一至五届代表，海宁人民委员会第三、四、五届委员。

20世纪60年代初，经历了政治风波，又遭丧妻之痛，王和伯精力明显衰颓。经领导批准，三次外出观光休养，使他脑力和体力均有所恢复，这是他晚年难得的快乐时光。“文化大革命”期间，王和伯再受厄运，他被打成反动学术权威，遭大字报批斗、戴高帽子游街，身心受到极大摧残。接着又经历了降薪、抄家、存款冻结等近三年的折磨，身心憔悴，1968年寒冬的一天，在上班途中突然晕厥跌致折骨，卧病不起，近六十年的行医生涯戛然而止。1970年，在痛苦与困惑的交集中寂然离去，终年八十岁。

王和伯终身以医为业，孜孜汲汲，殚精竭虑，拯救病人于危难困厄之中。早年擅长热病时证、咳嗽吐血，晚年尤精虚劳杂症、疑难怪病，见解独到。在长达半个多世纪的行医生涯中，他力挽沉疴，积累了非常丰富的临床经验，蜚声遐迩，名扬“浙北沪上”。1963年被浙江省卫生厅评为首批“省级名中医”。他一生共带徒25名。

不仅是医学，他对天文历法、诗词音律也有很深的造诣，经典古文，诗词文赋能脱口而出，对《红楼梦》中的重要段落能熟记，甚至背诵。在抗战避难期间，他给子女讲授《论语》《幼学琼林》，讲《水浒》《西游记》《三国演义》等故事。他7岁的幼子在父亲熏陶下能背诵《三国演义》中的二百首古诗，连书中诸葛亮舌战群儒，以及诸葛亮和刘备的对话都能一字不错地背诵。

王和伯对子女要求极其严格，对学生同样如此。在对学生讲授经典课时，常引用禅宗始祖达摩“面壁九年”的故事，以及西汉大儒董仲舒“三年不窥园”的典故来激励学生们勤奋学医。尝谓“读书千遍，其义自见”，要求学生对经典中的重点段落能够熟记背诵，临证时方能运用自如，触类旁通，受益无穷。他说当年在金师处学医时也是这样严格要求自己的。到了晚年，王和伯还为了学习给学生讲课的技巧，利用休假期间，专程到女儿任教的无锡医学专科学校学习，他在1960年5月25日的日记中写道：无锡医专在郊区浜野花园，我虽淑英来医专之目的，因我在自己医院中已担任了课徒工作，但正式上课怎样教法竟还有些茫然，因此思来此作观摩而资借镜。对自己的要求同样严格。在北京休养期间，王和伯依然读书不辍，如他在日记中写道：晨五时起床，继续阅读《运气论奥》，其中有些说法多夹杂后世星命家之论调，未免驳而不纯。例如“甲子乙丑海中金，丙寅丁卯炉中火”等内容，不一而足，这是与医学实用毫无关联之处，也非《黄帝内经·运气七篇》中有所论列，殊不足取。这种读书求真的精神难能可贵。

王和伯一生积累了大量医案，按语翔实，文采斐然。善用四六骈体，对偶工巧，文字晓畅，读来琅琅上口，深为同行私淑者所倾倒。且注重脉因症治分析，辨证用药丝丝入扣。惜大多散佚，毁于“文化大革命”之中。2013年其侄王荣祖等整理的《王和伯医案精选》，由全国著名中医文献专家陆拯先生作序，人民卫生出版社正式出版。

从《王和伯医案精选》一书中，国家级名中医陆拯先生归纳了以下几个特色与经验。

一、重视舌诊，独表脉舌

脉诊与舌诊是四诊合参中的主要客观体征，既可看得见，又能摸得到，可比较，分轻重，别寒热，明虚实，在气在血，在表在里，在脏在腑，均可明了。故王氏将脉舌二诊作为主要诊察手段，几乎每案咸有记录。如“感冒”篇沈稚卿案：“脉缓滑，苔白腻，当泄其感以肃肺，参宣其湿以化痰。”通过脉舌诊察分析，可知脉之缓滑，为邪在肺卫，表证未罢，痰热着肺；舌苔白腻，必有湿邪相夹，故在治法上用散表邪以肃肺为主，参以宣湿化痰，使风淫、痰热、湿邪尽去，诸诊随之自瘳。“风温”篇李左案：“脉象弦滑而数，舌质薄白尖红。当用熄火宁神，参入涤痰宣窍。”从脉舌为主分析，此病不仅在肺，而有心肝火旺，故在治法上先以熄风火、宁心神，次以涤痰宣窍，病当自愈。“咳嗽”篇徐紈若案：“左脉沉细，右脉小滑，病涉多岐，缕治非易，姑与肃肺以调肝木，参入交心肾以安神志。”纵观脉诊和四诊合参，证似营阴不足，心神失藏，肺虚肝旺，遂致咳嗽，但病情复杂，姑且试治，虽为姑治，却分析入理，真实可见。

二、诊治疾患，辨证为上

凡是疾病、证候、症状均应以辨证为核心，才能认识疾病、审察证候、分析症状，真正获得病变实质，所以王氏十分注重辨证。如“感冒”篇吴左案：“外感乘隙而袭，里湿乘机而动。表里气机，均失和畅。遂致形寒身热，咳呛呕吐，脘闷口燥，头晕无汗。”此处所称之“外感”，是属于感受外界风寒，亦寓感冒之意。是案辨证分析入理，病因、病机、症状罗列齐全，明白透彻。“秋燥”篇童左案：“秋燥之气上薄，肺家清肃失令。咳呛不爽，肺络亦伤，致令痰中带红，声音欠利。”此“秋燥”有二义，即燥邪与秋燥病症，此案辨证剖析了燥邪的性质、燥邪所侵犯的脏腑、燥邪所伤而出现的症状，一一明辨而不烦琐。“痢疾”篇贾左案：“始由泄泻，转为滞下，红白相间，后重腹痛。此暑湿伏于肠胃，阻碍气机升降。”“滞下”即痢疾。全案文字虽不多，但却言简意赅，有病因、病机、转归、症状，周详不漏，一目了然。“郁证”篇王左案：“郁证伤肝，思虑伤脾。感伤则血虚而木火上刑，咳为之不爽，喉为之痒痛；脾伤则气滞而健运失职，便为之溏薄，腹为之痛胀。”指出郁证的辨证主要抓住肝脏与脾脏，肝伤不仅为气郁，而且可出现血虚刑金作咳；脾伤不仅健运失职，而且还可出现气机阻滞，腹中胀痛。此说甚是，可谓良举良法。

三、温病保津，不避辛温

温病是以感受温热病邪所致，其病变易于化燥伤津。所以温病保津养液是天经地义的治疗大法。但温热病未必全是温热病邪为患，而是可由因寒化热、因湿化燥而成温燥热病，若将寒湿未化热燥之时，以辛温散之燥之，虽不属保津而胜于保津。所以王氏对温热病的治疗既重视生津养液，又注重辛温散寒化湿。如“治疗秋燥胜气病之亲身经历回顾”篇吕男案：“秋燥由皮毛而袭，表卫失宣，形寒壮热。内应于肺，咳嗽频仍，不知外祛其邪，偏投寒凉滋润。邪无出路，则皮毛枯燥。而反横决于其窍，致令鼻衄如流而下，气喘倚息难眠，喉声响如拽锯，殊为棘手危疴。（药用）蜜炙麻黄、桂枝、淡甘草、白杏仁、通草、荆芥炭、炒苏子、橘红、山茶花、旋复花、前胡。自按：是秋感受时邪，因服凉药致鼻衄如流，五六小时不止，经服此方，即喘平而血止。”本案是以麻黄汤加味所获速效，关键在于认证准确，温燥凉燥分明。又如“温热”篇朱少山案：“旬日前偶为外感所侵，由皮毛以搏于肺；又吸触温燥之邪，由口鼻以传于胃。始则形寒鼻塞，旋即身热咳嗽。夫冬令之风，必挟寒威；而温燥之气，易从热化。（药用）蜜炙麻黄、杏仁、薏仁、象贝、生石膏、甘草、连翘、竹茹、冬桑叶、钩藤、羚羊、芦根。自按：此病服两剂即愈。”本案以麻黄杏仁薏苡甘草汤加味治之，有取辛温、辛凉、祛湿于一炉之妙，寒可去，热可清，湿无化燥之机，故得桴鼓之效。

四、杂证多岐，气血为宗

内伤杂病发生原因众多，有六淫失治而不愈所成者，有七情所伤损及脏腑而成者，有饥饱失度劳倦过度所成者，有先天不足后天失养而成者，有胎产过多所成者等，原因各一，但总不离乎气与血。气血者阴阳也，阴阳者气血营卫精神津液是也，所以王氏辨治内伤杂病，把握气血，斡旋于阴阳脏腑虚实之间，所治者变而有宗，宗不离谱，不曰气血，而气血为治也。如“肝风”篇张右案：“血虚肝旺，阳动化风。旋扰入络，左足酸痛。心悸少寐，经掣耳鸣。有时脘胀，有时脘痛。脉象弦细带数，当用养血泄风。（药用）白芍、橘络、牡蛎、鸡血藤膏、九香虫、枣仁、丹皮、西洋参、佛手柑、桑枝、八月扎。”“腹痛”篇陈洪勋案：“血虚气滞，肝胃欠调。腹有瘕聚，攻逆作痛。脘次胀闷，月事不至。左右脉象弦滞。当调肝胃气营。（药用）白芍、茯苓、丹参、川郁金、茺蔚子、吴萸、炒黄连、佛手柑、制香附、滁菊、石决明、橘络。”上述两案均以平调气血为主，血虚补血，气滞调气，阳亢气逆潜阳降气等。

根据我们对于地方医学史文献的进一步挖掘考证，王和伯和王孟英均为海宁安化王氏裔孙，已明确其辈分关系为王和伯是王孟英的族曾孙。从王孟英《随息居饮食谱》一书的题跋中，有王孟英族侄王元煃的题诗，自注中有“靖康之难，我安化始祖忠肃王暨子锡京公同殉节，敕建专祠，吾叔尝重立忠孝流芳赐额时举此二字，以训后人”，落款为“海盐族侄元煃”。又查王守基于1944年为王和伯医案所写的序文中提到王孟英时，写有“与先伯元煃公善，曾有吟咏之作，附刻其医编之首”，可知王守基乃王元煃之侄，而王和伯又为王守基之侄，其渊源关系清晰了然，王孟英→王元煃→王守基→王和伯。又王孟英在《归砚录》自序中，自称为“安化后人南渡第二十七世”，则王和伯应为安化南渡第三十世孙。这一层关系梳理出了海宁安化王氏医学世家的传承脉络。

《王和伯医案精选》的问世，有利于保存王和伯学术经验和王氏内科的传承，也必将有益于临床医生的借鉴和学习应用。

主要著作及论文

1. 王和伯．治疗秋燥验案五则［J］．浙江中医学院学报，1983（2）：34-36.
2. 王荣祖．王和伯医案精选［M］．北京：人民卫生出版社，2013.

参考文献

［1］王荣祖．王和伯医案精选［M］．北京：人民卫生出版社，2013.

著名妇产科专家——李元善

1897—1967

李元善，浙江海宁郭店人，著名妇产科专家。1918年毕业于上海同济大学医科，1926年获得德国佛莱堡大学医学博士学位。曾任上海同德助产学校校长、上海同德妇孺产科医院院长、空军上海第一医院妇产科主任等职。长期从事妇产科临床工作。

李元善，又名李景章，1897年出生在浙江海宁郭店镇仙步南街一商人家庭。从小喜爱读书，早在学生时期，就因学习成绩优异和品德高尚为乡里长辈和学校老师所赞赏。

1915年，李元善在上海读完中学后，考入上海同济大学德文科，开始系统地接触现代科学知识。1918年毕业后即转入医预科。时值第一次世界大战德国战败，经济萧条，而中国货币保值大大高于德国马克，国内大批有识之士纷纷至德国留学。在这种氛围下，李元善与同学余鸿康、贝时璋于1921年9月毕业之后，一起自费远赴德国留学深造，成为同济大学的首届留德学生之一。1925年，毕业于德国佛莱堡大学医学院，1926年，获医学博士学位，同时任该院妇产科医生。

1927年，李元善回国，任教于上海同济大学，同时开设私人诊所。1928年起，李元善历任上海同德助产学校教务长、医务主任、校长，兼任上海同德妇孺产科医院院长等职，讲授妇科、产科等课程。上海同德产科学校（现上海同德助产学校）设立于1924年秋，当时鉴于产科学校寥寥无几，遂由德国医学会的黄钟、郑邦彦、黄胜白等十人发起创办，校址设于沪西麦根路，以上海同德妇孺产科医院为实习医院。与此同时，李元善兼任上海同德医学院妇产科教授。

1929年6月23日，海宁旅沪同乡会假座上海北河南路商联会议厅召开成立大会，李元善作为候补执行委员参与了整个过程。此后，同乡会在1934年的海宁旱灾、1941年海宁潮灾中都发挥了举足轻重的作用。

1932年，一·二八战事之后，由于国民政府的不抵抗政策，致使十九军孤立无援，受伤的士兵得不到及时医治。上海妇女界以义演、义卖筹募经费，在胶州路康定路口的如昇里寓所筹设“第十九伤兵医院”，由李元善兼任院长，主持医务，同时由其出面聘请同济医院毕业生和广慈医院的医生，此后又得到五洲药房总经理项绳武捐赠的大批医疗器械设备、药品等物资。医院一直办至战事平息结束，先后收容伤患140余人。

中华人民共和国成立后，从1951年起，李元善转入部队工作，在空军上海第一医院任妇产科主任，直至1964年退休。

李元善学识渊博，临床经验丰富，许多重危病人和产妇都在他的手下转危为安，起死回生。他在空军上海第一医院工作的十多年时间里，妇产科从未出过一件责任事故。有一次，一位怀孕飞行员来院，临产发生困难，按照一般情况，必须施行剖宫产手术。但他考虑到，对一个飞行员来说，身上不能有任何伤痕，如果剖宫那就意味着她今后再也不能重上蓝天，这也是国家的损失。为了使她渡过难关，李元善不辞辛劳，以六十多岁的高龄，连续在产妇身边守了几日几夜，千方百计，采取各种措施，终于使她顺利分娩，保证了母亲和婴儿的安全。

李元善经常启导青年医生并告诉家人：“病人都是得病才来找我们的。要找名医生的一般是有严重的毛病。只有我等病人，不可病人等我。”因此，他摒绝了亲友间的一切交往，放弃了个人的休息娱乐，不管是否有病人，他长期待在医院里，睡集体宿舍，吃普通食堂，以高度的责任心对待医疗事业。一有病人，随叫随到，从不耽误。白天门诊，晚上则在房间里读书写作，总结临床经验，不断提高自己的业务水平。几十年如一日，他从进空军上海第一医院时起，几乎没过请假，家里有事，往往也只通一个电话。除了休息天，难得回家转一转、看一看，他一生的大部分时间几乎都是在医院里度过的。

李元善不仅医术高超，也以医德高尚为人称道。“八·一三”事变时，上海部分地区房屋毁于日寇炮火，大批难民拥进租界。一次他外出时，看到一个与家人失散的妇女，已快临产，躺在马路边哭哭啼啼。他问了情况，就毫不犹豫地将她领进医院，免费吃住，并施行手术。当她顺利生下孩子后，李元善又叫妻子准备些婴儿衣服送去。后来，那妇女的丈夫跑遍各个医院，终于找到了自己的亲人。当他知道这一切情况以后，感激得不知如何是好。临别时，李元善又送了他们一笔钱作为路费和临时生活费。

还有一次，也是在抗战时期，上海流行天花，李元善的儿子不幸也染上了天花，妻子一个人在家束手无策，照顾不了，要他请假回来。李元善也知道这是做父亲应尽的责任，但他更考虑到，自己从早到晚都在病房，病人又多，万一不小心，可能会把病毒传染给其他病人和初生婴儿，因此，他决心留在医院。在一个多月时间里，只和家里通了几次电话。事后回到家里，看到孩子小小的脸庞上已留下后遗症时，眼泪禁不住夺眶而出。他抱着四岁的儿子难过地说："爸爸对不起你！"

为了工作，李元善一生没有好好陪自己的亲人看场电影或出门旅游。有一次，他的一个儿子大学毕业后从武汉回来探亲，约父母一起到杭州游玩，看看在杭州工作的哥哥，顺便也去探望正在养病的堂兄李蓝炎，但全家只有李元善认识他的侄儿，便执意要他同去。无奈之下，李元善想到了一个两全之计：他叫正好回沪探亲的女婿（也是妇产科主任医师）暂时改变计划，去医院接替他的班，这才成行。但有女婿在还不放心，他人在杭州，心却在上海，时时记挂着病人，也无心游山玩水、探亲访友，匆匆来去四五天就结束了行程。

除了工作，李元善的一部分精力又放在教学工作上。为了培养青年医务工作者，他尽心竭力，亲自编写各种讲义、教材。他善于启发引导，教学时往往抓住重点，举一反三，结合自己的经验，鼓励学生独立思考，使他们能深入领会，因此深受学生欢迎和爱戴。

早在中华人民共和国成立前，李元善就积极拥护中国共产党领导的革命事业。他培养、支持自己的侄儿、侄女李蓝炎、李蓝丁参加革命。他的大批学生毕业后也走上了抗日战争和解放战争的战场。他平时从不参加社会活动，但对亲属、学生参加新四军、人民解放军总是十分鼓励、赞许。李蓝炎的前妻姓杜，是位地下党员，每次回上海就发展一批人参加革命，顺途购买医药用品，送到解放区。李元善对此不避艰险，想方设法帮她完成任务。在抗日战争期间，上海沦为孤岛，反动派到处探听消息要抓捕她，李元善认为住在学校里危险性大，干脆把她接到自己家里来住。有次她在回去途中被反动派抓去，李元善又千方百计将她营救出来。这样的例子很多。抗战胜利后，反对国民党反动统治的爱国学生运动震撼上海，全市掀起"三罢"（罢工、罢课、罢教）浪潮，不少产校校长接受反动政府的黑指示，进行破坏干涉，甚至开除学生，而同德产科学校的学生却都积极参加。李元善虽不能公开出面支持，但对学生会办的事从不反对，表面上看来似乎是埋头业务，不问政治，实际上暗中处处积极保护。学生被反动当局扣押，他就设法把他们营救出来。学校中不但有地下党员，还建立了中共党支部。李元善以自己的品格气节，赢得了广大青年学生的爱戴和尊敬。

李元善在生活上艰苦朴素，粗衣淡饭，从不计较个人名利得失，却时时、处处热心帮助别人。亲戚朋友在经济上有困难向他救助时，他也从不拒绝。

1967 年 2 月 27 日，"文化大革命"开始后，李元善因精神上遭受刺激，不幸因高血压引起心肌梗死去世，终年 71 岁。

主要著作

1. 李元善. 妇科学［M］. 上海：上海同德产科医院，1938.

2. 李元善. 产科生理学［M］. 上海：同德产科医院，1938.

3. 李元善. 产科手术学［M］. 上海：集成印刷所，1943.

4. 李元善. 产科病理学［M］. 上海：上海同德产科医院，1946.

5. 李元善. 实用产科学［M］. 上海：新医书局，1954.

主要论文

1. 李元善. 世界大战中所得传染病之新经验［J］. 同济杂志，1921：14–22.

2. 李元善. 癫狗病之研究［J］. 同济杂志，1922（4）：24–30.

3. 李元善. 小产的危险及其预防［J］. 民众医药汇刊，1934（1）：148–151.

4. 李元善. 产后子宫颈口暂行缝扎法之倡立（附图）［J］. 新医药刊，1943（129）：8–11.

5. 李元善. 臀先露分娩一阵娩出法［J］. 人民军医，1962（5）：30–31.

参考文献

［1］陈平原，杜玲玲. 追忆章太炎［M］. 北京：中国广播电视出版社，1997.

［2］赵婧. 近代上海的分娩卫生研究 1927–1949［M］. 上海：上海辞书出版社，2014.

［3］海宁市政协文史资料委员会. 海宁人物资料：第 8 辑［M］. 海宁市政协文史资料委员会，1997.

中国昆虫学先驱之一——费耕雨

1897—1932

费耕雨，浙江海宁硖石人，中国昆虫学的先驱之一，农业病虫害虫专家。1916年毕业于江苏省立第二农业学校，曾赴日本名和昆虫研究所研修昆虫学。曾任浙江昆虫局首任局长，长期从事农业病虫害虫研究。

费耕雨，名穀祥，别号云鹤，又号耕余，英文名Fei Ku Siang，浙江海宁硖石人，生于光绪二十三年四月初八日酉时（1897年5月9日）。费耕雨英才高迈，禀性不凡，少年便有大志。光绪二十九年（1903年），时年7岁便入张仲梧先生学塾（张仲梧，清末举人，是徐志摩、吴世昌、吴其昌等人授业恩师，以教书为业，在乡里颇有名望）。翌年，费耕雨患喉症，甚重，愈后双目辨字不清，是以落下病根。光绪三十二年（1906年），入硖石开智小学。同年四月，母丧，由于终日郁郁寡欢，心神不畅。第二年暑假之后，费耕雨改为寄宿制上学，校内的理科教学由韩立凡教师掌教。费耕雨因慕其才，日夜追随，同时耳闻目睹虫害给农民带来的巨大灾难，渐生昆虫学兴趣，立志要在病虫害防治上有所作为。

宣统二年（1910年），费耕雨以最优等第二名的成绩小学毕业，毕业之后又留校补习，同时兼任一二年级算数教员。宣统三年（1911年），辛亥革命爆发，费耕雨立志自救，离乡赴上海投军，只因年龄太小，没有收录，遂改投上海红十字会当一名救护员，随军到南京战地，历两月，事毕解散，返回家中。1912年春，费耕雨入嘉兴中学，暑假后考入江苏省立第二农业学校。翌年，因学校养蚕及农场实习繁重，日夜少休，病肺咯血，虽时愈时发，但仍潜心向学，绝不因此懈怠。平日研究昆虫，尤富兴趣，终日埋头无倦容。

1916年毕业，留校为病虫害教员，编著《病虫害》和《土壤肥料学》两种校本讲义，讲授《蚕科病虫害》《农用动物饲养法》《土壤肥料学》等课程，暑期任常熟、无锡农业讲习会讲师，普及病虫害防治知识。1918年，江苏实业厅组织螟虫考察团，费耕雨任特别专员。1919年春，费耕雨远赴日本名和昆虫研究所研修昆虫学，多有心得体会，归国后即著《治蝇要览》一册，由商务印书馆刊印。

民国初期，浙江螟患甚烈，嘉兴等地曾一度组织治螟局，但不久即撤。浙江省实业厅厅长王吉檀鉴于螟害猖獗，非专设机构力图防治不易为功，乃仿江苏先例，筹设昆虫局于嘉兴天宁寺街。

1923年，费耕雨因咯血愈重，休养在家，由是聘为实业评议会评议员，代为拟定昆虫局章程预算及实施方针。1924年4月4日，浙江昆虫局成立，委任费耕雨为局长兼技师。昆虫局成立之初，仅有成员7人，办公经费亦非常困难。费耕雨致力于义利之辨，勤公俭己，廉洁爱人，凡经他出纳的账簿，每天悬挂于办公室，备众查览。当他发病时，虽然卧病在床，然局内一切公务的支配和公文的往返，都是他在病榻上办公的。到了星期天，照例应休假一天，可是他说："我平日累于病，不能尽力从公，所以虽是星期，也应照常办事，以补前缺。"因此，他无论何日，除掉病剧之外，从没有休息的时候。费耕雨任职4年，颇著功绩，除了策划浙江除螟工作之外，亦努力收集东西昆虫文典、标本，浙西人士，莫不钦佩之至。省政府曾明令褒奖，记大功二次。1928年，昆虫局改组为浙江省昆虫局，费耕雨仍膺重寄，退任技正，主持技术事务，参与昆虫局扩充迁杭及一切设施计划。其间，积劳成疾，病益增剧，但仍服务不辍。1929年，费耕雨兼任西湖博览会博物馆参事，期间采集西湖蝶类，先后共得标本近百种，并鉴定学名与定中文名51种，展览于西湖博览会。是年冬，其儿大章殇，回家3个月，至次年春天，因昆虫局再三要求复职，乃赴杭。五月初，因病体不胜繁剧，肺病进第三期，决意辞职返里养病。

当时，费耕雨虽身在硖石，但仍处处关心昆虫局的计划进展及浙江省的治虫事业，时时与昆虫局的工作人员书信往来。此时，浙江省昆虫局改组而来的浙江省立植物病虫防治所所长吴福桢认为，所内缺乏研究病虫害防治的书籍与仪器，四处谋求书籍设备的购买。1931年四月，吴所长闻悉前浙江省昆虫局局长费耕雨20年来，经意搜罗昆虫学专著及期刊，藏书极为丰富，拟请其割爱，让书于防治所，遂托人前往磋商，得费耕雨许诺后，即以事面陈建设厅厅长石瑛先生。石先生亦十分重视，专门拨款以购，共得昆虫学欧美、日本书籍杂志3 000余册，约值8 000余元。费耕雨得悉防治所经费困难，难于筹备，特慷慨以不及原件三分之一的价格出售。防治所得此巨量参考文献，另架庋藏，颜曰"费耕雨文库"。20世纪30年代，来华访问的外国昆虫学家对一个省级昆虫局收藏昆虫学文献之丰富、齐全无不感到惊叹。

1932年以来，费耕雨身体每况愈下，是年农历十月八日（11月5日），因胃病大发，殁于硖石，时年仅37岁。在其弥留之际，亲书遗嘱，将后续搜罗到的名珍典籍，悉数捐给浙江省立图书馆，将老宅数栋房子捐给故里贫儿院，将平生所积储金4100元全部捐赠中华农学会，创立中国第一个昆虫学奖学金——费耕雨纪念奖学基金，以奖励那些立志研习昆虫的优秀青年。他说："这笔款项都是平时薪给所蓄，来自公家，死后仍应归还公家"。大公无私、光明磊落诚如费耕雨，实属罕见。

费耕雨病逝之后，中华农学会在1933年第119期会刊《中华农学会报》出专刊以志纪念。

费耕雨是我国昆虫学的先驱之一，农业病虫害虫专家，毕生从事昆虫学教学和研究，然其所学全属自修得来，且精通英、德、日文，常与世界各国昆虫学家通讯往来。费耕雨一生著作等身，出版多种中外文专著，共发表论文10余篇，涉及蝗虫、螟虫、稻虱、白蜡虫等多个昆虫类群。

主要著作及稿本

1. 小学教材第一种——螟浙局特刊（1）单印本.
2. 嘉兴吴兴两县十五年治螟计划（汇编）油印本.
3. 病虫害防治法（江苏二农农业函授讲义）.
4. 苏常道病虫害防治计划（油印本）.
5. 草鞋介壳虫（即桑虱）图说（油印本）.
6. 费耕雨. 治蝇要览［M］. 上海：商务印书馆，1922.
7. 费縠祥. 最近美国之农村教育及其设施［M］. 上海：新学会社，1924.
8. 王历农，费縠祥. 昆虫学研究法［M］. 上海：商务印书馆，1933.
9. 王历农. 害虫歼除法纲要［M］. 费耕雨，校. 上海：商务印书馆，1933.
10. 费耕雨，费鸿年. 博物馆学概论［M］. 上海：中华书局，1936.
11.《独角蝉之研究》(英文稿未出版).
12.《西湖蝶类志》(英文稿未出版).

主要论文

1. 费耕雨. 学艺：蝶蛾类鳞粉转写法［J］. 学生杂志，1915，2（3）：83-86.
2. 费縠祥. 学说：食物谈片［J］. 中西医学报，1915，5（7）：1-8.
3. 费縠祥. 学说：食物谈片（续）［J］. 中西医学报，1915，5（8）：9-15.
4. 费縠祥. 学说：河豚毒之利用（续）［J］. 中西医学报，1915，5（8）：15-16.
5. 费耕雨. 学艺：释种：(附图)［J］. 学生杂志，1915，2（4）：125-129.
6. 费耕雨. 农作物病虫害防治法［J］. 广益杂志，1919（17）：1-32.

7. 费耕雨．中国固有除虫药百部［J］．中华农学会丛刊，1919（1），37–40.

8. 费耕雨．白蜡虫之研究［J］．中华农学会丛刊，1919（2）：16–24.

9. 费耕雨．记载：稻虱考查录（上）［J］．江苏省立第二农业学校月刊，1921（2）：9–17.

10. 费耕雨．记载：稻虱考查录（下）［J］．江苏省立第二农业学校月刊，1921（3）：17–28.

11. 费毂祥．浙西治螟概况及进行方针［J］．中华农学会报，1926（50）：13–27.

12. 费毂祥．德国农业推广事业之发达［J］．东方杂志，1926，23（23）：53–54.

13. 费毂祥．螟蝗问题［J］．中华农学会报，1928（60）：7–17.

14. 费毂祥．万国农学辞典［J］．中华农学会报，1928（60）：73–74.

15. 费耕雨．稻虱考察录［J］．中华农学会报，1933（119）：20–36.

16. 费耕雨．昆虫箱底之填充材料并新填充物"实牢板"之介绍［J］．中华农学会报，1933（119）：44–46.

17. 费云鹤．耕余漫陆（共八篇）［J］．中华农学会报，1933（119）：47–51.

参考文献

［1］费耕雨先生遗像：［照片］［J］．中华农学会报，1933（119）：1.

［2］费毂和．费耕雨先生年谱［J］．中华农学会报，1933（119）：1–3.

［3］朱凤美，崔伯棠．费耕雨文库成立记［J］．浙江省立植物病虫害防治所年刊，1932（1）：198–213.

［4］陶家驹．费耕雨先生对于浙江省昆虫局蝶类标本之贡献［J］．中华农学会报，1933（119）：73–92.

海派中医开拓者之一——吴克潜

1898—1991

吴克潜，浙江海宁硖石人，苏州医学院附属第一人民医院中医科主任医师，教授。长期从事中医诊疗，主要著作有《古今医方集成》《实用诊断学》《吴氏儿科》等。

吴克潜，出生于1898年，学名志章，浙江海宁硖石人。吴氏为海宁望族，吴克潜的父亲吴以成，字绎之，自幼好读，在海宁有神童之誉，13岁已读完“十三经”，弱冠以府试第一入泮，肄业于安澜书院、双山讲舍，为当时海宁县令李圭、黄书森所赏识，光绪二十三年（1897年）以拔贡生入国子监，授兵部七品小官，后留学日本。光绪二十七年（1901年）中举人，光绪三十三年（1907年）考取军机章京。1907年，沪杭甬路事起，英国人欲以借款为由，控制路权，受到全浙江人民的反对，各界人士纷纷抗议，吴以成慷慨直言：“路亡，浙亡国亡”。遂与外务部诸大臣据理相辩。宣统三年（1911年）陆军部改官制，礼部改典礼院，任秩序科科长。辛亥革命后，即退出仕途。后因思范文正公为良相良医之言，改业医为生，遂入医局，因医术精湛，求医者甚众，誉满京城。1916年冬，京师遭疫，满城病者、殁者难以数计。以成日夜医之，活者无算。由于积劳成疾，次年春竟殁于京邸。临终前，面对国事纷乱留下了“千古河山资敌国，一群盗贼尽封圻”的绝句。一生著有《石湖医话》《松桂村医案》《环翠山房骈体文》《小来青馆诗文集》。

父亲吴以成始仕终医的经历对吴克潜一生影响至深，吴克潜后来在自传中回忆其父亲时这样写道：“父亲吴绎之，习举子业，后因应考旅京得一小官。光复以后，医道大行，遂弃官行医，收入颇丰。民国后正望形势好转，不意北洋军阀继起纷争，袁世凯且一度称帝，时局更坏。我父亲目睹国事日非，颇多忧伤，记得他曾有诗告诫我弟：‘放学儿童喜欲颠，问爷何事苦忧煎。恨渠鹬蚌争私日，多少渔翁网已悬！’爱国之心跃然。”时局动荡，国家破碎，使吴克潜从小就无意仕途，立志学医。

吴克潜幼承家学，博览群书，医学本源于家传，年轻时在硖石镇行医。1926年清明节，硖石镇发生了一次火灾，自周家桥一直到西寺，大火烧毁了整整一条街。这正是吴氏族群的居住地，至此，整个吴氏家族几乎尽毁于这场大火，无奈之下吴家变卖了烬余仅存之物，并从亲友中筹借款项，让吴克潜赴沪行医。于是，27岁的吴克潜开始了上海行医生涯，为了生计又兼任私立中国医学院生理教师。两年后，吴克潜崭露头角，开始活跃于上海中医界，创刊了《医药新闻报》，利用报纸，倡议建立公医制，办好中医学校，受到众多同行的支持。虽然办报赔钱，用他自己的话讲："借此广交朋友，精神上获得鼓舞，使我的事业尚能坚持下去。"年轻的吴克潜活跃于上海中医界，其能力受到了中医界前辈的关注，不久应丁甘仁邀请，担任上海中医专门学校教授兼教务长，还应上海国医学院和上海中国医学院之聘，任儿科教授长达5年。

不久，中医受到了前所未有的冲击。1929年，国民政府以“封建医”为名，诬称中医“不科学”，并在国民政府卫生部第一届中央卫生委员会通过《废止旧医以扫除医事卫生之障碍案》，下令取缔中医，引起了一场大辩论。是年3月8日，上海就中医中药应否取消问题展开激烈论争。17日，上海中医中药界开会，成立全国医药总联合会，吴克潜被选为执行委员之一，旋又被增选为学术委员。在众人的舆论压迫下，国民政府被迫取消该案。因此，3月17日成为中央国医馆纪念日。1931年的这一天上午，中央国医馆举行开幕仪式，下午则通过正式会议，推举党国要员王宠惠、于右任等为中央国医馆名誉理事。两天前，中央国医馆举行成立筹备大会，中医界的精英在南京济济一堂，其中来自上海的包括上海国医公会代表吴克潜，神州医药总会代表祝味菊、陆渊雷，国医馆上海发起人严苍山、方公溥、秦伯未、傅雍言、张赞臣，以及陆仲安、沈琢如、夏应堂、王仲奇、殷受田、蔡济平、顾渭川、徐相任等人。吴克潜成为此活动中的主要人物之一。

抗日战争时期，上海中国医学院在原闸北的校舍失陷后，在租界择地恢复办学，并且规模也逐渐壮大。不久因学校存在经费问题而主张停办，院长秦伯未为此愤而辞职，导致学生集会抗议。1940年5月，由该校毕业生组成的中国医学院毕业同学会，以吴克潜为首组成“中国医学院护校委员会”代理学院的各项行政工作，积极筹集经费，整顿院务。虽然条件简陋，有时甚至要在天井搭帐篷上课，但终究能维持办学不辍。

在繁忙的诊疗和教学同时，吴克潜还整理、编写了大量的医学著作。其中1934年编撰的《吴氏儿科》，是民国版极少见的儿科全科著作。1936年，又编纂了《古今医方集成》，收集上古至清代方书170余部进行系统的整理。全书共收方10 000余首，按笔画排列，每方均简要说明主治、功效、药物组成及用量、用法等，对于峻猛方药则详细说明注意事项。书中还保存已佚方书160余部的有关内容，是近代方书之集大成者。

他在所著《吴氏儿科》自序中写道：

> 人生疾病，种类繁夥，然归纳言之，除不内外因外，一言以蔽之，外感与内伤而已。外感与内伤，恒有互相之关系，成人然，妇人然，即小儿亦莫不然也。故医者治病，最古不事分科，盖病理医理，其道一贯，适于此者合于彼，初不必为厘然之此疆彼界也。自后以病变之多时有增，治法之出代有加，一人之心思才力，未足以尽其奥也，故特分科以治之。妇科也，以其有经带胎产之异；儿科也，以其无问诊脉诊之难。专科既分，探讨益进，于是妇幼之书，亦复汗牛充栋矣，特是众说纷纭，瑕瑜互见，整理之道，千头万绪。六七年前，余以上海中医专门学校之聘，勉任儿科讲席，当时满拟搜集儿科医书若干种，采其精纯，汰其芜僻，编成较为完备之专书。无如诊务辑务，两少暇晷，往往漏夜属稿，翌日应讲，匆匆半年，草成痧痘讲义，虽能塞责于学子，而私衷辄自惭疏漏也。其后历应上海国医学院及上海中国医学院之聘，任儿科教授于两校，凡五易寒暑，修改增益，至数十次，始稍稍自惬于怀。今年春，余书既大部告成，于是同道先进，以及医校学子门下诸弟，感怂恿付刊，远之广粤之友人，亦驰书促其早日出版。盖儿科专书，群推此为编制较新而网罗较备，一可供家庭社会之检查，二可作专门医校之教本也。余以兹事体大而不能不勉应众命也，乃再以三月之力，改革编纂，分为九章，凡十万言，其中每述一病，必详其来由及病理，于症状及治法，尤三致意焉。惟冀他日剞劂既成，稍补于世而不弃于知者，于私愿为已足。至于整理学术，抉微阐奥，汲深梗短，愧余未能，固祈后来者之有以教之也。

《吴氏儿科》是吴克潜一生中的重要著作，此书一出，奠定了吴克潜在中医儿科学界的学术地位，他因此而使儿科诊疗工作特别繁忙。1947年后，便专心从事中医儿科的诊疗业务，对儿童的各种疾病均有独特的治疗方式。在接受新的医疗技术时，他并不排除先人留下的宝贵临床经验。如婴儿出生断脐，非常重要，而古今均有不同的处理方式。吴克潜则主用枯矾末、松花等掺脐上包裹，中西结合，为同行所赞同。对脐风原因，认识到是因断脐不慎，水湿寒气入侵；或手术不洁，包扎不慎，微生物侵入。治法推崇灯火（火焦）法，认为其原理"全在藉其暖气以温通杀菌"，颇为适用。

对于痘疹的医理与医疗，他也有自己的一套理论。痧痘即麻疹与天花，或作痘疹，对人体尤其是小儿危害甚大，自古有"走马看伤寒，回头看痘疹"之说，形容其瞬息万变。吴克潜认为麻疹与痘疹的区别在于"痧疹之伏毒较浅，痘疹之伏毒深藏骨髓而发动于肾"，"痧喜清凉，痘喜温暖"。关于痘疮即天花的病因学，吴克潜不废旧说，仍主以膝毒与时行结合。“考痘证之原，由于先天，盖当成胎之时，父母欲火之遗毒蕴藏于胎儿骨髓深处，触于岁时流行之毒，即感之而外发”。故母体胎教很重要，遵守与否可减轻或加重痘症发作时的病情。吴克潜认识到痘证证情凶险，变化多端，治痘应根据不同时期，随机应变。并指出治痘有常有变，不可执一而论。总之不论痘证证情如何复杂曲折，变化如何迅捷多端，中医都有成法可依，为人类疾病治疗积累了宝贵财富。

吴克潜对脾胃病的治疗，也颇具特色，对伤脾、腹泻的认识，经验尤其丰富。认为脾胃病，大多起于自伤，在于饮食不节，因此调节不良习惯比用药治疗还要重要。他反复强调，在平时生活中，如饱一顿，饿一顿，冷一顿，热一顿，硬一顿，软一顿，生一顿，熟一顿，怒一顿，忧一顿，抢一顿，懒一顿，都要切戒。如胃已伤而不知戒，服药难于见效，终于伤脾，最终导致脾胃损伤。

吴克潜治疗腹泻也很有经验，腹泻也是临床上常见病之一，他认为泻有暂泻与久泻之分，然而暂泻亦能转化为久泻。久泻伤脾致肠道失去传化作用，进一步就要元气下陷，所以要重视，久泻用李东垣升举之法比较合适。如因暴饮暴食导致的泄泻腹痛，上有酸腐，下出恶臭者，可用消导。但时常发生，始则伤胃，继则伤脾，神曲、山楂、麦芽、青皮皆不宜用，惟宜加减六君子汤调理。如大便不实，腹痛当脐，或痛在脐下者，虽未泄泻，脾已暗伤，舌质松胖，或舌苔黏腻，宜附子理中汤以温阳。对于小儿腹泻，尤其婴儿腹泻，认为最为棘手，“若要小儿安，常带三分饥和寒”，是他常用的口头禅，乳食过度，衣服过暖皆有害。小儿生机蓬勃，只宜培护，不可戕害，健脾显然比成人更为重要，这些都是他的经验之谈。

吴克潜临证60余年，经验丰富，尤其善治疑难杂症，比如腹水、类风湿性关节炎等。

腹水为临床常见疑难杂症之一，由于病因复杂，治疗困难，缠绵难愈，使病家十分痛苦。他悉心研究腹水治疗数十年，认为腹水，系指腹大有水之证候而言。根据腹水的临床症状，可归入中医“臌胀”“水肿”范畴。但见腹大如鼓而四肢不肿者，则属“臌胀”之类；如腹大有水与通体浮肿并见，则属“水肿”之类。这里所称腹水者，是指以“臌胀”为主要表现的一类病证。因此认为腹水是由于脏腑生理失调而致，或因肝郁，或因脾虚，或因肾亏。尤其脾失运化之职，则清浊相混，隧道壅阻，因此产生气滞血瘀，使水液不能通行无阻，水湿之邪停滞不去积于腹，致腹部日渐胀大而成腹水。治疗本病的主要原则是治本以温阳扶正为主，治标用利水渗湿。认为本病证以虚者或虚中夹实为多，而真正属实者较少，故很少用逐水峻药。另外，他治疗腹水，虽也参考西医治法，但更突出中医特色。腹水是西医病症名，所用利尿剂相当于中医之逐水剂，而中医逐水剂作用远较西医利尿剂轻微，故二者之间不可等同。在中医治疗西医诊断过的疾病时，必须始终贯穿“整体观念”与“辨证论治”的中医特色，方能取得较好的疗效。

类风湿性关节炎也是临床上较难治疗之病，对人民健康危害很大。吴克潜研究类风湿性关节炎的治疗有数十年，积有不少经验。类风湿性关节炎，祖国医学无此病名，故无现成理、法、方、药可循。他认为，从其症状看来，似可归属于祖国医学“痹证”“历节病”范畴。从本病的临床特点和发病经过来看，认为与《黄帝内经·素问·痹论》中“骨痹”“筋痹”“脉痹”的证候接近。类风湿性关节炎的发生虽与寒、热、湿之邪侵袭有关，但又与机体营卫不调、腠理空疏关系密切。诸若劳倦过度，久卧湿地，情志内伤，均可诱发本病。类风湿性关节炎的病理变化与外邪的轻重和机体的虚实有关。若寒盛则痛重，湿盛则沉重，热盛则肿痛。本病多为寒、湿、热夹杂为患，所以临床见证颇为复杂。因此吴克潜认为，治疗类风湿性关节炎，关键在于首先分清寒、湿、热三邪，何者为主。依寒者热之，热者寒之，湿者利之，选药击中要害。否则今日清热，明日温寒，后日利湿，难以切中肯綮[①]。根据类风湿性关节炎的临床特点与病理机制，将其分为寒型、热型、湿型，三型辨证施治，并分别总结了自己的经验方。

中华人民共和国成立以后，吴克潜对中医的发展充满信心，他在“祖国医学，继往开来”一文中说：“今天的祖国医学，已完全不同以往了。单我个人而言，1956年南通医学院刚成立，顾而钥院长曾来访，谆谆嘱我为中医勉力，为祖国医学的教育工作献计献策。言语不多，但他爽朗的性格给我留下了深刻的印象。当时，我担任中医科主任，后来又筹建教研室，和张炎副主任一起编写教材、建立病房等。能为祖国医学的发展，为祖国培养新一代人才十分高兴。”对中医的前景充满热情，洋溢着幸福和自豪。

1980年，江苏省根据中央指示，认真落实党的中医政策，为了彻底解决中医后继乏人的问题，吴克潜着手编写《吴克潜医案和医话集》，书成后，当时80岁的北京中医研究院沈仲圭名中医为之写序，86岁的名中医叶橘泉为之题词。其中沈仲圭对吴克潜的评价甚高：“吴兄克潜籍隶浙江海宁，幼承家学，博览群书，得其精要，盖医林积学之士也”，“吴兄辨证精细，用药切当，虽危重大症，投药数剂，病即霍然”。可见吴克潜学术之精，医技之深。1949年后，吴克潜时任南通医学院附属医院中医科主任，苏州医学院附属第一医院中医科主任、中医教研室主任，主任医师、教授，江苏省中医学会理事、顾问等职。吴克潜在临证的同时，还编著了大量著作，主要著作有《吴氏儿科》《古今医方集成》《病源辞典》《药性辞典》《医药精华集》《诊断学》《吴克潜医案医话集》等。

吴克潜一生桃李满天下，其事迹被载入中国医学史。当今的国医大师颜德馨及蔡小荪、孙仲圭，在回忆自己的成长之路时，无不说年轻时受到吴克潜的影响，或启蒙，或授业。蔡小荪11岁学中医，父亲为他请的启蒙老师就是吴克潜，他晚年回忆自己的学医经历时说，老师要求他必读的书主要有《黄帝内经》《伤寒杂病论》《本草纲目》，一般是选章节背诵，必读的书还有《内经知要》《伤寒条辨》《金匮要略心典》《本草便读》

---

① 肯綮：比喻要害或事物的关键

《汤头歌诀》等。老师为了提高他的兴趣，常在讲课时穿插一些有趣的故事，并循循善诱，使他喜欢上了中医，并打下了扎实的基础。沈仲圭回忆文章《我是怎样学习中医的》一文，同样也提到受吴克潜的影响至深。尤其是国医大师颜德馨，回忆自己在20世纪30年代，曾向海派名医吴克潜及郭柏良、秦伯未、盛心如、许半龙等学习，使学业跃升到一个新境界。

吴克潜作为海派中医的开拓者之一，被誉为海派名医，当之无愧。

主要著作

1. 吴克潜．医药精华集续集［M］．上海：医药新闻报馆，1929.
2. 吴克潜．诊断学［M］．上海：大众书局，1932.
3. 吴克潜．国医实用诊断学［M］．上海：大众书局，1933.
4. 吴克潜．药性辞典［M］．上海：大众书局，1933.
5. 吴克潜．大众医药［M］．上海：大众书局，1933.
6. 吴克潜．肠胃病与痔疮病［M］．上海：大众书局，1934.
7. 吴克潜，张汝伟．卫生须知［M］．上海：大众书局，1934.
8. 吴克潜．吴氏儿科［M］．上海：大众书局，1934.
9. 王孟英，吴克潜．舌辨［M］．上海：大众书局，1936.
10. 吴克潜．古今医方集成［M］．上海：大众书局，1936.
11. 吴克潜．病源辞典［M］．上海：大众书局，1937.
12. 吴克潜．看护法［M］．上海：大众书局，1947.
13. 吴克潜．吴克潜医案医话集［M］．苏医附一中医科．1982.

主要论文

1. 吴克潜．肺病：芥末能治肺炎［J］．卫生报，1931（7）：41.
2. 吴克潜．胃肠病：腹痛［J］．卫生报，1931（8）：34–35.
3. 吴克潜．春温湿温秋温冬温概要［J］．中医世界季刊，1932，5（1）：19–30.
4. 吴克潜．儿科讲义［J］．中国医学院月刊，1932（3）：31–33.
5. 吴克潜．生理讲义片段［J］．中国医学院月刊，1932（3）：1–2.
6. 吴克潜．丸药之分类及其用法［J］．中国医学院月刊，1932（3）：13–15.
7. 吴克潜．痘疹论（未完）［J］．光华医药杂志，1934，1（8）：19–20.
8. 吴克潜．痘疹论（续）［J］．光华医药杂志，1934，1（9）：13–14.
9. 吴克潜．吐血之特治法［J］．光华医药杂志，1935，3（1）：64–65.
10. 吴克潜．杂论：喘急之治疗［J］．中国医药杂志，1938（1）：15.

11. 吴克潜．医经阐义：论仲景氏对于痞症有用旋覆代赭石汤以平其逆气者有反用瓜蒂散以涌吐之者且有用十枣汤峻利之剂者见证虽有相似而治法截然各别之精意［J］．联谊医刊，1940（1）：15–16.

12. 吴克潜．1957年春季流行性感冒的探讨［J］．江苏中医杂志，1958（9）：16–18.

13. 吴克潜．对胃溃疡治疗法的探讨［J］．江苏中医杂志，1959（8）：4–6.

14. 吴克潜，席梦龄．治疗腹水三例介绍［J］．江苏中医药杂志，1960（3）：23.

15. 吴克潜．中西医合作治愈儿童头痛、呕吐症1例［J］．上海中医药杂志，1965（5）：16.

16. 吴克潜，胡龙才．血淤头痛［J］．浙江中医药，1979（1–12）：67–68.

17. 吴克潜，胡龙才．水肿与痹证验案［J］．江苏中医药杂志，1980（1）：45.

18. 吴克潜，胡龙才．呕吐证治一得［J］．吉林中医药杂志，1983（4）：32.

19. 吴克潜．低热诊治琐谈［J］．山东中医杂志，1984（2）：35–36.

20. 吴克潜．舌诊举要［J］．浙江中医杂志，1986（1–12）：241–243.

21. 吴克潜．温中健脾汤［J］．中医杂志，1988（7）：59.

参考文献

［1］吴克潜．吴氏儿科［M］．上海：大众书局，1934.

［2］吴克潜．古今医方集成［M］．上海：大众书局，1936.

［3］傅维康．中国医学史［M］．上海：上海中医学院出版社，1990.

著名海洋生物学家——费鸿年

1900—1993

费鸿年，浙江海宁硖石人，中共党员，中国著名海洋生物学家、水产教育家。南海水产研究所一级研究员，中山大学生物系教授、主任，中山大学生物学系创立者。长期从事鱼类学研究及渔业资源调查工作，完成我国近代第一次海洋生物的科学考察；主持黄河流域水产资源考察；主持南海北部底拖网鱼类资源调查并主编“调查报告”；创立新水产资源评估方法“动态综合模型”，是中国运用数学模型研究水产资源数量变动规律的主要开拓者和带头人之一。

费鸿年，字希生，1900年10月29日出生于浙江海宁硖石镇一个书香门第家庭。其父费寅是一位前清举人，在当地的小学堂和中学堂任教，著有《费寅文集》。其兄费耕雨，是我国早期的昆虫学家，曾任浙江省昆虫局局长。

费鸿年的前半生，将近50年的岁月，是在半封建半殖民地的旧中国度过的。他经历了辛亥革命、五四运动，历经了人生的多次周折。

1949年以前，费鸿年先后任北京农业大学农业生物系讲师和教授、广东大学（中山大学前身）生物系教授兼主任、武昌大学生物系教授、广东省水产试验场场长、保管委员会上海渔业管理处总处渔捞组组长和广东分处处长等职。中华人民共和国成立以后，费鸿年历任对外贸易部上海商品检验局技正、中央农业部参事、商业部水产总局副总工程师、水产部副总工程师、南海水产研究所副总工程师、研究员、副所长等职。在学术团体中，费鸿年曾任中国海洋湖沼学会理事、中国水产学会副理事长、中国鱼类学会理事等职。

1982年加入中国共产党。

1916年，费鸿年毕业于江苏省第二农业学校，同年东渡日本，考入东京第一高等学校预科。一年后，正式分到鹿儿岛日本第七高等学校，后转入东京帝国大学动物学系。1923年关东大地震，校舍倒塌，费鸿年不得不中断学业，返回祖国，被北京农业大学聘为动物学讲师，半年后提升为教授。不久，由于农业大学内部派系斗争，费鸿年含愤出走至广东大学，创办生物学系，但工作刚有头绪，就遇到国民党派系矛盾，汪精卫查办广东大学，秉性耿直的费鸿年为示抗议愤而辞职，去武昌大学执教。1926年8月，由于北伐战争，武昌被包围，他只好又折回广东中山大学，出任生物系教授、主任。任教期间，他积极倡议教学方法的改进，强调将实践引入课堂，亲自组织师生到广西瑶山采集鸟类标本，赴五指山进行动物考察，开中山大学标本采集之先河。1927年，他与陈兼善先生一起组织学生开展了南海北部的海洋生物考察，组织这次海洋生物考察的目的有两个：第一，当时中山大学没有海洋生物标本，生物系也没有培养研究海洋生物的学生，应该填补这一空白；第二，南海的渔民受封建迷信思想的愚弄和当地渔霸的盘剥深重，有必要向沿海的渔民做一次海洋科学知识的宣传。他们在极其艰苦的条件下终于采集到2 000多件标本，成功地完成了我国近代第一次海洋生物的科学考察。就在费鸿年“二进”中山大学期间，他结识了正在中山大学担任文学院院长兼教务长的大文豪鲁迅先生。两人虽专业不同，但经常交往，谈话投机。也许是两人的性格相似（狷介刚正、憎恨邪恶），也许是两人的经历相似（同属浙江人，又先后到日本留学），所以两人建立起了深厚的友谊。之后由于为生物系购买图书的原因，与学校管理层有分歧，遂提出辞职，到建设厅面陈发展广东水产事业的意见，并建议开办广东水产试验场。结果，建设厅批准了费鸿年的建议，并聘他任广东水产试验场场长。他上任后，开办讲习所，培养水产科技人才。又向建设厅申请八万元港币，准备到日本造两条工作船。就在他踌躇满志的时候，广东省建设厅厅长被撤换，随之，费鸿年也被免职，只好离开广东。虽然他有心振兴祖国的海洋水产事业，但报国无门。在其后的一段时间内，他过着颠沛流离的生活，先后在浙江水产中等专业学校和天津水产专科学校教书。1931年，他又受聘到北平大学农学院农业生物系任系主任。任期刚满一年，因为火车不通，他到南方过寒假后无法回到北平，只好三进广东中山大学，还任生物系主任。按照当时中山大学校方的规定，凡在本校任教授八年以上者，可以带薪到法国去研究考察一年。费鸿年在中山大学几次的教授年限已够这个条件了，但是，当他向校方申请出国时，代理校长有意刁难他说：“出国可以，工资只能一个月一个月地领取，不可一次领取一年的工薪。”没有路费，费鸿年去法国的希望成为泡影。从这之后，他决心靠自己的努力，筹集出国的盘缠。他兼任了广西大学生物系主任，这样，他可以有双份工资。1934年8月，他终于有“资本”出国，到日本东京帝国大学浅虫临海实验所进行鱼类学研究。翌年五月，返回中山大学，先后出版发表了《海洋学纲要》《生物之起源》《中外渔业概况》《动物生态学》《动物学纲要》《鱼类学》《鲶鱼呼吸生理之研究》等颇有价值的我国海洋生物学科的早期著作。其中《动物生态学》和《鲶鱼呼吸生理之研究》分别是中国生态学的第一本专著和中国鱼类生理学的第一篇论文。

七·七事变，日本侵略者发动了全面的侵华战争。广州沦陷以后，他被迫离开中山大学。在整个抗日战争期间，费鸿年中断了自己的科学研究，一直在贸易界任职。这对于一个自然科学工作者来说，是非常痛苦的。他在福建贸易公司任总经理的时候，李四光去福建，有人请他和费鸿年一起吃饭，费鸿年向李四光倾诉了自己的苦衷。李四光安慰他："做贸易工作也是为了抗日，打败了日本侵略者，还会有科学的春天的。"事实上，科学的春天，只有在中华人民共和国成立之后才到来。

1947 年，费鸿—上海渔业管理处总处任渔捞组组长，负责海洋渔业的管理工作。不久，他又奉调到海南岛的榆林，任广东分处处长。当时，联合国善后物资总署曾拨给中国一些新式渔具渔船。一批有志于复兴我国海洋渔业的科学技术工作者，也想趁此机会来发展我国的渔业。无奈，国民党反动派忙于挽救行将覆灭的蒋家王朝，没有兴趣来发展祖国的海洋渔业。上海解放以后，广东分处归迁驻香港的保管委员会直接指挥。费鸿年将广东分处的六艘渔轮开到了香港入坞，准备保存起来交给人民政府，但保管委员会下令广东分处迁台湾归并高雄分处，由费鸿年当处长，并责令他先去高雄领取迁移费。费鸿年当即提出辞职，由香港至天津，而后到上海。全国解放以后，他才有了安定的生活条件和工作条件，全心全意地从事祖国的海洋水产科学研究。

费鸿年是一个学术思想十分活跃的人。他青年时代，正是"五四"风云兴起，新文化运动高涨的年代。他受新文化运动思想的影响，在报纸杂志上发表了大量文章，介绍西方的科学技术、哲学和文化。当时的《东方杂志》《时事新报》《学艺》等有影响的报纸和杂志，都刊登过他的文章。

中华人民共和国成立以后，费鸿年一直在水产系统从事组织和科学研究工作。1954 年时任国家水产总局副总工程师的费鸿年，毅然请缨，带队组织我国首次黄河流域水产资源考察。他率领考察队登上了海拔近 4 000 米的高原湖——青海湖，考察取得了圆满成功。这次考察，发现青海湖内生存大量鳇鱼，经济价值高。费鸿年立即向中央人民政府提出建议：成立渔业公司，开发青海湖。随着青海湖渔业公司的成立，给湖区人民带来了巨大的经济效益。其间，费鸿年为发展我国海洋水产事业提出过很多建议。

为了宣传和普及海洋渔业知识，促进我国海洋水产科学技术的快速发展，他还在各种报纸杂志上发表评论文章，宣传大力发展祖国的海洋水产事业的重要性。其中主要的文章有：《新中国的水产业及其前途》《恢复中的新中国水产事业》《渔捞过度问题》《论渔场及其变化》《南海在中国渔业上的重要性》《我国渔业的优越自然条件》等。

1957 年，费鸿年调到南海水产研究所工作。从此，他专事海洋水产资源的理论研究。1964 年，南海水产研究所承担了南海北部底拖网鱼类资源调查任务，这是全国科学技术发展规划（1963—1972 年）中的一项重点研究课题。费鸿年参与领导和主持了这项工作。调查从 1964 年 3 月至 1965 年 2 月，将近一年时间，调查的海区范围为：南海北部、海南岛以东、广东大陆沿海区域，南起北纬 18° 15′，北至广东沿岸，最高纬度北纬 22° 50′，西自东经 110° 起，东到东经 115° 45′。调查海区的面积达 137 667 平方千米。这次调查的目的，主要是为了弄清楚南海北部底拖网鱼类资源的主要鱼类构成，以及它们的生活习性、分布移动、数量变化、相互关系及其和外界环境因子的关系，以便掌握各种鱼类活动的自然规律，指导渔业生产。

在这以前，从来没有对这一海区做过系统的调查研究。这次调查研究的内容有十项：底质、地貌和海洋气象一般情况；水文和水化学基本特征；鱼类区系和群聚结构；鱼卵、仔鱼数量分布和主要种类形态；渔获物组成及分布；渔获物密集区和主要渔场与它的环境条件；主要经济鱼类的年龄、生长、繁殖、食性和分布移动；浮游生物、底栖生物的主要种群及其数量分布；主要头足类和虾类的分布移动；本海区底拖网鱼类资源的初步评价。调查工作结束以后，在费鸿年的主持下，编写出版了《南海北部底拖网鱼类资源调查报告》1 ~ 5 册，总结了一整套海上调查和资料整理方法。这份调查报告是目前研究南海底拖网鱼类资源的系统基础资料，课题成果获得了 1978 年全国科学大会奖。

运用数学模式来分析海洋鱼类资源种群变动的趋势，国外是从 20 世纪 60 年代开始兴起。20 世纪 60 年代，费鸿年结合我国的具体情况，也着手进行研究。后因“文化大革命”，这项工作中断。直到 1973 年，他才有机会恢复原来的研究。

费鸿年的第一项研究成果，是利用 20 世纪 60 年代中期《南海北部底拖网鱼类资源调查报告》资料，运用数学模式，计算了南海北部三种重要底拖网鱼类黄肚金线鱼、金线鱼和马六甲绯鲤的生物学参数和产量方程，算出在不同捕捞强度和不同拖网网目条件下，表达资源状况的六种指标，并绘出稳产渔获量等值线图。同时把当时实际生产情况所应取得的产量指标，与最高稳产量等值曲线轮廓进行比较，初步判断出这三种鱼在 1964—1965 年渔业状况下，利用程度不足，尚有充分增产潜力。潜力最大者为黄肚金线鱼，其次是马六甲鲱鲤，再次是金线鱼。以这三种底拖网鱼类与国外论著所发表的东海、黄海蛇鲻、白姑鱼和小黄鱼的渔获量等值线图相比较，证明东海、黄海三种鱼的资源利用程度较大，可以发挥的资源潜力不及南海北部的三种鱼。因此反映出一个总趋势，南海底拖网鱼类资源比黄海、东海底拖网鱼类资源有更大的潜力。

由于南海底拖网鱼类种类太多，若要用数学模式对每种鱼的产量进行计算，工作量太大。在未设计出电子计算机编制程序步骤以前，必须简化计算方法。费鸿年在取得上述成果的基础上，于 1973 年底，应用不完全 β 函数来处理生物学参数，又算出南海七种底拖网鱼类的产量方程，并绘制出各种鱼产量等值线。由于有现存的 β 函数表可查，计算时间可缩短，即使在没有电子计算机的条件下，也可以对大量种类在短时间内进行产量计算与资源状况判断。

在电子计算机推广应用以后，费鸿年取得了另一项研究成果。他利用动态综合模式（分析模式）对鱼类资源的产量进行了计算，重点对动态综合模式中采用不同性质的补充量或最大年龄等参数所带来的影响做了研究。他用短寿命的长尾大眼鲷和长寿命的青海湖裸鲤为例，应用 Beverton–Holt 模式，按进入渔场时的补充量 R 和按最初被捕年龄的补充量 R'，又各把实际最大年龄和把它作为无限大为参数，相应地改变原有模式，与别人合作用 AICOM–C4 型电子计算机做了估测产量的计算，然后做出相应的捕捞死亡系数与产量关系的曲线、最初被捕年龄与产量关系的曲线及产量等值线群图。对照结果证实了以最初被捕年龄的补充量为标准的产量（Yω/ R'）和以进入渔场补充量为标准的产量（Yω/ R），在曲线形状和曲线群分布型上有较大差异，而用实际最大年龄和把最大年龄作为无限大，也在算出的产量结果上有不同的分歧，特别是寿命短的鱼差异更大。这一比较研究澄清了国外有些模糊的认识，由于采用动态综合模式来研究鱼类资源的产量，就可以为制订科学管理渔业方案提供依据。

除上述成果以外，1974 年，费鸿年还应用综合产量模式，对珠江口万山渔场春汛中蓝圆鲹的持续稳产和合理捕捞产量进行了研究；1976 年，他利用粤东蓝圆鲹补充量与亲鱼量的历年资料，采用模拟模式算出其繁殖机制，估算出在什么亲鱼量指数和哪一最初被捕年龄条件下，可以取得最大持续产量；同年，他还研究了扩大拖网囊网网目，可以获得十种南海北部拖网鱼类的最大持续产量和经济效益；1981 年，他又对南海北部大陆架底栖鱼群聚的多样度和优势种区域和季节变化进行了分析，同时，还研究了广东大陆架鱼类生态学参数和生活史类型。

作为“水产资源评估数学模型”的国内奠基人，费鸿年手不离卷，日夜伏案，使数学模型更趋合理。总结费鸿年在这十年中发表的研究论文和综合评述，其中主要的有：《南海北部几种底拖网鱼类资源状况的初步探讨》《应用不完全 β 函数试作南海底拖网鱼类资源状况的分析》《万山春汛持续稳产量的初步估算》等论文。又与助手合作翻译了加拿大 W. E 里克的《鱼类种群生物统计量的计算和解析》一书。针对我国的水产资源方面的科研与教学比较薄弱的现状，编纂了我国第一部系统的高等院校教科书《水产资源学》。水产界学者认为，这部专著汇集了费鸿年本人对生物学与水产资源学半个多世纪的研究成果，并且详细地反映了国内水产资源学的全貌和内在发展规律，同时也反映了国际水产资源学的最新成果与趋势，堪称中国水产资源领域中集大成之作。费鸿年的上述科研成果和著作，对南海鱼类资源的估算、合理安排渔场作业船只、调整网具和网目等提供了科学依据，同时，也促进了我国水产资源理论研究发展。

1993 年 5 月 12 日，费鸿年病逝于广州，享年 93 岁。

主要著作及稿本

1. 费鸿年 . 新生命论［M］. 北京：商务印书馆，1924.

2. 费鸿年 . 人类性源论［M］. 北京：商务印书馆，1927.

3. 费鸿年 . 生物之起源［M］. 北京：商务印书馆，1928.

4. 费鸿年 . 显微镜［M］. 北京：商务印书馆，1929.

5. 费鸿年 . 寿命［M］. 北京：商务印书馆，1930.

6. 费鸿年 . 迷信［M］. 北京：商务印书馆，1931.

7. 费鸿年 . 中外渔业概观［M］. 北京：商务印书馆，1931.

8. 费鸿年 . 动物生态学［M］. 北京：商务印书馆，1933.

9. 费鸿年 . 生理学纲要［M］. 上海：中华书局，1934.

10. 费鸿年 . 海洋学纲要［M］. 上海：中华书局，1935.

11. 费鸿年 . 挽近化学概要［M］. 上海：中华书局，1935.

12. 陈兼善，费鸿年 . 鱼类学［M］. 北京：商务印书馆，1936.

13. 费鸿年 . 动物的分类［M］. 北京：商务印书馆，1936.

14. 费耕雨，费鸿年 . 博物馆学概论［M］. 上海：中华书局，1936.

15. 费鸿年 . 祖国的渔业［M］. 北京：中华全国科学技术普及协会，1954.

16. 费鸿年 . 动物学纲要［M］. 上海：中华书局，1963.

17. 费鸿年 . 南海北部几种底拖网鱼类资源状况的初步探讨（初稿）［M］. 广东省水产研究所（油印本），1973.

18. 费鸿年 . 应用不完全贝塔函数试作南海底拖网鱼类资源状况的分析（初稿）［M］. 广东省水产研究所（油印本），1973.

19. 费鸿年 . 万山春汛持续稳产量的初步估算［M］. 广东省水产研究所（油印本），1974.

20. 费鸿年 . 调整网目尺寸对广东近海拖网渔业生产和经济效益影响的探讨［M］. 广东省水产研究所（油印本），1976.

21. 费鸿年，张诗全 . 水产资源学［M］. 北京：中国科学技术出版社，1990.

主要译著

1. 冈田要，王云五 . 极性与侧性［M］. 费鸿年，译 . 北京：商务印书馆，1935.

2. 尼尔 . 显微镜术与人生［M］. 费鸿年，摘译 . 北京：商务印书馆，1936.

3. 布卡南 . 奥窦邦传［M］. 费鸿年，译 . 北京：商务印书馆，1937.

4. 马尔提 . 海洋渔业问题鱼类的捕捞性侦察［M］. 费鸿年，译 . 北京：科学出版社，

1958.

5. M.E. 勃朗，鱼类生理学：上［M］. 费鸿年，译 . 北京：科学出版社，1962.

6. M.E. 勃朗 . 鱼类生理学：下［M］. 费鸿年，译 . 北京：科学出版社，1963.

7. 里克 . 鱼类种群生物统计量的计算和解析［M］. 费鸿年，袁蔚文，译 . 北京：科学出版社，1984.

主要论文

1. 费鸿年 . 生机论（附图）［J］. 学艺杂志，1922，4（5）：9–26.

2. 费鸿年 . 杜里舒的著作［J］. 东方杂志，1923（8）：113–119.

3. 费鸿年 . 杜里舒学说概观［J］. 东方杂志，1923（8）：41–53.

4. 费鸿年 . 临海生物学实验所之重要及欧洲著名实验所概况［J］. 东方杂志，1923（10）：94–104.

5. 费鸿年 . 生物学上之两性观［J］. 东方杂志，1923（3）：74–84.

6. 费鸿年 . 杜里舒对于生物学上的贡献（附图）［J］. 学艺杂志，1923，5（3）：51–64.

7. 费鸿年 . 杜里舒与发生力学（附图）［J］. 学艺杂志，1923，5（3）：11–30.

8. 费鸿年 . 生物学的范围方法和趋势［J］. 教育杂志，1923（11）：39–107.

9. 费鸿年 . 生命分子论［J］. 东方杂志，1924（23）：77–88.

10. 费鸿年 . 立伽脱之生命哲学及其批评［J］. 东方杂志，1924（1）：281.

11. 费鸿年 . 两性的本性及其作用［J］. 学艺（日本），1925（5）：55–72.

12. 费鸿年 . 淘汰说在近代生物学上的位置［J］. 东方杂志，1925（17）：70–83.

13. 费鸿年 . 最近生物学上的几个问题［J］. 晨报六周纪念增刊，1925（纪念增刊）：90–104.

14. 费鸿年 . 两性的本性及其作用（附图）［J］. 学艺杂志，1926，7（5）：58–75.

15. 费鸿年 . 中华产鲵鱼问题［J］. 自然科学，1928（2）：83–130.

16. 费鸿年 . 国际水产概况与水产试验场［J］. 新建设半月刊，1929（创刊号）：27–36.

17. 费鸿年 . 国际水产概况与水产试验场（续）［J］. 新建设半月刊，1929（2）：30–39.

18. 费鸿年 . 中国水产事业失败之由来及我人应有之觉悟［J］. 新建设（广州），1929（7）：6–16.

19. 费鸿年 . 水产与中国民食问题（附表）［J］. 新建设（广州），1930（9）：16–31.

20. 费鸿年 . 广东食用虾蟹类研究（附表、照片）［J］. 新建设（广州），1930（9）：113–137.

21. 费鸿年 . 外国养蚝法概说（附图）[J]. 新建设（广州），1930（9）：140–155.

22. 费鸿年 . 近代生物学上的发育原因问题 [J]. 新声，1930（9）：21–103.

23. 费鸿年 .The Decapoda of South China I Oxystomata [J]. 水产学报，1931，1（1）：22–54.

24. 费鸿年 . 生物学对于水产之贡献 [J]. 中国建设，1931（3）：54–70.

25. 费鸿年 . 对于中国水产研究指导机关的意见 [J]. 中国建设，1931（4）：23–30.

26. 费鸿年 . 细胞分裂光线的发现 [J]. 通俗自然科，1934（6）：109–112.

27. 费鸿年 . 鲶鱼呼吸生理之研究 [J]，勷勤大学教育学院生物学专刊第三号，1934.

28. 费鸿年 . 广东产双斑铿节虫之研究（一）[J]. 自然科学，1938（1）：1–25.

29. 费鸿年 . 新中国的水产业及其前途 [J]. 自然科学，1951（1–7）：377–386.

30. 费鸿年 . 渔捞过度问题 [J]. 学艺杂志，1951（1）：5–13.

31. 费鸿年 . 论渔场及其变化 [J]. 学艺杂志，1951（2）：9–14.

32. 费鸿年，王纯德，胡青溪，等 . 新中国的海洋渔业 [J]. 人民画报，1951（12）：29–34.

33. 费鸿年 . 发生赤潮的原因 [J]. 学艺杂志，1952（1）：1–4.

34. 费鸿年 . 南海在中国渔业上的重要性 [J]. 学艺杂志，1952（6）：9–15.

35. 费鸿年 . 河水污染对于水生生物的影响（续完）[J]. 学艺杂志，1953（5）：10–16.

36. 费鸿年 . 海滨动物标本采集法 [J]. 生物学通报，1953（7）：240–245.

37. 费鸿年 . 台湾的渔业 [J]. 地理知识，1954（1–12）：322–324.

38. 费鸿年 . 我国渔业的优越自然条件 [J]. 科学大众，1954（1–12）：25–28.

39. 费鸿年 . 淡水、浅海养殖业 [J]. 科学大众（中学版），1957（4）：172–172.

40. 费鸿年 . 新移殖到我国饲养的非洲鲫鱼 [J]. 生物学通报，1958（1）：1–7.

41. 费鸿年 . 牛蛙 [J]. 生物学通报，1962（4）：1–6.

42. 费鸿年，郑修信 . 广东鱼塭纳苗种类组成和纳苗量的季节变化 [J]. 水产学报，1964（1）：61–84.

43. 费鸿年，郑修信 . 南海北部底层鱼类群聚的研究 Ⅰ . 北部湾拖网渔轮渔获物组成的变化 [J]. 水产学报，1965（1）：1–19.

44. 费鸿年 . 总产量模式的来源和发展 [J]. 国外水产，1979（2）：1–18.

45. 费鸿年 . 利用广东优势发展海洋渔业 [J]. 畜牧业经济、养殖业经济，1980（15）：39–41.

46. 费鸿年，何宝全，陈国铭 . 南海北部大陆架底栖鱼群聚的多样度以及优势种区域和季节变化 [J]. 水产学报，1981（1）：1–20.

47. 费鸿年，何宝全，陈国铭．南海北部大陆架底栖鱼群聚的多样度以及优势种区域和季节变化［J］．水产学报，1981（1）：1–20.

48. 费鸿年，张诗全．热带小型渔业管理及其理论研究现状和动向［J］．现代渔业信息，1986，1（8）：1–5.

49. 费鸿年，张诗全．新海洋法产生后的水产资源管理策略［J］．现代渔业信息，1987，2（4）：1–5.

参考文献

［1］《中国科学家辞典》编委会．中国科学家辞典现代：第5分册［M］．济南：山东科学技术出版社，1986.

［2］陈德源．中国现代海洋科学人物志：第1集［M］．北京：海洋出版社，1985.

我国理论物理学先驱之一——许国保

1901—1993

许国保，浙江海宁硖石人，九三学社社员。华东师范大学物理学教授。1925 年毕业于交通大学电机系，长期致力于理论物理方面的教学和研究，我国理论物理学的先驱之一。

许国保，原名许国仪。1908 年宣统帝溥仪登基，因避讳溥仪的名字，遂改“仪”为“保”，号定丞。许国保为唐玄宗时睢阳太守许远的三十八世孙。其高祖天石公于道光壬辰年（1832 年）在硖石镇开设泰隆店，经营瓷器和桐油等货物，初与梁姓合资，称梁泰隆，至曾祖临庄公时店渐兴旺，改为独资开设，称许泰隆。其父许葆翰，字衔伯，别号道园，善古诗，著有《道园诗稿》，1904 年时，在河南许昌从事京汉铁路护路工作。因此，许国保幼年是在许昌度过的。

辛亥革命后，许家于 1912 年冬由许昌迁回故乡海宁。许国保于 1913 年春进硖石西山麓的海宁第二小学学习，1916 年初毕业。1917 年进上海交通大学（简称上海交大）前身南洋公学的附属中学。1921 年升入大学，1925 年夏，毕业于交通大学电机科，最初被分配在上海电报机器厂工作。1929 年秋季回交大任物理学助教。1930 年交大设立理学院，任物理系讲师。1931 年由当时的铁道部派往德国学习 X 射线检验材料技术，先后在柏林西门子厂和维滕贝格机车厂实习，并在柏林大学学习理论物理。1933 年回国后任原职，次年升任副教授，1942 年升为教授。1945 年抗战胜利时学校被解散，许国保于 1945 年秋至 1946 年夏去杭州浙江大学工学院任教授。1946 年 4 月又回交大兼课，至秋季正式回交大物理系。当时物价飞涨，公教人员生活艰苦。因此，许国保又同时在同济大学工学院和徐汇中学兼课。中华人民共和国成立后辞去兼职。1952 年院系调整，交大理学院撤销，调至华东师范大学物理系，出任理论物理教研室主任，先后开设了全部理论物理课程，编写了全部讲义及相关的教学资料。1956 年，由中国科学院和教育部评为二级教授。

1956 年，许国保应教育部要求开办了全国高师系统第一个理论物理研究生班（二年制）。作为导师，许教授主讲了理论物理各门课程，并根据自己多年教学积累，自编了全部讲义，其中《热力学与统计物理学》还得到教育部 1978 年教材会议推荐，1982 年由华东师范大学出版社出版。

许国保是我国理论物理的先驱之一，译著颇为丰富。早在 1950 年就翻译了《热学与声学》，1956 年，与复旦大学周同庆教授合译俄文版史包尔斯基著的《原子物理学》上下二卷，1958 年由高等教育出版社出版。1960 年与复旦大学教授和上海师范学院教师合编《等离子体物理学》，由上海科技出版社出版。1961 年，许国保与卢鹤绂、周同庆等一起出版了《受控热核反应》一书，这是我国科学家编写的，以发展现代科学技术为目的的专著之一，此书基本囊括了 20 世纪 50 年代有关聚变知识，涉及聚变研究的各个方面，成为我国聚变研究初期的重要参考材料。1962 年，他又翻译了美国著名原子核物理学家 L. 艾森伯特及 E. 维格纳合著的《原子核结构》一书，由上海科学技术出版社出版，该书比较全面深入地介绍了有关原子核的学科知识。许教授在 80 岁高龄，依旧兢兢业业，带领物理系部分青年教师翻译出版了多本国外的物理教材和教学参考书，如美国当时的革新教材《物理学》，著名物理学家伽莫夫等编写的《物理学基础与前哨》，著名大学基础物理教育家瑞斯尼克编写的《相对论和早期量子论中的基本概念》等。

1932 年 4 月，第 9 届国际数学家大会在瑞士苏黎世举行。这是国际数学家自 1897 年以来，四年一度的盛会。我国第一次以学术组织的名义选派代表参加。中国数理学会确定清华大学的熊庆来教授参加这次大会。当时上海交大的数学系刚成立不久，系里认为这次会议十分重要，考虑到许国保在柏林留学，离苏黎世不远，而且他数学知识渊博，读过 Hilbert、Weyl 等数学大师的很多著作，数学系的诸多名师像胡刚复、朱公谨等力推许国保作为上海交大代表赴会。此外，还有在德国慕尼黑大学留学的李达以私人身份参会。就是在这次大会上，决定设立菲尔兹奖，并在 1936 年第一次颁发。会后，许国保参加了应用数学（力学、物理）组的分组讨论。会后，他将大会所发的文件材料、报告提纲及聆听报告的笔记悉数寄回交大，还将会议概况、会议议程和分组讨论等情况写成报告，题为《出席万国数学学会之经过》，发表在 1934 年的《交大季刊》上，这是我国最早有关国际数学家大会的介绍。许国保与熊庆来还主动跟各国数学家广泛交流并建立学术联系，特别是有幸和大师 Hilbert 做了交谈。在《出席万国数学学会之经过》一文中写道："聚万国数学家于一堂，举凡有名之专家，无不降临。在该会得有机会一识向所闻名而未见之数学巨子，诚属盛举。”1933年初，许国保应邀参加教育部在南京召开的天文数学物理讨论会，在会上传达了国际数学家大会的学术信息，扩展了国内科学家的视野。

在社会活动方面，许国保参加九三学社和中国物理学会，曾任中国物理学会理事。退职后，曾获得中国物理学会颁发的“从事物理科研教学工作五十年”的荣誉证书和奖章。

“文化大革命”期间，许教授也未能幸免于难。作为“资产阶级反动学术权威”，遭到多次批斗，但许国保临危不惧，刚正不阿，当暴徒用他拄着走路的手杖敲打他的头部，要他“交代揭发”时，他始终坚持不说假话。“文化大革命”后期，随师生下厂劳动时，他被分配到一家制作半导体元件工厂的扩散工序车间。有人向他发难说：“你既然是大学物理系的大教授，理该懂得我们这个扩散系统中的气流活动规律，那你就写写扩散方程以及它的解是怎么样的。”许国保听了沉思片刻，就在纸上写出了这个方程及相关的解，在场的人都不由得敬佩他对物理学的通晓和惊人的记忆。

1986年，许国保退休，1993年10月25日病逝于上海，享年94岁。

主要著作

1. 卢鹤绂，周同庆，许国保，等．受控热核反应理论基础及探索成就［M］．上海：上海科学技术出版社，1962.

2. 许国保．热力学与统计物理学［M］．上海：华东师范大学出版社，1982.

3. 许国保，王福山．简明物理学词典［M］．上海：上海辞书出版社，1987.

主要译著

1. 格利姆赛尔，托马斯齐克．热学与声学［M］．许国保，译．上海：中华书局，1950.

2. Э B 史包尔斯基．原子物理学［M］．许国保，等，译．北京：高等教育出版社，1958.

3. 符・约・斯维杰尔斯基．空间与时间［M］．许国保，戎象春，李浩然，等，译．上海：上海人民出版社，1959.

4. J G 林哈脱．等离子体物理学［M］．陆全康，徐学基，译；许国保，校．上海：上海科学技术出版社，1962.

5. L 艾森卜特,E 维格纳．原子核结构［M］. 许国保，译．上海：上海科学技术出版社，1962.

6. L R B 爱尔顿．原子核理论导引［M］．华东师范大学原子核理论教学小组，译．上海：上海科学技术出版社，1965.

7. 瑞斯尼克．相对论和早期量子论中的基本概念［M］．上海师范大学物理系，译．上海：上海科学技术出版社，1978.

8. G 盖莫夫，J M 克利夫兰．物理学基础与前哨［M］．上海师范大学物理系，译；许国保，校．上海：上海教育出版社，1980.

参考文献

［1］张德龙．上海高等教育系统教授录［M］．上海：华东师范大学出版社，1988.

来源

中国人民政治协商会议浙江省海宁市委员会文史资料委员会．当代海宁人《海宁人物资料》：第 2 辑．

中国现代科普宗师——贾祖璋
1901—1988

贾祖璋，浙江海宁黄湾人，著名科普作家，我国科普界的一代先驱，科学文艺的一代宗师。1920年，毕业于浙江省第一师范学校。长期从事科学小品写作，他的作品以多姿多彩的文学形式、生动活泼地传播以生物学为主的科学知识，实现科学与文学的联姻。

贾祖璋为海宁望族贾氏之后，海宁贾氏，盛于元朝，近千年来出过不少名人，对海宁的教育、医学贡献很大。至当代，贾祖璋成为中国著名科普作家及中国科学小品文的开拓者之一，被誉为“科普宗师”。

1901年，贾祖璋出生于海宁东部山区的黄湾镇，贾祖璋父亲是镇上有名的中医。小镇位于山水清秀的钱塘江畔，钟灵毓秀的自然环境和良好的家庭教育，自幼就培养了他热爱大自然，钟情于一草一木的情怀。他在《十年学校生活回忆》一文中说道：“我是很爱自然的，很喜爱动植物”“我长期喜爱生物，心向往之”。

贾祖璋到了8岁，便进入镇上的私塾接受启蒙教育，2年后进入镇上的小学。读了3年小学，父亲又把他送入袁花镇上高等小学。14岁考入浙江省立第一师范，这是浙江省最好的学校，校长经亨颐是一位老同盟会员，早年留学日本。这所学校也是浙江新文化运动的中心，享有“北有京师学堂，南有浙江一师”的美誉。夏丏尊、李叔同、陈望道是他的老师，潘天寿、丰子恺是他的同学。在学校期间，受五四运动新思潮的影响，贾祖璋积极参加进步学生运动，并当选为学生自治会主席。在校期间，贾祖璋兴趣爱好广泛，音乐、绘画无所不爱，尤其是李叔同的音乐课，对他很有吸引力。这段时间，贾祖璋刻苦学习外语，他的日语具有很高的水平。陈望道老师经常和学生讨论新文化运动，引导他关注时局、人生观、教育、文学等诸多问题，并指导他阅读了大量的西方科技著作。一次在学校图书馆，他读到日本生物学家神谷三郎写的《显花植物分类》，一下子被吸引了，日本人写花草，竟然会有这么厚的一部书。他一口气读完，并动手翻译了其中的第三章《植物分类沿革》，投寄上海，不久被《时事新报》录用，这是他第一次发表的科普文字，第一篇作品的成功，仿佛是一个机缘，引导他开始了一生科普与文字结合的笔墨生涯。

青年时期的贾祖璋，就立志要做一个对社会有用的人，不能庸庸碌碌虚度一生，他有一篇《言志》的文章，这样写道：

> 我不愿生无益于世，死无闻于后的浑浑然虚此一生的心理，16 岁时就抱定了。有这个心鞭策我，迫我总要择一种性近的学问来研究它。我是很爱自然的，很喜欢动植物的，何不将这个性去发展呢？于是就选定生物学为我终生研究的学问。

五四运动以后，新文化运动迅速发展，贾祖璋经常与一些进步青年在刊物上撰文，与保守的思想展开辩论。

1920 年，贾祖璋毕业于浙江省第一师范学校。毕业以后，贾祖璋先后在余姚、长安、袁花教了几年书，期间也经常写一些文章在上海老师主编的《民国日报》副刊发表。1923 年，出于对生物学的爱好，他报考了商务印书馆仪器标本实习所，到了商务印书馆的标本部工作，并管理一个植物园，开始了上海经历。其间，结合工作自学英文、德文，大量阅读国外生物学著作，并经常到野外进行实地观察、研究和收集中国古代的鸟类文献，开始写作有关鸟类的文章。1927 年，在周建人主编的《自然界》杂志发表《中国产鸟类报告》之后，又写了《杜鹃》《鸳鸯》《燕》《雁》等科普小品。1928 年，他的第一本科普读物《鸟类研究》出版，成名作《鸟与文学》完稿。以后几年内，先后完成了《普通鸟类》《世界禽鸟物语》和《鸟类概论》等著作，并参与小学自然课本的编辑工作。1934 年，老师陈望道主编的《太白》杂志创刊，开辟科学小品专栏，贾祖璋、周建人、顾均正等经常为此专栏写稿，成为我国科学小品最早的几位著名作者之一。这期间，他又先后出版了《动物珍话》《达尔文》《笼鸟饲养法》等科普著作。

《鸟与文学》是贾祖璋的成名作。他在书中深入浅出地介绍了杜鹃、画眉、鹤、孔雀、鸳鸯、翡翠、燕子、大雁等数十种鸟类的名称、种类、习性、形体、饲养及各种文学、历史与神话传说，熔文学、科学与历史知识于一炉，资料丰富，叙述动人，对于增加人们知识，陶冶性情，休闲娱乐均大有裨益。尤其是用优美的文笔来写科普读物，引人入胜，如自从春风吹醒了芳草以后，依依的杨柳垂枝在点点银色芽苞中，抽放着浅黄嫩绿的新叶；在这红桃绿柳的中间，我们更容易发现一种呢喃软语，轻扬梭穿的鸟类，那就是燕子……以这些美丽的诗一般的句子作开场白，给科学添上了美艳多姿的色彩，成为一篇文学上博洽多闻的范文。这本书出版在20世纪30年代，初版后一版再版，可见受欢迎的程度。

当时的商务印书馆汇集了一大批名人学者，有沈雁冰、胡愈之、郑振铎、周建人、叶圣陶、陈望道等人先后在馆里任职，尤其是周建人是博物学科的编辑，专门编辑动植物方面的书，给了他很多的帮助，贾祖璋一直把周建人看作师长和前辈，两人有逾达半个世纪的忘年之交。贾祖璋参加民主促进会，周建人是介绍人之一。

在上海期间，贾祖璋与弟弟贾祖珊合作完成了一部《中国植物学图鉴》，这是我国最早的一部植物学分类的工具书，全书收录了2 400多种植物，长达100多万字，是一部有2 000多页的巨著。当时，他们发现在日本、西方等国家，已经出版了不少动植物基础分类的书，而在中国这类书则极为缺乏，贾祖璋兄弟深感中国地大物博，动植物资源又如此丰富，可为什么总让外国人掠夺利用？他们发表的新种所采集的标本，往往是从中国发现，而我们中国人为什么不能自己识别和鉴定出新种呢？于是弟兄两人分工合作，经过5年的辛苦努力，终于赶在“沪松会战”前完成书稿。蔡元培先生为《中国植物学图鉴》题写了书名，著名植物学家胡先骕和钱崇澍为此书作序，贾祖璋为此书写了一篇长达8 000多字的自序。《中国植物学图鉴》的出版，是当时中国植物学界和出版界一件具有开创性的工作，受到学术界的一致好评和重视。中华人民共和国成立后，此书由农业出版社和财经出版社两度重印。

抗战以后，上海沦陷，贾祖璋随大批知识分子西迁，漂泊到了桂林，应丰子恺邀请在当地一所中学任教。1939年，在桂林两江师范学校接替丰子恺任语文老师。这段历史，丰子恺专门作画相赠，题为“客中风雨故人来”，记叙了两人相见的一刻。后又辗转来到温州，在省立温州中学教书。抗战胜利以后，又回到上海开明书店，开始编写《开明新编高级生物学》。

中华人民共和国成立以后，贾祖璋受教育部和上海市教育局委托，参与编辑《高级小学自然课本》。1951年出任开明书店编审部副主任，主编《进步青年》杂志，并参与教育部制订中学动植物课程标准工作。1952年底，开明书店与青年出版社合并为中国青年出版社，贾祖璋任出版社编委会委员兼自然科学部主任，主持《青年科学技术活动》等丛书的编辑工作。1958年调任科学普及出版社任副总编，分管生物科学编辑室及《知识就是力量》《科学大众》《学科学》3种期刊。1961年应邀去上海参加《辞海》的修订工作。

“文化大革命”期间，贾祖璋身处逆境，仍不愿虚度年华、浪费时光。经常只身到野外的稻田、菜园、果园，观察植物生长、昆虫活动和鸟类繁衍的动态。同时，还大量阅读当时所能找到的科学和农业技术书籍，笔耕不辍，从1970—1976年的6年间，共写了50

本读书笔记，这段时间的实践和阅读，为改革开放后科学春天的再次到来，积累了科普创作的大量素材，也才有了荣获新长征科普创作一等奖的《花儿为什么这样红》，以及被选入中学语文课本的范文《南州六月荔枝丹》《兰和兰花》《蝉》等名篇的问世。

“文化大革命”结束后，贾祖璋又恢复了创作热情，百废待兴的科普事业，一切从头开始。当年《福建卫生报》刚刚复刊，是一张4开4版的小报。身为中国科普创作协会副理事长、福建省科普创作协会理事长、福建省科学技术协会顾问的贾祖璋十分关心这张报纸的成长，不仅经常阅读该报，提出了不少宝贵的意见和建议，而且还亲自撰写科普文章。先后在该报科普版发表了《怎样种树》《从恐龙时代繁衍到现在的蟑螂》《青年人的生理变化》《重视心理卫生》《从感冒说到肺结核》《病从口入》等10余篇文章，使本报增色不少，给编辑人员留下了严谨求实、勤奋耕耘的深刻印象。

1978年5月，贾祖璋到上海出席全国科普创作座谈会，从此开始了创作的辉煌时期，并担任多种领导职务。1980年出版了《生物学碎锦》，1981年出版了《贾祖璋科普创作选集》。贾祖璋在生命的最后10年，创作科学小品100多篇，不少作品被《新华文摘》选载。科普出版社1988年出版了《贾祖璋科普文选》，福建科技出版社在他逝世后出版了《花与文学》。他还为《科学与文化》《花鸟世界》等科普期刊的创办和出版倾注了大量心血，与许多报社、出版社有着密切的联系，对年轻的作者和编者给予热心扶植，在审稿、评论、作序等方面也热心为科普作者提供帮助。

《花与文学》是贾祖璋生前最后一部以花卉为题材的科学小品集，收入集子的大部分文章是他晚年的新作，文字简洁，清丽优美，向读者展示了绚丽多彩的花的世界和我国传统文学关于花卉描述的民族风格。

他写的《鸟与文学》和《花与文学》，是我国科学小品创作的双璧。它不但反映了贾祖璋毕生的创作历程，而且也从一个侧面反映了我国科普创作的发展轨迹。

中华人民共和国成立后，贾祖璋历任中国青年出版社副总编辑兼编辑室主任、科学普及出版社副总编辑、福建省科学技术协会顾问、福建省出版工作者协会顾问、中国科普创作协会副理事长、福建省科普创作协会理事长、中国民主促进会中央参议委员会常委等职。

生活实践是贾祖璋写作的基础和源泉。贾祖璋写的科学小品，以花鸟鱼虫为描述对象，以他独到、深入的观察，细腻、精确的笔触，朴实、简练的语言，勾勒出瑰丽多彩、千姿百态的生物世界。贾祖璋毕生酷爱书籍，他读书、编书、著书，终身与书为伍。在长年从事编辑工作的余暇，孜孜不倦地阅读有关生物、文学、历史方面的书籍，手不释卷从中汲取营养，积累知识，拓展思路，发掘和充实写作的素材。

贾祖璋的生物小品，具有丰富的科学、历史和文学知识，运用散文诗般的文字，向读者描绘出奇妙的生物世界中的种种奇闻趣事，回答人们关心而又不甚明了的问题，读后兴趣盎然，令人遐思。就拿《花儿为什么这样红》这篇作品来说吧，它能抓住人们司空见惯的自然现象，提出问题，然后运用现代科研成果，从多方面说明这种自然现象的本质，启发和引导人们去思考自然界的一些规律。在《十万个为什么》里，对于花为什么红仅仅指出是因为细胞内存在花青素，对于花色能够在黄、橙、红之间变化，也只说因胡萝卜素作用。而贾祖璋这篇作品除了指出其物质基础外，还用物理学的原理来解释，“酸性的花青素会把红色的长光波反射出来，送到我们的眼帘，我们便感觉到鲜艳的红花”，又从花儿生理上的需要来说明红花能够反射含热量多的长光波，使花儿不致被太阳灼伤，有特殊的保护作用。接着，又从进化的观点来考察，从达尔文的自然选择和人工选择的原理来论证。在一篇仅 2 000 字的作品里，把有关化学、物理学、生物学和遗传学等方面知识融为一体，给读者带来有趣而又丰富的知识。《花儿为什么这样红》不仅有其严格的科学性，而且文字优美。根据内容的需要，作者巧妙地运用排比句式作为段落的开头，使整篇文章脉络清楚，富有韵味，朗朗上口。古诗、典故的运用也达到了画龙点睛的目的，如讲“战地黄花分外香”的菊花，“金英翠萼带春寒”的迎春花，以及“蜂争粉蕊蝶分香”的虫媒花等，都异常生动美妙，增添了作品的情趣。从 1931 年《鸟与文学》问世到临终前出版的《花与文学》为止，贾祖璋先生 60 年间一共创作、翻译近 300 万字作品。他的作品总是将科学与艺术融为一体，许多篇章成为范文精品，在社会上产生了深远的影响。可以说，当今中国的读书人几乎没有几个没读过贾祖璋的作品。他的《劳动创造了人》是中华人民共和国成立初期干部学习社会发展史的必读书籍之一。

作为严谨的科普作家，贾祖璋对于报刊上一些不科学或伪科学的宣传，绝不容忍，也不轻易放过，总要写文章加以批驳。比如有人宣传蚕儿变金鱼、腐草会化萤，也有人胡诌水稻亩产超万斤、人体有特异功能等问题，他就撰文批驳并给予正确的科普引导。晚年他先后写作的多篇命名为《科普争鸣》的系列文章，对别人写作的书稿、文章中的一些不科学的内容进行揭伪查证，这是贾祖璋一贯坚持科学、反对迷信编辑思想的集中反映。贾祖璋对祖国实现四个现代化的灿烂前景充满希望，对大规模的经济建设成就予以充分肯定。同时，也及时指出如果人们不注意，随着建设的发展，环境污染将严重起来，大自然的生态平衡，将会遭到破坏。因此，他时时、处处提醒人们保护环境、保护资源、保护自然生态平衡。《喝水岩和绿色水库》《盆花成树耀眼红》和《是花是鱼两不知——桃花鱼小记》等就是其中的代表作品。1980 年冬天，贾祖璋走在街上，发现两株高达两层楼的一品红，斜依街心，殷红耀眼，很是兴奋。他想一品红原本只供盆栽，如今却能培育成树，由此想到城市的美化问题。要是“把一品红作为行道树来栽植”“火龙似的红光，蜿蜒十里长街两侧，应是一种多么壮观的景色”，这是他在《盆花成树耀眼红》中提出的设想。有一天，贾祖璋看电视风光片《三峡传说》，有一组镜头让他惊喜：清亮澄澈的溪水中，几片圆形透明的桃花鱼好像一片片小手帕，缓缓地一张一缩，在水中悠然漂浮。他太喜欢这小鱼儿了，担心有些地方环境污染严重，将影响到像桃花鱼这样小生物的生存。他认为有必要提出经济建设与自然保护、生态平衡的关系问题。

1988 年 7 月 3 日，这位勤奋笔耕、默默奉献近 70 载的老科普作家与世长辞，享年 87 岁。

主要著作

1. 贾祖璋 . 鸟类研究［M］. 北京：商务印书馆，1928.
2. 贾祖璋 . 鸟与文学［M］. 上海：开明书店，1931.
3. 贾祖璋 . 动物珍话［M］. 上海：开明书店，1932.
4. 贾祖璋 . 鸟类［M］. 北京：商务印书馆，1933.
5. 贾祖璋 . 生物素描［M］. 上海：开明书店，1936.
6. 贾祖璋 . 笼鸟饲养法［M］. 北京：商务印书馆，1937.
7. 贾祖璋，贾祖珊 . 中国植物图鉴［M］. 上海：开明书店，1937.
8. 贾祖璋 . 生物的进化［M］. 桂林：文化供应社 . 1942.
9. 贾祖璋 . 碧血丹心［M］. 桂林：桂林立体出版社，1942.
10. 贾祖璋 . 动物［M］. 沈阳：东北书店，1949.
11. 贾祖璋 . 生物学名著讲话［M］. 上海：开明书店，1949.
12. 贾祖璋 . 从猿到人［M］. 上海：开明书店，1950.
13. 贾祖璋 . 花与文学［M］. 福州：福建科学技术出版社，1989.
14. 贾祖璋 . 花鸟虫鱼与文学［M］. 长沙：湖南教育出版社，2002.
15. 贾祖璋 . 花儿为什么这样红［M］. 福州：福建科学技术出版社，2012.

参考文献

［1］贾柏松 . 贾祖璋传略［M］. 福州：福建人民出版社，2006.

著名理论物理学家——王恒守

1902—1981

王恒守，浙江海宁斜桥人，九三学社社员，中国理论物理学家，教育学家，安徽大学物理系教授。中央大学数学系毕业后，1929年留学美国哈佛大学研究生院，专攻理论物理。长期从事物理学教学研究工作。在地壳构造运动方面提出“应用拓扑变换探索地球成梨形结构”的新观点。

王恒守又名恒修，字咏声，浙江海宁斜桥镇人，为海宁安化王氏斜桥支三十一世孙，1902年9月25日出生于上海。王恒守中央大学数学系毕业后，于1929年前往美国哈佛大学研究生院留学深造，专攻理论物理方向并取得硕士学位。

王恒守于1932年秋学成归国，一直从事高等学校的物理学教学和理论物理方面的研究工作。19世纪30年代，正值原子物理学和量子力学等物理学中的新领域在世界范围内的兴起和快速发展时期，但是在中国国内相关研究却非常贫乏，所以他很快就投身于量子力学的研究中。先后在各大科学期刊上发表了《从相对论到量子力学》《由Schrdinger之波动力学推求Dirac在连续光谱上所运用之δ（λμ）函数》《近二十年原子物理学之演进》等文章，介绍当时量子力学领域的新进展，重点介绍了普朗克、爱因斯坦、德布罗意和海森伯的理论及他们建立量子力学的过程，同时还对宇宙射线、正电子和人工放射性等前沿物理知识进行了介绍。所以王恒守也是最初在中国传播量子力学的学者之一，为这些新兴物理学科在中国的发展贡献了自己的一份力量。第二次世界大战后，我国意识到要填补原子核物理研究领域的空白，中国科学社也加入这个行列中来，王恒守作为中国科学社的成员，同时又有扎实的原子物理、原子核物理及量子力学的基础，自然地转向了对于原子能的研究上，成为最早一批研究原子能和原子弹的学者，先后于1945年在《新中华》复刊上发表了《谈原子弹》，1947年在《现实周报》上发表了《原子弹的现阶段》（第1期）、《原子弹的原理》（第2期）、《原子病研究》（第7期），同年又在《广播周报复刊》上发表了《原子能的将来》，于1954年在《科学画报》上发表了《原子能发电站》（第8期）。作为最早一批研究原子弹的学者，王恒守的工作可能缺乏原创性，但是他将大量国外先进的研究成果传播给国人，为之后更多的学者研究原子弹提供了基础和条件。

《谈原子弹》是王恒守最早发表的关于原子弹研究的文章，文章对原子弹和原子能的相关理论知识做了介绍和总结。《原子弹的现阶段》一文对美国制造原子弹的进程做了介绍。在后续发表的《原子弹的原理》一文中则重点介绍了原子弹能释放巨大能量的物理原理，原子核裂变的过程以及天然放射性与人工放射性原料的发现。随着原子核物理学的快速发展，其原理不仅用于军事上，而且对于工业也有广泛的应用。1954年6月27日，苏联建成了世界上第一个原子能电力站——核电站，向世界展示出原子能的巨大使用价值。王恒守教授一直在进行原子核物理学的相关研究，自然也注意到了这一点，同年就发表了《原子能发电站》一文，详细介绍了发电站的工作原理，尤其是原子反应堆的整个反应过程，同时配以许多插图以期介绍其发电原理和工作过程。

开展原子核反应的研究就不得不注意反应原料——铀，而中国缺乏这样的矿产资源，在意识到这个问题后王恒守立刻转向了利用“浮游法”开采金属矿的研究，并发表了《浮游选矿法研究》和《开采有色金属矿的主要技术“浮选法”》两篇文章介绍国外对于“浮选法”研究和自己的研究成果。王恒守亲自做实验采用浮选法提取黄金，而且在过程中所用到的试剂、原料和实验器材均亲自制作，经多次实验之后终于提选出纯度接近国外标准的黄金，并将自己的研究过程和成果发表于中央研究院的《科学记录》上。因为在有色金属矿中黄金的含量是最少的，同时也是最难提取出来的，所以用他所选用的试剂、仪器和方法对选取其他的有色金属还会有更高的纯度，这样就给提取金属铀提供了一个新方法，其成果获得国民政府教育部1942年全国应用科学类学术发明二等奖。1944年4月，王恒守与陈廷蕤合作的“直接镀镍于钢铁的方法”成为国防科技促进会悬奖的十大研究课题之一，并获奖2万元。1981年逝世前不久，王恒守还与同行学者合作写出了《探索地壳构造运动的力源和机理》的论文，提出了“应用拓扑变换探索地球呈梨形结构”的观点，为探索和研究海洋科学做出了积极的贡献。

王恒守一生除了完成上述原创的论文著作之外，还编撰和翻译了许多国外有关的文献资料。1955年中国科学图书仪器公司出版的《物理学 · 力学之部》，此书为王恒守参考国外经典编著而成，一经出版，便深受广大读者喜爱，一版再版。1956年中国科学技术出版社出版发行的由王恒守与陈仁彪合编译的《原子能辐射病原理和防避法包括防御原子弹》，该书为较早一批介绍原子能科普书籍。另译有《超复变群下的量子论》和《波浪发电的原理设计》等。

王恒守的研究既着眼于新兴学科，跟上世界物理学发展的脚步，又根据国家和现实的需要，毫不犹豫地转向新的研究方向，为祖国的发展和科学的进步贡献自己最大的力量。他的科研道路也体现了他不畏艰难、坚持不懈、严谨认真的治学态度。

王恒守在科研的同时，始终站在教育的第一线上，为教育事业贡献自己的一份力量，培养了众多的优秀人才。从哈佛大学回国以后，王恒守先后任教于国立山东大学、南开大学、广西大学、复旦大学、安徽大学等知名高校的物理系，在开展教学工作的同时还多次担任物理系主任，参与高校物理系的筹建和发展工作。1932年王恒守接替蒋德寿担任国立山东大学物理系主任，并且负责筹建和完善物理系的师资力量，先后聘请了王淦昌、任之恭、郑衍芬、何增禄等在物理系任教，同时还建立了普通物理、物性、光学、近代物理等6个实验室。在山东大学任教期间王恒守还加入了中国物理学会（1933年），恰逢物理学会第四次年会于1935年9月3～5日在国立山东大学举行，作为物理系主任的王恒守就担任了此次年会主席，参与了年会的筹备和召开工作。1937年，抗日战争爆发后，王恒守转入南开大学物理系，担任了物理系二年级电磁学、四年级现代物理学以及现代物理实验等课程的教员。1939年又被时任广西大学校长马君武聘请担任广西大学理工学院数理系主任。1942年，王恒守进入中央大学担任物理系教授、主任，教授电磁学等基础物理学课程，“研究偏重于近代理论物理，其结果送至英国著名杂志发表者已有数篇。”1946年，山东大学复校，王恒守又返回山东大学任教。1949年后，王恒守从山东大学来到了复旦大学，1952年，全国高校进行大规模院系调整，物理系正式成立，王恒守出任基本物理教研组组长，次年物理系又成立了理论力学教学小组，任命王恒守为组长。

在担任众多领导职务的同时，王恒守也没有离开教学的第一线，主讲《电磁学》《理论力学》《数学物理方法》等物理系基础课程，值得一提的是《数学物理方法》所用的教材也是他自己编写的，内容与许多直接翻译国外的教材相比较为简洁，更加适合当时我国大学物理系学生的水平，为物理学专业人才的培养和物理教育事业做出了很大的贡献。不仅如此，他还不断修正讲义内容，改进教学方法，经常到学生中辅导，有时直至深夜，同时还关心青年教师进修，不时为他们讲课，深受学生和青年教师的好评，给大家留下了十分深刻的印象。而今已成为中国科学院院士的杨福家在一篇题为《我遇到的老师都是一流的》的文章中满怀深情地回忆了当年在复旦大学学习时的恩师：

> 第二年讲普通物理学（原子物理学）的是在美国普林斯顿大学获博士学位的一级教授周同庆，讲数学物理方法的是二级教授王恒守。他们都给学生留下了十分深刻的印象。王恒守教授不仅上课，而且指导我们课外活动。例如，他曾指导我如何去测量粮仓的温度，以保证粮食的安全，使我们对物理学的兴趣大为增加。

中国科学院王迅院士在《我的大学老师们》中写道："王先生还指导学生研究X光的聚焦。他有一句话非常有趣："上帝创造了一个e，自然界很多物理过程都按e的指数变化，这个e真是太妙了。"张礼士在其《市民底层笔记》记载了他在安徽大学求学时所遇到的王恒守教授。王恒守先生高个子，佝偻着背，戴老式金丝边眼镜，走起路来两眼朝天，步子慢吞吞的；春秋天永远套一件长风衣，冬天必定穿浅灰色呢大衣。他说的一口浙江嘉兴官话，本地同学倒也听得懂。……王先生就是一位充满激情的老师。他的眼睛在金丝边眼镜上边发出光芒（眼镜落到了鼻尖），重重地说道："贝塞尔函数……拉格朗日函数……"我仿佛觉得一个个美味的嘉兴粽子（裹着函数的外壳）飞过来，砸到我脑门上，落到我嘴里……

1956年，在教师级别评定中，王恒守被评为二级教授。曾任复旦大学副书记、副校长的宗有恒教授也对王恒守教授有很深的印象："我们当时进图书馆看书、听讲座，印象最深的是听了复旦大学物理系王恒守教授有关和平利用原子能及半导体和太阳能利用方面的科普讲座，便对这些新兴的科学技术发展感到很精彩、很向往"。可以看出王恒守教授的教学使学生们对物理学产生了兴趣。

在此期间他参加了中国科学社和九三学社。1950年，王恒守教授在上海参加九三学社，曾任复旦大学九三支社主任、上海九三分社学习委员会主委。1952年，在上海被选为第二届江湾区人民代表；1954年，被选为上海市第二届政治协商会议委员；1955年，任上海市科普协会委员；1956年，被选为全国科普宣传积极分子，在北京受到党中央领导同志的亲切接见。1957年，王恒守因主张教授治校，被错划为"右派"，次年被调往安徽大学，其妻子，生物系的秦素美教授也一同调任，此后一直任教于安徽大学物理系直至退休。由于"右派"的身份，王恒守不但政治上受到歧视，就连科研权利也被剥夺，基本没有再发表过学术文章，"右派"的身份使他的科研生涯被迫停止。1976年粉碎"四人帮"后，党的知识分子政策逐步得到落实。1976年9月，王恒守受国家海洋局第二海洋研究所的聘请，到该所第五研究室担任顾问，并兼任所学术委员会第一副主任及《海洋实践》编委会主编。在海洋研究所工作时，积极支持举办"提高班"，帮助在近几年毕业的大学生提高业务水平，为他们做学术报告，引导他们搞好业务进修。王恒守这种"学而不厌，诲人不倦"的精神，受到同事的欢迎和好评。

1979年8月9日，中共上海市委对他改正了错划"右派"问题，为其平反，并恢复了他的政治名誉、二级教授职称和相应的待遇。1980年任九三学社杭州分社常务委员、浙江省第四届政协委员。1981年3月2日王恒守因突发脑溢血逝世，享年79岁。在他逝世的前几天，虽已感到身体不适，但他仍在思考和与人谈论着新的科研题目，把毕生精力都献给了我国的科研和教育事业。

王恒守胸怀宽阔，不论遇到什么样的情况，他始终坚信党的领导和社会主义制度，即便是在“文化大革命”之中“错划右派”，依然埋头坚持物理学的研究和教学，为祖国培养了许多人才。在王恒守身上，我们看到了那个时代许多留学归国学者的缩影，他们不应该被遗忘，他们值得我们尊敬。

主要著作

1. 王恒守，陈仁彪. 原子能辐射病原理和防避法［M］. 北京：中国科学技术出版社，1956.

2. 王恒守. 物理学［M］. 香港：三育图书文具公司，1958.

3. 王恒守. 力学［M］. 香港：三育图书文具公司，1972.

主要论文

1. 王恒守. 由 Schrodinger 之波动力学推求 Dirac 在连续光谱上所运用之 δ（λ－μ）函数［J］. 山东大学科学（丛刊），1933，1（2）：186–191.

2. 王恒守. 从相对论到量子论［J］. 山东大学科学（丛刊），1933，1（2）：202–226.

3. 王恒守. 近二十年原子物理学之演进［J］. 科学杂志，1935（7–12）：1502–1514.

4. 王恒守. 关于中国度量衡问题之论断（附表）［J］. 励学，1935（4）：144–149.

5. 王恒守. 方圆两物体在斜面上竞赛落下问题［J］. 科学杂志，1938（9–10）：408–490.

6. 王恒守. 空袭威力之物理研究［J］. 东方杂志，1939（7）：25–66.

7. 王恒守 .A New flotation reagent “tung–oil–mixture”［J］. 科学记录，1945，1（3–4）：368–370.

8. 王恒守. 谈原子弹［J］. 新中华，1945（10）：56–58.

9. 王恒守. 开采有色金属矿的主要技术“浮选法”［J］. 复旦学报（自然科学版），1955（1）：84–99.

10. 王恒守，谢庆道，曹欣中，等. 探索地壳构造运动的力源和机理［J］. 海洋学报，1984（1–6）：810–822.

参考文献

［1］段菲菲，尹晓冬. 王恒守的科研和教育生涯［J］. 物理通报，2014（S1）：116–118.

［2］张礼士. 小人物大历史市民底层笔记［M］. 上海：上海社会科学院出版社，2013.

江西地矿事业开创者之一——高平

1909—1985

高平，浙江海宁许巷人，中共党员，著名地质学家，1932 年毕业于北京大学地质系。曾任江西地质调查所所长，北京地质调查所所长，贵州工学院地质系教授及系主任。长期从事矿床学研究与教学，是江西省地矿事业的开创者之一，在岩溶地质研究方面做了开创性的工作。

1909 年 8 月，高平出生于杭州，祖籍浙江海宁许巷。父亲高其炜是清朝的秀才，中年到杭州做官，后当小吏。1915—1922 年，高平在杭州私立时敏小学读书。小学毕业时正值五四运动，高平的父亲只想孩子能好好念书，便让他报考了当时校规最严的安定中学。高平在其自传中回忆在这所学校就读时的情景："这所学校管理学生特别严，稍有微小活动的学生一到寒假或暑假，学校就一封信通知学生家长，开除学籍，搞得学生人人自危，除用功读书外，不敢参加任何集会。"1926 年中学毕业后，正当第一次大革命风起云涌，高平考入了国立北京大学预科。预科毕业后，高平选择了地质专业，虽然对地质学了解不多，但他认为，那时国立北京大学地质系的教授最为整齐，而且他一直过着城市生活，想要接触大自然。

高平进入地质系本科后，非常热爱自己的专业，认真刻苦地学习，不断地磨炼自己的意志，他说在四年的学习中，学会了走路、爬山、涉水，领略了大自然的壮美。他说他领会到天下最好吃的东西并不是宴会上的山珍海味，而是跑了一天饿极的时候，啃冷窝窝头；最舒服的生活不是成天坐在沙发上，而是攀登到高山之巅，找到一块石头坐下来休息的时候。从那时起，高平便一生与地质事业，与大自然结下了不解之缘。高平回顾自己在学地质前后的变化，“过去我是一个白面无血的瘦弱者，一直到进入大学本科前还是一个坐着嫌腰酸，站着又嫌脚痛，忙时会疲累，闲时会烦恼的人，自从我学习了地质学，经过几次野外训练，身体慢慢地强壮了，食量大增，过去走平路还觉得累，后来要爬山才带劲。”

1931 年，高平在读大学三年级时就接受了地质调查所的任务，与高振西、熊永先一起到冀东实地考察，制作地质填图。他们在蓟县（天津市蓟州区）以北至黄崖关长城一线，发现有一大套浅变质或未变质的沉积岩层，厚逾万米，详细研究后确认为“震旦纪地层”，后续进行了更进一步的地质调查。他们于 1934 年联合发文《中国北部震旦纪地层》，一举奠定了蓟县中、上元古界剖面岩石地层单位的基本格局。1932 年，高平又随李四光教授到江西庐山做了一个多月的野外考察工作，并对古生物学发生了浓厚的兴趣，可是在毕业后，则一直偏重于矿产地质的研究工作。

1932 年夏，高平从北大地质系毕业。在毕业就是失业的时代，他临毕业前感到心绪繁乱，前途渺茫，坐在宿舍中百无聊赖，当他听说地质调查所有一个到北京西山填地质图的差事时，他马上就约了二年级同学张寿常一起填制了妙峰山地质图。他深知，这是地质调查所对毕业生的一个考验，他自始至终勤苦努力去做，顺利地提交了报告，几天后，他接到了被录用为“试用调查员”的聘书。

高平是江西省地矿事业的开创者之一。自 1932 年底至 1942 年，10 年间他主要在江西省工作。

从 1932—1937 年，高平在地质调查所工作期间先后到华北平原东北部的马兰峪开展金矿地质调查，到湖南湘乡进行煤田地质调查，并发表论文《湖南湘乡县一带煤田地质》，此后又到江西沿杭赣铁路进行煤田地质调查，写有《江西玉山、广丰二县煤田地质》报告。1933 年秋，高平单独一人到浙江东部进行地质矿产调查，历时五个月，填地质图 12 000 平方千米，著有《浙江东部地质》。1934 年秋又与徐克勤先生赴江西乐平调查锰矿、铁矿，并对江西地层进行了初步研究。1935 年 4 月又随谭锡畴赴广东云浮及紫金两县调查铁矿，并著有《广东省云浮县铁矿报告》，同年 9 月又同徐克勤赴江西西部调查南昌、新建等 15 县，填图 26 000 平方千米，著有《江西西部地质志》。1936 年再次与徐克勤赴江西南部 18 县，填绘地质图 32 000 平方千米。与此同时，在 1933—1935 年每年暑假，高平均率北大学生到北京西山进行野外地质实习。

从 1937 年 7 月抗日战争爆发至 1942 年，高平一直在江西地质调查所担任技正及所长，同时还兼任国民党经济部江西金矿勘探队长、中央研究院地质研究所研究员。在他主持该所工作的 5 年多时间里，正值抗日战乱年代，江西省曾半壁沦陷，高平仍领导全所坚持地质工作，共完成地质矿产项目 40 项，出版 1/20 万地质图 15 幅，完成土壤调查及土壤改良试验项目 31 项，编辑出版了地质矿产报告及专著 38 份，土壤报告及专刊 13 份，土壤试验报告14份，并先后出版了《地质汇刊》1–7号。高平还非常注重矿产勘查与开采利用有机结合，他认为"本省地质矿产，素称富饶，惜过去未能运用科学方法，作有计划之开采，致使矿业利益，半操于外人之手，半令货弃于地，殊属可惜……"。为此，他大胆进行矿产勘查—开采—选矿—冶炼相结合的尝试，兼办了乐平锰矿采炼厂、永新虚皇山煤矿探采队、江西省金矿勘探队等，扩大了地质工作服务领域，经济上也颇有收获。其间，高平还主编了百万分之一《江西地质图》《江西省矿产图》，主笔撰写发表的论著有《江西之鸣山层》《丰城县煤田地质》《江西省煤田概论》《永新乌石山铁矿地质》《江西之铁矿》《战后江西工业发展计划》等10多篇。

1943年，高平兼任国民党资源委员会专员，并于1943—1946年5月赴美考察美国煤铁矿地质及美国钢铁业。回国后担任北平地质调查所所长，并于1947年4月到东北调查了铁矿后又到绥远调查了铁矿，同年11月赴台湾出席了第二十三届中国地质学会年会，1948年7月又三进新疆调查了煤铁及石油，著有《新疆迪化附近之油叶岩》等。回到北平不久正值北平和平解放。

从1949年2月至1951年10月，高平继任北京地质调查所所长。1951年被任命为全国地质矿产勘探局工程地质处处长，翌年到地质部筹备处担任地质组第一副组长，参加并领导了北京官厅水库、治淮工程、刘家峡水库与坝址等工程的实地考察，参加并领导了北京天安门广场人民英雄纪念碑建筑石料的选择和设计。

1953年2月，高平被调到北京地质学院任教授，转到了地质教育战线，在北京地质学院一直担任《普通地质学》《构造地质学》的教学，指导学生实习。

1956年，高平在所著的《北京西山的深大断裂》一文中，论及大断裂通过八宝山延伸到北京城西北隅，要注意地震可能在这一带发生。当时大家体会不深，事隔20年，1976年唐山大地震，北京亦受震，特别是他所论及的八宝山和北京西北隅更强烈。有关部门才把他这篇科学论述在《北京地震地质会战研究成果汇编（4）》上重新全文刊载。

1958年，高平被错划为"右派"，以后虽经历坎坷，但他始终服从党的领导，热爱祖国，只身由北京到贵阳后，他立即投入了贵阳地质学校的教学工作。他工作认真负责，任劳任怨，不畏艰苦，以他坚实的地质基础和丰富的教学经验从事构造地质学、普通地质学教学，开辟教学实习基地，受到学生的好评。1962年6月，高平调到贵州工学院地质系任教，他根据当地的地质特点，研究了岩溶与矿产的关系，并就此发表了论文《贵阳附近六个喀斯特不整合（Z—Cm，O—S，D—C，C—P，P_1—P_2，P_2—T_1）在地壳运动历史中及成矿作用中的重要意义》。1964年3月到1965年初，高平参加了贵州省科委组织的喀斯特科研队，他爬高山、下溶洞，在野外工作期间吃苦耐劳，深入进行喀斯特调查研究，编写了贵州省第一份喀斯特研究报告。另外，他还就岩溶对工程建设，尤其是水利、水电工程建设做了精辟的研究，发表了《贵州岩溶地区水库渗漏及地下水开发利用问题》等论文。

在“三年困难时期”和“十年浩劫”等十分困难的条件下，高平教授虽然身心上都受到折磨，但他始终如一，勤奋地钻研业务，深入浅出、循循善诱地进行教学，先后编写过《工程地质学讲义》《构造地质学讲义》《普通地质学讲义》。

党的十一届三中全会以后，党组织拨乱反正，正式给高平平反，恢复政治名誉、教授职称和原工资待遇，此后被任命为地质系主任，兼任贵州科学院副院长、省政协常委、全国政协委员。1984年底，他光荣地加入了中国共产党。到了晚年，高平仍坚持出野外，指导科研工作，在地质上仍提出一些独具特色的见解，如关于贵州深部岩溶与浅部岩溶划分，古生界与中生界的划分，火山喷溢岩不能作为层状岩体等。

高平是著名的地质学家，从事地质和教育事业长达53年，足迹遍及大半个中国，先后发表学术论文20余篇，涉及基础地质、矿产地质、岩溶地质等方面。从1958年直至逝世，高平在贵州度过了27个春秋，为贵州省地质教育事业做出了突出的贡献，在岩溶地质研究方面做了开创性的工作。他勤勤恳恳，鞠躬尽瘁，为人民服务一生，遇到艰难曲折也不动摇对党和社会主义事业的信念，永远值得我们学习和怀念。

主要专著

1. 高平．江西省煤田价值之评定［M］．南昌：江西省地质调查所，1939.

2. 高平．新喻县土江桥及分宜县万溪煤田［M］．南昌：江西省地质调查所，1939.

3. 高平．江西省煤田概论［M］．南昌：江西省地质调查所，1939.

4. 高平．江西百万分之一地质图［M］．南昌：江西地质调查所，1943.

5. 高平．普通地质学［M］．贵州：贵州工学院，1975.

主要论文

1. 高平．江西省玉山、广丰两县煤田地质［J］．中央地质汇报，1933（23）：1–20.

2. 高振西，熊永先，高平．中国北部震旦纪地层［J］．地质学会会志，1934，13（2）：243–288.

3. 高平，计荣森．湖南湘乡县煤田地质［J］．中央地质汇报，1934（24）.

4. 高平．浙江中部地质［J］．中央地质汇报，1935，25.

5. 高平．中国东南部中生代末期花岗岩之分布与地质构造之关系［J］．地质论评，1936，1（4）：407–416，523–525.

6. 高平，谭锡畴．广东省紫金县宝山峰铁矿［J］．地质汇报期，1936.

7. 高平，谭锡畴．广东省云浮县铁矿［J］．地质汇报，1936（27）.

8. 高平．江西省煤田概论［J］．江西地质调查所汇刊第一号，1939.

9. 高平，夏湘蓉．江西省丰城县煤田地质［J］．江西地质调查所汇刊第一号，1939.

10. 高平，夏湘蓉．安源慈化间地质矿产［J］．江西地质调查所汇刊第一号，1939.

11. 高平．江西省地质矿产图表［J］．江西地质调查所特刊，1939.

12. 高平，徐克勤．江西西部地质志［J］．中央地质专报甲种十六号，1940.

13. 高平．永新乌石山铁矿地质［J］．江西所汇刊第三号，1940.

14. 高平，陈国达．讨论回答之三［J］．地质论评，1940，4（6）：560–561.

15. 高平．江西之铜铁原料［J］．资源委员会季刊，1941，1（1）.

16. 高平．江西之鸣山层［J］．地质论评，1941，5（6）：231–235.

17. 高平．江西西部地质［J］．地质论评，1942，6（54）.

18. 高平．江西之铁矿［J］．资源委员会季刊“冶炼专号”，1944，4（4）.

19. 高平．中国东南部侵入岩及喷出岩之时代［J］．地质论评，1946，10（Z3）：401–402.

20. 高平．蒙古草地地质［J］．地质论评，1948（Z1）：160–161.

21. 高平，宋鸿年．新疆迪化附近之油叶岩［J］．科学，1950（6）：177–178.

22. 高平．关于水力发电工程中的地质探勘问题［J］．新黄河，1953（12）：21–25.

23. 高平．北京西山的深大断裂［J］．北京地质学院学报，1957（1）：29–37.

24. 高平．贵阳附近六个喀斯特不整合（Z–Cm，O–S，D–C，C–P，P1–P2，P2–T1）在地壳运动历史中及成矿作用中的重要意义［J］．贵州工学院学报，1962（5）：35–41.

25. 高平．地质历史中的岩浆喷溢［J］．贵州地质学会会刊，1979.

26. 高平．新构造运动在贵州岩溶研究中的重要性［J］．贵州科学，1983，1（1）：48–51.

27. 高平．贵州岩溶地区水库渗漏及地下水开发利用问题［J］. 贵州地质，1984，1（1）：1–7.

参考文献

［1］深切怀念高平教授［J］．贵州地质，1986，3（1）：1–3.

［2］江西省地质矿产志编纂委员会．江西省志 4 江西地质矿产志［M］．北京：方志出版社，1998.

中国现代染料技术奠基人——沈鼎三

1910—1980

沈鼎三，浙江海宁长安人，著名染料化工专家和教育家。1932年毕业于浙江大学化学工程系。长期从事染料生产和研究工作，其领导研制活性染料“旗红”获得成功；参与试制Agfa型彩色多层胶片成色剂，活性艳兰KNR，提出并组织试制腈纶纤维专用的各种阳离子染料等，均取得成功。

沈鼎三，宣统二年（1910年）农历二月二十一日（公历3月31日）出生于海宁长安，1916年入海宁仰山书院学习，1923年进入海宁私立愚移中学就读，初中毕业后在杭州就读高中，1928年考入浙江大学化学工程系，1932年毕业，获化学工程学士学位。大学毕业之后，主要从事教育工作，先后任教于广西第二女子中学、桂林高级中学、江苏省立高级应用化学职业学校、上海中学、健行大学等。

沈鼎三是我国普及化学教育的重要启蒙者之一，作为中华民国时期新文化新科学的启蒙者之一，在任教期间曾编制《开明化学新教本》《化学初步》《今日化学实验》《化学讲话》《化学计算法》《化学反应图解》等大量的化学教材，为各地大、中学校采用。尤其是1938年，沈鼎三遵照教育部颁布的修正初级中学化学课程标准编辑《开明化学新教本》一书，此书“每叙一事理，必以日常生活上习见之事物为出发点，然后循序渐进，并以简单的实验，导出结论”，并强调“值此抗战建国之日，化学与国防的关系，为每一国民应具的常识，本书对此，特加注意。凡本国物质资源的储量产地，各种化学物品在国防上的用途，以及军用毒气的性能和防御法等，都经择要插入”。当时中国的学生，读的都是沈鼎三的化学教科书。曾获美国福赖脱基金奖、国家人文基金奖和洛克菲勒基金奖的谢觉民教授曾专程至沈家拜访沈鼎三先生的夫人。他激动地说："沈鼎三先生是我们当年的启蒙者，我们读的都是他编写的教科书啊！"

此外，沈鼎三积极推进科学教育还撰写了大量科普性文章，发表于开明书店主办的《中学生》《新少年》等杂志上。在1937年《新少年》上发表的《试验管里看时事》一文，沈鼎三在介绍甘油制造肥皂时，揭示了日本利用食盐制造毒气（光气、双光气、芥子气）的险恶用心，以此警示世人，时刻提防。

1937年7月7日，抗日战争全面爆发，沈鼎三辗转进入重庆，决定开厂经商，从事染料工业。沈鼎三在重庆与人合资开办东禾染整厂并任经理，在国内首创靛蓝连续染色机，安装成功并推广全国应用。同时在成都合资开办东成染整厂并任经理。他研制出的中国第一台染整机，改变了中国几百年来人工在大缸中搅拌染布的落后工业。其间，他还兼任国民政府兵工署香港办事处大陆华行秘书。

1945年抗战胜利后，他回到上海，接收日商德康化学工业株式会社，后出资承购，从事染料工业生产。1946年独资创办大可化学染料厂，任经理。潜心研制出达到国际先进水平的染料，连世界染料大国德国，也到中国的大可染料厂订货。1948年5月，吸收股资，大可化学染料厂变更为大可化学染料股份有限公司，沈鼎三任董事长。1949年四五月间，国民党三番五次动员沈鼎三离开大陆，并将工厂迁往台湾，由于他对国民党的腐败统治已经彻底丧失信心，同时又听闻共产党实行新民主主义，扶植工商业，故决定将大可化学染料厂留在上海，迎接解放。

当时我国的化学染料工业水平十分落后，染红的五星红旗在一场大雨之后就褪色了。1949年7月间，开国大典前夕，中央领导同志指示："新中国的国旗一定要用上自己生产的染料。"这个任务下达到上海。当时，上海大可化学染料厂生产的元色、深蓝色化学活性染料已进入国际市场，名声在外。上海市市长陈毅认为，唯大可化学染料股份有限公司一家可以胜任此项任务，于是向该厂经理沈鼎三传达了中央领导的意图。沈鼎三无比激动地领受这一神圣任务，他暗下决心，要克服一切困难，要用中国人自己的染料染制出永不褪色的五星红旗。

然而完成这个任务，困难重重。当时的化工原料依赖国外，在帝国主义的封锁下，中国已不能得到。国产原料不仅稀少，而且不理想。沈鼎三放弃其他工作，将库存的和从市场上能买到的原料一一进行筛选，边研究边试验。夜以继日、废寝忘食的沈鼎三在钻研20多天后终于获得了可行的数据。最终沈鼎三带着大家在8月上旬生产出永不褪色的红色化学活性染料。中央领导同志得到报告，立即致电表扬沈鼎三。周总理还将新染料命名为"旗红"。就这样，中华人民共和国成立后的国旗——五星红旗全部用上了中国人自己生产的、不褪色的红色活性染料"旗红"，为新中国争了光。沈鼎三也连续数年被邀请到北京参加国庆观礼活动。

1951年底，沈鼎三发起组织私私合营，将大可化学染料股份有限公司与公泰、中一、庆成四厂合并，成立中国染料工业公司，总资本达212亿元（旧人民币）。沈鼎三出任公司董事长，并亲自从事生产技术的研究工作，兼任生产技术总负责人，同时出任上海染料工业同业工会生产技术委员会主任委员。其间，曾生产凡拉明兰蓝、大红色基等染料20余种，均属国内首创。1955年，公私合营之后，他担任上海市染料工业公司副经理，负责生产技术工作。1956年任上海市染料工业公司中心试验室副主任，并受聘为国家考试委员会委员。1958年任上海化工研究院第五研究室和染料研究室副主任。在此期间参与试制Agfa型彩色多层胶片成色剂，活性艳兰KNR，提出并组织试制腈纶纤维专用的各种阳离子染料等，均取得成功，并推广生产。他曾领导化学工业部的染料命名方案的制订工作，编辑《染料命名方案》及《染料中间体的技术规格标准与分析方法》等，由化学工业部印发，全国试用。1963—1966年任上海染料涂料研究所副主任。

1966年，沈鼎三在"文化大革命"中受到"冲击"。后又因假案，隔离审查2年余。沈鼎三此生所愿就是振兴中国的化工实业。虽遭遇不公平打击，但他矢志报国之心从未改变。1973年，调任上海市染料涂料研究所情报组工作。其间，他曾在《上海染料》《国外染料报导》《染料快报》等刊物上发表著作、译文约150万字，同时为石油化工部科技情报研究所和上海科学技术情报研究所编写《蒽醌的合成路线》和《染料工业对致癌性中间体的技术措施》约10万字，并为上海市科学技术情报所编辑"三废"专刊文摘3期，参加《辞海》编订工作。

1978年，他在研究国外最新型活性染件（没有活性基因的活性染料）时有重大发现，经过试制，获得成功，受到上海市化学工业局科学大会的表彰。1979年，他被评为上海市有机化学工业公司先进工作者。1980年，调任上海市染料涂料研究所技术顾问兼情报室主任。

沈鼎三十分重视培养人才。他除了曾资助一位非亲非故的常州籍大学生到美国留学，学习染料化工，为新中国服务，还对厂里的几位留学德国的工程师，以及只有高中学历的工人技师或工人工程师（由于在染料生产技术和管理上各有一套"架势"）也很重视。沈鼎三培养的大批技术人才，在国家乃至世界化工事业中都发挥着重要的作用。

沈鼎三于1952年加入中国民主建国会，并当选中国染料学会理事、上海化工学会理事。1979年10月，出席中国民主建国会、中国工商联第三次全国代表大会，受到国家领导人邓小平的接见。1980年，被选为上海市工商联常务委员、上海市化学工业局民建支部和工商联组主任委员。

沈鼎三毕生致力于中国的染料工业，成为中国现代染料技术的奠基人。1980年11月9日，沈鼎三因病在上海逝世，享年70岁。

主要著作

1. 沈鼎三．化学初步［M］．上海：中华书局，1935.

2. 沈鼎三．开明化学新教本［M］．上海：开明书店，1939.

3. 沈鼎三．化学计算法［M］．上海：开明书店，1939.

主要译著

1. J A Chrane. 化学讲话［M］．沈鼎三，编译．南京：正中书局，1936.

2. W Me Pheroon, W E Hengorson, G W Fnwlér. 等．今日的化学实验［M］．沈鼎三，译．北京：商务印书馆，1937.

3. John A Timm. 化学反应图解［M］．沈鼎三，译．上海：开明书店，1937.

主要论文

1. 沈鼎三．酒话［J］．中学生，1936（70）：41–54.

2. 沈鼎三．几种新奇的周期表［J］．中学生，1937（72）：167–171.

3. 沈鼎三．夏天里的冬天［J］．中学生，1937（76）：149–161.

4. 沈鼎三．石油与国防［J］．中学生，1937（75）：41–53.

5. 沈鼎三．指甲油的制法［J］．新少年，1937（10）：69–71.

6. 沈鼎三．答询问皮蛋制造新法者［J］．新少年，1937（11）：63–65.

7. 沈鼎三．试验管里看时事［J］．新少年，1937（12）：8–12.

8. 沈鼎三．肥皂雕刻术［J］．科学画报，1938（8）：38–39.

9. 沈鼎三．化学新游戏［J］．科学趣味，1939（1）：42–45.

10. 沈鼎三．步枪的知识：附表［J］．中学生，1939（4）：14–16.

11. 沈鼎三．虫胶［J］．中学生，1940（28）：16–19.

12. 沈鼎三．上海染料工业及其发展途径［J］．染化，1950（2）：39–41.

13. 沈鼎三．染料自给问题［J］．纺织建设，1950（9）：13–18.

14. 沈鼎三．对苯醌的电化学合成［J］．上海染料，1979（1）：42–58.

参考文献

［1］海宁市政协文教卫体与文史委员会．海宁人在上海［M］. 北京：中国文史出版社，2018.

近代代数教育奠基者之一——张禾瑞

1911—1995

张禾瑞，浙江海宁人，中国民盟盟员。北京师范大学数学系主任，教授。我国享有盛誉的数学教育家，近代代数教育的主要奠基人之一。1935 年毕业于国立北京大学数学系。1941 年获得德国汉堡大学自然科学博士学位。长期从事代数教学和研究，为高等师范教育培养了大批代数专业的人才。

张禾瑞，1911 年 12 月 23 日生于天津官宦之家，祖籍浙江海宁。祖父张之鸿，父亲张兢仁，字心穀，曾任财政次长。自幼受到良好的家庭教育与学校教育，少年时代对中外文学怀有浓厚的兴趣，并顺利考上了国立北京大学乙部（文科）预科，准备将来在国立北京大学专攻中国文学。在预科就读期间，针对当时国家落后的情况，他逐渐感觉到还是以学理科为好。于是，1931 年预科毕业后，他按当时国立北京大学校规，在通过数、理、化三门考试后，进入国立北京大学数学系。张禾瑞对代数的兴趣始于德国数学家斯佩纳（E.Sperner）教授。他在北京大学就读期间，斯佩纳受聘在国立北京大学讲学，讲授的题材偏重于代数，内容新颖。张禾瑞坚持选修斯佩纳的课程，并取得优异的成绩。斯佩纳回国的时候，还希望他国立北京大学毕业后能到德国留学。

1935 年，张禾瑞大学毕业，因学业成绩突出，学校给了他留系工作的机会，但是他果断放弃，转而选择到德国留学深造。最初，张禾瑞打算师从斯佩纳学习代数。但斯佩纳本人的研究方向是拓扑学，因而他把张禾瑞介绍给了汉堡大学的世界著名代数学家阿廷（E.Artin）。从那以后，张禾瑞就开始系统地攻读代数。阿廷的教学态度与方法给张禾瑞留下很深的印象，为他日后从事代数学科教育树立了一个崇高的楷模。由于德国当时执政的纳粹党迫害犹太人，而阿廷的夫人恰是犹太人，阿廷被迫举家离开德国转到美国执教。阿廷在美国曾为张禾瑞办好了转学手续，让张禾瑞继续跟他学习，但因经济方面的原因，张禾瑞未能履行。后来，张禾瑞的学业是在世界著名代数学家维特（E.Wit）指导下完成的。

1941年，张禾瑞获得了德国汉堡大学自然科学博士学位，博士学位论文题目是《关于维特李环》。对张禾瑞的成果，维特极为满意，给予极高的评价。甚至到了38年以后的1979年，维特在给张禾瑞的一封信中还强调张禾瑞是“维特代数方面有成就的一名先驱者”。1977年，Helmut Strade在论文《维特代数的表示》中一开头就这样写道：35年前，张禾瑞确定了维特代数W（1）的不可约表示。这是对非古典的单李代数表示论的一个贡献，并且在这之后相当长的时期内，它是关于这个方向的唯一的贡献。只是在近十年来，关于这个领域的某些重要结果才逐渐被发现和证明。1988年研究特征p李代数名家R.L.Wilson来京访问，对张禾瑞说：“我曾把你的论文翻译成英文，并仔细地加以阅读。”因此，我们可以有理由地说，张禾瑞的论文《关于维特李环》是一篇经典性的代数文献。

第二次世界大战结束后，1946年张禾瑞偕同德籍夫人举家回到祖国。不久，应聘为北京大学数学系教授，开始了他的教学生涯。由于天赋高，工作勤奋，他很快就显示出在数学教学方面的才能。鉴于他的教学效果显著，当时的北平师范大学、北京中法大学和辅仁大学等纷纷请他兼任教授。很快张禾瑞就成了当时国内数学界的一位名教授。

在20世纪40年代，张禾瑞就认为大学数学系应该开设近世代数课，一个数学专业的人才必须具备近世代数的素养，并且受到基本代数方法的训练。但此时国内近世代数著作中只有文言文体的范·德·瓦尔登著的《近世代数学》中译本。除了阅读不方便之外，本书完全照搬照抄外国教材，不符合中国的实际国情。于是他在1947年前后多次在北京大学开设近世代数课，并自己编写讲义。不久，在教学实践基础上，他又将所编的讲义精心整理，定名为《近世代数基础》，并交付正式出版。这是我国第一部自编的适合国情的近世代数教材。由于这本教材选材适当，推理严谨，条理清晰，文字流畅赢得广大读者的赞许。30多年来多次再版，长期沿用。仅该书的1978年修订本出版后的10年中，共重印11次，总印数达33万册。1988年该书荣获全国高等学校优秀教材。

《近世代数基础》一书渗透着张禾瑞的“取他国之精华，重本国之国情，遵循科学原则，坚持量力精神”的教育思想与“抽象概念具体化，深奥理论要浅显化”的数学教学思想。他认为，虽然近世代数是一门内容丰富与体系庞大的学科，但它作为大学数学系本科生的基础课，选材内容不应包罗万象、面面俱到。对于本书的编排，他一方面考虑到20世纪40年代国内各大学数学教育的实际状况以及学生的普遍水平，另一方面又顾及近世代数固有的体系和科学性原则，在大量参考各国近世代数范本基础上，对于教材内容的选择、编排和处理等方面都做了周密的设计。力求初学者学习概念多而抽象的近世代数时，易于理解理论，易于掌握方法，进而能在最短时间内获得阅读近世代数方面较深的书籍与文献的能力，达到最佳的学习效果。同时，在这本书中他对许多数学概念的刻画描述、文字表达、分析等方面仔细推敲达到炉火纯青的地步。可以这样说，此书颇具特色，堪称典范。

1952年，全国高校院系调整，张禾瑞调入北京师范大学数学系，并任代数教研室主任。1956年任数学系主任，一直到1984年，又任北京师范大学学术委员会副主任、校务委员会委员。此外，历任《数学学报》《数学进展》编辑、教育部“高等学校理科数学、力学、天文学教材编审委员会”委员、中国数学会理事、北京数学会副理事长。

1953年初，他受教育部委托，举办为期半年的代数师资训练班，为全国即将建立的师范专科学校培养师资，并为该班学员编译一套教材，作为他们将来教学用书。在助手孙永生的配合下，他们很快翻译了两本苏联代数教材:《算术》(苏联格列本卡著)和《代数与初等函数》(苏联诺沣塞洛夫著)的代数部分。

在此期间，张禾瑞因为备课、翻译、教材校勘定稿等，工作几乎每天都忙到深夜。训练班结业后，一批新教师带着50多万字的油印讲义奔赴新的岗位。由于成绩显著，从1953年秋季开始，他又接受了两年制代数研究生班的任务，为全国高等师范院校培养代数专业的骨干师资，前后共办了四届。

在这四届代数研究生班的工作中，张禾瑞作为一名数学教育家，努力实践自己的教育思想与教学方法，呕心沥血地为祖国培育了大批代数专业研究生。从制订教学计划到课程设置，从编写教材到课堂实际教学，他全面负责，并亲自为研究生班学员开设了近世代数基础、线性代数、体论、结合代数、李代数等课程。平时他十分关心学员的学业与学习方法，认真听取了一些专业成绩较差的同学的回讲(老师讲完后，让学生再复述一遍)，抽查学员的听课笔记，只要发现问题就把学生找来当面考察解决。所以，他几乎要花费2倍的时间来进行教学。在他的严格训练下，研究生们得以健康成长，为日后的工作打下了坚实基础。

哈尔滨师范大学的数学系周汝奇教授在《怀念我们的老师张禾瑞先生》一文中对张先生的这种近乎执着的教书精神充满感激之情。“为此，他对我们的作业题，提出了严格要求，他说做数学题就要像写文章，做完了，多看几遍，多改几遍，务求达到精炼。对文字表述亦应简明、清楚、连贯，最后达到一道题就像一篇短小精悍的文章。他每次都从交的作业中抽出几份亲自批改。不仅批数学中出的错误，甚至连文字都不放过，就像批作文一样，最后还给了评语，对这一点我得益最大。”

张禾瑞的研究生班学员现已遍及全国各高等院校，其中绝大多数是教育战线上的佼佼者。学生们称颂并祝福张禾瑞：春风化雨，忝列门墙；谆谆教导，没齿难忘！先生之德，山高水远；寿登期颐，体健而康。学生们对张先生的爱戴和崇敬心情可见一斑。

张禾瑞在北京师范大学数学系主持教研室工作期间，在主办代数研究班的同时，又狠抓代数课的教材建设和提高教师水平两项工作。1954年，教育部召开制订高等师范数学教学大纲会议，张禾瑞主持了高等代数教学大纲的制订工作。此后，按照大纲他与助手郝鈵新编写了《高等代数》，该书于1957年正式出版。这是一本结构清楚，论证严密，既有高新理论又深入浅出的代数教材。自问世以来，一直被国内众多学校指定为数学系的教材。该书于1979年与1983年两次修订再版，总印数达45万册。1988年该书荣获国家教育委员会高等学校优秀教材一等奖。

同时，为了提高代数教研室成员的水平，张禾瑞把主讲高等代数课的教师组成一个备课组，由他具体指导。他要求负责习作课的青年助教制作习作课卡片，收集典型例题，积累资料。为了活跃教研室学术气氛，他组织讨论班，由参加的教师轮流做报告。他要求青年助教随代数研究班上课，与研究生一样交作业，参加考试。通过这些措施，代数教研室的学术水平和教学水平都较高。

张禾瑞有丰富的教学经验，在教法上有许多独到的见解。他认为，在备课时，对于重要的数学概念、关键的论证步骤、章节的内在联系，特别是学生容易发生问题的地方，一定要特别注意。对这些地方如何讲解，必须事先推敲好精炼准确的语言，重要的话要背下来（最好记在讲稿上）。如果只有思路，到课堂上现想现编词语，这样往往会造成词不达意，或重复累赘，甚至会导致思路混乱，影响授课质量和教学进度。在他主持工作期间，强调教师不但要提高自己的学术水平，而且也应有较高的教学水平。作为系主任，他重视教学，一直坚持教课。1978—1979年，尽管他身体不好，还两次担任讲课任务。为了把好教学质量关，他及时召开学生座谈会，了解教学情况，并亲自到课堂听课，课后与主讲教师一起探讨教材教法。张禾瑞十分关心系里教师队伍的建设与年轻教师的培养。他与系领导在党的总支部委员会（简称党总支）配合下，统筹全系的队伍建设，选拔骨干，精心培养。此项工作取得显著的效果。在他的努力下，数学系涌现出一批学术与教学上有作为、学风正派的各学科带头人与骨干。北京师范大学数学系也以其教学认真、内部团结、教学研究工作成果显著而享誉校内外。

“文化大革命”后，张禾瑞恢复系主任职务。在这之后的七八年间，他以带病之身团结全系教职工，努力奋斗，尽快弥补“十年浩劫”造成的惨重损失，开始数学系的复兴。在他与党总支筹谋下，派出一批青年骨干赴国外进修留学。对于每个人，张禾瑞都尽力提供具体的指导与帮助。例如，有位准备出国者，缺乏德语训练，一时又找不到资料，张禾瑞亲自为他选择英译德语教本，每日亲自讲授录音一个半小时，并批改作业。对出国者在国外的学习研究情况，张禾瑞也一一予以过问，并通过信函出谋划策。这个工作为数学系后来的队伍建设与改造都起着积极的作用。与此同时，对于一些因历史原因愿意调离数学系的教师，张禾瑞都配合党总支做了精心的安排，利用各种机会与有关单位联络，让调离者有一个满意的去处。有一位姓吴的老师，长年因历史问题在资料室工作。当张禾瑞得知他愿意调到上海工作时，就亲自与上海高校联系，并安排吴讲课，以便来日有教学经历好评上职称，可谓用心良苦。他为人正直、平易近人、作风正派，能关心团结同仁，很有学者风范，因而在系里享有很高的威望。他的作风也影响了全系教职工，并深入人心。

1978 年，张禾瑞夫人因病去世，儿子又远在异国他乡，茕然一人与保姆相伴。1987 年 1 月退休。1995 年 4 月 5 日，张禾瑞教授因心脏病在北京谢世。

张教授一生，特别是后半生把全部精力投入数学教育与教学之中，为国家培养了一批代数人才。他那无私奉献的精神、高尚的情操、严谨的学风，将永远激励后人奋进，为祖国的振兴贡献力量。

主要著作

1. 张禾瑞 . 近世代数基础 [M] . 北京：商务印书馆，1952.
2. 张禾瑞，郝鈵新 . 高等代数 [M] . 北京：高等教育出版社，1957.
3. 张禾瑞 . 高等代数习题解答 [M] . 阜阳：阜阳师范学院，1981.

主要译著

1. С И 诺涳塞洛夫 . 高等学校教学用书代数与初等函数 [M] . 张禾瑞，赵兹庚，译 . 北京：人民教育出版社，1954.
2. M R 格列本卡 . 高等学校教学用书算术 [M] . 张禾瑞，孙永生，译 . 北京：商务印书馆，1956.

主要论文

1. 张禾瑞 . 北京师范大学数学系代数教研室集体备课的几点经验 [J] . 人民教育，1955 (12)：48–51.
2. 张禾瑞 . 谈高等代数的教学——在河北省师专研讨《高等代数》会议上的发言 [J] . 承德民族师专学报，1985 (4)：46–48，82.

参考文献

[1] 王淑芳，邵红英 . 师范之光北京师范大学百杰人物 [M] . 北京：北京师范大学出版社，2002.

[2] 中国人民政治协商会议浙江省海宁市委员会文史资料委员会 . 当代海宁人《海宁人物资料》第二辑 [M] . 海宁县政协文史资料工作委员会；海宁县文学艺术界联合会，1988.

中国液体火箭发动机及全弹试验站创建者之一——王子仁

1912—2012

王子仁，浙江海宁盐官人，中共党员。液体火箭发动机地面试验技术专家，中国液体火箭发动机及全弹试验站创建人之一。1937年，毕业于上海交通大学机械学院航空门。长期从事液体火箭发动机的研制，主持研制国产推进剂在5Д52发动机点火试验，撰写了我国第一台自行研制的液体火箭发动机的试车总结。1991年，被航空航天工业部批准为“有突出贡献的老专家”。

王子仁，生于1912年10月26日。父亲王敬五对王子仁以后的工作乃至立身处世，多有影响。1928年，父亲回到海宁创办有怀中小学，后为国民党所阻挠，扼杀了初中部。1935年，王子仁在国立交通大学申请加入航空门时，按例应征得家长同意。父亲复函国立交通大学，说：“为国牺牲，不胜荣幸！”爱国情怀，溢于言表。抗战胜利后，父亲于1947年毅然加入反饥饿、反内战的大游行，手持横幅，与马寅初老人先后在浙江省政府前登台演说，言辞激烈，被列入国民党党部黑名单。1948年，王子仁将赴大定发动机制造厂时，父亲动情地对他说：“国民党必垮，共产党必上台。你可不要去台湾！”1949年，当王子仁被胁逼去台湾时，终不为动，父亲的嘱咐是主要原因之一。

王子仁自幼在家塾上学。熟读《四书》《春秋》《左传》，尤以史书为主，多能熟读背诵。1929年，毕业于有怀中学，后就读于私立无锡中学、上海复旦实验中学。1932年杭州高级中学毕业，当年考入上海交通大学机械学院。1937年，毕业于第二届航空门。同年，即投身航空机械学校之第二期高级班。自此以后，直到1949年11月贵阳解放，在航空委员会工作12年。其中1938—1940年抗日战争初期，在成都空军轰炸总队任总队机务长、代理机务科长等职，主管飞机和发动机的维修、战备、试验。他指挥的地勤组为美制Vultee轰炸机群轰炸日军占领的山西运城机场提供了严格的地勤服务，获得了辉煌战果，为总队苏制的S.B.轻轰炸机大队完成各项训练任务提供了地勤服务。又于南川飞机制造厂任修配股股长，主管修理、试验美制Cyclone-F7缸航空发动机，供E-16战斗机使用总计达10台发动机，增加了对日的战斗力。1945年9月至1947年9月，受航空委员会委派，带队赴英国罗尔斯－罗伊斯航空发动机制造厂实习2年。第一阶段，在格拉斯哥新厂学习常规发动机制造技术。王子仁历经各常规车间、齿轮车间、六角车床和自动车床等，均亲自制作发动机的正式零件，得到厂方书面的优秀奖评。第二阶段，在德比老厂，改学Nene式航空喷气发动机的金属机械加工。由于喷气机主要零件的加工难度都大，要求极高，而零件加工的关键在于工具设计的技巧，所以他先到工具车间工作8个月之后，才正式调到生产车间实习。

在此期间，王子仁加入了英国皇家航空学会，成为该会副会员（A.F.RoyalAero. Soci.），历过实习和钻研，学有所成。1947年冬，王子仁率队回国。此时中国国内形势已发生巨大变化，仅1年多时间，革命力量日益壮大，国民党反动势力已呈土崩瓦解之势。当时，16名实习回国人员留在大陆的达14人之多。

中华人民共和国成立后，王子仁受聘于贵州大学任教授兼系主任。1952年初，调航空修理厂（411厂）。1953年10月，调北京航空机械学校任教，讲授航空喷气发动机零件切削加工。内容完全是苏联仿制的Nene喷气发动机零件的加工工艺学。后兼专科主任，为我国航天、航空事业培育了一大批早期技术人才。

1957年2月，王子仁调入国防部第五研究院发动机研究室（九室）辅导火箭发动机试车架的设计，参加了液体火箭发动机试验站北山头基地的选址工作。1957年12月，调任一分院发动机研究室（四室）任副主任。他清醒地认识到，被称为导弹心脏的液体火箭发动机在研制过程中，必须经过大量的地面试验，而在这一领域，当时我国尚属空白，急需大批敢挑大梁的专家。1958年，王子仁毫不犹豫地向组织递交了请调试验站的报告。经批准，王子仁于同年6月出任试验站副站长。选任这一岗位，竟成为他为此而贡献了一生的光荣选择。

1958年3月，国防部部长彭德怀元帅签发了试验站等4项工程投建的命令。同年4月荒芜的工地雄赳赳地开进了一支敢打硬仗的队伍。他们首先领命投建的是×吨水平发动机试车台一号工程（即今一号台）和××吨发动机试车台二号工程（即今二号台）。工程战役自打响的那天起，就给人以一种毫无喘息余地的气氛。上自国防部五院下至土建工程组无一例外。7月底，王子仁完成了××吨台的初步设计任务书，8月初即上报国防部五院一分院。8月上旬组成总体工程设计小组和三机部四院协同会战。9月中，三机部四院即完成全部图纸，包括土建、试车架、系统和单体共13套。10月中旬，二号工程设计部分已基本搞完。此时地基也已挖至 –7.2 米，要求3天内灌注混凝土至 –4 米，并装完试车架基座。如此大的工作量，在这么短的时间内完成，令当时初到的苏联专家震惊了。1959年1月一分院提出号召：以仿制苏制P–2近程导弹（中国称“1059”）为纲。一、二号工程在不到一年的时间内，先后建成试车。之所以有如此奇迹般的高速度，是因为试验站广大干部和职工始终保持了一种无坚不摧的敢打、善打硬仗的战斗作风，不讲待遇、不讲条件、只讲奉献的航天精神。也因为作为技术指挥员的王子仁严谨的科学态度和高明的领导艺术，既抓技术又抓人的思想工作，在工作中吃透图纸，协调关系，抓进度，抢时间，当机立断，迅速决策。

每当重要工程环节，关键设备加工及试车前的一切准备阶段，他都亲临一线，督察指导，现场解决问题。这里特别值得一提的是他唯独没有考虑自己的家，没有考虑自己的妻子和儿女，没有考虑自己的身体。他身先士卒的榜样大大地鼓舞了身边同事。他的子女们深深感到，由于从小就很少与这位威严的父亲接触，以至于在他晚年需要照顾时，因不了解他的秉性而苦恼。试验站的建设过程始终是根据我国液体火箭发动机型号的试验需要而发展的。1959年，建站之初配套工程是以老三号台为中心同步进行的，如制氧车间、保障系统、推进剂库、发电厂、供水系统等。苏联专家斯涅金对我们的系统工程给予了真诚、有效的点拨、指导。而在我方与苏方的合作中，我方始终坚持自己的既定方针：自力更生、奋发图强，走以我为主的路。在我们与苏方合作初期，就碰上建设方案上的分歧。苏方要求把原二号工程炸毁重建，而王子仁竭力反对，力主在保留原工程基础上加固改建。这样不但节省了工程费用，更重要的是为建成试车台争取了时间。虽然此方案苏联专家拖延数月才勉强同意，但是王子仁并没有一味等待，早在1959年2月份就已完成了老三号台的改建计划，经一分院同意并与三机部四院交底。待苏方同意时，四院已完成了试车架、测力系统、推进剂箱、悬轨等数十册图纸。1959年5月，国防部五院组织有苏联专家参加的审查老三号台图纸大会，获得顺利通过。这一举措，为后来苏联翻脸之后的自我发展起到了关键的作用，也为早日建成试车台赢得了宝贵的时间。

王子仁在与苏联专家接触中，对苏方的具体而实用的指导、设计要点等均做了大量、细心地记录与整理，甚至连有用的只言片语都不放过。仅1959年一年的记录就达几十册之多，这种严谨的科学态度和虚心好学的精神是他成功的基础，也为改建工作能够及早实施和正确设计、提早出图提供了保障。

随着中苏关系的日益紧张，苏方从技术上有意刁难中国，无据推说中国的推进剂（液氧、过氧化氢、酒精）质量不合格，必须从苏联进口或把发动机运到苏联试车。这种近乎侮辱性的“建议”，理所当然地激起了王子仁及全体技术人员的愤慨和抵制。他据理驳斥：过氧化氢虽然是最不稳定的，也有过爆炸的教训，但当国产第一车过氧化氢运抵试验站时，经过通宵监测，表明国产过氧化氢性能非常稳定，完全可以保障在使用时的安全。液氧是东德进口的制氧设备生产的，酒精质量就更没问题。试验站将此报告及结论上报后得到有力的支持，顶住了苏方的无理要求和压力。1960年3月9日，邓小平总书记和陈毅元帅亲临二号台视察，给试验站全体官兵以极大的鼓舞。1960年3月31日，在王子仁主持下，用国产推进剂在二号台首次进行5Д52发动机热试车成功（苏联专家不在场）。虽然时间很短，但终是破天荒的第一次，大长了中国人的志气。随后在二号台用国产的5Д52发动机，分别于9月底和10月中旬实施两次成功试验，获得了大量试验数据，为1960年底的3发"1059"连续飞行试验成功奠定了坚实的基础。王子仁在发动机的可靠性检验方面做出了很大的贡献。聂荣臻元帅及陈赓大将在试验站现场与王子仁等进行了亲切交谈，给王子仁以无比的信心与力量。

在仿制"1059"时，我国尚处于一个经济基础和工业技术均相当薄弱的时期，上级曾有指示"要以导弹制造为龙头，带动国内各相关产业。仿制涉及国内十几个部，几百个工厂，不是小事。"王子仁在建站和建设老三号台的过程中对此就感触极深。为了制造铝合金和不锈钢容器，他亲自跑遍了北京各大金属结构厂。然而直径大、耐压高、焊缝长、交货紧等要求均令各厂家望而却步。最后还是由原子能研究所土法承制。王子仁亲临现场技术交底，跟班生产，经过加压应力试验、反复计算论证、验收合格后投入建台使用。由于导弹试验的需要，对当时的机械制造业及其他多种行业，均有很大的促进，反过来这也对航天事业的发展提供了更有力的支持。

导弹工业是庞大的系统工程，在它的发展过程中总是面临着一扇扇不可知的大门有待开启。"1059"成功飞行与我国自行设计的第一枚中近程弹道导弹也几乎同时诞生。发动机经试验成功后，在满怀希望的飞行试验中却失败了。这一事件使专家们认识到，发动机虽然是导弹的核心，但飞行的成功与全弹每一个部件的可靠性特别是弹体弹性有着密不可分的关联，要获得这方面的数据必须建设全弹试车台。为此，自1962年6月开始抓紧建设全弹试车台（四号台），用不到一年的时间，于1963年5月通过了国防部五院的验收。王子仁后来回忆：会战四号台这一工程是我有生以来最艰苦、付出心血最多、压力最大的工程。尽管如此，最终站起来的还是航天人，是主体高达60米的试车塔台。之所以能够成功，关键一条就是"发动机地面试车和全弹试车是同样重要的。"正如著名科学家钱学森指出的"试验和设计的关系，重点是试验。"

随着四号台的建成，试验站基本可以为各类型号发动机试验提供各种不同要求的冷热试车。同时也实现了钱学森的有关要求："试验站要做种种怪试验"，"必须把试验站建成为随时能启动运转并随时能关闭的一部大机器。"从"1059"到中近程弹道导弹，从仿制到自行设计，直至独立研制每次飞行试验成功，总计不过七八年时间。这样的质量和速度，每个航天战士都引以为傲。

火箭发动机地面试验技术是一个崭新门类的综合性学科，试验过程具有超高温、超低温、剧烈震动、剧毒、易燃、易爆等特性。在这种恶劣环境中既要保证试车人员的安全，又要保证国家财产不受重大损失，同时获取重要试车参数，单靠拼命和不怕死是远远不够的。参数测量在火箭发动机和全弹地面试验中处于十分重要的位置。当试车技术已趋成熟时，参数测量特别是测量精度的要求就更为突出了。

火箭发动机地面试验的主要参数是流量、推力、压力、温度，而以前两项最为重要。然而推进剂流量测量的最大困难在于：

（1）校正介质用水，使用时为超低温介质，状态的巨大差异和超低温引出的两相流均可导致严重的系统误差。

（2）涡轮流量计校正出水的容积流量，再换算成液氧的质量流量。由于冷冻介质关系，又将引入误差。

（3）没有流量计校准设备。

基于以上几点，在初期飞行试验中，弹着点与理论值相差极远，经查证液氧等箱内剩料过多，显系为流量测量值不正确。自此以后，王子仁集中精力组织中心测试室工程技术人员对流量计量仪器、流量校验装置实施了一场攻坚战。他们群策群力，在极短的时间内自行研制成功了测高仪、高精度分节电容式液位仪、涡轮流量计、涡轮流量计校准塔等一系列流量测量仪器及标准计量装置，为以后的流量测量打下了坚实的基础。推力测量，自从“1059”发动机在二号台试车开始，数据总是重复在某一数值，很不理想。经反复计算发现，问题在于杠杆比偏大，然而比值偏大的原因终未获悉。后经与梁守槃探讨而得出结论：问题是由于静不定系统致刀口处承力可任意取值而造成的。随即修改设计，并做多次试验，解决了问题，推力测量精度一举达到1%，满足了试车要求的指标。试验站建站初期的试车压力测量均以直测为准，电测为辅，精度很低，满足不了试车要求。随着我国电子工业的发展，航天人始终紧跟测控技术前沿，大胆引进先进技术，同时决定中心测试室组织力量在四号台自行设计、制造、安装、调试出我们自己创建的全弹遥测（速变和缓变参数）系统。这成果不但使压力测量精度达到0.7%以内，而且极大地鼓舞了全站职工的士气，学技术、争贡献，蔚然成风。

王子仁在建站过程的初期就深深地感到，要想把这支来自五湖四海、文化程度参差不齐的队伍锤炼成能征善战的科技尖兵，首先要有一个宽松的环境，积极钻研的学习氛围。要给战士们武器，要给他们弹药。他说：“我们的大比武就是比学习、比技术、比过硬的试车本领。”当时正值试验站建设工程如火如荼之际，王子仁边主持工作边挤时间翻译出版了美国的AD报告《液体火箭发动机系统——测量不确定度估计手册》，组织专业人员出版了《液体火箭发动机参数测量的实践手册》，从误差理论出发培养了一大批专业人才。王子仁组织“1059”工程师和优秀的班组长，为各专业操作人员实施技术培训，大搞互帮、互教、互学。他本人也走上讲台，为技术人员讲授英语。一支具有自力更生，艰苦奋斗，大力协同，无私奉献，严谨务实，勇于攀登精神的航天试验队伍成长起来了。如今这种精神和周总理的“严肃认真，周到细致，稳妥可靠，万无一失”的十六字方针深深地铭记在了航天新兵的心里。

王子仁，为中国液体火箭发动机和全弹的地面试验而奋斗，一直到1989年才退休。

20世纪60年代建设四号台时，试验站政委曾问过他：“老王！你们这些知识分子哪儿来的这么大干劲？动力又从何而来的呢？”他的回答是：热爱祖国是最初、最朴素的原动力。总结1949年以前的历史，“20年代航空救国”的幻想已成泡影！50年代中，目睹了过去学过的Nene发动机已被东北某厂制造成功并展出，给我以甚大的触动。进入国防部五院后，航空、航天救国已经成为现实。“只有共产党才能救中国”这一信念，很自然地成为一切老知识分子的无穷无尽的力量来源了。这是一位老知识分子真正的心声！

主要著作

R K奥特内斯，L伊诺克森. 数字时间序列分析［M］. 王子仁，马忠安，译. 北京：国防工业出版社，1982.

参考文献

［1］梁思礼，中国科学技术协会. 中国科学技术专家传略工程技术编航天卷2［M］. 北京：宇航出版社，2002.

中国血液病研究奠基者之一——王辨明

1914—2007

王辨明，浙江海宁盐官人，中共党员，同济医学院教授，血液病研究所所长，中国血液病学研究的奠基人之一。1940年毕业于同济大学医学院。长期从事白血病及恶性组织细胞病、多发性骨髓瘤等方面的科研工作。他在全国第一个应用相差显微镜观察正常血细胞及白血病细胞、恶性组织细胞活体运动状态，发现细胞越不成熟其活动度越差；提出了恶性组织细胞病的临床分型意见，并在国内首先采用超大剂量环磷酰胺治疗。

王辨明，1914年5月12日出生于浙江海宁盐官镇安化王氏家族的一个书香世家。父亲王国华，伯父王国维，都是学术界的知名人士。他自幼勤勉好学，在青年时代便离开家乡去杭州读书。1933年他从杭州高中考入同济大学医学院德文班。

1937年，王辨明在上海国立同济大学医学院学习进入第五个学年，时逢“八一三”日本进攻上海，淞沪抗战全面展开，他毅然参加了上海和浙江金华的抗战红十字会救护队。从当年11月起，他随学校向内地转移，从上海先搬迁到浙江金华，然后又迁至江西赣州、广西桂林和云南昆明。尽管学习环境远远不如和平时期，但学校全体师生坚持边转移边上课的原则，因陋就简，积极创造条件继续学习。

王辨明于1940年在昆明毕业后，再次志愿到红十字会救护总队参加抗日战争第一线救死扶伤的全职工作，被分配到贵阳图云关红十字会总会救护总队部北路东线第三区队及第十二医务队任战地医师。当时救护队为工作人员订立的八条救护信条是：具丰富情感；抱牺牲志愿；本博爱襟怀；献科学身手；做精密准备；求迅速效率；保伤病安全；增人类幸福。救护队常冒着日寇炮火抢救运送伤员，途中多次遭遇敌机空袭轰炸和低空扫射。当时救护队的生活是极为艰苦的，王辨明通常随身只带一个小军用皮箱和一个听诊器，命令一来就转移，行军至夜深时，就找个被遗弃的房屋住下。

1942年，王辨明兼任湖南东安军医训练第五分所指导医师，之后，进入西南大后方医院，先后服务于昆明昆华医院、桂林省立医院和重庆陆军总院，在后方医院处理从战场上送下来的伤病员，这些伤病员多是由红十字会救护队先处理后再送到后方军医院。王辨明在工作实践中，不断钻研提高，打下了坚实的基础，获得了广博的知识。

1946年，王辨明被选送去美国旧金山总医院及加州大学医学院总医院进修内科。1947年回国后任内科主治医师，内科及传染病副教授，并兼任上海市传染病院医务主任。

1949年7月上海解放后，中国人民解放军驻上海郊区太仓的部队在金仓湖进行了渡湖游泳训练，但约有数千官兵下水训练后就病倒了，出现原因不明的发热、风疹块、面部水肿等症状。在此之前，中美医院邵丙扬、冯新为等教授曾在太仓地区搞过日本血吸虫病调查，手上也有资料，因此，他们怀疑部队士兵可能感染上了急性日本血吸虫病。上海同济大学医学院立即通知华东卫生部和驻沪解放军有关单位，并紧急决定成立上海市血防大队，邵丙扬被任命为大队长，洪宝源为太仓血防中队队长，王辨明、王心禾、郝连杰等为分队长，进驻太仓，在解放军健康委员会的配合下，对确诊患病的官兵日夜看护，用酒石酸锑钾治疗患者4 800余人，疗效显著。

中华人民共和国成立后，王辨明兼任上海市传染病院院长。当时，控制或消灭传染病是摆在医务工作者面前的一项迫切而重要的任务。他努力开展临床科研，在国内率先应用大剂量青霉素治疗回归热，并以大剂量青霉素配合其他药物治疗白喉，收到了显著疗效。1951年，随校西迁武汉中南同济医学院，任武汉市传染病院院长。1955年任协和医院内科教研组副主任，1959年任主任。1956年加入中国共产党。王辨明还兼任中华医学会内科学会委员、中华血液学会常务委员、中德医学友好协会委员、《中华血液学杂志》《中德医学杂志》《美国医学协会杂志》编委、《临床内科杂志》副主编等职。

20世纪50年代，我国的血液病学刚刚起步，这一领域的专业人员寥寥无几，而血液病的发病率逐年上升，白血病更是严重危害人民生命的“不治之症”。根据工作的需要，王辨明开始了血液病防治的临床及实验工作。

王辨明在白血病及恶性组织细胞病、多发性骨髓瘤等方面的学术成就在国内颇有影响。早在20世纪60年代初，他就非常重视白血病分型及其与临床诊断、治疗和预后之间的关系，总结经验，撰写了《武汉白血病类型分析》《急性粒细胞型白血病骨髓细胞形态及其诊断意义》等论文。他在全国第一个应用相差显微镜观察正常血细胞及白血病细胞、恶性组织细胞活体运动状态，发现细胞越不成熟其活动度越差。该文曾在天津全国血液病学术会议上宣读。他提出了恶性组织细胞病的临床分型意见，并在国内首先采用超大剂量环磷酰胺治疗该病，使部分患者长期缓解。以后，这一治疗方法亦为其他单位所采用。他的科研设计严谨，反映了他多年形成的治学风格。他认为，对疾病的认识就如对其他事物的认识一样，必须经过实践—认识—再实践—再认识的不断深化过程，从而获得能够指导实践的理性认识。对于急性白血病的分型，他不断积累资料，坚持每周半天去血细胞学室阅片并与技术人员、临床医师商讨疑难病例。遇有不能立断者，则嘱临床上观察随访，反复讨论。他也博采众家之长，搜集国内外文献，掌握最新动态。他还将细胞体外培养、染色体显带技术与细胞化学、形态学结合起来，从白血病细胞的生物学角度来认识白血病的亚型，论文有《急性非淋巴细胞白血病亚型分类标准问题商讨——附 213 例分析》。他强调加强白血病早期诊断的研究，组织省血液学会召开“骨髓增生异常综合征（MDS）专题座谈会”，并撰写了论著《MDS 的进展与存在的问题》。在总结经验的基础上，他主编了《白血病》一书。这是我国第一部有关白血病的专著。

王辨明历来重视人才的培养，深入医疗实践，坚持查房制度，指导教学并及时提出疑难病症的诊断和治疗的意见与建议。他的教学查房有三个特色，一直被其学生所铭记。

其一，不准看着病历谈病情。王辨明在担任协和医院大内科主任时，查房与众不同：医生不准看着病历汇报病人情况；查房时护士长也要跟着听。站在病床边，王辨明对一个个病人察言观色，不停地询问。面对一个个“考题”，下一级医生答不出来，上一级医生要补充，被问题卡住了就会“挨批”，气氛严肃。

王辨明认为，医生对病情的了解，不能停留在病历上，而是要放在心里，只有这样，医生才能观察到病情的细微变化，才能治好病，最终成为一个好医生。要求护士长一起参加查房，他的理由是：护理人员知识积累多一点，对治疗有好处。对于这种查房，年轻的医生开始会有点怕。他们常常要在几天前把病人的病情熟记于心，查找文献资料，确定最适合的治疗方案。通过这种方式，医生的医疗水平得到飞速提升。

其二，组织病人“开会”。当时，白血病的诊治没有一个统一标准，主观性非常强，不同医生的诊断结果不尽相同，治疗方案也不一样。王辨明总会定期把病人组织起来，一起交流治疗效果。在相互鼓劲中，让大家看到治好病的希望，同时，也加强了病人和医生的交流，便于医生了解治疗效果。

其三，疑难病例讨论制度。20 世纪 60 ~ 70 年代，血液病研究人才奇缺。王辨明从其他科室抽调年轻医生，鼓励他们改行研究血液病，为了让他们尽快地成长起来，讨论疑难病例无疑是最有效的方法。讨论每周一次，所有的医生，无论职称高低，只要有见地，都可当面提出来。年轻医生先要对自己负责的病人的诊治有想法，提出诊断、治疗上的难处。其他医生参与解疑，要查资料、做实验，直到找到最好的治疗方法。

在查房中，王辨明认为对诊断不明的病人，必须思路开阔，综合分析。他本人就有着这方面的很多经验和体会。多年前，有位成年病人因巨脾而诊断为肝硬化，他考虑到巨脾的细胞成分可能提供诊断依据，因而在该病人切脾手术中，采集了脾脏印片标本，结果发现脾脏中大量高歇氏细胞浸润，因而确诊为高歇氏病。当时在我国该病罕见有成人病例报道。印片标本后来为沈阳医科大学编著的《血细胞学图谱》所采用。

他认为，教学医院的外语水平应尽快提高。查房时常为学生、医师们提供听、说外语的机会。在年老体弱，不能长时间阅读的情况下，他就采取与学生一起开读书会的方式学习，请一两位学生到他的病房里用英文与他们聊天，同时鼓励他们用英语读一章节给他听，如果学生在读书过程中有些英文专业单词发音有问题的话，他就会耐心地纠正。读完一个章节后，大家就一起讨论读书心得，总结每一章节的重点，学生学得很认真，英文笔记做得很详细。

王辨明在对外交往中起了积极作用。1980 年，他应德国科学基金会邀请，受卫生部派遣前往联邦德国考察和讲学，同联邦德国血液学专家伯格曼、海因帕尔、弗利德纳、勃力丁格等交流了两国间血液学研究情况，建立了合作关系。在考察期间，他应邀参加了全德急性白血病学术会议。

他为人正直，作风正派，品德高尚，几十年如一日，孜孜不倦，诲人不倦，培养出了一批又一批血液学队伍的骨干力量。他是卫生部指定能够招收博士研究生的屈指可数的血液学家之一。自 1960 年王辨明在武汉协和医院建立起当时中南地区第一个血液病科以来，该院厚积薄发，在血液病学临床治疗和研究方面均取得傲人成绩。1980 年，他主持的人体白血病细胞体外培养增殖分化研究取得重要成果。1989 年，由卫生部批准成立了我国当时仅有的四个血液病研究所之一。1995 年，该学科成为湖北省省级重点学科，并于 2007 年晋升为国家级重点学科，并成功开展了脐血移植、非亲缘骨髓移植、外周血干细胞移植等手术。

主要著作及译作

1. 武汉医学院第一附属医院．临床细胞学图谱［M］．武汉：湖北人民出版社，1972.

2. 武汉医学院第一附属医院血液病研究室．白血病［M］．武汉：湖北人民出版社，1979.

3. 王辨明，高浴．内科讲座第 1 卷基本理论与实践［M］．北京：人民卫生出版社，1981.

4. G 薛特勒（Schettler，Gotthard）．薛氏内科学［M］．王辨明，译．北京：人民卫生出版社，1985.

5. 沈迪，王辨明．临床血液学［M］．北京：人民卫生出版社，1989.

主要论文

1. 王辨明，张锦坤．武汉各型白血病临床症状分析及诊断治疗探讨［J］．华中科技大学学报（医学版），1957（4）：511–524.

2. 王辨明，毛焕元，李达道．抗生素与免疫疗法联合治疗慢性痢疾问题［J］．华中科技大学学报（医学版），1958（2）：203–209.

3. 王辨明，刘东海．72 例苯接触者的血象调查［J］．中华内科杂志，1962（1–12）：452–453.

4. 王辨明．急性粒细胞型白血病骨髓细胞形态及其诊断意义［J］．天津医药（输血及血液学附刊），1963（1–4）：138–141.

5. 王辨明．骨髓异常增生性难治性贫血的脾切除疗效（附一例报告）［J］．天津医药（输血及血液学附刊），1964（1–4）：36–38.

6. 王辨明．相差显微镜下白细胞之形态及其活动程度之临床意义［J］．武汉医学杂志，1964（2–6）：155–162.

7. 王辨明．人体骨髓机能反应试验及其临床意义［J］．天津医药（输血及血液学附刊），1965（1–4）：208–210.

8. 王辨明．马利兰治疗慢性粒细胞型白血病的若干问题［J］．武汉医学杂志，1965（1–6）：210–214.

9. 王辨明．恶性网状细胞病的网状细胞形态观察及其临床分型问题的初步探讨［J］．天津医药（输血及血液学附刊），1965（1–4）：102–106.

10. 王辨明．恶性网状细胞病的进展（综述）［J］．华中医学杂志，1975（1）：53–61.

11. 王辨明．全血细胞减少症的脾切除治疗［J］．国外医学·内科学分册，1975（2）：91–92.

12. 王辨明．恶性网状细胞病的进展（综述）［J］．武汉新医药，1975（1）：53–62.

13. 王辨明．血液疾病的脾切除［J］．华中科技大学学报（医学版），1976（4）：96–100.

14. 王辨明．进一步加强再生障碍性贫血的研究［J］．中华血液学杂志，1980（1）：2–3.

15. 王辨明．西德急性白血病与淋巴瘤诊治及分类的简要介绍［J］．医学研究杂志，1982（12）：32–35.

16. 王辨明．西德急性白血病及淋巴瘤诊治及分类有关问题简要介绍［J］．牡丹江医学院学报，1982（2）：181–190.

17. 王辨明．西德血液病科研参观介绍［J］．中华血液学杂志，1983（1–6）：121–124.

18. 王辨明．急性非淋巴细胞白血病亚型分类标准问题商榷：附急非淋巴白血病 213 例分析［J］．中华血液学杂志，1984（5）：349–352.

19. 王辨明．慢性粒细胞减少症的某些新认识［J］．临床内科杂志，1984（1）：3–4.

20. 王辨明，刘秀芳，李崇渔．骨髓增生异常综合征（MDS）的某些新认识与存在问题［J］. 临床内科杂志，1985（4）：16–18.

21. 王辨明 . 德意志联邦共和国和奥地利血液学的某些进展［J］. 中华血液学杂志，1986（1–12）：509–511.

22. 王辨明 . 国外对再障发病机制的某些认识［J］. 临床内科杂志，1987（3）：5–7.

23. 王辨明 . 某些血液疾病脾切除适应症的新认识［J］. 临床血液学杂志，1988（2）：19–21.

24. 王辨明 . 再生障碍性贫血分型及其鉴别［J］. 中华血液学杂志，1989（2）：98–100.

25. 王辨明，邹萍 . 西欧 MDS 及急性白血病某些进展［J］. 中华血液学杂志，1989（8）：441–442.

26. 王辨明 . 对骨髓异常增生综合征（MDS）的某些认识［J］. 中级医刊杂志，1992（10）：2.

参考文献

［1］韩光，张宇舟 . 中国当代医学家荟萃第 3 卷［M］. 长春：吉林科学技术出版社，1989.

［2］金铮 .20 世纪中国医学首创者大辞典［M］. 哈尔滨：黑龙江人民出版社，1994.

著名环境工程专家——范纯一

1914—1979

范纯一，浙江海宁硖石人，环境工程专家，台湾大学工学院土木系教授。1939年，毕业于西南联合大学土木工程专业。长期从事卫生工程的教学和自来水工程的建设。1951年，主持台北市自来水扩建工程；1958年，负责台北区自来水第一期扩充计划，工程技术达到国际先进水平。

范纯一，1914年出生于一个普通工商业者的家庭。父亲范又新供职于硖石某私营土布庄，任会计。母亲王禄英操持家务，抚育子女，家中共有弟妹六人，他是长兄。童年时，范纯一家居硖石西南河南关厢外，就读于米业小学。他自幼好学，天资聪明，1928年小学毕业时，各科成绩优秀，以班级第一的成绩考入嘉兴秀州中学。当时的秀州中学是一所私立教会学校，校长顾惠人、教务长俞沧泉等主持学校工作，办学颇具特色，课程齐全，文理并重，德、智、体全面发展，在浙江省内也颇有名气。

1931年，范纯一初中毕业，由于家境困难，被迫辍学，同年参加上海中国银行招收工作人员的考试，在数百名投考者中被择优录取，在该行会计课任练习生。银行工作稳定，待遇丰厚，是当时最受人羡慕的一种职业，有"金饭碗"的美称。但他胸怀大志，既不满足于银行的算盘与账务，亦不留恋上海黄浦江畔的高楼大厦。他深感学业之不足，决心求学深造。银行工作一年后，他在秀州母校师长和同班同学的帮助下，毅然提出辞职。这件事曾经轰动上海中国银行，作为一件"奇闻"。事情也感动了该行副经理蔡承新先生等人，感其志，嘉其行，欣然准其所请，并允诺给予一些奖学金帮助，直至大学毕业。

1932年，范纯一重返秀州，继续攻读高中。在校期间，他得到"俞冀文纪念金"以及沈永绥等同学的经济帮助，并以勤工俭学的方式（如帮助历史老师缮写卡片等）获得收入，以解决在校的学杂生活费用。在高中期间，经济上不再依靠家里接济，每逢寒、暑假都必留校，勤奋工作，刻苦学习，从不回家。1935 年，范纯一以优异的成绩同时考取清华大学和浙江大学公费生。范纯一受当时“科学救国”及清华留美等思想的影响，最后决定入清华大学工学院土木工程系学习。在清华，他能享受每年 300 元的公费待遇，此外，还得到蔡承新先生等人的热心资助，解决公费之不足。

1937 年夏，正当他完成大二学业，在山东实习测量之时，日寇侵华战争爆发，北京沦陷，被迫返回家乡，书籍、衣物、被褥等大部分失落在北京。后得知国立清华大学、国立北京大学和私立南开大学三校迁长沙联合办学，成立临时大学，在社会热心人士的资助下，范纯一重新添置行装和旅费，与清华同学、同乡许国璋赶赴长沙继续学业。不久长沙告急，他又随学校假道香港、河内，经滇越铁路至昆明，在三校组成的西南联合大学坚持学习，1939 年毕业，获得土木工程学士学位。那时，他鉴于社会环境卫生和人民卫生事业的重要性，立志于自来水事业。他为自己立下了 2 个志愿：一是要建造 10 个自来水厂；二是要在大学里教 10 年书。

范纯一学的是土木工程，虽然专攻市政卫生，但他深感卫生方面的基础课程所知太少，于大学毕业后 3 个月，又入贵阳举办的卫生署公共卫生训练所学习、进修 1 年。进修的科目相当于研究院的课程，包括公共卫生、环境科学（卫生化学、卫生微生物学和卫生生物学），以及卫生工程设计三方面。进修毕业后，取得卫生工程技师的资格，奠定了他一生从事卫生工程的基础。

1940 年，范纯一被分派到广西桂林卫生事务所，任环境卫生股长。2 年后，机关改组为桂林市卫生局，改任第一科科长，仍是主管环境卫生。当时，城市环境卫生的工作多偏重于行政管理，很少能发挥工程技术的机会，故 1943 年辞职，改任卫生署医疗防疫总队第一卫生工程队队长。1944 年转往重庆，在中央卫生实验院任卫生工程师。同年，他参加公费留学生考试，录取于自来水工程，翌年赴美。当时的政府鉴于从美国研究院毕业的硕士和博士生，因无实际工程经验，多半不能单独胜任设计自来水工程，所以将他派往美国堪萨斯市白维（Black search）顾问工程公司，接受在职的专业训练。范纯一在那里研读工程规划设计报告，参加测量、设计、绘图与规范制定等工作。后来又到自来水厂实习水厂操作管理，再进入制造自来水工程设备的工厂参观学习机械仪器的使用。1946 年回国，任职于南京中央卫生实验院，不久即被借调到上海沪西自来水工程处任设计工程师，1947 年又被借调到南京自来水管理处工作，任正工程师兼扩充工程设计室主任，主持建设工程。两年内完成自来水抽水站扩建工程，新建下关临时水厂与清凉山配水池修复等工作。

1949 年，范纯一去台湾工作，历任建设厅公共工程局副总工程师、总工程师（1952—1958 年），台湾大学工学院土木系兼任教授（1953—1959 年），专任教授（1958—

1977 年），马来西亚刘、白联合顾问工程公司自来水总工程师，在台任教期间，还兼任公共工程局、中兴工程顾问社，以及与其合作的日本水道顾问公司、美国美怡顾问公司顾问等职。

范纯一毕生从事卫生工程的教学和自来水工程的建设。在台湾大学，他主讲《自来水工程》《下水道工程》《环境卫生》《净水工程》《自来水工程设计》《卫生工程规划》六门课程。他治学严谨、学识渊博，在教学内容上力求反映本学科的当代最新成就，在教学方法上则循循善诱，诲人不倦，教学效果甚好。

他在台大先后工作 20 多年，悉心培养后辈，造就了许多卫生工程人才。此外，他还参加台大环境工程研究所的筹建工作。他的主要学术论著有：《自来水工程讲授大纲》《下水道工程讲授大纲自来水经营》《水污染的立法技术与行政》《环境保护》《化粪池设计与使用之调查研究》《化粪池处理效果之研究》《十年来净水工程之发展》《地下水过滤除铁锰方法改进的研究》《井水快滤除砷之研究》和《台北区、台南区、高雄区自来水计划资料整理及研究》等 20 余篇，均刊载于有关专业杂志及出版物上。

在台湾，范纯一主持完成了许多自来水工程的建设项目，造福社会。他的主要工程成就有：

（1）1950 年主持 77 处乡村自来水的修复工程。乡村自来水规模不大，所需工程技术并不高深，但范纯一办事一贯认真负责，他亲自勘察、调查、设计，务求每项工程经济实用。

（2）1951 年主持台北市自来水扩建工程，引入快砂滤设计，并附装表面洗砂设备。工程设计先进，有较高的科学水平，曾博得社会各界的称誉。

（3）1952—1957 年主办各地自来水新建及扩建工程 100 多处。他对每一工程的规划、设计和施工都要全面掌握，随时发现问题，及时纠正，以保证工程的高质量。

（4）1958 年负责台北区自来水第一期扩充计划，此项计划规模宏伟，历时 7 年完成，工程技术达到国际先进水平，工程管理达到现代化地步。

（5）1963—1965 年主持马来西亚亭定自来水新建工程的规划设计。

范纯一于 1977 年退休，当年大学毕业时的 2 个志愿都如愿以偿。同年范纯一夫妇应子女邀请，赴美定居。1979 年 8 月 20 日因癌症离世，享年 65 岁。

台湾大学工学院为纪念这位已故学者、教授生前在教学和工程、治学和为人等方面的业绩，特筹款设立范纯一教授环境工程研究奖学金，奖励攻读环境工程的优秀学生，以垂永念。

主要著作

范纯一 . 自来水工程［M］. 台北：中国土木水利工程学会，1988.

主要论文

范纯一 . 南京市下关临时水厂设计（附图表）［J］. 卫生工程，1948（3）：20–23.

来源

海宁市政协文史资料委员会 . 海宁人物资料：第 8 辑 . 1997.

著名石油化工学家——高士

1915—2005

高士，浙江海宁袁家坝人，中共党员，著名石油化工学家，高级工程师。1935 年考入清华大学理学院化学系，1939 年毕业于国立西南联合大学。长期从事炼油厂设计、建设工作，主要有：国内第一套硫化催化裂化装置；第一套铂重整装置成套设备；主持解决我国第一座单系列 500 万吨 / 年大型炼油厂的所有重大技术问题。

高士，1915 年 7 月出生于杭州，祖籍浙江海宁，先后就读于涌金门外市立第四小学、学院前省立杭州初级中学和贡院前省立杭州高级中学。1935 年高中毕业，考入清华大学，攻读理学院化学系。1937 年卢沟桥事变，日寇入侵华北。当时，国立清华大学、国立北京大学、私立南开大学三校南迁长沙，成立长沙临时大学，但只上了一学期课，又西迁昆明，成立国立西南联合大学。高士随校由北京迁长沙，再迁昆明，于 1939 年秋在昆明毕业。

1939 年正是抗日战争的高潮时期。高士满怀救国热情，毕业后进入重庆军政部兵工署技术司任技术员，派驻泸州二十三兵工厂，负责火药等产品质量的检验工作。二十三兵工厂是抗日战争后方规模较大的一个化工厂。在此期间，高士增进了化工方面的实际知识，为日后的石油化工工作打下了基础。

1939 年，甘肃玉门油矿开始生产原油，以后逐年迅速增加。这在当时被日本封锁、油贵似金的抗日战争后方，是一件振奋人心的大事。高士为此非常向往。1942 年 2 月，他不顾兵工署的阻挠，毅然进入资源委员会甘肃油矿局，任炼油厂助理工程师。进入甘肃油矿局后，先在重庆化龙桥的一个油库里搞废润滑油再生，能从废润滑油中提炼出约 50%

的好润滑油。当时抗战内地润滑油奇缺，因而生意兴隆，经济效益很好。后来，他又利用国产原料配制刹车油，收益也好。还用玉门油矿运来的石蜡制造蜡烛，由于烛芯配方独具一格，可使蜡烛不泻油、不冒烟、火焰平稳、发光明亮，质量可与舶来品媲美，深受各界欢迎。

1945年日本投降。高士决心到玉门油矿炼油厂去踏踏实实地干一番事业。那时从重庆到玉门，只能搭乘运货卡车，且耗时1个多月。玉门炼油厂建于戈壁滩上，寸草不生，生活极其艰苦。高士为了事业，对这些毫不在乎。1945—1953年，高士在玉门炼油厂期间，负责新工程的建设工作。在当时交通十分困难的条件下，从筹措设备材料起，到建成试运投产、交付生产管理为止，先后建成蒸馏裂化、常压蒸馏、减压蒸馏、高心去蜡、溶剂回收、压榨脱蜡、石蜡发乳等装置，技术上大多接近当时的世界水平。1949年9月，玉门解放后，高士在党的教育下，逐渐树立了为人民服务的思想，通过刻苦自学俄文，掌握苏联先进经验，从而使其技术水平有了较快的提高。

1953年秋，高士奉调到北京设计部门工作。1956年被提任为北京设计院副总工程师。1953—1965年在北京设计院工作期间，高士负责国内各新建炼油厂（如兰州炼油厂、大庆炼油厂、南京炼油厂、茂名炼油厂等）和扩建炼油厂（如石油二厂、石油五厂、石油七厂、上海炼油厂等）的全面设计工作，曾多次被评为院级先进生产者。1956年5月，被石油工业部授予“先进生产者”称号，出席石油工业部全国先进生产者代表会议。

1956年10月，高士被批准为中共预备党员，1958年转正。

1960年，苏联单方面撕毁合同，撤退全部专家，使我国工业建设暂时产生严重困难。1962—1965年，高士受石油工业部的委派，4次去欧洲的英、法、瑞士、意大利、比利时、荷兰等国，洽购成套设备和单机，不仅解决了当时的燃眉之急，并为中华人民共和国成立后我国炼油工业从单一的苏联技术转向全面的世界技术做出了一定贡献。

1965年，高士奉调到抚顺炼油厂建设工程公司任总工程师，不久，又被提任为副经理兼总工程师。1965—1977年任职期间，高士住在工地，吃在食堂，深入生产第一线，颇受工人群众的爱戴。高士所负责的几个全国重点工程，如石油二厂的国内第一套硫化催化裂化装置、第一套铂重整装置，以及胜利炼油厂的250万吨/年工程等，都高速、优质地完成建设任务，顺利投产，成绩显著。

“文化大革命”期间，高士被莫须有的罪名关了起来，一关就是20个月，受尽磨难。期间还不准高士交纳党费，与党脱离关系达3年之久。1969年秋，高士被押送河南炼厂建设工程公司洛阳建设红旗炼油厂监督劳动，派在混凝土队。1971年，党的政策逐步落实，高士才正式被承认前一时期的党籍。多年脱党，一旦重新投入党的怀抱，更深感党的温暖。1971年11月，补发给高士3年来的工资共9 000多元，那时高士家中负债累累，经济十分困难，但高士怀着对党无比热爱的心情，将补发工资分文不留地全部作为党费上交给组织。

1973年初，高士又被派到《炼油设计》编辑部工作，也就是从“监督体力劳动”进到“监督脑力劳动”的阶段。在编辑部辛勤劳动的3年时间里，高士不仅养成了严谨的文字作风，还重温了以前学过的日文、德文、俄文和英文，这对高士日后的文献阅读提供了帮助。

1975年，高士得到平反，即被任命为洛阳设计院技术室主任，一直工作到1977年离开洛阳设计院到河南炼油厂为止。

1976年3月，国家计委批准建设我国第一座单系列500万吨/年的河南炼油厂，成立了筹建处。在几次参加该厂的设计审查会上，高士所发表的技术意见，给筹建处的正、副主任张重、孙化三留下了很深的印象。在他们了解高士在“文化大革命”中的遭遇后就多次来洛阳设计院商借高士去筹建处工作。高士自己也怀揣着报国之心，于1977年3月21日到河南炼油厂参加了筹建工作。

1977年底，河南炼油厂破土动工。1978年10月，石油工业部下文正式调任高士为河南炼油厂总工程师。1980年8月，又任命高士为厂副指挥长兼总工程师。1977—1984年，高士在河南炼油厂任副指挥长兼总工程师职务期间，负责全厂的技术，主持解决我国第一座单系列500万吨/年大型炼油厂建设中的所有重大技术问题，使工程得以顺利进行。

河南炼油厂原是国家重点建设项目之一，要求在1980年基本建成，部分投产。但1979年由于国民经济的调整，又放慢了建设速度。后来投资越减越少，1980年12月29日，石油工业部正式下文通知缓建，所有工程立即停止施工。在河南炼油厂十分困难的缓建期间，高士以积极乐观的精神，带领全厂工程技术人员谋求生产自救之道，最后形成了一个以少数投资，使炼油厂按100万吨/年渣油催化裂化方案先建成投产的建议。在厂党委的大力支持下，高士在外界各种学术会议上，以充分的理由，宣传这个建议，后来得到河南省委书记的赞同和支持。在全厂职工的共同努力下，终于在1981年11月23日得到了上级批准继续建设的文件，结束了河南炼油厂为期330天的缓建困难时期。

在缓建期间，高士曾与孙振山、杨保善、丁克太同志共同写了《救活缓建中的河南炼油厂》的建议，刊登于《河南能源通讯》第2期，后被河南省科学技术协会评为1981年优秀科技建议。缓建时期结束后，高士又积极投入100万吨/年渣油催化裂化工程的建设中，于1984年10月，试运投产成功。从1985年起，每年所创利税，足可支付500万吨/年工程所需一切费用而有余。

在学术活动中，高士被选为中国石油学会理事河南省石油学会副理事长，河南省能源研究会副理事长，兼任《炼油设计》和《石油工程建设》编委会委员。1980年、1984年，高士两次被选为洛阳市第七届、第八届人民代表大会代表，并两次都当选为市人大常委会委员。1983年又被选为河南省第六届人民代表大会代表。高士还受河南省人民政府的正式委任，兼任河南省技术经济研究中心副主任（1983—1986年）。1988年退休。

主要著作

《当代中国的石油化学工业》编辑委员会．当代中国的石油化学工业［M］．北京：当代中国出版社；香港：祖国出版社，2009.

主要论文

1. 高士．炼厂建设中的几个问题［J］．炼油设计，1981（3）：58–61.
2. 高士．洛阳炼油厂重油催化裂化试运投产［J］．炼油设计，1985（1）：60.
3. 高士．综合利用油气发展石油化工［J］．炼油设计，1986（2）：47–50.
4. 高士．原油分输分炼能提高经济效益［J］．炼油设计，1988（1）：3–4.
5. 高士．炼油厂发展石油化工的现实途径［J］．炼油设计，1990（5）：10–14，5.
6. 高士．论油气并炼［J］．炼油设计，1992（2）：7–9，76.

参考文献

［1］何君．中国工程师大辞典［M］．北京：中国华侨出版社，1993.

来源

海宁市政协文史资料委员会．海宁人物资料第 8 辑 .1997.

著名消化内科专家——朱长民

1916—1995

朱长民，浙江海宁盐官人，九三学社社员，卢湾区中心医院内科主任医师。1940年毕业于上海医学院。长期从事临床内科诊疗工作，在消化系统疾病方面造诣较深，在国内第一个发现血色病。

朱长民，出生于1916年9月，祖籍浙江海宁盐官镇，是南宋理学家朱熹的后裔。祖父朱克勤（1869—1929），字东湖，从小聪明好学，博览群书，曾任之江大学国文教授，办学从教40年，是海宁知名的教育家。父亲朱孝兰（1890—1977），字伯龙，杭州广济医学专门学堂毕业，是盐官镇的第一代西医。叔父朱孝文（1899—1972），字叔豹，1915年毕业于江西医学专门学校，曾任国民革命军二十六军前方医院院长。

朱长民出身书香之家，自幼受家学熏陶，在父亲、叔父的影响下，青年时代就热衷于医疗事业。1935年考入上海医学院学习，1940年在贵阳中央医院任实习医师，毕业后在中正医学院、江西省立医院及重庆新桥公路卫生站等处任内科助教、内科医师。1943—1946年，任中国红十字会卫生人员训练所内科医师、讲师。1946—1947年，在美国得克萨斯州布洛克总医院接受业务培训，并在美任住院医师。1947年6月回国后任上海国防医学院卫生勤务科军阵内科学系主任医师。中华人民共和国成立初期，朱长民谢绝了亲友们的劝阻，毅然放弃了去国外工作的机会，专程去香港接回妻子，决心为新中国的医疗事业服务。1950—1960年，任上海南洋医院（卢湾区中心医院前身）内科主任，1960—1988年，任卢湾区中心医院内科主任医师、副院长、院长。1988年起任该院名誉院长。

1956年加入九三学社。朱长民是卢湾区第三届、第四届政协委员，第七届、第八届全国人大代表，全国人大常委会副主任。九三区委名誉主委。

朱长民为医疗事业辛勤耕耘50余年，他为人正直，对待工作严肃认真，具有高尚的职业道德、精湛的医疗技术和严谨的科学态度。他在心血管、泌尿、呼吸系统疾病及常见传染病方面有较丰富的理论知识和实践经验，特别在消化系统疾病方面是一位造诣较深的专家。

中华人民共和国成立后的20世纪60年代初期，正是他意气风发、精力充沛的壮年时期，他一方面担当着繁忙的医疗业务，一方面刻苦钻研医学理论，通过实践—认识—再实践—再认识，形成了一些独创的见解。1952—1961年，他在有关医师的配合下，在《中华内科杂志》上发表了十几篇论文，主要有《门静脉性肝硬化》《原发性肝癌二十六例的分析与讨论》《血色病》《促肾上腺皮质激素注射引起之过敏性反应》《胎儿心电图临床应用价值的初步报道》等，内容涉及血吸虫病、肝癌、肝硬化、肝的血色素病等专题，其中血色病是国内发现的第一例，有较高的学术价值。与此同时，他还努力钻研国外的医学资料，翻译了一批有关消化系统的文摘，在上海《消化系统文摘》上连续发表了20余篇译文。

在医疗业务方面，他积极努力，不断开拓创新，成绩斐然，比较突出的有以下两方面：

一方面，1949年前的南洋医院，是上海有名且规模最大的私立医院，始建于1918年，创办人是顾南群。1947年由顾恺时继任院长。1950年8月以后，朱长民在该院担任内科主任兼医务主任，他不遗余力地统筹该院医务中心，并全力辅助和配合顾恺时院长的胸外科业务。在顾院长对胸外科病人进行心脏手术时，无论是开刀前的诊断、手术前的准备，还是术后治疗等，都由朱长民领导的内科医务人员进行积极配合。由于大家共同努力，不断开拓创新，使该院心、胸外科技术水平在上海取得领先地位，并为市卫生局组建上海市胸科医院创造了有利条件。

另一方面，20世纪60年代初，上海流行乙型脑炎，这种病例一般在夏季由蚊子叮咬后传染发病，大多发病在小儿身上。但那次大流行，不但青少年有，就连70岁以上的老人也被传染了，这样大规模的发病，是很少见的。诊治这种病，要送传染病医院隔离治疗。但由于疫情来势凶猛，市传染病医院已收治不下，区里有条件收治的也只有中心医院一家。为了抢救乙脑重型患者，朱长民在区卫生局和院领导的支持下，带领内科全体医务人员，克服了病床少、条件差、医疗力量不足、重病号不断增加的重重困难，全力以赴，日夜奋战，从全局出发，积极组织各方面医疗力量，大力予以抢救。他们千方百计，辟出专门病房，装上纱窗、纱门以防蚊虫传染。没有空调设备，就每天买来冰块，用电风扇吹冷风来降低室内温度。与此同时，因天热中暑病人增多，朱长民还要身顾两头，两种病人都要抢救。为此，他天天在医院日夜奋战，整个夏季每天都是很晚回家或不回家。经过两三个月的精心治疗，终于把乙型脑炎的死亡率降到最低限度。在30多名表现为昏迷、抽筋、呼吸衰竭、肾功能及心功能衰竭、抢救非常困难的重病人中，有十五六人被抢救成活，成活率50%；完全康复无后遗症的约10人，占30%。这在全市来讲，已达到了较高的医疗水平，受到了区委、区政府领导的亲切慰问和市卫生部门的好评。许多治愈病人及其家属纷纷送来感谢信，对区中心医院内科全体医务人员舍己为人、救死扶伤、发扬革命人道主义精神，挽救了他们的生命感恩不尽。

几十年来，朱长民培养了内科医师数十名。他对中青年医师既严格要求，又大胆培养，带教了一批业务骨干。“文化大革命”以后，更把主要精力放在培养后备人员和新生力量上，他经常为中青年医师修改论文、校正译文。在他担任领导工作以至退居二线以后，仍坚持参加内科查房、专家门诊、疑难门诊及抢救危重病人等医疗工作，并将临床经验传授给中青年医师。他不计名、不为利，积极为培育新秀做出了不少贡献。

从1953年起，就有上海第二医学院实习医生来实习，以后陆续有第二军医大学、浙江医学院等学校的实习医生分批来实习，并且有不少是本市及外地的进修医师，朱长民都亲自为他们上课、带教。

“文化大革命”以后医院百废待兴，原内科骨干医师中有些已调离，有的已支援了外地，而比较多的外来医务人员又都是卫生学校刚毕业的医士班学生来顶替内科医师的不足。在此青黄不接的情况下，朱长民挺身而出，甘当重任，手把手带教，为他们办学习班，自编讲义、教材，讲课，辅导外文，进行规范化的业务培训。

多年来，他在医院内科主治医师和住院医师中，先后培养了12名优秀人才，有的现在已担任内科主任医师，有的在行政上担任了市、区和各医院的领导。他还积极支持中青年医师的科研工作，如对中药大黄治疗上消化道出血的研究。一开始他就从西医角度对焦东海医师进行指导和支持，专门辟出病房、安排一定床位，搞中西医结合，定时巡查病房、协助治疗，替焦东海修改论文，提高其外文水平，帮助翻译和校正论文，先后以第二作者发表了多篇大黄治疗出血的论文，包括《单味大黄活血止血作用的实验研究》《制大黄粉治疗急性上消化道出血110例的临床与实验研究》《单味大黄治疗上消化道出血监护指标的探讨——附1000例分析》《单味大黄治疗31例胃癌合并出血的临床分析》等。1988年，为交流大黄研究成果，他和焦东海一起去意大利米兰市参加学术会议，专题向国外同行做了介绍，研究成果已得到社会公认，并多次获卫生部科研成果奖。

1980年6月，朱长民被选为区人大常委会副主任以后，既担任医院院长，又要参加各种社会活动，因工作太忙，故急需选拔一位副院长协助管理医院业务。当时他看到原上海第二医学院毕业、1961年分配来中心医院任内科医师的谢丽娟同志工作一贯积极负责，在抢救重危病人中有突出成就，对医疗业务较熟悉，工作能力很强，就任人唯贤，甘当伯乐，顶住了来自“左”方面的种种压力，积极推荐她担任中心医院副院长，并介绍她参加了九三学社。实践证明，伯乐心系千里马，千里马喜遇伯乐。谢丽娟被推上领导岗位以后，工作尽心尽力，不辞辛劳，使医院面貌焕然一新。在以后的工作中，谢丽娟作风干练，富有开拓精神，为民解忧，深受民众喜爱，在1985年7月被选为上海市副市长。

50年来，朱长民为医院的建设与发展，为繁重的医疗任务，为教育和培养医疗人才呕心沥血，夙夜操劳，他经常抱病工作，毫无怨言。他的思想和行动，在该区医务界、知识界及民主党派组织中享有较高的声望。在1977年和1978年被评为区卫生系统先进工作者。1992年10月起享受国务院的"有突出贡献特殊津贴"。1995年5月5日，朱长民赴美探亲，同年8月12日下午2时21分在美国密歇根州因心脏病复发不幸病故。

主要论文

1. 朱长民，陈瑟希．早期日本血吸虫病伴有严重肺部病变［J］．中华内科杂志，1955（1–12）：629–633.

2. 朱长民，金蕴聪．门静脉性肝硬化［J］．中华内科杂志，1955（1–12）：186–190.

3. 朱长民，陈瑟希．原发性肝癌二十六例的分析与讨论［J］．中华内科杂志，1956（1–12）：178–182.

4. 朱长民，刘国柱．促肾上腺皮质激素注射引起之过敏性反应一例报告［J］．中华内科杂志，1958（1–12）：283–285.

5. 朱长民，陈瑟希，刘雪生．血吸虫病引起的生长发育迟缓及治疗后的改变——附五例报告［J］．中华内科杂志，1959（1–6）：158–163.

6. 焦东海，朱长民．单味大黄活血止血作用的实验研究［J］．中成药杂志，1983（4）：30–32.

7. 焦东海，张国华，秦俊法，等．重用生地治疗心律失常［J］．中医杂志，1984（7）：43–44.

来源

［1］《上海医学学者人名录》编辑组．上海医学学者人名录1983年版．1985.

［2］中国人民政治协商会议上海市卢湾区委员会文史资料委员会．卢湾史话 第5辑．1995.

著名胸外科专家——宋祥明

1922—1995

宋祥明，浙江海宁人，著名胸外科专家，上海第二医学院附属瑞金医院胸外科主任医师。1947年毕业于震旦大学医学院，长期从事心胸外科手术临床治疗。1954年施行三例“心脏二尖瓣分离术”。1956年开展胸主动脉瘤手术，致力于“同种血管深低温保存方法的研究”，施行多项同种动脉移植手术；施行“纵隔充气造影研究”，解决食管癌与周围组织的关系问题。

宋祥明，1922年出生在上海一个天主教家庭，祖籍浙江海宁。从小接受法国教会学校教育，仰慕西学，立志学医。20世纪上半叶，宋家是法租界华人富商，实力雄厚，人称“宋半界”，拥有丝行、酱园、房地产等实业。1906年，宋家把金神父路东面的一大片土地捐献给了天主教江南教区，供其建造广慈医院，后来成为震旦大学医学院附属医院。

1941年，宋祥明从震旦大学附属中学毕业，以高分考入震旦大学医学院，攻读6年制的医学专业。震旦大学的医学院是出了名的难学，不仅教学大纲和课程都是参照法国医学专业要求来设置，主要课程还聘请来自法国的教授，用纯正法语教学，每周六都有一次专业课考试，管理十分苛刻。宋祥明刚进大学时，全班有70名学生，到了第二年就只剩下30名，淘汰了一半多。

1943年，宋祥明正读大学二年级，不幸染上了伤寒症，连日高热，大病不起，差一点丢失性命，后来用了抗生素，在家人的细心照料下，很长一段时间后才得以痊愈。在这段时间里，宋祥明身体虚弱，面对巨大的学习压力，有些力不从心，一度心灰意冷，想打退堂鼓了。祖母朱兰章给他讲自己小时候学中医时经历的艰难，鼓励他要吃得起苦，熬过难关，完成学业，将来做一个好医生。宋祥明不负家人厚望，重新鼓起勇气，坚持在学医的道路上走下去。为了补上因病落下的课程，他放弃所有娱乐，苦读苦修。从大量阅读中外医学典籍，到解剖标本来掌握人体构造和医学原理，再到在临床进修、实地接触病人、观察各种病症，一直到参与手术治疗、解除疑难，为日开展高难度的外科手术打下了坚实的基础。

1947年，宋祥明从震旦医学院毕业，按广慈医院的惯例，震旦医学院毕业生的前三名可在医院工作，宋祥明考试成绩优异，名列全班第一，被广慈医院外科聘任为外科住院医师。

宋祥明进入广慈医院时，外科主任是外科专家傅培彬教授，宋祥明是傅培彬教授亲自带教的第一任6名大弟子之一。宋祥明住在4号房单身宿舍，24小时不离开医院，在前辈专家手把手地培养下，全力以赴，在工作中磨砺自己。从普通外科到心胸外科，从复杂的先天性心脏病手术、瓣膜外科手术到肺脏外科、纵隔肿瘤、重症肌无力的外科治疗；从心脏肿瘤到肺动脉栓塞的外科治疗，大量的手术实践使宋祥明积累了经验，丰富了阅历，手下的功夫越来越扎实、娴熟。1949年他晋升为震旦大学医学院解剖学讲师，1952年任广慈医院外科主任医师，1954年春，广慈医院决定把心肺方面的外科疾患从原来的大外科中分离出来，由宋祥明负责成立“心胸外科”，有利于专病专治，集中力量探索其中的规律和技术，由此宋祥明获得了一个新的医术发展平台。20世纪50～60十年代，国内肺结核病发生率很高，宋祥明在这里做了大量的肺结核手术病例，并建立了一整套手术方法。

1954年，他参阅国外医学文献，在做大量动物实验的基础上，成功施行了三例“心脏二尖瓣分离术”，这是当时仅限于欧美发达国家才能做的高难度手术，在国内处于领先地位。从1956年开始，他还率先开展胸主动脉瘤手术，获得成功，挽救了大量濒临死亡的病人，在全国有很大的影响。

宋祥明还致力于“同种血管深低温保存方法的研究”，施行多项同种动脉移植手术，解决了因保存方法落后，严重影响手术时效的老大难问题，赢得挽救病人生命的宝贵时间；他还施行“纵隔充气造影研究”，解决食管癌与周围组织的关系问题，做“冠状动脉造影研究”来诊断冠状动脉硬化性心脏病，这些在当时都具有开创性。

医疗器械的滞后往往是阻碍医学发展的绊脚石。宋祥明在手术之余，还积极参与国内新型医疗器械的研制开发工作。20世纪60年代，他参加了上海Ⅱ型人工心肺机的研制工作，最先尝试用国内自己研制的新型医疗器械，为病人进行体外循环下的室间隔缺损直视修补手术，一举成功，为改进心脏手术创造了条件，填补了国内空白。宋祥明的这一研发成果获得了1964年全国工业新产品一等奖，个人二等奖。

广慈医院心胸外科是中华人民共和国成立后全国第一批建立的心胸外科之一，也是当时少数能开展体外循环心内直视手术的单位之一，一时间在全国范围内名声大噪，宋祥明也被誉为“广慈医院一把刀”，受到全国医务界同仁的推崇与尊重。

宋祥明十分重视外地实习进修医生的培训工作。每年从全国各地来广慈医院胸外科的进修医生不少，其中蚌埠医学院进修医师最多，培训任务十分繁重。宋祥明要求学生注重实战演练，通过病例分析，研究规律，找出最合理有效的治疗方案，逐步积累经验。他带领学生们一起看胸片，分析、解读病人案例；一起查病房，及时了解病人的细微症状；一起上手术台，传授手术技巧。

据宋祥明的学生周思伯回忆，当时他刚从医学院毕业不久，要撰写一篇论文，并配以图像说明，由于非亲眼所见，图像细节上有差错，宋祥明三易其稿，指出谬误并校正。几十年来，宋样明培养了一代又一代的医学人才，他们遍布全国各地，在医务界身居要职，肩负重任。

由于宋祥明对医学事业的敬业精神和卓越表现，1961 年被任命为广慈医院外科副主任，1963 年又被提升为上海市第二医学院副教授。

除了临床实践以外，宋祥明还不断总结临床医学经验，致力于医学理论的研究探索，撰写医学理论专著和论文。他参与了《心脏外科学》（1959 年第一版、1964 年第二版）、《血管外科学》（1963 年）、《心脏血管外科学》（第一、第二版）及《急诊医学专题讲义》《临床胸外科讲座》等医学专著的编写。在 1982 年上海第二医学院校庆三十周年学术报告会上，他做了“紧急二尖瓣交界分离术”“主动脉瘤破裂的预后”“主动脉瘤手术组和未手术组远期随诊”“同种动脉移植的再评价”的学术报告，并被辑入了《心胸外科论文摘要汇编》。他先后发表了《血管移植术的并发症和远期随诊》《主动脉食管瘘》《先天性右肺动脉与左房交通》等 30 余篇论文。同时，他还翻译了许多国外优秀医学著作和论文，及时引荐先进医学成果。1963 年 4 月，上海科学技术出版社出版了他翻译的法国医学专著《心腔外科解剖学：心内手术解剖入门》，对中国心脏外科学发展起了积极的推动作用。

在十年“文化大革命”中，宋祥明受到冲击。1970 年被派往安徽后方瑞金医院任外科副主任。他在安徽工作了 7 年，1977 年才重新调回上海。

1979 年，宋祥明担任了上海第二医学院附属瑞金医院胸外科主任，兼任附属第九人民医院胸外科主任，成了两大医院的胸外科带头人。此时，他已年近 60 岁。在 20 世纪 80 年代，他代表瑞金医院心胸外科接待了好几批来自法国的医学代表团，1984 年，他以中国医学教授身份参加了“第五届中法医学日”活动，并做了发言，同法国医学界资深教授进行科研与临床技术方面的交流研讨，共同探求中法医学的交流合作发展之路，为国争了光。20 世纪 80 年代，他还为上海第二医科大学重新恢复的法文特色班学生上课，他娴熟的法语和深厚的医学功底，深受学生欢迎。

1995 年冬天，宋祥明因心脏病复发，在上海去世。

主要著作

1. 兰锡纯 . 心脏外科学［M］. 北京：人民卫生出版社，1959.

2. 兰锡纯，王一山，宋祥明，等 . 血管外科学［M］. 北京：人民卫生出版社，1963.

主要译著

E 亨利．心腔外科解剖学心内手术解剖入门［M］．宋祥明，张天赐，姚德成，译．上海：上海科学技术出版社，1963.

主要论文

1. 宋祥明，张天锡，陈荣明，等．箝闭性疝 433 例之分析［J］．中华外科杂志，1958（2）：195–199.

2. 宋祥明，张天锡，傅培彬，等．急性机械性肠梗阻［J］．上医学报，1958（1–4）：9–20.

3. 宋祥明．肺切除手术后的并发症［J］．中华外科杂志，1962（1–12）：376–379.

4. 宋祥明．纵隔气造影术［J］．中华外科杂志，1962（1–12）：665–670.

5. 宋祥明，姚德成．高压氧的实验研究和临床应用（文献综述）［J］．中华外科杂志，1964（1–12）：1013–1018.

6. 宋祥明．血管吻合术的并发症和远期随诊［J］．中华外科杂志，1965（1–12）：625–626.

7. 宋祥明．血管移植术的并发症和远期随诊［J］．中华医学杂志，1965（1–12）：217–222.

8. 宋祥明，傅培彬，董方中，等．大血管移植术 63 例随诊分析［J］．上海医学，1980（11）：7–10，60.

9. 宋祥明．大血管移植术 63 例随诊分析［J］．中华心血管病杂志，1981（1–4）：218–219.

10. 宋祥明．主动脉食管瘘［J］．中华外科杂志，1983（1–12）：82–84.

11. 宋祥明．冠状动脉手术中序列式乳内动脉移植的作用［J］．国际心血管病杂志，1985（4）：250.

12. 宋祥明．逆行灌注心脏停搏的实验和临床研究［J］. 国际心血管病杂志，1985（5）：295，322.

参考文献

［1］海宁市政协文教卫体与文史委员会．海宁人在上海［M］. 北京：中国文史出版社，2018.

“中国生理学会终身贡献奖”获得者——徐有恒

1924—2015

徐有恒，浙江海宁人，湖南医学院教授，我国著名血液生理学家、教育学和医学教育高级管理人才。1950 年 7 月毕业于湘雅医学院。长期从事生理学教学和科研工作，首次提出了组胺受体的配基调控造血理论，证明造血干细胞存在 H_1 和 H_2 受体亚型。2011 年荣获“中国生理学会终身贡献奖”。

徐有恒，1924 年 2 月 6 日出生于上海市，祖籍浙江海宁。其父徐善征（1896—1979），是一位土木工程师，中华人民共和国成立前曾先后任职于扬子江水利委员会和浙赣铁路局，中华人民共和国成立后在铁道部任职直至去世。徐有恒幼年时随外祖父居住在嘉兴南门，先后就读于嘉兴女中附小和省立嘉兴第二中学。抗战期间移居上海，求学于华东基督教联合中学和麦伦中学。1941 年 12 月太平洋战争爆发后不久，上海被日军占领，他抱着不愿在日军占领下生活和求学的意愿，历经艰苦穿过日军封锁线，先是与他一起流亡的同伴们到达浙东金华，进入战区学生进修班读高二年级，不久又经福建和赣南，于 1943 年深秋辗转到达广西桂林，考入省立桂林中学并最终在此完成中学教育。在流亡途中，他目睹与他一起流亡的同伴们遭受敌军的轰炸和扫射，又备受疾病的侵袭，不少年轻的生命被夺走了，在这种情况下，他萌发了要当一名医务工作者的想法，立下了要为人们解除伤病痛苦的志愿。

桂林中学毕业后，徐有恒于 1943 年 8 月在湖南耒阳参加了当时已搬迁在贵阳的湘雅医学院入学考试，并顺利被录取。同年 9 月 1 日在贵阳开始了湘雅医学院学生生活。1944 年日军加大了其在华南的攻势，学院决定从贵阳迁往重庆，但此时校方已无力为全体师生提供去重庆的交通工具，只能各自寻找出路。当时中国与美国已经建立了抗日同盟关系，急需大量熟练翻译。徐有恒和同学被招募之后就开始了长达一年的随军翻译工作。1945年11月，徐有恒结束译员生活，前往重庆，重回湘雅的怀抱。

1946年暑期，几经搬迁的湘雅医学院迁回了长沙。当时在该校讲授生理学的是易见龙和程治平两位教授。他们深入浅出的讲课和对科学发明故事的讲述，引导徐有恒对生理学发生了深厚的兴趣，并以高度的热情学习生理学。在第六学年即实习医生阶段，学校为他做了比较特殊的安排，即先在临床实习半年，然后到生理科参与科研工作。徐有恒在易见龙教授的指导下，伍汉文同学的协助下，通过文献阅读，确定的研究课题是“酪蛋白在增强动物自动免疫能力中的作用”。此项工作的成果整理成论文《酪蛋白水解物及 γ 球蛋白对于自动免疫的影响》，于1950年发表在《中华医学杂志》上，这就是他的第一篇科研论文。在这段时间里，他不仅学习了进行科研工作的基本方法，还受到了易见龙教授极为严谨的科学训练和对科学事业执着追求的奉献精神的熏陶，这种执着追求与奉献精神始终激励他，在他的一生中不论遭遇什么样的困难，仍坚持进行科学研究。

1950年初，魏书均和兰维廉作为入党介绍人，徐有恒向党组织递交了入党申请书，在1950年2月的支部大会上批准通过，并在一年后转正，正式成为中共党员。

1950年7月，湘雅医学院举行毕业典礼，鉴于徐有恒在科研和社会工作中的出色表现，获得学院颁发的金质奖章。毕业之后，徐有恒随即留在母校生理科工作。他期望在易见龙教授的指导下继续他在学生时代已经开始了的血液学研究工作。

1953年冬，徐有恒与同校的刘久春作为学校代表到中国协和医学院参加俄语速成班学习，学成回校后，在校内连续举办六期速成班，同时联合校内外的生理学教师着手翻译当时苏联最权威、篇幅最大的贝科夫生理学教科书，后来由人民卫生出版社出版，成为当时国内生理学教学中的重要参考书。1955年11月—1957年2月，徐有恒被派往上海第一医学院参加生理学高级师资班的学习，获得副博士专业考试证书。

20世纪50年代后期，由于不断的政治运动和“学术批判”，使科研工作几乎无法开展。到了1962年，在落实党的知识分子政策和在科研领域里贯彻“百家争鸣”的政治氛围中，湖南医学院批准成立血液生理研究室。当时血液生理研究室的主攻方向是白细胞生理。在测定外周血中白细胞数量昼夜变化规律的基础上观察中枢神经系统各类递质浓度变化对外周血白细胞数量的影响。在这项工作中，为了使这一研究工作具有一个可靠的重要实验指标，徐有恒以极严谨的态度，极严格的科学方法，摸索并确定了误差最小、重复性最好的白细胞计数的操作方法。徐有恒这种一丝不苟，严格要求的科学态度对年轻一代起了极好的示范作用。外周白细胞数的昼夜变化规律及交感、副交感神经对外周血白细胞数量变化的影响总结成文，并在1964年的中国生理科学会学术会议上宣读。随后，该室编写的《血液生理学》大型参考书出版。正当徐有恒和研究室同志们一起满怀豪情，想把研究室建设成为我国血液生理学研究基地之一的时候，“文化大革命”的浩劫来临，研究室被彻底破坏。直到1978年，中国科学院委托上海生理所召开了生物科学规划会议，该会议由冯德培教授主持。会议内容是审视我国生理学的现状，研讨今后的发展趋势和要求，并向全国各主要研究室和二级学科提出了研究方向的建议。徐有恒受湖南医学院的委派参加了这次会议，在会上提出了湖南医学院生理教研组拟开展造血调节研究的设想。这一意见得到冯德培教授和与会教授们的赞同和支持。会后，徐有恒带着会议精神的鼓舞和振兴我国生理科学的激情回到了学校，重新开始了向血液生理学进军的努力。在文献检索的过程中，徐有恒发现，在我国因“文化大革命”耽误了的10年时间里，在国际上血液学从理论概念到实验方法都已有了巨大的变化和发展，这更激发了他要努力追赶国际水平的强烈愿望。1981年，在纽约中华医学基金会的资助下，徐有恒以访问学者的身份去美国进修学习。美国马里兰大学拜伦（Joseph Byron）教授研究的课题是各类递质对离体和在体造血细胞周期的影响，这一课题与徐有恒要进行的造血调控的思路相近，因此，他来到了拜伦教授的实验室。在拜伦教授实验室工作期间（1981年3月—1982年10月），徐有恒运用他长期积累的、扎实的生理学知识，改进了实验设计，将拜伦设计的分别单独使用组胺H_1受体激动剂作用于造血细胞，改为将H_2受体激动剂和H_1受体激动剂不同剂量的组合同时作用于造血细胞，使得原来未能观察到的H_1受体激动剂对多能造血干细胞增殖的抑制作用表现出来了，从而改变了拜伦所认为的造血细胞上不存在H_1受体的结论。他进一步的研究证明，造血干细胞上存在的H_2受体和H_1受体呈现有规律的相互拮抗、相互竞争的作用。

在以后的几年中，徐有恒和他指导的研究集体进一步追踪观察到发育阶段比造血细胞较为晚期的各系祖细胞，包括粒巨噬系祖细胞、巨核系祖细胞和红系祖细胞上，也存在有组胺H_2和H_1受体，各系祖细胞上的H_2和H_1受体对细胞的增殖也同样呈现着相互拮抗、相互竞争的作用。

1990年，徐有恒又探索了造血恶变细胞——白血病细胞上是否也存在组胺H_1和H_2受体。研究的结果证明，不论是小鼠的还是人的不同种类的白血病细胞系细胞上普遍存在着组胺H_1和H_2受体亚型，实验还测定了这些细胞上组胺H_2受体的数量和特征。特别有意义的是，他们观察到激动H_2受体时，对正常造血细胞是促进细胞增殖，而对白血病细胞则是促进细胞分化和诱导凋亡，从而抑制恶变细胞的增殖。进一步的研究表明，组胺H_2受体激动对白血病细胞的这种影响是通过细胞内IP_3量的改变和Ca^{2+}浓度的变化，使抗凋亡因子bcl-2和DAD-1表达下降，而P16和Apopain表达增加，从而导致细胞凋亡。这一研究为开发组胺受体配基类药物治疗白血病的潜在可能提供了实验依据。

徐有恒认为，既然组胺受体在造血干细胞及各系造血祖细胞上都有分布，那么在淋巴系祖细胞上是否也存在组胺受体呢？如果存在的话，其作用又是怎样的？在徐教授的指导下，他的博士研究生证实了T淋巴细胞上同样存在有组胺受体亚型，而且阻断组胺H_2受体，可以明显减少T淋巴细胞分泌TNF-α和IFN-γ，从而减轻了激惹的淋巴细胞所导致的造血细胞的凋亡。整体动物试验亦表明，组胺H_2受体阻断剂Cimetidine预处理可以显著减轻免疫再障小鼠的脾细胞对粒系祖细胞集落形成的抑制作用，而这种作用的途径之一是通过免疫再障小鼠脾细胞分泌的TNF-α和IFN-γ减少来实现的。组胺受体在T淋巴细胞上的表达及其功能研究为免疫型再生障碍性贫血的治疗带来了新的希望。

徐有恒早年就爱国忧民，积极投入反对国民党黑暗统治的学生运动。中华人民共和国成立以后，他以更大的热情投身到建设新中国的工作中去。除了担任繁重的教学、科研任务外，他还积极参加社会活动和担负行政事务，如曾兼任医学院的工会主席、院党委统战部部长等职。由于工作成绩突出，1958年荣获湖南省劳动模范称号。十一届三中全会以后，徐有恒又先后担任过科研处副处长、湖南医学院副院长和院长等职。1980年后兼任九三学社长沙市委第三届副主委，九三学社湖南省委第一、二届副主委。1992—1999年又担任了湖南省政协副主席。

徐有恒治学严谨，学识渊博，待人亲切，作风民主，深受广大师生职工的爱戴，由于他在担任高层行政领导职务的同时，总是坚持生理学的教学和科研工作，这样，他经常白天处理繁忙的校务，而晚上静下来思考和处理专业工作，指导研究生的课题研究，即使在担任院长职务期间，也从未间断过每周一次听取研究生课题进展的汇报，并针对问题进行指导。徐有恒这种始终坚持参加科研教学第一线的作风和执着精神，使他能很好地在党政领导岗位上发挥作为一个教师和科技工作者的优势和特点，因而在管理工作中恰当地反映教学和科研第一线的需要及教师们的愿望与要求。譬如，1983年，徐有恒担任副院长主管教学与科研。他深深感到我国的医学科学水平与国际先进水平之间的巨大差距，需尽快振兴我国的科教事业，迎头赶上。因此，在学校工作中狠抓了三个方面的基础建设：一是努力恢复和充实图书馆资料，改善资料检索条件，便利师生尽快掌握科技发展信息；二是有计划地派遣学术骨干到国外进修学习，加强教师队伍的建设；三是建设按照国际标准符合科研要求的实验动物养殖基地，提高科学研究的质量。这样，在他的积极倡导和规划下，校园内一座面积8 000平方米、宽敞明亮的图书馆建成了，为充实馆内图书期刊，徐有恒向纽约中华医学基金会执行主席建议，为学校建立一个有25万美元对等基金的图书购置基金。在他访问美国时，还向马里兰大学图书馆和其他赠书机构免费征集了大量医学期刊，以填补因“文化大革命”而缺失的杂志图书。由于徐有恒积极开通派出的渠道，抓好选派学术骨干到国外进修学习，一大批教学科技人员在学成后归国返校，成为学校教学和科研工作中的骨干力量和学术带头人。多年来建立的学校动物室已能满足教学、科研的需要。学校建有一栋结构合理的动物饲养楼，有一套科学的管理方法和提供科研、教学需要的各类实验动物品系，并成为湖南省主要的实验动物供应基地，这些都是在徐有恒的关怀下完成的。

50年来，徐有恒一直在教育领导岗位上，在生理学教学领域和造血生理这一科研领域中勤奋工作、辛苦耕耘。不仅行政业绩辉煌，而且科研成果卓著，发表研究论文50余篇，其中《组胺受体对多能造血干细胞的调节作用》《正常和异常造血中组胺受体的功能及其特征的系统研究》两次获卫生部科技成果二等奖。

徐有恒参编了全国统一教材《生理学》的第一、三、四版，《生理生化与临床》《内分泌生理学》《植物性神经生理学》等20余万字著述。其中《生理学》先后获得卫生部科技一等奖和国家科技进步二等奖。1997年又主编了高级参考书《造血生理学与造血细胞检测技术》。徐有恒是国家特殊津贴获得者，曾获国家教委颁发的“四十年从事高等学校科学研究成绩显著”荣誉证书，2011年又荣获中国生理学会颁发的“中国生理学会终身贡献奖”。

徐有恒先后担任湖南医科大学学报主编、中国实验血液学杂志编委、国际细胞克隆杂志（*International Journal of Cell Cloning*）编委、中国生理学报编委等职。1987年以来长期担任国家学位委员会的学科评议组成员和国家自然科学基金会的学科评议组成员。在执行这些任务中，他总是以对振兴国家的科教事业负责的精神，以认真、严肃、公正的态度积极参加工作。

徐有恒在50年的教学生涯中，培养了一大批青年科技人才和师资，其中包括12名博士研究生和27名硕士研究生。指导的博士论文《CFU-S的平均——性研究》获1987年中国生理学会张锡均教授基金优秀论文奖。他的这些学生们大多数已成为教学科研中的学术带头人和院校的各级负责人。他所领导的血液研究室连续获得国家自然科学基金的资助，在党的改革开放政策鼓舞下，在政府和学校的支持下，满怀信心地向造血调控领域的高峰攀登，在这一攀登的崎岖道路上，徐有恒自始至终掌握着研究室的科研方向，对于科研过程中的困难和挫折总是给予无微不至的关注和指导。

主要著作

1. 易见龙，徐有恒．血液生理学专辑［M］．北京：人民卫生出版社，1965.

2. 徐有恒，湖南医学院，等．生理生化学与医学［M］．北京：科学出版社，1979.

3. 刘承权，徐有恒．生殖功能及其调控［M］．长沙：湖南科学技术出版社，1985.

4. 王子栋，徐有恒．植物性神经系统生理学基础与临床［M］．北京：科学出版社，1994.

5. 徐有恒，王绮如．造血生理学和造血细胞检测技术［M］．长沙：湖南科学技术出版社，1997.

主要论文

1. 徐有恒，伍汉文，易见龙. 酪蛋白水解物及"γ"球蛋白对于自动免疫之影响［J］. 中华医学杂志，1950（11–12）：615–619.

2. 徐有恒. 组胺 H_2– 受体激动剂和 H1– 受体激动剂对多能造血干细胞（CFU–S）细胞周期影响的拮抗作用［J］. 湖南医学院学报，1984（1）：1–6.

3. 徐有恒，蒋德昭，漆增舜，等. 经眶后静脉窦途径移植小鼠骨髓细胞——用于检测多能造血干细胞［J］. 湖南医学院学报，1985（4）：313–317.

4. 徐有恒，组胺 H_2 受体激动剂和 H_1 受体激动剂对多能造血干细胞（CFU–S）细胞周期影响的拮抗作用及其机制的探讨［J］. 广东生理学通报，1986（2）：1–2.

5. 徐有恒，蒋德昭，王绮如，等. 组胺 H_1 和 H_2 受体激动剂对多能造血干细胞（CFU–S）细胞周期状态的影响［J］. 中国科学（B 辑），1988（1）：71–76.

6. 徐有恒. 阻断组胺 H_2 受体对异常造血条件下造血改变的影响［J］. 生理学通报（广东）. 1991，（1）：1.

7. 徐有恒. 组胺受体对造血的调控及造血微环境的研究［J］. 生理通讯，1996（S1）：121–125.

参考文献

［1］徐有恒. 时代与人生：一个湘雅学子的世纪回顾［M］. 北京：科学技术文献出版社，2014.

［2］陈孟勤. 中国生理学史第 2 版［M］. 北京：北京医科大学、中国协和医科大学联合出版社，2001.

我国第一位玻璃钢结构专家——朱颐龄

1924—2004

朱颐龄，浙江海宁人，国家建材局上海玻璃钢研究所总工程师，我国第一位玻璃钢结构专家，复合材料力学家。1945 年毕业于上海复旦大学土木工程系。长期从事玻璃钢/复合材料的研究和教学工作，揭示复合材料力学性能机理；提出复合材料应该视作结构物的思想；成功研制如玻璃钢高压容器、玻璃钢飞机螺旋桨桨叶等一系列高受力的军工急需复合材料制品，达到当时世界先进水平。

朱颐龄，1924 年 5 月出生于浙江海宁丰士。1945 年毕业于上海复旦大学土木工程系，旋即在海宁海塘抢修工程处、钱塘江北岸海塘抢修工程处工作。1946 年返校任教。1951 年调至上海工业专科学校任教。1952 年，院系调整调至同济大学任教。1957—1958 年，被选送到由钱学森先生和钱伟长先生创办的清华大学力学研究班进修，兼任辅导教师，是辅导教师中最年长的一位。1959 年为复旦大学、上海交通大学和同济大学三校在同济大学合办的力训班讲授实验应力分析，并编写了相应的《实验应力分析》教材。1960 年同济大学筹建“同济大学新材料结构研究所”，着手研制军工配套产品的“603”项目任务。朱颐龄受命负责技术领导工作，开展对复合材料力学性能机理、结构设计和高受力复合材料制品的研制任务。1970 年，同济大学新材料结构研究所并入上海耀华玻璃厂研究所，朱颐龄被下放到生产车间劳动。1971 年调回研究所，直至 1992 年退休。1991 年，获国务院颁发的政府特殊津贴。2004 年 7 月因病逝世。按本人生前意愿，遗体捐赠中国红十字会。

朱颐龄取得的丰硕成果，来自他的辛勤劳动，更源于他对祖国的热爱和奉献，对科学的执着探索和对知识的不倦追求。在一度极“左”思潮影响下，朱颐龄曾受到极不公正的对待。虽然玻璃钢飞机螺旋桨桨叶是他设计的，但到了最后的试制阶段，却以保密为由不让他参与。对他的不信任并没有使他灰心丧气、消极怠慢，因为他从不图名利，心胸坦荡。即便在这样的环境条件下，他也从不动摇对祖国的热爱，对祖国强盛的热切期盼和对中国复合材料事业发展的无私奉献。他想到的是我们中国人要有骨气，要自力更生。他想到的是年轻同志可能还会遇到困难，可能还需要找他商量，还需要他的帮助。于是在试制的紧张阶段，他也日夜守在自己的办公室，以便让别人能随时找得到他。

“文化大革命”期间，他被下放到玻璃纤维车间劳动。他不但没有消极抱怨，相反利用这一机会，翻遍厂里从1966—1971年积累的不同品种玻璃纤维和不同品种织物日常生产中力学性能的抽样检测数据，对其进行统计分析。他一人，面对浩瀚的数十万个数据，日复一日，无人知晓地默默进行着繁重劳动，坚持下来需要有多么崇高的事业心和责任感，多么强烈的科学追求欲望和多么坚忍的毅力。他坚持下来了，他的付出换来了丰硕的成果，他总结出了10个品种玻璃纤维织物和5个品种玻璃纤维的详细强度统计资料，包括强度统计分布图，以及玻璃纤维强度和其离散系数随着气候变化（按月份）的变化情况。这是中国至今仅有的非常珍贵的玻璃纤维及其织物强度较为完整的资料，为中国玻璃纤维及其织物的应用提供了科学的依据。

朱颐龄的成功还缘于他对知识的不倦追求，不断刻苦学习的精神。复合材料力学是一门新的学科，在中国当时更是空白，对朱颐龄来说同样也是全新的东西。国外复合材料比我们早发展多年，他便积极查找、阅读大量国外有关研究报告，学习、汲取别人的有益经验。在他居住的复旦大学第四宿舍，夜读的灯火一直要亮到半夜两三点钟。正好对门有位复旦大学老师也经常夜读工作，一对灯火相互映照，成为复旦大学第四宿舍深夜里的独特景象，为邻居们所赞颂。他就这样通过勤奋学习别人的有益经验和自己积极科研探索的实践，将自己从外行很快便转化为复合材料一流专家。又如当年他向建材部新材料局领导详细介绍玻璃钢性能和自己的设计思想，肯定玻璃钢可用于制造飞机螺旋桨桨叶。在得到领导的支持并将任务转给他后，他想到的是自己对飞机螺旋桨毕竟不是很熟悉，于是当天就赶到北京东安市场旧书店，买了两本有关飞机螺旋桨的书籍，当夜便认真学习了起来。第二天，当他和甲方商谈时已经胸有成竹，详细介绍自己的设计思想和方案，并得到了对方的认同。

朱颐龄在研究所创建初期的约2年时间里，每天工作到深夜，常常只睡两三小时，第二天仍然照常上班。他一早拖着疲乏的身子和带着灰白脸色，坚持不迟到、不早退，被同志们称为“拼命三郎”。1970年下放耀华玻璃厂后，工作单位远在上海南面的浦东，而家住上海东北角的复旦大学宿舍，上下班来回路上要花三四小时，每天都要一早赶着上班，很晚才能回到家。常年的过度劳累，使他未老先衰，未到60岁，已似70多岁的老翁。身子佝偻，患有严重的高血压和心脏病，而他对工作的态度依然是那样极端负责，一丝不苟。

1960年，在国家经济面临严重困难，许多科研项目纷纷下马的形势下，为适应国防工业发展对复合材料的迫切需求，国家决定在同济大学筹建“同济大学新材料结构研究所”，朱颐龄带领从学校工程结构、力学、化学和塑料三个专业中抽调的60名学生，开始了中国复合材料力学研究，为开创和推动中国复合材料力学事业的发展做出贡献。

从研究所的筹建开始，朱颐龄就非常重视对复合材料本质特征的研究。他认为复合材料是一簇新材料，要用好复合材料、发展好复合材料，首先就必须认识复合材料，需要了解复合材料的力学性能和它的性能机理，即复合材料内纤维和基体的细观纤维结构与其力学性能之间的关系，主要手段是通过复合材料的力学性能实验研究和细观力学的分析方法。他设立了近20人的所内最大的性能研究室，将主要科研经费投向性能研究，开展了包括复合材料拉、压、弯、剪基本力学性能和疲劳、蠕变、老化性能等全面、深入的实验研究和理论分析工作。一方面积累了在中国尚属空白的复合材料宝贵性能数据，另一方面又根据实验现象和规律，揭示复合材料力学性能机理，并寻求建立合理的力学模型，采用细观力学的分析方法，推导复合材料力学性能的理论预测方程。他要求在研究工作中概念清楚，推导正确，结果简单（便于工程上的应用），带领大家扎扎实实地做好认识复合材料的工作。在20世纪60年代初，他就连续发表了《玻璃钢基本性能估算的混合律理论和方法》《玻璃钢中玻璃纤维的强度和弹性模量估算》等8篇科研报告。他通过对玻璃钢内部细观纤维结构的受力分析，从纤维和基体性能着手，推导复合材料的力学性能。如通过建立“纤维方截面等应力和等应变模型”和“纤维圆截面等应力和等应变模型”，推导出复合材料单向板横向弹性模量和剪切弹性模量的理论估算方法；在《玻璃钢中玻璃纤维的强度和弹性模量估算》一文中，通过对玻璃钢试件拉伸断裂形式分析，认为玻璃钢的强度一方面是由纤维主导，另一方面树脂又会通过对纤维的应力分布产生影响而起作用。还分析了织物增强复合材料中纤维的弯曲，认为可视作柔索和曲杆二类形式的结合。根据以上两个方面的分析，推导出玻璃钢中玻璃纤维的强度和弹性模量理论估算公式；他通过对玻璃钢压缩破坏机理的分析，提出玻璃钢的压缩强度是由树脂性能（模量和屈服强度）控制，推导出压缩强度的理论预测公式。这些研究在20世纪60年代是国际上前沿的研究。他的部分复合材料细观力学研究成果，总结在1980年出版的《玻璃钢结构设计》第三章“玻璃钢的基本力学性能估算”中。

通过深入的复合材料力学性能实验研究和对复合材料力学性能机理的揭示，朱颐龄逐渐形成了自己对复合材料本质特征的认识。早在20世纪60年代他就明确指出：复合材料是一簇有不同于传统材料概念的新材料，复合材料本质上是结构物。他强调复合材料的应用要设计好纤维的铺层结构，用好纤维。在国内首次提出的这一先进思想对复合材料的应用和发展有着重要的指导意义。这个定义与美国国会技术评价局1988年发表的研究报告《设计的先进材料》中的“先进结构材料的更广泛应用，不但需要解决技术问题，还需要转变研究人员和用户的观念，他们习惯于用更适合于常规材料的概念考虑问题。……复合材料与其看作材料，确实应该看作结构。”这一理解不谋而合。

在朱颐龄的带领和思想影响下，从同济大学新材料结构研究所创建初期，到“文化大革命”后恢复的上海玻璃钢研究所，性能研究工作一直遵循复合材料是结构物的指导思想，通过力学性能实验研究，采用细观力学的分析方法，从细观纤维结构入手研究和揭示复合材料的力学性能规律为技术路线，使对复合材料本质的认识达到了一定的深度，在国内享有较高的声誉。上海玻璃钢研究所细观力学的研究工作也同样得到国外同行的肯定。在20世纪80年代中期，英国复合材料专家代表团在上海交通大学访问交流期间，在参观了上海玻璃钢研究所后，团长——国际知名的复合材料力学专家诺丁汉大学的Owen M. J教授感叹说：“没有想到中国有这样好的研究所。”20世纪90年代初，美国加利福尼亚大学复合材料力学专家叶先杨教授在上海交通大学讲学时，特别赞扬了上海玻璃钢研究所在复合材料细观强度理论方面的研究成果，并以该成果作为参考，对比自己的研究结果。

同济大学新材料结构研究所是带着军工配套产品的研制任务筹建的。在朱颐龄的带领下，研究所的结构研究室在进行制品结构设计的同时，还开展了对复合材料夹层结构、各种结构件和各种连接形式的大量理论和实验研究，为结构设计提供科学依据。例如，仅从1960—1962年底，就完成了成百上千根的复合材料蜂窝夹层结构的平压、侧压和弯曲等试验，揭示蜂格尺寸、蜂窝高度和蒙皮厚度等对其力学性能的影响，分析各种受力下的不同破坏形式及其机理，寻求合理的理论计算公式；在对板架梁构件研究中，分析板架梁的板面宽度应该如何合理确定，如何合理设计构件尺寸和纤维的铺设方向等。复合材料产品一般都采用薄壁结构，构件之间一般已不适合采用机械连接方式，胶接成了最常用的连接形式。但胶接要靠层间的胶黏剂传递应力，若处理不好常常就容易成为结构中的最薄弱环节。为此如何设计好构件的连接形式，便成为复合材料结构设计中的一个非常重要的问题。20世纪60年代初，朱颐龄招收的3位复合材料研究生，就分别围绕复合材料力学性能机理、复合材料结构设计和复合材料的连接方式3个方向开展研究的。

朱颐龄在对复合材料结构设计的研究和实践中得出：复合材料结构设计需要有新的设计理念。他指出，复合材料的应用不能停留在用一种新材料去代替传统材料的等代设计的思想上，而是要适合于复合材料特点的独特结构形式，寻求更合理的设计方法。他认为，复合材料为其结构设计提供了很大的自由度，过去的做法是为特定的结构物选择材料，现在可以为特定的结构物设计复合材料。他还指出：在制造复合材料时，所用的纤维是柔软的，树脂尚能流动，这就给制造工艺设计更大的自由，使得复合材料结构物形状可以几乎不受限制。在20世纪60~70年代他就形成和提出了复合材料整合设计思想，指出：要尽可能将多个结构组件合并为一个结构件。在今天大型飞机的复合材料结构件设计中，如何根据复合材料的材料和制造工艺特点，对构件进行整合设计是大家十分关注的一个焦点。

有了对复合材料基本特性和力学性能机理较深入了解，又建立了正确的复合材料结构设计指导思想，朱颐龄从20世纪60年代初期开始便较顺利地完成了一个又一个的军工配套制品的研制任务，填补了中国一个又一个的空白。1962年春，他承接了国内已开展四年尚未成功的玻璃钢高压容器研制任务。他对当时玻璃钢高压容器做了细致的研究，遵循《矛盾论》的思想，十分敏锐地分析得出：在前期设计工作中，强度不足和漏气是两个主要问题。强度不足是由于没能用好纤维，他提出以纤维为主的强度设计思想，采用零周向应力封头设计，用单向带解决了强度的问题；漏气问题依靠玻璃钢自身不能解决，可以采用铺设铝衬。朱颐龄在资料极少的情况下，利用基础数学，排起矩阵，硬是一个一个数字地把数据计算出来，提出了自己的设计理论，设计出新型的封头。由于他和同志们的百折不挠、顽强进取的精神，终于在不到半年时间里，在同年七月解决了玻璃钢高压容器存在的主要问题。这项新产品顺利地通过了内部加压、外部用枪弹射击，甚至用飞机从高空掷下来等试验，都证明性能良好。这一科研成果，为我国国防工业和民用工业的发展，做出了重大贡献。同年他还承接了国内已开展两年没能完成，最后被判为不可能实现的玻璃钢飞机螺旋桨桨叶的研制任务。我国飞机螺旋桨过去是用数十年乃至近百年成材的桦木木料制造的，不仅木料供应困难，而且浪费极大。经常出现满车皮的木料运来后，全部不合用，又满车皮地退回去的现象。国外当时有用铝合金材料制造螺旋桨，我国受外国封锁，能进口的铝合金数量很少，而且铝合金不宜锻造，也不是理想的材料。因此，国家要用玻璃钢来制造螺旋桨。他分析认为，玻璃钢飞机螺旋桨桨叶研制失败原因还是在于纤维铺设的不合理，不会使用纤维。他改变原先设计者采用的正交纤维铺设方案，改用以单向纤维布铺设为主，在不增加纤维用量的情况下就把桨叶的纵向强度提高了近一倍。同时为应对扭矩，适当铺设（±45°）纤维，以提高材料抗剪切能力。在正确设计思想的指导下，攻克了技术难关，成功研制了图强号玻璃钢飞机螺旋桨桨叶。该成果通过了严格的空军试飞等考验，填补了中国国防工业的又一项空白。当时同时进行的大型风洞玻璃钢叶片试制也获得成功，据2005年的信息，该叶片仍在正常运转使用中。此后，朱颐龄又带领科技人员成功研制了一系列受力结构产品，如打破国外封锁的“运5丙”全玻璃钢水上飞机起落浮筒、最大直径达到44米的各类大、中、小型地面雷达罩，低副瓣雷达罩，电子对抗雷达罩等一系列雷达罩、供飞行员训练用的双座玻璃钢滑翔机、海军需要的玻璃钢冲锋舟、玻璃钢侦察艇，各类全玻璃钢天线反射面、玻璃钢坦克天线、运10飞机机头雷达罩等一系列研制任务。同时将一些军工科研成果推广应用于民用领域：如将飞机螺旋桨桨叶技术推广应用于工业冷却塔风机叶片、气垫船叶片和绿色能源—风力发电机组系列复合材料叶片；将军用玻璃钢船艇的研制成果发展应用于各类玻璃钢渔船的研制中等。1983年，国际复合材料研究权威人士、日本复合材料科学会名誉会长林毅，参观了上海玻璃钢研究所研制的玻璃钢叶片系列、同济大学新材料研究所和沈阳滑翔机厂合作研制的玻璃钢滑翔机，认为中国的玻璃钢设计水平不比日本的差。

一个接一个的成功实践充分证明了朱颐龄复合材料结构设计理念的正确性。这一复合材料结构设计新理念为中国复合材料在受力结构上的应用和发展打下了基础。

朱颐龄十分重视复合材料性能数据的积累和科研实践成果的总结，并将这些宝贵数据和研究成果无私、积极地介绍推广，为推动中国复合材料事业的发展做出贡献。1973 年，他组织撰写出版中国自己积累的，包括了树脂、纤维介绍和玻璃钢力学、物理和老化性能等较详尽内容的《玻璃钢基本性能》一书，为中国早期复合材料的发展提供了宝贵的性能数据资料；1980 年初，他组织撰写出版的《玻璃钢结构设计》是对研究所近 20 年来复合材料结构设计科研成果较为全面的总结，该书出版后，受到从事复合材料生产、科研和教学人员的广泛欢迎和较高的评价；他还组织撰写《玻璃钢入门》《玻璃钢手糊成型工艺》和组织翻译《复合材料力学》等专著。这些书籍的出版对中国早期复合材料事业的发展起到积极的推动作用。

朱颐龄在开展性能试验研究的同时，还重视试验方法的研究。在他的主持下，完成国家科委主持审定的中国最早一批复合材料力学性能测试方法标准《玻璃钢力学性能测试方法》，为后来部标、国标的制定打下基础。

1983 年，国家科委组织“六五”基础研究重点项目“结构陶瓷材料、高分子材料和复合材料力学性能和破坏机理研究”，参加单位有中国科学院力学所、中国科学院硅酸盐研究所、中山大学、清华大学、中国科技大学、上海交通大学、国防科技大学、华南工学院和上海玻璃钢研究所 9 个单位，大家一致推选朱颐龄为组长，这是大家对他所做出成绩和贡献的认可，同时也是对他领导的信任。在他和副组长曾汉民、张清纯和冼杏娟等的领导下，该项目共完成论文 212 篇，其中有 42 篇曾用于国际会议，为推动中国复合材料力学性能机理研究做出了贡献。

在研究所里，朱颐龄带领的几乎都是 1960 年后毕业的大学生。他在年轻人面前没有一点架子，平易近人，像朋友一样和大家随和相处，使大家感到亲近，常常还敢和他开开玩笑。

朱颐龄善于用简单明了的例子说明事物的本质，给大家留下深刻的印象。例如，他在谈到复合材料的基本思想时举例说：“我们需要用导电材料才能将电输送给用户，可是为了防止用户触电，我们又需要它能绝缘。所以我们需要有一种既能导电又能绝缘的材料来送电，而任何一种常规材料都不可能兼有这两种性能，只有采用复合材料才能解决。我们用绝缘的塑料包裹能导电的铜芯，就把问题解决了。”这就是复合材料的基本思想。他在解释为什么复合材料要采用（ ±45° ）纤维铺设来抗剪切应力时，举南方人很熟悉的棕绳床为例说："床的四边木框已很粗，为什么对角线还要拉上棕绳？因为仅有床的矩形木框还抗不了剪，一受剪力，矩形就容易变成平行四边形。若在对角线上穿上了棕绳，有棕绳拉着，矩形就很难再变成平行四边形了。"

朱颐龄以完全平等的姿态和大家讨论问题，又热情负责，大家有问题都喜欢找他，遇到的问题还都能得到解决，在研究所内享有很高的威望。他不但能耐心解答大家提出的问题，还很尊重年轻人的想法，从不将自己的意见强加于人，而是重视发挥他们的主动性。他曾对一位主管业务的副所长说，不要用简单的行政指令去否定他们，这样做容易伤害他们的主动性。即使有不完善的地方，也可以让他们自己在实践中去认识，这样他们就会更加积极、主动，会有更好的效果。

朱颐龄丝毫不计较个人的名利，一心一意为青年人成长着想的精神尤为突出。例如，常常会有单位请他去讲课，为了让年轻同志得到更大的锻炼，他经常会让他们去代讲，从而使年轻同志在备课过程中对复合材料能有更加深刻的认识和了解。他鼓励技术人员养成研究和总结技术问题的习惯，每当有技术交流会，就要求他们送上论文积极争取参加交流。有时还把自己参加会议的机会让给年轻同志，语重心长地对他们说："你们去和人家交流学习，去认识认识人家，也让人家认识认识你们。"年轻同志的许多研究工作虽然都是在他的直接指导下进行的，但是在他们40年来完成的几百篇论文中，你都找不到朱颐龄的署名。例如，研究所复合材料细观强度理论的研究课题是他提出的，并以他的细观纤维结构受力分析思想为技术路线，研究过程中一直得到他的指导，但在发表的所有有关论文中没有一篇有他的署名。不是大家不愿意署上他的名字，而是他从不允许他们署上自己的名字。

朱颐龄就是这样，不但不与年轻人争荣誉，相反只是在年轻人背后推着他们更快成长，处处有意识地为他们创造发展条件。他当年带领下的一批大学生，经过多年科学实践的锻炼，后来都成了复合材料领域的专家。他为中国培养了一批早期复合材料力学人才。

主要论著

1. 朱颐龄．玻璃钢基本性能［M］．上海：上海耀华玻璃厂研究所，1973.

2. 上海玻璃钢结构研究所，朱颐龄．玻璃钢结构设计［M］．北京：中国建筑工业出版社，1980.

3. R M Jones. 复合材料力学［M］．朱颐龄，译．上海：上海科学技术出版社，1981.

4. 国家建材局上海玻璃钢研究所．玻璃钢手糊成型工艺［M］．北京：中国建筑工业出版社，1984.

主要论文

1. 朱颐龄. 静子铁芯压盖应力分析［J］. 同济大学学报（自然科学版），1957（1）：97–104.

2. 朱颐龄，余寿文. 繁琐的“不均等的连续梁”［J］. 清华大学学报（自然科学版），1959（3）：69–73.

3. 朱颐龄. 玻璃钢等复合材料力学特性综论［J］. 力学与实践，1980（1）：1–6，37.

4. 朱颐龄. 关于贮槽筒身壁厚计算公式分析［J］. 玻璃钢/复合材料，1981（5）：26–27，29.

5. 朱颐龄. 设计玻璃钢/复合材料结构物时的一些考虑［J］. 玻璃钢/复合材料，1981（3）：10–14.

6. 朱颐龄. 设计耐腐蚀玻璃钢设备的一些考虑［J］. 玻璃钢/复合材料，1982（5）：20–21.

7. 朱颐龄. 合理使用玻璃钢［J］. 玻璃钢/复合材料，1983（6）：14–21.

8. 朱颐龄. 复合材料概率结构设计［J］. 复合材料学报，1985（1）：72–79.

9. 朱颐龄. 论玻璃钢/复合材料的弯曲性能［J］. 玻璃钢/复合材料，1986（4）：15–18.

10. 朱颐龄. 卧式圆筒形贮罐周向纤维量计算［J］. 玻璃钢/复合材料，1986（2）：12–15.

11. 朱颐龄. 玻璃钢管状塔桅结构设计［J］. 玻璃钢/复合材料，1986（6）：26–31，25.

12. 朱颐龄. 论玻璃钢大型管道［J］. 玻璃钢/复合材料，1987（1）：15–20，35.

13. 朱颐龄. 论玻璃钢/复合材料的发展［J］. 玻璃钢/复合材料，1988（6）：1–4，27.

14. 朱颐龄，许君珞. 玻璃钢/复合材料泊松比的估算［J］. 玻璃钢，1989（2）：1–24.

15. 周祝林，杨云娣. 单向纤维复合材料的弹性常数研究［J］. 玻璃钢，1995（3）：1–12.

其他论著

1. 朱颐龄. 玻璃钢基本性能的估算混合律理论和方法. 原同济大学新材料结构研究所技术资料. 1963.

2. 朱颐龄. 零周向应力封头设计. 原同济大学新材料结构研究所技术资料. 1963.

3. 朱颐龄. 玻璃纤维及其织物的强度分析. 原同济大学新材料结构研究所技术资料. 1964.

4. 朱颐龄. 玻璃钢中玻璃纤维的强度和弹性模量估算. 原同济大学新材料结构研究所技术资料. 1964.

5. 朱颐龄. 玻璃钢纤维受力为主的网格设计. 原同济大学新材料结构研究所技术资料. 1964.

6. 朱颐龄 . 论玻璃钢 / 复合材料的发展 . 原上海玻璃钢研究所技术资料 . 1988.

参考文献

[1] 郑哲敏 .20 世纪中国知名科学家学术成就概览力学卷第 2 分册 [M]. 北京：科学出版社，2015.

[2] 复旦大学校史编写组 . 复旦大学志第 1 卷：1905—1949 [M]. 上海：复旦大学出版社，1985.

省级名中医——朱炼之

1925—2011

朱炼之，浙江海盐人，悬壶于海宁硖石镇，农工党党员，浙江省名中医，海宁市中医院主任中医师、名誉院长。师从浙北名医朱斐君，长年从事中医诊疗。

朱炼之，名锐，字炼之，乃“锐者，炼之”之意，以字行，1925年出生于浙江省海盐县石泉镇的一个医学世家，先祖以医名噪乡里。在兵荒马乱、疫病流行的年代，其父还是为他选择了悬壶济世的医生职业，命其继祖业，习医术，为民疗疾。少年时，朱炼之随海盐名儒陆凤书习医，陆凤书乃晚清名医金子久门生，精“经史诗词”，尤精医理，儒学、医名均名重乡里。朱炼之曾言道，陆师学识渊博，于书无所不晓，人称“二脚书橱”。随陆凤书习医期间，他好学不倦，孜孜不怠，打下了很深厚的国学和中医经典基础。

接受陆凤书的启蒙教育后，颇有眼光的父亲又送其去上海，随嘉兴名医朱斐君先生专攻内科。朱斐君乃浙北名医，时称“朱一帖”。在上海朱斐君先生门下，他刻苦钻研几乎到了废寝忘食的程度，在花花世界的大上海，在随师的5年时间里，不曾出去看过一部当时正风靡上海的电影。侍诊期间，接触了大量的常见病和时行温热之病，为他今后的临床打下了坚实的基础。

1944年，在抗战胜利前夕，朱炼之悬壶于海宁硖石镇。开业不久，即遇一富室之妻，患温热病，硖石名医均告不治，病家报以一线希望延请这位刚从上海学医回来，开业不久的年轻医生一试。面对奄奄一息的病人，朱炼之临危不惧，气定神闲，辨脉诊舌，闻气息，甚至察看排泄物，再观前医处方，已用遍参术羚犀，似乎回天乏术。但他认定病属湿温胶着，蒙扰清窍所致，坚信尚有救治之希望，抱着初生牛犊不畏虎的信心，决意一试，开出处方一剂，嘱家属明天以观后效再来复诊。当天晚上，他便坐夜班火车赶到上海，半夜敲开老师的门，征询下一步治疗方案，朱斐君先生为深夜来访的学生之精神所感动，认真听取汇报，细读处方用药，充分肯定辨证思路，嘱学生明天再加大石膏用量即可。讨教并获得老师首肯后，又于凌晨坐火车返回硖石，第二天上午，再去诊治病人，按老师的指点，三天后，患者逐渐恢复。从此，年轻的朱炼之医生在海宁站稳了脚跟，几年后便成为硖石镇上业务最好的医生之一。

1952 年，朱炼之毅然放弃优厚的收入，响应政府号召，游说镇上各大中西名医，组建了海宁首家集体所有制的硖石中西医联合诊所（即海宁中医院前身）。在制定参加人员工资时，当时以业务多少定薪，最年轻的朱炼之因业务最忙而以每月 115 元的最高工资获得全体认可，这在当时可是相当于大学名教授的工资水平了。中华人民共和国成立初期，百废待兴，走上集体化以后，在繁忙的诊疗之余，还要从事大量的社会活动，发动群众大搞爱国卫生运动，灭钉螺，搞血防，带学生，办教育，把一生献给了自己为之终身追求的中医事业。

中华人民共和国成立以后，朱炼之历任硖石中西医联合诊所副所长、硖石中心医院副院长、海宁中医院副院长及名誉院长、农工民主党海宁主任委员、海宁市人大常委会副主任，1997 年 10 月，获浙江省卫生厅授予的“浙江省名中医”称号。不管社会活动、政务工作有多繁忙，从不间断门诊、查房、教学。晚年的朱炼之更是爱院似家，以院为家，每天都到医院转上一圈，看着欣欣向荣、日益发展的中医院，常会发出由衷的赞叹。

“文化大革命”期间，朱炼之蒙受不白之冤，被打成“反动学术权威”，抄家、游街、批斗，受尽污辱和折磨，最可惜的是一批珍贵书籍，手稿抄本被抄或付之一炬。自己也被扫地出门，被迫离开一手创办的联合诊所，“下放”到了狮岭乡下的一个小诊所。在农村，他照样以自己精湛的医术为农村病人服务，与广大农民打成一片，深得农民的信任。那时的朱炼之，境况惨淡，一个人生活在农村，蜷缩在破旧的农村小屋，加上当时的社会现状又看不到任何希望，其生活的状态可想而知。他晚年曾讲过这样一则真实的故事：1967 年冬天，他回家取衣，第二天遇上大雪，天蒙蒙亮，他要赶路，必须在上班之前回到诊所，冒着寒冷，顶着风雪，黑暗中步履蹒跚地一步一步行走，要走六七里泥泞的农村小道，每走一步都有滑倒的危险。在走过一座破危的小桥时，不慎一滑，差点掉入河中，当时的他，真的有点绝望，想一头栽入河中，一了百了算了，但又不甘心就此这样结束自己的生命。此时正好有一位赶早市的农民过桥，叫了他一声，朱医生早啊，要快点了，诊所已经有很多病人在等你了。这位农民很热心，扶着他走到诊所。走进诊所，看到这些病人期盼的眼神，看到如此纯朴而善良的农民，他又看到了希望，坚信共产党一定会有办法，让我们的国家走出困境。他长期的胃病也是在这段时期留下的根源。尽管个人处境艰难，在以后的日子里他从来没有动摇过对党、对国家的坚定信念。三中全会以后，落实了政策，恢复了他一切待遇。枯木逢春的朱炼之，又以旺盛的精力，全身心地投入临床、教学、社会活动中，为联合诊所升格海宁中医院，为中医院集体所有制转为全民所有制，为嘉兴卫校海宁中医班的承办，为医院的基本建设筹资等，呼吁奔走，竭尽全力。

朱炼之治学严谨，博学广闻，一生读书不辍，临诊不停。对《黄帝内经》的主要篇目、经典条文烂熟于心，出口成文。尤服膺于金元四大家李东垣之脾胃学说和朱丹溪之阴常不足论，对温病学派之叶天士、王孟英推崇备至，对金子久《问松堂医案》则手不释卷。以"圣人不治已病治未病"为口头禅，常言："能不药而治，方为上工"。而一旦得病，尤其久病杂症，则非常重视"后天之本"脾胃之旺衰，所谓"杂症久病重脾胃"，在对老年危重症的诊疗时，他常以"胃气"存亡以决生死，谓"饮入于胃，游溢精气，上输于脾，脾气散精，上归于肺"。胃气已绝，人焉能得救乎？每以此断生死则常有效验。在临症处方中最后一二味药大多为养胃和胃之品，他常说："每遇杂症久病，即使虚者应补之例，也常于补气养血、滋阴润肺等方中适当佐入消化疏运之味，如焦三仙、陈皮、鸡内金之类。"凡临诊用药，寒热温凉之剂，均以兼顾养胃为要，尤其是危急重症，只要胃气不绝，终有可救之希望。

朱炼之处方用药极其严谨，常言："用药如用兵"。治好一个病人，跟打赢一场战争是一样的道理，用药君臣佐使犹如用兵布阵列队，丝毫不能有差错，在药物配伍与剂量上必须反复斟酌。对于急性重病或虚脱危候，必投药专量重猛剂，才能挽救于俄顷，但对内科杂症及老年患者，无论何种疾病，治法或汗或下，或清或温，或补或消，处方用药，总宜平和为贵。因此，他临床用药，配伍严谨，大多在古人验方上加减增添，药味不多，在9~12味，剂量很轻，一般在1~3钱①。常言："处方用药，不在多而在精，用量不在重而在轻灵，犹精兵轻辎，往往能克敌制胜"。常用孟子"今夫水，博而跃之，可使过颡"之论，比喻用药过猛，反使药性逆而不顺，非但无益反而有弊。尤其是慢性杂病用药，主张徐图收效，俟其水到渠成，遵循《黄帝内经》"谨察阴阳所在而调之，以平为期"，切忌急躁，毋使过之，过犹不及。

朱炼之有《治学点滴体会》一文，较详细地记录了自己的治学经验和学术特点。该文以自传形式归纳了治学经历和见解。大致内容如下：

面对博大精深的祖国医学，如何入门？如何登堂入室？在年轻的朱炼之脑海里，时时作为重要问题来对待。尽管中医书籍汗牛充栋，浩如烟海，但都离不开经典著作的学习。欲求知识的深化，就必须在基础理论上狠下功夫。所以，进一步研读中医经典，就成了朱炼之向伟大知识宝库入门的唯一途径。多年寒暑无间地学习了《类经》《素问集注》《图注

---

① 1钱≈3.7克

难经》《伤寒来苏集》《金匮心典》《温热经纬》《瘟疫论》《广瘟疫论》《时病论》等著作，对金元四大家不同学派的论点，亦均旁览。通过反复学习，深深体会轩岐仲景之书，诸子百家之作，每研读一遍，认识就加深一层。在习医态度上要提倡勤学，因为“业精于勤，荒于嬉”，而在读书方法上则要做到博览。

在几十年的行医生涯中，朱炼之紧紧抓住了两个方面，一是通读古今医籍；二是理论指导实践。在攻读古典医籍的基础上，参阅了近代对于《素问》《灵枢》《难泾》等经典理论的阐释，颇多启发。他认为1964年出版的全国大专院校教材，能熔各家学说于一炉，归时方经方于一书，内容推陈出新，纲举目张，实为学习中医的良好课本。除此以外，有关衷中参西的各种著述，亦兼收并蓄地加以参考。在学习书本知识的同时，又订阅了各地的中医杂志，通过逐年对多种杂志的浏览，饱尝了全国各地学术经验。朱炼之大开眼界，融会新知，从而在临诊中博采众长，发挥了更大的治疗效益。

学习中医，要重视中医的基础理论，用理论指导实践。他折服海宁医家吴仪洛，常用吴仪洛的话自勉：“夫医学之要，莫先于明理，其次则在辨证，其次则在用药，理不明，证于何辨？证不辨，药于何用？”所以，辨证论治，必须建筑于理论基础之上。朱炼之曾谈到用《温病学》卫气营血辨证法，治愈了不同证型的乙型脑炎和伤寒，以脏腑、气血、虚实、寒热的理论指导辨证，治愈了冠心病、严重贫血、溃疡病、慢性肝炎和重型血小板减少性紫癜、肝硬化腹水黄疸等。

他常说：“先哲学说垂千秋，继承经验贵变通。”众所周知，仲景之方，配伍严谨，为后世方剂学的发展做出了重大贡献。但在读仲景书，用仲景方的问题上，一直存在着“经方以不加减为贵”和“古方不能治今病”两种截然不同的见解。朱炼之则认为，药是治病的必要手段，针对病情使用方药，才能符合辨证论治的精神。仲景之方，组方精义，千百年来历代医家据以为规矩准绳，可法可传。但如果不问时代、气候的变迁，不因人、因地制宜去使用原方，则未免刻舟求剑。我们研究仲景学说，目的是进一步继承其宝贵经验，借以阐述他辨证论治的规律。疾病的发生和发展，是复杂多变的，在运用经方时，应当有所增减和变化。本来在张仲景原著中，对方剂的运用，也有很大的灵活性。从药物剂量来看，有时仅一味药剂量的增损，而改变了整个处方的功效。如桂枝汤，原治太阳中风证，桂枝加桂汤与桂枝汤药味不变，但仅桂枝一味剂量的增加，就成了通心阳，降冲逆以治“气从少腹上冲心”之奔豚证。又如仲景自创之小柴胡汤、通脉四逆汤及真武汤里，均有详细的加减法，这就清楚地表明张仲景自己没有固执成方。朱炼之在临诊中，也是以辨证为前提，不以成方为依据。遵守张仲景“观其脉证，知犯何逆，随证治之”的古训。常对学生说：“故读仲景书，要领悟仲景法，不拘泥于仲景方。”学习先哲经验，应当善于继承，并力求发展。

朱炼之的临症诊治经验，首先强调四诊合参，尤重望诊。他认为中医治疗疾病，以望、闻、问、切四诊为工具，对病人先做系统周密的调查。《黄帝内经·素问·征四失论》记载：诊病不问其始，忧患饮食之失节，起居之过度，或伤于毒，不先言此，卒持寸口，何病能中？说明四诊合参，才能使病无遁情。朱炼之在业师朱斐君先生的熏陶下，在多年的摸索中，体会到四诊中之望诊尤为重要，因潜心研究。每遇一些久病、重病，总是仔细地察言观色。通常通过望神色，对病人气血之盛衰，病变之深浅，可以得知其梗概。一般说来，面部色泽萎黄，晦暗无神的，多属气血衰败之证；面部色泽皖白浮肿，多见于失血或脾胃阳虚之候；面部红缕赤痕，纵横交错于鼻额等处的，大多是肝络损伤，营血瘀滞的表现；青年面白唇红，多属肺气虚损，肾阴亏耗的反映。此外，对于口唇、指甲色泽形态的变化，亦属望诊中关键之处。

在诊病中，他尤其重视辨证论治，认为抓主证是关键。人是一个有机的整体，脏腑气血，表里上下，相互关系密切。一脏的病变，必然影响其他脏腑而产生一系列错综复杂的证候。病人就诊，往往罗列一大堆症状，其中有寒有热，有虚有实。分辨何脏何腑为病变重心，明确哪些症状是这一疾病的主要表现，从而抓住主证，确定相应的治法。张仲景在柴胡证条文里说："有柴胡证，但见一证便是，不必悉具"，是示人以抓主证的典范，值得深思。

朱炼之擅长治疗内伤杂证，主张药宜轻和。对于慢性病的治疗，主张用药轻灵和平，处方不宜过猛，更不喜用冷僻峻烈之药。前人说："沉痼之疾，药宜轻和"是有道理的。因为慢性病，病程反复缠绵，临床表现每多虚实夹杂，寒热错杂，因其病机不像外感急症那样单纯，所以在确定治则时，就不能采用"速战速决"或"背城借一"的方法。吴鞠通说："治外感如将，治内伤如相，"生动地说明，治疗慢性杂病，用药应从容如相，处方以轻灵平和见长，用药以不庞杂偏颇为要。在辨证论治中，不应见有一丝虚象，就投补剂，对于二虚一实之患者，则当兼顾其虚。在慢性病的相对稳定阶段，蛮补和峻攻，均非善策。有些病家，求愈心切，是可以理解的，但医生用药却不能人云亦云，操之过急，更不能图一时之快而盲目投以重偏之剂，反致病不见衰而药先为害，功未奏而过先成矣。总之，对于病程缠绵之证，每每强调徐图收效，但并不因此而固执拘泥，一成不变。凡属病情到了急重阶段，非大剂不能挽回者，在"杯水"难济"车薪"的情况下，自应果断地使用重剂峻剂。

朱炼之常告诫学生："业精于勤，荒于嬉。"在学生们的印象中，他不苟言笑，严肃而威然，临诊之余，手不释卷，言谈之中，人生哲理，礼义廉耻，每每触类旁通，点到为止。他对学生的要求极严，从辨证论治的缜密，遣方用药的认真，到人品修养，乃至医患沟通的技巧，一一教导。他的学生钱菁回忆道：先生为人严谨认真的作风给我的一生都有很大的影响，无论在以后所从事的诊疗工作，还是管理工作中，严谨、较真、执着和好学的风格，先生给我的烙印太深刻了。

朱炼之一生留下大量的临证医案，2015年10月，学生钱菁等人整理的《老医甲子医验——朱炼之六十年学术经验集》，由中国中医药出版社正式出版。此文案的出版，使朱炼之的学术体系及临床辨证论治的经验得以更好地传承和发扬，也为后学者提供了很好的借鉴。

主要著作

朱炼之.老医甲子医验：朱炼之六十年学术经验集［M］.北京：中国中医药出版社，2015.

主要论文

1. 朱炼之.猫人参汤治疗肝硬化腹水黄疸的体会［J］.浙江中医药大学学报，1979，(1)：23–25.

2. 朱炼之.湿温邪恋气分刍议［J］.浙江中医药大学学报，1988(3)：5–7.

3. 朱炼之.急症琐谈：关于高热、窍闭、腹痛的辨治体会［J］.浙江中医杂志，1989，24(4)：177.

4. 朱炼之.高年眩冒一例辨治纪实［J］.浙江中医杂志，1997，32(6)：244.

5. 朱炼之.杂症久病重碑胃处方用药贵平和［J］.浙江中医杂志，1998，33(12)：541–542.

参考文献

［1］朱炼之，钱菁.《老医甲子医验：朱炼之六十年学术经验集》［M］.北京：中国中医药出版社，2015.

我国工程心理学和人类工效学开拓者——徐联仓

1927—2015

徐联仓，浙江海宁人，我国著名心理学家、中国科学院心理研究所所长、研究员、博士生导师。1953年毕业于清华大学心理系，1962年研究生毕业于苏联教育科学院心理研究所。长期从事心理学研究工作，是我国工程心理学和人类工效学的开拓者，管理心理学的奠基者。

徐联仓，1927年9月7日出生于天津，祖籍浙江海宁盐官。1947—1949年在南开大学哲学教育系学习，1949年考入清华大学心理系，毕业后分配至中国科学院心理研究所工作。1958—1962年去苏联留学，在教育科学院心理研究所攻读研究生，获苏联教育科学院心理研究所副博士学位。历任中科院心理研究所二室、四室主任，研究所业务处负责人，研究所副所长、所长。兼任中国心理学会秘书长、国际应用心理学会（IAAP）三届执委、中国行为科学学会副会长、中国社会心理学会副会长、中国人类工效学标准技术委员会主任、中国企业管理协会理事，《心理学报》、*Applied Psychology*：*An International Review*、*European Journal of Work and organizational Psychology*、*International Journal of Human Factors in Manufacturing*、*Journal of Human Values*、《中国管理科学》等10余种学术刊物的主编和编委等职，兼任北京大学、清华大学、中国科学技术大学、澳大利亚新南威尔士大学等大学客座教授。

1980年，在澳大利亚新南威尔士大学任客座教授。1981年，出访美国密执安大学，在社会研究所（ISR）任访问学者，并首次从国外引进行为科学研究专用软件包（AIDA）。1978—1995年，先后多次出访美国、澳大利亚、英国、法国、德国、日本、墨西哥、罗马尼亚、瑞典、匈牙利、西班牙、韩国等国家和地区，与世界各国的心理学家、人类工效学学者进行交流与合作，并应邀参加了第 13 届澳大利亚心理学年会（1978），第 22、23、24 届国际心理学学术会议（1980 年，1984 年，1988 年），第 45 届日本心理学年会（1981 年），第 8 届国际人类工效学年会（1982 年），第 3、4、5 届人－机相互作用国际会议（1989，1991 年，1992 年），第 22、23 届国际应用心理学学术会议（1990 年，1994 年），大阪大学 50 周年暨国际企业管理中的民主与领导权学术研讨会（1984 年），亚太地区心理学学术会议（1995 年，担任学术委员会主席）等国际学术会议。还曾先后多次参加由联合国教科文组织主办的科研单位的组织与业绩的国际比较研究（ICSOPRU）会议，报告在中国的工作进展情况，协调有关协作问题。

1992 年，获得国务院有突出贡献专家津贴；1999 年 3 月，获中国心理学会最高奖——中国心理学会终身成就奖。

徐联仓是我国工程心理学和人类工效学的开拓者。20 世纪 50 年代初，他与同事在国内率先开展工效学研究，在我国首次运用高速电影拍摄与慢动作操作分析等时间动作分析技术，总结出纺织行业的先进织布法，并在产品质量控制、安全生产、操作合理化等方面发展了美国戴明创造的统计质量控制理论与技术，并通过操作合理化培训班向全国推广。

20 世纪 50 年代后期，其前往苏联俄罗斯教育科学院心理研究所学习，因成绩优异获“乌申斯基奖”。在留苏学习期间，徐联仓率先应用信息论分析生产线的废品成因，增加反馈信息，提高生产质量，用实验方法首次证明了当形成视觉形象的主观结构时，人对信号的信息加工不符合经典的 W.Hike 公式的描述，并应用于电视机生产线的废品分析工作，开展了电视机生产中传送带装配工作的质量研究，改进了原有的检查方法，找到了出废品的关键性操作环节，使每一工序中各操作环节之间的结构特点得以改善，从而提高了生产质量。研究成果被载入当时苏联教育科学院出版的《劳动心理学》教科书。

回国后，徐联仓结合信息论分析了刺激与反应的兼容性问题，就控制设备在信息传递函数方面的差异、语言在人－机交互过程的中介作用等问题进行了开创性研究，为三机部航空工程提出心理学建议，其成果在《中国科学》发表后受到许多国外学者的重视，而国外同类研究直至 20 世纪 70 年代才开始进行。20 世纪 60 年代中期，徐联仓参加了国家“651”重大工程规划，作为我国卫星系列计划的项目负责人之一，顺利完成了我国第一个“动物上天”的联合实验，揭示了火箭亚轨道飞行失重状态下动物的生理、心理变化特征，该项目获得国家重大成果奖。

20 世纪 70 年代，徐联仓组织完成了激光生物效应等国防任务和地震生物预报等科研任务，受到国家及中国科学院等部门的特别嘉奖。如，用动物实验寻找防护激光对眼的伤害，防护激光对脑的伤害。当时在对猫的实验中，发现激光照射可引起动物的超反常性反应，像强刺激引起弱反应，而弱刺激引起强反应。1976 年，唐山地震后北京地区各种物理预测手段都已不能正常工作，有关方面要求科学院生物物理所、心理所等开展动物反应预测地震，及时将有关情况向领导反映。徐联仓等在震后立即开展调查，了解强震前人和动物有什么反应。结果他们发现了一些有趣的现象，许多人在临震前数分钟被家中的狗、猫的叫声惊醒，许多鸟类与鸡也反应强烈，有些地方的水池中在震前几天有大量的鱼浮在水面，个别地方反映在震前婴儿哭闹。心理所等单位在数月之内在不同地点对各种动物行为进行了监测。徐联仓当时还提议建一个全国性的动物行为监测网，但限于经费、人力未能实现。1998年，日本一位灾害心理学家来华访问时，专门到心理所了解我们在地震动物预测方面的经验，并表示出很大兴趣。徐联仓还主持了为毛主席纪念堂设计照明与遗体肤色的适宜配色任务。这些开拓性研究为发展我国的工程心理学和人类工效学发挥了重要作用。

“文化大革命”期间，心理科学和心理所都受到极大的冲击，导致中国科学院心理所被撤销停办，1969年全所被下放到湖北潜江“五七”干校。到了1972年，形势有了变化，徐联仓与所内一些同志共同写信向总理联络员刘西克等反映，要求把心理所人员调回北京，心理所应予恢复，后来得到同意，全部人员回京，但恢复心理所的问题一直未能得到有关方面正式批准。“文化大革命”期间，由于心理所被撤销，因此所址也被占作他用。当时，徐联仓主要负责心理所的恢复工作，他把如何重建新所当作首要任务，在非常困难的条件下，积极奔走呼吁，前后多次找方毅、谷牧等领导争取得到支持，为心理所的正式恢复做了大量工作。最后，经全所上下的积极参与和一致努力，心理所在北郊重建了新所，这为以后心理所的发展奠定了基础，创造了条件。其后，徐联仓又以极大的热情投入到中国心理学会的重建工作中，他多次组织召开了全国性心理学工作会议，在较短的时间内团结了各界心理学工作者，较快地摆脱了“文化大革命”的干扰和影响，为中国心理学会的恢复和发展做出了重要的贡献。

徐联仓是我国管理心理学的奠基者。根据我国改革开放和经济建设的发展需要，在国内首先进行了管理心理学的开创性研究，与其他同事开展了工作满意感和生活满意感的调查，调查报告在《光明日报》发表后，引起海内外舆论的广泛重视。这一研究被《纽约时报》赞誉为“中国有了自己的盖洛普调查”。

20世纪80年代初，徐联仓在我国筹建行为科学的研究，任行为科学学会的副会长，在我国首先系统地开展了领导行为、管理决策、科研绩效、员工培训、工作价值观的组织行为等研究，引进并推广PM方法，为领导行为测评在中国的开展打下基础。他提出的管理“三重性”理论，首先将文化因素引入组织管理研究的视野，引起国内外管理学界的高度重视，不仅促进了管理心理学基本理论的知识创新，而且为建立我国管理心理学的体系提供了新的理论依据。

徐联仓主持了在全国17个省市开展的领导行为测评量表的常模编制和完善工作，创造出一整套定性与定量相结合的评价方法，对提高不同层级领导的胜任特征与工作效率有明显效果，成为我国政府机关、工商企业、学校和医院领导行为评价的有效工具。他与同事合作，根据企业设备自动化对员工适应能力提出新的要求，在人机系统中，通过专家与问题情境交互作用的过程分析，建立了心理模型，创立了智能模拟培训法，并运用于轻工、机械、石油等行业的员工培训，获得了显著的社会效益和经济效益，该成果被联合国亚太经合组织评为样板培训模式，获轻工部科技进步二等奖。

他曾与三隅二不二、霍夫斯泰德、费德勒等国际著名学者合作，进行跨文化研究，致力于管理理论的文化特异性与普遍适用性研究，以及在中国的推广应用。主持了一系列跨文化比较研究，包括有欧美 10 余个国家参加的决策民主化研究和“明日的管理者”研究，联合国教科文组织的有关科研单位工作绩效评估的大型国际合作研究等。他还根据信息化和经济全球化的时代特征及我国社会经济转型的特殊要求，系统地开展了管理决策、高科技人员工作价值观的组织行为学等研究，组织领导了有关风险意识、风险决策等方面的理论探索，拓宽了心理学在实践中的应用。徐联仓等利用“效用”分析方法，测定人们在主观风险与客观风险之间的认知特点并采取相适应的行为对策，对经理人员进行了实验，观察到典型的“效用曲线”。有人敢于冒险，有人趋于保守；有人根据情况，利大冒大险，利小不冒险或冒小险。

徐联仓还参与了许多部门对领导人员的测评、选拔与提升等工作，兼任全国人才学会测评委员会的理事长，参与人事部等单位的企业管理人才测评系统的编制与鉴定，以及北京市公开选拔招聘高级管理人才和高级专业技术人才的面试实施方案的编制与考官等工作，同时还任空军招飞办心理测试的顾问等。徐联仓多年来的努力与研究工作，拓宽了心理学在实践中的应用，为我国管理心理学的学科建设、推进管理科学的发展做出了重大贡献。

作为学术带头人，徐联仓治学严谨、勤于探索、不断创新；作为学术组织者，他不计个人得失，团结同志，宽以待人。为了心理科学的发展，他甘当人梯，为国家培养了一大批心理学硕士、博士。在培养青年与研究生方面，徐联仓尽量根据他们的特点、爱好、兴趣，而不是强加给他们任务。因为心理学是一个多学科结合的学科，跨学科性强，研究生不一定都是学心理学的，有学工的、有学医的、有学生物学的……如有一位研究生原是学工的，计算机软硬件都很有基础，徐联仓就建议他研制一个能自动把心理学中使用的测验转换成计算机可用的软件包。徐联仓提出设想、框图，由研究生实现这一构想，有了这样一种基于人工智能理论而创造出的自动编程转换装置，就可以省时省力，这样即发挥了该研究生的专长，还解决了搞心理学的不大懂编程，搞计算机的不太了解心理学的问题，因而受到好评。徐联仓还要求研究生要独立思考，要有创新精神，正是基于这种方法，他的研究生开展的研究项目都是当时国内的空白，大多数都得到了自然科学基金的支持，中标率达到百分之百。

2015年6月17日6时30分徐联仓因病医治无效在北京逝世，享年88岁。

主要著作

1. 徐联仓，卢盛忠．管理心理学［M］．北京：科学出版社，1986.

2. 徐联仓．行为科学与有效管理丛书［M］．北京：中国经济出版社，1987.

3. 中央人民广播电台《科技组》．心理学漫谈［M］．北京：中国标准出版社，1988.

4. 徐联仓，凌文辁．组织管理心理学［M］．北京：科学出版社，1988.

5. 徐联仓，杨林林．领导行为研究［M］．武汉：华中理工大学出版社，1991.

6. 徐联仓，王承先．组织行为学学习指导书［M］．北京：中央广播电视大学出版社，1993.

7. 徐联仓．管理心理学及其应用为医院管理服务［M］．北京：北京医科大学；中国协和医科大学联合出版社，1993.

8. 徐联仓．组织行为学［M］．北京：中央广播电视大学出版社，1993.

9. 储雪林，徐联仓，王卫平等．科技管理者［M］．合肥：中国科学技术大学出版社，1993.

10. 徐联仓．走出丛林的管理心理学［M］．北京：北京师范大学出版社，2007.

主要译著

1. 约享·诺伊曼，克劳斯－彼得·延佩．企业管理的心理生理学［M］．徐联仓，卢德忠，译．北京：知识出版社，1987.

2. J E Russo，安宝生，徐联仓．决策行为分析［M］．徐联仓，译．北京：北京师范大学出版社，1998.

3. Jon Warner. 双面神绩效管理系统（完全版）［M］．徐联仓，译．北京：电子工业出版社，2005.

发表论文

1. 徐联仓．心理学理论联系实践的一些问题［J］．自然辩证法通讯，1957（4）：36–39.

2. 徐联仓，曹传咏，陈大柔．心理学中两条路线的斗争［J］．新建设，1958（12）：17–20.

3. 徐联仓．苏联心理学界在研究什么？［J］．心理学报，1959（4）：276–278.

4. 徐联仓．劳动活动中的计划、调节和检查过程［J］．心理学报，1960（4）：235–

244.

5. 徐联仓 . 劳动生理学与劳动心理学加强合作为生产服务［J］. 心理学报,1960（3）: 196–198.

6. 徐联仓 . 苏联劳动心理学最近的一些研究工作［J］. 心理学报，1961（4）: 66–70.

7. 徐联仓 . 莫斯科心理学家讨论教育与劳动生产相结合中的心理学问题［J］. 心理学报，1961（2）: 127–129.

8. 徐联仓 . 信息多余性对掌握信号结构过程的影响［J］. 心理学报，1963（3）: 230–238.

9. 徐联仓 . 在复合刺激中信息量与反应时的关系［J］. 心理学报，1963（1）: 44–49.

10. 徐联仓 . 刺激与反应配合的适合性与对水平排列信号的言语反应和运动反应特点的关系［J］. 心理学报，1964（4）: 20–30.

11. 徐联仓，王缉志 . 在心理学中应用信息论的一些问题（上）［J］. 心理科学杂志，1964（1）: 11–20.

12. 徐联仓，王缉志 . 在心理学中应用信息论的一些问题（中）［J］. 心理科学杂志，1964（2）: 21–36.

13. 徐联仓 . 苏联心理学研究中值得注意的两个动向［J］. 自然辩证法研究通讯，1964（1）: 39–43.

14. 徐联仓，杨德庄，王缉志 . 刺激和反应配合的不同方式对信息传递效率的影响［J］. 科学通报，1964（3）: 253–254.

15. 徐联仓 . 人的感觉阈限不能突破吗？［J］. 自然辩证法研究通讯，1965（4）: 63.

16. 徐联仓，王缉志 . 在心理学中应用信息论的一些问题（下）［J］. 心理科学杂志，1965（1）: 21–27.

17. 徐联仓 . 系统工程和人的因素［J］. 经济管理，1979（10）: 43–47.

18. 徐联仓 . 四个现代化需要心理学［J］. 心理学报，1979（1）: 22–28.

19. 徐联仓，荆其诚，李心天 . 澳大利亚的心理学研究［J］. 心理学报，1979（1）: 126–136.

20. 徐联仓 . 澳大利亚的教育心理和儿童心理研究［J］. 教育研究，1979（1）: 71–74.

21. 徐联仓 . 脑科学发展的前沿［J］. 自然辩证法通讯，1980（4）: 55–56.

22. 徐联仓 . 生物科学的发展趋势［J］. 自然辩证法通讯，1980（1）: 45–46.

23. 徐联仓 . 心理学的一个新领域：管理心理学［J］. 羊城晚报，1980（23）: 2.

24. 徐联仓 . 商业美术与心理学［J］. 装饰，1980（3）: 52–53.

25. 徐联仓 . 发展中的新学科：工效学［J］. 新华文摘，1980（2）: 217–218.

26. 徐联仓，凌文辁 . 工人思想动态的心理学研究［J］. 复印报刊资料（心理学），

1980（8）：53–64.

27. 徐联仓 . 行为科学与经济体制改革［J］. 经济管理，1981（3）：59–63，78.

28. 徐联仓 . 关于“领导”的科学研究［J］. 自然辩证法通讯，1981（3）：8–10.

29. 徐联仓，凌文辁 . 提高毛纺产品质量的工效学研究［J］. 心理学报，1981（4）：430–439.

30. 徐联仓 . 技术美学的研究［J］. 复印报刊资料（美学），1981（1）：2–15.

31. 徐联仓 . 访美国工业：组织心理学家［J］. 外国心理学，1982（2）：1–5.

32. 徐联仓 . 台湾有关心理测验的研究［J］. 大众心理学杂志，1982（1）：35.

33. 徐联仓，陈龙，王登 . 关于企业领导行为评价的试点［J］. 经济管理，1982（6）：77–79.

34. 徐联仓 . 企业咨询和人员评价［J］. 百科知识，1983（5）：5–8.

35. 徐联仓，方俐洛，高晶 . 采用立体应用电视补偿仰视和俯视姿势对深度视觉造成的影响［J］. 心理学报，1983（3）：256–259.

36. 徐联仓 . 企业咨询与人员评价［J］. 复印报刊资料（工业企业管理），1983（6）：75–78.

37. 徐联仓 . 关于行为科学在我国引起的争论之我见［J］. 现代化杂志，1983（9）：6–8.

38. 徐联仓 . 管理科学与行为科学［J］. 现代化杂志，1983（11）：5–6.

39. 徐联仓 . 管理心理学与社会技术进步：试分析人与电子计算机的相互作用［J］. 经营与管理，1984（2）：7–8，10.

40. 徐联仓 . 谈对改革的管理［J］. 现代化杂志，1984（8）：6–8.

41. 徐联仓 . 机器怎样更有“人情味”（谈谈管理心理学）［J］. 复印报刊资料（心理学），1984（9）：56–57.

42. 徐联仓 . 关于领导及其行为的研究［J］. 现代化杂志，1984（3）：15–18.

43. 徐联仓 . 服装改革与行为科学［J］. 新华文摘，1985（1）：204–205.

44. 徐联仓，陈龙，王登，等 . 心理学为提高企业素质服务［J］. 心理学报，1985（4）：339–345.

45. 徐联仓 . 组织行为学在中国之发展与领导行为研究［J］. 心理学报，1986（4）：343–348.

46. 管连荣，高晶，徐联仓 . 不同车速下司机对交通标志的辨认距离实验［J］. 心理学报，1986（2）：75–79.

47. 徐联仓 . 行为科学研究的中国化问题［J］. 研究与通讯，1987（3）：6–8.

48. 徐联仓 . 决策与管理（一）［J］. 机械科技，1987（12）：32–33.

49. 徐联仓 . 管理心理学的基本内容及其应用［J］. 中国经贸导刊，1987（1）：39.

50. 徐联仓．一门值得重视的管理科学：组织行为学［J］．求是杂志，1989（12）：37–49.

51. 徐联仓．管理思想的权变理论［J］．管理评论，1989，1（1）：2–4.

52. 徐联仓．关于人－机交互作用之我见：下一世纪的中心问题之一［J］．生命科学，1990，2（5）：219–220.

53. 徐联仓．冲突及其解决之道［J］．管理评论，1990（1）：6–7.

54. 徐联仓．试论以人为中心的管理思路及其研究［J］．改革，1991（2）：152–157.

55. 徐联仓，王新超．工作价值观的跨文化比较研究［J］．行为科学，1991（6）：8–18.

56. 徐联仓．信息高速公路的组织行为学问题［J］．科学（上海），1994（5）：37–38.

57. 徐联仓．台湾学者企业家重视两岸员工工作价值观研究［J］．思想政治工作研究，1995（3）：44–45.

58. 徐联仓．两次发展战略决策咨询引起的思考［J］．科学决策，1997（5）：42–43.

59. 徐联仓．领导决策的伦理学原则与实验方法［J］．科学决策，1998（4）：34–36.

60. 徐联仓．风险与决策［J］．科学决策，1998（2）：37–39.

61. 徐联仓．加入WTO对我国人力资源开发提出的挑战与应对之策［J］．青岛化工学院学报（社会科学版），1999，15（4）：43–48.

参考文献

［1］沉痛悼念徐联仓［J］．心理学报，2015（10）：1199–1200.

［2］徐联仓荣获中国心理学会终生成就奖［J］．心理科学杂志，1999（4）：379–380.

［3］杨虹．梅花香自苦寒来：记中国科学院心理所研究员徐联仓［J］．科学新闻，1999（13）：19.

中国沙漠与沙漠化研究领域创始人——朱震达

1930—2006

朱震达，浙江海宁人，中共党员。中国沙漠与沙漠化研究领域的奠基人，中国科学院原兰州沙漠研究所的创建人和奠基者。1952 年毕业于南京大学地理系。长期从事沙漠及沙漠化研究和实践，发展了中国的风沙地貌学和沙漠科学，开拓了中国沙漠化及其防治的研究，奠定与发展了中国治沙工程的理论，使沙漠及沙漠化的研究紧密结合国家的经济建设。

朱震达，出生于 1930 年 6 月 20 日，祖籍浙江海宁。童年和少年时期在上海度过。1946 年考入上海晓光高级中学。在中学时代，他热爱地理课程，成绩优异，已显露出这方面的杰出才能。他曾借假期返乡，对自己故乡小镇周围的自然、人文地理环境进行调查，并绘制地图和撰写报告，受到地理老师的青睐。在老师的引荐下，他参加了当时地理学会上海分会的一些学术活动，得到上海地理学界前辈的关注。

1949 年夏，朱震达考入上海复旦大学史地系。当时上海解放不久，为了防止国民党敌特破坏，他积极参加护校活动。1950 年转入南京大学地理系学习，在整个大学阶段，他被选为学生会主席和团总支副书记。由于各方面表现出色，1952 年在校时就被吸纳为中国共产党党员。

1952 年 7 月大学毕业，他被分配到中国科学院地理研究所工作，师从沈玉昌教授，参加了南阳盆地侵蚀地貌和丹江口的地貌研究，每天徒步行走几十公里，脚趾磨破，痛苦不堪，午饭就是馒头加冷开水，但他顽强坚持，出色地完成了野外工作任务。1953 年和 1954 年分别在《地理学报》上发表了《南阳盆地边缘花岗岩丘陵侵蚀地貌研究》和《汉江中游丹江口河谷地貌研究》两篇文章，受到有关方面的关注。1954 年他参加中国科学院黄河考察队，在罗来兴、楼同茂先生的指导下从事黄土地貌的研究，进步很快，对黄土区流水侵蚀的流域地貌要素研究分析的成果，为小流域水土保持规划提供了基础资料。1955 年，他在《地理学报》上发表《晋西北朱家川及县川河流域黄土丘陵区侵蚀地貌研究》，成为最早进行黄土丘陵区侵蚀地貌的研究者之一。随后，他在苏联专家阿尔曼德教授指导下，运用小流域地貌要素统计方法研究侵蚀地貌，在当时国内尚属首创，以此撰述了论文《应用数量方法来研究黄土丘陵地区的侵蚀地貌》。此文在地理学界评价很高，至今还是这一领域的经典论文。其时，他以初出茅庐的年轻研究人员身份，连续在《地理学报》上发表很有见地和水平的文章，实属罕见。

1956 年，他被中国科学院选送去苏联科学院深造，师从苏联科学院地理研究所的阿尔曼德教授，攻读副博士学位，研究方向为侵蚀地貌。当时国内正在实施第一个五年计划，很多学科等待被填补空白和开拓，在他比较研究生和进修生的利弊后，感到进修比较灵活机动，时间支配较为自由，可以在较短的时间内根据国内需要选学多个学科。于是，他主动向院、所领导提出改研究生为进修生的建议，得到有关部门的同意。后来，在当时中国科学院副院长竺可桢先生的直接指示下，他又师从在苏联沙漠研究领域建树颇丰的沙漠专家费道诺维奇教授，学习沙漠与风沙地貌，从此开始了他在沙漠领域研究的生涯。在较短的时间内，他深入苏联沙漠研究所及野外实验台站进修学习，为我国即将开展的沙漠研究做了技术上的准备。

朱震达在 1985 年当选为中国首批第三世界科学院院士，并被联合国环境规划署（UNEP）和亚太经济与社会理事会（ESCAP/UN）聘为沙漠化科学顾问。曾任中国科学院地理研究所沙漠研究室副主任，中国科学院兰州冰川冻土沙漠研究所沙漠研究室主任，中国科学院兰州沙漠研究所首任所长。还先后兼任世界自然保护协会生态学会理事，世界实验室（WL）沙漠化研究项目负责人，联合国环境规划署、中国国家环境保护局和中国科学院国际沙漠化防治研究与培训中心主任，国际沙漠开发委员会（IDDC）委员，第 2 届国际沙漠开发大会主席等国际学术职务，国务院学位评定委员会科学评议组成员，中国地理学会理事，中国生态学会常务理事，中国环境学会常务理事，中国自然资源研究会理事，中国生态经济学会理事，中国第四纪科学研究委员会委员，中国治沙暨沙业学会副理事长等职。1992—1994 年，作为我国代表团科学顾问，参与了联合国荒漠化防治国际公约的谈判。1994 年，被国家聘为防治荒漠化国际公约中国执行委员会高级专家顾问。1996 年，被 UNEP 聘为全球环境基金（GEF）评议组专家。

1958 年，朱震达从苏联学成回国之际，正遇上中国科学院为了顺应国家对沙漠地区资源开发和风沙治理的需要，成立中国科学院治沙队，并被任命为塔克拉玛干沙漠综合考察队的队长，开始了中国沙漠研究的生涯。自此以后的几十年里，朱震达足迹所至全国主要的沙漠、戈壁和沙地，风餐露宿，开展野外考察和观测，就我国沙漠的形成和演变、沙漠沙的物质来源、沙丘形成发育及分布规律、风沙运动基本规律、沙漠戈壁和沙地的基本类型与分布、沙漠和沙区自然环境、资源及其利用、沙害防治等方面进行了系统的研究。他不仅有宏观的全国性论著，如《中国沙漠概论》及《中国沙漠图（1：400万）》，而且还有区域性专著，如《塔克拉玛干沙漠风沙地貌》的研究及微观的沙丘形成发育和运动的动态典型分析，如《风力作用下沙丘演变动态过程的研究》等。通过系统的研究，他指出中国的沙漠是在干燥气候和丰富的沙漠沙物质来源的自然条件下发展演变而形成的。从沙丘沙与下伏地表物质矿物分析的对比分析中，阐明了中国沙漠沙物质来源主要是“就地起沙”的论断，即源自内陆盆地中河流的冲积湖积物、山前地带的洪积物及剥蚀平原和残丘地区的残积物。从风沙流的结构、风力与沙丘表面吹蚀堆积之间数量关系的分析，并结合不同时期沙丘航空相片的动态解析，不仅阐明了沙丘形成发育与形态变化的机制，为流沙的固定措施提供了依据，而且也揭示出中国广大沙漠地区沙丘运动的基本类型，区分出沙漠内部缓慢移动型、沙漠边缘快速移动型及固定、半固定沙丘活化型，为国家治沙工程提供了决策性的依据。特别是以他为首的科研队伍利用不同时期卫星相片、航空相片的判读及地面路线考察资料，编制出全国1：200万、1：400万及重点地区1：50万的沙漠基本类型图，提供出中国沙漠（地）、戈壁和风蚀劣地的基本面貌。这些成果为中国沙漠科学的建立与发展奠定了基础。前联合国环境署沙漠化中心主任、法兰西科学院院士M.Mainguet教授认为，朱震达对沙丘形成发育的动态研究是这一领域中最优秀的，并应用到她的研究队伍在非洲撒哈拉沙漠的沙丘和风沙地貌研究中；美国波士顿大学遥感研究中心主任、第三世界科学院院士及主席团成员F.El-Baz博士认为，朱震达的中国沙漠研究是世界沙漠研究中最优秀的成果。

沙漠研究是为了利用和治理。朱震达在进行沙漠科学基础研究的同时，也重视结合国家生产实践。他在系统分析已有防沙治沙经验的基础上，科学地总结出防沙林带与护田林网相结合的干旱区绿洲防护型，灌、草结合与天然封育的半干旱区流沙固定型，草库伦建设与流沙固定相结合的牧区草原建设型与工程措施（沙障等）和植物固沙相结合的道路沙害防治型，这种理论与实际相结合的研究，丰富了中国沙漠科学的实践。这些研究成果也为国际干旱研究领域所重视，UNEP与美国亚利桑那大学干旱研究中心所编辑的世界沙漠研究文献中有关中国方面的资料，大部分是选用朱震达的著作；国际干旱区开发委员会主席Adel El-Beltagy博士认为，朱震达总结并努力推广的沙漠资源利用与风沙危害治理的理论和实践，是世界范围内的榜样。

朱震达在研究沙漠的同时，指出应重视原非沙漠地区由于人为过度经济活动，造成了地表出现以风沙活动为主要标志的类似沙漠景观的土地退化过程，即土地“沙漠化过程”。在大量野外考查和不同时期遥感资料分析的基础上，提出北方沙漠化在持续和加速发展中。从 20 世纪 50 年代后期到 20 世纪 70 年代中期，沙漠化土地平均每年扩大 1 560 km^2；到 20 世纪 80 年代，每年扩大 2 100 km^2。他认为，中国沙漠科学研究的生长点应从以基础为主的沙漠研究，转移到与国家经济和环境、与人民生存和发展直接相关的沙漠化研究方面来，为沙漠科学研究和实践更加面向国民经济建设和环境保护迈出了关键的一步。他划分出 20 世纪 80 年代初中国沙漠化土地的类型为：严重发展的占沙漠化土地面积 10.4%，强烈的占 17.9%，中度的占 24.4%，轻微的占 47.3%。并出版了《中国北方地区的沙漠化过程及其治理区划》专著，领导编制了中国北方沙漠化系列地图，包括 1∶600 万及 1∶1 000 万的全国沙漠化土地类型图，1∶50 万重点地区沙漠化类型图（如冀北坝上，内蒙古科尔沁草原、呼伦贝尔草原、浑善达格沙地、鄂尔多斯草原等），1∶10 万及 1∶5 万典型区沙漠化动态变化图（如盐池及科尔沁沙地东南等）。从大量沙漠化发展因素的资料中着重指出：我国的沙漠化过程按其发生性质可以分为沙质草原荒漠化、固定沙区（沙地）活化和沙丘迁移入侵三种类型。人为强度的经济活动是脆弱生态条件下沙漠化的诱发因素。朱震达根据野外调查及遥感资料的分析指出，以土地利用为主的沙漠化成因是：以过度农垦为主的占沙漠化土地面积的 25.4%，以过度放牧为主的占 28.3%，以过度樵采为主的占 31.8%，水资源利用不当及工矿建设破坏植被所引起的占 9%，单纯由风力作用的沙丘前移所形成的沙漠化土地仅占 5.5%。可见人为因素是沙漠化过程中活跃和主要的因素，并且认为，半干旱地带的农牧交错地区是濒临沙漠化危险最大的地区。综合这些研究，归纳为以下两个论点：

（1）结合中国实际，完善了沙漠化的定义，明确提出沙漠化是干旱、半干旱及部分半湿润地带过度人为活动与脆弱生态环境（如干旱多风在时间上的同步性，地表沙物质的易侵蚀性等）相互作用的结果，是以风沙活动为标志的地表呈现类似沙漠景观的土地退化过程。这一概念的主要含义为联合国环境规划署沙漠化研究中心所采纳，并提交到 1992 年巴西联合国环境与发展大会上，1994 年生效的《联合国荒漠化防治公约》（简称“公约”）中荒漠化概念的表述中。公约中指出，在发生的区域、人类活动的作用、退化过程的认定等方面都参照了朱震达 1980 年前后就形成的沙漠化的概念（朱震达作为联合国环境规划署沙漠化顾问，积极参与制定了国际沙漠化研究计划，历时近 20 年）。

（2）沙漠化作为一个环境问题，具有发展和逆转两大相反作用的转化过程，应全面系统地进行其全过程的研究，包括沙漠化的历史过程、现代过程、物理过程及逆转过程，这四个过程实质上乃是沙漠化发生、发展、演变及整治的一个完整过程，是沙漠化研究中的核心问题。综合这些论点，明确提出了沙漠化是生态脆弱条件下，人地关系相互矛盾的结果，而沙漠化的逆转则是人地关系相互协调、环境改善、土地生产力再恢复的过程。因而提出，根据我国北方沙漠化地区自然、经济特点及沙漠化发展趋势、开发利用中存在的问题及治理的典型经验，沙漠化土地整治必须本着生态效益、经济效益、社会效益统一的目标，贯彻适度利用与多项互补的生态原则，把防治与利用寓于一体。在整治的对策上，从改善整个干旱及半干旱区生态系统的角度进行综合考虑、全面规划，在经济发展方向上贯彻以林业为主，多种经营的方针，同时还必须有效地控制人口增长。在治理的具体部署上，采取科研机构以试验区进行治理试验为主；科研部门与生产部门相结合，以具有一定的面积范围的示范区为主；科研机构、生产部门与地方群众相结合，以推广区为主的三个层次的形式。在治理的具体措施上，对于农作物交错沙漠区，针对沙区中居民点、耕地、草场分散分布的特点，可以以生态户为基础，采取天然封育，调整以旱作农业为主的土地利用结构，扩大林草比重，集约经营水土条件较好的土地，并与营造护田林网相结合，丘间营造片林（灌丛）与封育相结合的措施，从而达到一方面控制沙漠化的发展；另一方面起到发展经济的作用。在草原牧区，除了合理确定载畜量、合理轮牧，建立人工草地及饲料基地外，还应与合理配置水井、确定放牧点密度、修建固定道路结合起来。在干旱地带以区域为生态单元进行全面规划，合理分配用水计划，以绿洲为中心，建立绿洲内部护田林网与绿洲边缘乔灌结合的防沙林带，以及绿洲外围机械沙障与障内栽植固沙植物等措施相结合，形成一个完整的防治体系。另外，通过密集流沙地区的交通沿线可采用沙障与固沙植物相结合的固阻结合、以固为主的防护体系。这些成果在示范典型区的研究中起到了明显的效果，为中国沙漠化研究的形成、发展和治理奠定了基础。朱震达通过多次参加联合国环境署沙漠化会议，为联合国环境署举办过多次沙漠化国际讨论会，使中国沙漠化的研究走向世界，特别是第三世界国家。1990 年联合国环境署全球沙漠化评估报告中，有关中国的资料全部来自朱震达的研究成果。以朱震达为主所著的《中国北方地区的沙漠化过程及其治理区划》《中国的沙漠化及其治理》《治沙工程学》等著作，成为中国沙漠化研究理论与实践相结合的经典著作，也成为我国制定沙漠及沙漠化土地治理决策的科学依据。朱震达的许多研究成果为 1991 年“全国治沙工作会议”所接受并纳入国家防沙治沙规划中。朱震达的研究成果和学说也受到国际上的重视。受联合国环境规划署、联合国开发计划署及联合国亚太经济与社会理事会的委托，自 1978 年开始，朱震达作为主席主持举办了 8 期国际沙漠化研究与防治培训班和 4 期沙漠化国际研讨会。并应联合国开发计划署和环境规划署的邀请，朱震达主持和组织了马里绿色屏障地区沙漠化防治的可行性研究，得到马里政府和联合国萨赫勒办公室的好评。1987 年，联合国环境规划署以中国科学院兰州沙漠研究所为依托，与中国国家环境保护局和中国科学院共同建立了国际沙漠化防治研究与培训中心。1989 年，联合国环境规划署授予朱震达所领导的中国科学院兰州沙漠研究所为“全球环境保护先进单位”，1991 年被评为“全国治沙先进单位”，朱震达本人被评为“全国治沙劳动模范”。

朱震达认为，科学来源于生产和对自然现象的观察，它的发展取决于社会需要。新学科的产生和发展往往是在解决重大实际问题的过程中，由原不同学科相互交叉渗透而形成的。几十年来，在朱震达的领导下，我国的沙漠研究克服了将沙漠作为“园地”，各自发展本学科分支的倾向，抓住一些既能结合国家建设需要，又能带动各学科相互渗透的关键性课题，开展大量的野外考察和定位、半定位观测试验，使沙漠研究逐渐发展为具有一定研究范围、内容和理论基础的相对独立的学科领域。沙漠科学以风沙为主导灾害现象的区域（沙漠及沙漠化地区）作为完整的环境综合体，研究其形成演变和运动规律，揭示其发展过程与人类活动、自然条件间的关系，预测其变化趋势并寻求合理的开发整治措施和途径。简而言之，即沙漠科学是研究沙漠及沙漠化过程、预测及整治的一门科学，是一门有宏观地域性、综合性和应用实践性的学科领域。它在地理学、农学、林学、生物学、生态学、社会经济学等学科体系的基础上，接受当前新学科思想——系统科学的概念理论和研究方法，围绕风沙活动这一特定环境下的过程，逐渐发展完善本学科理论和方法。众所周知，系统是由相互作用、相互依赖的若干部分结成的有特定功能的有机整体。系统观点包括整体性和综合性，而所谓整体就是把研究对象作为整体来看待，全面地、辩证地看问题，保持系统、整体的均衡性和一致性。所谓综合性，是指一方面认为任何整体都是这些或那些要素为特定目标而组成的综合体；另一方面要求对任一对象的研究都必须从它的成分、结构、功能、相互联系方式、发展历史、外部环境等方面进行综合考察。对于像风沙为主导灾害的区域，这样的环境综合体，系统观点无疑成为认识其规律的方法论。沙漠与沙漠化的研究与当代世界范围内出现的人口、粮食、能源、自然资源破坏和环境污染五大社会问题都有密切联系。沙漠科学的发展将围绕着风沙这一特定条件下的环境变化、预测和整治为中心开展研究。朱震达是这么认为的，也是这么去实践的。近 50 年来，朱震达本着为国家目标服务的宗旨，精心组织队伍、实施科研项目和防沙治沙工程、开展广泛的国内外合作与交流。在他的引领和不懈追求下，经过广大科研技术人员的努力，创建了我国比较完整的沙漠和沙漠化科学及其研究体系。在风沙物理与沙漠环境、沙漠形成演变与全球变化、沙漠化过程及其防治、沙区资源环境与可持续发展、沙漠化遥感与信息系统综合研究等方面取得了重大进展，积累了丰富的研究资料和数据，已为国家在有关沙漠开发利用和沙漠化防治方面的决策提供了大量的科研成果和理论依据。科技成果转化为直接的经济效益超过 100 亿元，得到了我国政府和社会、科学界乃至国际上的普遍认可。

在沙漠科学研究队伍和平台建设方面，朱震达的努力也结出了可喜的成果。以原中国科学院治沙队一些骨干人员为核心，通过多个自然和人文社会科学领域的交叉融合，形成了以沙漠和沙漠化研究为核心的几代相传的科技队伍，涌现出一批又一批学术带头人和领军团队，成为近 50 年来中国沙漠与沙漠化科学领域的中坚力量。他领导中国科学院兰州沙漠研究所在全国主要沙漠和沙漠化地区建设了一批长期野外试验研究站（点），为沙漠与沙漠化研究和试验示范逐步搭建起了平台，并为现在的中国科学院沙漠与沙漠化重点实验室及其 3 个国家站：沙坡头沙漠研究试验站、奈曼沙地农田生态系统研究站、临泽绿洲农田生态系统研究站的建设和发展打下了坚实的基础。

朱震达还为沙漠和沙漠化研究领域培养出了大批年轻人才，其中硕士 24 人，博士 17 人，博士后 3 人。这些学生现在大都还在为中国沙漠及沙漠化科学的发展努力着，在中国沙漠和沙漠化科学领域中奋力拼搏，刻苦创新，更好地为国家目标服务，为学科进步做出贡献。

主要著作

1. 朱震达，陈治平，谭见安，等．沙漠地区风沙地貌调查法［M］. 北京：科学出版社，1961.

2. 朱震达，吴正，刘恕，等．中国沙漠概论［M］. 北京：科学出版社，1980.

3. 朱震达，刘恕．中国北方地区的沙漠化过程及其治理区划［M］. 北京：中国林业出版社，1981.

4. 朱震达，陈治平，吴正，等．塔克拉玛干沙漠风沙地貌研究［M］. 北京：科学出版社，1981.

5. 朱震达．中国的沙漠化及其治理［M］. 北京：科学出版社，1989.

6. 朱震达，陈广庭．中国土地沙质荒漠化［M］. 北京：科学出版社，1994.

7. 朱震达，赵兴梁，凌裕泉等．治沙工程学［M］. 北京：中国环境科学出版社，1998.

8. 朱震达．中国沙漠沙漠化荒漠化及其治理的对策［M］. 北京：中国环境科学出版社，1999.

主要论文

1. 朱震达．南阳盆地边缘花岗岩丘陵地区侵蚀地形的初步观察［J］. 地理学报，1955（1）：45–51.

2. 朱震达．汉江上游丹江口至白河间的河谷地貌［J］. 地理学报，1955（3）：259–271.

3. 朱震达．引汉济黄的地貌条件［J］. 地理知识，1956（1–12）：253–255.

4. 朱震达．阳高大泉山附近的地貌［J］. 地理学资料，1957（1）：94–96.

5. 朱震达．晋西北朱家川县川河流域的地貌［J］. 地理学报，1957（3）：275–308.

6. 朱震达．应用数量方法来研究黄土丘陵地区的侵触地貌：以陕西绥德县韭园沟高舍窠“建设”高级农业生产合作社为例［J］. 地理学报，1958（3）：275–305，346–349.

7. 朱震达．改造沙漠中地貌学研究的任务和方法［J］. 地理学报，1959（5）：387–401.

8. 朱震达．塔里木盆地沙漠的自然特征［J］．地理知识，1960（1–7）：152–155.

9. 朱震达．风力作用下沙丘演变动态过程中若干问题的初步研究［J］．地理集刊（地貌学），1963（5）：58–79.

10. 朱震达，郭恒文，吴功成．塔克拉玛干沙漠西南地区绿洲附近沙丘移动的研究［J］．地理学报，1964（1）：35–50.

11. 朱震达，李炳元．沙漠地区铁路选线工作中风沙地貌的研究［J］．地理，1965（1–6）：166–171.

12. 朱震达．三十年来中国沙漠研究的进展［J］．地理学报，1979（4）：305–315.

13. 朱震达，刘恕．中国沙漠化土地的特征及其防治的途径［J］．资源科学，1980（3）：25–37.

14. 朱震达，刘恕．内蒙古后山地区的沙漠化问题［J］．内蒙古林业科技，1980（4）：17–24.

15. 朱震达，刘恕，肖龙山．草原地带沙漠化环境特征及其治理途径：以内蒙乌兰察布草原为例［J］．中国沙漠，1981，1（1）：2–12.

16. 朱震达，刘恕．中国北部农牧交错沙漠化地区农业发展战略问题的研究［J］．中国土地，1983（1）：56–59.

17. 朱震达，刘恕，高前兆，等．内蒙西部古居延–黑城地区历史时期环境的变化与沙漠化过程［J］．中国沙漠，1983，3（2）：1–8.

18. 朱震达．关于沙漠化地图编制的原则与方法［J］．中国沙漠，1984，4（1）：7–19.

19. 朱震达，刘恕，杨有林．试论中国北方农牧交错地区沙漠化土地整治的可能性和现实性［J］．地理科学，1984（3）：197–206，294–295.

20. 朱震达．中国北方沙漠化现状及发展趋势［J］．中国沙漠，1985，5（3）：4–12.

21. 朱震达．湿润及半湿润地带的土地风沙化问题［J］．中国沙漠，1986，6（4）：2，5–16.

22. 朱震达．塔克拉玛干沙漠地区沙漠化过程及其发展趋势［J］．中国沙漠，1987，7（3）：19–31.

23. 朱震达，陆锦华，江伟铮．塔克拉玛干沙漠克里雅河下游地区风沙地貌的形成发育与环境变化趋势的初步研究［J］．中国沙漠，1988，8（2）：1–10.

24. 朱震达，王涛．从若干典型地区的研究对近十余年来中国土地沙漠化演变趋势的分析［J］．地理学报，1990（4）：430–440.

25. 朱震达．中国的脆弱生态带与土地荒漠化［J］．中国沙漠，1991，11（4）：11–22.

26. 朱震达．最近十年来中国北方农牧交错地区土地沙质荒漠化发展趋势的一例（丰宁北部及多伦南部）［J］．中国沙漠，1994，14（4）：1–7.

27. 朱震达，崔书红. 中国南方的土地荒漠化问题［J］. 中国沙漠，1996，16（4）：331–337.

28. 朱震达，崔书红. 中国荒漠化土地分布地域特征及其治理措施的评估［J］. 中国环境科学，1996，16（5）：328–334.

29. 朱震达. 中国土地荒漠化的概念、成因与防治［J］. 第四纪研究，1998（2）：145–155.

参考文献

［1］《朱震达纪念文集》编委会. 朱震达纪念文集［M］. 北京：科学出版社，2007.

著名食品发酵专家——王薇青

1930—2016

王薇青，女，浙江海宁长安镇人。中国食品发酵工业研究所教授级高级工程师。1952年毕业于浙江大学农化系，长期从事食品发酵研究。20世纪60年代后期，在国内首先建成发酵法制柠檬酸的生产车间，采用全新的工艺路线生产衣康酸，成果向国外转让。

王薇青，祖籍浙江海宁长安镇新民村，1930年7月22日出生于上海市宁波路266号，出生后即随母亲回海宁居住，在县立春熙幼儿园接受学前教育。1937年抗日战争爆发，她随家人到浙江桐庐避难，1938年3月到上海居住。1938年9月起，王薇青先后在上海弘道小学、育英小学和体文小学完成初级教育，1943年升入体文中学初中，1946年后，在复兴中学、清心女子中学读完高中。1949年，考入浙江大学农学院农业化学系学习，主攻农产加工专业。中华人民共和国成立之初，百废待举，高等院校院系调整，为满足经济发展之需，王薇青提前1年毕业，被分配到上海合作总社任化验员。1953—1956年10月，她在轻工业部上海工业试验所发酵室任技术员，1956年晋升工程师。1958年组织决定派她到苏联进修，同年7月到北京俄语学院留苏预备部学习俄语，准备出国，1960年4月成行，在苏联食品工业部酒精研究所进修工业微生物学与酶制剂技术，1962年8月回国。

王薇青从苏联回国后，到北京组建不久的轻工业部发酵工业科学研究所（今中国食品发酵工业研究院，以下简称发酵所）工作，历任工程师、高级工程师和教授级高级工程师，担任过研究组组长、室主任、副所长和总工程师。1989年兼任国家食品质量监督检验中心主任。1992年开始享受政府特殊津贴，1997年1月退休。她于1956年9月在上海工业试验所加入中国共产党。

王薇青曾担任中国微生物菌种保藏管理委员会首届委员、国家科委生物工程开发中心国内技术顾问，是中国微生物学会第三届、四届常务理事兼工业微生物专业委员会主任委员，中国生物工程学会第一、二届副理事长兼发酵工程专业委员会主任委员和工业生化专业委员会委员，中国食品科学学会理事。

1953年，王薇青被调到轻工业部上海工业试验所发酵室工作，在室主任金培松领导下从事葡萄糖酸发酵生产的研究工作，成功试制了葡萄糖酸钙，并交付工厂生产。从此，她一生都在我国食品发酵领域从事科研与技术开发的具体业务和组织管理工作。60余年中，积累了扎实的理论功底和丰富的实践经验，即使退休后也仍然关注食品发酵科研动态，积极参与多种有关活动，发挥余热。

20世纪60年代，王薇青在发酵所从事发酵法生产柠檬酸的研究。当时食品工业中的重要原料柠檬酸主要依靠进口，为此全国多个有关单位积极开展这项研究。1965年，发酵所与黑龙江省轻工业研究所及黑龙江省和平糖厂合作，进行了以甜菜糖蜜为原料，浅盘发酵生产柠檬酸的中间试验，目标是年产100吨。他们选用黑曲霉UV-06菌株，经百余批次试验，使单产稳定在700～800 g/（m^3.d），最高可达1200 g/（m^3.d），对糖原料的产率为55%，柠檬酸总收率为65%，并且改进了提纯工艺。该项目在1968年4月通过国家级科技成果鉴定后正式投产，在黑龙江省建立了我国第一个柠檬酸生产车间。柠檬酸发酵在国外早已成熟，在国内的研究也开始较早，但直到此时才得以应用于实际生产。虽然浅盘发酵随后很快被深层发酵所取代，但在我国发酵工业发展史上，王薇青参与的这项工作仍应加以充分肯定。

20世纪90年代，发酵所承担了“八五”科技攻关项目“衣康酸生产菌种和工艺”，王薇青作为全所的业务负责人之一，又长期从事有机酸发酵的科研，有着丰富的经验，对该项目组的工作一直比较关心并予以指导。在当时，发酵所关于衣康酸的研究工作，无论在产酸率和产品的纯度方面都是国内最好的，在国际上也具有相当的竞争力。因此，1996年被美国ADM公司选中为技术引进项目。王薇青在1993年曾撰文综述过有机酸发酵的进展，对柠檬酸、乳酸、苹果酸和衣康酸当时的国内外状况加以评述，并提出了独到见解。在衣康酸向美国转让工作中，她亲自率领工作组到美国，主持该项目的有关转让与验收工作，顺利地完成了任务。这个项目后来获得了联合国技术推进组织颁发的科技发明创造之星奖，为王薇青在退休前的一线科研工作画上了圆满的句号。

王薇青对酶制剂的研发情有独钟，她积极关注所内葡萄糖异构酶、异淀粉酶的研究与投产。20世纪80年代，他领导了β－葡聚糖酶高活性菌株的研究。他们从38株枯草芽孢杆菌中，通过筛选和诱变的手段获得了β－葡聚糖酶活性较高的菌株，对培养条件、酶的性质及应用进行了较完整的研究。她曾参与国家科技攻关项目5项，主持参与国家和轻工业部下达软课题研究3项，先后获轻工业部科技进步二等奖1项，三等奖3项。

王薇青为我国工业微生物菌种保藏工作倾注了毕生精力。她从1953年进入发酵科研工作岗位开始，便在原上海工业实验所从事微生物菌种保藏工作和保藏方法的研究。早在1956年，该所便在国内首先引进了问世不久的冷冻干燥设备，王薇青开始采用这种方法保藏菌种。1958年发酵所在北京成立，王薇青随同转移到发酵所的菌种一起进入这个新单位，为建立与健全菌种保藏管理制度及相关技术体系做了很多工作。1979年，由当时的国家科委领导成立了中国菌种保藏管理委员会，她和发酵所所长秦含章教授一起成为首届委员，并协助秦老建立了中国工业微生物菌种保藏管理中心（CICC），并在全国8个重要省市建立分站，她具体负责并全面、系统地调查和收集了我国工业微生物菌种资源，并完成资源的整理、鉴定、编目和资源档案库的建设工作。在此期间，该中心承担的重点科研项目有：工业微生物菌种分类鉴定命名编目的研究（1981—1983年，轻工业部）、酒类、酱油霉菌和酵母菌生产性能测定的研究（1984—1986年，轻工业部）、糖苷酶优良生产菌株的选育（1983—1986年，国家科委“六五”攻关项目）、啤酒酵母性能改造及啤酒快速发酵（1986—1990年，国家科委“七五”攻关项目）等。在1990年，又承担了原轻工业部科技发展基金项目食品工业微生物数据库的建立（1990—1992年）这个保藏中心已经保藏有上万株菌种，拥有先进的设备，并在国内率先实现菌种资源信息的网上共享。2004年CICC已经成为国际菌种保藏联合会（WFCC）会员。2008年，CICC通过ISO9001：2008质量管理体系认证，成为我国首家将微生物菌种加工制备、保藏、销售、鉴定、评价和进口业务全面通过国际标准认证的机构。由该中心承担的“食品工业微生物菌种资源标准化整理整合与共享体系建设”项目，获得中国食品科学技术学会科技创新一等奖。王薇青对该中心的建立和发展做出了重大贡献。

王薇青在20世纪80年代中期受命筹建国家食品质量监督检验中心，1989年建成，她担任主任直至退休。为在我国筹建首个国家级食品检验中心，要进行大量的人员配置、仪器设备整合调配和添置，更要建立一套行之有效的规章制度，王薇青凭借她的组织才能，顺利完成了任务。这个检验中心除了完成国家食品质量监督抽检任务外，还接受了轻工业部下达的大量检验工作及各类委托检验，成为我国食品检测具有仲裁地位的权威单位。她特别重视食品检验新技术的研发，关注轻工业部下设的11个分站的队伍建设，从而为国内食品检验工作的后续发展奠定了基础。

王薇青曾参加编写“食品生物技术‘七五’‘八五’‘九五’科技发展规划”，她参与编写的《中国中长期食物发展战略总体研究》课题获1992年农业部科技进步一等奖。她与同事合著有《酶制剂生产及在食品工业中的应用》《工业微生物菌种分类和鉴定》《啤酒酵母选育》等论文。

改革开放以来，王薇青作为我国食品发酵行业研究机构的技术负责人，曾多次出席有关的国际学术会议。她出访过欧洲、亚洲、美洲很多国家，考察各国现代食品发酵工业发展趋势，在引进科研领域先进、适用的技术装备，建立国际联系方面，特别是在完成食品发酵联合国项目中，做出了突出的贡献。作为研究所联合国合作项目的负责人之一，她积极选派所内年轻人到国外学习，她曾应邀到我国台湾地区访问，在促进两岸学术和菌种保藏工作的交流方面做出了贡献。

王薇青为人胸怀坦荡，治学严谨，平易近人，忠诚事业，不幸于2016年4月9日卒于北京。她逝世后，告别大厅入口的挽联上写道："为科研呕心沥血，对学术追求执着如一，堪称一代楷模；对同仁坦诚相见，促晚辈成长不遗余力，可谓良师益友。"这是对她一生的真实评价。

主要译著

二国二郎．淀粉科学手册［M］．王薇青，译．北京：轻工业出版社，1990.

主要论文

1. 王薇青，刘妙莲，澹台玉新，等．β－葡聚糖酶［EC.3.2.1.73］的研究Ⅰ．产酶菌种的筛选和培养［J］．食品与发酵工业，1989（3）：1–7.

2. 刘妙莲，林宇野，王洁，等．β－葡聚糖酶［EC.3.2.1.73］的研究Ⅱ．β－葡聚糖酶的性质及应用［J］．食品与发酵工业，1989（4）：1–5.

3. 王英凯，王薇青．啤酒酵母和糖化酵母的产孢及其单倍体的制备［J］．食品与发酵工业，1990（3）：13–18.

4. 裴疆森，王薇青．裂殖酵母 IFFI1792 的絮凝作用及其酒精发酵的某些性质［J］．食品与发酵工业，1991（1）：11–19.

5. 王英凯，唐尔明，王薇青．啤酒酵母和糖化酵母的杂交［J］．食品与发酵工业，1991（4）：24–38.

6. 王薇青．有机酸发酵进展［J］．化工进展，1993（2）：14–18.

7. 王薇青．台湾食品领域生物技术的研究进展［J］．发酵科技通讯，1994，23（4）：47.

8. 王薇青．大陆食品领域发酵产品的发展［J］．生物产业，1996（3）：39–43.

9. 王薇青．台湾食品领域生物技术开发和应用的考案报告［J］．食品与发酵工业，1997（1）：81–84.

10. 王薇青．生物技术在轻工、食品领域的应用及展望［J］．生物工程进展，1997（6）：34–37.

11. 张宏福，刘妙莲，王洁，等．复合酶制剂对鸡饲料代谢率影响的研究［J］．饲料广角，1998（5）：9–11.

12. 王薇青，陈乃用，陈瑞娟. 重组微生物生产的食品和食品成分的安全性评价［J］. 无锡轻工大学学报，1999，18（5）：162–164.

参考文献

［1］青宁生. 食品发酵专家：王薇青［J］. 微生物学报，2016，56（8）：1368–1369.

浙江钢结构终身成就奖获得者——居荣初

1931—2016

居荣初，浙江海宁马桥人，中共党员，浙江工业大学教授。1955 年毕业于同济大学，1958 年毕业于西南交通大学研究生班。长期从事各类土木建筑工程的计算分析、地基基础的力学分析、桥梁和房屋结构的振动、抗震分析、介质和结构的相互作用分析等教学和研究工作。参加我国首座南京长江大桥设计，获国家和铁道部科学技术特等奖；开创我国铁路钢桥摒弃铆接而采用焊接的历史，获铁道部特等奖。

居荣初，1931 年 11 月出生在海宁马桥居家埭的一个中医世家，祖上八代从医，父亲居槐卿是当地小有名气的老中医。但是这个医学世家的子弟并没有延续父辈习医的传统，而是走上了中国抗震建筑研究的道路。

居荣初先后就读于马桥中心小学、海宁一中。1951 年他在嘉兴一中毕业后即考入上海同济大学土木工程系，攻读桥梁和结构工程。当时的中国，在建造大型桥梁方面，虽然涌现了茅以升等著名专家，但总体水平还十分落后。1956 年，居荣初毕业后分配到哈尔滨的中国科学院土木建筑研究所（现属国家地震局），主要从事抗震建筑研究。1957—1958 年初，刘恢先院士指派他去唐山铁道学院跟随桥梁专家胡春农教授开展中国首座全焊铁路桥梁的研究与试制。在这之前，中国的钢铁桥梁都是通过铆钉来固定，全焊接的钢铁桥梁在中国还没有诞生。焊接桥梁面临着容易脆性破坏、焊接后容易脱开及是否抗震等问题，这中间的关键是冶钢中的各种配比和施焊方法。经过近两年的试验，居荣初和同事成功完成了焊接桥梁的试验，并在柳州铁路局的浪江大桥上应用，浪江大桥也成为我国第一座应用国产 16 锰低合金钢的大桥。其科研成果发表在《全焊铁路桥梁的试验研究》一书中（人民铁道出版社，1961 年），获铁道部科学技术特等奖以及 1978 年全国科学大会奖。

在唐山完成焊接桥梁研究后，他继续从事抗震研究，并通过收集世界各地（特别是美国）1933 年以来的各种强震记录，最终确立了抗震计算中的一个重要数据，阻尼比的值 $\varepsilon=0.05$ 为宜。这个数字也成为后来众多工程设计中的引用数据。

1959 年，居荣初被派往铁道部大桥工程局从事南京长江大桥的设计和科研工作。南京长江大桥是我国第一座自行设计建造的双层式铁路、公路两用桥梁。但在设计前期，却面临重重困难。居荣初主要负责桥梁抗震力的研究，面临最大的问题是桁架节点刚性次应力的问题。在这之前还没有人对这个问题进行研究计算。居荣初的工作就是计算出这个次应力，其成果优化了南京长江大桥设计。最后也发表了“米”字形桁架的挠度曲线呈锯齿形的新见解，当时受到工程界前辈的赞誉。

自 1960 年以后，他转向地震工程的研究，并得到我国地震工程界的奠基人刘恢先教授的指导。最初他从事桥墩结构液固耦联振动问题的研究，其科研成果发表在地震工程文集第一集（科学出版社，1962 年）上，包括《水中圆柱体结构的自由振动》《关于加速度反应谱问题》等论文。1963 年，他被提升为助理研究员。接着，由于国防事业的需要，他又从事原子能反应堆容器结构抗地震、回路中管道系统振动问题研究，进行了大量的理论分析和试验研究工作，为我国的国防事业做出了显著的贡献（由于保密原因，其成果均未公开发表）。1966 年及其以后一段时间，他率领研究组全体成员在极其艰苦的条件下去四川渡口（现攀枝花钢铁厂）进行地下管道抗震爆破模拟试验，取得了丰富的试验数据，为攀枝花钢铁厂的建设和设计提供了宝贵的资料。

1971 年因工作需要，他调往武汉（现国家地震局地震研究所）工作，固液态动水压力成为他主要的研究课题。他是该所地震工程的学科带头人，继续从事工程结构抗震、水坝抗震和水诱发地震的研究。20 世纪 70 年代，由于地震引发了广东新丰江大坝的裂缝，今后如何在大坝建造过程中避免这样的问题就成为居荣初等人的研究课题。居荣初和研究组依靠一台从日本引进的任意波振动台，通过仪器模拟地震强度进行试验，试图找出是什么样的波段和强度造成了新丰江大坝的裂缝，以及破坏究竟有多大。对于在实验室里的研究组成员来说，只有一次次调试，找到与当时地震一样的波段才能分析原因。试验在外人看来枯燥乏味，但是居荣初却沉浸其中，为此，他有两个春节都没有回家。经过上万次实验，他们终于找出了广东新丰江大坝裂缝的原因，并形成了相关论文。1974 年的十一届国际大坝会议上，居荣初负责的研究组向大会递交了《新丰江水库地震及工程抗震问题的研究》一文，该文受到了国际界同行高度评价，后来该论文又被《中国科学》以中、英两种文本刊载。这项研究还获得了 1978 年的全国科学大会奖。

自 1974 年后他受水电部“长办”的委托，负责主持葛洲坝水利枢纽中二江闸墩抗震问题的研究，在进行理论分析的同时，还进行了固体–液体–地基的整体动力模型试验，工作难度大，任务重，但在他的领导下，经过3年多的努力圆满地完成了任务，为我国长江第一坝的设计施工提供了宝贵的资料。同时撰写了《葛洲坝、水利枢纽二江闸墩横向抗地震模型试验》《葛洲坝水利枢纽二江闸墩横向抗地震的有限元分析》等科研报告，其主要内容后来均发表在《水利学报》《地震学刊》等学术刊物。自1980年开始，他和曾心传合作，撰写《弹性结构与液体的耦联振动理论》，系统总结国内外及其本人在这个学术领域内的成就，1983年由地震出版社正式出版，同年被提升为副研究员。该书出版后受到各界好评，我国著名力学家钟万勰教授称："该著作在液固耦联振动分析领域内提供了重要且全面的论述，填补了国内的空白，是我国在该学术领域内的第一本专著，与国外同类著作相比，毫不逊色。"该书获1986年浙江省教委优秀自然科学著作二等奖。

1981年，居荣初教授调到浙江工业大学，担任土木工程系教授，并在1984年担任浙江工业大学土木工程系主任，同年加入了中国共产党。居荣初十分重视国际学术交往，曾作为浙江工学院访日代表团成员赴日访问并进行学术交流。他在繁重的教学、行政工作之余，仍孜孜不倦地从事地震工程有关科研项目的研究，和国家地震局系统内的同行仍然有着广泛、深厚的联系，继续承担着与地震工程有关的浙江省自然科学基金等多项研究课题。

1988年，他晋升为教授，1994年退休，1999—2007年，应大地钢结构公司的聘请，任总工程师，先后参与了萧山国际机场、钱江四桥等大型钢结构工程，并主编了《发展的十年——管理与技术》论文集。

2011年7月，居荣初与董石麟院士等五人被授予浙江省钢结构终身成就奖。

居荣初注重学术交流，热心学会工作，曾任浙江省土木建筑学会常务理事、浙江省建筑结构学术委员会副主任、杭州结构与地基研究会副理事长、建筑物灾害防治分会主任、浙江省地震局顾问等多项社会学术职务，同时也是《建筑与市政工程》副主编。

学术专著

居荣初，曾心传. 弹性结构与液体的耦联振动理论[M]. 北京：地震出版社，1983.

主要论文

1. 居荣初、黄振平、杜瑞明. 水中圆柱体结构的自由振动. 地震工程研究报告集第1集[M]. 北京：科学出版社，1962.

2. 居荣初，梁传珏. 抗震结构模型试验简评[J]. 地震学刊，1982(3)：27–34，38.

3. 居荣初. 结构动力分析中计算模式的简化[J]. 防灾减灾工程学报，1983(1)：39–46.

4. 居荣初．在结构动力分析中对称性条件的利用［J］．浙江工业大学学报，1983（2）：24–34.

5. 居荣初．闸墩结构抗震性能的有限元分析［J］．水利学报，1983（2）：62–67.

6. 居荣初．抗震结构模型试验的理论基础［J］．地壳形变与地震，1983（2）：55–70.

7. 居荣初，陈冬生，曾心传，等．丹江坝闸墩结构抗震性能的有限元分析［J］．地震学刊，1983（2）：1–12.

8. 居荣初，周煜恒．葛洲坝二江闸墩抗震性能的试验研究［J］．防灾减灾工程学报，1987（1）：17–25，81.

9. 居荣初，周煜恒．葛洲坝二江闸墩抗震性能的试验研究［J］．地震学刊，1987（1）：17–26.

10. 居荣初，郑建军．黏弹性基支黏弹性圆（环）形薄板的准静态弯曲［J］．浙江工业大学学报，1992（1）：50–59.

11. 居荣初，郑建军．刚性椭圆形储液罐的水平振动［J］．工程力学，1993（3）：81–86.

12. 居荣初，梁传珏．输送流体管道的弯曲振动及稳定性［J］．浙江工业大学学报，1993，21（2）：46–56.

13. 居荣初，郑建军．黏弹性基支黏弹性圆（环）形薄板的动力分析［J］．浙江工业大学学报，1994，22（1）：36–43.

14. 居荣初，周鹏洋，张才傲．我国高层建筑钢结构的发展及展望［J］．浙江建筑，2002（A1）：17–20.

15. 居荣初，陈音飞，邵雄飞．轻钢结构特点及其发展趋势［J］．中国建筑金属结构，2002（9）：15–19.

参考文献

［1］杨文忠等．中国地震科技人名录 2［M］．北京：地震出版社，1993.

［2］王咸昌．当代中国自然科学学者大辞典［M］．杭州：浙江大学出版社，1992.

中国函数逼近论研究学术带头人之一——沈燮昌

1934—1991

沈燮昌，浙江海宁人。北京大学数学系教授，博士生导师，中国函数逼近论研究的学术带头人之一。1956年，毕业于北京大学数学力学系。1961年，研究生毕业于莫斯科数学研究所。其长期从事复变函数逼近与插值理论、计算数学、图像识别等方面的研究工作。关于指数函数系在复平面曲线及区域上的完备性问题，获得开创性结果。他研究一般空间中有理函数系及其正交函数系的不完备性问题，在一般区域上获得开创性结果。

沈燮昌，1934年9月10日生于浙江海宁，从小聪明伶俐，勤奋好学。1938年9月，沈燮昌进入上海审美女子中学的小学部学习。1945年1月毕业后进入上海市清江中学，是年9月又转到以踢球闻名的上海徐汇中学。中学阶段，足球、乒乓球、口琴、桥牌、象棋、围棋、游泳、摄影等，都是他的爱好。1952年，他以优异的成绩考入北京大学数学力学系。1953年初，虽被选拔去苏联读大学，但由于种种原因没能成行。

在北京大学学习期间成绩总是名列前茅，毕业之后考入苏联科学院莫斯科斯捷克洛夫数学研究所攻读研究生，跟从列昂基耶父教授学习。1961年获苏联理学副博士学位，同年回国执教于北京大学数学系。1981年加入中国共产党，同年晋升为教授。1981—1983年，任北京大学数学系副主任。1984—1988年，任北京大学研究生院副院长。曾兼任《数学进展》《数学研究与评论》《逼近论及其应用》杂志副主编，西德 *Zentrablatt fur Math* 杂志评论员，《纯粹数学与应用数学》杂志的编委。

沈燮昌主要从事变函数逼近与插值理论的研究工作。从20世纪60年代起，他就一直研究复平面曲线及区域上指数函数系与有理函数的完备性、展开及逼近阶的估计，获得一系列的重要成果。在苏联留学期间，他的研究工作就很有特色与创见，他的副博士论文是将指数函数系的间断性条件扩张到连续性条件的开创性成果，是从离散到连续之本质的改变，不仅得到国外专家的赞扬，而且还得到国内同行的好评。武汉大学数学系的著名教授余家荣就曾盛赞他的这项工作，他的学位论文发表在苏联的数学权威杂志上。从苏联回国后，他继续进行深入探讨，在复逼近插值领域里不断地耕耘。在1986年他又用独特的方法解决了有关平均收敛性问题和有理函数逼近阶的问题。在此基础上总结出的成果:《有理函数逼近及其应用》获得1987年度的国家教委科技进步二等奖。

在1985—1988年这段时间里，沈燮昌在广泛的一类区域上，对一般的不完备解析函数进行研究，讨论其闭包特征性质，得到了很多充要条件，它与传统的研究完备性是截然不同的。此外，他还研究了不完备解析函数系的展开，无条件基及矩量等问题，取得了一系列的重要结果。这些问题难度很大，但由于他应用了一般曲线上的双正交函数系以及综合地应用函数论及泛函分析的技巧，克服了重重困难才得到问题的圆满解决，这些成果在一定程度上推动了复变函数逼近论的发展。因此，以题为《解析函数系在不完备时的进一步研究》的项目于1990年又一次获得教委科技进步二等奖。

从1988年开始直到1991年，沈燮昌又从事复插值的研讨。首先他总结和研究了复Birkhoff插值逼近理论，他在解决了著名的Turan问题的基础上获得了最一般的插值结果，他不用很复杂的插值表示式（在过去，这对解决一般的缺项插值几乎是不可能的），而是引进一类不等式来解决这一难题，并将此方法，与他的学生一起运用到实插值和逼近论中，从而产生了巨大的效应，从此开辟了一个研究这类问题的主要方向。同一时期他又考虑Bergman空间中的逼近论问题，获得了多项式在此空间的逼近阶以及逆定理，也得到了文义有理函数系在此空间中的完备性，建立了逼近论与整函数论之间的联系，这类结果在国内外是开创性的。1989年，当他在美国Texas的国际逼近论会议上宣读以上成果时，引起了同行的重视。1991年，他以项目“复Birkhoff插值与Bergman空间中逼近”为题获得北京大学科学技术研究成果奖。

沈燮昌从苏联回国后就开始担任本科生和研究生的教学及指导工作。他讲课深入浅出，着重讲述书中及作者的思想和方法，启发学生独立思考。在指导研究生科研时，他大力鼓励学生动笔，即使不是很复杂的问题都得一步步写清楚。他对学生基本功的训练也是抓得很紧，他常教导学生们说：“沙漠上是建不起高楼大厦的。”他还要求学生们要敢于超过他，去探索他所不懂的知识领域，认为只有这样才会青出于蓝而胜于蓝，所以他带出来的学生所从事的研究方向是多面的，科研成果也是丰富多彩的。尽管他对学生要求严格，但是他又关心学生的成长，包括生活、爱情等方方面面。大家说他是“严父慈母”般的先生。

从1980年开始，沈燮昌又以极大的热情投入教材的编写工作，在繁重的科研与行政工作之余，亲自动手编写本科生、研究生和大学自学读本。他所编写的著作从简单的微积分到高深的复变函数逼近与插值，从近代的计算数学到现代的图像识别，包括了不同层次的许多领域。他写的《数学分析》以及与邵品琮先生合写的《数学分析纵横谈》都得到师生们的好评。再者，他著的《复变函数基础》以深入浅出的特点博得广大读者的高度称赞。若干年来，他常出国讲学、访问、做合作研究，同时他还积极引进国外的教材，如德国著名教授Gaier写的《复变函数逼近论》，将其翻译成中文，供大家阅读，为国内这一领域的研究做出了重要的贡献，许多人就是依靠此译本开始了科研工作。此外，他与同行及学生一起翻译了俄文版的《多项式一致逼近函数导论》。

创造精神反映在他整个的学术活动之中。他常说："如果不说前人所未说过的话，那就不算对学术有贡献。"不断创新、不断开拓是他在学术上的奋斗目标。他多次成为专题学术问题讨论的发难者，如关于Bers空间中逼近与插值问题的讨论。虽然有时他处于少数地位，但是从不畏缩，坚持自己的观点，表现出极大的学术勇气和责任感。在学术讨论中，沈燮昌讲究民主，不论是同辈学者，还是弟子门人，都可以相互争论，有时甚至弄得脸红脖子粗，但那都是开诚布公的愉快争论。

沈燮昌性格开朗，直爽而热情。他时常想到同行们和学生们，一旦知道谁遇到了困难，就会及时送去温暖，尤其是对学生。在身患癌症期间，他意志坚强，一方面与癌症做顽强的斗争，另一方面始终坚持科学研究并指导研究生，在患病的一年多时间里，他还完成了10余篇学术论文和一部分著作。他经常关心《数学进展》《逼近论及其应用》的审稿工作，关心《数学研究与评论》的发展。就连在病危的最后几天，仍在指导研究生的科研，关心他们的工作与婚姻大事。

1991年9月19日下午6时10分，沈燮昌因患癌症医治无效不幸与世长辞。沈燮昌为我国的数学事业和教育事业呕心沥血、鞠躬尽瘁。从1961年发表学位论文算起，到1991年金秋病倒去世，沈燮昌在从事数学研究与教学工作的30年时间里，给我们留下了丰富的数学著述，计有学术论文110余篇，自编自著的专著11部，译著3部。如果没有对学术工作的高度献身精神，如果没有追求真理的惊人毅力，如果没有与病魔做斗争的顽强精神，他是不可能做出这么多的成果的。

主要著作

1. 沈燮昌.复变函数论基础[M].上海：上海科学技术出版社，1982.
2. 沈燮昌.复编函数论基础[M].上海：上海科学技术出版社，1982.
3. 沈燮昌.多项式最佳逼近的实现[M].上海：上海科学技术出版社，1984.

4. 沈燮昌，顾筱英.《复变函数论基础》习题解答［M］. 北京：中央民族学院出版社，1986.

5. 沈燮昌，顾筱英. 复变函数［M］. 北京：中央民族学院出版社，1986.

6. 沈燮昌. 数学分析［M］. 北京：高等教育出版社，1987.

7. 沈燮昌，邵品琮. 数学分析纵横谈［M］. 北京：北京大学出版社，1991.

8. 沈燮昌. 复变函数逼近论［M］. 北京：科学出版社，1992.

主要译著

1. D 加意耳. 复变函数逼近论［M］. 沈燮昌，译. 长沙：湖南教育出版社，1985.

2. B K 嘉德克. 多项式一致逼近函数导论［M］. 沈燮昌，译. 北京：北京大学出版社，1989.

主要论文

1. 沈燮昌. 关于广义狄里希莱多项式展开的余项估计［J］. 北京大学学报（自然科学版），1962（3）：199–212.

2. 沈燮昌. 关于函数系｛z τ nlogjz｝在复数平面上的无界曲线上的完备性问题［J］. 数学学报，1963（1–4）：170–193.

3. 沈燮昌. 论函数序列 {f（λ _n Z）} 的完备性［J］. 数学学报，1964（1）：103–118.

4. 沈燮昌，娄元仁. 复平面区域上有理函数的最佳逼近［J］. 数学学报,1977（1–4）：301–303.

5. 沈燮昌. 关于具有预先给定极点的有理函数的最佳逼近问题［J］. 数学学报，1978（1–4）：86–90.

6. 沈燮昌，娄元仁 .H_p(p ≥ 1）空间中有理函数的最佳逼近［J］. 北京大学学报（自然科学版），1979（1）：58–72.

7. 沈燮昌，娄元仁. 关于函数空间 E_p（P>1）中有理函数的最佳逼近［J］. 北京大学学报（自然科学版），1979（2）：1–19.

8. 沈燮昌. 论一类区域中的有理函数的逼近与展开［J］. 科学通报，1980（3）：97–101.

9. 沈燮昌 .Ep（1 < p ≤ ∞）中有理函数展开的余项估计［J］. 数学年刊（A 辑）（中文版），1981（1–4）：301–311.

10. 沈燮昌 .Appoximation by rational functions in complex plane［J］.Science in China，ser.A，1981（8）：1033–1046.

11. 沈燮昌. 多项式插值（一）Lagrange 插值［J］. 数学进展，1983（3）：193–214.

12. 沈燮昌 .Degree of Rational Approximation in Digital Filter Realization［J］. 数学进展，1985（2）：181–182.

13. 沈燮昌 . 关于函数系 {e-uxxsm-1} 的一些问题［J］. 数学研究与评论，1986（2）：63–74.

14. 沈燮昌 .Cauchy 定理的新证明［J］. 大学数学，1987（1）：1–10.

15. 沈燮昌，顾筱英 .Riemann 积分与 lebesgue 积分的差别［J］. 曲阜师范大学学报（自然科学版），1988（2）：62–69.

16. 沈燮昌 .Bers 空间中的逼近［J］. 数学进展，1988（4）：337–350.

17. 沈燮昌 .Ep（D）（$1<p<\infty$）空间上的插值多项式逼近［J］. 科学通报，1988（11）：876.

18. 沈燮昌，钟乐凡 .Lagrange 插值多项式在复平面上的平均逼近阶［J］. 科学通报，1988（11）：810–814.

19. 沈燮昌 .Hermite 插值基函数正交展开求和［J］. 数学学报，1989（1）：10–19.

20. 沈燮昌 . 整函数在 Bergman 空间中的逼近［J］. 北京大学学报（自然科学版），1989（1）：1–8.

21. 沈燮昌，钟乐凡 .Appoximation in the mean by lagrange interpolation polynomials in the complex plane［J］. 中国科学通报（英文版），1989（16）：1321–1326.

22. 沈燮昌 .Jordan 区域上多项式不等式与插值［J］. 北京大学学报（自然科学版），1990，26（1）：1–10.

23. 沈燮昌 .Order of Approximation by Hernite–Fejer Interpolating Polymomials in the Co mplex Plane［J］. 数学进展，1990（1）：93–104.

24. 沈燮昌 .Order of Approximation in the Mean by the Generatized Hermite–Fejer Interpolating Polym–omials at the Roots［J］. 北京大学学报（自然科学版），1991，27（1）：13.

25. 沈燮昌 . 单位根上广义 Hermte–Fejer 插值多项式的平均逼近阶（英文）［J］. 北京大学学报（自然科学版），1991（1）：13–21.

26. 沈燮昌 . 复平面上 Hermite 插值多项式的同进逼近阶［J］. 河南大学学报：自然科学版，1991，21（2）：1–9.

27. 沈燮昌，帅斌鹏 . 渐近单位根上的 Lagrange 插值多项式的逼近阶［J］. 数学杂志，1991（3）：287–297.

28. 沈燮昌，帅斌鹏 . 渐近 Fejer 点上的 Lagrange 插值多项式的逼近阶［J］. 数学杂志，1992（1）：1–10.

29. 沈燮昌，王鸿飞，朱长青 . 渐近 Fejer 点上（0，1，⋯，q）Hermite–Fejer 插值多项式的逼近阶［J］. 数学季刊，1992，7（1）：81–89.

30. 沈燮昌 . 单位根上（0，1，…，9）Hermite–Fejer 插值多项式的收敛性［J］. 数学年刊（A 辑），1992，13（2）：262.

31. 沈燮昌，钟乐凡 . 边值 Riemann 可积函数的拟插值多项式逼近阶［J］. 北京大学学报（自然科学版），1992，28（3）：279–290.

32. 沈燮昌 . 用平均连续模给出渐近 Fejer 点组上插值算子的平均逼近阶［J］. 北京大学学报：自然科学版，1992（5）：530–548.

33. 沈燮昌，王子玉 . 扰动 Chebychev 结点的（0–q–q）型插值平均逼近阶［J］. 科学通报，1992，37（11）：972.

34. 沈燮昌 . 用平均连续模给出扰动单位根上插值算子的平均逼近阶［J］. 北京大学学报（自然科学版），1993（1）：1–15.

35. 沈燮昌，肖杰 .Uniformly perfect domains，Bers spaces and free interpolalions［J］. 北京大学学报（自然科学版），1993，29（5）：537.

参考文献

［1］沉痛悼念沈燮昌同志［J］. 数学进展，1992（1）：119.

［2］肖杰 . 沈燮昌的学术成就与贡献——沉痛悼念我师沈燮昌教授［J］. 数学研究与评论，1992（1）：156–158.

著名电子机械专家——徐国华

1937—2006

徐国华，浙江海宁硖石人，电子机械专家，西安电子科技大学教授。1961年8月，毕业于北京大学数学力学系。长期从事以反射面天线和稀土永磁电机为主要研究对象的机电一体化设计理论与方法的研究工作，提出了建立在复合场理论基础上的机电一体化理论体系及分类方法。对于机场一体化，首次提出了复合场理论和拓扑有限元法及拓扑优化方法。在机电弱耦合方面，首次提出了任意形状反射面天线馈源相位中心的定义，导出了考虑变形情况下反射面天线馈源相位中心的寻优算法。建立了把天线结构变形直接引入任意形状反射面天线电气性能计算的机电一体公式，拓广了Rutz公式，改进了传统的设计方法。

徐国华，1937年5月17日生于海宁硖石，1953年初中毕业于海宁一中，后进入金华一中就读，1956年考入南京大学。由于专业调整，1958年进入北京大学数学力学系力学专业学习。1961年8月毕业后任教于南京大学天文数学系及外国留学生班；1974年11月起在西安电子科技大学电子机械系、经济管理学院任教。1990—1999年任西安电子科技大学经济管理学院院长。1991年被授予机电部有突出贡献专家，享受国务院特殊津贴。同年9月被评为全国优秀教师。1992年被评为陕西省劳动模范。1993年被国务院学位委员会评为机械制造及其自动化专业博士生导师。1998年被评为陕西省优秀博士生导师。在社会工作上，徐国华曾任西安市人大代表、陕西省政协委员，兼任中国工业与应用数学学会理事、陕西省工业与应用数学学会副理事长。

徐国华是一位对自己近乎苛刻的人，生活清简犹如苦行僧。早上7点吃早餐，几乎是雷打不动的“二选一”，开水泡冷饭或开水泡方便面，然后就是榨菜。8点前到办公室，不是上课就是处理学院的管理工作。中饭、晚饭食堂有什么就吃什么。中午休息1小时，科研和指导研究生大都在下午和晚上，常年工作到凌晨。他生活简单，只是为了把尽可能多的时间用来工作。

他患有严重的糖尿病，本应该好好治疗，但他几乎没有去过医院，药都是他的夫人去代拿。校医们“都知道名气很大的徐国华，却从来没有见过本人”。这只是因为徐国华的时间太紧，他将所有时间都交给了科研与教育。

徐国华长期致力于机电系统工程领域里的教学与科研工作，尤其是在电子机械中场问题的机电一体化方面有深厚造诣，先后承担国家自然科学基金、博士点基金、“八五”重点攻关项目及部级科研项目40余项，经费500余万元。获国家、部、省级科技进步奖13次，发表论文100余篇，其中被SCI、EI、ISTP收录30余篇。出版专著6部，编写研究生教材2套。

徐国华的科研成果主要分为两大方面。

一、先进制造系统工程及其运筹与管理

在先进制造系统工程方面以机电系统场问题为研究对象，提出了建立在复合场理论基础上的机电弱耦合与机电强耦合的分类方法，研究了建模及其应用；在运筹与管理方面以产品级多生命周期制造模式与生产调度问题为研究对象，提出了质量屋新概念与嫁接遗传新算法，探研了先进生产制造模式的建模、优化与应用。

在机电弱耦合系统探研方面，以反射面天线为研究对象，在反射面天线机电一体化综合设计的理论与方法中首次提出了任意形状反射面天线馈源相位中心的定义，拓广了Rutz公式，改进了传统的设计方法。在反射面天线结构的拓扑优化设计中建立了相应的拓扑优化设计数学模型，并取得了良好的经济与社会效益，多项成果达到国际先进水平。其中《10米地面站天线系统》获电子工业部科技进步一等奖（1986年）；《卡塞格伦天线的保型设计》获电子工业部科技进步二等奖（1986年）；《大型射电望远镜天线结构系统光机电综合优化设计研究》获陕西省科技进步一等奖（2000年）。

另外，他还对天线结构设计中层次较高的拓扑优化设计问题做了较深入的研究，解决了桁架结构拓扑优化设计中一直存在的3个主要难题，建立了相应的拓扑结构优化设计数学模型，取得了令人满意的结果。上述理论成果用于39所单位的实际工程设计中，使天线效率提高10%左右。在部级鉴定会上，同行专家们一致认为该成果属国内外先进水平，所研制出的样机，中央电视台曾作为新闻予以报道，现已投入批量生产，取得了良好的经济效益和社会效益。这部分工作主要反映在所发表的数十篇论文及出版的专著《反射面天

线机电一体化系统设计技术及软件》一书中。由于他在这方面的建树，1990年在苏联举行的“国际镜面天线工程会议”上，被推举为大会执行主席。

在机电强耦合系统探研方面，以稀土永磁电机为对象，探研了电机的机械结构参数与物理参数之间的强耦合关系，提出并建立了电机二维非线性恒定场的拓扑有限元分析与拓扑优化设计模型，并应用于1.2千瓦航空稀土永磁交流发电机中，其中承担的国家自然科学基金（与西北工业大学合作项目）《航空稀土永磁电机的拓扑有限元分析与拓扑优化设计》获航空部科技进步二等奖，被陕西省列为1987年度十项重大科技成果之一，1999年获国家科技进步三等奖。《电磁场有限单元法》（1983年）、《有限元分析的拓扑图论方法》（1985年）、《拓扑有限元在电磁场中的应用》（1984年）等分别获电子工业部科技进步二等奖3项、《电机磁场数值分析》获电子工业部科技进步三等奖（1988年）。

在先进生产制造模式探研方面。以产品级多生命周期制造模式为研究对象，研究了概念模型、线性规划模型、非线性规划模型及其应用，主要成果有：《产品级再使用维护设计研究（概念模型）》、《基于QFD的产品级再使用维护设计（线性规划模型）》、《基于质量屋的产品级再使用维护设计（非线性规划模型）》、*Fuzzy Optimization Model of Maintenance Design for Product Level Reuse* 等重要期刊论文20余篇。《三维人体测量系统》获陕西省科技进步二等奖。

徐国华以生产调度问题为研究对象，研究了作业调度、物流模式、供应链管理等问题，主要成果有：《基于嫁接GA的车间作业调度问题研究》《提前期为正态分布下的单、双源供应商成本模型》《连锁销售物流模式下基于QR策略的配送决策模型》《一种基于流量工程的网络端到端性能分析算法》等。

二、信息与知识管理工程研究

以信息与知识的表示、检索、集成、变换与传递等机理及其应用为研究对象，提出了信息与知识管理的有效方法及知识管理的战略实施策略。

徐国华承担了中国人民解放军原总装备部大量有关“知识管理的理论与方法及其在武器装备管理中的应用研究”“海量存储信息检索”“敏捷制造信息技术在装备建设中的应用”“面向IDS的拓扑网络技术研究”“网络基础设施建设”“基于工程技术信息网的远程培训技术、内容与方法研究”等方面的研究任务。主要研究了信息与知识变换，知识基因理论等。对知识管理涉及的四个运作过程（知识集约过程、知识应用过程、知识交流过程和知识创新过程）进行分析，提出了知识管理的有效方法及知识管理的战略实施策略，利用现代IT技术及其他相关技术，研究知识管理在特定应用领域的应用方法与应用技术，包括知识管理与信息管理、竞争情报系统中的知识管理。

1992年，徐国华被原中国人民解放军总装备部任命为国防科技信息培训中心西安基地主任，承担了军队系统“军队科技信息技术培训”任务，共举办了通信技术、多媒体技术、计算机网络技术、数据库理论与应用技术、网络安全技术、流媒体技术、Linux 操作系统、XML 技术等 44 期培训班，共有 800 多人次参加，其中很多人现已成为军队系统业务骨干。徐国华于 1995 年被评为原中国人民解放军总装备部国防科技信息先进工作者。

徐国华还承担“网络平台上的知识元自由集成研究”（国家自然科学基金）、“知识标引与检索中的知识链研究”（国家社会科学基金）、“陕西省信息化建设与网络信息资源开发利用研究”（陕西省社会科学基金）等研究项目，主要成果有：*A Kind of Improving Mode on Brookes Equation*、《认知元的三维结构理论》、《组织内部知识共享的机理与对策研究》等论文 10 余篇。

作为国家知名的科学家，他还积极推动与国外科研的交流。如他曾 4 次组织并主持中日联合新工业工程高级研讨会。1991 年在日本同志社大学访问讲学，1993 年在日本东北大学、大阪工业大学、摄南大学等访问讲学。

自 1983 年以来，徐国华指导硕、博士研究生 100 余名，开设了《制造系统工程》《拓扑空间与网络》《工程设计中的最优化方法》等课程。

他培养人才的思路是“一个人才就是一个方向”，在了解每个研究生不同的兴趣、特长和能力的基础上给他们确定论文选题。在指导过程中，徐国华定期检查讨论。他对论文要求非常严谨，既要抓住论文的主流方向，又对文中逐字逐句地修正，甚至一个标点符号错了都要改过来。他的学生深服于导师的严谨，每一篇论文都要做到经得起考验，不能出现一点瑕疵。如 1999 年跟着徐国华就读博士的刘怀亮，现任西安电子科技大学信息管理系主任。他回忆起老师对自己的教育感慨万千，“他的严谨让自己不敢有一丝疏忽”。

在每一位研究生的指导过程中，他都要不断观察学生的进展和能力，扬其所长，从而将其引入科技创新之路。这些学生后来有许多都成为各个领域的技术领军人物。

学生段宝岩是我国电子机械学科的第一位工程院院士。徐国华指导他在天线、雷达领域深入探索；学生施浒立是国家天文台的资深研究员，徐国华指导他在天文导航方面深入研究；学生刘波曾任中国科学院空间中心副主任，是子午工程副总师，在徐国华的指导下获得机械制造专业工学博士学位。

学生漆一宏是中国千人计划专家、加拿大工程院院士、国际知名电磁场研究和天线射频设计专家，他最先将罗兹公式运用到天线中去，提出并完成将天线置于移动终端底部的智能终端天线技术，创造了数亿美元经济效益。

中国科学院院士郝跃原来是他研究生课的听课学生，在课后讨论中，他发现郝跃在计算、分析方面有特殊的天赋和理解力。俩人经常在一起讨论如何将计算、分析应用于微电子理论。因为当时自己学校没有郝跃专业的博士点，他就把郝跃推荐给西安交通大学相关专业读博士。后来，从写论文到评审到答辩一直给予其关心和指导。

他不仅对自己指导的研究生如此，徐国华对听课的学生也是认真对待。他在给研究生上大课时，都会认真地备课，并将学生可能提出的问题都尽可能地考虑进去。所以，这位儒雅的徐老师给学生带去的每一堂课都有实实在在的内容。

2003年，已是67岁的徐国华应广东省诚意之邀兼任成立才3年的广东新安职业技术学院院长。这是一所为生产、建设、管理、服务第一线培养技能应用型专门人才与中小型企业管理者、民营企业创业者的学校。徐国华培养的方式与当年培养研究生不一样，但是理念是一样的。他特别注重培养学生的实际动手能力。为此，在他的推动下，该校建立近50个校外实习基地，为在校3 500多名学生提供实践机会，同时加大与国外学校合作办学的力度，以培养有开阔视野与适应时代的现代学子。

2006年5月，他与夫人在自己古稀聚寿作过一首答谢词。词中就有对自己一生的表述："一生清风一生骄，功名利俗付轻笑。苦作耕耘苦有乐，更喜桃李各芬芳。"不料，次月3日这位清风傲骨的长者就病逝于深圳市福田医院。

主要著作

1. 徐国华．反射面天线机电一体化系统分析技术及软件［M］．西安：陕西科学技术出版社，1990.

2. 徐国华，胡奇英．离散事件动态系统的监控方法［M］．郑州：河南科学技术出版社，1996.

3. 施浒立，颜毅华，徐国华．工程科学中的广义延拓逼近法［M］．北京：科学出版社，2005.

主要论文

1. 徐国华，施浒立．场问题的有限点法［J］．西安电子科技大学学报，1980，7（3）：83–93.

2. 徐国华，徐芷萍，朱英．微机化液体导热系数测定仪的研制［J］．实验室仪器，1988（2）：11–16.

3. 徐国华，漆一宏．双反射面天线主面模具共享技术及其优化方法［J］．电子科学学刊，1988（3）：238–243.

4. 徐国华，漆一宏，王五兔．小张角波纹喇叭辐射特性计算［J］．中国空间科学技术，1988（4）：8–13.

5. 徐国华，漆一宏，王五兔．波纹喇叭近场相位中心的计算方法［J］．中国空间科学技术，1989（3）：1–7.

6. 徐国华，王君英．反射面天线机电一体化系统分析［J］．通信与测控，1990（3）：

43–49.

7. 徐国华，漆一宏，段宝岩，等 . 变形反射面天线效率与馈源相位中心的研究［J］. 西安电子科技大学学报，1990，17（4）：63–70.

8. 徐国华，漆一宏，段宝岩 . 反射面天线馈源相位中心的研究［J］. 电子学报，1990（4）：88–93.

9. 徐国华，段宝岩 . 桁架结构拓扑优化设计的线性规划方法［J］. 应用力学学报，1991（4）：63–69，134–135.

10. 徐国华，范凯 . 手拉葫芦柔性装配系统的设计与仿真研究［J］. 西安电子科技大学学报，1993，20（2）：124–130.

11. 王五兔，徐国华 . 反射面变形对天线辐射方向图的影响［J］. 电子学报，1994（12）：46–49.

12. 徐国华，邵志国 . 天线机电系统工程设计思想［J］. 电子机械工程，1996，12（5）：30–34.

13. 徐国华，李华 . 非线性方程算子分解算法的收敛性［J］. 西安电子科技大学学报（自然科学版），1998（3）：310.

参考文献

［1］董耀会，《北大人》编委会 . 北大人 3［M］. 北京：华夏出版社，1995：10.

国际著名光学科学家——王绍民

1938—2006

王绍民，浙江海宁人，国际著名光学科学家，浙江大学物理学系教授、博士生导师。1961年，毕业于复旦大学物理系。长期从事列阵光学和高光束质量激光技术的研究，创立了一套“列阵光学”新理论，解开了“魔镜”之谜；提出波在边界上产生 π 跃变的假说，研制出首台超衍射极限的 CO_2 激光器。

王绍民，出生于1938年9月，其父亲是山东大学物理系创始人、原中央大学物理系主任和复旦大学物理系主任王恒守。他承袭父志，1961年毕业于复旦大学物理系，分配在杭州大学物理系任教，历任杭州大学物理系主任、光电机械研究所所长等职，兼任浙江省政协委员、杭州大学致公党主委、浙江省物理学会理事长、中国光学学会理事、中国电子学会光电子分会专委、中国激光专委等职。

工作伊始，王绍民的心头就萦绕着这样一个严肃思考：作为一名科学工作者，如何为祖国和科学事业做贡献？前面的路无非两条：一是因循，奉传统理论为圭臬，在已开垦过的土地上播种，春去秋来，总能有所收获；另一条是创新，开拓空白领域，这不仅艰辛，而且风险极大，犹如进深山探宝，前途漫漫深不可测，到头来焉知不会空手而返？焉知不会被困在误区？历史上失败的例子太多太多，但他毅然选择了后者，“振兴中华，责无旁贷，既然投身科学就要准备为科学奉献，我宁愿用一生的时间作一点开创性的贡献。”

20世纪60年代，当王绍民还是一个助教的时候，他关于纳秒光源、光电倍增管时间特性和光谱时间分辨的研究就十分大胆新颖，研制出的短脉冲光源达到当时国际先进水平，论文在《物理学报》上连载，并获全国科技大会奖，后被用于中科院上海光学精密机械研究所高功率激光核聚变的激光光路的调整。从那时开始，王绍民教授勤勤恳恳，足迹遍布光学的众多领域，如矩阵光学和列阵光学、衍射本性和光子特性、半导体激光和纳米光学等，并且做出了许多开创性的工作。归纳起来，他的成就和贡献主要集中在五个方面：

一、激光测坝

针对大坝监测要求精度高［相对标准误差小于 $\pm(1\text{–}2)\times10^{-7}$］和长期稳定可靠（大于 30 年不变）的难题。20 世纪 70 年代，王绍民开始研究大坝检测中的光波抖动现象这个难点，试验是在原杭州大学的防空洞内进行的。当时条件差，设备落后，昏幽的地下管道，让人不辨昼夜，最令人担心的是管道中积存了 40 千克苯，多待一会儿人就可能会中毒。怎么办？顶着干！感到恶心时就出来透透气，恢复一点后再进去。

王绍民改造了美国斯坦福大学安装、调整直线加速器的真空中激光三点法：用微光阑作次级光源具有定位、限漂、扩束和点化的功能以及将 ABCD 矩阵增广为 4×4 阶和 3×3 阶及定义了相应的光线流图拓扑结构来分析失调系统和残余气体，在原水利电力部的支持和各有关单位的合作下，于 1981 年和 1984 年分别在 557 米长的太平哨电厂水坝和 999 米长的丰满电厂水坝做了真空激光测坝系统的安装。与国内外其他方法相比，测量精度提高 10 倍左右，工作效率提高 20 倍以上，该技术获 1982 年浙江省优秀科技成果二等奖，初步的理论方法被国外称为 Wang’s 分析、Wang’s 增广和 Wang’s 用图论。

1989 年该技术被定为规范后，合作者夏诚教授等将其技术推广到龚嘴、桓仁、云峰、太平湾等水坝，做了大幅度自动化改进，1996 年确定用于三峡大坝。同时，太平哨和丰满电厂 20 年来一直运转正常。1995 年东北洪水百年一遇，在紧急时刻，三大水系、五大水库、十座大坝只有太平哨和丰满水坝能准确地报出大坝变形量，给各级领导迅速决策提供了可靠依据，防止了 9 个县市被淹，取得了显著的社会效益。后续的成果《真空激光自动监测大坝变形技术》获 2000 年度国家科技进步二等奖。

二、列阵光学

站在一种特殊的镜子面前，人只能看见自己的两个眼珠——这一物理学上的“魔镜”现象于 20 世纪 70 年代末被美、苏两国光学专家相继发现。物体发出的光碰到“魔镜”（即光学列阵）后，光波全部原路返回，这一现象违反了光学上反射角等于入射角这一普遍规律，用经典理论无法解释。为了揭开“魔镜”的奥秘，国际上众多有成就的光学专家进行了艰苦的探索。王绍民意识到，一旦破译了“魔镜”之谜，就将开辟出从战略光学武器到尖端民用光学产品新的应用领域。在国家科委、中国科学院基金和国家自然科学基金的大力支持和国内外广泛合作下，经过两年的艰苦探索，终于在1987年创立了一套“列阵光学”新理论，为破译“魔镜”之谜奠定了理论基础。

列阵光学理论定义了相位共轭等效变换矩阵，用线性方法对非线性现象做了有效表述。对诸如：综合成像的概念、一阶性质、综合像差、失调衍射积分、广义多光束干涉，以及消除综合像差和干涉条纹的 αβγδ 条件，给出了较完整的解释。

“列阵光学”为现代光学开辟了一个新分支，轰动了整个光学界。1988年，由国际光学界权威活尔夫教授主编的《光学进展》第25卷刊出了特邀王绍民撰写的《列阵光学》。这是25年来中国科学家的名字第一次出现在这本每年一卷的权威丛书上。书评中盛誉“由于该理论的创造性和统一性，解决了传统光学不能解决的问题。”诺贝尔奖获得者 Salam 教授称王绍民为杰出的科学家，并聘他为国际理论物理中心的成员；柏林工业大学、美国贝尔实验室等邀他讲学，进行合作研究；有一些外国部门或公司出重金购买他的成果，重金聘他去工作，都被他谢绝：“我的研究成果属于祖国”。接着，他把理论应用于实践，开始将这一新的研究成果用来改进交通标志、研制新的传感器、改善激光核聚变靶面均匀照射和太阳能利用等。

这一理论和实践为浙江省获得第一个国家自然科学奖，并获省科技进步奖一、二等奖各一项，国家专利三项。因其贡献突出，王绍民被评为“国家有突出贡献科技专家”“国家科委、国家教委先进科技工作者”和“浙江省劳动模范”。

三、新型光束

刊载《列阵光学》文章的《光学进展》出版后，受到国际关注，1990年王绍民作为访问教授，远赴西班牙马德里大学。1992年受西班牙教育科学部之邀，以假日教授的身份再访马德里大学，继续着两年前的课题。其间，王绍民对受光阑约束的匀幅球面波及焦移，约束的高斯光束及光腔，波带板及其像散和各种菲涅耳数都定义了矩阵并发现了第四类反射器。

回国后，以王绍民教授为主的杭州大学物理系课题组和以潘承志教授为主的电子工业部12所课题组打破固有的定论，通过大量实验观察、画波阵面图、按菲涅耳数定义，创造性地提出了波在边界上产生 π 跃变的假说，并沿着这个思路进行缜密的理论分析和大量的实验研究，成功地获得超衍射极限光束。按此思路，在外光路加置 λ/2 位相片，制成系列腔外新型光束，但有旁瓣。为了在模式竞争中抑制旁瓣，两个课题组将直径接近波长的 λ/2 位相片置于腔内，研制出首台超衍射极限的 CO_2 激光器，经中国科学院院士王大珩教授，中国工程院院士、国家自然科学基金委员会副主任金国藩教授任主任委员的专家鉴定委员会一致认为，其亮度达到国际领先水平，具有重大的学术意义、技术价值和潜在的经济效益。

1996年6月，王教授一行携带该项发明，赴美国参加国际高科技博览会。专家们认为，这项发明成果改变了人们300多年来对衍射本性和30多年来对激光光束的基本认识，突破了国际光学界过去激光器所能达到的衍射极限和“质量最高、性能最好的激光束莫过于高斯光束”的定论，在国际光学界跃居领先地位。1997年，王绍民等研制的《内腔式高亮度小发散角新型光束CO_2激光器》获国家技术发明三等奖和发明专利权。

四、矩阵光学

王绍民系统地发展了矩阵光学（Matrix Optics），在全球范围内广泛开展合作交流。1979年他在国内率先开设“矩阵光学”课，并自编英文讲义。1983年应H.Weber教授之邀开始在德国讲学。其间，出国讲学及合作、回国上课及科研，反复18次，20多个点。1994年与学生赵道木合作写成《矩阵光学原理》。2000年底在高教出版社和Springer出版社的通力配合下，再次与赵道木合编出版*Matrix Optics*。这本书前半部作为国际研究生教材，后半部大多为自身研究成果，充分体现了教学相长。

五、纳米光学

随着对亚波长辐射研究的深入，通过回顾历史，王绍民又从Crookes辐射计中，发现了纳米级非氢化无定形碳（a–C）在室温、真空条件下，由5种从红外（980nm）到紫光（404nm）激光二极管汇聚诱导，当功率密度处于1 kW/cm^2到1 MW/cm^2之间时，呈现可见、刺眼的强白光辐射。同时，王绍民进一步在十余种纳米材料中均发现了类似的现象，但a–C的能量转换效率最高（纳米碳白光辐射）。从2002年起已做了系列相关创新工作，发表了多篇高水平学术论文，引起了国内外许多学者的注意和兴趣，并初步确定了真空中纳米碳的白光辐射是纳米级热辐射，即纳米特征辐射。另外，还获得了尺寸在微米量级的碳白光点光源，发现了一系列的重要应用。

神骥出枥，千里奔波，自工作以来王绍民从没让自己停歇过。1983年，他发起并和有关科研院所、高校合作，定期召开光束变换研讨会；1991年，他主编中英文版的《光学前沿丛书》被国家教委列为重点系列图书；他担任杭州大学物理系主任，主持建立了杭州大学“光束变换研究室”；还和上海光学机械研究所等单位协作，逐步形成了以该室为核心的国际性光束变换研究群体，促成“95国际光电子激光学术会议”在杭州大学召开，吸引世界光学权威沃尔夫、韦伯等前来赴会；为介绍衍射新本性，他在国内外做了十余场报告，得到专家们的高度肯定。

在科技成果转化方面，1996年10月12日，王绍民代表杭州大学，与浙江富邦皮革有限公司、海宁照明电器实业总公司、美国鼎盛公司、浙江省科技风险投资公司合资，成立了“浙江新光束研究开发中心”。

王绍民教授不仅在学术上造诣高深，在学生指导上也是不遗余力。“祖国的科学事业要发展，不能依靠个人的力量，作为一名教师，培养跨世纪栋梁之材是不可推卸的责任。”他是这么说的，也是这么做的。杭州大学“光学教研室”主任林强教授，当初因编制问题要分回家乡丽水师范学校，是王绍民慧眼识才，用科研经费“买下”了这一名额，并悉心指导，使其大胆提出一种全新理论“张量光学”，由此开拓了现代光学一个新的前沿领域，而林强也成为杭州大学跨世纪学科带头人，受到学术界的重视。是他让学生陆璇辉多次参与合作，在研究中逐步成熟起来，成为继林强之后物理系又一名破格晋升的教授；学生王芸，建立了台州市椒江玻璃集团反光材料有限公司，所生产的准相位共轭微珠列阵反光织物等进入国际市场，同时获得了浙江省科技进步一等奖，王芸本人则被评为浙江省十大杰出青年。

在教学工作方面，王绍民为本科生和研究生讲授《高等光学》《矩阵光学》《衍射光学》等课程，教学效果良好。他上课风趣幽默，善于将深奥的光学原理用直观形象生动的方式表达出来，他的学生徐锦心一直记得王老师给他们上课的一幕：

> 王老师指着一块黑板说，“这就是一面镜子，而我就是一束光。我的正面就代表着波前（波前进的方向）”，接着王老师斜朝着黑板走过去，然后转身背对着黑板从另一个相反的方向走了出来，这就是平常的平面镜的反射。王老师又斜朝着黑板走过去，突然又一转身，顺着原来的方向走了回来，这就是逆向反射器。王老师第三次朝着黑板走过去，这次也不转身，就直接退了回来，这就是相位共轭反射器，也就是魔镜现象，这是运用得最广泛也最有用的一种反射器。最后王老师仍然朝着黑板方向，这回面对着黑板，平移了一段距离从另一个地方面对黑板按原路退了回来，这就是第四类反射器。

王绍民十分热爱体育活动，学生时代，曾经是学校的体操队、举重队、游泳队、射击队和田径队的队员。平日里坚持体育锻炼，每日数百个俯卧撑；曾经多次骑自行车从杭州到上海出差。他常说，强壮健康的身体是搞好科研的保证。身边的人无不为他的这种精神所感染。他不仅具有广博的科学知识，更有敢于在未知领域里独辟蹊径、开拓创新的勇气。

王绍民教授共撰写专著5部，发表学术论文近300篇，出色地完成国家项目“列阵光学”“列阵光学的进一步研究”“863-416光束变换中的关键问题”“改善钕玻璃强激光器的光束质量”“衍射和无衍射原理的研究”，以及省自然科学基金项目20余项。

2006年7月28日，凌晨王绍民教授因突发心、脑血管疾病，在四川与世长辞，享年68岁。

主要著作：

1. 王绍民，林强，伯那毕，等．拦光光学导论——高等矩阵表述［M］．杭州：杭州大学出版社，1991.

2. 林强，王绍民．张量光学——广义光束变换和光束质量［M］．杭州：杭州大学出版社，1994.

3. 王绍民，赵道木．矩阵光学原理［M］．杭州：杭州大学出版社，1994.

4. 王绍民，林强，陆璇辉，等．衍射的本性和新光束激光［M］．杭州：杭州大学出版社，1997.

5. 王绍民，赵道木．矩阵光学［M］．北京：高等教育出版社，2000.

主要论文：

1. 王绍民．光电倍增管时间分辨特性的探讨［J］．物理学报，1962（11）：600–605.

2. 王绍民．火花中光谱激发过程的瞬时观测［J］．物理学报，1962（11）：594–600.

3. 王绍民，王效敬，周祖利．激光准直仪的漂移问题［J］．中国激光，1978，5（1）：12–15.

4. 王绍民．近轴光线的流图分析［J］．中国激光，1979，6（2）：1–5.

5. 王绍民．光束在非轴对称非均匀媒质中传播的传输矩阵和流图结构［J］．中国激光，1980，7（8）：60.

6. 王绍民，王效敬，应成仁，等．高精度激光准直及其可能应用［J］．中国激光，1980，7（3）：54–59.

7. 王绍民，纪际义．激光光束的无象散变换［J］．激光与红外，1980（12）：47–48.

8. 王绍民．相位共轭光腔的失调灵敏度［J］．科学通报，1982（5）：270–273.

9. 王绍民．在非轴对称非均匀媒质中光束的传播问题［J］．中国科学，1981（8）：946–953.

10. 王绍民．相位共轭光腔的基本物理性质［J］．中国激光，1982，9（5）：67.

11. 王绍民．列阵的准位相共轭性质［J］．中国激光，1983，10（8–9）：607.

12. 王绍民，朱精敏，王效敬，等．特厚透镜列阵的综合像及其可能应用［J］．应用激光，1983（5）：27–28.

13. 王绍民，周国生．光学元件列阵综合成像的附加像差［J］．光学学报，1984（12）：1119–1124.

14. 王绍民．片状固体激光器内在的准相位共轭性质［J］．应用激光，1984，4（3）：109–110.

15. 王绍民，林强，陆璇辉 . 非衍射光栅的成像性质［J］. 科学通报，1989（7）：556–557.

16. 王绍民，林强 . 光束质量的物理实质［J］. 量子电子学报，1993（4）：380.

17.Wang S，Bernabeu E，Alda J. Retroreflective properties of a hemispherical surface. Appl Opt.1993，32（22）：4279–4281.

18. 王绍民，潘承志，蔡瑞荣，等 . 二氧化碳激光新光束［J］. 应用激光，1994，14（4）：160.

19. 王绍民，林强 . 光束质量的评价与改善光束质量的可能途径［J］. 杭州大学学报（自然科学版），1994，21（4）：459–460.

20. 王绍民，林强，陆璇辉 .COS 光束的超衍射极限传输［J］. 应用激光，1994，14（2）：49–51.

21. 王绍民，林强 . 零阶 Bessel 光束的存在和演示［J］. 应用激光，1994，14（1）：3–4.

22. 王绍民，林强 .Airy 光束的无衍射特性［J］. 应用激光，1994，14（1）：1–2.

23. 王绍民，赵道木 . 光腔的单程矩阵表述［J］. 杭州大学学报（自然科学版），1995，22（4）：372.

24. 赵道木，王绍民 . 倾斜平板的光线变换矩阵及流图［J］. 杭州大学学报（自然科学版），1995，22（3）：248.

25. 王绍民，林强，廖江红，等 . 半导体泵浦 YAG 倍频激光新光束［J］. 应用激光，1995，15（1）：7.

26. 王绍民，朱精敏 . 百瓦级新光束 CO_2 激光器［J］. 应用激光，1996，16（6）：275–276.

27. 王绍民，陆璇辉，林强，等 . 超高光束质量研究［J］. 强激光与粒子束，1996，8（4）：476–479，780.

28. 王绍民，赵道木，朱九皋 . 受控非线性自聚焦［J］. 应用激光，1996，16（2）：50–51.

29. 王绍民，赵道木，谢先闻 . 一阶贝塞耳光束的存在和演示［J］. 应用激光，1996，16（2）：84.

30. 王绍民，赵道木 . 关于衍射的本性［J］. 物理通报，1997（2）：4–5.

31. 王绍民，林强 . 内腔式高亮度小发散角 CO_2 激光器［J］. 物理，1999，27（1）：51–53.

参考文献

［1］赵道木，张斌智 . 创新之魂：追念浙江大学物理系王绍民教授［J］. 物理，2006，

34（12）：1064–1066.

［2］光华一束照赤心：记杭州大学王绍民教授［J］. 中国高等教育，1998（5）：35–36.

［3］严建培. 新光速激光器的应用前景：访杭州大学王绍民教授［J］. 今日科技，1997（3）：6–7.

中国第三代坦克副总设计师——汤宝骏

1938—2019

汤宝骏，浙江海宁人，坦克设计专家。1961 年，毕业于北京工业学院坦克设计专业，内蒙古第一机械制造厂总工程师。长期从事坦克科研和生产技术工作，是中国坦克工业发展的带头人。曾担任 69-Ⅱ式中型坦克项目总工艺师。1995 年，任中国第三代坦克副总设计师。

汤宝骏，1938 年 9 月 26 日出生在浙江海宁，后随家人迁至山东青岛市。1956 年以优异的成绩考入北京工业学院坦克系，1961 年毕业后，被分配到塞外的内蒙古第一机械制造厂工作。

1961 年，正是我国“三年困难”中期，中苏关系破裂后，苏联单方面撕毁经济技术援华合同，给正在轰轰烈烈建设的我国“一五”期间 156 个重点工业项目带来极大冲击。由于苏联中止了原材料的供给，致使工厂新建成的生产线处于停工的状态。为了摆脱苏联和西方国家的技术封锁，工厂提出自力更生，奋发图强的口号，发动科技人员解放思想，大胆进行技改创新。

汤宝骏在大学学的是坦克设计，到工厂后却直接搞制造技术，一切都从零开始。他毫无怨言，自觉克服工作中的困难，虚心向老技术人员学习，在理论结合实际中不断进步，先后参与了以 69 式系列坦克向 79、80 式坦克为标志的第二代坦克进军的“二・四”会战和“七八・四”会战的工艺技术攻关。

在这期间，汤宝骏脚踏实地，刻苦钻研，在生产实践中不断解决工艺技术难题，受到技术人员和工人们的喜爱，从四分厂一个普通技术员，提升为分厂技术室副主任。由于他善于总结实践经验，较全面掌握了坦克制造工艺技术，1980年又被调至总厂技术处，管理全厂的工艺技术工作。

1981年，正是我国改革开放从探索到全面推进之时，我国对外军贸由原来的无偿援助，转变为有偿贸易。在兵器总公司的领导下，工厂抓住机遇，紧密与北方公司合作，拿下一批又一批外贸合同订单，为国家和企业创造了丰厚效益。

1981年5月，北方公司与国外签订了由工厂生产的2 600辆69-Ⅱ坦克贸易合同。对方要求在69式坦克的基础上增加“三防”系统等共15项重大改进，并要求当年年底交出包括先进的12项改进在内的100辆69-Ⅱ坦克整机，待国外甲方派专家现场检查、试验、验收后总合同生效，其余2 500辆含15项改进的69-Ⅱ坦克于1984年前分批交货，合同价格为近10亿美元。这是工厂，也是我国有史以来最大的一笔军贸合同。但实施这项合同的技术难度非常大，再加工艺审查、工装非标设计制造、协作件配套、自制件生产及部件整机装配等生产时间安排上的问题，项目实施困难重重。为此工厂采取各项措施，设“三师一长”责任制，同时任命汤宝骏为总工艺师，负责工艺技术准备和现场技术问题解决，确保生产不因工艺技术问题卡壳。在全厂万名干部职工的奋战下，这批外贸坦克终于在1984年前全面胜利完成。

此后，汤宝骏紧密配合前期设计工作，在69系列坦克和80式坦克的基础上进行的多项技术改进，研制出85-Ⅱ系列坦克，与国际的同类坦克接轨，使我国外贸坦克进入了一个新的发展阶段，也为工厂后续承接军品外贸任务奠定了坚实基础。

由于在69-Ⅱ坦克技术改进上的突出表现，1984年汤宝骏被工厂选拔为副总工程师。职位和地位的变化，并没有改变汤宝骏埋头工作，钻研技术的品格。他全身心投入到工厂军民品开发与生产工艺技术的完善建设中。人们很少看到他坐在办公室，而是经常深入分厂、车间生产一线，与基层的技术人员一起了解生产中的工艺流程情况及存在的问题。

当时，全国经济改革如火如荼，从乡村到城市改革的浪潮一浪接一浪，而军工企业正处在“保军转民”的转型嬗变中。军品订货锐减，民品开发虽然已取得一些进展，但大多属于技术含量低、规模效益微的产品，还不足以支撑一个大型机械制造企业的生存与发展。

面对严峻形势，刚担任厂长的张俊九，对工厂的发展做出战略思考。他提出工厂必须以科技创新为导向，在厂内遴选出一位全面掌握生产工艺技术的总工程师，负责产品开发制造，才能在市场经济大海里闯出一条新路。经领导班子研究决定，一致推荐副总工程师汤宝骏为总工程师。一开始，汤宝骏极力推辞，他说：“我是搞技术的，不愿意当官，干好自己的技术，在技术岗位上做出成绩就行了。”领导对其晓之以大义：“组织上信任你，让你来全面负责科研与生产工艺技术，带领工厂走出目前的困境。”他才答应下来。

后来的工作证明工厂做出的这个决定是非常正确的，汤宝骏十分胜任这项工作，在这个岗位上持续14年发挥了重要作用。

汤宝骏任总工程师之后，胸怀全局，放眼未来，十分重视新产品的开发和技术储备，认真贯彻工厂制定的“研制一代、生产一代、预研一代”军品发展思路。

这一时期，军民品自主创新研发能力不断提高，改造老产品、开发新产品一路挺进：通过改进提高了整体性能，研制出的79式、80式主战坦克，形成第二代主战坦克系列群；从1986年在80式坦克基础上改进研制的80–Ⅰ坦克，到1988年国家批准定型，命名为ZT88式坦克，再到96式、99式新型主战坦克研制和定型的成功，进入第三代坦克系列时期；利用工厂装甲武器制造优势与北奔重型汽车技术优势，研发出6×6轮式装甲战车；从按外方要求改进成功的60–Ⅱ、80–Ⅱ外贸坦克，到与外方合作研制成功的90–Ⅱ主战坦克。民用产品瞄准关系国计民生的国家重点项目，发挥工厂军工技术优势，开发的重型机械：载重汽车、铁路车辆、工程机械、石油机械等系列产品……开创了工厂科研产品的新局面。

进入20世纪90年代，我国与友好国家的经济技术合作领域更加广阔，某国要求与我国合作生产较先进的主战坦克。在技术状态的方案论证中，大家对有些部件选型意见不一致。一方面是工厂有关技术人员和主管军品外贸的公司趋向于比较成熟、可靠的国外某国方案，以避风险；另一方面是兵总领导机关和工厂倾向使用我国新研制的设计方案。作为工厂总工程师和项目总设计师的汤宝骏，认为我们工厂自身加工能力和技术水平完全可以承接这个项目，他坚持己见。在后来的合同执行中，他始终与外方保持沟通，积极协调、处理好生产加工流程中的工艺技术问题，保证了合作项目的实施，最终保质保量地完成了这批外贸合同，并命名为90–Ⅱ外贸坦克。

1985年汤宝骏作为工厂总工程师参加三代坦克研制工作，并在1995年进入了三代坦克总设计师团队，协助我国三代坦克总设计师祝榆生，负责三代坦克科研设计、试验与试制生产等工艺技术统筹保障工作，其在解决设计与制造的衔接问题，以及解决三代坦克试制与企业日常生产之间的矛盾上发挥了关键性作用。

三代坦克是我国自行研制的新一代主战坦克，属于世界先进水平行列。汤宝骏和副总师团队克服工厂设备老旧、资源不足的实际情况，发扬军工人顽强拼搏的精神，坚持科研与生产两不误，带领工程技术人员日夜奋战，大胆进行了几十项设计改进，同时对工厂工艺制造装配等也进行了多项技术攻关，使我国三代坦克在极其困难的情况下按时通过了设计定型试验。

装弹机是当时世界坦克火炮控制系统的领先技术。在我国第三代坦克研制之初，就被总设计师祝榆生纳入整车设计规划中。当时汤宝骏负责这个项目，为了早日攻克自动装弹机加工工艺技术难关，他多次组织技术人员进行工艺技术攻关，经过多次试验摸索，终于突破自动装弹机技术的难关，解决了其瓶颈问题。

当时三代坦克制造明确了以铸为主，在铸造与焊接技术结合的内装耳轴方案时，汤宝骏却主张采用外贸坦克和二代坦克改进时所用以焊接为主的外装耳轴方案。由于他坚持了这个观点，不仅避免了铸造和焊接工艺过程中的复杂性和不确定性，而且使工厂制造流程更顺畅、更方便，也保证了三分厂焊接和一分厂铸造的均衡生产，从而显现出这个方案良好的工艺性。

三代坦克传动部分是某研究所设计的，当时有的人要把传动项目拿到兵器系统之外的工厂委托加工。汤宝骏知道后极力反对，主张在本厂加工生产。他认为这个项目在工厂生产，不仅仅是一个紧密的设计工艺合作，使设计更合理，而且还促进了工厂的技术改造。他的意见得到兵器集团资金支持，从而提升了兵器系统内企业的工艺技术装备水平。

1998 年，三代坦克在设计定型上暴露出许多问题，汤宝骏和几位厂领导同时受到上级的处分，参与科研设计的技术人员知道后深感委屈。科研人员认为客观原因的存在，出现一些问题在所难免。但汤宝骏还是从大局出发，以大家的气魄在一次会议上说："我们不能总是强调客观，要从主观上找原因，既然上级指出了我们存在的问题和差错，我们必须要面对，不能总认为委屈，要深挖产生问题的原因，知错必改，接受教训。"于是全厂开展了轰轰烈烈的质量大整顿。

1998 年 4 月，上级下达实施"9910 工程"任务，决定三代坦克参加 1999 年国庆 50 周年天安门阅兵。工厂即刻召开动员会，并成立了以厂长郭洪成为总指挥，由副厂长席清发、总工程师高文良、副厂长焦开河、副总工程师吕中武等组成的"9910 工程"指挥部，进入全面迎战准备。此时，也是三代坦克研制定型前的最后冲刺阶段。在北京的试验场，装甲兵的试车人员在试验车中连续发现问题。这些问题的出现，虽属于在研新产品试制过程中的正常范围，但究竟是出在前期设计，还是后期制造？显然，在试验现场需要有一位即了解设计，又熟悉生产制造工艺技术，且对全系统有协调监控能力的人。

谁来担此重任？时任兵器集团总公司总经理张俊九、总工程师兼兵科院院长曹德胜与工厂厂长郭洪成一致认为汤宝骏工作认真负责，技术精湛，选派他赴京继续履行副总师一职最为合适，当即决定汤宝骏继续留任三代坦克副总师职位，坐镇北京试车场。到北京后，汤宝骏先住招待所，但因距工作地点远，且脾胃不好，饮食和出行均不方便，长此以往，不堪承受。为了就近解决三代坦克在部队训练中出现的技术问题，工厂为 61 岁的汤宝骏在北京农科院附近租了一间房子，让他夫人随身照顾。在汤宝骏的主持下，阅兵村试车训练现场再没有发生过大的问题，从而保证了三代坦克和 96 式坦克顺利参加天安门阅兵，参阅的三种装备还分别获得阅兵指挥部的金、银、铜奖。汤宝骏等领导被记功受奖。1999 年底，三代坦克经过 15 年的艰辛研制，终于通过设计定型，12 月 25 日定型为 TWT99 式主战坦克。

汤宝骏还领导工厂的科技人员，在借鉴我国第三代主战坦克和国外先进国家技术的基础上，经过初样车、四台正样车设计改进和国外试验考核，成功地研制出我国第三代具有世界先进水平的MBT-2000系列外贸坦克。产品先后销往巴基斯坦、摩洛哥、缅甸、孟加拉等国，期间他经历了多次艰苦卓绝的谈判和技术论证工作，而这其中试制生产过程都由随之建立起来的新的制造工艺技术来保证。

在重大技术问题决策上，汤宝骏敢于直言，能坚持自己正确的观点，从不附和，更不推诿。但对科研工作中的失误或差错却善解人意，正确对待，给予鼓励。他认为无论设计方案可行与否，都要通过试验来验证，科研试验的过程就是在反复纠错中改进提高的过程，没有差错就发现不了问题，何谈进步？

在三代坦克总体设计过程中，祝榆生总工程师为了给这个重型坦克减重，让负责总体项目的副总设计师杜惠昌指导设计人员重新设计了履带板。后来在试验中发现这种履带板有断裂现象，又即刻改了回来。当时，工厂调度长认为这是瞎折腾，把杜惠昌等人骂得“狗血淋头”，但作为总工程师的汤宝骏不但不为难参与的科研人员，反而安慰他们说：“坦克减重是不是要从履带板着手，这要通过试验才能知晓，现在搞明白了，我们可以再探索其他途径和解决方法。”

作为工厂科研战线的总指挥和领军人物，汤宝骏可谓位高权重，但他并不是高高在上，而是坚持到科研最前线与广大科研人员并肩战斗。凡有重大科研试验项目，他都主动承担。当时年近60岁的他，虽然身体羸弱，却长年奔波于寒区、热区、高原等环境恶劣的坦克定型试验场地。他亲临前线，亲自指挥，及时发现问题，分析原因，安排技术人员迅速解决问题，胜利完成了一次又一次试车任务。

有一次，装甲兵接车部队在检验跑车后，发现一台变速箱结合面渗出少量油迹。部队提出意见后，排除故障的同志检查后认为这个问题不大，可以忽略。当时运送坦克的平板车已经进厂，留给处理问题的时间不多了。在发车现场，时任质量保证部部长的李尚明当即电话请示汤宝骏后，汤宝骏指示：“不能出厂，一定要查清楚原因。”结果打开变速箱一看，果然在变速箱结合面有一条浅浅的划痕。故障排除后，汤宝骏指示李尚明等质量保证部的同志：“质量问题不能有半点马虎。我们的产品上战场关系到战士的生命。”

汤宝骏是一位负责任、有使命感的领导。从他担任总工程师起，就按照工厂人才培养总体计划和相关政策开始谋划科技人才的培养和队伍建设，注重建设一支梯队式的后继科技人才队伍，经他培养和提拔的人才后来许多都成为集团技术骨干。

高文良替任汤宝骏担任总工程师。作为北京大学无线电物理专业的高才生，高文良在科研技术方面遇到疑难问题时，善于用逆向思维来分析判断问题，提出与别人不同的解决方案。

焦开河是当时共青团中央组织的全国青年岗位成才“五小发明”的获得者，后来迅速成长为工厂技术处副处长、副厂长、集团公司总经理，直至被选为第十届全国人民代表大会代表。

冯益柏是继高文良之后集团公司高层董事和分管科技工作的副总经理，还是8×8轮式战车及轮式系列装甲车辆的总设计师、VT-4外贸主战坦克的总设计师，中国兵器首席专家，并获得全国“五一劳动奖章”。

白晓光先后担任集团公司科研所所长、总经理助理、副总经理，北方创业公司总经理，集团公司总经理、董事长党委书记，是全国第十一届人民代表大会代表。

汤宝骏淡泊名利，生活简朴。在荣誉和利益面前从不伸手。他多次在厂领导班子召开的民主生活会上说：“我们厂在科研技术方面取得的成果是大家共同干出来的，荣誉属于大家，我们领导干部不应把荣誉看得太重。”所以，即使他亲自主持的技术项目获了奖，他也会推给别人。

汤宝骏晚年患病期间，他还关心和关注着我国的坦克事业的发展，常有年轻后辈科研人员登门拜访，汲取经验，咨询坦克技术问题。使他欣慰的是，他亲眼看到了近年来我国坦克事业的蓬勃发展，科研技术后继有人，年轻的科研团队不断吸收应用新技术，研发出新坦克。在装备我军的同时，纷纷在国内外各种大型军用装备展览和国际军用装备比赛中亮相，并取得佳绩。

2019年10月30日8时36分，与疾病抗争多年，时年81岁的汤宝骏溘然离世。

主要专著：

郭春生，汤宝骏，孙继明，等．汽车大型覆盖件模具［M］．北京：国防工业出版社，1993.

参考文献

［1］中国军事百科全书编审委员会，中国军事百科全书军事技术2［M］．北京：军事科学出版社，1997.

［2］胡剑铭．三代坦克副总师汤宝骏：把一生献给壮丽的军工事业［EB/OL］．http://www.sx198.com/NewsView_147097.html，2019-12-20.

三峡工程设计总工程师——王家柱

1939—2003

王家柱，浙江海宁人，中共党员，著名水利水电专家，教授级高级工程师。长期从事长江流域开发治理和大型水利枢纽工程设计和施工。曾参加葛洲坝工程设计施工全过程，主持大江截流设计，为施工组织设计和现场设计负责人之一。1986年后，任长江水利委员会总工程师，全面主持长江水利委员会的技术业务工作，组织领导了三峡工程所有重大问题的研究和决策。2003年，被推荐为中国工程院院士候选人。

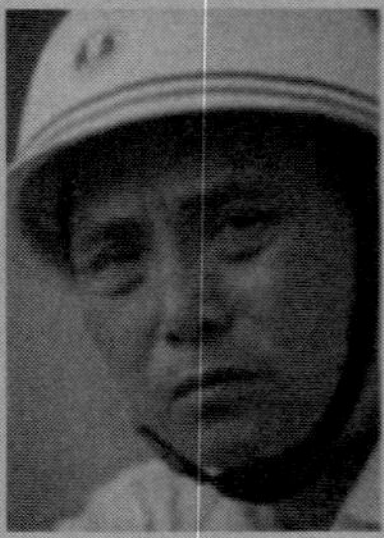

王家柱，1939年8月出生于浙江海宁，父亲是店员，母亲是农民。王家共有兄弟三人，大哥王家栋，是中华人民共和国早期的外交官，抗美援朝结束后板门店谈判时，作为中方首席英文翻译官。弟弟王家根，1960年参军，1980转业到国家商业部工作。

王家柱从小就热爱学习，周围凡是能够找到的书都被他翻过读过。1954年，他考入杭州一中。自从知道三峡工程是中国人的强国梦之后，青年时代的王家柱便怀着“到三峡去挑土也是好的”的理想投考清华大学水利系并于1957年顺利考入。在清华大学严谨的治学思想和自强不息、厚德载物校训的熏陶下，造就了王家柱深厚的理论功底、扎实的工作作风和报效祖国的坚定信念。1963年2月，大学毕业的王家柱怀着对祖国江河的无限热爱，带着建设三峡、开发长江的追求，来到长江流域规划办公室工作。

在这里，王家柱一干就是40年。他先后参加了陆水、彭水、乌江渡、虎跳峡、万安、葛洲坝、隔河岩、三峡等大型水电工程的规划、设计和施工，以及长江流域综合利用规划、南水北调中线规划、长江中下游防洪规划和历年长江防洪调度的研究方案，参加和主持了三峡工程的论证、设计和科研工作。

1970年，中央决定兴建长江葛洲坝水利枢纽，为兴建三峡工程做准备。王家柱奉命长驻葛洲坝工地进行前方施工设计。他经历了葛洲坝工程建设的全过程，参与主持制定了多个导截流方案和围堰设计，并首次在国内采用纵向钢板桩围堰；大江混凝土块体钢筋笼块石护底，单线堤立堵双向端进截流；大江上游两道混凝土防渗墙围堰等重大技术问题的解决方案。在一期工程施工中，组织研究制定了施工组织设计、基础开挖、国内首次应用的混凝土浇筑7℃工程、基础处理、金属结构安装等重大技术问题的解决方案，这些方案和措施都在葛洲坝工程的建设中得到了贯彻实施，为我国首次在葛洲坝截断长江，确保长江葛洲坝工程顺利建设做出了重大贡献。由他主持的葛洲坝大江截流设计荣获国家优秀设计金质奖章。作为葛洲坝建设功臣之一，王家柱还因此荣获了国家科技进步特等奖以及多项科技奖励，并被首批选拔评审为教授级高级工程师。

1986年7月，原水电部任命王家柱为长江水利委员会总工程师。1993年8月，国务院任命王家柱为长江委副主任。在此期间，他参与组织、主持了长江委承担的《长江流域综合利用规划报告》的修订及编制工作。该报告于1990年9月经国务院原则批准，成为长江流域第一部经国家批准的法规。王家柱在编制南水北调中线工程规划，编制长江防洪规划，开展长江上游水土保持、长江水环境保护和承建长江流域众多的水利枢纽工程中发挥了重要的作用。

王家柱在长江水利委员会最具辉煌的一页和最能体现他知识才华和领导技术水平的是他参与组织实施的新的长江三峡工程可行性研究报告的编制和配合中央对长江三峡工程进行重新论证。1983年，长江水利委员会提交了长江三峡工程150米方案的可行性研究报告，同年5月，国家计委组织审查，并审议通过了这一方案。1986年，在长江水利委员会党组领导下，王家柱组织带领长江水利委员会科技工作者全力以赴投入到配合中央进行三峡工程重新论证工作中。在集思广益的基础上，他亲自撰写了新的《长江三峡工程可行性研究报告》，配合原水电部组织的412位专家14个专题组，完成了重新论证报告。推荐正常蓄水位为175米，坝顶高程185米，“一级开发，一次建成，分期蓄水，连续移民”的方案。论证报告及可行性报告经中央审查同意，由国务院向人大提出兴建三峡工程的议案。1991年8月30日，宋健主持关于三峡工程环境影响研究补充报告，王家柱担任水利部门首席科学家，与科技人员连续奋战3个月，使补充报告于1992年1月24日通过水利部预审，2月27日，通过国家终审；4月3日，全国人大顺利通过了《关于兴建长江三峡工程决议》。至此，中华民族兴建三峡工程由梦想变为现实。

1994年12月，长江三峡工程破土动工，身为长江水利委员会副主任的王家柱同志兼任三峡工程开发总公司副总经理，主管技术与设计工作。受命后，王家柱不顾已检查出来的身体不适，毅然奔赴三峡建设第一线，这一去又是整整10年。调任中国三峡总公司副总经理是王家柱人生的重大转折，三峡工程的10年建设是王家柱事业的顶峰，也是生命透支的10年。

在这10年中，王家柱同志与三峡工程开发总公司“一班人”共同精心组织了三峡工程这一世界上最大的水利枢纽的建设。他以高度的责任感和使命感，承担着三峡工程建设“设计总工程师”的重任。

他参与和组织领导了三峡工程所有重大问题的研究与决策，建立并完善了三峡工程的技术决策体系和质量控制保证体系。他成功解决了大江截流和二期深水围堰填筑、双线五级船闸高边坡开挖和稳定、特高强度混凝土浇筑和温度控制、世界最大的水轮发电机组设计制造等重大技术难题，保证了三峡工程的顺利进行。他结合砂石料源的选择，主持设计和研究了以公路为主、水运为辅的对外交通运输方案；他主持设计研究了在新淤砂层上修建一期土石围堰的课题，确保了工程进度，节约了6 000多万元的投资；他主持研究了大江截流水下平抛垫底的施工方案，为龙口提前合龙、大江截流圆满成功奠定了基础；他主持研究了二期深水围堰施工方案和施工工艺，确保了深水围堰在一个枯水期内高质量地建成并正常运行；他主持研究了通航建筑物下游引航道水下开挖改为干地开挖的方案，节省投资多达2.7亿元；他主持研究了混凝土施工中大规模采用风冷预冷骨料新工艺，并辅以其他综合措施控制混凝土温度，突破了高温季节浇筑混凝土的风险，有效地提高了混凝土施工质量。

今天看来，许多问题已不成问题，可在当时，皆是世界级的难题。这些难题虽有全国的专家共同研究，但最后拍板的是王家柱，况且专家们的意见也并不完全一致，决策仍然充满风险。

所以每每成功之后，王家柱总是讲：“水电工程是集体工程，是无数设计、施工、监理、技术管理人员共同创造的成果，个人的力量非常有限。”王家柱为三峡工程做出了如此重大的贡献，但涉及荣誉时他却始终保持谦虚的作风。他说：“未来的路很长，工作千头万绪，就我个人而言，主要是尽心竭力协助总经理搞好设计与施工、科研与施工的协调和管理，确保设计有依据，施工有图纸。”

多年来，王家柱为建立和健全三峡工程质量管理体系呕心沥血。在他的组织和参与下，建立和健全了三峡工程的设计质量控制制度；建立和健全了施工监理、设备监造制度；建立和健全了水情测量、试验，安全监测，金结测试等5个中心；编写和颁发了90多个有关土建、金结及机电设备制造安装的质量标准和技术规范；建立并完善了由工程参建各方分工负责的质量检查监督机构；成功地运用了信息技术和进度网络技术，提高了三峡工程建设管理水平。

长江水利委员会的人都知道，王家柱视质量为三峡工程的生命，从不放过每一个质量问题。王家柱要求他们扎实地做好基础的调查研究，把更多的精力和注意力放在现场。

“理论计算、设计图纸，必须建立在准确可靠的基础研究之上，如果现场的情况不准确，再好的设计也是白费。虽然兴建三峡工程极其必要极其紧迫，但我们提出的可行性报告必须有严格的科学基础，经得起历史的检验。”据长江勘测规划设计研究院统计，王家柱在长江水利委员会工作40年，在野外、工地计有36年。而一回到办公室，他也总是拼命地挤时间。中国工程院院士郑守仁回忆：“在重新论证三峡工程的那些年，很多时候他在办公室过夜，天天吃食堂。为了不用排队，他总是最后一个去，食堂工人见他买了饭便可放心收工了。”给他开过十年车的司机朱金林说：“王家柱常常以乘车为休息，上车十分钟他就入睡。”

全国政协原副主席、水利部原部长钱正英和中国工程院院长潘家铮，在联合署名的《荣誉属于你，三峡人！》一文中是这样评价王家柱的：“王家柱同志是为三峡工程做出技术贡献的最有代表性的人物。”王家柱同志“是作为一个顶天立地的三峡人的代表”三峡工程开发总公司称赞王家柱为“水电战士楷模，三峡精神的丰碑”；长江水利委员会曾把王家柱同志作为中国治水人的优秀代表搬上电视屏幕。

自2001年12月以来，王家柱身体明显感觉不适，但此时三峡工程混凝土浇筑正处于高强度施工阶段，金结、机电安装也渐入高峰，施工恰逢二期向三期转移的关键时刻，加上2002年初，三峡大坝上游迎水面出现表面裂缝，引起中央领导高度重视，海内外媒体密切关注。这一切给了王家柱巨大的压力，他不顾羸弱的身体邀请专家咨询，分析裂缝产生的原因和机理，研究制订处理方案并督促现场施工以及向国务院领导汇报。

2002年3月12日，在总经理碰头会上，王家柱再次鼻腔出血，经李永安副总经理及在场领导极力督促，他才前往医院检查。经查，确诊为多发性骨髓瘤晚期。因病情恶化，王家柱同志由武汉协和医院转入北京协和医院。王家柱病重住院期间，时任国务院副总理吴邦国、全国政协副主席钱正英等领导同志对他的病情都十分关心。钱正英同志还亲自帮助安排专家抢救王家柱。

在病床上，他仍然不忘三峡工程建设，关注着长江治理开发工作，领导、同志们的探望几乎成了工程施工设计、技术商谈会。2002年11月，长江三峡导流明渠截流前夕，王家柱通过电话指示长江水利委员会设计负责人要注意长江上游水情水文信息变化，重新校核导流底孔过流系数及设计富余量，确保截流万无一失。根据长江来水情况和施工准备情况，长江三峡工程导流明渠截流定在2002年11月6日。确定时间后，王家柱便开始准备赶赴现场，出谋划策。但由于化疗刚刚结束，免疫力指标很低，医院没予放行，随后数天他长吁短叹、烦躁异常，但一说回工地，他精神马上来了，走路的步子也轻快。明渠截流成功仅过三天，身体稍一好转，王家柱不顾医生的劝阻，执意回到三峡工地，那是他生命的最后阶段，也是最开心的日子，看现场，听汇报，做笔记，他完全忘了自己是个靠注射“增白”（细胞）针提高免疫力的重病号。在看望一线设计工作者时，他反复叮嘱设计人员："三峡工程建设要视质量为生命，如果三峡工程建设出了差错，对不起党，对不起人民。"此次三峡之行，前后16天，这是他生病后第一次，也是最后一次回三峡。

2003年7月16日，王家柱的病情陡转直下，呼吸开始出现衰竭，告病危，靠气管插管、呼吸机辅助呼吸。2003年9月14日，王家柱带着对三峡的热爱和眷恋，永远离开了我们，年仅64岁。

王家柱生前常说他自己是一个"幸运的人"，既长期从事三峡工程设计和研究，又亲自参加三峡工程建设。当他在病重期间从电视中看到三峡的消息时，眼中时常噙着泪水，不止一次地感叹，没有站完最后一班岗。

王家柱在长江水利委员会工做了40年，堪称是勤政为民、真诚待人、作风正派、生活俭朴的典范。中国工程院院士郑守仁回忆说："王家柱担任长江水利委员会领导后，仍坚持骑车或步行上班，他不接受任何无端由的吃请，更不参与公款娱乐消费。"曾担任王家柱秘书的孙长平回忆说："他拒绝任何希望承包工程的单位送来的礼品，一切按招投标制办事，不给有非分之想的人任何幻想。但职工有什么困难，他知道了总是尽力帮忙。长江水利委员会设计院有一位技术骨干夫妻两地分居，他奔波武汉宜昌两地，帮助解决了多年的难题。"2002年年底，王家柱搬家时，他将使用过的长江水利委员会配发的一部办公电话机，专门请身边的人上交长江水利委员会，不占公家一点儿便宜。这，就是有着理想、有着深厚同情心、有着强烈正义感，穷不失义，达不离道的王家柱。

王家柱生前曾说："我参加三峡工程设计研究已逾30多年，是历史的机遇给我参加实际工程建设的机会，我在深感荣幸的同时，更感到责任的重大。在有生之年，决心继续为三峡工程建设尽心尽力。作为三峡工程建设者中承上启下一代中的一员，既要接好班，又要交好班，建设好三峡工程，为中华民族的腾飞，为子孙后代造福。"

主要专著：

王家柱．导流与截流［M］．北京：水利电力出版社，1995.

主要论文：

1. 王家柱．葛洲坝工程大江截流设计的基本经验教训［J］. 人民长江，1981（5）：1–10，27.

2. 王家柱，魏璇，罗承管．三峡工程施工组织设计若干技术方案的研讨（一）［J］．人民长江，1986（6）：18–27，39.

3. 王家柱，魏璇，罗承管．三峡工程施工组织设计若干技术方案的研讨（二）［J］．人民长江，1986（7）：8–16.

4. 王家柱．三峡建库对重庆市的影响及主要对策［J］．人民长江，1992（12）：46-53，58.

5. 王家柱．三峡工程设计中的几个重大问题［J］．国际水力发电，1994，46（8）：8-14.

6. 王家柱．三峡工程大江截流实施中的几个主要技术问题［J］．中国三峡建设，1997（12）：6-9.

7. 王家柱．大江截流施工方案及主要施工难点［J］．中国三峡建设，1997（10）：10-11.

8. 王家柱．三峡工程大江截流若干重大问题的研究和决策［J］．中国三峡建设，1997（2）：1-4.

9. 王家柱．长江流域环境治理和三峡工程［J］．中国三峡建设，1998（5）：1-4.

10. 王家柱．长江流域环境治理和三峡工程（续）［J］．中国三峡建设，1998（6）：7-8，14.

11. 王家柱．二期横向围堰工程的几个主要技术问题［J］．中国三峡建设，1999（5）：4-7，14.

12. 王家柱．测绘和监控新技术在三峡工程中的应用［J］．中国三峡建设，2001（9）：1-2，8.

13. 王家柱．2002 年三峡工程建设难度和阶段验收［J］．中国三峡，2002（2）：16-18.

参考文献

［1］《中国三峡建设年鉴》编纂委员会．中国三峡建设年鉴 1994［M］．北京：中国三峡出版社，1995.

［2］长江年鉴编纂委员会．长江年鉴 2004［M］．长江年鉴社，2004.

著名建筑结构专家——徐有邻

1943—2017

徐有邻，浙江海宁谈桥人，中国著名建筑结构专家，中国建筑科学研究院建筑结构研究所研究员、研究生导师。1966年，毕业于清华大学土建系。1990年，获清华大学工学博士学位。其长期从事混凝土结构基本理论及工程应用研究，组织领导了多项工程建设标准规范的编制工作。在钢筋与混凝土黏结锚固、混凝土结构用钢筋、混凝土结构裂缝控制、建筑结构构件试验检验、预制构件及叠合结构工程应用、混凝土施工质量验收等领域做出了重要的贡献。

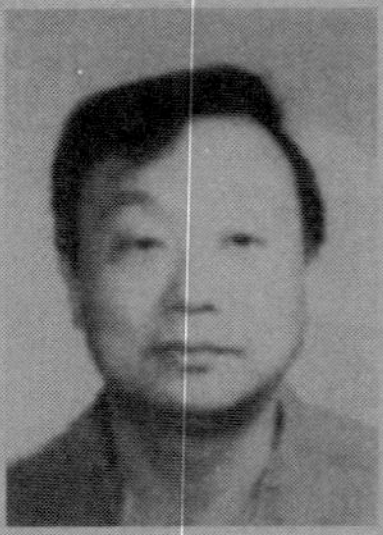

徐有邻，1943年4月16日出生于四川泸州，祖籍浙江海宁谈桥乡。自出生以后，徐有邻便随家人辗转全国各地，于1952年回到阔别已久的故乡海宁，并寄居于姑父王和伯（省级名中医）家中，在硖石渡过了5年光景，分别在硖石亚东小学和海宁一中完成了小学和初中教育。

徐有邻父亲徐恺廷毕业于浙江大学高工机械科，是家族中第一个接受新式教育并从事科技工作的成功者，是徐有邻最初崇拜的偶像和学习的榜样。

“我从小就对父亲怀着敬畏、崇拜的心理。敬畏是因为他为人严肃，从不溺爱和娇惯我们；崇拜是因为他所从事的科学技术工作神秘而有趣。”让徐有邻印象最深的是：“文化大革命”时期，父亲白天在单位受到批斗，晚上回家还伏案工作，用丁字尺、三角板制图。“父亲是我终生最崇拜的对象。可以说，我的一生就是追随先父留下的足迹前行，不同的只是我比较幸运而已。”

在徐有邻求学道路的选择和对事业的追求上，无不印刻着两位兄长的影响。

堂兄徐贻璜一岁丧父，十岁丧母，依靠祖母抚养长大，靠自学考入海宁一中（初中），并在两年后考入堪称江南第一的国立上海中学（高中），1951 年考入清华大学，成为家族中的第一个清华学子。哥哥徐孝蔚循着堂兄的足迹，也考入上海中学、清华大学。

徐有邻曾在初二暑期，跟随哥哥到清华大学体验校园生活。那绿荫簇拥中的古典建筑，鸦雀无声的图书馆教室，背着书包匆匆而过的年轻学子，甚至每天傍晚响彻校园的优美音乐，都让徐有邻羡慕不已，心向往之，他下定决心：此生非清华大学不上。

1957 年 7 月初中毕业后，徐有邻考入北京市第十五中学。刚从“乡下”来到大城市的“小南蛮子”并不被人看好，然而三年下来，徐有邻的成绩已令人刮目相看。1960 年他以优异的成绩毕业，获得了北京市优秀学生的银质奖章，并顺利考入清华大学土建系。

在清华大学，徐有邻努力培养自学和独立解决问题的能力。到高年级后，徐有邻被学校选中“因材施教”，即进行老师指导下的自学和写读书笔记，1965 年起便开始参与国家重要项目的科学研究并取得了优良的成绩。毕业前一年，由于成绩突出，徐有邻受到众多教授的赏识，他决定继续留在清华攻读硕士学位，可是 1966 年毕业前夕，恰逢“文化大革命”爆发，一切都成为泡影。徐有邻被下放到太行山区的三线工地接受“再教育”，成为一名混凝土工人。

从参与科研的优秀学子到被改造的混凝土工人，成天在工地从事简单而繁重的体力劳动，其中的落差堪比太行山的高峰。徐有邻感到郁闷和失落，把专业书扔在一边，深感命运不公，抱怨自己被屈才，心情始终郁结而难以释怀。

此时，身处逆境的父亲仍不停地鼓励徐有邻不要灰心，不能沉沦。父亲告诫：中国发展迟早还是需要科学技术人才的。他要求徐有邻坚持学习，起码可以自学英语。迫于形势和条件，徐有邻未能接受。

徐有邻每次回京省亲，总要回母校清华大学拜会老师，尽管当时老师们的境况也十分困难。一次徐有邻去探访老师，师母被下放外地，老师自带一个儿子，卧病在床。来开门的是年幼的儿子，连招待的一杯开水都拿不出来。老师躺在床上，显得很憔悴。但床头一摞书表明他仍手不释卷地在孜孜苦读。一提到他所专注的科研专题，原本病中的老师突然眉飞色舞起来。“在那样的逆境中依然矢志不忘对事业的追求，我感到惭愧并深深地自责，决心不再放任自己了。”徐有邻深沉地回忆，“在蛰居困境，蹉跎岁月的十年里，师长们的自强不息成为我不甘消沉的精神支柱。”

1978 年，噩梦一般的“文化大革命”终于走到了头，国家开始恢复招收研究生。在极其艰苦的条件下，付出比常人多出几倍的努力，徐有邻终于重新迈进清华校门。徐有邻珍惜这来之不易的机会，很快进入科研状态，压抑已久的创造欲望得以发泄。1981 年，徐有邻获得硕士学位，被分配到中国建筑科学研究院建筑结构研究所规范室工作，1982 年，被评为工程师，1987 年任规范室副主任。

现代科学技术迅速发展使徐有邻深感自己的不足，决心再度深造。1987年，他第三次投考清华大学并被录取为博士研究生，1990年获得博士学位（学位论文《变形钢筋——混凝土黏结锚固性能的试验研究》），同年被评为高级工程师，1996年被评为研究员。2000年，徐有邻受聘为清华大学土木工程系兼职教授，2005年任清华大学土木水利学院土木工程专业的教学督察员，同时还受聘为同济大学、浙江大学、郑州大学等多所知名高校的客座教授。

徐有邻曾兼任国家建筑工程质量监督检验测试中心技术室副主任，中国工程建设标准化协会理事，中国工程建设标准化协会混凝土结构标准技术委员会秘书长、主任委员，中国工程建设标准化协会建筑物鉴定与加固标准技术委员会委员，中国建筑业协会工程建设质量管理分会理事，《建筑结构》杂志编委等职务。

徐有邻作为我国混凝土结构与工程建设标准领域的知名学者，长期从事混凝土结构基本理论及工程应用研究，组织、参加了多项工程建设标准规范的编制工作。在钢筋与混凝土黏结锚固、混凝土结构用钢筋、混凝土结构裂缝控制、建筑结构构件试验检验、预制构件及叠合结构工程应用、混凝土施工质量验收等领域做出了重要的贡献。

徐有邻在混凝土结构理论研究和科研发展方面具有独到的见解和超前的眼光，他在混凝土黏接锚固方面的系统研究为我国混凝土结构设计规范的编制提供了技术依据和宝贵的研究资料，他在该领域的研究论文被广泛引用，成为该领域的主要参考文献；他多年从事高强钢筋的研究与标准化工作，为我国400兆帕、500兆帕高强钢筋的推广应用奠定了基础；他在预制预应力混凝土构件与叠合构件领域的研究与工程推广经验，为有关规范、国家标准图集的编制与工程应用提供了可靠的依据。

徐有邻先后参与我国混凝土结构规范第一至第三批系列课题研究，组织并亲自参与了第四、第五批课题研究工作，研究成果成为混凝土结构设计工程设计及规范编制的重要依据。

徐有邻作为主编人组织了1989版《预制混凝土构件质量检验评定标准》、2002版和2010版《混凝土结构设计规范》、2002版《混凝土结构施工质量验收规范》等国家标准的编制，并参与了《建筑工程施工质量验收统一标准》《建筑工程裂缝防治技术规程》等标准编制，参与了《混凝土结构工程施工规范》《装配式混凝土结构技术规程》《装配式混凝土建筑技术标准》等标准的审查工作，为我国混凝土结构领域标准规范的发展做出了卓越的贡献。

徐有邻在工程检测及裂缝防治方面也取得了丰硕的成果，处理了全国各种工程事故和工程问题百余起，并撰写成相关著作。2008年，汶川地震后，徐有邻同志作为首批专家第一时间赶到灾区现场，冒着余震风险积极参与抗震救灾工作，并代表行业参与了国务院有关协调会议。

徐有邻主要科研奖项有：1981—1986年，主持的“钢筋混凝土黏结锚固试验研究”获建筑研究院科研成果一等奖；1982—1989年，参与编制“混凝土结构设计规范”，获国家科技进步二等奖；1985—1990年，主编“预制混凝土构件质量检验评定标准”，获建筑研究院科研成果三等奖；1987—1990年，参与的“400兆帕级钢筋应用技术研究”，获冶金部科技进步二等奖、国家科技进步三等奖。

徐有邻先后出版专著20余本，主要有：《混凝土压弯构件复合强度的试验研究》《变形钢筋——混凝土黏结锚固性能的试验研究》《预制构件结构检验及混凝土强度评定》等。发表论文200余篇，主要有：《钢筋砼黏结锚固性能的试验研究》《钢筋与混凝土的黏结锚固强度》《聚苯模板混凝土墙结构与应用》等。

徐有邻既是优秀的学者，也是杰出的师长。他先后培养研究生10余人，并广泛参与各项标准规范、工程技术的培训工作，从20世纪90年代至今，在全国累计培训学员达万人以上。

徐有邻一生勤奋好学、乐于探索，对科研与标准规范工作求真务实、勇于创新，并严谨细致、孜孜不倦。2003年退休后仍长期参与各项研究与标准规范制订和修订工作，整整“为祖国健康工作50年”。

2017年7月4日11时，徐有邻因病医治无效在北京逝世，享年74岁。在与病魔抗争的最后几个月里，他仍舍不下毕生为之奋斗的事业，还多次提到早日再回到工作第一线，他的乐观精神和对工作的热情，值得我们每一个人学习。

主要著作：

1. 徐有邻，韩素芳 . 预制构件结构检验与混凝土强度评定［M］. 北京：地震出版社，1993.

2. 徐有邻，陈一鸣 . 预制混凝土构件质量检验评定指南［M］. 北京：中国建筑工业出版社，1994.

3. 徐有邻，周氏 . 混凝土结构设计规范理解与应用［M］. 北京：中国建筑工业出版社，2002.

4. 徐有邻 . 建筑工程施工质量验收统一标准理解与应用［M］. 北京：中国建筑工业出版社，2003.

5. 徐有邻，吴晓星 . 滚轧直螺纹钢筋连接技术应用指南［M］. 北京：化学工业出版社，2005.

6. 李明顺，徐有邻 . 混凝土结构设计规范实施手册 GB 50010-2002［M］. 北京：知识产权出版社，2005.

7. 徐有邻，程志军 . 混凝土结构工程施工质量验收规范应用指南［M］. 北京：中国建筑工业出版社，2006.

8. 徐有邻．汶川地震震害调查及对建筑结构安全的反思［M］．北京：中国建筑工业出版社，2009.

9. 徐有邻，顾祥林．混凝土结构工程裂缝的判断与处理［M］．北京：中国建筑工业出版社，2010.

10. 徐有邻．混凝土结构设计原理及修订规范的应用［M］．北京：清华大学出版社，2012.

11. 徐有邻．混凝土结构设计规范理解与应用 GB50010-2010［M］．北京：中国建筑工业出版社，2013.

12. 徐有邻，巩耀娜．标准体制改革及强制性条文的理解与应用［M］．北京：清华大学出版社，2015.

13. 徐有邻．《混凝土结构工程施工质量验收规范》理解与应用［M］．北京：清华大学出版社，2017.

主要论文：

1. 徐有邻．预制构件结构性能检验的合理加载程序［J］．混凝土，1986（5）：9-17.

2. 徐有邻，何成杰．简支梁支座钢筋的锚固长度［J］．建筑技术通讯（建筑结构），1987（2）：11-14.

3. 徐有邻，沈文都．钢筋外形对黏结性能的影响［J］．工业建筑，1987（3）：26-30.

4. 徐有邻，史志华．预应力钢丝张拉应力的抽测结果及分析［J］．混凝土，1987（4）：19-22.

5. 徐有邻，邵卓民，沈文都．钢筋与混凝土的黏结锚固强度［J］．建筑科学，1988（4）：8-14.

6. 徐有邻．预制构件结构性能检验若干问题的再讨论［J］．混凝土及加筋混凝土，1989（1）：2-6.

7. 徐有邻．预制构件的结构性能试验方法［J］．混凝土及加筋混凝土，1989（5）：17-20，28.

8. 徐有邻．混凝土构件承载力评定的检验方法［J］．建筑科学，1990（3）：56-62.

9. 徐有邻，陈一鸣．预制混凝土构件尺寸偏差的检验与评定［J］．混凝土，1992（3）：7-13.

10. 徐有邻，陈瑜．扩建改建工程中原有建筑物的结构检测和鉴定［J］．建筑技术，1992（3）：151-154.

11. 徐有邻．预制混凝土构件结构性能试验［J］．混凝土，1993（2）：3-11.

12. 徐有邻 . 钢筋搭接传力性能的试验研究［J］. 建筑结构，1993，23（4）：20–25.

13. 徐有邻 . 非标准预制构件的结构性能检验［J］. 混凝土，1993（5）：4–8.

14. 徐有邻，姜红，郭少先 . 双钢筋叠合楼板结构性能的检验［J］. 建筑技术，1993（12）：727–730.

15. 徐有邻，沈文都，汪洪 . 钢筋砼黏结锚固性能的试验研究［J］. 建筑结构学报，1994，15（3）：26–37.

16. 徐有邻，徐天爽 . 预应力屋面梁侧弯曲的检测和处理［J］. 工业建筑，1995（4）：30–34.

17. 徐有邻 . 各类钢筋黏结锚固性能的分析比较［J］. 福州大学学报（自然科学版），1996，24（A1）：71–77.

18. 徐有邻，姜立，宇秉训，等 . 冷轧扭钢筋受力性能的试验研究［J］. 建筑科学，1996，12（1）：3–10.

19. 徐有邻，宇秉训，朱龙，等 . 钢绞线基本性能与锚固长度的试验研究［J］. 建筑结构，1996，26（3）：34–39.

20. 徐有邻 . 并筋黏结锚固性能的试验研究［J］. 建筑结构，1996，26（5）：34–37.

21. 徐有邻 . 钢筋混凝土黏滑移本构关系的简化模型［J］. 工程力学，1997，14（A2）：34–38.

22. 徐有邻，李怀芝 . 房屋中预应力圆孔板板端横裂的检测处理［J］. 混凝土，1997（2）：47–52.

23. 徐有邻，宇秉训，朱龙，等 . 钢绞线预应力传递性能的试验研究［J］. 建筑结构，1997，27（3）：26–30.

24. 徐有邻，谢铁桥 . 螺旋肋钢丝预应力传递性能的试验研究［J］. 混凝土与水泥制品，1998（1）：32–35.

25. 徐有邻，刘立新，管品武 . 螺旋肋钢丝黏结锚固性能的试验研究［J］. 混凝土与水泥制品，1998（4）：24–29.

26. 徐有邻，刘立新，曾德贵，等 . 环氧涂层钢筋黏结锚固性能的试验研究［J］. 建筑结构，1998，28（6）：16–19.

27. 徐有邻，刘立新，申爱兰，等 . 冷轧扭钢筋力学性能与工艺参数的试验研究［J］. 建筑技术，1998（8）：541–544.

28. 徐有邻 . 住宅建设与混凝土预制构件［J］. 施工技术，1998（12）：13–15.

29. 徐有邻，邸小坛，刘立新，等 . 玻璃纤维水泥砂浆墙体加固抗剪试验研究［J］. 建筑科学，1999，15（2）：17–22.

30. 徐有邻，刘立新，管品武，等 . 环氧树脂涂层钢筋锚固性能及设计方法［J］. 水运工程，1999（8）：33–37，53.

31. 徐有邻．预制混凝土构件结构性能的统计分析［J］．建筑技术，2001，32（8）：544–546.

32. 徐有邻，程志军，吴恭利，等．高效预应力圆孔板的试验研究［J］．建筑技术，2001，32（9）：608–609.

33. 徐有邻，王晓锋．混凝土结构中钢筋的保护层厚度［J］．建筑结构,2003,33（3）：68–69，72.

34. 徐有邻，王晓锋．混凝土结构中钢筋的锚固［J］．建筑结构，2003，33（5）：7–9.

35. 徐有邻，刘刚，程志军，等．混凝土结构中钢筋保护层厚度的检验［J］．施工技术，2005，34（4）：78–80.

36. 余成行，刘刚，徐有邻．大体积混凝土温度及应变的测量与分析［J］．混凝土，2007（2）：69.

37. 徐有邻．由地震引发对预制预应力圆孔板的思考［J］. 建筑结构,2008,38(7）：7–9.

38. 徐有邻．强化施工现场混凝土质量的控制及验收［J］．施工技术，2008（8）：45–48.

39. 徐有邻．聚苯模板混凝土墙结构与应用［J］．建设科技，2008（22）：68–69.

40 徐有邻，巩耀娜．汶川震害中的结构混凝土问题［J］．混凝土,2009（10）：1–4,9.

参考文献

［1］《中国博士录》编委会．中国博士录［M］．西安：西安交通大学出版社，1993.

来源

海宁市政协文史资料委员会．海宁人物资料第8辑．1997.

碳纤维领域杰出专家——潘鼎

1943—2019

潘鼎，浙江海宁人，九三学社社员，我国碳纤维领域杰出专家，东华大学材料科学与工程学院二级教授、博士生导师，纤维材料改性国家重点实验室高性能纤维与复合材料方向学术带头人。1981 年，研究生毕业于华东纺织工学院（现东华大学）化纤专业。长期从事化纤成形理论，尤其是碳纤维及其原丝制备、工程化及应用技术的研究。主持研制的洲际导弹防热层关键材料——粘胶基碳纤维（RCF），使我国跻身于 RCF 生产世界仅有的三大强国；对聚丙烯腈（PAN）原丝研究，开创了具有自主知识产权的聚丙烯腈碳纤维（PANCF）硝酸一步法原丝制备技术，使我国导弹复合材料研究的起步提前了 20～30 年；对 PANCF 原丝成形机理及技术进行了大量研究，提出了以热致变及力致变凝胶化为依据的凝胶纺丝新理论及新技术。

潘鼎，1943 年 4 月生于浙江海宁，1963 年于上海轻工业专科学校毕业后，进入化工部吉林化工研究院，从事聚丙烯腈碳纤维及其原丝的研究工作。1978 年，国家恢复研究生招生制度后，潘鼎考入我国纺织教育与研究的最高学府——华东纺织工学院，师从中国化学纤维之父钱宝钧教授，毕业后留校。1996 年晋升为研究员，2000 年任博士生导师，2004 年被评为上海市劳动模范，享受政府特殊津贴。

潘鼎历任上海市复合材料学会常务理事秘书长，中国复合材料学会力学委员会委员，中国电工学会炭素专业委员会委员，中国复合材料学会增强体委员会主任委员，纤维材料改性国家重点实验室学术委员会委员，高性能纤维及制品教育部重点实验室（B 类）学术委员会副主任委员。另外还兼任《新型炭材料》《炭素》杂志编委。

潘鼎致力于化学纤维事业四十余年，潜心于化纤成形理论，尤其是高性能纤维领域碳纤维及其原丝制备、工程化及应用技术的研究。先后主持和承担国家自然科学基金委重大专项“高性能碳纤维制备中若干基础问题的研究”、973领域“高性能碳纤维用聚丙烯腈原丝的结构优化与控制”、863项目子课题“PAN原丝纺丝张力在线测试系统的研制”、两院院士材料界泰斗师昌绪领导的我国军工部门急需项目“聚丙烯腈碳纤维原丝基础理论”、上海市科委科学技术发展基金项目“干喷湿纺聚丙烯腈碳纤维原丝纤维结构性能的基础研究”、上海市重大科研项目“PAN基及RAYON基高效环保型活性碳纤维”等，取得了多项具有原创性、实用性的重大成果，其中：“航天级高纯粘胶基碳纤维的研制及应用”获国家科技进步二等奖，“硝酸一步法聚丙烯腈原丝”获国防科工委科技成果二等奖，“化学纤维成型理论和结构性质的研究”获国家教委二等奖。

“国家兴亡，匹夫有责，做研究就应解决关键技术，服务国计民生。”这是潘鼎教授经常挂在嘴边的话，自从在恩师钱宝钧教授手中接过科研报国的接力棒之后，他就用毕生的精力专注碳纤维一件事。

20世纪80年代，我国头号战略武器洲际导弹面临最后两项久攻不克的技术难题。其中一个“拦路虎”就是航天级高纯粘胶基碳纤维（RCF），作为洲际导弹弹头防热层关键材料，航天级高纯粘胶基碳纤维好比导弹的“防护服”，它可保护导弹免受高温“伤害”，是火箭、导弹等战略武器的“新衣”，原料要求极高、制备技术极难，当时只有美、俄两个超级大国拥有，且对我国实行严密禁运、技术封锁。难关攻克不下，导弹就上不了天！在各方攻关始终未能成功的巨大压力下，潘鼎毅然决定勇挑重担，带领课题组向“卡脖子”技术难关发起冲击。说起当年的困难，学校碳纤维项目组，2017年度国家科技进步一等奖获得者陈惠芳仍深有感触：“当年我们课题组可以说是‘三无’：一无研究资料和基础，二无场地，三无任何可以借鉴的经验，哪怕是失败的经验。当时大家就在潘老师的带领下，一切从零开始，为了解决国家难题奋力一搏。”陈惠芳老师回忆道：

为了早日研制出国家急需的碳纤维产品，潘鼎教授经常通宵达旦地扑在生产一线，无论寒暑，不畏苦累，把车间当成家，困了就在钢平台上躺一会儿，有时甚至只睡2小时就又投入到工作中。没有场地，课题组就借用一个大集体厂的废弃厂房，不管严寒酷暑，潘老师每天都要乘坐4小时长途汽车到松江进行试验。学校的实验室面积不够，连洗手间都征用了……

除了上述的时间紧、资料少、要求高（为美、俄优项指标的集成，但关键指标相互制约，难以两全）外，对于碳丝质量有绝对影响的原丝，国内仅有国外（采用木浆粕）早已否定的棉浆粕帘子线，且原料来源混杂又未建立质量指标。潘鼎首先研究并确立了纤维截面、内应力、沸水收缩等关键指标，促使原丝质量获得本质性改善。

在热处理中原丝主链醚键受热易断，丝束强度骤降，难以连续运行；原丝炭含量过低，产物 RCF 强度差、得率低；裂变排出产物不仅 3～4 倍于产品量，且易凝聚滴落丝束或堵塞排气系统，对生产正常运行构成严重威胁，这些是 RCF 生产的三大致命要害。他采用国内首创的稀纬带技术及温度谱的巧妙设置，解决了零强度点的逾越问题；用有机、无机混合型催化体系（优于美、俄的单一催化剂）及空气介质低温热处理技术同时解决了强度、得率偏低问题；用两段排焦技术解决了大容量排焦问题；设计制造了箱管结合式热处理炉、高温碳化炉、高效焚烧炉、张力自动控制装置等七项创新设备。苦战四年，闯过强度、得率、断丝、毛丝、排焦五大关，研制成功达到国际先进水平的航天级 RCF，并编制了该产品的国军标。其强度比原碳布路线提高 300%～400%，与号称“世界头牌”的俄产品相比，其含碳量、纯度指标明显呈优，碳－酚醛复合材料的抗拉、弯曲强度、断裂伸长率分别超过 28%、30%、150%，小发动机烧蚀率降低 27%。

1998 年按国家安排，将关键技术无偿转让给中科院煤化所，4 个月后吨级线成功投产。2003 年国防科工委支持东华大学扩建了 3 吨 / 年生产新线，迄今为止两单位共为航天部门提供了约 15 吨合格产品。已被用于现役及高新工程后续的所有有关型号，每一发的成功飞行，与 RCF 的坚实保障是密不可分的。RCF 技术的攻克，使我国成为 RCF 世界第三大国，为我国撒手锏武器的更新换代做出了重要贡献。此项科研成果获得了 2001 年中国高校十大科技进展殊荣、2003 年国家科技进步二等奖。

项目成功了，潘教授的身体却向他敲响了警钟，期间心脏多次进行手术。在 2008 年上海市庆祝教师节主题晚会上，主持人问潘教授这样的付出是否值得。潘鼎教授给出了一个响亮的回答：“这是国家的需要！这也是我对国家的承诺！我一生只做一件事，那就是国防尖端关键材料的研制。当年我为振兴中华而读书，今天我为中国之崛起而奋斗！”

潘鼎的另一项突出科技成果是成功研制聚丙烯腈碳纤维（PANCF）国产原丝，并阐述了相关成丝机理。早在 1967 年，潘鼎在中科院长春应化所开始了国内最早的聚丙烯腈（PAN）原丝研究。硝酸一步法原丝是一项知识产权完全属于我国的技术，具有纯度高、性能好、环化放热低等优点，十分适合碳纤维制造的需要，但有易水解、转化率低及易爆问题。作为中、小试验负责人之一，他对体系的安全性、原丝的得率及均匀性的提高、水解度的降低等技术的成功研究，为 PANCF 原丝的工程化建设奠定了良好的基础。

1982—1998 年，从第一发进入太平洋的 ×-5 导弹打响开始，百余吨硝酸法原丝制得的 PANCF 通过了洲际导弹的各项前期试验，用于 ××-2 捆火箭的发动机喷管、喉衬、端头、端头帽等以及卫星支架桁条、仪器舱等产品。原丝的研制成功，使我国导弹复合材料研究的起步提前了 20～30 年，赢得了极其珍贵的“核试验”时间。

与RCF相比，PANCF所涉及的民用领域更广泛，不仅飞机、汽车等交通工具可用，建材、医疗器械、体育用品等方面也大有可为。为了解决PANCF的瓶颈问题，潘鼎主持了多项国家、省部级重点基础理论课题，对PANCF原丝成形机理及技术进行了大量研究。通过体系扩散动力学研究，结合溶液热力学的理论探讨，发现传统的湿法纺丝中，相分离亚稳态的存在是造成大孔及皮芯结构不匀的主要原因，提出了以热致变等多因素致变凝胶化为依据的凝胶纺丝新思路：既可避免皮芯结构差异，又可获得只有微孔（利于氧扩散）的理想原丝。

要对接国家战略，更要服务社会民生。20世纪80年代，潘鼎就利用碳纤维的电性能，研制了非能源自放电式“JXQ系列静电消除器”，分别在纺织、印刷、化工、军工等行业获得大量应用，获得了较大的经济效益。“七五”期间，他以民用腈纶为原料，开展了预氧化纤维织物的研究，创造性地嫁接流化床技术解决环化集中放热、用化学络合提高产品强度、以超大牵伸纺纱新方法提高产品可纺性，获得了性能好、价廉的预氧化织物。在炼钢、消防、油田、军事等领域被大量推广应用。

SARS病毒肆虐期间，潘鼎带领课题组，针对非典病毒病原体较大的特征，开发研制了一种大孔活性碳纤维，并结合杀灭SARS病毒的最有效手段及碳纤维可导电的特征功能，设计出了高效吸附型、灭病毒的“陷阱式加热口罩”，其能在吸附过滤非典病毒的同时，通过加热到特定温度有效杀死病毒，为战胜“非典”做出了贡献，这种世界新型的口罩获得了国家专利。

2005年开始，潘鼎带领科研团队与江苏连云港的中复神鹰碳纤维有限公司深度合作，实现了碳纤维系列生产设备和多条生产线的自我设计、自我制造、自我安装、自我调试，基本打破了国外先进国家对我国关键生产技术及设备的严密封锁。该公司创造了国内碳纤维领域的多个“第一”：第一个实现千吨T300碳纤维产业化生产，第一个实现干喷湿纺T700碳纤维的技术突破……他还用活性碳毡研制了高性能输血滤血片，迄今为止已为用户提供了几百万片产品。安徽宿州佳力奇碳纤维有限公司在他的帮助和指导下，大力提高质量，开发新产品，生产出廉价、质优的活性碳纤维毡新产品。

讲坛和实验室是潘鼎老师最热爱的地方。从教以来，他先后为本科生、研究生教授4门课程，参与编著教材和专著多套，2001年获桑麻奖教金，2002年获彩艳特等奖，2004年获宝钢优秀教师奖，2010荣获科学中国人年度人物，2015年获纺织工业联合会教学成果奖。潘鼎老师先后培养了40余名硕士、博士研究生，为我国碳纤维事业输送了大量有用的人才。对于学生们而言，潘教授不仅仅是一名教师，更是一位人生导师，在教学中他会毫无保留地将最新的科研成果和充满知识性、科学性、趣味性的前沿性的课程内容传授给学生，同时也会要求学生不仅了解自己的专业，更要热爱自己的专业，要有报效祖国、报效人民，立志为国家重大军工科研而贡献毕生的宏伟理想。

潘鼎的第一个硕士生、材料学院的博士生导师吴琪琳谈及恩师，感怀道："潘老师对我们很严格，并身体力行地告诉我们要做对国家有用的事；他甘为人梯，在重大项目的申报中甘居幕后，将首席的位置让给青年教师，为他们搭平台促成长，一心扑在科研和育人上。"

在学生眼里，潘老师是严师更是慈父。2006级硕士唐波说道："潘老师对待我们就像自己的孩子一样，他常常说当年钱宝钧先生怎么教我的，我也要怎么教你们。潘老师尤其惜才，当得知我在工作单位转岗时，潘老师一天好几个电话把我从北京叫回来，希望我不要把以前的专业丢掉。后来我回校读博，70多岁高龄的潘老师拖着病躯为学生的项目奔波……"

退休之后，潘鼎教授依然为碳纤维的发展与民用化而努力奋斗。他或是到企业现场指导，或是在相关行业大会作报告，甚至在他临走前的最后时刻，依然在查阅相关资料……正如潘鼎教授曾经说过："我的身上还肩负着我的恩师钱宝钧和材料人的梦想，一定要把材料学科做好，不但要在我们这一代努力，更要把这个梦想传递给更年轻的人，让所有的材料人一起为我们的梦想而奋斗！"

2019年3月2日上午，潘鼎教授因病医治无效而逝世，享年77岁。

主要著作：

王依民，潘鼎，胡祖明，等.高技术纤维［M］.北京：兵器工业出版社，2010.

主要论文：

1. 潘鼎.碳纤维静电消除器的研究［J］.纤维复合材料，1986（4）：31-35.

2. 潘鼎，李建明，潘婉莲，等.Cu盐对聚丙烯腈预氧化纤维增强作用研究［J］.合成纤维，1990（5）：58-62.

3. 潘鼎，陈惠芳.HNO_3溶剂中的AN共聚反应其机理探讨［J］.中国纺织大学学报，1993，19（6）：24-32.

4. 潘鼎，陈惠芳.APN预氧化纤维的分段碳化工艺研究［J］.中国纺织大学学报，1993，19（6）：17-24.

5. 潘鼎，陈惠芳，秦琪生，等.PAN基碳纤维前驱体的酸洗及离子扩散机理的探讨［J］.中国纺织大学学报，1993（6）：10-17.

6. 潘鼎，陈惠芳，秦琪生，等.高纯度PAN基碳纤维及其原丝的研制［J］.中国纺织大学学报，1993（6）：1-10.

参考文献

[1] 龚慧. 上海市劳动模范潘鼎教授 [J]. 工会理论研究（上海工会管理职业学院学报），2009（6）：45.

[2] 白艳华. 坚定的信仰毕生的追求：访东华大学潘鼎研究员 [J]. 科学中国人，2008（4）：84-85.

[3] 海宁市史志编纂委员会. 海宁市志（1991—2010）[M]. 杭州：浙江人民出版社，2018.

第三部分

海宁科技人物名录

宋　代

陈　沂

陈沂（生卒未详），字素庵。汴州籍，随宋室南渡居钱塘，后迁海宁长安镇。南宋名医。世业医，益阐先人之秘。精妇科，曾因治愈宋高宗妃吴氏危疾，受奖宫扇，授翰林院金紫良医。其子孙世代行医，刻木为扇，上书“宋赐宫扇南渡世医”八字，时称“陈木扇”。撰《陈秘兰妇科》五卷，今佚。明嘉靖（1522—1566）年间裔孙陈谏辑其所传方论及医案十五卷，名为《素庵医要》。裔孙文昭又录出《素庵全书》之“妇科门”，为之补解，论症因病理并阐释方药，易名《陈素庵妇科补解》五卷。子孙传其业，陈氏妇科在浙江一带影响深广。

参考文献

[1] 钱菁，李瑞芝，金晓董．海宁历代医家学术要略［M］. 北京：中国中医药出版社，2016.

元 代

贾 铭

贾铭（约1269—1374），字文鼎，自号华山老人，浙江海宁黄湾人，元医家。元时尝官万户，入明百岁，赐宴礼部而回，太祖朱元璋召见，终年106岁。著《周易主意》《饮食须知》等。其中《饮食须知》近年来多次被整理出版，其“多食久食则致病”的观念为世人所推崇。

参考文献

［1］贾铭．饮食须知［M］．北京：中华书局，2011.

吴 瑞

吴瑞（生卒未详），字符瑞，浙江海宁人，元医学家。家世医学，天历间为海宁医学教授。著有《日用本草》八卷，收药540味。该书收载于《海外回归中医古籍善本丛书》第九册，系日本龙谷大学的明嘉靖四年（1525年）刊本。李时珍撰写的《本草纲目》引用该著作内容近百次。

参考文献

［1］郑金生．海外回归中医善本古籍丛书（第9册）［M］．北京：人民卫生出版社，2003.

周文英

周文英（生卒未详），字子华，浙江海宁人，元后期水利专家。著《论三吴水利》，创“掣淞入浏”之说。张士诚据苏时，根据这个结论，疏浚白茅、盐铁等河道。明初夏原吉采其论“弃吴淞东南涂涨之地，置之不论，而专意于江之东北刘家港、白茆浦等处，开濬放水入海”，实施掣淞入浏。

参考文献

[1] 郑肇经．太湖水利技术史［M］．北京：农业出版社，1987.

明代

俞桥

俞桥（1520—1572），字子木，号溯洄道人，浙江海宁人。明嘉靖间以医名征召入京，初授太医院吏目，后升太医院院判。于方书无所不悉，更博访名家，得刘完素、张洁古、李东垣未刻诸稿及古秘方，斟酌损益以治病，无不奇验。著《医学大原》一书，另著《广嗣要语》一卷传世，是一部专门论述优生优育之法的著作，颇有影响力。

参考文献

[1] 溯回道人.珍本医书集成14杂著类广嗣要语[M].上海：上海科学技术出版社，1986.

陈谏

陈谏（1522—1566），字直之，号荩斋，浙江海宁人，明医家。陈沂“九传而至荩斋翁”，陈谏尤精先业，擅长治疗疑难之症，尤善护胎。著有《荩斋医要》。

参考文献

[1] 钱菁，李瑞芝，金晓董.海宁历代医家学术要略[M].北京：中国中医药出版社，2016.

郁凝祉

郁凝祉（生卒未详），浙江海宁人，明代医家。著有《喉科秘本》。严世芸主编的《中医学术发展史》中提到："关于咽喉、口齿类疾病的证治研究在明代主要有郁凝祉的《喉科秘本》和薛己的《口齿类要》两部专著。"由此可见《喉科秘本》在历代咽喉口齿科研究领域中的地位之重要。

参考文献

[1] 裘沛然,《中国医籍大辞典》编纂委员会. 中国医籍大辞典 [M]. 上海：上海科学技术出版社，2002.

裴一中

裴一中（生卒未详），字兆期，号复庵居士，浙江海宁人，明末医家。晚居浙江海盐武原镇，以义行而称誉一方。熟谙《黄帝内经·灵枢》《黄帝内经·素问》及诸家论著，乃精其术，谓诸名家之言有精粹者，亦有可商者。如朱丹溪言产后宜大补气血，虽有杂病，"以末治之"；裴氏则以产后血凝腹痛、食滞胸胀诸症，是不足中有余之候，不可大补，宜"以权治之"。其治重脾胃，倡调摄养生以防病。著有《自惩要则》《删润原病式》《裴子言医》，并附亲验之案。

参考文献

[1] 中国中医研究院中国医史文献研究所. 中医人物词典 [M]. 上海：上海辞书出版社，1988.

清 代

吴农祥

吴农祥（1632—1708），字庆百，浙江海宁路仲人，清朝水利学家。康熙十八年（1679年），举博学鸿词，不久罢归以著书自娱，与同郡吴任臣齐名，时人称为“二吴”。著作等身，有《啸台集》《梧园集》《西湖水利考》等。

《西湖水利考》（附《西湖水利续考》），是第一部有关西湖治水的专著，在西湖建设史上具有里程碑意义。杭州历史上曾苦水。汉华信筑塘、唐李泌凿井、白居易疏湖，乃至钱王强弩射潮的传说、苏轼引湖济河的壮举等，皆和杭垣治水攸关。凡治杭者，必治西湖；治西湖者，无不以治水为要务，况且西湖治水尚是将“西湖比西子”之赞誉延续下去的保证。

该书以翔实的资料分别对明朝以前各朝代及有明一代西湖治水的历史做了介绍，引文中有相当科学的缕析评述，后又提出了个人观点，对后世治西湖者有很好的借鉴作用。

参考文献

[1] 王国平．西湖文献集成第8册清代史志西湖文献［M］．杭州：杭州出版社，2004.

葛　宜

葛宜（1636—1671），字南有，女，浙江海宁人，清朝数学家、天文学家。性闲静，喜读书，日坐小楼，以笔墨自娱。能以仪器测量星象，兼明西算，著有《玉窗遗稿》两卷。《畴人传》共有3名女性传主，葛宜为其中之一。

参考文献

［1］阮元．畴人传合编校注［M］．郑州：中州古籍出版社，2012.

陈　訏

陈訏（1650—1722），字言扬，浙江海宁人，清朝数学家。康熙年间贡生，官淳安县教谕，温州府学教授。数学颇得黄梨洲之传，并与黄百家（黄宗羲第三子，数学问业于梅文鼎，习推步法，有所得，撰《勾股矩测解原》）讨论数学。黄百家赞其“偶一闻家大人之绪论于弟之口，即能阐扬剔抉，通极微渺。”黄百家与陈訏互相砥砺，彼此纠正，陈訏纠正了黄百家《勾股矩测解原》中的一处失误，黄百家也纠正了陈訏《勾股述》一书中的两处错误。著有《勾股述》二卷附《开方发明》一卷，《勾股引蒙》五卷。

参考文献

［1］骆祖英．数学史教学导论［M］．杭州：浙江教育出版社，1996.
［2］阮元．畴人传合编校注［M］．郑州：中州古籍出版社，2012.

陈　谦

陈谦（1654—1732），字廷益，浙江海宁人，清朝水利专家。以廪贡生官宁海教谕，后擢户部员外郎、刑部郎中，出莱州府。在供职莱州府期间，他设团练严防御，昌邑招垦手编莱州府志。时人赞誉他“其学经国之学，其才治世之才”。最后官至副使告归。居家20年，一边从事学术研究，著书立说，一边悉心研究杭州西湖水利，提出治理方案，为前后几任浙江巡抚所采纳，卒年79岁。著作有《莱州府志》《西湖水利考》《就庄集》等。

参考文献

［1］金林祥．教育家黄宗羲新论［M］．西宁：青海人民出版社，1993.

朱 轼

朱轼（1665—1736），字若瞻，江西高安人，清朝海塘工程专家。康熙三十三年（1693年）进士，官至吏部尚书，文华殿大学士，加太子太保、太子太傅衔。以才学人品望重朝野，历仕康熙、雍正、乾隆三朝，卒获赠太傅、赐谥文端。康熙年间，朱轼任浙江巡抚负责修筑海宁石塘，他数次到施工现场视察，“相度情形，博采舆论”，集中群众智慧，总结前代筑塘的经验教训，除了加固塘根及塘身之外，提出了修筑“坦水”的主张。“附塘另筑坦水，高及塘身之半，斜竖四丈，亦用木柜贮碎石为干，外砌巨石二三层，纵横合缝，以护塘脚”。朱轼当时修筑了坦水3 097.5丈（约10 000米）。以后的实践证明，坦水工程对保护塘基免遭潮流冲刷有很大作用。

康熙五十九年（1720年），受明代五纵五横鱼鳞石塘的启发，朱轼在海宁老盐仓段首筑鱼鳞大石塘，长500丈（约1700米）。筑法是：塘身用长5尺（约1.7米），阔2尺（约0.7米）、厚1尺（约0.3米）的大石砌作18~20层，在石的纵横侧立两相交接处，上下凿成槽笋，嵌合连贯，使其互相牵制难于动摇，又于每石合缝处用油灰抿灌，铁攀嵌扣，以免渗漏散裂，石塘塘身背水培筑土塘，计高1丈（约3.3米）、宽2丈（约6.7米），使潮汐大时不致泛溢。塘基根脚密排梅花桩，加石灰沙土，使之稳固。

雍正年间，朱轼升任吏部尚书，在浙江沿海继续推进鱼鳞大石塘，形成了完整的海塘系统。

参考文献

［1］郑肇经．太湖水利技术史［M］．北京：农业出版社，1987.

嵇曾筠

嵇曾筠（1670—1739），字松友，江苏无锡人，清朝治水专家。康熙四十五年（1706年）进士，入翰林院，选庶吉士，授编修。雍正元年（1723年），擢都察院左佥都御史，并署河南巡抚，专督黄河河工。任职期间，他采用开河导水、排除险情的“引河杀险”法，在黄河河道过于弯曲处开河，引导河水直道下泄，减轻河水对凹岸大堤的冲刷。因治河成绩卓著，雍正六年（1728年）擢升为兵部尚书。雍正八年（1730年），任江南河道总督。

乾隆元年（1736年），兼任浙江巡抚，后又改为总督，并兼管盐政。在海宁、乐清等地督修海塘大堤，筑海宁尖山坝，建鱼鳞石塘7 400余丈（约24700米），在技术上较朱轼筑塘又有改进。一是加强了基础处理。在塘基外口迎水面打入二路密集的马牙桩，其结构接近于现代工程中的板桩。中央和内口（背水面）各打一路马牙桩，桩木围周一尺五寸（约0.5米），长一丈九尺（约6米）。这些马牙桩减少了基础的不均匀沉陷，增加了塘基的承载力，能防止潮流淘刷基土，加强塘身的安全性。二是在塘身第9层以下，迎水面砌坦水保护塘基，使塘基更加稳固，提高海塘工程的使用寿命。三是条石砌筑时，采用糯米汁石灰黏结，增强了塘身的整体性。

著有《师善堂集》《河防奏议》等。

参考文献

[1] 江苏省地方志编纂委员会.江苏省志90人物志1 [M].南京：凤凰出版社，2008.

[2] 张芳.中国古代灌溉工程技术史 [M].太原：山西教育出版社，2009.

陈世佶

陈世佶（1686—1749），字士常，浙江海宁人，清朝数学家、藏书家。康熙五十二年（1713年）癸巳科举人。著有《弧矢割圆》《开方捷法》《勾股演法》《少广补遗发明》《贻安堂集》《左传事类赋》《读书录》《游艺录》《种书田稿》等十余种，唯《弧矢割圆》《开方捷法》2种有家刻本（1856年），其中《弧矢割圆》一卷，谓求矢有六术、求弧弦有五术、求圆径有四术、求积有五术、求弧背有七术，较顾应祥、周述学更为详细。

参考文献

［1］李俨．李俨钱宝琮科学史全集：第7卷［M］．沈阳：辽宁教育出版社，1998.

沈维基

沈维基（1706—？），字抑恭，号心斋，又号紫微山人，浙江海宁人，清朝医家。官湖南永兴、福建延平知县，终山东泰安知府。平时注意收集单秘验方，试而效者，另记其验。乾隆三十二年（1767年）编辑《沈氏经验方》，集急病类方，并附胎产良方，收录于裘庆元选辑的《三三医书》第一卷。

参考文献

［1］裘庆元．三三医书［M］．胡国臣，主校．北京：中国中医药出版社，1998.

许勉焕

许勉焕（1707—1760），字陶初，号澹从，浙江海宁硖石人，清朝医家。监生。官大理寺评事。承其父业扩建“一可堂”，广蓄典籍，所藏益富。著有《平垟纂要》《续名医类案》，其中《续名医类案》现为中医科学院图书馆馆藏。

参考文献

［1］钱菁，李瑞芝，金晓董．海宁历代医家学术要略［M］. 北京：中国中医药出版社，2016.

王学权

王学权（1728—1810），字秉衡，晚号“水北老人”。浙江海宁盐官人，后移居杭州，清朝医学家。为名医王孟英曾祖，祖孙四代均以医知名。撰有《重庆堂随笔》二卷，论药诊病力求实用，其学术观点对当今临证颇多裨益。

参考文献

[1] 王学权 . 重庆堂随笔 [M]. 卢祥之，注 . 北京：人民军医出版社，2012.

周　春

周春（1729—1815），字庵兮，浙江海宁人，清朝水利专家。乾隆进士。清乾隆三十一年（1766 年）任广西岑溪知县，一年后即居家著书。著有《海潮说》上、中、下三篇，系统阐述有关《七发》中所说广陵涛是在长江还是钱塘江的历代各家之争，以及有关潮汐成因的历代各家观点。继海宁陈诜在《海潮议》中提出的有关钱塘江潮有头潮、二潮或南潮、北潮的发现之后，提出其成因为海潮、江潮的解释。70 岁后，始学天文算术，参考史志及清朝时宪法，寝食具废者年余，推交食有验，题《梅氏丛书》，凡千余言。著作有《海昌胜览》《红楼梦随笔》《松霭遗书》等。

参考文献

[1] 中国历史大辞典·科技史卷编纂委员会 . 中国历史大辞典·科技史卷 [M]. 上海：上海辞书出版社，2000.

许　梿

许梿（1787—1862），字叔夏，浙江海宁长安人，清朝法医学家。道光十三年（1833 年）进士，官山东平度知府，终江苏粮储道。明律学，工书法，尤善篆隶；博通文字、医学，关注经世致用之学，对经济理论尤有造诣。许梿做官期间，以吏事精敏、善决疑狱著称，长期决狱断案的经历使其深感司法检验的重要性，于是编写了清代著名的法医学著作《洗冤录详义》四卷，可谓中国法医学著作中集大成者。另有医学著作《咽喉脉证通论》一卷、《析骨补遗考证》等。

参考文献

[1] 钱菁，李瑞芝，金晓董 . 海宁历代医家学术要略 [M]. 北京：中国中医药出版社，2016.

郭诚勋

郭诚勋（约1800—1850），又名郭沈勋，字子诚，号云台，浙江海宁硖石人，清朝医家。著有《证治针经》四卷、《医经必读》《磨镜园医案》等。王孟英对《证治针经》推崇备至，曾亲自重校刊出，使该书得以广泛流传，并在《温热经纬》《回春录》等著作多次引用郭诚勋的观点。

参考文献

[1] 钱菁，李瑞芝，金晓董．海宁历代医家学术要略 [M]. 北京：中国中医药出版社，2016.

祝　源

祝源（1809—1875），字复初，号春渠，浙江海宁人，居澉浦甪里，清朝名医。始习举子业，旋弃去，肆力岐黄，慨然以济世为心。其著作《歌方集论》《人身谱》由民国时期著名医家曹炳章收入《中国医学大成》，余皆毁于太平军兵火。

参考文献

[1] 曹炳章．中国医学大成续集 13 [M]．上海：上海科学技术出版社，2002.

邹存淦

邹存淦（1819—1903），字俪笙，号师竹庐主人，浙江海宁长安人。清朝医学家、藏书家、诗人、监生。工诗词，精音韵之学。本不知医，因感吴师机《理瀹骈文》专论外伤，遂师其意，从前人医籍杂著中采辑外治方药，辑为《外治寿世方初编》四卷、《外治寿世方续编》二卷。民国期间裘吉生收入《珍本医书集成》。1991年，中国中医药出版社将两部独立刊本合二为一，称为《外治寿世方》，作为明清中医临证小丛书出版。

参考文献

[1] 钱菁，李瑞芝，金晓董 . 海宁历代医家学术要略 [M]. 北京：中国中医药出版社，2016.

陈其晋

陈其晋（1824—1906），字锡侯，浙江海宁盐官人，清朝数学家、诸生。历游莲幕，后佐段镜湖廉使办军务，保举得教职。精天算星命之学，晚以医术寓居武林。著有《对数述》二卷、《算学杂草》二卷，合刊为《康斋游艺》。

参考文献

[1] 骆祖英 . 数学史教学导论 [M] . 杭州：浙江教育出版社，1996.

祝宝森

祝宝森（1827—1885），字玉书，号韵梅，浙江海宁人，清朝医学家、庠生。先后在江苏江北粮台、赋役全书局、海运沪局省局等处任职。其汇集灵验简便诸方，编成《寿世汇编》一书，冀望“凡得其方者，咸称便焉”。书中所推荐的治疗方法简便易用，便于百姓对常见疾病自查自疗，是一本非常实用的普及性医书，为晚清以来医学界所重视。

参考文献

[1] 钱菁，李瑞芝，金晓董 . 海宁历代医家学术要略 [M]. 北京：中国中医药出版社，2016.

查有钰

查有钰（1839—1890），字尔音，号式庵，浙江海宁袁花人，清朝医学家，诸生。幼秉祖训，精读医书，著有《南野医话》《医学杂缀》《查氏同宗诗续钞》

《摄生真诠》。其中《摄生真诠》提出摄生十要，还阐发了养精、惜气、护神在防治疾病中的重要意义。1987年陈可冀、周文泉主编的《中国传统老年医学文献精华》专列介绍。

参考文献

[1] 陈可冀，周文泉. 中国传统老年医学文献精华 [M]. 北京：科学技术文献出版社，1987.

汪与准

汪与准（1880—？），字曙霞，浙江海宁人，药学家。1902年6月自费留学日本弘文学院普通科，1903年转入千叶医学专门学校药科。

汪与准发表论文10余篇，主要有：《创立制药会社为当今讲求实业之要务》《黄酒及高粱酒主成分之报告》《明矾、轻粉》等。

参考文献

[1] 吴晓明. 中国药学教育史 [M]. 北京：中国医药科技出版社，2016.

王　凯

王凯（生卒未详），字伟仙，号养吾，浙江海宁人，清朝初期医学家。工辞赋，性慷慨，博通医理，于清康熙四年（1665年）在闽侯县东南部的荆溪，拜林药樵为师，得《痧书》传授，经其二十年的揣摩、修正、创新和补充，将《痧书》扩充为《痧症全书》三卷。这是清代第二部，也是翻刻次数最多的痧症医籍，有十余种版本。

参考文献

[1] 郑祖荣，校注. 痧症全书译注 [M]. 昆明：云南民族出版社，2009.

苏廷琬

苏廷琬（生卒未详），字韫晖，号灵泉乡人，浙江海宁黄湾人，乾隆年间名医。其目睹“药不对症”“不识病”的弊端，根据多年行医的经验，对照前人的各类医著，对《本草纲目》反复披阅，“颇多疑义”，历时三十年撰成《药义明辨》十八卷，现藏于国家图书馆及南京中医药大学图书馆。

参考文献

[1] 钱菁，李瑞芝，金晓董．海宁历代医家学术要略［M］. 北京：中国中医药出版社，2016.

张豸冠

张豸冠（生卒未详），字神羊，浙江海宁人，清朝初期数学家。乾隆五十三年（1788 年）副榜贡生。久客京师，研究数学，初传之杜氏九术本，即为手写。周春、余思谦、朱鸿等经常与之切磋交流。殁后，长乐梁章钜、桐乡程同文为编刊其书，曰《神羊遗著》三种传于世：一为《景献初编》，有释天辩数等篇；二为《算术随录》，前列论算法及古历等二十余则，后附《晋志摘录》一卷、《畴人盛衰考》一卷、《割圆记摘录》一卷、《珠算入门》一卷；三为《读书偶识》。

张豸冠作为有清一代有名的数学大家，有感于当时读书人埋头于八股文而不懂算术的情况，以及坊间刊刻的算书多为笔算和筹算，缺少珠算的基本算法书，于嘉庆庚午（1810 年）录成《珠算入门》一书，目的是使读书人一览而知。

参考文献

[1] 浙江省通志馆．浙江省通志馆馆刊：第 1 卷 第 2 期［M］. 杭州：杭州古籍书店，1997.

陈方墀

陈方墀（生卒未详），号肖海，浙江海宁人，清朝数学家。庠贡生，候选同知。八岁能诗，里人目为奇童。稍长，补博士弟子员，即遭洪杨之乱，屋宇荡然，乃习父业，幕游淮上，垂三十年，守正不阿，悉如舆论，性方梗而好学不倦，工文辞兼通六艺，数学尤有心得，著《求正弦法》一卷，曾国荃作序。光绪十五年（1889年）刻本，湖南图书馆有藏。

参考文献

[1]（清）李圭，许传沛，刘蔚仁.海宁州志稿[M].民国11年.

俞兆岳

俞兆岳（生卒未详），字岱桢，浙江海宁人，清朝海塘工程专家。康熙中由宣平教谕选大田知县，升开州知州。雍正元年（1723年）为松江府海防同知。雍正六年（1728年），擢升为通政参议，全权总理塘工。雍正八年（1730年）以功升任太仆寺卿。

俞兆岳长期从事海塘工程防护研究。他改进原设计，条石之间加用铁榫铁销上下左右连接，使石塘更为坚固，并先筑样塘60丈（约200米）示范，要求在工人员一律按式构筑。雍正八年（1730年）在石塘之外所构筑的外护土塘上创筑五桩五石护塘坝，自戚家墩至胡家厂2 347丈（约7 800米），这是上海地区出现的第一座桩石护塘坝。由于其采用多层阶梯形结构，中用块石填筑，消能作用良好。当波浪拍岸后下泄时，又能减弱底流速，防止淘刷塘基，被称为“玲珑坝”，使处于顶冲段的土塘提高了抗灾能力。雍正十年（1732年）秋，飓风海溢，上海地区沿海均遭灾，惟华亭因新塘建立而免灾。全部工程于雍正十三年（1735年）完工。

参考文献

[1]《中国海洋文化》委员会.中国海洋文化：上海卷[M].北京：海洋出版社，2016.

中华民国及中华人民共和国成立后

王立干

王立干（民国年间人），浙江海宁人，工程师。1920 年毕业于南京高等师范工艺专科学校土木系。

参考文献

［1］资源委员会．中国工程人名录：第一回［M］．北京：商务印书馆，1941.

汤笃信

汤笃信（民国年间人），又名汤独新，浙江海宁人，著名鱼类学家。1927 年 9 月，从之江大学转厦门大学动物系，于 1930 年毕业。1932 年，燕京大学研究生毕业，同年返回厦门大学任动物系助教。1936 年，任厦门大学动物博物院馆长。1937 年，转入国立山东大学生物学系任讲师。1941 年，任国立贵阳医学院生物科主任，后转至贵州大学。

汤笃信长期从事渔业资源调查研究。20 世纪 30 年代对厦门沿海的经济鱼类进行系统的分类学调查，特别着重于软骨鱼等食用鱼类的研究。1936 年报道在厦门大学生物系一人工水池中采集到淡水水母。1942 年，对贵阳渔业资源调查，采集到稀有白甲鱼、珠江卵形白甲鱼、长鳍光唇鱼等鱼类标本 30 种，并描述了 2 个新属，5 个新种。

发表论文 30 余篇，主要有：*On the Oeeurronce of Fresh-Water Medusao in Amoy*、*Some economic aspects of the food fish of Amoy*、*A tentative list of food fishs of amoy*；*theelasmobranchiatefishs of amoy* 等。

参考文献

[1] 贵州省地方志编纂委员会.贵州省志 科学技术志[M].贵阳：贵州人民出版社，1992.

[2] 山东大学校史编写组.山东大学校史 1901—1966[M].济南：山东大学出版社，1986.

汤俊卿

汤俊卿（民国年间人），浙江海宁盐官人，一等军医正。民国初年毕业于杭州广济医学堂，是我国早期的西医师。1912年，任浙江步兵第五团第一营二等军医，同年8月调任炮兵第六团第二营二等军医。1913年，任第一师骑兵第一团三等军医正。1914年，改任硖石镇双山医院院长。1917年2月，任陆军监狱署一等军医正。

来源

资料由徐国华提供。

孙乃康

孙乃康（民国年间人），浙江海宁人，著名医生，毕业于上海东亚医科大学。1951年赴山东肥城，举办四期黑热病防治训练班，并开展普查工作，及时控制了黑热病的发展。

参考文献

[1] 中国征信所.上海工商人名录[M].上海：中国征信所.1936.

苏元泰

苏元泰（民国年间人），字右民，浙江海宁斜桥人，毕业于国立上海医学院。1942 年，在国立湘雅医学院担任解剖学助教，后转入上海同德产科医院工作。

主编著作：《苏元泰医学论文》（1949 年）、《血液病学》（商务印书馆，1950 年）。发表论文有：《苏联医学在结核病方面的发展（上）》《苏联医学在结核病方面的发展（下）》等。

参考文献

［1］赵厚勰 . 雅礼与中国雅礼会在华教育事业研究（1906—1951）［M］. 济南：山东教育出版社，2008.

吴志远

吴志远（民国年间人），浙江海宁硖石人，蚕桑学家。吴志远毕业后即在杭州某农业学校教书，不久转任浙江省蚕桑学校。20 世纪 30 年代初，回硖石创办梅园蚕种场（即后来的海宁蚕种场前身），并聘请相关专业人员，引进先进设备及技术，培育优良蚕种。

主编著作：《养蚕学》（商务印书馆，1920 年），是我国近代史上较早的养蚕学专著。

参考文献

［1］海宁市政协文教卫体与文史委员会 . 海宁世家：上［M］. 北京：人民日报出版社，2012.

何竟悟

何竟悟（民国年间人），浙江海宁人，工程师。1917 年，毕业于交通部邮电学校电讯系。

参考文献

[1] 资源委员会. 中国工程人名录：第一回 [M]. 北京：商务印书馆，1941.

沈拙民

沈拙民（民国年间人），浙江海宁人，工程师。1916年，毕业于交通部交通传习所电机系。

参考文献

[1] 资源委员会. 中国工程人名录：第一回 [M]. 北京：商务印书馆，1941.

沈维来

沈维来（民国年间人），字维甫，浙江海宁人，工程师。1919年毕业于交通大学唐山学院土木系。1933年，任津浦铁路帮工程司兼巡查员。

参考文献

[1] 资源委员会. 中国工程人名录：第一回 [M]. 北京：商务印书馆，1941.

张荣甫

张荣甫（民国年间人），浙江海宁人，工程师。1934年，毕业于北平大学电机系。

参考文献

[1] 资源委员会. 中国工程人名录：第一回 [M]. 北京：商务印书馆，1941.

张景贻

张景贻（民国年间人），西医内科医师，专长内妇科、皮肤花柳科。1916年，在硖石西山南麓创设首家医院——惠德医院，并任院长，二十年间，活人无数，声誉卓著。1935年设诊上海，深得浙西旅沪人士信仰。发表论文有《一阵见效之爱而斯丁》。

参考文献

[1] 张景贻西医关怀桑梓 [N]. 申报，1935-11-11（11）.

陈宝璋

陈宝璋（民国年间人），女，浙江海宁人，毕业于中法大学药学院，后入美国哥伦比亚大学进修，获博士学位。随夫李焕之入台湾后，曾任台湾省"卫生部"顾问多年，对引进祖国大陆的中药材极为关心。

参考文献

[1] 黄慕兰，张善臣. 黄慕兰自传 [M]. 北京：中国大百科全书出版社，2004.

陈慰堂

陈慰堂（民国年间人），浙江海宁人，内科专家。1920年，考入吴淞同济医工专门学校，后公费留学日本东京帝国大学医学专业，因表现优秀，毕业后留任东京帝国大学内科研究室多年，于内科颇多心得，历任东京市立传染病院医师，宁波公立医院院长，鄞县（今鄞州市）县立中心医院院长兼内科主任，民国东南医学院、浙江省立医药专科学校教员，是上海市医师公会会员。

陈慰堂长期从事小儿科、内科诊治，治愈者不计其数。主编著作：《新撰内科学》（陈慰堂医师上海诊所，1937年）。发表论文10余篇，主要有：《预防医学：防病一夕谈（未完）》《预防医学：防病一夕谈（续第七辑）》《生殖腺内分泌概说（附表）》等。

来源

资料由虞坤林提供。

钱崇滂

钱崇滂（民国年间人），浙江海宁人，工程师。1920年，毕业于交通部邮电学校无线电系。

参考文献

[1] 资源委员会.中国工程人名录：第一回[M].北京：商务印书馆，1941.

钱德新

钱德新（民国年间人），字介夫，浙江海宁人，工程师。1913年，毕业于交通部上海工专土木系。1936年，任中央军校教官。

参考文献

[1] 资源委员会.中国工程人名录：第一回[M].北京：商务印书馆，1941.

徐兆蓉

徐兆蓉（民国年间人），字惺堂，浙江海宁人，上海红十字会北市医院医生，毕业于圣约翰大学医科。曾任中国红十字时疫医院副院长，多次参与时疫、暑症的救治。1932年淞沪抗战后，中国红十字会成立11个后方医院，徐兆蓉任第二医院主任，参与抗日救国运动。

参考文献

[1] 张研，孙燕京.民国史料丛刊782 社会·社会成员[M].郑州：大象出版社，2009.

徐恺廷

徐恺廷（民国年间人），浙江海宁谈桥章嘉桥人，工程师。1930年，毕业于浙江省立甲种工业学校（浙江大学机械系前身）。20世纪30年代，徐恺廷任河南巩县（今巩义市）第23兵工厂物料科主任。1937年，日本侵华战争全面爆发后，徐恺廷受命将工厂搬迁至四川泸州罗汉场，重建工厂，恢复生产。1952年，徐恺廷放弃香港的优厚待遇，回内地参加新中国的建设。

徐恺廷长期从事工程金属材料学的研究。主编著作：《工程金属材料学》（商务印书馆，1947年）、《食堂炉灶》（轻工业出版社，1959年）。发表论文有：《工具钢（附图）》《汽车引擎材料概述（附表）》等。

参考文献

［1］海宁市政协文史资料委员会．海宁人物资料：第8辑［M］．海宁市政协文史资料委员会，1997.

诸少国

诸少国（民国年间人），浙江海宁人，工程师。1915年，毕业于交通部交通传习所电机系。

参考文献

［1］资源委员会．中国工程人名录：第一回［M］．北京：商务印书馆，1941.

张宗祥

张宗祥（1882—1965），谱名思曾，字阆声，晚号冷僧，自署铁如意馆主，浙江海宁硖石人，著名学者、书法家、医家。曾担任浙江高等学堂及浙江两浙师范学堂教员、京师图书馆主任、浙江省教育厅厅长等职。中华人民共和国成立后，历任浙江图书馆馆长、省文史馆副馆长、西泠印社社长、省政协常委等职。工诗能文，精鉴赏，通晓医药、戏曲、文学、史地等。著有《医学浅说》《本草简要方》《神农本草经新疏》《书法源流论》《临池随笔》《清代文学史》《铁如意馆随笔》《卓文君》《浣纱记》等。常用中医药为家人及亲朋好友治病，疗效极好。尤其是抗战军兴，在随中华民国政府西迁流离途中，用中医中药救治流民，活人无算。

参考文献

[1] 钱菁，李瑞芝，金晓董．海宁历代医家学术要略［M］. 北京：中国中医药出版社，2016.

许保诗

许保诗（1884—1947），字松如，许梿孙，浙江海宁人，民国医家。许氏善岐黄，工书法，尤擅小篆，博学能诗，颇有佳作。任教同济大学讲授之余，广为应诊，悬壶于申江三十余年，以医为业。著有医话类著作《诊余脞谈》，1984 年由其子许闻渊点校重刊于台湾，收录在陈立夫主编的《中华医药专辑·第二集》。

参考文献

[1] 陈巨来．安持人物琐忆［M］. 上海：上海书画出版社，2011.

沈王桢

沈王桢（1884—？），字羞儒，浙江海宁人，北平大学医学教授。光绪二十九年（1903 年）二月，赴日留学，进入日本千叶医学专门学校医学专业，宣统元年（1909 年）毕业。宣统二年（1910 年）九月二日，内阁奉上谕：沈王桢著赏给医科进士。宣统三年（1911 年）授翰林院检讨。1912 年，任第三师步兵第九团三营军医长。1929 年 12 月，任平汉铁路管理局总务处北平医院院长（京汉铁路医院院长）。

主编著作：《催眠术》（清国留学生会馆，1907年）、《新撰催眠术》（上海普及书店，1907年）、《外科各论讲义3》（春秋印刷局）。译著：《新编中学生理学教科书》（清国留学生会馆，1906年）、《耳鼻咽喉科学》（增订版）（新医书局，1950年）。发表论文有：《西洋医学史》《军阵外科管见（1）（2）（3）》等。

参考文献

[1] 浙江省辛亥革命史研究会，浙江省图书馆．辛亥革命浙江史料选辑[M]．杭州：浙江人民出版社，1981.

钱崇润

钱崇润（1886—1927），字泽人，浙江海宁路仲人，医家。毕业于日本帝国大学医科，回国后在上海开设诊所，后应聘到杭州任浙江病院内科主任，不久升任院长。创办浙江省立医药专门学校（浙江医科大学前身），兼任校长，并亲自任教。第一次世界大战后，赴德国深造。在柏林德国医学院半工半读，专攻肺结核病，获博士学位。归国后复任院长、校长，又兼红十字会会长。

钱崇润长期从事临床工作。在杭州开设专门诊所时，不惜重金从国外购进当时罕见的X光机，提高疗效。钱崇润医术高超，经验丰富，常应邀去北京协和医院和上海几家大医院交流经验。1927年逝世后，将所有八大橱医学书籍捐赠给省立医药专门学校。

参考文献

[1] 魏桥，浙江省人物志编纂委员会．浙江省人物志[M]．杭州：浙江人民出版社，2005.

朱孝兰

朱孝兰（1890—1977），字伯龙，浙江海宁盐官人，盐官镇的第一代西医。毕业于杭州广济医学专门学堂，后以第一名成绩留校任教。1911年1月，任都督府军医课一等科员，1911年7月，任卫戍病院院长兼江西军医校教官。1913

年1月，任都督府军医课长，1914年1月，任北京城南医院医士。1916年5月，任陆军第二十五师军医处处长，1916年9月，调任浙江第二师军医处处长。抗日战争时期任重庆后勤总司令部卫生处副处长及军医署副署长，抗战胜利后退役。

参考文献

［1］中国人民政治协商会议上海市卢湾区委员会文史资料委员会．卢湾史话：第5辑［M］．上海：上海古籍出版社，1995.

陈方济

陈方济（1891—1958），浙江海宁人，土壤肥料学专家。1920年毕业于日本鹿儿岛高等农林学校农林科，回国后在苏州高级农校任教，1927年，到上海中华农学会任研究员。1930年，到杭州浙江省农业改良场任场长，1932年，任金陵大学农学院教授，后转聘于国立中央大学农学院，任农化系主任。先后加入中华农学会、中国科学社和中华学艺社等团体，是中国农学会的发起人之一，后任中华农学会秘书长。1934年，与彭家元、邓植仪组建"中华土壤肥料学会"。

主编著作：《天然肥料的功效和施用法》（浙江省立农业改良场，1932年）、《浙江省立农业改良场年报》（浙江省立农业改良场，1932年）、《江宁土壤报告》（国立中央大学出版组，1935年）。发表论文70余篇，主要有：《举行土壤调查以谋农业生产增加案》《有机质肥料之分解》《棉作肥料问题》等。

参考文献

［1］赵继伟．从红壤到黄土朱显谟传［M］．北京：中国科学技术出版社，2013.

蒋福京

蒋福京（1892—1943），原名如衡，字公穀，浙江海宁硖石人，医学专家。毕业于日本早稻田大学医科。与教官沈修合作，在天津创立益世医院。不久赴绥远办理鼠疫防治任务，继任西北军第四混成军医处处长、陆军第二师军医处处长、武汉市立医院院长、平汉铁路卫生课课长等职。1937年，抗日战争爆发，出任红十字会医务科科长、野战救护处科长，并参加南京保卫战的救护工作。蒋福京将日寇的南京大屠杀惨状写成《陷京三月记》，战后，东京远东国际军事法庭将此引为审判日本战犯罪证之一。

参考文献

［1］虞坤林．海宁历史人物名录［M］．杭州：浙江人民出版社，2010.

金秉时

金秉时（1893—？），字润农，浙江海宁人，浙江大学机械系教授。1914年6月，毕业于直隶公立工业专门学校机械科。1915年，由直隶公立工业专门学校选派赴美国麻省理工学院留学，1918年，获机械工程学士，后在美国倍斯林姆造船公司实习。回国后历任塘沽水利制碱公司机械工程师、唐山交通大学教授、工商部工业司工程科科长、东北大学机械系教授、中央大学机械科主任、浙江大学机械系教授等职。

主编著作：《万有文库》系列丛书——《机械学》（上海商务印书馆）。

参考文献

［1］丁德全．承德石油高等专科学校志1903—2003［M］．北京：石油工业出版社，2003.

［2］樊荫南．当代中国名人录［M］．上海：上海良友图书印刷公司，1931.

徐永祚

徐永祚（1893—1961），又名玉书，浙江海宁金石墩人，中国民主建国会会员，教授，会计学家，会计教育家，会计实务专家。现金收付记账法的创立者，中式簿记改良的主要代表人物，中国注册会计师执业第一人。先后毕业于浙江高等学堂和上海神州大学经济科。毕业后在天津中国银行担任练习生。曾任上海《银行周报》编辑、主编、银行公会书记长、上海证券物品交易所会计科长和常务理事。曾任神州大学、上海商学院、复旦大学、光华大学教授，上海物品交易所常务理事。

徐永祚长期从事会计学教育和中式簿记改良运动。1921 年，徐永祚获会计师证书并执业，在上海设立徐永祚会计师事务所（1949 年之前的民族品牌四大所之一，抗战时改称正明会计师事务所），并举办会计培训班，普及新式簿记知识。他还在家乡海宁以《改良中式簿记》为教材，开办会计补习班。

1933 年 12 月 24 日，他应上海市商会之请，发表了改良中式簿记的演讲，盛况空前，其所创的收付记账法，在税算会计、商业会计领域沿用至 20 世纪 90 年代；举办改良中式账簿表单展览，陈列账簿表单共四五十种，参加者竟有万人之众。

徐永祚创办《会计杂志》，介绍国内外财会管理的新知和经验，开展会计学术研究，改良中式簿记的宣传，闯出了一条理论与实践互动共生的会计改良之路。

主编著作 10 余部，主要有：《会计师制度之调查及研究》（徐永祚会计师事务所，1923 年）、《会计师法规草案及说明书》（银行周报社，1926 年）、《英美会计师事业》（徐永祚会计师总事务所，1926 年）、《改良中式簿记概说》（人文印书出版社，1933 年）、《所得税与会计》（徐永祚会计师事务所，1938 年）、《股份有限公司清算论》（兵器工业出版社，1993 年）等。

参考文献

[1] 周兰，李建红 . 会计适应性读本 [M] . 苏州：苏州大学出版社，2015.

褚通爵

褚通爵（1895—1962），字君毅，浙江海宁盐官人，妇产科专家。1918年，以第一名优等生的成绩毕业于同济大学医学院。1919年考取浙江省教育厅官费留学生，派送德国深造。1923年因研究以血液黏滞系数来测定血球沉降速度用于诊断疾病的新发现，获得德国海岱山大学医学博士学位。回国后，最初在上海同济大学任医学教授，后回杭州，创建浙江省传染病医院并任院长。后又担任浙江省医专（即浙江医科大学前身）教授兼教务长，为该校创建人之一。

抗战爆发后，褚通爵担任浙江省第八伤兵医院院长，转战于浙西与浙东。1947年赴长沙市负责筹建由美国投资兴建的永利化工公司湘厂职工医院，该院为当时国内规模最大的职工医院。1949年，任河南医学院妇产科教授并兼任河南医学院附属妇产科医院院长。其间，在教学、科研与临床上取得显著成绩，尤其在妇科、内分泌学方面。有关论文分别发表在湘雅医学院、武汉医学院和河南医学院等校刊上。曾连续举办三届妇产科医师大专专修班，为河南省培养出大量的高级妇产科医学人才，对河南省的妇婴保健事业做出了卓越贡献。

参考文献

［1］海宁市政协文史资料委员会．海宁人物资料：第8辑［M］．海宁市政协文史资料委员会，1997.

冯朱棣

冯朱棣（1896—1966），字君秾，浙江海宁长安人，著名兵器专家。1923年同济大学工科毕业。初在东三省兵工厂工务处任职，“九一八”事变后，到南京兵工署任检验科技术员、技术司技正。1936年奉派赴德国、奥地利留学，着重研究枪弹制造技术，翌年回国，任重庆兵工署技术司火药组主任、弹道科科长、廿五兵工厂厂长兼总工程师。1945年抗战胜利后，奉派赴加拿大考察和验收机械。1949年回国，应中国人民解放军聘请，参加第二野战军技术大队到重庆接收兵工厂。1950年调任北京，历任中央技术管理局、兵工总局，以及第二、三、五机械部工程师。

冯朱棣长期从事枪弹制造技术研究。1950年7月，东北某兵工厂产品质量上出现重大问题，苏联专家束手无策，他奉命前去协助，历时半年，妥善解决。1966年在“文化大革命”中被迫害，终年71岁。1974年得到第五机械部平反昭雪。

译著：《热作钢的冷挤压和热挤压》（国防工业出版社，1963年）、《冷挤压中工具材料的性质》（国防工业出版社，1963年）、《钢的冷挤压》（国防工业出版社，1963年）。发表论文10余篇，主要有：《动力测验》《工作机概说》《千六百马力内燃机之测验》等。

参考文献

［1］《海宁市志》编纂委员会．海宁市志［M］．上海：汉语大辞典出版社，1995.

徐善徵

徐善徵（1896—1979），号冉峥，浙江海宁硖石人，高级工程师。毕业于南京铁路专门学校，后进入扬子江水利委员会负责管理长江水利工程。加入浙赣铁路局任土木工程师，参与铁路路线的勘测设计、路基的施工工程管理。中华人民共和国成立后，调往铁道部工程总局任正工程师。

参考文献

［1］徐有恒．时代与人生一个湘雅学子的世纪回顾［M］．北京：科学技术文献出版社，2014.

陈德闻

陈德闻（1897—1968），字远齐，浙江海宁盐官人，当地著名西医。1915年毕业于江西南昌公立医专。1916年在盐官开设私立慈惠医院，后又在河北大学附属医院任助理医师、武汉军官分校军医院化验室任少校技士及贵阳市军医署任少校军医、杭州市卫生科任技术员。1938年起，在昆明、上海、南京等地开业行医。中华人民共和国成立后，曾任盐官卫生所副所长，海宁县人民政府卫生院医务股长及县人民医院副院长等职，并当选海宁县人民代表、海宁县医协会执委。

陈德闻长期从事临床诊治，具有丰富经验，在西医界享有一定的声誉。

来源

海宁市卫生健康局档案室提供。

徐汉清

徐汉清（1897—1986），浙江海宁人，会计学专家。1914 年 12 月，毕业于海宁乙种商业学校；1917 年 7 月，毕业于上海神州政法专门学校（神州大学）银行专修科；工作后继续进修，毕业于上海持志学院（上海外国语大学前身）商学系会计专业。

1918 年，徐汉清进上海交易所任会计员。1920 年，受邀至上海棉纱交易所任会计科长。1922 年，棉纱交易所出卖给日本取引所（日商攫取中国资源的机构），科长以下职员一律遣散，资方宣称，科长可保证维持原职原薪（月薪 120 银圆），3 年不变。徐汉清与其他科长激于爱国热忱，宁愿暂时失业，不愿为日本人服务。3 个月后，进入华利泰出口行任会计。1925 年，应邀进入新设立不久的徐永祚会计师事务所任查账员及会计师事务部主任，历 24 年。事务所案件主要由其主办，每年达一二百宗。凭借对会计业务的专深研究与实践，无论查账、设计或改进会计制度，或指导会计设施，都受到委托人方面的称道，成为事务所的业务栋梁，在上海会计界广受美誉。在著名会计师徐永祚发起的改良中式簿记运动中，发挥重要的作用，除案头工作，还在讲习班担任讲师，培养了一大批学员。

1949 年，离开徐永祚会计师事务所，前往大成纺织染公司任总会计师、财务科长，其面临的迫切任务是重估财产和改革会计制度。中华人民共和国成立后，根据上海市政府颁布的法令，需要对 1949 年年底大成总公司和一、二、三厂全部财产加以重估，把明暗两套账目详细查明，正式建账。秉持一以贯之客观公正的职业道德，发挥专业特长，徐汉清带领财务部门同事出色地完成了这项艰巨的任务。1951 年初，根据全国统一的估价法令，又需要重估财产，且比上次更为细致复杂。徐汉清每天只睡三四小时，连续苦干 12

天，圆满收官。一时间，“学习徐汉清同志为人民服务的牛马精神”成为常州各单位的学习内容。1951年大成老板刘国钧从海外归国，对徐汉清起底其从抗战以来的账目，细查后并补足大量税款的做法有看法而不开心，但终因此举使大成厂成为常州市各企业单位中账目最清楚、报税最准确的企业单位，刘国钧也成为完美的中国民族资本家的典范，他对徐汉清的态度也从不悦变为敬重。1954年、1956年，徐汉清连续当选为常州市人民代表，并在大会上数次发言，对财务会计工作提出建设性意见。1957年退休。1961年返回故乡海宁。

来源

本段文字由家属提供。

朱孝文

朱孝文（1899—1972），字叔豹，浙江海宁盐官人，西医。1915年毕业于江西医学专门学校，曾任国民革命军二十六军前方医院院长，后在贵州、重庆、南京等地卫生署工作。

来源

中国人民政治协商会议上海市卢湾区委员会文史资料委员会.卢湾史话：第5辑.1995.

夏苍霖

夏苍霖（1900—1989），学名民望，浙江桐乡人，西医内科专家。1921年，毕业于浙江公立医药专门学校，历任冀南军事学校卫生教官、国民第三军第一师第一旅军医官、国民第三军野战医院院长、地方辅助医院内科主任、第一辅助医院院长等职。1926年，在硖石开设生生医院，任院长。院内分内、外、花柳、皮肤、小儿等科，并附设药房。抗日战争时期，加入抗敌后援会，参加救护工作。中华人民共和国成立后，曾任海宁县医务工作协会主任、海宁县卫生工作者协会副主任。

夏苍霖长期从事西医内科临床诊疗工作，当时流行脑膜炎，夏苍霖深入农村，奋力抢救，能用中西二法治疗各种常见病。

他主编《硖石商报》医刊、《现代医药》及《硖石报》医刊、《医药与民众》。发表论文20余篇，主要有：《流行性脑脊髓膜炎之疗法》《海宁县医药卫生之过去和现在（上中下）》《改良中医须从研究中药入手说》等。

参考文献

［1］钱菁，李瑞芝，金晓董．海宁历代医家学术要略［M］. 北京：中国中医药出版社，2016.

钱崇澨

钱崇澨（1900—？），浙江海宁人，工程师。1924年毕业于南洋大学电机系。1929年美国普渡大学研究生毕业后，在美国配琪汽车厂、Ford Motors公司实习。回国后任上海光华汽修工厂工程师，上海美通汽车公司营业部副经理，上海通信汽车公司营业部经理等职。

参考文献

［1］资源委员会．中国工程人名录：第一回［M］. 北京：商务印书馆，1941.

祝怀萱

祝怀萱（1901－1963），字绍钧，又名为先，号萱庐。浙江海宁人，民国医家。性情诚笃，甚少虚伪。双亲早亡，童年即随清末江南名医外祖郑仰山、母舅郑燕山庭训，尽传家学，曾任教于上海中医学院。擅于妇科，且精内儿，其经验方收载于《上海历代名医方技集成》。主编著作：《妇女病经历谈》《中医对血吸虫病的认识和治疗》。

参考文献

[1] 施杞. 上海历代名医方技集成 [M]. 上海：学林出版社，1994.

杨道定

杨道定（1901—？），字静夫，浙江海宁人，工程师。1928 年毕业于浙江大学电机系。曾在首都电厂、宁海中学、济南兵工厂、浙江电话局等处服务。1937 年任淮阴电厂副工程师。

参考文献

[1] 资源委员会. 中国工程人名录：第一回 [M]. 北京：商务印书馆，1941.

高许培

高许培（1901—1982），字志清，浙江海宁新仓人，机械工程专家。曾就读于杭州高等学校，1926 年毕业于天津南开大学矿冶系，后赴美国留学，专攻机械工程。曾任美国福特汽车制造厂工程师，周游欧美 18 国考察研究机械制造的技术设施及技工、艺徒的训练。1937 年又赴德国考察，归国后投身国防工业，历任浙江省立甲种学校管理员、国民政府兵工署委员、安徽省立第一职校汽车科主任、安徽巩县（现巩义市）兵工厂主任工程师、安徽公路管理处工程师等职。

高许培长期从事重工业技艺及科学工业研究，为我国国防工业的建设做出较多贡献，获数项专利。在国内首创国产发动机和制造军用望远镜，并获嘉奖。

主编著作：《职业教育与艺徒训练》（1942 年）。

参考文献

[1] 虞坤林. 海宁历史人物名录 [M]. 杭州：浙江人民出版社，2010.

徐玉相

徐玉相（1901—1996），浙江海宁盐官人，江苏农学院教授，享受政府特殊津贴。1919年9月官费留学日本，就读于日本东京东亚高等预备学校。1920年9月至1921年3月，于东京第一高等学校学习。1924年，毕业于日本名古屋第八高等学校理科，同年考入东京帝国大学。1931年，毕业于帝国大学理学部天文学科，后到帝国大学研究院和东京天文台从事研究。1933年8月回国，历任广西大学教授，上海商务印书馆特约编辑，南京中央大学、南通农学院、苏北农学院、江苏农学院教授，兼任江苏省物理学会理事、南京天文气象专门委员会委员、扬州市物理学会理事长等职。

徐玉相长期从事气象学、天文学、测量学、物理学、数学等学科的教学与研究工作，学术造诣深厚。1954年，创办苏北农学院气象站，作为学生实习场所，坚持一日三次观测，所得资料供科研之用，为我国农业气象教学科研做出了贡献。

主编著作：《简便算法》（商务印书馆，1928年）是速算技术在我国研究应用的奠基之作；《双曲线函数》（商务印书馆，1936年），华罗庚教授曾对该书做了高度评价；《理化学词典天文之部》（商务印书馆，1936年）、《省略算法》（上海作者书社，1939年）、《日球与月球》（中华书局，1946年）等。发表论文10余篇，主要有：《日影之轨迹》《修改几个物理学名词的意见》《关于做好汉字简化工作的一点设想》等。另有多种讲义教材：《应用微分方程式》《微积分学要旨易解》《日本口语文法易通》《农业气象学》等。

徐玉相还长期从事中国文字学和文字改革问题的业余研究，著有《常用汉字简化方案及其理论》（1985年）。

参考文献

[1] 谢恩光.浙江教育名人[M].杭州：浙江教育出版社，1994.

章宏序

章宏序（1903—？），浙江海宁人，高级工程师。1925年毕业于唐山大学土木工程系。1937年，在平绥路工务分段帮工程司工作，中华人民共和国成立后转入建筑材料工业部技术情报局工作。

章宏序长期从事公路工程研究。发表论文有：《修焊工作实验谈》《工务处处务会议研究学术论文：南口车站之将来给水问题（未完）》《工务处处务会议研究学术论文：南口车站之将来给水问题（续）》等。

参考文献

[1] 资源委员会．中国工程人名录：第一回［M］．北京：商务印书馆，1941.

虞　汉

虞汉（1903—1946），字侠先，浙江海宁丰士人，铁路工程师。1925年，毕业于上海交通大学电机系。1934年，在沪杭甬铁路闸口电厂任副工程师。1937年，在江苏戚墅堰机厂任工程师。抗日战争爆发后，在湘桂、滇缅等铁路局任职，后去川康公路局任副总工程师兼主任秘书，为铁路一等二级技术人员，为抗战做出了积极贡献。抗战胜利后，他返沪任善后救济总署上海储运局仓储组副组长。1946年，英年早逝。

参考文献

［1］海宁市政协文教卫体与文史委员会．海宁世家：上［M］. 北京：人民日报出版社，2012.

查良铸

查良铸（1904—1996），字鼎甫，浙江海宁袁花人，工程学家。毕业于唐山交通大学，曾任铁路丰台工务段长，郑州陇海路工程处副处长、副总工程师。抗战时期任铁路抢修队队长，抢修了凤翔机场及平汉铁路。20世纪50年代初，调安徽省建设厅，参与治淮及水泥输窑建设。1976年回上海，在徐汇区政协工作，为宝钢、浦东工程开发提供咨询。

参考文献

[1] 查济民. 海宁查氏 [M]. 香港：中国书画出版社，2006.

吴斐如

吴斐如（1904—1994），女，浙江海宁硖石人，助产士。1927年，进上海私立同德产科学校就读，后转入杭州浙江省立女子产科职业学校。1929年，毕业后进入附属医院实习。1930—1931年，在杭州病院当助产士。1931年1月以后在海宁诸桥开展防治脑膜炎工作并开设海宁第一家产科医院——利生妇产科医院。抗战期间迁居上海。1945年回海宁卫生院当助产士，1949年转入海宁人民政府卫生院工作。1950年因病辞职。1953年病愈，进入海宁工人保健站做助产士，至退休。

来源

海宁市卫生健康局档案室。

刘光宇

刘光宇（1905—？），字匡汝，浙江海宁人，工程师。1930年毕业于上海交通大学机械系，后在京沪铁路机车厂实习。历任上海市社会局工厂检查员，上海江南造纸厂机械科主任，1937年上海达丰染织厂机械工程师。

参考文献

[1] 资源委员会. 中国工程人名录：第1回 [M]. 北京：商务印书馆，1941.

查良钟

查良钟（1906—1983），浙江海宁袁花人，公共卫生教授，中国公共卫生学创始人之一。1931 年 6 月，毕业于北京协和医院内科系。

中华人民共和国成立前，查良钟历任北平协和医院内科住院医师，北平市第一卫生事务所股长，北京市卫生局第二科长，南京四牌楼卫生实验区主任，江西省卫生处技正兼第二科长，卫生实验所所长，卫生署医疗防疫总队视察，中央卫生实验院沙碌卫生实验区主任。1944 年，赴美国哈佛公共卫生学院学习，并获哈佛大学金钥匙奖。回国后担任东南鼠疫防治处副处长，卫生部医疗防疫总队队长，参与江西、福建扑灭鼠疫任务。

中华人民共和国成立后曾任杭州市防疫委员会副主任委员，中央卫生部防疫处技正。1953 年，创办天津医学院公共卫生系，任主任、教授。后调河南省卫生厅工作，兼任洛阳医学院卫生教研组教授。1963 年，在美国哈佛公共卫生学院获公共卫生硕士学位，并选为美国公共卫生荣誉学会会员，为公共卫生做出一定贡献。

发表论文 10 余篇，主要有:《赣省自制疫苗之经过》《改进本市生命统计之初步》《粉尘疾病之预防》等。

来源

洛阳市卫生志编写组 . 洛阳市卫生志 . 1986.

朱克闻

朱克闻（1906—？），浙江海宁人，上海市徐汇区中心医院骨科主任、主任医师。1932 年，毕业于同济大学医学院。同年，任上海宝隆医院外科、骨科医师。1937 年，创办上海怡和医院并任院长。1956 年，任上海市徐汇区中心医院骨科主任。中华医学会上海分会骨科学会会员。

朱克闻长期从事骨科临床及脊柱病研究。1975 年，首先开展胶原酶溶解术治疗腰椎间盘突出症的临床研究。发表论文 10 余篇，主要有:《胶原酶经硬膜外注射化学溶核术》《胶原酶髓核溶解术 252 例随访》《对腰腿痛病因和治疗的商讨》等。

参考文献

[1] 上海市医学科学技术情报研究所 . 上海医学学者人名录 [M]. 上海：上海科学技术出版社，1983.

吴　颖

吴颖（1908—1999），女，浙江海宁硖石人，教授及检验科主任。早年毕业于同济大学，后留学于德国汉堡医学院三年，获检验学硕士学位。

吴颖回国后在上海德国宝隆医院工作。曾对德国人制订的蔑视中国医生条规，即在医院内部设立两门，中国医生必须在规定的门内进出，愤然抗议，提出辞职，迫使德国院长取消了这一蔑视中国人的规定，受到了同仁的赞许。1949 年后服务于上海第五人民医院、上海虹桥疗养院，担任检验科主任等职。

参考文献

[1] 海宁市政协文教卫体与文史委员会 . 海宁世家：上 [M]. 北京：人民日报出版社，2012.

陈观深

陈观深（1908—1996），浙江海宁盐官人，化工专家。1932 年，毕业于上海沪江大学化学系，留校任助教。1934 年，应化工界元老吴应初之邀，任上海天利氮气厂氨厂主任。1940 年，集资创办东方化工厂，生产“白猫”肥皂。

发表论文有：《莫斯太气之制造》。

参考文献

[1] 虞坤林 . 海宁历史人物名录 [M] . 杭州：浙江人民出版社，2010.

翁天麟

翁天麟（1908—？），浙江海宁人，高级工程师。1931 年，毕业于浙江大学工学院土木系。长期从事工建工程。1977 年，因“上海市地基基础设计规范的研究和制订”获上海市科学大学奖。

参考文献

[1] 刘振元,《上海高级专家名录》编辑部 . 上海高级专家名录：第四卷 [M]. 上海：上海科学技术出版社，1994.

吴厚章

吴厚章（1909—2003），浙江海宁硖石人，上海市眼病中心防治所主任医师。1934 年，毕业于上海国立同济大学医学院，即留在上海宝隆医院任眼科医师。1937—1984 年，先后在上海市中心医院眼科、上海慈联会第二医院眼科、上海市第五医院眼科、上海市眼病中心防治所眼科工作。兼任全国眼外伤与职业性眼病协作组顾问，全国新技术新疗法研究协作组顾问，中华医学会上海分会眼科学会常委,《眼科通讯》《保护青少年视力》《眼科最新进展》《眼科研究》杂志编委,《亚非眼科杂志》中国地区编委等职。

吴厚章长期从事眼病防治和学术研究工作。早在 20 世纪 30 年代就成功进行了国内首例眼病患者视网膜脱离手术。20 世纪 50 年代，组织建立了上海全市眼科医师眼底病及疑难杂症会诊制度，大大提高了医师业务水平。后又率领医务人员深入农村、田野防治沙眼及其并发症，进行手术治疗，并培训农村大批防治眼病人员，使上海市获得“无沙眼城市”光荣称号。1986 年 12 月，赴印度新德里参加国际防盲协会第三届大会，进行学术交流，为眼病防治做出了重大贡献。1981 年曾投书《解放日报》，倡议捐献遗体、眼球、器官，同年 12 月，在广州召开的全国防盲治盲会议上，再次提出这一倡议，得到 170 余位同行专家、教授热烈响应。

译著:《裂隙灯前房角镜检查法》(上海科学技术出版社 . 1963 年)。发表论文 20 余篇，主要有:《异丁基哌嗪力复霉素治疗沙眼、结膜炎、角膜炎疗效观察》《Vogan 治角膜软化症及结膜干燥症之临床报告》《无眼球畸形病例报告》等。

来源

海宁市档案馆 . 当代海宁名人录（第一集）. 1996.

章沧洲

章沧洲（1909—1992），字维良，谱名昌炜，浙江海宁庆云人。海宁县人民政府卫生院（现海宁市人民医院）第一任院长，全科医生。23岁自学医学，在上海一家医院“见习”半年后，即在庆云开设诊所。

章沧洲长期从事临床诊疗工作。1932年，海宁脑膜炎流行，死达数千人。他从上海买来特效药免费救治。痢疾流行期间，章沧洲用挂盐水之法救治，当时海宁县内绝无仅有，遂名声大振，登门求医者络绎不绝。1943年9月，章沧洲不顾自己安危，将抗日自卫大队副大队长杨建收治在家。杨建背部三根肋骨骨折，腹部被子弹洞穿，伤势极重，经章沧洲悉心治疗半年后竟获痊愈，又重返抗日战场。抗战期间，他创建战地医院，为抗日游击区官兵服务。日寇投降后，章沧洲受聘为海宁县卫生院院长，发展全县医疗。为了化验之需，他购入海宁的第一架显微镜。中华人民共和国成立后，章沧洲出任海宁县人民政府卫生院第一任院长。1956年，医院置办X光机，章沧洲主动进修放射科。1961年，由于“历史问题”，章沧洲被收审二年，无罪释放后，他被派往许村卫生院工作近20年。改革开放后，章沧洲得以平反，担任市政协委员。

参考文献

［1］浙江省海宁市斜桥镇人民政府，浙江路仲文化创意发展有限公司.洛溪名人［M］.杭州：浙江古籍出版社，2013.

程育和

程育和（1909—？），女，浙江海宁人，广西医科大学妇产科主任、教授。北平协和医学院毕业。发表论文10余篇，主要有：《绒毛膜上皮癌与滋养叶细胞新生物的治疗进展》《阴道结节8例病案报告（南京）》《畸胎瘤四十八例分析报告》等。

参考文献

［1］梁寿武，李毅，广西医科大学校志办公室.广西医科大学志［M］.南宁：广西人民出版社，2004.

李伯宁

李伯宁（1910—？），字静远，浙江海宁人，中国民主同盟盟员，高级工程师。1934年，毕业于天津北洋工学院土木系。历任杭州钱塘江大桥工程处技术员，重庆兵工署第三工程处工程师、主任，重庆人和、资和钢铁公司工程顾问，桂林利群工程公司主任技师、经理，湖北华中钢铁公司土建组长，上海齐鲁公司上海办事处专门委员，台湾齐鲁公司营业所主任，上海华东建筑工程公司工程师，上海建筑工程局联合司令部工程师，上海建筑工程学校、土木工程学校教师，建筑工程部建筑科学研究院机械化室、地基室工程师组长，中国建筑工业出版社高级工程师等职。

李伯宁长期从事工程建筑和设计工作。他早年怀着报国之心，放弃海外优越的工作、生活条件，返回祖国，在建设钱塘江大桥等工程中出色地完成任务，为社会主义建设做出了一定的贡献。

主编著作：《实用工程手册》（开明书店，1948年）、《混凝土施工机械》（中国科学图书仪器公司，1954年）、《运输及起重机械》（中国科学图书仪器公司，1954年）、《新中国土木工程手册》（上海科学技术出版社，1959年）。发表论文有《钱塘江桥沉箱工程情形：第一号沉箱浮游纪实》等。

参考文献

[1] 中国出版年鉴社．中国出版年鉴：1992［M］．北京：中国出版年鉴社，1993.

查良铭

查良铭（1910—1972），字箴甫，浙江海宁人，工程学家。

参考文献

[1] 查济民．海宁查氏［M］．香港：中国书画出版社，2006.

朱纪生

朱纪生（1910—？），浙江海宁人，高级工程师。1934年，毕业于清华大学土木工程系铁道专业，1958年到新疆。先后在滇缅铁路局、浙赣铁路局、上海铁路局、西北铁路干线工程局、第一铁路工程局、乌鲁木齐铁路局任帮工程师、副工程师、工程师、科长、副处长、处总工程师等职。

朱纪生长期从事铁路设计和建设工作。曾担任宝鸡到天水铁路线路改建工程的设计；负责宝天线、天兰线和兰新线施工建设计划的编制；参与西北铁路干线工程局10年施工经验的全面总结及10年施工各项指标统计专集的汇编工作。

参考文献

[1] 新疆维吾尔自治区地方志编纂委员会,《新疆通志·科学技术志》编纂委员会.新疆通志：第72卷下 科学技术志 科技名人录[M].乌鲁木齐：新疆人民出版社，1994.

高　凌

高凌（1911—？），字凌云，浙江海宁人，工程师。1935年毕业于浙江大学电机系。

参考文献

[1] 资源委员会.中国工程人名录：第一回[M].北京：商务印书馆，1941.

方声恒

方声恒（1911—1978），浙江海宁人，台湾大学物理系教授，太空物理学家。其父方筱山在光绪年间任职厘金局司江运税务，遂移家于湖北武昌府。几年之后，应叔祖方少渶之召，举家又移居上海南市，故兄弟姊妹七人均出生在上海。方声恒就是曾任国民党主席连战的岳父、连方瑀的父亲。

方声恒自幼勤勉于学，1924年7月，毕业于上海西门林荫路西区小学；1926年，毕业于小西门海澜英专预科；1927年4月，任上海工会统一委员会分区调查员，并于6月报考工统会宣传部演讲员，列备取第四名，7月考取国民革命民军总司令部交通处无线电训练所。录取后5个月结业，成绩全班第一，分派到当时的国民革命军第五路军南昌短波无线电台工作。年余，辞职返上海，考入上海电报局任报务员。

方声恒同时入上海大同大学为选课生，因表现特优，得曹惠群校长特准改成正式生。于是日间上课，夜晚工作，但4年后毕业总成绩平均97.5分，创该校历年来毕业生成绩之纪录。胡刚复教授对其特别赏识，因而推荐入上海交通大学物理系为研究生，但未卒业。1935年，任国立北平研究院物理学研究所与镭学研究所助理员，从事光学研究，同年考取清华大学第三届留美公费生。1936年12月，赴美入美国麻省理工学院（MIT）就读。1938年在知名教授、航空机械专家Draper博士指导下，获硕士学位。旋即转学到罗切斯特大学攻读光学博士课程。时逢抗日战争时期，不少留学生弃学归国，献身抗战。方声恒亦受时任二十二兵工厂周自新厂长函召，放弃即将得到的博士学位，毅然返国，投身抗敌，于1939年经欧洲返国，沿途参观英国、比利时、瑞士诸国并收集相关资料。1940年返抵昆明，就任二十二兵工厂代理总工程师兼光学设计室主任，参加了中国第一架6×30双眼军用望远镜试制工作。1941年5月4日，方声恒经周庶咸和潘钟尧介绍，与汪积贤在重庆南岸黄桷垭棕园订婚，随后转任经济部中央工业试验所电工仪器厂职工，1943年升任厂长，同年女儿方禹在重庆出生。

1945年日本战败投降，原奉派由上海前往东北接收鞍山钢铁厂，后因故未克成行，而改派到台湾省接收并将日本遗留之钢铁工厂改组为台湾工矿公司第一及第二钢铁厂。1950年任职于台湾造船公司，并曾规划成立较大规模的钢铁厂，是为日后组织台湾“中国钢铁公司”之蓝本。1953年起先后任教于美国威斯康星大学及台湾大学物理系，1978年病逝于美国。

方声恒长期从事核子科学、光学及固态物理学方面的教学和研究。主要讲授《普通物理学》《电磁学》《近代物理》等课程。发表论文10余篇，主要有：《空心水晶圆柱之绕周振动》、*Spontaneous Magnetization of Palladium Iron Alloys*、*Effect of Local Order Magnetization Spin-disorder Electrical Resistivity and Electronic Specific Heat of a Dilute Pd-Fe Alloy* 等；参编著作《固态物理学》《普通物理学》等；译著《物理实验大全》（徐氏基金会，1960年），并受国立编译馆（台湾）委托主持《物理学名词》的修订工作。

参考文献

[1] 刘广定. 方声恒先生简传 [J]. 中国科技史料，1996（3）：52.

[2] 方声恒. 汪积贤启事 [N]. 中央日报，1941-5-2（4）.

［3］中国科学技术协会．中国科学技术专家传略工程技术编：机械卷1［M］．北京：机械工业出版社，1996.

赵端瑛

赵端瑛（1911—2007），女，浙江海宁人，著名儿童心理学家，杭州大学心理学系教授。1936年，浙江大学教育系毕业，在松江女子中学任教。1939年去英国留学，进伦敦大学教育学院儿童心理系专攻儿童发展心理学并成为英国儿童心理学会会员。1947年回国，受聘在浙江大学教育系任教。1952—1953年，赴北京师范大学进修教育学，期满后回浙江师范学院、杭州大学教育系及心理系任教，并担任浙江省教育学会会员。

赵端瑛长期从事心理学教学及科研工作。在教学方面，主要讲授《普通心理学》《儿童心理学》《青年心理学》等课程。20世纪80年代初，赵端瑛承担了心理学系本科各专业和研究生的专业英语课程教学，这是当时国内心理学系中最早开设的专业外语课。1980年杭州大学成立心理学系，赵端瑛转入任教，翻译了心理学各分支学科的大量最新学术资料与文献。在科研方面，早期参加俞子夷教授领导的杭州西湖国民教育实验区的实验研究工作。20世纪50年代撰写了《裴斯泰洛齐的教育思想》论文，对著名瑞士教育家裴斯泰洛齐做了一系列专门研究。1985—1986年，赵端瑛赴美国南加州大学讲学，回国后较早开始了中老年心理学的研究。

在著作方面，她于1960年参加高校文科教材编译组，编译《西方资产阶级教育论著选》（人民教育出版社，1964年）、《现代西方资产阶级教育思想流派论著选》（人民教育出版社，1980年）等经典文选，并承担裴斯泰洛齐、福禄倍尔、蒙台梭利等著名教育家著作的翻译工作，其中《教育原理》（人民教育出版社，1992年）多次再版，为我国高等师范院校教材建设做出了贡献。与北京大学、中科院心理研究所合作翻译出版《心理学纲要》（文化教育出版社，1980年）和《发展心理学》（人民教育出版社，1983年），两书在20世纪80年代成为我国高校普通心理学和发展心理学教学与研究的重要参考文献。

参考文献

［1］谢恩光．浙江教育名人［M］．杭州：浙江教育出版社，1994.

徐善根

徐善根（1910—1975），浙江海宁人，新疆八一农学院副教授。1935年，毕业于南京金陵大学森林系。1952年进新疆，历任新疆八一农学院林学系主任，新疆农科院林科所所长等职。

徐善根长期从事防护林学、造林学的教学及科研的组织管理工作。为新疆林业建设培养了一批骨干力量，对新疆林业的发展、八一农学院的绿化以及该院林学系实习基地的建设做出了贡献。

主编著作：《护田林的营造》（新疆人民出版社，1959年）《中国黄土区土壤冲刷概况》（金陵大学农学院，1938年）。修订著作：《林学概论》（商务印书馆，1946年）。发表论文10余篇，主要有：《水土流失畦试验法之检讨》《榆树的采种、种子贮藏与播前处理问题》《森林与土壤冲刷》等。

参考文献

[1] 新疆维吾尔自治区地方志编纂委员会，《新疆通志·科学技术志》编纂委员会．新疆通志第72卷（下）科学技术志·科技名人录［M］．乌鲁木齐：新疆人民出版社，1994.

朱承业

朱承业（1912—？），字四兴，浙江海宁人，工程师。1933年毕业于浙江大学电机系。浙江吴兴电气厂公司技术员。

参考文献

[1] 资源委员会．中国工程人名录：第一回［M］．北京：商务印书馆，1941.

张秋波

张秋波（1912—？），浙江海宁人，工程师。1933年毕业于上海交通大学土木系。1936年任粤汉铁路株韶段助理员。

参考文献

[1] 资源委员会．中国工程人名录：第一回［M］．北京：商务印书馆，1941.

谢培康

谢培康（1912—2000），浙江海宁人，高级工程师。1932年毕业于浙江大学高工部电机科。曾任天生港电厂值班工程师，昆湖、青岛、西村电厂供电课课长。1949年后，历任广州市电业局供电科科长，广东省水利电力厅珠江电业局总工程师，广东省水利电力局、广东省电力工业局副总工程师等职，兼任中国电机工程学会广东分会第二届副理事长。

谢培康长期从事电力生产和技术管理工作。20世纪50年代初期，曾组织实施广州电网改电压等级计划。

参考文献

［1］沈根才．中国电力人物志［M］．北京：水利电力出版社，1992.

曹敬康

曹敬康（1912—1993），浙江海宁人，中国民主同盟盟员，同济大学结构工程三级教授。1933年毕业于复旦大学土木工程系，1937年获美国伊利诺斯大学研究院硕士学位。曾任复旦大学教授，上海交通大学教授，同济大学教授、教研室主任，建筑设计院设计室主任、总工程师。

曹敬康长期从事土木工程教学和钢筋混凝土结构的研究。参加过现上海第一百货公司的房屋结构设计，担任华东师范大学化学楼、复旦大学物理楼、上海市儿科医院等建筑的结构设计，以及同济大学留学生大楼的结构设计审核等岗位。参编著作：《预应力混凝土理论与应用》（上海科学技术出版社，1960年）等。

参考文献

［1］杨东援，《同济大学志》编辑部．同济大学志：1907—2000［M］．上海：同济大学出版社，2002.

陈石君

陈石君（1912—？），浙江海宁盐官人，出生于上海，美国韦恩大学医学院副教授。1936年毕业于上海同德医学院，后赴广西南宁军医院参加军医工作。1938年在武昌重建第八重伤医院。1939年任职于桂林第六军医院，后转入桂林省立医院专门从事放射科工作，同时担任白崇禧的个人保健医生，前后约5年时间。抗战胜利后就任上海陆军总医院医务长，期间在上海中比镭锭医院出任放射科医生。1949年迁至台湾省。1952年赴美国纽约蒙德菲尔医院进修放射技术。1953年7月至华盛顿大学医学院任放射科驻院医生。1954年转入纽约大学医学院任临床助教，专研放射治疗，期间考得医生执照和专业文凭。1957年转入底特律韦恩大学医学院，主持其附属医院的放射治疗科工作，历任临床研究室、助理教授、副教授，发表论文17篇，两次在大会上宣读论文。

1966年开始，陈石君任仁爱医院放射科主任。仁爱医院鉴于陈石君教授服务医院20年之久，且创办了放射治疗及核能医学两个专科，特在1991年2月开了一个800余人的盛会，以资表彰。

参考文献

［1］陈石君．陈石君医生八十年见闻：杏林沧桑六二年［M］．台北：传记文学出版社，1994.

张远新

张远新（1912—？），浙江海宁人，教授级高级工程师，氯碱专家。1932年毕业于浙江大学工学院化学工程系。同年进上海天原电化厂任技术员，抗日战争时期工厂内迁重庆任工务处长，抗战胜利后任天原电化厂股份有限公司上海工厂厂长，并兼任技术处处长。上海解放后企业公私合营，他作为私方代表担任天原化工厂副厂长。1975 年退休，1978 年任天原厂技术顾问。

张远新长期从事氯碱工业及无机物工艺。自 1932 年进天原厂后，为发展中国的氯碱工业一直孜孜不倦地工作，1932 年市场上急需氯化铵，他从小试到中试，然后制定工艺流程，设计设备进行工艺化生产。在电解部对爱伦 – 摩尔式（Allien-Moocl）电槽，在不同负荷下进行一系列测试，求得最佳运转条件，既稳定了烧碱生产又降低单耗，提高了效益。1937 年工厂内迁重庆，张远新从事筹建工作，工厂建成投产后任工务处长。当时后方物资缺乏，生产上用的化工原料如纯碱、氯化钡等由他设法小规模自行制造，确保了正常生产。

中华人民共和国成立后负责生产技术工作。1956 年参加新电槽的试制，试制成功国内第一台立式吸附隔膜电解槽，比老槽单槽产量提高 10 倍，电耗降低 23%，生产技术接近当时世界先进水平。1957 年制成大批电槽投入生产，为增产烧碱创造了条件。在化盐、蒸发、盐酸等工艺设备改造时提出许多建议。在 11 年的主持生产工作中，烧碱产量从 4109 吨增加到 51 724 吨，增长了 12 倍，氯产品也同步增长。

他发表论文 10 余篇，主要有：《液碱浓度的演变和液碱品种规格的商讨》《电解槽跳槽用的真空开关》《中国氯碱工业发展史》等。

参考文献

[1] 刘振元，《上海高级专家名录》编辑部 . 上海高级专家名录：第 2 卷 [M]. 上海：上海科学技术出版社，1993.

孙瑞耕

孙瑞耕（1912—2016），浙江海宁人，上海牙膏厂高级工程师，中国牙膏行业泰斗。1931 年，进入中国化学工业社（上海牙膏厂）任实习生。1936 年毕业于美国万国函授学校化学系。历任中国化学工业社技术员、技术室主任、副总厂长，以及上海牙膏厂副厂长兼总工程师，并担任中国牙膏工业协会顾问。

孙瑞耕长期从事牙膏生产技术工作。主要成果如下：

（1）研制牙膏的新原料：磷酸氢钙、山梨醇、十二醇硫酸钠、CMC（第一步先研制CMS，羧甲基淀粉）。

（2）研制铝管：1961年铝管研制成功并小量投产。1964年引进冲床、退火炉、彩色印刷机等关键设备，使铝管生产线连成一线，成为定型的自动生产线，并在全国推广。

（3）研制美加净牙膏：其采用全新的原材料，使膏体及香味达到当时高露洁牙膏的水平。

（4）研制三合一卧式制膏设备：其使牙膏生产工艺彻底改变。在1970年完全淘汰铝锡管和肥皂牙膏，完成升级换代的历史性任务，大大缩短与世界水平的差距。

（5）开发方解石粉作为牙膏新原料：淘汰轻质碳酸钙，是国际首创。与此同时，还积极配合轻工部日化所进行许多科研试验项目：甲、乙醛法合成甘油中试；由C7–9酸制苯二甲酸酯增塑剂的小试和中试；合成薄荷脑的中试。

撰写的《牙膏生产工艺》《牙膏制膏料的工艺及设备》等专业文献，被采纳为行业内生产工艺标准，后由轻工部制成教材，作为20世纪中后期牙膏行业内的经典教学范本。编写牙膏行业第一本《技术管理条例》。发表论文10余篇，主要有：《洗涤剂新配方的潜力》《脂肪醇》《椰子油低压氢化制脂肪醇》等。

参考文献

［1］美加净公司．仰首齐念苏河畔　犹忆先生漾东风——缅怀孙瑞耕先生［J］．口腔护理用品工业，2016，26（6）：58.

［2］关存钢．孙瑞耕先生对我国牙膏工业的巨大贡献［J］．牙膏工业，2005（1）：9–10.

陆　迟

陆迟（1913—？），浙江海宁人，工程师。1936年毕业于上海交通大学机械系。

参考文献

［1］资源委员会．中国工程人名录：第一回［M］．北京：商务印书馆，1941.

郑广华

郑广华（1913—1987），浙江海宁人，农学专家。1942年，毕业于协和大学农学院农艺系，获农学学士学位。1942—1946年，任福建省立农事试验场技士，福建省立农学院讲师。1946—1949年，任上海新农出版社编辑董事。1949—1976年，任山东农学院讲师、副教授、植物生理教研室主任，中国农学会、中国植物学会会员，兼任中国植物生理学会、山东农学会理事，山东植物生理专业委员会名誉主任，《植物生理学通讯》编委。1959年，被特邀参加国庆十周年观礼，1960年，获山东省文教先进工作者称号，同时出席全国文教群英会。

郑广华长期从事植物生理学的教学与科研活动。在植物生理学仪器设计方面，多有创新，包括pH比色法测光合及呼吸速率、真空渗入法（沉浮法）测光合及呼吸相对速率、密闭循环气流法测呼吸速率、喷白法测定充分受光面积、半穗法测麦穗干物质积累、直尺放大法测麦秆直径、分部法描绘作物群体结构等。其中光合呼吸pH比色速测装置，可在简易设备下同时测定一组（多个或10多个）植物叶片样品的光合或呼吸速率。在提高农作物产量方面，提出了一条高产低耗栽培途径的设想，即以向光要粮（向光合作用要产量）来代替向地要粮、向肥水要产量；以侧重光合效率来代替侧重光合面积；以侧重经济系数来代替侧重生物产量；以个体为基础，努力协调群个关系，充分发挥群个两方面的积极性来代替单纯依靠群体（即以合理稀植来代替过分密植）；在一定穗数基础上力争提高穗重来代替片面依靠穗数。经过10多年在小麦生产上的验证，证明了高效低耗新途径既有理论意义，又有实用价值。

主编著作：《植物生理学》（新农出版社，1947年），是中华人民共和国成立前后国内仅有的大学植物生理学教材，《植物栽培生理》（山东科学技术出版社，1980年）；参编著作：《植物生理学实验指导》（山东科学技术出版社，1980年）。创办《新农》期刊，是在中华人民共和国成立前乃至成立初期为数不多的农业科技刊物之一。发表论文40余篇，主要有：《关于小麦倒伏的原因与后果的初步研究》《烟草光合性能的初步研究》《农作物高效低耗栽培途径的探讨》等。

参考文献

［1］校史编委会．山东农业大学史（1906—2006）［M］．泰安：山东农业大学电子音

像出版社，2006.

［2］《齐鲁科技精英》编辑委员会．齐鲁科技精英：第2集［M］．济南：山东科学技术出版社，1992.

吴诚之

吴诚之（1914—1988），浙江海宁人，上海财经学院会计系教授。1934年毕业于复旦大学会计系。历任江苏农民银行上海分行会计主任、中国银行总管理处办事员、中国银行越南处经理、缅甸管理处会计主任、中国银行总管理处储蓄部营业主任、中国农工银行广州分行副经理、香港分行经理等职。中华人民共和国成立后在上海会计补习学校、复旦大学商学院、上海财政经济学院会计系、上海社会科学院、上海财经学院会计系任教。

吴诚之长期从事银行会计和经理教学和研究工作。在教学方面，主要讲授《工业会计》《会计制度设计原理》《基础会计与财务会计》等课程。

参编著作：我国第一本高等财经院校会计专业统编教材《会计原理》（中国财政经济出版社，1963年），《工业会计》（上海人民出版社，1975年）、《会计辞典》（上海人民出版社，1982年）、《基础会计》（上海人民出版社，1984年）。发表论文10余篇，主要有《凭单日记账按贷方或借方设户的体会》《关于确立我国企业会计准则问题的探讨》《公债与金融》等。

参考文献

［1］张德龙．上海高等教育系统教授录［M］．上海：华东师范大学出版社，1988.

陆德诚

陆德诚（1914—1991），浙江海宁人，高级工程师。毕业于天津平瓦大学，精通日语、法语，早年担任中国最早的化工企业——大昌永利化工厂厂长，1949年以后担任中国人民解放军原总后勤部三五二七工厂的总工程师，为我国军工企业的发展做出了突出贡献。曾荣获1950年天津市“特等劳动模范”“全国劳动模范”称号。

参考文献

［1］蒋连根．陆宗舆后人下落揭秘［J］．名人传记（上半月），2011（5）：83-87.

韩维邦

韩维邦（1914—1994），浙江海宁长安人，高级工程师。1936年6月，毕业于清华大学化学系，同年于南京航空委员会油料研究所工作。1938年，随研究所内迁至重庆，任经济工业试验所化学工作技师。同年，韩维邦以第一名入选“林森主席七秩春泥奖学金”。1939年6月，到美国麻省理工学院研究院深造。1941年，获麻省理工化学工程硕士学位，留校研究，1942年，受聘新泽西州默克药厂的化学工程师。1943年，投效中国政府战时驻纽约的采购小组，任兵工组化学工程师。1947年到欧洲参观化学工业后即束装回国，聘为上海大可化学染料公司总工程师，转即加入二十三兵工厂（重庆新厂）任化学工程师。1948年，随厂迁至台湾省高雄市，继续任该厂上校工程师。1950年，二十三兵工厂改为台湾高雄硫酸铔公司，任高级化学工程师致力于化肥生产。在此期间获联合国基金，三度赴美考察及研究肥料工业，协助设计并兴建大规模肥料工厂，制造化学肥料来帮助农民增加稻谷生产。1964年，加入中美合资的慕华联合化学工业公司任总化学工程师。1974年，任液氨尿素工厂工程师及副厂长，1979年退休。

参考文献

［1］清华校友总会．清华校友通讯丛书：复27册［M］．北京：清华大学出版社，1993.

朱承基

朱承基（1915—？），浙江海宁人，工程师。1937 年毕业于交通大学机械系，1939 年毕业于中央大学机械特别班。

参考文献

[1] 资源委员会 . 中国工程人名录：第一回［M］. 北京：商务印书馆，1941.

朱越生

朱越生（1915—？），浙江海宁人，高级工程师。1936 年毕业于上海交通大学机械工程学院，后入空军航空机械学校第一期高级班，毕业后在广东韶关飞机制造厂工作。抗日战争期间，派至美国参加飞机设计工作。抗战胜利后，入美国密苏里州圣路易市华盛顿大学，在工程数学研究院进修一年，后奉调返国。历任中国各飞机制造厂设计室主任、总工程师等。1949 年去台湾省。1954 年在台南工学院机械系任教，一年后兼任系主任。1957 年创办机械研究所，1965 年在成功大学工学院创办工程科学系。

主编著作：《工程数学》上下册（正中书局，1978 年）、《机械设计大意》（三民书局股份有限公司，1979 年）、《机件原理》（三民书局股份有限公司，1979 年）、《机构学》上下册（三民书局股份有限公司，1980 年）。译著：《高等材料力学》《组件与系统之稳态及动态学》等。

参考文献

[1] 中外名人研究中心 . 中华文化名人录［M］. 北京：中国青年出版社，1993.

李如南

李如南（1915—？），浙江海宁人，工程师。1938 年毕业于浙江大学土木系。

参考文献

[1] 资源委员会. 中国工程人名录：第一回 [M]. 北京：商务印书馆，1941.

陈智工

陈智工（1915—？），浙江海宁人，工程师。1937年毕业于复旦大学土木系。

参考文献

[1] 资源委员会. 中国工程人名录：第一回 [M]. 北京：商务印书馆，1941.

章昌燕

章昌燕（1915—？），浙江海宁庆云人，工程师。1937年毕业于上海交通大学土木系。1942年在雅安川康公路管理局任总段长。

参考文献

[1] 资源委员会. 中国工程人名录：第一回 [M]. 北京：商务印书馆，1941.

李蓝炎

李蓝炎（1915—1988），又名李新民，浙江海宁郭店镇人，中共党员，医卫专家。1941年8月毕业于上海同德医学院，留院任助教。1942年3月参加革命。历任新四军七师卫生部卫校副校长、医务主任，卫生部副部长、部长，华东野战军七纵队卫生部长，东线兵团后勤部卫生部长，第三野战军卫生部医务主任，浙江军区卫生部长。中华人民共和国成立后，任浙江省卫生厅副厅长，厅长（局长）兼党组书记，兼任浙江医科大学校长、党委副书记。

在革命战争年代里，他将自己的专业知识和领导才能全部贡献给我军卫生事业。在培训卫生人员、救护伤病员和保障指战员健康，以及保证战争胜利方面做了大量卓有成效的组织领导工作，曾荣立战功。中华人民共和国成立后，又长期主持浙江省卫生部门的领导工作，对建设和发展浙江省卫生事业做出了重要贡献。

参考文献

[1] 北京新四军暨华中抗日根据地研究会．铁流 9——新四军后勤战线［M］．北京：解放军出版社，2003.

王慈明

王慈明（1915—2009），浙江海宁人，国学大师王国维幼子，教授级高级工程师。1939 年，毕业于上海交通大学工学院电力系电机制造专业，后招至昆明中央机器厂工作。中华人民共和国成立后担任昆明机床厂副厂长。1952 年，调往第一机械工业部，参与武汉重型机床厂的选址工作。1953 年，调往前苏联援建项目哈尔滨量具刃量厂任总工程师。1956 年，调往成都量具刃具厂任总工程师。兼任四川省人民代表大会代表、成都市政协常委、成都市科技协会名誉主席等职。

王慈明长期从事技术和工艺的改进工作，先后研制了滚刀测量仪、齿轮周节测量仪、电感测量仪、光栅尺、千分比较仪、万能测齿仪等量具产品，填补了我国空白，其产品多次获国家质量金质奖或银质奖等称号。

参考文献

[1] 王晓易．国学大师王国维之子王慈明：隐身成都数十年，多次大难不死［N］．华西都市报，2015-04-18（11）.

徐桂生

徐桂生（1915—　），浙江海宁人，高级会计师。1954 年毕业于上海财经学院会计系。长期从事财务、会计、成本管理。

参考文献

［1］刘振元,《上海高级专家名录》编辑部 . 上海高级专家名录：第 2 卷［M］. 上海：上海科学技术出版社，1993.

虞庆云

虞庆云（1915—2006），浙江海宁丰士人，高级工程师。1935 年，进杭州之江大学，作为实习生曾在大桥工地协助桥梁专家茅以升工作。1940 年，毕业于湖南大学土木系。抗战时期曾在黔桂铁路局、宝天铁路局工作，修铁路，架桥梁。1942 年，报名参加南疆公路第一测量队，在新疆哈萨克族、维吾尔族地区进行南疆公路的修建，支援中国抗战。抗战胜利后，到沈阳中长铁路局工作。1948 年去台湾省，在台湾省铁路局工程处任工程师、课长，负责该处技术管理工作。1949 年返回大陆，在唐山工学院工作。1949 年 9 月至 1951 年 7 月，在中国交通大学北京铁道学院工作。20 世纪 50 年代初，担任建设哈尔滨军事工程学院的建筑设计组长。1952 年，先在首都建筑公司，后在建工部任高级工程师。

虞庆云长期从事建筑设计。他参加过建国初期多项重大工程，如钓鱼台国宾馆、人民大会堂等。1961 年，在武昌筹建中南金属结构厂（湖北建筑机械厂），任总工程师。

参考文献

［1］海宁市政协文教卫体与文史委员会 . 海宁世家：上［M］. 北京：人民日报出版社，2012.

朱世璜

朱世璜（1916—？），字之学，浙江海宁人，工程师。1936 年毕业于浙江大学土木系。

参考文献

［1］资源委员会 . 中国工程人名录：第一回［M］. 北京：商务印书馆，1941.

张 震

张震（1916—？），浙江海宁人，上海交通大学工业管理工程教授。1939年毕业于交通大学管理学院。1945年获美国宾夕法尼亚大学运输经济学博士学位。历任北方交通大学副教务长，西南交通大学教授，上海交通大学工业管理工程系主任，上海交通大学交通运输研究所所长，兼任国务院学位委员会第一届学科评议组成员，上海交通运输协会副会长等职。

张震长期从事工程管理工作。曾创立铁路技术站直达列车编组方案最优化的总体分析法，主持了世界银行委托项目“沪宁走廊运输网络”及上海市重点科研项目“内河装卸区的计算机调度系统”的研究。发表论文20余篇，主要有：《单组技术直达列车编组方案最优化的理论与方法》《沪宁走廊各种运输方式、运输成本的研究》《城市货运汽车调运最优化》等。

参考文献

[1] 张德龙.上海高等教育系统教授录[M].上海：华东师范大学出版社，1988.

查良锭

查良锭（1916— ），女，浙江海宁人，北京协和医院教授，我国著名的临床营养学家。1935年，被保送至南开大学化学系。1938年转入燕京大学化学系，后转读家政系营养专业，随后在北平协和医院任营养师。1979—1991年，任协和医院营养部副主任、主任。兼任中国营养学会常务理事，临床营养学会首届主任委员，卫生部公共卫生专家咨询委员会委员，国家食物与营养专家咨询委员会委员。2015年，荣获北京协和医院“杰出贡献奖”。

查良锭长期从事临床营养的教学和科研工作。1950年北京协和医院复院时她重返协和医院工作，作为营养科主任、我国临床营养奠基人之一周璿的得力助手，建立了一套符合我国国情的医院基本膳食、特别膳食、诊断膳食和代谢膳食，制定了各种营养工作制度以保证供应的膳食符合治疗的需要，如肝豆状核变性的低铜膳食、睡眠暂停综合征的减肥措施、糖尿病新的食品交换、部分食物膳食纤维含量的测定以及肾移植术后的营养治疗等。在教学方面，承担中国协和医科大学护理系的营养与营养治疗学课程；应邀到天津医学院、中山医科大学讲授临床营养课程；参加卫生部组织的“全国营养进修班”的教学工作，多次举办专题培训班。在科研方面，她曾研究“野蔷薇果的维生素C含量”；与刘上豪、费立民教授共同完成“严重烧伤病人的氮代谢”；与内分泌科糖尿病组协作，研究“不同食物对正常人引起的血浆葡萄糖和血清胰岛素反应”，测定24种常用食物的血糖指数，为糖尿病人选择食物提供依据，该专题获中国医学科学院科研成果奖；与内科胃肠组协作，研究“膳食纤维与胃肠通过时间”；与内分泌科、妇产科、放射科协作，探索“营养与骨质疏松”等。

主编著作：《实用营养治疗手册》（中国标准出版社，1988年）。参编著作：《营养学基础与临床实践》（北京科学技术出版社，1986年）、《现代临床营养学》（人民军医出版社，1996年）。发表论文10余篇，主要有：《糖尿病人的饮食——“食品交换份”的应用》《糖尿病食品交换份在临床应用的观察》《营养治疗慢性肾功能衰竭效果的初步观察》等。

参考文献

［1］燕京大学校友校史编写委员会．燕京大学史稿：1919—1952［M］．北京：人民中国出版社，1999.

朱定一

朱定一（1917—？），浙江海宁人，工程师。1939年毕业于国立交通大学唐山工程学院土木系。

参考文献

［1］资源委员会．中国工程人名录：第一回［M］．北京：商务印书馆，1941.

陈廷骧

陈廷骧（1917—1981），浙江海宁人，制冷专家，工程师。1940年毕业于中法国立工学院。1950年任上海冰厂工程师兼代厂长。1955年因政治历史问题被捕。1956年释放后，分配在中央城市服务部设计安装公司上海制冷工程队工作。1957年离职而长期失业。1960年后经上海市委统战部门介绍，为外文出版社、上海科技情报研究所等单位翻译外文资料。“文化大革命”结束后，1980年7月携家人离沪去美。历任美商北极总公司上海公司、中国通惠机器公司工程师，中法国立工学院校长等职，是国际冷冻学会、法国冷冻协会会员，兼任中国机械工程学会上海分会编辑委员等职。

陈廷骧长期从事冷冻制造研究。20世纪50年代初解决了速冻运输的技术装备。译著:《实用图算法》(商务印书馆，1941年)。

参考文献

[1] 上海理工大学校史研究室.栋梁气贯大世界：上海理工大学工程教育百年[M].上海：上海交通大学出版社，2011.

[2] 黄慕兰.黄慕兰自传[M].北京：中国大百科全书出版社，2012.

徐善宜

徐善宜（1917—1962），别名徐姜宇，浙江海宁硖石人，铁道工程师。1936年就学于浙江之江文理学院土木系，次年考入南京国立中央大学土木系。历任衡阳铁路管理局帮工程师（副工程师）、内蒙古牙克石第十工程局桥工队副工程师、东北铁路工程局第二工程处桥梁总工程师、东北铁路工程局第二工程处总工程师等职。

徐善宜长期从事铁道建筑。参与全国诸多重大铁路、桥梁的修筑及修复。多次立功，受到上级部门的褒奖。1962年在修筑大兴安岭内的甘河铁路时去世，享年45岁。

参考文献

[1] 虞坤林.海宁历史人物名录[M].杭州：浙江人民出版社，2010.

王绍廉

王绍廉（1917—1993），浙江海宁斜桥人，高级工程师。1941 年，毕业于南京国立中央大学土木系。1950 年，任淮河水利工程总局助理工程师。1951 年，任安徽佛子岭水库设计组副组长工程师。1968 年，任安徽省设备安装公司副总工程师。1980 年，出任安徽省建设厅总工程师，兼任安徽省土木学会、安装学会理事等职。

发表论文 10 余篇，主要有：《弧形闸门整装法》《关于处理高坝岩石基础的几个问题》《冷藏工程设备安装施工纪要》等。

参考文献

[1] 海宁市政协文教卫体与文史委员会. 海宁世家：上 [M]. 北京：人民日报出版社，2012.

许国祺

许国祺（1917—2001），号桑扈，浙江海宁人，上海第二医科大学口腔科学教授，国内口腔黏膜病专业第一位博士生导师，国际知名的口腔黏膜病专家。1944 年，毕业于上海震旦大学牙医学系，获得牙医学博士学位，后留校工作。1952 年院系调整后，任上海第二医学院口腔系教授及附属第九人民医院主任医师。兼任中华医学会口腔科学会口腔黏膜病专业学组的第一任组长，《口腔医学》《临床口腔医学杂志》等杂志名誉主编等职。

许国祺长期从事口腔黏膜病的临床、教学及科研工作。1958 年建立并主持第九人民医院口腔黏膜病专科。1972 年率先研究成功国内外未见报道的“镁普液骨孔注射治疗三叉神经痛”新型疗法，此成果被列入全国教材《口腔内科学》。1983 年在国际上首例报道“瘙痒性唇炎”。1978 年接受中央卫生部和中华人民解放军总后勤部卫生部下达的“口腔黏膜白斑和扁平苔藓及癌变的防治研究”（简称“两病”）重点科研课题，并在 1979 年被国家卫生部中央保健办公室任命为副团长，赴德、英、法的 14 个知名学府和医院考察口腔黏膜病的医疗、教学与科研工作。回国后潜心从事“两病”的病因、诊断以及防治等方面的研究。1986年该课题获卫生部颁发的重大医药卫生科技成果乙等奖。

主编著作:《口腔黏膜病癌前病变——白斑与扁平苔藓》(中国医药科技出版社，1992年)；参编著作:《口腔内科学》(人民卫生出版社，1980年)。发表论文60余篇，主要有:《戈一史氏(Gougerot-Sjogren)综合征的涎腺部分》《维生素甲酸治疗皮肤和黏膜扁平苔癣40例的临床和病理观察》《上海地区18 769人口腔黏膜疾病的调查报告》等。

参考文献

[1]《中国口腔医学年鉴》编辑委员会.中国口腔医学年鉴1988[M].北京：人民卫生出版社，1989.

曹仁秋

曹仁秋(1917—)，浙江海宁人，上海第五化学纤维厂高级工程师。1934年毕业于无锡庆丰纱厂养成所棉纺织班。长期从事棉纺织研究。

参考文献

[1] 刘振元，《上海高级专家名录》编辑部.上海高级专家名录：第2卷[M].上海：上海科学技术出版社，1993.

陈洪田

陈洪田(1917—1985)，浙江海宁长安褚石村人，浙江省农业科学研究所特约研究员，农民育种专家。历任海宁科学技术协会副主席、浙江科学技术协会副主席。1978年参加全国科技大会，获先进个人奖。1982年9月，被浙江省人民政府授予“劳动模范”称号。

陈洪田长期从事稻、麦、麻、油菜的育种研究，试验了300多个农作物杂交组合，育成品种30多个，其中“小麦75-39”，获嘉兴地区科学成果二等奖；小麦“六五白壳”，获浙江省科学成果三等奖。

参考文献

[1]《长安镇志》编纂领导小组．长安镇志［M］．北京：当代中国出版社；1994.

沈　功

沈功（1918—1987），浙江海宁人，高级工程师。北京师范大学附中毕业后，1935年，考入清华大学土木系，1939年，毕业于西南联合大学土木系，后赴滇缅铁路工作，先后在祥云县云南驿、蒙化县公郎镇参加测量、施工。

参考文献

［1］王存诚．韵藻清华：清华百年诗词辑录：下［M］．北京：清华大学出版社，2011.

周方先

周方先（1918—1981），浙江海宁人，中共党员，工程师。1934年10月，入福建马尾海军学校航海科学习。1939年考入浙江大学机械系，1943年毕业，同年8月任重庆资源委员会电业处技佐。1945年上半年在重庆国民党政府海军军官训练班毕业，任重庆国民党政府海军学兵总队上尉分队长，同年底赴英国入海军电务学校学习，此间参加接收“重庆号”军舰，任电务官。1948年8月毕业回国，任“重庆号”少校电务官兼鱼雷官。1949年2月，随“重庆号”起义，历任副舰长、副参谋长，安东海军学校教务处副处长，安东海军干部训练队电务办公室主任，青岛海军快艇学校教务科长，大连海军黄河部队电务办公室主任，北京海军舰船修造部科研部设计处电务主任、设计师，大连海军工程学院电工教研室主任，武汉海军工程学院训练部副部长。中国海洋学会理事。

参考文献

［1］湖北省地方志编纂委员会．湖北省志人物志稿：第3卷［M］．北京：光明日报出版社，1989.

管锦康

管锦康（1918—2013），浙江海宁人，中共党员，教授，会计审计学家，会计教育家，“三位一体”立信会计实业的参与者，天津财经大学会计学系创始人之一。1936年7月，毕业于上海中华职业学校高中商科，后至立信会计师事务所当练习生，之后考入东吴大学法学院会计系，1943年毕业，受聘于四川立信会计专科学校函授部主任、上海立信会计用品社会计主任。1946年冬，入美国伊利诺伊大学研究院，仅用10个月时间完成《成本基础之会计理论》，获会计学硕士。1948年，在天津开设立信会计师事务所天津分所，开办天津立信会计学校并担任副校长，同时兼任工商学院、南开大学教授。

中华人民共和国成立后，管锦康在上海积极参加中国共产党领导的高校学习班，决心为新中国的科学教育事业奋斗。1949年秋，重返天津任津沽大学财会系代理主任、教授。1958年院系调整时，调入河北财经学院任教授。1974年9月，河北财经学院改为天津财经学院（现为天津财经大学），兼会计系主任。1986年，担任该校首任审计学系主任，兼任中国会计学会荣誉理事、中国成本研究会常务理事、中国审计学会副会长、中国内部审计学会副会长等职。

管锦康长期从事会计和审计学科的教学和研究工作，发表了许多有建树的论著。其学术成果主要分三个方面：

其一，重视基础理论的研究。从20世纪50年代起，先后发表《改进会计核算原理课程中账户分类方面教材组织的研究》《论社会主义会计学的对象、任务和方法》《在社会主义条件下会计的作用》等论文，为会计学、审计学学科体系做出贡献。

其二，关注国民经济发展中的实际问题，在理论与实践的结合上提供了建设性意见。如《会计必须深入生产发挥促进成本降低的作用》《试论我国审计工作体系的建立》《我国成本管理体系改革的探讨》等论文。

其三，开辟和发展我国社会主义审计学。他提出，审计对于授权或委托人，具有服务的职能，对于被审计人具有监督的职能。服务与监督都是为了加强管理，提高经济效益。审计是广义管理中的监督环节，但不参加具体的管理活动，而是对具体经济活动的监督。这一论断把国际公认的审计基本理论同我国的实际有机地结合起来，丰富和发展了社会主义审计理论。管锦康对审计同其他监督之间的关系进行了积极的探讨，在《论审计与财务大检查》一文中，对审计与财务大检查的关系，以及如何正确处理两者的关系做了系统的阐述，从而在理论上澄清了当时社会上对此所存在的某些错误认识。随后，他在《试论审计与廉政》一文中，阐明了审计与廉政的关系，指出“审计和监察是两种工作，不能相互取代，必须分工协作”。

主编著作20余部，主要有：《成本基础之会计理论》（立信会计图书用品社，1950年）、《审计学》（知识出版社，1985年）、《审计定义与职能》（中国审计出版社，1989年）、《现代审计学原理》（立信会计出版社，1994年）等。

参考文献

［1］韩天雨，刘全福．当代中国经济大辞库：经济名录卷［M］．北京：中国经济出版社，1993.

俞克忠

俞克忠（1918—1990），男，浙江海宁人。主治医师，医学编辑。1941年毕业于上海医学院。曾任中正医学院内科学助教、讲师，江西省立医院内科医师，浙江省立绍兴医院、福康医院内科主治医师。中华人民共和国成立后，历任华东卫生部教育处编审出版科副科长，华东医务生活社编辑主任，人民卫生出版社编辑室副主任，上海卫生出版社、上海科学技术出版社副总编辑。是《中国医学百科全书》编委兼办公室副主任，全国自然科学名词审定委员会委员，上海市第八届人大代表。

俞克忠长期从事医学编辑工作，为中国的医学出版事业作出了积极的贡献。曾担任《实用内科学》《内科手册》《热带病学》《临床心电图学》等重要书稿的责任编辑。1960年，组织设计了《医师进修丛书》《医学专题丛书》《医学科学进展》和《卫生知识丛书》等成套图书的出版，为上海科学技术出版社医科长远出书的规划奠定了基础。1978年后，着手《中国医学百科全书》的设计组织，起草了该书的“编写须知”的总则部分和“编辑加工参考”，除指导全书的编写工作外，还担任了《社会医学与卫生事业管理》《皮肤病学》《肺病学》3个分卷的责任编辑。

参考文献

［1］中国出版工作者协会，中国出版科学研究所，中国出版年鉴1990—1991［M］．北京：中国书籍出版社，1991.

杨小骏

杨小骏（1918—？），浙江海宁人，中美上海施贵宝制药有限公司高级工程师。1940年毕业于上海圣约翰大学土木系。长期从事土建设计及工程管理。

参考文献

[1] 刘振元，《上海高级专家名录》编辑部．上海高级专家名录：第2卷［M］．上海：上海科学技术出版社，1993.

王登明

王登明（1919—1997），浙江海宁人，中共党员，上海医科大学药剂学教授。1942年毕业于上海中法大学药科，至浙江大学药学系任教。中华人民共和国成立后曾任上海第一医学院应用药学和药剂学教研室主任，兼任中国药学会上海分会副秘书长，上海药学会药剂学分会副主任等职。

王登明长期从事制剂生物利用度、体外溶出速度及口服缓释剂型的研究。发表论文10余篇，主要有：《医学中应用的^{131}I及^{32}P化合物的制备》《循环式溶出速度仪的试制》《氢氯噻嗪片剂的体外释放度与体内生物利用度之间的关系》等。

参考文献

[1] 张德龙．上海高等教育系统教授录［M］．上海：华东师范大学出版社，1988.

查济澄

查济澄（1919—1969），浙江海宁袁花人，工程师。1922年毕业于南京陆军测量学校，后留校任教。1933年，回海宁任清丈工作队长。抗战时期至后方浙南缙云等县从事测量工作。1943年后，兼任钱江海塘抢修处长。

参考文献

[1]《袁花镇志》编纂委员会．袁花镇志［M］．北京：方志出版社，2010.

许懋淳

许懋淳（1919—？），浙江海宁人，高级工程师。1941年，毕业于上海大同大学电机系。1945—1948年，在英国通用电气公司及中央电力局实习。历任上海电力公司工程处工程师，东北电业管理局生产技术处副处长，燃料工业部电业管理总局生产技术处副处长，包头供电局总工程师，华东电业管理局生技处副处长、总调度所副所长、管理局副总工程师等职。

许懋淳长期从事电网的生产技术管理和调度工作。主编著作：《现代超高压输电实践简述》（电力工业出版社，1958年）。

参考文献

[1]沈根才．中国电力人物志［M］．北京：水利电力出版社，1992.

胡继贤

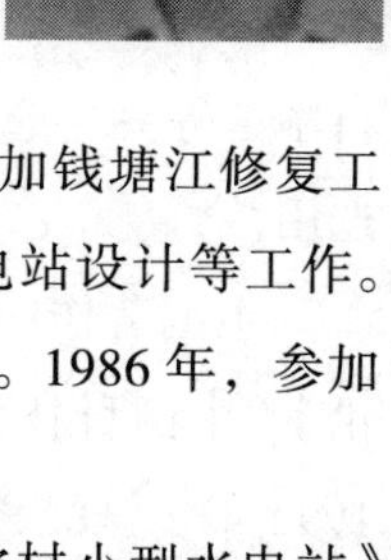

胡继贤（1919—？），浙江海宁盐官人，浙江省水利厅教授级高级工程师。1943年，毕业于之浙江大学土木系，后留校任教，后在浙江省水利厅钱塘江海塘工程局、浙江省水电勘测设计院、浙江省水利厅工作。曾任浙江省水利学会理事、浙江省水利厅科学技术委员会委员等职。

胡继贤长期从事农田水利水电工程建设工作。早年作为工地主管参加钱塘江修复工程。参与诸暨安华等水库工程设计和三溪江等小河流梯级开发规划及电站设计等工作。1984年，参加省科技发展长远规划中的水利和能源部分的专题论证工作。1986年，参加钱塘江和瓯江流域水资源综合开发考察工作。

主编著作：《农田水利工程丛书》（水利电力出版社，1960年）、《农村小型水电站》

（浙江人民出版社，1974 年）。参编著作：《浙江省科学技术志》（中华书局，1996 年）、《中国农业全书 · 浙江卷》（中国农业出版社，1997 年）、《浙江省水利志》（中华书局，1998 年）。编著规范性文件：《关于中小型水库工程若干技术问题的意见》《浙江省重点小水电工程施工管理的若干规定》《华东区域能源政策研究报告》。发表论文 10 余篇，主要有：《浙江省的小水电建设》《加快小水电建设步伐促进山区经济建设》《扬长避短加快中小水电建设》等。

来源

海宁市档案馆 . 当代海宁名人录（第二集）. 2000.

沈丽娟

沈丽娟（1919—2018），女，浙江海宁人，南京农业大学作物遗传育种研究员。1945 年，毕业于中央大学农艺系，毕业后留校任教，担任中国现代小麦科学奠基人金善宝院士的助理，协助开展小麦品种选育、良繁复壮等工作。1952 年院系调整，至新成立的南京农学院任科研处处长。“文化大革命”期间，南京农学院与苏北农学院合并组建江苏农学院，继续任科研处处长。1979 年，南京农学院复校。1983 年 3 月，作为南京农学院高级代表访问美国康奈尔、威斯康星、加州、普渡、马利兰等大学农学院，进行校际间学术和管理交流。曾任中国作物学会大麦专业委员会第一、二届委员，江苏省农学会第四、五届常务理事兼秘书长等职。1987 年退休。

沈丽娟长期从事植物遗传育种学教学、小麦育种的研究和农业科技管理工作。主要讲授遗传学、生物统计、田间试验设计、农业科技管理等课程。她参加的“小麦新品种 2419”选育获 1978 年全国科学大会奖，“中国小麦的种类及其分布”获 1982 年国家自然科学三等奖。选育的耐盐大麦滩引 1 号至 5 号，常被作物耐盐生理研究和海涂开发等多方选用。

主编著作：《农业科技管理》（江苏科学技术出版社，1986 年）。参编著作：《农学概论》（中国科技大学出版社，1991 年）、《农业科技管理学基础》（广东高等教育出版社，1992 年）。发表论文 20 余篇，主要有：《耐盐大麦籽粒蛋白质含量分析初报》《高等农业院校的科学研究与人才建设》《江苏滨海地区大麦品种耐盐性研究》等。

参考文献

[1]《江苏省高等学校教授录》编委会.江苏省高等学校教授录[M].南京：南京大学出版社，1989.

陈正祥

陈正祥（1920—2003），浙江海宁人，国际知名地理学家。1942年，毕业于中央大学理学学院地理系，并留校任教。抗战胜利后，出国深造，先后获日本国立东北大学以及英国、西德的理学博士学位。1964年，任香港中文大学地理学讲座教授，兼任地理研究中心主任。1974年秋，任台湾大学副教授，并创办启明产业地理研究所。1979年，聘为东京大学特级教授。曾任联合国农业气象委员会、国际地理学会农业类型委员会、太平洋科学协会地理委员会、国际农业经济协会和联合国合作的世界农业地图集委员会委员，并任国际能源委员会主任、欧洲能源会议主席，同时主持亚洲和西南太平洋地区的调查和学术编审工作，是*Geofovum*季刊的两位亚洲籍编辑之一。

陈正祥出版著作至少624种，主要有：《广西地理》（正中书局，1946年）、《西北区域地理》（商务印书馆，1946年）、《中国文化地理》（生活·读书·新知三联书店，1983年）、《中国地理图集》（天地图书有限公司，1980年）等；发表论文360余篇，主要有：《塔里木盆地的地形与罗布泊的变迁》《琉球的气候与天气》《甘肃之气候：气候区域》等。

参考文献

[1]浙江省政协文史资料委员会.浙江文史资料选辑：第44辑[M].杭州：浙江人民出版社，1990.

陈震武

陈震武（1920—2000），浙江海宁盐官人，同济大学教授。毕业于同济大学，在南京救济总署任工程师，后至山东工业学院任教。1952年赴同济大学任教，获聘教授。1957年错划右派，后平反。

参考文献

［1］虞坤林．海宁历史人物名录［M］．杭州：浙江人民出版社，2010.

蒋　华

蒋华（1920—2010），女，浙江海宁硖石人，为著名军事家蒋百里第四女。震旦大学文理学院营养系教授。先后获得美国密苏里达圣特瑞萨学院营养系理学学士和哈佛大学公共卫生研究院理学硕士学位。回国后，任上海国防医学院营养部中校主任，震旦大学文理学院营养系教授。与外交官魏宸组的儿子魏需卜结婚，后侨居比利时。

参考文献

［1］王文华，王曦．蒋英传［M］．成都：四川人民出版社，2017.

甘　露

甘露（1920—1987），原名蒋德良，女，浙江海宁硖石人，蚕桑专家。1937年，毕业于杭州浙江省女子蚕业讲习所，之后加入浙江省教育厅举办的“战时青年训练团”，于1940年4月到达陕西延安。1941年7月，进入延安大学，后被分配至陕甘宁边区政府建设厅农业科。中华人民共和国成立后，在北京从事外事工作。

甘露长期从事蚕桑专业工作。在考察黄河边的绥德分区所属的绥德、清涧、吴堡三县，以及延安专区的延长、延川等县，初步了解边区的蚕桑史和现状之后，写出《考察团总结报告》，向边区参议会递交《恢复发展边区蚕桑业》的提案。1942年春，在绥德创办养蚕育种室，推广蚕种。1943年，以吴堡县井道上村为试验点，推广科学养蚕法和新蚕种，使该村蚕茧收入成倍增加，激发农民养蚕的积极性。

在延安《解放日报》上发表《怎样养蚕》，有力地促进了陕甘宁边区养蚕业的发展。

来源

海宁市政协文史资料委员会 . 海宁人物资料：第 8 辑 . 1997.

钱惠田

钱惠田（1920—2011），女，浙江海宁人，著名蚕学专家，西南农业大学（现为西南大学）蚕丝学院教授，享受政府特殊津贴。1944 年，毕业于中山大学农学院蚕桑专业，先后在云南大学、乐山技专、西南农学院任教。1978 年，支援广西农业大学，是学校蚕学专业主要创始人之一，是国际野生蚕学会会员，兼任广西农业厅蚕桑顾问、广西蚕学会副理事长、中国蚕学会理事等职。1994 年，荣获重庆市蚕桑学会“从事蚕桑工作三十年”荣誉证书。2009 年，被广西农业厅授予“广西蚕业育才终身成就奖”。

钱惠田长期从事家蚕解剖生理学教学和科研工作，同时为家蚕基因库的建设做出了重要贡献。1989 年主持的“培养学生独立工作能力，搞好基地建设”教学成果，荣获广西农学院优秀教学成果二等奖。1990 年，她讲授的《蚕体解剖生理学》荣获广西农学院《教学条件与管理》单项评估奖。主持的“广西柞蚕留种问题研究——光照解除柞蚕蛹的滞育”，获广西壮族自治区科技成果三等奖；“木薯蚕生理指数及生化分析的研究”获广西农牧渔业科技改进成果一等奖。

主编教材《蚕的生理生化》（中国农业出版社，1995 年），填补了当时我国蚕桑研究生教育用书的空白。参编专著：《柞蚕学》（农业出版社，1981 年）、《中国农业百科全书蚕业卷》（蚕体生理及草麻蚕部分稿件）（农业出版社，1987 年）、《中国三蚕解剖图谱》（广西科学技术出版社，1990 年）。发表论文 20 余篇，主要有：《木薯蚕的人工饲料》《蓖麻蚕、柞蚕、家蚕蚕卵壳蛋白质、氨基酸含量分析与比较》《不同饲料饲养蓖麻蚕茧层蛋白质、氨基酸及丝胶含量的分析比较》等。

参考文献

［1］华南农业大学校友业绩编委会 . 稻花香：华南农业大学校友业绩专辑 2［M］. 广州：广东科技出版社，2001.

陈　超

陈超（1920—　），又名陈豫鑫，浙江海宁盐官人，上海无线电二十一厂教授级高级工程师。1945年，毕业于贵阳大夏大学理学院数理系；1946年4月至1947年8月，任教于上海中国无线电工程专科学校；1947年9月至1949年7月，在上海大夏大理学院数学系任教；1949年8月至1953年7月，在上海第二军医大学物理系任教；1953年8月至1989年4月，在上海无线电二十一厂任技术总负责人、总工程师等职，兼任上海仪表局科学技术委员会委员、上海市电子学会名誉理事等职。

陈超长期从事电生理教学和科研工作。主要科研成果有：1951年他研制成功的用于观察测量人体肌电、心电、脑电各类波形的电子示波器以及能控制幅度值和时间间隔的单、双式连续输出的“针状脉冲的电子刺激器”，为我国电生科研工作快速发展开创了条件。他先后主持开发研制了115型、125型和185型通用电子示波器，311型电子交换器，505型、515型RC正波信号发生器以及625型、635型、685型阻抗电桥等电子测量仪器，冲破了国外当时对我国的禁运政策，并为我国无线电测量仪器的生产创造了条件。20世纪60~80年代，他又为我国电子示波器、器件特性图示仪和各类脉冲仪器在扩大功能、提高质量、改进性能、发展品种等方面做了大量科研、试制工作，对我国无线电测量仪器的发展起了积极的推进作用。

参编著作：《当代上海电子工业》（上海人民出版社，1988年）。发表论文有《电子示波器》（一）~（九）。

来源

海宁市档案馆．当代海宁名人录（第一集）．1996.

吴天林

吴天林（1921—　），浙江海宁人，南京工学院机械系教授。1948年，毕业于厦门大学机电系，在浙江湖州东吴大学附中教书。1950年春，应招聘去沈阳第一机床厂工作，同年

11 月返杭州浙江铁工厂工作。1951 年春回厦门大学机械系执教。1953 年秋，因院系调整到南京工学院任教。1954—1955 年，在清华大学随苏联专家进修，结束之后返校任教。1987 年退休。

吴天林长期从事机床夹具设计及机械制造工艺过程自动化的教学及研究工作。主编著作：《机械加工系统自动化》（机械工业出版社，1992 年）、《机电设备安装维修工实用技术手册》（江苏科学技术出版社，2007 年）。译著：《圆锥齿轮加工新方法》（机械工业出版社，1958 年）、《机器制造工艺过程自动化》（中国工业出版社，1959 年）、《机器制造工艺师手册》（中国工业出版社，1963 年）、《切削加工过程的自动化控制》（国防工业出版社，1983 年）、《动线工艺师手册》（国防工业出版社，1992 年）。发表论文 10 余篇，主要有：《新型回转分度器》《磨削陶瓷用带能液槽砂轮》《薄板长焊缝焊接工艺及设备》等。

来源

厦门大学第廿二届 1947 毕业五十周年纪念册 1997.

祝修恒

祝修恒（1921—　），笔名祝贺、贺之，浙江海宁人，九三学社成员，科普作家。1945 年，毕业于浙江大学农学院。历任文化部科普局编辑，商务印书馆编译，通俗读物出版社编审，科普出版社编审、副总编、顾问。兼任中国科普协会第一届理事兼基础科普创作委员会副主任委员，第二届常务理事兼外国科普创作委员会副主任委员。1956 年，获通俗读物出版社一级优秀奖和北京市科普协会“科普积极分子”称号。

祝修恒发表科普著作有：《太阳的故事》《火的故事》《水的故事》《原子能常识》《和平利用原子能》等，尤其是《原子能常识》，在 1954 年全国宣传苏联建成第一座核电站的意义时，就有四五家省报全文转载；翻译苏联科普作家伊林著作《黑白》《几点钟》《建设共产主义的人民——第五个五年计划的故事》等。主编科普丛书有：《科学普及丛书》《中国富源小丛书》《苏联大众科学丛书》《通俗科学丛书》《现代化信息丛书》《新知识丛书》等。主编刊物有：《中国科技史料》《科学大观园》《生命》等。

参考文献

[1] 中外名人研究中心 . 中华文化名人录 [M] . 北京：中国青年出版社，1993.

何德增

何德增（1921— ），浙江海宁人，济南铁路局勘测设计院高级工程师。1945 年毕业于同济大学工学院土木系。1949 年调入济南铁路局。1960—1963 年，在济南铁道学院土木系桥隧教研组任教，后调济南铁路局勘测设计院任副总工程师。

何德增长期从事铁路线路及站场的勘测设计工作。1947 年参加鹰厦线的勘测工作。1949—1958 年，负责蚌埠、徐州、张店等编组站的扩建线路站场工程的勘测设计；负责泰安、薛城、宿县三个机务折返段的线路新建工程勘测设计；负责兖州 – 济宁支线修复工程的勘测设计工作。1963—1966 年，负责津浦线泰安、磁窑间线路中修及零小基建工程的勘测设计施工。1973—1977 年，负责东都站扩建工程的勘测设计施工及新汶水泥厂、鲁光化工厂、新汶机修厂等铁路专用线的勘测设计工作。在济南铁路局勘测设计院工作中，主要负责线路站场设计文件的审核工作及较大工程的方案研究。

来源

中国人民政治协商会议浙江省海宁市委员会文史资料委员会 . 当代海宁人《海宁人物资料》：第 2 辑 . 1988.

王福楹

王福楹（1921— ），浙江海宁人，同济大学数学系教授。1946 年，毕业于同济大学，后留校任教，曾任数学系副主任，兼任全国高校工科数学教材编审委员会、教学指导委员会委员。

王福楹长期从事数学教学和研究工作。参编教材：《高等数学讲义》（人民教育出版社，1957 年）（1988 年国家教委全国高等学校优秀教材奖）、《高等数学习题集》（人民教育出版社，1965年)、《高等数学学习方法指导书》(人民教育出版社，1981年)、《高等数学第2版》(高等教育出版社，1996年，1988年获国家教委高等学校优秀教材一等奖)。

参考文献

[1]《同济大学教授录》编委会.同济大学教授录[M].上海：同济大学出版社，2007.

顾光旭

顾光旭(1921—)，浙江海宁人，中国纺织机械厂高级工程师。1944年，毕业于上海大同大学电机系。长期从事电气设计。

参考文献

[1] 刘振元,《上海高级专家名录》编辑部.上海高级专家名录：第2卷[M].上海：上海科学技术出版社，1993.

沈保全

沈保全(1921—2006)，浙江海宁硖石人，中共党员，核工业理化工程研究院高级工程师。1938年，于延安参加革命，参与组建延安茶坊机器厂，先后任战士、班长、排长、副科长、科长、副厂长。1946年调东北，先后在东北军区军工部、东北兵工局、中央兵工总局、中央重工业部、第五机械工业部等单位工作，历任科长、副厂长、处长等职。1954年，在中国驻苏联大使馆参赞处工作。1957年，调入第二机械工业部，先后任第二机械工业部十局、十三局副总工程师、总工程师，第一、第二机械工业部联合设计处副处长。1985年，获核工业部颁发的“核工业建设作出贡献”荣誉证书，1988年，获中国国防科学技术委员会颁发的“献身国防科技事业”荣誉证章。

沈保全长期组织实施系列专用设备的仿制设计工作，坚决执行中共中央自主发展核工业的方针。1963 年，参与组建承担自行研制大型扩散机研制任务的华北六〇五所（1972 年改建为研究院，今核工业理化工程研究院），1964 年初任副所长，1972 年任核工业理化工程研究院副院长。沈保全从事核工业专用设备设计、制造的组织领导工作和技术管理，负责组织 1、2、3 号扩散机仿制的设计工作，参与提出我国自行研制大型扩散机的建议并负责组织领导 4 号大型扩散机的设计和制造工作，为 4 号机的定型做出了重要贡献，项目获 1979 年国家科技进步奖。

来源

本段文字由张毅强提供。

宋剑行

宋剑行（1921—2010），浙江海宁硖石人，共产党员，机械电子部研究员级高级工程师，享受政府特殊津贴。1945 年，毕业于浙江大学机械系，1945—1948 年 4 月，在湖北黄石电厂工作；1948 年 5 月—1949 年 9 月，在香港上海书店学习；1949 年 9 月—1953 年 5 月，分别在沈阳东北机械工业管理局技术处、大连设计公司任助理工程师；1953 年 11 月—1954 年 12 月，在苏联莫斯科“红色无产者”机床厂实习技术管理；1954 年 12 月—1959 年 3 月，调入沈阳第一机床厂工作任总设计师，副总工程师；1959 年 3 月—1982 年 12 月，调入机械工业部北京机床研究所工作任副总工程师。1983 年 1 月—1990 年 1 月，分别任机械工业部科技司、机械电子部机床工具司副总工程师。兼任中国机床工具工业协会高级顾问、中国自动化学会制造技术专业委员会第二届管委会委员、中国机械工程学会机械工业自动化分会顾问、《世界制造技术与装备市场》杂志总编等职。

宋剑行长期从事机床自动化的科研与技术组织工作。在机床研究所期间，1959—1962 年，负责设计研制我国第一条年产 20 万件的电机轴加工自动线，用于大连电机厂；1974—1976 年，主持设计研制 JCS-013 卧式加工中心，是我国开发此类产品的最早成果之一；参加我国第二汽车制造厂自动生产线的规划论证工作。在机械工业部期间，主持或参与一系列有关政策研究与技术组织工作。

参编著作:《中国大百科全书 · 机械工程卷》(中国大百科全书出版社，1986 年)。发表论文 10 余篇，主要有:《从用微电子技术改造机床设备中看到机床行业的任务》《为汽车零部件加工业积极提供工艺装备是机床工具行业的战略任务》《建立自动化制造系统的 12 个步骤》等。

参考文献

[1] 白雪岩，中华百年人物丛书编委会 . 中华百年人物篇：现代卷 [M]. 北京：中国世界语出版社，1999.

王季明

王季明（1922—2003），浙江海宁盐官人，教授级高级工程师。毕业于浙江大学。1946 年入上海中纺公司第五印染厂任工程师。1960 年调入上海第一合成纤维厂筹建处任工艺设计负责人。1964 年调入纺织部化纤局。

王季明长期从事纺织纤维工艺研究。1962 年，主持棉纶纤维厂工艺设备国产化工作，一次投产成功。1980 年参加腈纶新工艺试验，改善腈纶的染色性和提高钩强的试验获得成功。

参考文献

[1] 虞坤林 . 海宁历史人物名录 [M]. 杭州：浙江人民出版社，2010.

陈乙友

陈乙友（1922—2001），浙江海宁盐官人，高级工程师。1944 年， 毕业于同济大学测量系，任教于贵阳测量学校。1946 年调水利部。中华人民共和国成立后，在江苏省连云港农田水利局任总工程师，参与淮河治理。

发表论文有:《新沭河和石梁河水库》《新沭河和石梁河水库（续)》。

参考文献

[1] 虞坤林．海宁历史人物名录[M]．杭州：浙江人民出版社，2010.

张美祥

张美祥（1922—　），浙江海宁人，中共党员，贵阳医学院心血管内科教授，享受政府特殊津贴。1947年毕业于贵阳医学院医学专业，留校任教，曾两次被派往北京、上海进修，专攻内科心血管疾病。历任贵阳医学院附属医院副院长，贵阳医学院院长，兼任第二届全国心血管委员会委员，贵州省内科学会分会副主任委员。1994年9月，国家卫生部授予"边远地区优秀科技工作者"光荣称号。

张美祥长期从事心血管疾病的临床、教学及科研工作。在临床方面，坚持深入医疗第一线。根据心血管疾病诊疗的需要，积极开展心电图、心电向量图、超声心动图及心阻抗图等无创性检查及狄戈辛、肌红蛋白放免测定等先进的诊疗技术，对降低心肌梗死、急性左心衰竭、顽固性心力衰竭、严重心律失常等危重心脏病的病死率和提高治愈、好转率做出了显著的成绩。在教学方面，讲授《化验诊断学》《内科学基础》《传染病学》《内科学》等课程，尤其重视内科心血管疾病和心电图学教学。在科研方面，主持"高血压病防治研究"（省"七五"攻关课题），参加"收缩区高血压的治疗研究"（全国"七五"攻关课题），曾获贵州省科学大会奖2项，贵州省科技进步奖5项，省医药卫生科学技术成果奖2项。

主编著作：《常见心血管病诊断手册》（贵州人民出版社，1981年）。参编著作：《肾炎》（人民卫生出版社，1962年）、《心血管病学进展》第2辑（贵州人民出版社，1982年）等。发表论文60余篇，主要有：《成人风湿性心脏瓣膜病103例的临床分析和探讨》《风湿性活动期109例的心电图分析》《异位性心律失常499例临床分析》等。

来源

万方亮．贵州省高等学校专家名录：1949—1989. 贵州省教育委员会职称改革办公室，1992.

陆宗华

陆宗华（1922— ），浙江海宁硖石人，中国市政工程东北设计院高级工程师。1948年毕业于大同大学土木系，后去广州金融管理局工作，1949年11月调交通部中国建筑公司工作；1952年6月—1953年12月，在总建筑处中央设计院工作；1954—1961年在建工部设计总局工作；1961年以后，在中国市政工程东北设计院工作。

陆宗华长期从事建筑设计和技术管理工作。20世纪50年代，曾在苏联专家的帮助下，负责建立建工部系统生产管理制度；在东北工作期间，曾负责东北地区给排水技术情报网，组织给水除铁、污水处理、给水防冻等专题学术会，特别是给水除铁会，推动了给水除铁技术的发展；防冻会为改革防冻提出了相关课题。1984—1985年担任大连开发市政工程现场设计总包负责人，设计质量符合工程要求。

参编著作：《中国市政工程设计通志》（中国建筑工业出版社，1998年）。

来源

海宁市档案馆．当代海宁名人录（第二集）．2000.

蒋祖同

蒋祖同（1922—2011），浙江海宁硖石人，中共党员，航空机械专家。中华人民共和国成立后历任二机部办公厅副主任、对外联络司副司长及驻苏联订货总代表。1959年，赴西安飞机制造厂任总工程师。1973年，赴上海任试制“运10”飞机的领导工作。1977年，任上海市航空工业办公室副主任。

蒋祖同长期从事飞机研发工作。在西飞主持研发和批产了两个型号的国产大功率发动机，并为引进国际先进水平的“斯贝”发动机打下了坚实基础。在上海领导“运10”飞机研制，主要负责上海市以外的辅机技术协调工作、部属单位来沪讨论重大试验试飞方案和大型客机的新材料研制会议的组织工作，以及由三机部安排的重大技术协作项目等工作。1977年任副主任之后，负责管理上海“运10”飞机的设计、制造、基建和大会战的组织指挥工作，主管“运10”飞机研制。1980年9月26日，在上海大场机场首次试飞一次成功。“运 10”的上天，填补了我国航空工业史上的一项空白。

蒋祖同其子蒋艰亦在上海飞机制造厂任副总工程师、总工艺师。

参考文献

[1] 海宁市政协文教卫体与文史委员会.海宁人在上海[M].北京：中国文史出版社，2018.

沈德康

沈德康（1922—　），浙江海宁人，教授级高级工程师。1946年毕业于复旦大学土木工程系。历任上海市工务局工程师，上海市政工程设计院副总工程师，上海市政工程设计研究院技术顾问、委员会副主任，上海投资咨询公司专家委员会专家，兼任上海市建委科学技术委员会委员。

沈德康长期从事市政工程建设设计工作。1984年担任《市政工程技术经济指标》主审；1988年担任《城市基础设施工程投资估算指标》主审；主编著作：《给水排水与环境保护丛书——技术经济》(中国建筑工业出版社，1991年)；发表论文10余篇，主要有：《给水排水工程造价构成及边际条件分析》《城市工业废水处理的经济效益》《酸洗废水中硫酸和硫酸亚铁的回收》等。

参考文献

[1] 中华爱国工程联合会.中华兴国人物辞典1[M].北京：中国文联出版社，1999.

陈　稼

陈稼（1922—　），浙江海宁人。上海市丝绸科学技术研究所高级工程师。1944年毕业于上海大夏大学法学院。

陈稼长期从事蚕丝化学、丝绸炼漂及蚕丝在医药上的应用研究。发表论文10余篇，主要有：《丝织人造血管移植治疗动脉疾患的临床观察》《真丝人造输尿管替代输尿管的实验研究》《蚕丝水解蛋白用于拔牙创口的初步报告》等。

参考文献

[1] 刘振元,《上海高级专家名录》编辑部.上海高级专家名录：第2卷[M].上海：上海科学技术出版社，1993.

尤文华

尤文华（1923—1993），浙江海宁丁桥海星村人，中共党员，高级工程师。1936进入上海华成表壳厂，经他研究创造了表壳自动化冲床，表壳日产量从560只提高到24 000只。工厂内经他改造的项目多达30多项，生产效率是以前1倍多的重大革新就有11项，是上海轻工业中带头革新技术的鲜明旗帜。1958年出访苏联、波兰、捷克等国。先后被评为“上海先进工作者”“全国社会主义先进工作者”。

参考文献

[1] 上海市轻工业工会.在轻工业战线上[M].上海：上海人民出版社，1958.

李周雄

李周雄（1923— ），浙江海宁人，冶金博士。1944年，毕业于贵州唐山交通大学矿冶系。曾在筑东煤矿、五十兵工厂及上海炼钢厂工作。1948年赴美入普渡大学冶金系，1949年获硕士学位，1951年获博士学位。曾任美国太空总署顾问专家。

李周雄长期从事电子航空产品及生产法最佳化研究，包括电子铝线接触化学气镀薄膜，金属、非金属接焊等。对FLLL机的焊接、登月艇轻气筒的漏气品质改良的简化法等皆有贡献。曾获美国工程教育学会David Gessner奖金及美国太空总署新技术奖，共获美国、日本专利约25件，最重要的发明是1969年的“氧或氮扩散或离子种植的绝缘法”，为大规模集成线路的关键步骤。发表论文50余篇。

参考文献

[1] 浙江省政协文史资料委员会.浙江文史资料选辑：第44辑 浙江籍海外和港澳人物录[M].杭州：浙江省新闻出版局，1990.

於 檖

於檖（1923—2019），浙江海宁丁桥於家亭人（今海星村），纺织工业部设计院教授级高级工程师，纺织工业专家，享受政府特殊津贴。1943年，毕业于上海诚孚纺织专科学校。抗战胜利后，於檖和其他工作人员接管天津"裕丰纱厂"，为了尽快恢复生产，於檖和技术人员夜以继日地工作，检查了厂里的所有设备，列出设备和所需零部件清单，并组织工人维修设备，以最短的时间恢复生产，保障了工厂正常运行。1952年，调入纺织设计院，从事纺织专业工艺设计工作，曾参加越南、朝鲜、古巴、圭亚那、柬埔寨等国的援外工作，参加过第二个和第三个五年计划的编制。在多年的纺织设计中积累了丰富的实践经验，对化纤、天然纤维等各种织物原料进行了深入的研究，掌握了各种原料的性能及加工条件，培养了一批纺织专业技术人才，为纺织工业发展做出了贡献。

参考文献

［1］庄毅，中华人民共和国人事部专家司．中华人民共和国享受政府特殊津贴专家、学者、技术人员名录1992年卷：第3分册［M］．北京：中国国际广播出版社，1996.

［2］大部分资料由於檖其女於天立提供。

居滋善

居滋善（1923—　），浙江海宁市盐官人，化工部化工司高级工程师，享受政府特殊津贴。1947年，毕业于上海大同大学化工系，后在青岛玻璃厂工作。1948年10月，进上海喷漆制造厂；1954年冬，响应党的号召，辞去现职，报名参加重点建设工作，被重工业部化工局分配到大连油漆厂；1956年春，调回北京，在化工部为来华的苏联专家当助手；1957年冬，被分配到华北化工研究设计分院工作；1959年调回化工部，先后在炼化司，化工司任职；1988年3月退休。历任上海喷漆制造厂化验员、工程师，国营大连油漆厂中央试验室主任、工程师，重工业部化工局及化工部有机局工程师，华北研究设计分院油漆室副主任，天津化工研究院实验工厂副厂长，化工部化工司、炼化司副处长、副总工程师等职，兼任中国化工学会理事、中国化工学会涂料学会主任委员及中国涂料工业协会副理事长等职。

居滋善长期从事涂料专业生产的开发与研究工作，在国内涂料界具有一定的地位和影响。1954—1956年，他在大连油漆厂担任中央试验室主任、工程师期间，主持试制开发新产品20多项，支援了军工生产。多次以专家身份参加国外技术交流和谈判，在组织5个厂会战制成合成甘油、还原硫酸法和氯化法钛白生产工艺开发方面做出贡献。

主编著作：《涂料工艺》（化学工业出版社，1994年）。参编著作：《漆工经验介绍》（化学工业出版社，1958年）、《当代中国的化学工业》（中国社会科学出版社，1986年）、《中国化工商品大全》（中国物资出版社，1988年）、《中国大百科全书》《化工百科全书》（化学工业出版社，1993年）。发表论文20余篇，主要有：《论我国涂料工业的发展》《硝化纤维漆的发白问题》《二氧化钛工业》等。

参考文献

［1］庄毅，中华人民共和国人事部专家司．中华人民共和国享受政府特殊津贴专家、学者、技术人员名录1992年卷：第3分册［M］．北京：中国国际广播出版社，1996.

徐鲤庭

徐鲤庭（1923—　），浙江海宁人，中共党员，教授级高级工程师。1945年，毕业于浙江大学机械工程系。曾任天津电子线缆公司总工程师、副厂长，兼任中国电子学会元件专业委员会名誉委员，天津市光纤工程学会副理事长等职。

徐鲤庭长期从事通信电缆等产品的研制工作。20世纪50年代，参与野战被覆线试制和组建生产车间的工作，及时支援抗美援朝战争；主持试制野战音频和载波通信电缆等新产品装备部队，先后配合匈牙利和原民主德国专家安装调试引进设备；组织生产我国第一批为电子工业配套的微细绕组线、射频同轴电缆、塑料安装线等，并根据上级要求将这些产品按苏联标准改型。20世纪60年代，主要组织研制400瓦单边带航空电台所需耐高温电线电缆，以及为航天、核潜艇等国防重点工程配套的各种线缆。20世纪80年代，曾先后主持计算机用带状电缆、通信光缆等高新技术产品以及氩弧焊、泡沫塑料绝缘、双螺杆混塑等新工艺、新技术的引进，以及电子线缆制造技术的改造工作。

主编著作:《非金属外皮的通信电缆》(人民邮电出版社，1958年)。译著:《金属塑性变形理论——锻造和模锻时的应力状态》(高等教育出版社，1955年)、《钢的锻造——锻造金属学和工艺基础》(机械工业出版社，1957年)、《同轴电缆》(人民邮电出版社，1957年)、《弯卷机和矫正机》(机械工业出版社，1958年)、《被导电磁波原理》(人民邮电出版社，1977年)等。发表论文10余篇，主要有:《介绍国产射频同轴馈电电缆》《射频同轴电缆的屏蔽效率》等。

参考文献

[1] 武耀贤.天津市当代专家名人录：高等教育篇[M].天津：天津大学出版社，1994.

钱燕文

钱燕文(1923—2012)，浙江海宁人，中国科学院动物研究所研究员，著名鸟类学家。1948年，毕业于上海复旦大学生物系，曾任中国科学院动物研究所业务处处长、副所长，兼任《动物学杂志》主编，《生物史》编写组组长(撰写家养动物部分)等职。

钱燕文长期从事鸟类学研究。1952—1954年，他在河北昌黎果区开展了大山雀等几种常见鸟类繁殖习性的观察，其研究方法对推动我国开展鸟类繁殖生物学的研究工作起到了重要作用；1954—1956年，参加湖南林区鸟类的研究；1957年，参加秦岭地区的鸟类研究；1958—1961年，参加新疆南部地区鸟类的研究；1966年，参加珠穆朗玛峰科学考察队，特别分析和研究了鸟类的分布与环境之间的关系。他在长期的鸟类调查中，与同事共同采集鸟类标本数千号，并参与撰写了多篇调查报告，获得多项奖励，其中《中国动物志(鸟、兽等)》获1978年全国科学大会奖和中国科学院重大科技成果奖，“中国鸟类系统分类研究”获1978年中国科学院重大科技成果奖。

主编著作:《新疆南部的鸟兽》(科学出版社，1956年)、《鸟类野外工作手册》(科学出版社，1959年)。参编著作:《珠穆朗玛峰鸟类调查报告》(科学出版社，1974年)、《中国鸟类图鉴》(河南科学技术出版社，1995年)、《中国动物学发展史》(东北林业大学出版社，2004 年）。发表论文 50 余篇，主要有：《昌黎果区几种主要吃虫鸟之繁殖习性的研究Ⅱ》《在新疆天山南坡小尤尔都司见到的乌鼠同穴》《分类、区系学和生物资源基础性研究》等。

来源

中国人民政治协商会议浙江省海宁市委员会文史资料委员会 . 当代海宁人《海宁人物资料》: 第 2 辑 . 1988.

钱崇濂

钱崇濂（1923—　），浙江海宁人，高级工程师。1946 年毕业于上海沪江大学化学系。

钱崇濂长期从事纺织染整研究。主编著作：《纳夫妥染料手工染纱》（中国财政经济出版社，1964 年）、《纱线染色》（纺织工业出版社，1984 年）；发表论文 60 余篇，主要有：《酞菁素染料的棉纱线染色》《织物“珠光印花”新工艺》《纱线染色（一）——腈纶纱线染色》等。

参考文献

[1] 刘振元，《上海高级专家名录》编辑部 . 上海高级专家名录：第 2 卷［M］. 上海：上海科学技术出版社，1993.

孙　豪

孙豪（1923—　），浙江海宁人，高级会计师。1948 年，毕业于上海大同大学会计系，获学士学位。长期从事企业管理财务会计、审计。

参考文献

[1] 刘振元，《上海高级专家名录》编辑部 . 上海高级专家名录：第 2 卷［M］. 上海：上海科学技术出版社，1993.

俞慧珠

俞慧珠（1923— ），女，浙江海宁人，北京中医药大学教授。1946年，毕业于北京师范大学理学院生物学系。1946—1950年先后在沈阳东北大学、北京大学、山西大学生物学系任教；1950—1951年，在北京协和医学院解剖科进修；1951—1972年，在北京协和医学院解剖科、医科院实研所形态学系、中国医科大学胚胎教研室任教；1972—1987年，在北京中医药大学组织胚胎教研室任教。

余慧珠长期从事组织学、胚胎学等方面的教学与研究工作。研究课题有："神经刺激及短时期饥饿对大鼠肝糖原及核糖核酸的影响""疲劳对小白鼠肝糖原及核糖核酸的影响""冠心Ⅱ号对家兔实验性动脉粥样硬化斑块和血脂的影响"等。

主编著作：《小白鼠胚胎发生》（科学出版社，1985年）。参编著作：《人体胚胎学图谱》（人民卫生出版社，1965年）、《中国人胚胎发生发育实例图谱》（北京医科大学，中国协和医科大学联合出版社，1991年）。发表论文10余篇，主要有：《清开灵Ⅰ号对实验性肝损伤修复作用的组织学和组织化学的探讨》《小白鼠鼻毛发生期间的酸性和碱性磷酸酶的观察》《大白鼠肾上腺髓质的神经细胞及皮质的末梢分布》等。

来源

海宁市档案馆．当代海宁名人录（第二集）. 2000.

陈尔勋

陈尔勋（1923— ），浙江海宁人，上海港务局高级工程师。1946年毕业于上海震旦大学土木工程系。长期从事港务工程工作。

参考文献

[1] 刘振元,《上海高级专家名录》编辑部．上海高级专家名录：第4卷［M］. 上海：上海科学技术出版社，1994.

李蓝丁

李蓝丁（1923—2007），女，浙江海宁郭店人，中共党员，著名战地护理专家，华东一级人民英雄奖章获得者。1941年，毕业于上海高级助产学校，后参加新四军六师医疗队。1942年，任新四军六师十八旅五二、五三团医务所医务员。1944年，任新四军六师十八旅直属所材料室室长。1945年，负责转移和治疗大批重伤员。1946年担任医疗队长，曾被誉为“东方的南丁格尔”。翌年随军南下，调至华东野战军机动伤员转运总站任第四队队长。在孟良崮战役中，曾率医疗队四天四夜转运4 000余名伤员。1950年9月，参加中国人民志愿军，担任手术大队长，在近8个月的时间内做了1 200多次手术，圆满完成救治伤员的任务，荣立二等功。回国后到军医大学学习。1956年后，历任中国人民解放军第二军医大学附属医院医务部主任、总医师，中国人民解放军原总参谋部管理局第三门诊部主任，中国人民解放军总医院临床二部主任、医务部副主任等职。

参考文献

［1］薛维维．中国妇女名人录［M］．西安：陕西人民出版社，1988.

朱士鑫

朱士鑫（1924— ），浙江海宁人，浙江医科大学医学系教授。1949年毕业于浙江医学院。曾任浙江医科大学附属第二医院外科主任，兼任《中国现代医学》编委。

朱士鑫长期从事外科肝胆胰研究。发表论文40余篇，主要有：《急性胰腺炎的严重并发症》、*Sungical Management of Cancer in the Head of the Pancreas*、*Current Status of Diagnosis and Treatment of Choledochal Cyst* 等。

参考文献

［1］王咸昌．当代中国自然科学学者大辞典［M］．杭州：浙江大学出版社，1992.

汤笃礼

汤笃礼（1924— ），浙江海宁盐官人，中共党员，贵阳医学院教授。1950年，毕业于贵阳医学院，留校任外科教研室助教和住院医师，同年11月，派往上海医学院进修外科及麻醉。1958年创办贵阳医学院附院农村分院——高峰医院，并任副院长。1959年调回贵阳医学院，任伤寒教研室副主任，兼从事肾炎、肝炎等科研工作。1964年9月赴武汉医学院，师从外科教授裘法祖。1980年，任外科教研室副主任兼普通外科主任。1981年，筹建胆石症实验室，从事胆石成因研究。兼任中国抗癌协会胃癌研究会委员，中国抗癌协会贵州分会常务理事，中华医学会贵州分会常务理事及该分会外科学会、普外学会的主任委员，《临床肝胆病》编委，《贵阳医学院学报》常务编委等职。

汤笃礼长期从事医学教学、临床及科研工作。在教学方面，主要讲授《外科学总论》《系统外科学》《中医伤寒论》等课程。在临床方面，20世纪50年代初兼搞麻醉，在贵州省首先使用气管内紧闭式麻醉，为开展胸腔内手术创造条件。当时省内几家综合性医院首例胸科手术都是由他主持麻醉的。汤笃礼尤其擅长肝胆及胃十二指肠外科，曾在贵州省首先成功地施行右半肝切除、高位胆管狭窄整形胆肠吻合、控制性门腔静脉分流、高选择性迷走神经切断等手术。

在科研方面，主要从事胆石病人的胆汁成分改变及实验动物成石过程中的胆汁成分动态变化等方面研究，其成果居国内先进水平。主持课题有："经皮肝穿刺胆道造影术及置管引流术的临床应用"获1982年贵州省科技成果三等奖；"胰岛素瘤外科治疗"获1988年贵州省科技进步四等奖；"化脓性胆管炎病人的免疫功能状态及其对预后的影响"获1990年贵州省科技进步三等奖。

参编著作：《肾炎》（人民卫生出版社，1962年）。发表论文30余篇，主要有：《肝瓜仁虫引起胆总管阻塞》《卢氏肾炎丸治疗44例肾炎的疗效和机制探讨》《胃大部切除术治疗胃十二指肠溃疡评价》等。

参考文献

［1］万方亮．贵州省高等学校专家名录：1949—1989［M］．贵州省教育委员会职称改革办公室，1992.

查士会

查士会（1924—　），字龙隐，浙江海宁袁花人，胜利油田高级工程师，长期从事道路桥梁建设。

参考文献

［1］查济民．海宁查氏［M］．香港：中国书画出版社，2006.

蒋慎修

蒋慎修（1924—1967），浙江海宁人，中共党员，高级工程师。毕业于南京中央大学化工系。历任中央重工业部钢铁局生产技术处炼铁科、冶金部钢铁司钢铁处科长兼工程师，江西省冶金厅生产技术处、马鞍山钢铁公司生产技术处副处长兼工程师，马鞍山钢铁公司钢铁研究所副主任等职。

译著：《苏联钢铁专家报告文集》（科学技术出版社，1952年）。发表论文10余篇，主要有：《石家庄市钢铁厂小高炉创造高产新纪录的技术经验》《鄂城倒水式土高炉的改造》《高炉休风及煤气系统的维护（上）》等。

参考文献

［1］海宁市政协文教卫体与文史委员会．海宁世家：上［M］.北京：人民日报出版社，2012.

钱福田

钱福田（1924—　），浙江海宁人，上海第二十七棉纺厂高级工程师。1961年，毕业于华东纺织工学院（现为东华大学）业余学院纺织工程系，长期从事纺织工作。

参考文献

[1] 刘振元,《上海高级专家名录》编辑部.上海高级专家名录：第2卷[M].上海：上海科学技术出版社，1993.

张攸民

张攸民（1924— ），浙江海宁人，上海工程咨询研究中心高级工程师。1945年，毕业于交通大学机械工程系，1963年，研究生毕业于莫斯科鲍曼高等工业学院，长期从事动力机械研究。

参考文献

[1] 刘振元,《上海高级专家名录》编辑部.上海高级专家名录：第2卷[M].上海：上海科学技术出版社，1993.

祝慕高

祝慕高（1924— ），浙江海宁人，研究员级高级工程师。1947年，毕业于上海交通大学。历任兵器部建设局副总工程师，北方设计院副院长，兼任中国土木工程学会第四届理事，中国建筑学会结构委员会委员，中华人民共和国科学技术委员会建工组组员，兵器部科技委员会委员等职。

祝慕高长期从事建筑结构设计。中华人民共和国成立初期主要负责太原重型机厂钢结构及其他重工业厂房设计。20世纪50年代起在五机部设计院主持设计、审定，包括“156项”工程中15项工程的结构设计，有首先用于工业厂房的多跨钢砼薄壳结构及多层装配式钢砼框架结构等新形式。20世纪60年代后，曾处理包括屋盖构件开裂、地基湿陷等大量质量事故及三线建设中遗留的技术难题。20世纪70年代，曾设计挤密桩消除黄土湿陷并作大型地基试验研究后，在晋南几个厂加固中取得良好效果，获1978年科学大会奖。1976年唐山地震后，进行大量调研，为部属工厂做抗震鉴定及加固典型设计。主持设计、审查各厂主要建筑加固图，为部办抗震加固讲习班讲课共6期，并指导施工，5年间直接经手加固20万平方米。1980年，为已建厂房设计大型精锻机基础，在原有基础内侧浇制钢砼防护桩，并与有关单位合作试制测验施工并鉴定使用，获国家优良工程银奖。在设计中研讨厂房标准化，做出单层厂房通用体系设计。1983年后主持指导大型钢结构及轻型外围结构设计。1991年起，参加包括津巴布韦等工程的国内外钢结构及高层建筑设计施工监理工作。

译著：《工业房屋及工厂制造结构的规格化》(建筑工程出版社，1955年)。发表论文10余篇，主要有：《预制钢筋混凝土防护桩的性能探讨》《兵器厂厂房结构发展的历史经验与展望》《灰土挤密桩处理自重湿陷黄土地基的试验研究》等。

参考文献

[1] 江涛，刘国雄，王海滨等．中国专家大辞典12 [M]．北京：中国人事出版社，2001.

汪文成

汪文成（1924—　），浙江海宁人，高级工程师。1949年，毕业于上海圣约翰大学化学系。历任上海永联化工厂技术员、室主任，上海跃龙化工厂总工程师，兼任中国稀土学会第一届常务理事。多次荣获上海市劳动模范称号。1979年荣获“国家冶金部劳动模范”称号。1984年荣获“国家金属工业劳动模范”称号。

汪文成长期从事稀有、稀土金属冶炼。20世纪50年代初研究成功氧化钴提取工艺。1972—1976年，研究确定了钴提纯工艺及硫铵回收工艺，并纳入了设计流程，同时领导和组织了上海跃龙化工厂的稀土生产。科研成果“钙热还原法生产SmCo5合金粉末”生产线，获国家科技进步三等奖。

改革开放初期，汪文成编写的出国考察报告对我国稀土永磁的生产起了推动作用。发表论文10余篇，主要有：《氧化镧中放射性的去除：IV.P507-HNO_3体系萃取法去除氧化镧中放射性的扩大试验》《制取荧光级氧化铕新的联合工艺》、*Determination of single Yb and Lu by extraction-Chromatographic spectrophctometry*等。

参考文献

[1] 刘振元，《上海高级专家名录》编辑部．上海高级专家名录：第2卷 [M]．上海：上海科学技术出版社，1993.

吴剑伯

吴剑伯（1924— ），浙江海宁盐官人，北京印染厂高级工程师，享受政府特殊津贴。1947年，毕业于上海圣约翰大学物理系，进入上海国棉六厂发电厂工作，1954年调北京国棉二厂工作。1966年又调入北京印染厂，1985年6月退休返聘。历任上海国棉六厂发电厂技术员，北京国棉二厂、北京印染厂技术员、车间主任、工程师、动力科长、副总工程师、高级工程师等职，兼任北京纺织学会、北京能源学会理事，北京朝阳区环保学会副理事长等职。

吴剑伯长期从事纺织工业能源动力系统的研究工作。1965年调任北京印染厂后，在负责水、电、热、煤气配套工程基建工作期间，建成了60吨/时锅炉房，5440千伏安变配电所和700吨/时水处理系统；1981年，主持完成的“印染污水处理工程”达到当时国内先进水平；1990年，主持建成国内第一台水煤浆专用工业蒸汽炉，获“国家科技成果完成者证书”。

吴剑伯发表论文20余篇，主要有：《节约用水与废水处理回用探讨》《水煤浆技术简介及其应用前景》《燃油锅炉燃用水煤浆技术工业性试验报告》等。

参考文献

［1］国家人事部专家司．中华人民共和国享受政府特殊津贴专家、学者、技术人员名录1992年卷：第1分册［M］．北京：中国国际广播出版社，1995.

钱崇湛

钱崇湛（1924— ），浙江海宁人，中国市政工程华北设计研究院教授级高级工程师，享受政府特殊津贴。1947年，毕业于上海交通大学土木工程系。曾在上海自来水公司、上海市政设计院、北京给水排水设计院、中国市政工程华北设计院任工程师、主任工程师、副总工程师、顾问总工程师，兼任天津市土木工程学会副秘书长，中国土木工程协会理事，给水排水协会副理事长等职。

钱崇湛长期从事城市及工业区给水排水工程设计、施工、审查、评估鉴定工作，接触工程项目数百项。1949 年，任职上海市自来水公司，参加上海市给水管网环流工程，参与大口径管道的设计施工，参与浦东水厂的技术改造。1954 年 10 月，调入上海给水排水设计院，主持完成了洛阳、包头和大同三个城市的给水系统设计任务。1957 年 9 月，调入北京建筑工程部给水排水设计院，参加了几十项城市和工业区给水排水工程设计。在包头钢铁公司黄河水源地扩建工程设计中任项目总负责人，在设计中解决了黄河摆动河床取水问题和高浊度水处理问题，总结了大型长距离输水钢管的设计技术。在青岛崂山水库净水厂的设计中，解决了含二氧化碳水质的净化技术。在太原南化丁区排水设计中，解决了制药废水处理和利用氮肥厂废水回用于电厂冲渣水的技术。在新乡化纤厂给排水设计中，组织力量解决了重力式磺化煤离子交换软化水技术和含锌酸性废水的处理技术。在兰州完成了苏联设计的兰州西固给水工程的技术改造，主持设计了浮吸式取水门和机械加速澄清池的应用试验。

1970 年 10 月，调到河南南阳地区负责设计室工作，进行了油田及化肥厂给排水设计及在水库中采用浮船取水的实践经验，并对河南省十几个城市的给排水规划提出了咨询意见。1976 年 10 月，调入中国市政工程华北设计院，主持了天津引滦工程设计工作，从取水、输水、净水到配水全系统规划设计，工程获国家优秀设计金奖和国家科技进步二等奖。在主持引滦入唐工程设计中，采用了大直径连续墙取水泵站、双层滤砖滤池等新技术。在主持大连引碧二期工程设计中，采用了大型预应力管道长距离输水和高扬程泵站，获得成功。在净水工艺中首次采用指形槽沉淀池出水，从沉淀池中部开始出水，获得了优良水质，在邯郸市引水工程中，采用了大型深井泵从深层奥陶纪取地下水。在快滤池设计中推广了单面廊道布置。1986 年以来，同美国成功技术公司合作编制了天津塘沽开发区给排水规划；同澳大利亚咨询公司合作，对浙江省杭州、宁波、绍兴、温州四城市给水工程进行评估。工作期间，先后去阿尔巴利亚、美国、加拿大、丹麦等国家参加援外设计、国际学术交流、技术考察、工程投标等外事活动。

钱崇湛发表论文 10 余篇，主要有：《城市和工业区给水系统布局设计》《引滦入津工程应采用管道方案》《给水设计中的环境问题》等。

参考文献

[1]《中国市政工程设计通志》编委会．中国市政工程设计通志[M]．北京：中国建筑工业出版社，1998.

徐鸣椿

徐鸣椿（1924— ），女，浙江海宁人，上海天厨味精厂高级工程师。1946年毕业于中央技艺专科学校农产制造系。

徐鸣椿长期从事氨基酸发酵、核酸发酵。1979年，因L-赖氨酸获上海市重大科研成果三等奖。1987年，因L-天门冬氨酸生产新工艺获国家科学技术进步三等奖。

参考文献

[1] 福建省南下服务团团史研究会.革命生涯六十年：下[M].福州：福建人民出版社，2009.

冯秉麟

冯秉麟（1924— ），女，浙江海宁人，高级工程师。1946年，毕业于上海大同大学电机系。曾任上海五洲固本肥皂厂技术员，上海市总工会生产部副科长。1953年，转入电业部门工作，历任华东电力设计院电务科副科长、综合室主任、技术室主任、副院长等职。

冯秉麟长期从事电力工程勘察设计的管理工作，经历了从6千瓦到30万千瓦的发电、输变电工程的发展。

参考文献

[1] 沈根才.中国电力人物志[M].北京：水利电力出版社，1992.

俞圭初

俞圭初（1924— ），浙江海宁人，上海第八棉纺织厂高级工程师，1947年毕业于南通学院纺织工程系，长期从事纺织工艺研究。

参考文献

[1] 刘振元,《上海高级专家名录》编辑部. 上海高级专家名录：第 2 卷 [M]. 上海：上海科学技术出版社，1993.

张锦镐

张锦镐（1925—　），浙江海宁人，亚拉巴马大学教授。1946 年毕业于省立宁波高工。1947 年去台湾省，翌年入台湾大学土木工程系学习。1955 年去美国，先后获弗吉尼亚工学院硕士、密歇根大学博士学位。1960 年起在亚拉巴马大学工程力学系任教，1966 年曾任台湾大学客座教授，1988 年以永久名誉教授退休。

张锦镐长期从事圆锥薄壳等结构力学研究，在英、美学术期刊上发表论文 30 余篇。

参考文献

[1] 单锦珩. 浙江古今人物大辞典：下 [M]. 南昌：江西人民出版社，1998.

钱德杞

钱德杞（1925—　），浙江海宁人，细胞遗传学教授。1947 年，毕业于上海复旦大学，留校任教。1952 年，复旦大学农学院迁至沈阳，成立沈阳农学院，钱德杞随院迁至沈阳。1984 年起任沈阳农学院遗传研究所所长，兼任辽宁省遗传学会、辽宁省烟草学会常务理事等职。

钱德杞长期从事植物体细胞杂交及植物体细胞变异诱导筛选和利用的研究。主编著作：《遗传学基础和育种原理》（农业出版社，1982 年）；参编著作：《常用农业科学试验法》（农业出版社，1981 年）；发表论文 20 余篇，主要有：《花生叶片愈伤组织的诱导及植株再生》《渗透压稳定剂对大麦、小麦叶肉原生质体的影响》《水稻抗赖氨酸和赖氨酸类似物突变体的筛选》等。

参考文献

[1] 辽宁省教育史志编纂委员会. 辽宁教育人物志 [M]. 沈阳：辽宁科学技术出版社，1998.

朱华甫

朱华甫（1925— ），浙江海宁人，邯郸纺织机械厂高级工程师，享受政府特殊津贴。1947 年，毕业于上海交通大学，先后在经纬纺机厂、邯郸纺机厂工作，历任副主任工程师、邯郸纺织机械研究所所长、邯郸纺织机械厂总工程师等职。

朱华甫长期从事纺织机械研究。多年来组织领导了涤纶短纤维成套设备和干法腈纶成套设备两个国家重大攻关项目中部分关键设备的技术攻关，受国务院嘉奖。

参考文献

[1] 庄毅，中华人民共和国人事部专家司. 中华人民共和国享受政府特殊津贴专家、学者、技术人员名录 1992 年卷：第 3 分册 [M]. 北京：中国国际广播出版社，1996.

蒋 通

蒋通（1925— ），浙江海宁人，航空航天部第八研究院第八设计部总设计师、研究员，我国射频寻的导弹仿真技术的开拓者之一，享受政府特殊津贴。1948 年，毕业于上海交通大学电机工程系，同年考入交通部上海国际电台工作。1949 年 12 月—1952 年 10 月，先后在邮电部北京电信局、国际电台工程处、电信科学研究所工作；1952 年 10 月—1956 年 9 月，在通信兵部电信科学技术研究所工作；1956 年 9 月—1965 年 6 月，国防部第五研究院工作（在此期间先后兼任国营成都 719 厂副总工程师、上海机电二局总设计师室主任、国营上海 129 厂副总工程师）；1965 年 6 月—1978 年 7 月，在七机部二院 24 研究所工作；1978 年 7 月—1992 年 12 月，于航天部第八研究院第八设计部工作；1993 年 1 月退休。历任副主任、主任、副总工程师、所长、总设计师等职；兼任北京航空航天大学兼职教授。1991年，被航空航天部授予“有突出贡献专家”称号。

20世纪50年代前期，蒋通从事无线电中继通信技术研究，后期长期主持防空导弹的弹载雷达寻的头，控制仪、引信、外测系统的弹载设备等研究、设计、开发工作；20世纪70年代末转向导弹武器系统总体及其试验手段的研究工作。主要成果有：1953年10月至1956年9月，与其他人合作研制成我国第一套军用微波时分割制（脉冲调制）多路中继通信设备，并移交四机部组织生产；1959年8月—1963年7月，负责3069工程项目试制任务，及时拿出合格样机交付总装厂，保证武器系统试制进度要求。1963年底—1965年4月在上海主持3069工程的设计技术工作，使各家工厂都按要求完成试制任务，保证了及时拿出样弹并试射成功，标志着我国第二个导弹基地技术上过了关；1965年7月—1978年7月，主持新型制导及其他弹载微波设备的研究开发项目，完成了多种样机，在若干个单项技术上取得较大突破，在国内达到领先水平，对防空导弹研制和卫星运载火箭发射成功起了主要作用；1983年6月—1989年6月，领导、主持导弹武器系统仿真工程项目，建成了国内第一个射频寻的仿真系统试验室，赶上了美国20世纪80年代的水平。

获奖荣誉：1989年，“寻的制导系统微波暗室”项目获航空航天部科技进步二等奖。1990年，“23辐射单元射频目标 / 环境仿真系统”项目获航空航天部科技进步一等奖；“半主动射频寻的制导仿真系统”项目获航空航天部科技进步二等奖。

发表论文有：《目标和环境的射频仿真系统》《寻的导弹的射频信真系统》等。

参考文献

［1］中国科学技术协会．中国科学技术专家传略：工程技术编：航天卷2［M］．北京：宇航出版社，2002.

褚志义

褚志义（1925—　），浙江海宁盐官人，中共党员，生物药物学家，上海医科大学教授。1952年，毕业于上海大同大学理学院化学系。曾任上海市微生物学会科普委员会副主任委员，上海市药会抗生素委员会委员。

褚志义长期从事生物合成药物的教学和研究工作。在学科建设和教学方面，1962年，他在上海医科大学为我国创建生物合成药物学教研室；主讲次级代谢产物的生物合成、抗生素的早期鉴别、抗生素生物学等课程。在科研方面，他主持了“抗生素104的研究”“微生物降解胆固醇侧链的研究”等项目；参研的“敌百虫一步合成法”获得中华人民共和国科学技术委员会重大科研成果；1984年以后承担有关生物技术的国家“七五”攻关重点课题。

主编著作：《生物合成药物学》（上海医科大学出版社，1991年），众多专家学者一致认为，这是国内唯一的一本有关生物合成药物的系统论著，将推动我国生物合成药物的发展和普及，深为科学教学和生产各方面的技术人员所需要。发表论文30余篇，主要有：《脯氨酸的生物合成》《诺卡氏原生质体融合重组研究》《微生物对甾体转化机制研究应用》等。

参考文献

［1］海宁市政协文史资料委员会.海宁人物资料：第8辑［M］.海宁市政协文史资料委员会，1997.

王有珆

王有珆（1925— ），浙江海宁人，高级工程师。1947年毕业于上海电力公司技术专修夜校配电班，长期从事配电及工业企业供电设计及施工。

参考文献

［1］刘振元，《上海高级专家名录》编辑部.上海高级专家名录：第2卷［M］.上海：上海科学技术出版社，1993.

王雨若

王雨若（1925— ），浙江海宁人，河南医科大学生理学研究所所长、教授。1950年，毕业于北京大学生物系。1950—1953年，在北京协和医学院生理系进修医学生理学。1953—1958年，于北京医学院任助教、讲师，曾为“北医

八大讲师”之一。1958—1962年，赴河南任洛阳医学院讲师。1962年7月，洛阳医学院撤销后，随一部分师生并入河南医学院。曾任河南省生理科学会理事长、《中国睡眠研究》主编、《生理科学进展》编委、河南省自然科学基金委员会委员等职。1988年，被河南省教委授予“研究生优秀导师”称号。

王雨若长期从事神经生理学研究，是国内睡眠生理学研究的先驱者之一。20世纪50年代以后连续发表《关于孤立脑的睡眠优势研究》《走传入冲动的中枢抑制作用的研究》《关于睡眠期心、血管反射的研究》等论文，推动了睡眠生理学的进一步发展。20世纪80年代发起并筹建了“中国睡眠研究会”。1985年，他应邀出席香港神经科学会年会并报告论文。1986年，他作为中国生理学会代表出席了亚太地区国际生理学大会，并做专题报告，受到国际同行专家的好评。主持完成的科研项目，曾获1978年河南省重大科技成果奖，河南省教委自然科学一等奖，国家教委优秀成果奖等。

主编著作：《生理学方法与技术》（科学出版社，1984年）、《生理学实验指导》（人民卫生出版社，1985年）。译著有：《神经系统的电活动》（科学出版社，1959年）、《休克治疗的生理学基础》（人民卫生出版社，1974年）。发表论文50余篇，主要有：《睡眠的神经生理学》《刺激迷走神经对皮层诱发性下颌运动的抑制作用》《睡眠型波在“断脑”猫皮层电图中的优势和“睡眠中枢”存在的可能性》等。

参考文献

［1］河南省科学技术协会.河南当代科技名人：第1集［M］.北京：中国科学技术出版社，1991.

朱润一

朱润一（1925—　），浙江海宁长安人，农业部兰州生物药厂高级工程师，享受政府特殊津贴。1948年，毕业于国立中正大学农学院畜牧兽医系。1948年7月—1949年8月，在农林部西北兽疫防治处工作。1949年8月—1989年，在农业部兰州生物药厂任职。历任农林部西北兽疫防治处、兰州生物药厂车间主任、科长、副厂长、总工程师、厂长、高级工程师等职。退休后聘任厂技术顾问，兼任中国兽药典委员会第一届委员、农业部兽医生物制品规程委员会第一届委员、中国畜牧兽医学会生物制品分会理事等职。

朱润一长期从事兽医疫苗的研究和生产。主要成果有：20世纪50年代，主持研制的羊痘氢氧化铝疫苗，为国内首创，投产后供应全国；主持研制或共同研制并生成出牛瘟弱毒冻干苗、牛肺疫弱毒冻干苗、猪瘟弱毒羊肾细胞冻干苗、猪口蹄疫O型BEI灭活苗等疫苗。其中羊痘疫苗的研究、口蹄疫A型鸡胚化弱毒疫苗细胞反应苗获部级技术改进一等奖。羊痘、猪瘟、转瓶细胞培养苗获农业部技术改进一等奖。

参编著作：《中国家畜传染病学》（农业出版社，1960年）；发表论文有《甘肃永昌绵羊繁殖场之羔羊痢疾》。

参考文献

［1］庄毅，中华人民共和国人事部专家司．中华人民共和国享受政府特殊津贴专家、学者、技术人员名录1992年卷：第2分册［M］．北京：中国国际广播出版社，1996.

查瑞传

查瑞传（1925—2001），浙江海宁人。中国人民大学人口学系教授，博士生导师，20世纪70年代初，我国恢复人口学研究的少数开拓者之一。1946年，毕业于昆明国立西南联合大学化学系。1946—1947年，任清华大学化学系助教，1947—1949年为该系硕士研究生。1949年4月到华北大学学习。1950年转入中国人民大学俄文专修班，8月调入新组建的统计系从事统计学的俄文口、笔译工作，1956—1957年，在中国人民大学哲学系从事自然辩证法教学工作，1957—1973年，担任统计系教学工作。1974年以后转入人口学领域。曾任国家计划生育委员会人口专家委员会第一至第四届委员、第四次全国人口普查咨询组成员。

查瑞传长期从事人口学的教学和科研工作。在教学方面，主要讲授《人口统计学》《人口学》《人口经济学》等课程。在科研方面，主持联合国人口基金资助的国家教委科研项目《第四次全国人口普查资料分析》。首创科学、完整的人口再生产指标体系，该指标体系成为我国人口统计和计划生育统计的基本工具；规范和统一“人口统计学”的基本概念；在国内首先阐明“队列分析法”“人口惯性”，推行计划生育的“急刹车效应”、人口预测的“标准生育率法”等方法。

他对于计划生育与计划经济及市场经济之间关系的论述，对于计划生育与保障人权之间关系的论证等，不仅对我国计划生育事业发挥过重大的理论指导作用，也对纠正在计划生育上的模糊认识，反驳国外少数别有用心的人的攻击起了重要作用。

主编著作：《抽样调查基本知识》（中国统计出版社，1983 年）、《人口普查资料分析技术》（中国人口出版社，1991 年）、《中国第四次全国人口普查资料分析》上下册（高等教育出版社，1996 年）、《人口学百年》（北京出版社，1999 年）、《数理人口学》（中国人民大学出版社，2004 年）。译著：《人口通论》上下册（商务印书馆，1982 年）。发表论文 70 余篇，主要有：《计划生育和保障人权》《抽样调查的基本原理和方法（一）》《正确认识和解释人口现象——谈同期人分析和同批人分析》等。

参考文献

[1] 陈世明 . 中国当代教育名人大辞典 [M]. 西安：陕西师范大学出版社，1994.

朱诵先

朱诵先（1925—　），浙江海宁盐官人，鞍山钢铁公司规划经营部教授级高级工程师。

参考文献

[1] 海宁市史志编纂委员会 . 海宁市志（1991—2010）[M]. 杭州：浙江人民出版社，2018.

金祖鑫

金祖鑫（1925—　），浙江海宁钱塘江人，铁道部第三勘测设计院高级工程师。1950 年 7 月，毕业于上海大同大学土木系；1950 年 8 月—1953 年 4 月，先

后在上海铁路局工务处、长春市东北铁路设计分局工作；1953年5月—1958年3月，先后在大连铁道部第五设计院、铁道部第三勘测设计院大连办事处工作；1958—1987年，在天津市铁道部第三勘测设计院工作。

金祖鑫长期从事桥梁勘测和设计工作，负责勘测设计并完成的主要桥梁：陶拉昭第二松花江桥77米跨度铁路钢桁桥；闽江水口水电明渠78米跨度特种载重公路钢桁桥；天津海河80米跨度系杆拱钢梁管道桥和上海苏州河吴松路（36米+67米+40米）跨度钢箱梁闸桥；丰—淮铁路线黄河特大桥；坦—赞铁路（窄轨）耳垟式桥台。科研项目有：七套铁路桥梁标准设计图和三套部颁标准图，“桥墩台设计革命”“新型桥墩台——半柔半刚桥墩”等。这些项目已在各地建成，有的在全国推广使用，有的已纳入铁路桥规，有的为国内首创，有的为国外少见。

发表论文10余篇，主要有：《半柔半刚桥墩静拉试验简介》《柔性桥墩的实践概况及有关问题的分析》《沙通线变家沟桥半柔半刚桥墩静拉试验》等。

来源

海宁市档案馆.当代海宁名人录（第一集）.1996.

金成棣

金成棣（1925— ），浙江海宁丁桥人，中共党员，上海城市建设学院教授，享受政府特殊津贴。1951年毕业于浙江大学土木系，毕业后被分配到上海交通大学任教，后调入同济大学；1959年调往北京建筑工业学院任教；1964年调入上海市政工程设计院；1979年调入同济大学分校（上海城市建设学院）工作。历任助教、讲师、工程师、教授、教研室（系）主任、校长、院长等职；兼任上海市政工程第一公司、上海市政工程研究所、上海工程建设技术咨询公司等单位技术顾问；兼任《华东公路》杂志副主编、福州大学教授、上海基本建设经济研究学会理事、上海建筑业联合会常务理事。1982年被评为“上海市劳动模范”。1989年获国家教委颁发的“国家级教学优秀奖”。2004年荣获全国“茅以升桥梁大奖”。

金成棣长期从事混凝土徐变、梁拱组合式桥梁的教学及研究工作。在教学方面，主要讲授《工程制图》《结构力学》《桥梁工程》等课程。在科研方面，提出软土地基组合式桥台设计新理论，在软土地基上成功地设计与建造了跨径100米的混凝土拱桥，收入在交通部《公路桥涵设计规范（1985年）》。提出上承式拱桥考虑错动剪力影响的荷载横向分布理论。在对混凝土徐变的研究中，提出计算超静定结构内力重分布用换算弹性横量Eφ的实用方法，目前已在工程界广泛采用。主要研究成果："预应力混凝土梁拱组合桥梁系列设计"获1998年教育部优秀市政公用工程设计一等奖、建设部三等奖；"绍兴鉴湖大桥设计"获2000年教育部优秀市政工程设计一等奖；"嘉兴东升东路四座系杆拱桥"获2001年教育部优秀桥梁设计二等奖。硖石镇的茅桥、东山大桥、新桥等设计工作中，金成棣提了不少建议，这对降低桥梁建筑高度、减少纵向坡度起了积极的作用。

主编著作：《T型刚构箱梁荷载横向分布》（上海市政工程设计院，1978年）、《结构静力学》（人民交通出版社，1982年）、《预应力混凝土梁拱组合桥梁——设计研究与实践》（人民交通出版社，2000年）、《桥梁结构轻型化与造型艺术》（人民交通出版社，2002年）。译著：《公路钢桥》（龙门联合书局，1953年）、《结构力学》（高等教育出版社，1954年）、《公路隧道》（高等教育出版社，1955年）、《木桥设计原理与计算实例》（人民交通出版社，1956年）、《铁路桥隧建筑物》（人民铁道出版社，1956年）。发表论文30余篇，主要有：《软土地基混凝土拱桥组合式桥台计算》《混凝土徐变对超静定结构变形、内力的影响（考虑分段加载龄期及延迟弹性影响）》等。

参考文献

[1]《同济大学教授录》编委会. 同济大学教授录[M]. 上海：同济大学出版社，2007.

葛绍荣

葛绍荣（1925—1998），浙江海宁郭店人，铁道部科学研究院机车车辆研究所研究员。1948年，毕业于上海交通大学机械系，后进上海铁路局上海机务段工作；1951年9月—1956年3月，被派往莫斯科铁道运输工程学院机械系攻读研究生，获技术科学副博士学位，回国后安排在铁道部科学研究院工作，历任研究室副主任、主任、助理研究员、副研究员、研究员等职。

葛绍荣长期从事蒸汽机车的牵引热工性能研究和试验工作。主要成果：20世纪50年代中期，他在担任大马力蒸汽机车设计试验负责人期间，积极采纳国内专家的意见，力排苏联专家的设计方案，提出并设计出符合国情的机车锅炉，改善了供气状况，被铁道部定型为前进型机车，投入大批量生产后，为我国解决牵引热工性能的主体做出了贡献；20世纪70年代，他主持进行的机车烟囱改造由圆烟筒改为扁烟筒，大大提高了烟囱的通风性能，获铁道部科技成果二等奖。

主编著作：《蒸汽机车通风理论与试验》（人民交通出版社，1975年）、《蒸汽机车扁烟筒》（中国铁道出版社，1987年）。发表论文10余篇，主要有：《为什么要搞矩形通风装置及其初步设计计算方法》《前进型蒸汽机车技术改造的几项措施》《友好型1072型机车牵引热工性能介绍（上下篇）》。撰写了大量机车实验报告，主要有：《解放型953号机车牵引试验报告》《胜利型560号机车牵引热工试验报告》《和平型0001号机车牵引热工试验报告》等。

参考文献

[1] 周望森. 浙江古今人物大辞典：续编 [M]. 北京：方志出版社，2001.

李逸民

李逸民（1926—2010），浙江海宁郭店人，我军杰出的微生物学、流行病学、防生医学专家。1951年，毕业于上海第一医学院后，进入军事医学科学院工作。

李逸民长期从事流行病学、微生物学、消毒学等教学和研究工作。1952年赴朝鲜参加反细菌战的流行病学调查和微生物检验工作。1960年起，他服从国防建设的需要，投入生物武器防护医学的研究，取得了开创性的重大成果，填补了国内空白。1984年，李逸民作为筹备组组长主持了军事医学科学院生物工程研究所的筹建工作，为研究所方向任务的论证、科研队伍的整体布局、人才的选拔、引进等殚精竭虑，做出了突出的贡献。1987年后，为了应对国际上日益增加的生物威胁与生物恐怖，以及国家生物防御和军控外交斗争的需要，他再次服从组织安排，将工作重点转入生物武器防护医学的发展战略等科技情报研究，同时还开展了生物军控与生物履约政策、对策研究。

1989年，李逸民主持创办了我军第一份反映生物高技术领域研究成果和进展的科技期刊《生物技术通讯》，并担任主编，这是全军唯一全面报道生物技术领域的最新进展和研究成果的国家级期刊，受到军内外有关领导和专家的一致好评。发表论文 10 余篇，主要有：《温湿度对黏质沙雷氏菌、枯草杆菌黑色变种芽胞气溶胶存活的影响》《生物源毒素在临床医学中的应用及前景》等。

参考文献

[1] 深切怀念李逸民教授 [J]. 生物技术通讯，2010 (5)：751.

吴闾甫

吴闾甫（1926— ），浙江海宁人，南京中国水泥厂高级会计师、副总会计师。1949 年，毕业于上海立信会计专科学校。

吴闾甫长期从事财会工作。主编著作：《建筑材料工业企业经济核算与财务成本管理》；发表论文有《大中型水泥厂如何划小核算单位的初步设想》《企业职工工资总额与经济效益挂钩的探索》等。

参考文献

[1]《南京社会科学专家学者名录》编辑委员会. 南京社会科学专家学者名录 [M]. 南京：南京出版社，1991.

金宝相

金宝相（1926— ），浙江海宁人，南京铁道医学院卫生系流行病学副教授。1953 年毕业于解放军第五军医大学。1953 年，任中国人民解放军第七军医中学教员。1954 年在中国人民解放军第六军医学校助教。1956 年 9 月—1957 年 8 月，在中国人民解放军第二军医大学流行病学班进修。1958 年，在南京铁道医学院流行病学教研室任教。1959 年 9 月—1961 年 8 月，在上海第一医学院卫生专业高级师资班学习。

金宝相长期从事流行病学的教学及研究工作。发表论文40余篇，主要有：《某铁路工程处高血压症危险因素探讨（附93病例——对照研究的逐步回归分析）》《红细胞膜 Na^+ 泵缺陷与原发性高血压多元条件 Logistic 回归分析》《孕妇血浆尿酸正常值及其在妊娠高血压综合征的诊断价值》等。

参考文献

[1] 南京市卫生局,《南京卫生年鉴》编辑委员会. 南京医学界人名录[M]. 南京：河海大学出版社，1989.

蒋德舆

蒋德舆（1926— ），浙江海宁硖石人，九三学社社员，上海钢铁五厂高级工程师。1952年，毕业于江南大学电机工程系，分配到鞍钢。1955年，调入武汉黑色冶金设计院。1962年末，调入上海上钢五厂。

蒋德舆长期从事冶金联合企业的电气设计。他对于钢铁企业中电力系统的稳定，闪烁电压的发生及防治，大功率单相供电，以及对称分量法分析不平衡负荷都有深入的研究。在设计大功率单相电渣重熔炉时，按电工基本原理布置短网，使吨钢单耗从2500 kW·H下降到1400 kW·H左右，当时为全国同类型设备中耗电指标最低。超高功率电弧炉炼钢是当时炼钢行业中能获得高产低耗的重要手段，蒋德舆认为在供电上应具有一定的条件。1985年，在全国还没有一台超高功率电弧炉的情况下，发表论文《超高功率电弧炉炼钢的电气问题》对单相、高压大功率的供电进行研究，否定了过去的做法。以对称分量法分析单相负载供电解决三相平衡电源对不平衡负载供电，摒弃了当时通用的在一次侧以阻容不平衡的方法，节约了大量初次投资。1987年7月，以设计联络团成员出使当时的西德西门子公司，引进了初轧机大功率可控硅项目。回国后，会同西门子公司派遣的专家在半年内就投入了调试运行。

发表论文10余篇，主要有：《3~10 kV配电所开关柜的选择和布置》《用对称分量法分析单相负载的供电》《电弧炉电源闪烁电压的发生及其防治的探讨》等。

来源

海宁市政协文史资料委员会. 海宁人物资料：第8辑. 1997.

朱子长

朱子长（1926—　），浙江海宁盐官人，有色金属研究总院高级工程师。1949年毕业于同济大学化学系。1949—1951年，先后在华东区粮食局、中央粮食总局工作；1951年，调到重工业部基本建设局研究所工作；1952—1956年，在山东铝厂工作，1956年，调到北京有色金属研究总院工作，兼任中国有色金属学会理化检验学术委员会秘书长。

朱子长长期从事有色金属矿石、稀有金属和冶金物料的化学分析和化学物相分析的研究工作。

参编著作：《铌和钽的冶金分析》（中国工业出版社，1971年）、《矿石和工业产品化学物相分析》（冶金工业出版社，1992年）、《有色金属工业分析丛书》（冶金工业出版社，1995年）。发表论文有《铜和镍阳极板化学物相分析方法》。

来源

海宁市档案馆．当代海宁名人录（第二集）．2000.

郑竺英

郑竺英（1926—　），女，浙江海宁人，中共党员，中国科学院生物物理研究所研究员，享受政府特殊津贴。1950年，毕业于浙江大学生物系，1950—1952年，在上海中科院实验生物研究所工作；1953—1955年，在北京中科院昆虫研究所工作；1956—1958年，在中科院实验生物研究所攻读研究生；1958年以后则在中科院生物物理研究所工作，曾担任理论组组长、仿生室副主任、五室主任等职，兼任浙江大学副教授，生物物理研究所的学术委员会、研究生学位委员会委员，中国生物物理学会、心理学会、自动化学会、系统工程学会理事，《生物物理学报》《生物化学与生物物理学报》杂志编委。

郑竺英长期从事生物学研究，在昆虫生理生化辐射生物学、生物控制论、仿生学以及视觉信息加工等多个领域内开展研究并取得一定成绩。20世纪50年代曾参加灭蝗工作，进行蝗虫生理特性的研究，整个灭蝗工作获国家自然科学二等奖。20世纪60年代后期参加预报地震的研究，提出了对鸽子振动小体及空气离子进行研究的建议。在生物物理研究所工作期间，建立仿生学实验室。1978年，与中国人民解放军海军总医院眼科主治军医颜少明合作共同研制成功立体视觉检查图，是我国第一部立体视觉检查图，经应用效果良好，1984年获国家发明奖四等奖和布鲁塞尔“尤里卡”世界发明博览会奖、日内瓦国际发明与新技术展览会银奖。

主编著作：《立体视觉检查图》（人民卫生出版社，1985年）、《999问与答——仿生漫话》（新蕾出版社，1990年）、《双眼立体视觉的信息加工》（科学出版社，1998年）。发表论文50余篇，主要有：《小白鼠体温调节动态过程在X射线致死剂量照射前后的变化》《空间滤波对双眼立体感的影响》《视觉诱发电位（VEP）对不同空间频率的反差敏感性》等。

参考文献

[1] 庄毅，中华人民共和国人事部专家司. 中华人民共和国享受政府特殊津贴专家、学者、技术人员名录1992年卷：第3分册[M]. 北京：中国国际广播出版社，1996.

王传贤

王传贤（1926— ），浙江海宁盐官人，中共党员，中国科学院成都分院研究员，享受政府特殊津贴。1948年，毕业于之江大学机械工程系；1958年，毕业于清华大学自动化进修班。1949年8月—1952年9月，先后在华东中国人民解放军空军航空工程研究室、干训大队和华东中国人民解放军空军第四供应大队工作；1952年9月起，先后在中国科学院所属东北综合研究所、机电研究所、机械研究所、长春光学精密机械研究所、光电技术研究所、中国科学院成都分院分析测试中心技术组工作，兼任该所学术委员、学术委员会副主任、四川省电子学会理事等职。在华东中国人民解放军空军所属单位参加抗美援朝战斗中获三等功2次和四等功1次。

王传贤长期从事军工和民品项目的研制。他从研制150吨卧式压铸机及其油压驱动系统开始，逐步深入到电液伺眼系统研究领域。1972年进行了“码检仪”的恒速调节系统、大型退火炉的炉温自动程序控制系统的研制，确保了军工产品的质量，节省了劳力和能耗，取得了较好效果。1977 年转入民品研制任务，参加了中科院重点项目 JK–1 型半自动接近 / 接触式光刻机的研制，担任电气及控制总体负责人，在气动控制、射流控制和光电控制等领域研究中均有所创新，其中以恒光强控制系统为代表，光强控制精度达 ±1%，对确保光刻质量立下汗马功劳，该项目荣获 1984 年中国科学院科技进步一等奖，荣获 1985 年中国科学院颁发的“大型精密仪器”奖状。

发表论文 10 余篇，主要有：《JK–1 型半自动接近式光刻机恒光强调节系统的研究》《恒光强调节系统和积分曝光控制系统的一般研究》《微细光刻照明系统汞灯“弧闪”的初步研究——兼谈恒光强控制系统的设计原则》等；获得国家专利 5 项。

参考文献

[1] 白雪岩 . 中国专家人才库 5 [M] . 北京：人民日报出版社，1999.

许政润

许政润（1927—1997），浙江海宁人，中国民主同盟盟员，高级工程师，享受政府特殊津贴。1950 年，毕业于上海交通大学机械系，任重工业部汽车工业筹备组工作人员，长春第一汽车制造厂技术处技术员。1954 年，赴苏联莫斯科斯大林汽车厂学习冲模制造。1955 年回国，历任冲模车间副主任，工具分厂技术科副科长等职。1966 年后，任第二汽车制造厂冲模厂筹建负责人，冲模厂技术副主任，“二汽”总工艺师、副总工程师兼湖北省汽车工业学院院长。在“一汽”建厂三十周年和“二汽”建厂十五周年时，分别被授予“建设一汽功臣”和“二汽建厂十五周年功臣”称号。

主编著作：《冲模的安装和调整》（机械工业出版社，1958 年）。

参考文献

[1] 秦国生，胡治安 . 中国民主党派历史、政纲、人物 [M] . 济南：山东人民出版社，1990.

吴剑午

吴剑午（1927— ），浙江海宁盐官人，中共党员，中国石油化工总公司洞庭氮肥厂高级工程师。1950年，毕业于杭州之江大学机械系。1950年8月—1954年9月，在大连化工厂、大连工程公司先后担任技术员、副主任和施工科、工程技术科的副科长。1955年7月，在苏联乌克兰利西强斯克化学工业联合企业实习。1957年1月回国后，在苏联援建的156项工程之一的吉林化肥厂工作，历任工程师、总机械师、副总工程师、副厂长兼总工程师。1975年，调至从美国和荷兰引进机器设备的岳阳化肥厂，任工程会战指挥部副指挥长，兼与美方、荷方现场技术人员谈判的中方总代表。该厂建成后更名为洞庭氮肥厂，吴剑午先后担任该厂副厂长、厂长兼总工程师。

参考文献

[1] 中国人民政治协商会议浙江省海宁市委员会文史资料委员会.当代海宁人《海宁人物资料》第2辑[M].海宁县政协文史资料工作委员会，海宁县文学艺术界联合会，1988.

陈熊祥

陈熊祥（1927— ），浙江海宁人，蚕桑专家。

陈熊祥长期从事蚕桑研究，带领群众探索蚕桑高产技术取得成功。1958年，春蚕张产超百斤，名列全省第一，创办一所学用结合的蚕桑专业学校。首创家蚕药物中毒清水洗浸急救法，填补国内外空白。1957—1988年，先后10多次获省、地、县表彰奖励，被誉为“海宁蚕桑战线的一面旗帜”。

发表论文有《桑蚕药物中毒的抢救办法》《夏蚕张产76.75斤的经验》等。

参考文献

[1] 单锦珩.浙江古今人物大辞典：下[M].南昌：江西人民出版社，1998

周钰声

周钰声（1927—1996），浙江海宁盐官人，高级工程师。毕业于上海交通大学，后留校任教。1952年，赴南昌三机部某设计所任工程师，曾参与强-5型强击机设计研制。为该机总体与空气动力设计负责人，并获国家科学进步特等奖。1974年，调入上海飞机设计研究所。

周钰声长期从事飞机设计工作。曾主持参与强-5型强击机的设计研制，为该机总体与空气动力设计的负责人，荣获国家科学进步特等奖。

参考文献

［1］虞坤林．海宁历史人物名录［M］．杭州：浙江人民出版社，2010.

查述传

查述传（1927— ），浙江海宁人，北京理工大学教授。主编著作：《普通物理实验》（北京工业学院出版社，1984年）、《物理实验》（北京理工大学出版社，1989年）；发表论文有：《光学实验中应用锁相放大技术的初步探索》等。

参考文献

［1］《袁花镇志》编纂委员会．袁花镇志［M］．北京：方志出版社，2010.

徐德培

徐德培（1927— ），浙江海宁盐官人，中共党员，东北电业管理局职工大学教授级高级工程师。1950年，毕业于上海交通大学电机系；1950年4月—1961年12月，在吉林省丰满水力发电厂工作；1961年12月—1970年5月，在沈阳市东北电业管理局工作；1970年5月—1979年8月，在辽宁省朝阳电力设备厂工作（下放劳动）；1979年8月—1987年5月，在沈阳市沈阳电力专科学校、东北电业管理局干部学校工作；1987年5月—1993年1月，在沈阳市东北电业管理局职工大学工作。历任教育科长、副校长等职。

徐德培长期从事电力工业的人才培训教育工作。自1985年以来，研究对在职干部如何开展快速培训，培训人数超6 500人次，获东北电业管理局优秀教育成果一等奖。

主编著作:《微机应用快速入门》(辽宁大学出版社，1992年)。

参考文献

[1] 马德麟.沈阳电力高等专科学校校志：第1卷 1952—1990 [M].沈阳：辽宁大学出版社，1995.

管启泰

管启泰（1927— ），浙江海宁斜桥人，普外科主任医师。1954年，毕业于安徽医学院，分配在安徽铜陵市人民医院工作，曾任铜陵市人民医院院长，皖南医学院教授，兼任安徽省第五、六届人大代表，铜陵市政协副主席，铜陵市医药卫生事业技术评定委员会主任，中华医学会铜陵市分会理事长等职。

管启泰长期从事临床外科手术，医术高超，医德高尚，被誉为铜陵“一把刀”及“管一刀”。发表论文10余篇，主要有:《大面积灼伤中西医结合治疗的体会》《重度呼吸道灼伤治疗的分析》《肝外伤13例治疗总结》等。

参考文献

[1] 海宁市政协文教卫体与文史委员会.海宁世家：上 [M].北京：人民日报出版社，2012.

许国干

许国干（1927— ），浙江海宁人，河南建筑工程材料研究所高级工程师。1950年，毕业于上海圣约翰大学土木系。曾任河南黄河大学材料工程系兼职教授，河南省硅酸盐学会水泥制品专业委员会副主任委员等职。

许国干长期从事建筑工程材料的研究工作。曾负责完成陶粒轻混凝土在南京长江大桥桥面工程上的应用专题任务，节省了桥墩基础用的合金钢材；负责解决第二汽车制造厂建设过程中的建材技术问题；在砌墙砖的检验方法方面，曾获建筑材料工业部科技成果二等奖。

主编著作:《房屋建筑施工知识——木工》(中华全国科学技术普及协会，1955年)；参编著作:《陶粒》(建筑工程出版社，1960年)、《混凝土集料与混凝土试验方法》(中国建筑工业出版社，1965年)。发表论文10余篇，主要有:《上海蒸养粉煤灰硅酸盐密实砌块》《砌墙砖的检验方法》《美国标准ASTMC90-00承重混凝土砌块》等。

参考文献

[1] 王咸昌. 当代中国自然科学学者大辞典 [M]. 杭州：浙江大学出版社，1992.

周宇澄

周宇澄（1927—　），浙江海宁人，高级工程师，上海市合流污水治理工程建设公司总工程师。1948年，毕业于上海交通大学土木工程系。

周宇澄长期从事合流污水治理工程。主编著作:《排水工程》(上海科学技术出版社，1998年)。

参考文献

[1] 刘振元，《上海高级专家名录》编辑部. 上海高级专家名录：第4卷 [M]. 上海：上海科学技术出版社，1994.

裴耀华

裴耀华（1927—　），浙江海宁新仓人，中国石油燃气总公司辽河油田高级工程师。1956年，毕业于北京石油学院函授部炼制系。1950年4月—1974年，在抚顺石油一厂工作；1974—1987年7月，在辽河油田技术教育处工作，1987年7月离休。历任抚顺石油一厂化验室技术员、主任，技术检查科科长、厂科协科委秘书长、厂办调研室主任、厂研究所工程师、辽河油田技术教育处综合科长等职，兼任《技术导报》《科技咨询》主编。

裴耀华长期从事石油炼制、油品分析等科研和技术管理等工作。主要成果有：负责油品分析误差系统研究，按照SYB规定误差范围，制订了厂标准，保证成品出厂合格；组织研究油品化验项目中的快速测定法，缩短了化验时间，及时指导生产；负责高熔点（70℃）石蜡的试制，提高石蜡安全性的试验及测试方法研究。

发表论文10余篇，主要有：《科技干部怎样进行知识更新》《职工教育的投入及效果例举》《端正业务指导思想，加速发展职工教育》等。

来源

海宁市档案馆.当代海宁名人录（第二集）. 2000.

高摄渊

高摄渊（1927— ），女，浙江海宁新仓人，民盟盟员，江西医学院组织学与胚胎学教授、硕士生导师，享受政府特殊津贴。1952年，毕业于国立上海医学院组织学与胚胎学专业，分配到江西医学院。曾任中国解剖学会理事，全国解剖学会名词审定委员会委员，江西省解剖学会理事长，任《江西医学院学报》副主编，《江西医学检验》《解剖学杂志》《现代诊断与治疗》编委等职。

高摄渊长期从事组织学与胚胎学教学和科研工作，为江西省胚胎学学科带头人，是全国胚胎研究工作组主要负责人之一。参加及负责国家自然科学基金资助课题有："国人脑血管的系列研究""脑、心血管的组织发生、年龄变化及与动脉粥样硬化的关系""人消化道免疫相关性M细胞的研究""下丘脑弓状核对动脉粥样硬化形成的影响及调控研究"。1987年获江西省教委科技成果二等奖，1988年获国家教委科技进步二等奖。1985年和1991年，先后赴日本、加拿大参加国际学术会议。1988年和1992年参加第一、二届中国国际解剖科学学术会议并担任分会场执行主席。

主编著作：《腹盆部血管解剖学》（科学出版社，1987年）。参编著作：《组织学》（人民卫生出版社，1981年）（获全国优秀科技图书一等奖）、《脑血管解剖学》（科学出版社，

1983年)、《中国人胚胎发育时序与畸胎预防》(上海医科大学出版社，1993年)、《人体胚胎学》(人民卫生出版社，1996年)。译著:《希氏内科学(第17版)问答精选》(天津科技翻译出版公司，1988年)、《格氏解剖学》第38版(辽宁教育出版社，1999年)。发表论文40余篇，主要有:《先天性消化道、尿殖系统多发性畸形一例》《混合孪生合并寄生畸胎一例报告》《胎儿胰腺的包囊感受器初步观察》等。

参考文献

[1]《中华人物辞海》编委会.中华人物辞海：当代文化卷1上[M].北京：中国国际广播出版社，1997.

郑炳初

郑炳初(1926—2019)，浙江海宁硖石人，浙江省肿瘤医院外科主任医师，享受国务院特殊津贴，著名肿瘤外科专家。1954年，毕业于北京大学医学院，分配至浙江医科大学第二附属医院(以下简称二院)，从事外科工作。1958年，进入二院肿瘤科。1963年，浙江省第一所肿瘤专科医院——杭州肿瘤医院创立，郑炳初即转入该院工作，成为该院最早的业务骨干之一。兼任中国抗癌协会、中华医学会浙江分会理事，外科专业组副组长，乳腺癌专业组组长，《浙江肿瘤通讯》主编等职。

郑炳初长期从事肿瘤的外科、放疗、化疗的临床、教学和科研工作。在外科手术方面，较早开展乳腺癌的扩大根治术和改良根治术，甲状腺癌的改良式颈淋巴清扫术，胃癌的D_2、D_3和联合脏器切除术，大肠癌的扩大淋巴清扫术等，并改进了胰十二指肠切除术中的胰空肠吻合、乳腺癌改良根治术中的胸肌间和腋上组淋巴结的清除方法等。

在综合治疗方面，早在20世纪50年代，即已开展头颈部癌、乳腺癌、四肢恶性肿瘤、肝癌等动脉插管化疗的探索工作。20世纪70年代初，协同放疗科开展了胃癌、胰腺癌等的术中放疗。大力推广对多数中、晚期癌进行术前、术中或术后化疗、放疗，在外科逐步建立辅助治疗常规，并不断加以改进。

参编著作:《颈、腋窝、腹股沟和盆腔淋巴清除术》(浙江人民出版社，1979年)、《外科病理总则及巨检规范》(1993年)。发表论文100余篇，主要有:《男性乳腺癌手术治疗

43例分析》《乳腺癌扩大根治术与根治术的疗效比较——原发灶位于乳腺中央或内侧部的346例分析》《软组织肉瘤的综合治疗》等。

参考文献

［1］肿瘤外科专家郑炳初［J］. 中国肿瘤. 1997（6）：33.

范浚深

范浚深（1927— ），浙江海宁硖石人，北京农业大学土壤农业化学系、农业应用化学研究所教授。1950年，毕业于北京农业大学，留校任教，曾任有机化学教研组主任。1985年，被评为农牧渔业部部属高等院校优秀教师。

范浚深长期从事有机化学及有机农药合成的教学及科研工作。在教学方面，主要讲授《有机化学》《有机农药合成》《高级有机合成技术》等课程。在科研方面，先后主持多个专题研究，其中“抗鸡球虫药球痢灵的研究”获1981年北京市科技成果三等奖，“植物生长调节剂调节啶的研究”获1984年农牧渔业部科技改进一等奖及1985年国家级科技进步三等奖。

参编著作：《有机化学》（农业出版社，1962年）。发表论文20余篇，主要有：《肥猪粉（甲基硫氧嘧啶）的生产方法》《新型植物生长调节剂特效唑的合成》《新杀菌剂三氟苯唑的合成》等。

参考文献

［1］中国人民政治协商会议浙江省海宁市委员会文史资料委员会. 当代海宁人《海宁人物资料》：第2辑［M］. 海宁县政协文史资料工作委员会，海宁县文学艺术界联合会，1988.

虞承光

虞承光（1927— ），浙江海宁丰士人，中共党员，天津市电机总厂教授级高级工程师，享受政府特殊津贴。1948年，在上海交通大学电机系毕业后进上

海私营新安电机厂工作，1950年，被派往天津新安电机厂工作，1965年，调至天津电机研究所工作；1970年，调回天津电机厂；1984—1985年，调至天津电机工业公司工作，并兼任天津市电机研究所所长；1985年起退居二线；1988年回天津电机总厂；1994年退休。历任工程师、科长、副总工程师、总工程师、副所长、所长、副厂长、技术顾问、高级工程师、教授级高级工程师等职，兼任天津市电机工程学会理事，《华北电机》主编等职。

虞承光长期从事电机设计及技术研究工作，成果显著。在中华人民共和国成立初期，曾主持研制出两种当时国内罕见的大型电动机；1956年又创制了一种技术指标先进的军用交流发电机；1958—1960年，主持研究铝线电机的设计和工艺技术，获得了阶段性的成果，达到了国际先进水平。该项成果被列为天津市当时最重大技术成果之一；1960—1965年，主持研制成功国内第一台深井潜水电动机，为国内首创，该项成果被列为电机工业重大新产品之一，获1978年全国科学大会奖；1979—1980年，主持研制成功“高电压（6000伏）大容量（800千瓦以上）潜水电机”，为国内首创，获机械部科技进步三等奖和天津市科技进步二等奖；还主持研制成功开采石油的潜油电机等新产品。

发表论文10余篇，主要有《氧化膜铝线电机试制经验》《铝线电机试制经验总结》等。

参考文献

［1］国家人事部专家司．中华人民共和国享受政府特殊津贴专家、学者、技术人员名录1992年卷：第1分册［M］．北京：中国国际广播出版社，1995.

孙辅坚

孙辅坚（1927—　），浙江海宁人，民盟盟员，高级讲师。1945年，肄业于德国医学院，1951年，毕业于同济医学院。历任上海市静安区中心医院、静安老年医院主治医师、外科业务负责人，静安区卫生学校临床教研组组长等职。

孙辅坚发表论文10余篇，主要有：《胆道手术后疼痛问题》《高倍率放大灯片阅读器的制作》《中专教育中提高教学质量的体会》等。

参考文献

[1]《中国中等专业学校高级讲师人名辞典》编委会.中国中等专业学校高级讲师人名辞典[M].长春：长春出版社，1992.

许政拱

许政拱（1927— ），浙江海宁人，广西医学院教授。1952年，毕业于上海医学院医疗系，进入南京中央卫生试验院华东分院寄生虫学高级班学习，成为中华人民共和国第一代寄生虫高级师资。1953年分到广西医学院。

许政拱长期从事医学寄生虫学的教学和科研工作。广西是我国疟疾严重流行区，但这方面的研究几乎空白，许政拱选择疟疾为研究对象。在1957年，他辗转深山疟疾区调查，确定了广西山区的主要传疟媒介。在疟原虫生物学、按蚊实验室养殖、按蚊对疟原虫的易感性、缩小按蚊种型等方面进行系统研究，获得卫生部甲级奖，广西科技成果三等奖等。

参编著作：《中国人体寄生虫病文献提要》（人民卫生出版社，1990年）。发表论文10余篇，主要有：《间日疟原虫不同地理株对中华按蚊感染性的初步探讨》《微小按蚊和巴拉巴按蚊对间日疟原虫》《恶性疟原虫易感性的比较研究》等。

参考文献

[1]《中国普通高等学校教授人名录》编写组.中国普通高等学校教授人名录[M].北京：高等教育出版社，1988.

马增龄

马增龄（1928— ），浙江海宁人，高级工程师，享受政府特殊津贴。1952年，毕业于浙江大学电机系，分配中央广播事业局工作，先后在局基建处、技术处、广播科研所、广播设备制造厂任技术员。1978年，任工业局科技处副处长。1983年，任广电部工业局科技处副处长。

马增龄长期从事广播电视工程工作。1952 年起在技术、基建处参加选新台址的勘察。1955 年到科研所参加电视设备研制。曾参加黑白电视设备试制、彩色电视研究、“彩电大会战”，为我国广播电视的开创做了贡献。

参编著作：《中国机械电子工业年鉴》《中国电子工业年鉴》。

参考文献

[1] 庄毅，中华人民共和国人事部专家司．中华人民共和国享受政府特殊津贴专家、学者、技术人员名录 1992 年卷：第 3 分册 [M]．北京：中国国际广播出版社，1996.

苏静怡

苏静怡（1928—　），女，浙江海宁人，北京医科大学病理生理学教授，享受政府特殊津贴。1953 年，毕业于北京医学院 7 年制医学系，后在北京医学院生理及病理生理专业任教，在病理生理专业的创建和发展中起了重要作用。曾任病理生理教研室主任。1993 年，调入北京医科大学心血管基础研究所工作，1985—1990 年，任中国病理生理学会理事长。

苏静怡长期从事心血管疾病的病理生理基础和发病机制研究，重点研究休克的发病机理，冠心病的病因发病机理，心肌缺血、缺血 - 再灌注损伤的发生机理和初级治疗等。其中关于“山莨菪碱抗休克作用的细胞保护机理”的一系列研究成果，使对山莨菪碱抗休克作用机理的认识从扩血管的角度发展到了细胞保护的概念，具有创造性和重要的理论和实用价值，获 1990 年卫生部重大医药卫生科技进步二等奖。她在心血管系统病理生理研究中广泛而深入地探讨细胞保护作用，论证心血管系统的细胞保护现象和有效的细胞保护剂，如牛磺酸、金属硫蛋白和其他抗氧化剂的作用。他们在有关缺血 - 再灌注损伤和休克发病机制方面的成果，也分别获得两项卫生部科技进步二等奖和国家教委的奖励。

主编著作：《病理生理学》（北京医科大学；中国协和医科大学联合出版社，1991 年）、《心血管疾病的病理生理基础和发病机制》（北京医科大学、中国协和医科大学联合出版社，1994 年）、《心脏：从基础到临床》（北京医科大学、中国协和医科大学联合出版社，1995 年）等。发表论文 220 余篇，主要有：《肠道内局部应用山莨菪碱对失血性休克的有益效应》《山莨菪碱和地塞米松在试管内对分离的休克大鼠肝溶酶体稳定性影响的比较》《山莨菪碱和地塞米松对失血性休克大鼠肝脏溶酶体保护作用的比较》等。

参考文献

[1] 异天，戈德.中国名医列传：当代卷[M].北京：中国国际广播出版社，1994.

张　霖

张霖（1928—　），浙江海宁袁花人，九三学社社员，济南钢铁总厂高级会计师。1964年，毕业于中国人民大学。先后在上海市纺织局织布工业公司、薛城炼铁厂、山东省冶金工业厅、山东耐火材料厂等单位做财务工作。

参考文献

[1] 梁自洁.山东社会科学人名辞典[M].济南：山东人民出版社，1990.

查光天

查光天（1928—1998），浙江海宁人，浙江省农科院研究员。

查光天长期从事粮食生产科学研究。发表论文10余篇，主要有：《浙江山区水稻种植制度的垂直分区》《早稻孕穗期冷害与品种类型布局》《秋季低温与连作晚稻的冷害》等。

参考文献

[1] 查济民.海宁查氏[M].香港：中国书画出版社，2006.

查充美

查充美（1928—　），字柏鑫，浙江海宁袁花人，河北科技大学教授。毕业于浙江大学机械系。曾任河北机电学院机械系机床校验室主任，兼任河北机械工程学会副秘书长，石家庄机械工程学会维修学会副理事长等职。

参考文献

[1] 查济民．海宁查氏［M］．香港：中国书画出版社，2006.

徐炎

徐炎（1928—　），浙江海宁硖石人，同济大学教授，国家一级结构注册工程师。毕业于上海交通大学。第一个五年计划经济恢复及建设准备期，在中央建筑工程部为介绍苏联技术任翻译、编辑、责编。第二个“五年计划”时期入华东建筑设计院。20 世纪 80 年代初入同济大学，任房屋结构教研室、钢结构教研室兼设计室主任。

徐炎长期从事房屋建筑设计工作。1979 年，上海石化总厂腈纶厂的设计获国家基本建设委员会科技成果奖；1983 年，上海水产供销公司万吨级冷藏库的设计获上海城建规划局优秀设计二等奖。1987 年，应联邦德国邀请，参加第三届为全体人类（含残疾人）设计国际学术会议，接受大会的嘉奖状。

译著：《结构静力学》（高等教育出版社，1955 年）、《工业建筑中的主要现代化结构》（建筑工程出版社，1955 年）、《装配式结构钢筋混凝土构件强度和刚度试验规程》（建筑工程出版社，1959 年）等。

参考文献

[1] 海宁市政协文教卫体与文史委员会．海宁世家：上［M］. 北京：人民日报出版社，2012.

王传信

王传信（1928—　），浙江海宁盐官人，核工业总公司四〇四厂高级工程师。1947 年 7 月，毕业于私立上海纺织工业专科学校应用化学系。1947 年 10 月—1949 年 10 月，先后在上海大德兴颜料厂、万丰染织厂工作；1949 年 10 月—1954 年 7 月，先后在沈阳染料厂、沈阳化工研究院染料研究室工作；1954 年 7 月—1955 年 5 月，化工部“出国俄语学习班”学习；1955 年 5 月—1956

年5月，在苏联莫洛托夫90#工厂实习；1956年6月—1959年2月，在太原化工厂工作；1959年3月—1988年1月，先后在二机部四〇四厂三分厂、总厂、271厂、电视大学工作。

王传信长期从事染料化工、计算机应用开发等研究工作。主要成果有：1963—1969年，负责全厂产品质量技术监督和鉴定工作，使产品合格率达100%；1984—1992年负责计算机软件的开发工作，完成全厂有关劳资管理、财务管理、计统管理、材料管理等软件设计工作，投入使用后实用性强，效率高；1990年负责电大计算机应用专业设计指导，获得较好成绩。

来源

海宁市档案馆.当代海宁名人录（第二集）.2000.

郑德基

郑德基（1928— ），浙江海宁盐官人，中华人民共和国科学技术委员会研究员级高级工程师。1950年，毕业于浙江大学物理系，毕业后分配至清华大学物理系任教；1952年秋，调至北京军委后勤学院工作；1957年，调入北京国防部第五研究院（1965年后转为第七机械工业部）工作；1978年，调入中华人民共和国科学技术委员会；1988年退休。历任副科长、副处长、处长、副总工程师等职，兼任中国光学光电子行业协会副秘书长。

郑德基长期从事红外技术、激光、元器件的科研工作。20世纪60年代，他参与组织东风二号等型号设计与研制任务；70年代末调到中华人民共和国科学技术委员会后，他先后组织了“六五”“七五”期间的国家激光技术攻关和激光产品测试评比以及有关激光领域的软课题研究工作，成绩显著；1988年氦氖激光器产品质量评比，获得北京市科学技术进步二等奖。

发表论文10余篇，主要有：《推进我国激光技术成果工业化和应用——略谈发展我国激光产业》《从1986、1987年我国激光产品产值的统计分析看我国激光产业的发展》《美国的工业激光器和激光加工》等。

来源

海宁市档案馆．当代海宁名人录（第一集）．1996.

朱敬德

朱敬德（1928—　），浙江海宁盐官人，中国水利电力对外公司教授级高级工程师，享受政府特殊津贴。1951 年，毕业于清华大学电机工程系，后分配在燃料工业部全国电业管理局工作。1957 年 7 月，毕业于苏联列宁格勒工学院研究生班，获苏联技术科学副博士。历任电力科学研究院副所长，水电部外事司副司长，中国水利电力对外公司总经理，华能国际电力开发公司董事，广州抽水蓄能电站联营公司副董事长，兼任中国电机工程学会常务理事，中国对外承包工程商会副理事长，中华全国工商业联合会常务委员等职。

朱敬德长期从事电力系统稳定计算及提高电力系统稳定措施的研究，曾筹建电力系统动态模型试验室。

参考文献

［1］庄毅，中华人民共和国人事部专家司．中华人民共和国享受政府特殊津贴专家、学者、技术人员名录 1992 年，卷：第 2 分册［M］．北京：中国国际广播出版社，1996.

张凤雏

张凤雏（1928—　），浙江海宁人，高级工程师，上海市民用建筑工程公司副总工程师。1954 年，毕业于同济大学铁道系。长期从事桥梁建筑。

参考文献

［1］刘振元，《上海高级专家名录》编辑部．上海高级专家名录：第 1 卷［M］．上海：上海科学技术出版社，1992.

朱逸农

朱逸农（1928—2011），浙江海宁盐官人，南京理工大学教授，雷达与天线专业专家。1950年，毕业于上海交通大学电机系，后参军服役，先后在高炮三师司令部、华北防司高炮指挥部炮瞄雷达训练队、军事工程学院炮兵工程系工作。1966年4月，集体转业在华东工程学院工作，历任教研室副主任、系主任、教务处长等职，兼任中国电子学会天线专业委员会、江苏省雷达专业学会委员。

朱逸农长期从事炮兵雷达的教学与研究工作，特别是对电磁场与微波技术和天线理论与技术方面的研究成果更为显著。“文化大革命”后期，他参加了“306雷达”的设计与研制，完成了初样；1980年，参与了原兵器工业部的科研项目“测速雷达”天线部分的设计，该机在1982年通过了部级鉴定；1987年，又参加了毫米波引信技术、毫米波制导技术、8毫米辐射计的天线设计与研究，获得成功；1989年，参与设计研制的“毫米波同腔混频器”“反超低空飞机毫米波引信”“极远距离毫米波引信”等三个项目，获得国家技术专利权。

主编著作：《微波天线》（华东工程学院出版社，1983年）。发表论文10余篇，主要有：《C波段宽带垂直式旋转关节设计》《关于八木天线的几个问题》《低高度多元单极天线初步研究》等。

参考文献

[1]《江苏省高等学校教授录》编委会．江苏省高等学校教授录［M］．南京：南京大学出版社，1989.

顾连方

顾连方（1928—　），浙江海宁人，河北医科大学第三医院肾病科主任医师、教授，河北省肾脏病专业开拓者。1953年，毕业于上海第二医学院。曾任国际肾脏病学会会员，河北省肾病学会、河北省中西医结合肾脏病学会、石家庄市肾病学会名誉主任委员等职。

顾连方长期从事临床和教学工作，在锁骨下静脉穿刺及中心静脉压测定，抢救心搏骤停，严重休克等方面有丰富经验，尤其擅长急性肾衰等疑难杂症的诊疗。多次主持河北省肾脏病专业培训班及肾脏病专业检验班。1964 年 1 月，率先发表的《锁骨下静脉穿刺术在临床应用》论文，为心搏骤停及休克患者输液及中心静脉测定提供新的方法，在急救学中做出了贡献。1974 年，参加首批援扎伊尔医疗队，在扎伊尔金萨沙医院任主任医师期间，以中医针刺术传授扎伊尔方，抢救了无数的危重病人，降低了死亡率。

主编著作：《肾上腺皮质激素在内科临床应用》（内部出版），法文《中文英文法文医学常用词汇》。与扎伊尔方合编《中国针刺术讲义》，将中国传统针刺术向扎伊尔方传授。发表论文 60 余篇，主要有：《慢性肾炎肾功能不全的治疗》《补体系统对肾小球的损伤机制及临床意义》《糖尿病肾病时脂蛋白（a）血症和肾损害》等。

参考文献

［1］异天，戈德．中国名医列传：当代卷［M］．北京：中国国际广播出版社，1994.

李树钧

李树钧（1928—　），浙江海宁郭店人，石油化工规划院教授级高级工程师，享受政府特殊津贴。1952 年，毕业于清华大学化工系，1952—1974 年，在石油设计院任装置设计师、主任工程师；1974—1983 年，在石化规划院、石油规划总院任高级工程师；1983—1992 年，任规划院副总工程师。

李树钧长期从事石油化工专业，负责许多重大项目的设计、审查与评估，为全国第一套催化重整、催化裂化等建成做出了重大贡献。负责多项技术引进的谈判，熟悉国际发展动向，是行业中公认的优秀专家。

译著：《石油炼厂油品调度员须知》（石油工业出版社，1957 年）、《加氢精制装置操作手册》（中国工业出版社，1965 年）、《美国石油炼制者协会年会报告选集 1988》（烃加工出版社，1990 年）。发表论文 10 余篇，主要有：《西欧炼厂考察情况介绍》《谈谈炼厂气的综合利用》《亚太地区炼油与石油化工的发展动向及对我国油化结合的几点建议》等。

参考文献

［1］庄毅，中华人民共和国人事部专家司．中华人民共和国享受政府特殊津贴专家、学者、技术人员名录 1992 年卷：第 3 分册［M］．北京：中国国际广播出版社，1996.

何宗耀

何宗耀（1928—　），浙江海宁人，中国科学院上海冶金研究所高级工程师。1950年，毕业于上海大同大学电机系。

何宗耀长期从事电器电机研究。1982年因YS-76型高速离心机获中国科学院重大科技成果二等奖；1986年因60万伏重离子注入机获中国科学院科学技术进步二等奖。

参考文献

[1] 刘振元,《上海高级专家名录》编辑部.上海高级专家名录：第1卷[M].上海：上海科学技术出版社，1992.

许国津

许国津（1928—1989），浙江海宁人，大连理工大学教授。1950年，毕业于南京工学院，1953年赴苏联留学，获副博士学位。1957年回国到大连理工大学任教，历任高分子实验室主任、物理化学系副主任，兼任大连市塑料工程学会副理事长、辽宁省塑料工程学会常务理事、《塑料科技》杂志编委会副主任等职。

许国津长期从事自由基聚合领域研究。主持“二乙二醇二甲醚的合成”和“聚丙烯酰胺絮凝剂对旅大市氯酸钾厂废水处理的应用”等项目。

译著:《概率论在聚合过程中的应用》(大连工学院出版社，1988年)。发表论文20余篇，主要有:《相溶性概念与高分子改性——相溶剂的作用》《固液气单群粒子在液体介质中运动的概括标准方程》《固液气单群粒子在液体介质中运动准数方程的分析》等。

参考文献

[1] 王鸿宾，孙宝君，袁占先，等.东北人物大辞典：第2卷 上[M].沈阳：辽宁古籍出版社，1996.

蒋德隆

蒋德隆（1928— ），浙江海宁硖石人，中共党员，高级工程师，享受政府特殊津贴。中学毕业后在中央气象局学习气象科学技术。曾任上海市气象局副局长，兼任中国气象学会农业气象专业委员会委员。

蒋德隆长期从事气候和农业气象研究。主要科研有：《长江下游地区夏季旱涝演变趋势的研究》，1978 年获上海市重大科技成果奖；“风压问题的研究”和“华东地区的风压分区”，两课题解决了建筑结构设计中风压的取值标准，合理地降低了工程造价。

主编著作：《水稻生产与气象》（气象出版社，1983 年）、《长江中下游气候》（气象出版社，1991 年）。发表论文 10 余篇，主要有：《水稻分蘖与光、温条件关系的统计模式》《长江下游地区夏季旱涝演变趋势的研究》《几个周期彗星与长江下游地区夏季旱涝关系的探讨》等。

参考文献

[1] 中华爱国工程联合会 . 中华兴国人物辞典 1 [M] . 北京：中国文联出版公司，1999.

郭文徐

郭文徐（1928— ），浙江海宁人，副主任医师。1950 年，毕业于浙江医学院医疗系，长期从事恶性肿瘤诊疗。

参考文献

[1] 刘振元，《上海高级专家名录》编辑部 . 上海高级专家名录：第 2 卷 [M]. 上海：上海科学技术出版社，1993.

居滋蕃

居滋蕃（1928—　），浙江海宁盐官人，常州戚墅堰工艺研究所教授级高级工程师。

参考文献

[1] 海宁市史志编纂委员会. 海宁市志（1991—2010）[M]. 杭州：浙江人民出版社，2018.

周天福

周天福（1929—　），浙江海宁人，教授级高级工程师。1952年，毕业于同济大学测量工程学系，毕业后分配到铁道部基建设计总局。

周天福长期从事铁路设计工作。在东北铁路设计分局参与原始林区汤林线、长林线枫叶岭隧道的勘测和设计。负责哈－绥－南复线改造设计，任线路组长。1958年，在天津铁三院任勘测处专线设计负责人、经管（哈、绥、南、通、本）线的改造，任组长及协调东北各线设计工作的大组长等职。1960年，任线路测量队技术组长主管工程师，参加公主坟－木樨地深埋地铁、竖井试点工程。1962年，调入铁科院地铁所，编写"地铁一期工程的测量理论和实践"报告。对地面控制测量和地下贯通侧重进行系统研讨。1964年，北京地铁开工，任测量队队长兼支部书记。1965年，负责组织山岭隧道的控制网方案，审定实施进洞口定线和地下贯通控制测量，获铁道兵优秀工程技术奖。1970—1976年，参加并主持地铁环线建设及复兴门、建国门地区多层立交的下定线、铺轨工程。1972年，编写的《北京地铁一期工程技术总结——工程测量》出版，奠定了地铁工程测量技术规范的基础。参与了中科院物理所正负电子对撞机工程的地面精密控制测量，首都国际机场改扩建，铁科研、北方交大（现为北京交通大学）、石油大学等地的勘测。多次获部、市级优秀工程测量奖、科技奖。

参考文献

[1]《中国市政工程设计通志》编委会. 中国市政工程设计通志 [M]. 北京：中国建筑工业出版社，1998.

查美嘉

查美嘉（1929—　），字觉初，浙江海宁袁花人，上海灯泡厂中心实验室主任，高级工程师，长期从事电力电子研究。发表论文10余篇，主要有：《电泳的原理及其在金属陶瓷管中的应用》《玻璃表面的离子扩散着色》《大功率电子管栅极的耐高温耐腐蚀涂层》等。

参考文献

[1] 查济民 . 海宁查氏 [M] . 香港：中国书画出版社，2006

王明均

王明均（1929—　），浙江海宁人，上海永新雨衣染织厂高级工程师兼副总工程师。1949年，肄业于山东大学印染工程系。

王明均长期从事印染工程研究。发表论文10余篇，主要有：《衣着织物涂层初试》《聚酯 / 棉混纺织物（65/35）的热熔法染色探讨》《苏联印染工业的光辉成就》等。

参考文献

[1] 刘振元，《上海高级专家名录》编辑部 . 上海高级专家名录：第2卷 [M]. 上海：上海科学技术出版社，1993.

潘祖良

潘祖良（1929—　），浙江海宁丰士人，中国机械设备进出口总公司办公室主任、高级工程师。1950年毕业于国立上海高级机械职业学校机械制造专业，同年7月至1952年2月，在南京有线电厂工作；1952年2月—1954年底，在上海俄专学习；1955—1958年，先后任上海求新造船厂、苏联捷列诺道尔斯克造船厂、苏联乌拉尔重机厂翻译；1958年2月—1964年4月，在北京通用机械研究所工作；1964年5月—1982年，先后

在一机部一、三局，办公厅，对外司工作；1982—1992 年，在中国机械设备进出口总公司办公室工作。1992 年退休后，在总公司六部从事对独联体的业务工作，1995 年，以总公司代表身份出任北京凯奇埃玛克机电有限公司副总经理。

潘祖良长期从事技术管理和机械设备进出口业务管理工作。1962 年在通用机械研究所工作期间，组织编制十年化工通用机械发展规划。

来源

海宁市档案馆. 当代海宁名人录（第二集）. 2000.

陈申义

陈申义（1929—　），女，浙江海宁人，重庆医学院儿科系教授，重庆医学院附属儿童医学院主任医师。1953 年，毕业于南通医学院（现为南通大学医学院），1953—1956 年，在上海第一医院儿科医院工作，后调至重庆医学院。曾任传染病教研室主任、儿科系副主任。

陈申义长期从事儿科系及医疗系小儿传染病的教学和科研工作。参编教材：《小儿内科学》（人民卫生出版社，1980 年）、《小儿传染病学》（人民卫生出版社，1987 年）。发表论文 50 余篇，主要有：《双黄连治疗儿童传染性单核细胞增多症》《结核性脑膜炎 2757 例综合报告》《流行性腮腺炎并发脑膜脑炎 180 例临床分析（摘要）》等。

参考文献

[1] 谢恩光. 浙江教育名人 [M]. 杭州：浙江教育出版社，1994.

朱世晋

朱世晋（1929—　），浙江海宁人，南京航空学院力学教授，享受政府特殊津贴。1952 年毕业于上海交通大学机械系。1955 年起，在南京航空学院任教，曾任教研室主任。1985—1986 年，在美国威斯康星大学工程力学系访问，研究工程动力学及振动。

朱世晋长期从事直升机空气动力学的教学和科研工作。在教学方面，主要讲授理论力学、振动理论、非线性振动、直升机空气动力学等课程。在教学中，讲究精讲多练、因材施教，曾在校内做过试点及介绍；与同事一起在国内较早地打破传统，在理论力学课程中开设实验课，取得较好成效。1991年，获江苏省教学质量二等奖。1993年，被评为省优秀研究生教师。在科研方面，曾参加小型直升机研制设计；直五及大型设备应变电测；在直升机坠撞仿真、多体系统碰撞等方面承担或联合承担航空部及国家自然科学基金课题。

编写本科《理论力学》讲义，研究生《振动理论》讲义。发表论文20余篇，主要有:《直升机旋翼桨叶气动载荷计算与分析》《部件间有间隙时的模态综合》《多体系统坠撞响应分析》等。

参考文献

［1］谢恩光．浙江教育名人［M］．杭州：浙江教育出版社，1994.

赵　深

赵深（1929—2020），浙江海宁人，赵万里长子，北京大学化学系教授。1953年，毕业于北京大学化学系，后留校任教，先后执教于北京大学化学系、技术物理系。发表论文10余篇，主要有:《二元化合物半导体的能带结构》《晶体中化学键的研究》《AB型二元化合物晶体中的共轭结构与半导体键》等。

来源

资料由虞坤林提供。

沈鼎新

沈鼎新（1929—　），浙江海宁人，上海海运学院轮机和电机系教授。1951年毕业于浙江大学电机系。1956—1958年，在苏联科学院动力研究所学习。1951—1973年，在长春机电研究所、沈阳工业自动化研究所工作。1973年秋起，在上海海运学院工作。曾任上海海运学院自动化教研室主任、机电研究所所长等职。1978年，被评为上海市先进科技工作者，交通部全国交通战线先进科技工作者。

沈鼎新长期从事电力研究。他提出并参加完成了我国首次中压（22千伏、35千伏）输电线路串联电容补偿的研究和现场投运工作。他作为主要成员之一参加了京津唐电力网数字控制机控制系统总体方案设计和中调控制系统的研制等工作。他提出并从事采用实时专家系统与多维时间序列（MARIMA）数学模型相结合的船用主柴油机的故障诊断（含趋势外推）工作。

发表论文10余篇，主要有：《主柴油机故障诊断模糊专家系统》《应用序列分析于主柴油机故障预测系统》《线性二次型最佳调声器某些古典控制概念和现代控制理论的联系》等。

参考文献

[1] 谢恩光. 浙江教育名人[M]. 杭州：浙江教育出版社，1994.

陈绍楚

陈绍楚（1929—　），浙江海宁人，上海市广播电视局教授级高级工程师。1951年，毕业于上海大同大学电机工程系后进华东上海人民广播电台工作。1958年，参加筹建上海电视台。1988年，调入上海市广播电视局总工程师室，历任技术员、工程师、上海电视台副总工程师等职。

陈绍楚长期从事广播电视技术研究。参编著作：《投资数学》（科学出版社，1989年）。发表论文有：《分米波多面型发射天线的最佳水平方向特性设计》《多层反射板式天线垂直方向性图的通用设计法》等。

参考文献

[1] 上海音像资料馆，上海文广新闻传媒集团节目资料中心. 老电视人口述历史[M]. 上海：学林出版社，2009.

虞见思

虞见思（1929—　），浙江海宁人，研究员级高级工程师，国家能源投资公司专家组高级专家。1950年，毕业于上海交通大学机械系动力专业，1957—1958年，在苏联莫斯科火电设计院实习。历任东北电管局设计处技术员，东北电力设计院设计室主任，水电部基建司设计处处长，规划设计院电力处处长，电力建设总局设计处处长、副总工程师，电力规划设计院副院长，国家能源投资公司电力技术开发部主任。兼任中国工程建设质量管理协会理事，中国勘察设计协会副理事长。1955年，被评为全国电力工业劳动模范，1956年被评为全国电业先进生产者。

虞见思长期从事火电厂设计和设计技术理论工作。组织制订和审查了火力发电厂设计技术规程、各项专业技术规定、主厂房通用设计以及全国几十座大中型火电厂的初步设计工作。

译著有:《工业汽轮机发电厂》(燃料工业出版社，1954年)、《锅炉机组校整手册》(燃料工业出版社，1955年)。发表论文10余篇，主要有:《苏联电力工业近况》《三个美国火电厂的概况及其设计技术》《澳大利亚火电厂的水务管理和“零排放”系统》等。

参考文献

[1] 邓伟志.中国当代高级专业技术人才大辞典[M].北京：中国华侨出版社，1995.

徐基农

徐基农（1929—　），浙江海宁人，宝钢高级工程师。1953年毕业于大连工学院（现为大连理工大学）机械制造系。

徐基农长期从事轧钢设计维修、改造设计。发表论文10余篇，主要有:《利用修正啮合的方法修复齿轮》《根据耐久性条件计算起重机钢绳之方法》《大型齿圈齿面修磨技术》等。

参考文献

[1] 刘振元,《上海高级专家名录》编辑部.上海高级专家名录：第2卷[M].上海：上海科学技术出版社，1993.

严济宽

严济宽（1929— ），浙江海宁人，上海交通大学振动、冲击、噪声教授，博士生导师，在国内造船界和噪声与振动控制领域有较高知名度。1953年，毕业于大连工学院（现为大连理工大学）造船系并留校任教。1955年初，院系调整到上海交通大学。1984年赴英国考察振动控制技术，并在南安普顿大学国际著名的声振研究所从事振动功率流研究。1986年回国，历任上海交通大学船动装置实验室主任，振动、冲击、噪声研究所副所长，振动隔离研究室主任。兼任中国振动工程学会振动与噪声控制学会、中国造船工程学会–船舶轮机工程学会副主任，中国声学学会–环境声学学会委员，上海市劳动保护学会理事兼工业噪声控制委员会主任，国际轮机工程合作组织（ICMES）常务委员，《噪声与振动控制》杂志主编。

严济宽主要从事振动隔离技术的研究和教学工作。在教学方面，开设的课程有随机振动学、非刚性系统的振动隔离、结构噪声传播特性及其控制等，曾获教学优秀奖、优秀导师奖、优秀教材一等奖等多项奖励。在科研方面，早在20世纪60年代初期，他就在国内率先研究多向隔振技术，并将它用于军用舰艇上，后转向民用部门，在交通运输、工矿企业、环境保护及民用建筑等部门做过很多研究，取得了很多成果和奖励，其中“船舶设备隔音、减振和防冲击研究”获中华人民共和国科学技术委员会全国科学大会奖，“双层隔振系统设计计算”获中国船舶工业总公司科技进步二等奖。“六五”“七五”期间一直从事舰船隔振、降噪方面的研究工作，并为中华人民共和国科学技术委员会和国家自然科学基金会基础研究重大项目“各种振动、冲击情况下隔振和减振新技术研究”及“机械振动中的波传播、功率流与隔振技术研究”的负责人。

主编著作：《机械振动隔离技术》（上海科学技术文献出版社，1986年）。参编著作：《船舶动力机械的振动、冲击与测量》（国防工业出版社，1981年）。发表论文50余篇，主要有：《弹性支承物体的固有频率》《隔振、减振技术的理论与实验研究》《双层隔振系统的解耦分析》等。

参考文献

［1］谢恩光．浙江教育名人［M］．杭州：浙江教育出版社，1994.

虞钰初

虞钰初（1929—　），浙江海宁人，教授级高级工程师。1952年，毕业于上海大同大学化学工程系。南京化学工业公司研究院总工程师，化工部硫酸科技情报中心站站长，兼任中国化工学会第二届无机酸碱盐学会副理事长，第三届无机酸碱盐专业委员会主任委员，中国硫酸协会顾问，《硫酸工业》主编。

虞钰初长期从事硫酸生产设备研究。20世纪50年代末任“文氏管除尘除雾中间试验”试验组长，该试验报告为上海硫酸厂“三文一器水洗净化流程”提供了设计依据（该工艺于1964年获国家科委颁发的发明奖）；20世纪60年代开发了冲击洗涤器用于硫酸生产；70年代开发了斜交错波纹填料塔及空冷、尾冷酸洗净化流程，并首先应用于我国硫酸生产。作为负责人之一的“硫酸空气冷却封闭净化项目”于1982年获化工部科技成果二等奖。

主编杂志《硫酸工业》获1981—1984年度化工部科技情报刊物三等奖、1988年化工部科技进步三等奖。参编著作：《低浓度二氧化硫烟气脱硫》（上海科学技术出版社，1981年）。发表论文20余篇，主要有：《火电厂烟气脱硫技术研究通过验收》《谈氨循环法回收烟气中的低浓度SO_2》《对几种再生法烟气脱硫用的二氧化硫吸收剂评价》等。

参考文献

［1］异天，戈德．中华人物辞海：当代文化卷（1）［M］．北京：中国国际广播出版社，1997.

李昌熙

李昌熙（1930—　），浙江海宁人，中国矿业大学流体传动及控制教授。1956年研究生毕业于北京矿业学院。曾任中国矿业大学矿山机械系主任。

李昌熙长期从事流体传动及控制的教学和科研工作。主编著作：《矿山机械液压传动》（煤炭工业出版社，1985年，于1988年获煤炭部优秀教材奖）、《采煤机》（煤炭工业出版社，1988年）。参编著作：《采煤机械化成套设备参考手册》（煤炭部煤矿机械部，1984年）。译著《采掘设备的液压传动——计算和结构》（燃料化学工业出版社，1973年）。发表论文20余篇，主要有：《大流量安全阀优化设计》《液压支架安全阀性能研究及其设计》《非对称阀控非对称缸特性的理论研究》等。

参考文献

[1]《江苏省高等学校教授录》编委会．江苏省高等学校教授录[M]．南京：南京大学出版社，1989.

岳保良

岳保良（1930— ），浙江海宁人，吉林省电力勘测设计院副总工程师、高级工程师。1950年，毕业于上海机械学校。曾任中国电机学会供用电干扰分委员会、吉林省电信工程学会有线专业委员会委员等职。1985年，被评为"吉林省第二批有突出贡献的中青年专业技术人才"。

岳保良长期从事送变电设计工作，成绩突出。主持的"城市屏蔽系数测试方法研究""吉林省220 kW高压进城试验研究"，分获水电部规划院三等奖、东北电管局技术改进二等奖。

主编著作：《输配电线路施工》（劳动人事出版社，1989年）、《送电线路实用技术》（中国科学技术出版社，1994年）、《电气运行》（中国水利水电出版社，1998年）。发表论文20余篇，主要有：《选频法在大地导电率测量方面的应用》《电力系统对核电磁脉冲（EMP）的防护》《论城市的电磁屏蔽效应》等。

参考文献

[1] 曹玉琴．吉林英才馆大观：第1部[M]．长春：吉林教育出版社，1993.

金世敏

金世敏（1930—　），浙江海宁人，教授级高级工程师。1954 年，毕业于大连工学院。后至鞍山黑色冶金设计院工作，1966 年，调至洛阳耐火材料研究院，1985 年，调入马鞍山钢铁设计研究院。

金世敏长期从事耐火材料研究。曾担任辽宁省大石桥镁砖厂、马鞍山市建材公司耐火纤维厂、章丘节能耐火材料厂、江苏省盐业公司硅酸铝耐火纤维厂等项工程的设计总负责人。主要科研成果有："舰用锅炉涂料"，获冶金部科研成果三等奖；"耐火纤维干法除渣工艺研究"，获河南省科技成果三等奖；"95% 氧化铝纤维"，获冶金部科技成果四等奖；"胶体法生产 95% 氧化铝纤维扩大试验工艺和装备研究"，获马鞍山市科研成果三等奖。

参编著作：《耐火纤维》（冶金工业出版社，1982 年）、《中国大百科全书——矿冶》（中国大百科全书出版社，2002 年）。

参考文献

［1］人事部全国人才流动中心 . 中国人才辞典 2［M］. 北京：中国人事出版社，2000.

查士隽

查士隽（1930—　），浙江海宁人，杭州大学生物系副教授。毕业于上海复旦大学生物系。发表论文 30 余篇，主要有：《淋巴样细胞中酸性醋酸萘酯酶活性的比较细胞化学研究》《蚯蚓血液——体腔白细胞的 E 受体和 ANAE 活性研究》《局部异种移植物抗宿主反应在判定小鼠细胞免疫功能上的应用研究》等。

参考文献

［1］贵州省镇远中学校庆筹委会 . 文笔悠悠潕水情［M］. 贵州省镇远中学校庆筹委会，1996.

虞承宣

虞承宣（1930— ），浙江海宁丰士人，中国航天科工集团第二研究院七〇六所研究员，享受政府特殊津贴。我国第一台大型数字计算机119机总体及逻辑设计负责人。1951年，毕业于清华大学后参军，在军事院校任教。1956年夏，调至中国科学院计算机技术研究所筹备处工作，次年调回部队706研究所工作。曾任国务院计算机领导小组成员，航天部技术委员会委员和中国计算机学会计算机体系结构专业委员会首届主任委员。2017年，荣获中国计算机学会颁发的“中国计算机事业60年杰出贡献特别奖”。

虞承宣长期从事计算机研制工作。参与我国第一台大型数字计算机“119机”研制任务中，承担了总体及逻辑设计等重要工作，为中国早期通用计算机系统研制和发展军用计算机做出了杰出贡献。20世纪60年代后，虞承宣投身于我国航天领域配套计算机研制。作为计算机总体及逻辑设计负责人，由他带领设计的多个型号计算机产品性能良好、可靠性高、操作便捷，得到了军方战士的高度赞誉。这一系列计算机产品先后应用于我军重要撒手锏武器装备及战略部队，并为我国第一颗原子弹、第一颗人造地球卫星研制中大量科学计算任务做出了积极贡献。

参编著作:《中国大百科全书·军事卷》(中国大百科全书出版社，2009年)。发表论文10余篇，主要有:《32位微处理机情况简介》《数字电子计算机的运算器》《美国新公布的航空电子设备应力筛选指南》等。

参考文献

[1] 庄毅，中华人民共和国人事部专家司．中华人民共和国享受政府特殊津贴专家、学者、技术人员名录1992年卷：第2分册[M]．北京：中国国际广播出版社，1996.

王传铭

王传铭（1930— ），浙江海宁盐官人，中国纺织大学（现为东华大学）服装学教授、硕士生导师。1950年，毕业于上海诚孚纺织专科学校纺织专业。同年任国棉八厂技术员，继进华东纺织管理局技训班进修。1951年，任教于华东纺织工学院，历任服装教研室主任、服装研究室主任、服装系常务副主任。兼任纺织工业部服装专业教育委员会副主任，中国纺织工程学会服装专业学术委员会委员，上海市服饰学会常务秘书长，《中国纺织大学学报》编委等职。

王传铭长期从事纺织材料学的教学和科研工作。在教学方面，开设服装材料学、纺织材料学、纺物试验特种服装设计、纺织工艺学、针织工艺分析、服装专业英语、针织专业英语、针织专业俄语等课程。在学科建设方面，王传铭作为华东纺织工学院服装学院创始人之一，在专业设置、组建方面很多都是国内首创。1955 年，筹建针织工程专业。1983 年，筹建服装设计与工程专业。

在科研方面，主要从事“针织物尺寸稳定性”和“服装功能与材料”的科研工作。主持研究的“关于针织物缩水率的测定方法与计算”，1985 年获纺织部科技进步二等奖；“进口服装设备技术消化研究”，1990 年获纺织部科技进步三等奖。“吸尘装置在棉毛机上的应用”属国内首创，获得上海市针织工业公司技术改革奖。“横机压脚技术的应用”也属国内首创。

主编著作：《英汉纺织工业词汇》（纺织工业出版社，1980 年）、《国外服装设备》（豪生出版社，1987 年）、《服装设计与工程》（东华大学出版社，2003 年）、《服饰辞典》（中国纺织出版社，2011 年）；参编著作：《服装材料学》（中国纺织出版社，1994 年）、《羊毛衫加工原理与实践（上、下册）》（中国纺织出版社，1991 年）；译著：《纺织材料机械工艺学：针织》（俄译本，1956 年）、《针织原理》（俄译本，1959 年）、《针织准备工程与设备》（俄译本，1961 年）、《针织工艺实验教程》（俄译本，1987 年）、《针织机牵拉 - 卷取机构结构及其工作原理分析》（德译本，1965 年）等；发表论文 20 余篇，主要有：《关于针织物缩水率的测定方法与计算的研讨》《棉针织物的结构参数及其应用》《横机压脚技术的应用与探索》等。

参考文献

[1] 王生洪 . 上海高等教育系统教授录：续 [M] . 上海：同济大学出版社，1994.

朱嘉祥

朱嘉祥（1930—　），浙江海宁人，上海染料化工十二厂高级工程师。1953 年，毕业于华东化工学院化工系，长期从事染料及中间体合成设计。

参考文献

[1] 刘振元,《上海高级专家名录》编辑部. 上海高级专家名录：第2卷[M]. 上海：上海科学技术出版社，1994.

李景午

李景午（1930— ），浙江海宁人，高级工程师。1961年，毕业于大连工学院造船系，长期从事通信导航仪器结构设计。

参考文献

[1] 刘振元,《上海高级专家名录》编辑部. 上海高级专家名录：第4卷[M]. 上海：上海科学技术出版社，1994.

邵　正

邵正（1930— ），浙江海宁人，中共党员，高级工程师，享受政府特殊津贴。1951年，毕业于上海交通大学，后分配到国务院原治淮委员会工作；1959年，调入安徽省水利设计院；1978年，调入水利部淮河水利委员会规划设计院任副总工程师，兼任全国水资源评价技术领导组成员。

邵正长期从事水利设计规划及水文地质勘察工作。参加了佛子岭、梅山、响洪甸及磨子潭等大型水库的建设，曾被评为梅山水库建设一等功臣。1990年及1992年两次赴伊朗援建水利工程，用英文撰写了水库及坝址的勘察报告，并应意大利英波吉罗公司（总部设在米兰）聘请至我国雅砻江二滩水电站工地工作两年。20世纪90年代参加能源部布置的淮河上佛子岭、梅山、响洪甸、磨子潭四个水电站大坝的安全定期检查工作，对大坝安全做出检查评定。参加的“淮河流域水利化区划”及“淮河流域水资源评价”两项成果获全国科技成果二等奖。

译著：《日本的洪水灾害》（水利电力部治淮委员会，1984年）、《新南威尔斯洪泛平原管理方法的制订与实施》（水利电力部治淮委员会，1984年）、《卫星图片在泰国洪泛平原图绘制方面的应用》（水利电力部治淮委员会，1984 年）。发表论文 30 余篇，主要有：《使用双塞阻塞器进行压水试验的经验介绍》《梅山、梅子岭连拱坝运行中的工程地质问题及其处理》《碳酸盐岩类地层的降雨入渗补给系数》等。

参考文献

［1］朱悦鹏．中华魂 中国百业领导英才大典 4［M］．北京：华龄出版社，2000.

蒋　夏

蒋夏（1930—　），浙江海宁人，重庆医科大学教授。1953 年，毕业于上海医科大学医学系，分配至复旦大学附属中山医院麻醉科。1957 年，调至重庆医科大学，历任麻醉学教研室副主任、主任。兼任中华医学会四川省麻醉学会副主任委员，重庆市麻醉学会主任委员，《中华麻醉学杂志》《四川医学》《重庆医药》等杂志编委。1983 年，被评为四川省卫生系统先进工作者。

蒋夏长期从事麻醉学医疗、教学与研究工作。在人才培养方面，每年举办一期麻醉进修班。参加“心脏双瓣膜与主动脉瓣膜的置换”科研项目。

参编著作：《外科学》（人民卫生出版社，1984 年）、《静脉麻醉的药理与临床应用》（中华医学会四川分会，1985 年）等。发表论文 20 余篇，主要有：《芬太尼麻醉用于心脏瓣膜置换术》（四川高教局 1983 年度重大科技成果二等奖）、《癫痫手术的麻醉处理》《拟交感胺在麻醉和复苏中的应用》等。

参考文献

［1］谢恩光．浙江教育名人［M］．杭州：浙江教育出版社，1994.

徐贻璜

徐贻璜（1930—　），浙江海宁袁花人，中共党员，中国石油化工总公司石油化工科学研究院教授级高级工程师。1951 年，考入清华大学机械系。1953 年赴苏联，在莫斯科石油学院机械系炼油机械设备专业攻读；1957年归国，后被分配到抚顺石油一厂工作，同年10月，调至石油部抚顺设计院搞设计工作，并任苏联专家助手；1979年11月借调到石油部规划设计总院工作；1983年10月，调至南京金陵石化公司设计院；1985年底调至北京，在中国石化总公司石油化工科学研究院设计处工作。1992年退休。

徐贻璜长期从事炼油厂各类生产装置的机械设备设计工作。曾先后参加五套国内首次建造的炼油装置的设计工作，为其中四套装置关键设备的设计者。

（1）1960—1961年我国第一套天然气冷冻制氦装置，这种装置当时在亚洲只有印度建成过一套。

（2）1962—1963年我国第一套催化裂化装置，当时是在参考欧美杂志报道，并由古巴取得的一些技术资料的基础上进行设计的，达到了当时世界先进水平，此装置是国内炼油厂中经济效益最高的炼油装置。

（3）1963—1964年我国第一套硫酸法烷基化装置。

（4）1965年我国第一套加氢裂化装置。该装置是提高石油产品质量的高精装置，由于操作压力很高需大量的高压设备，技术精度要求高，投资大，技术设计上难度也较大。

此后，他又先后主持了洛阳炼油实验厂、乌鲁木齐炼油厂、镇海炼油厂、南阳炼油厂、援柬埔寨炼油厂、九江炼油厂、洛阳炼油厂等各炼油装置的设备设计工作，并组织设备设计人员参加施工，保证了施工质量并顺利投产。

1985年，他参加对南京烷基苯厂热载体加热炉火灾后的突击抢修，组织新炉设计及担任现场施工技术指导，保证了如期修复，使洗衣粉的原料烷基苯的市场供应问题获得解决。

主编著作：《炼油设备——国外石油工业技术水平调查》（机械工业部兰州石油机械研究所，1984年）。发表论文10余篇，主要有：《高效旋风分离器》《发展热壁高压加氢反应器的主要技术问题及其解决途径》等。

参考文献

[1] 海宁市政协文史资料委员会. 海宁人物资料：第8辑 [M]. 海宁市政协文史资料委员会，1997.

张七桥

张七桥（1930—　），浙江海宁人，高级工程师。1962 年，毕业于上海交通大学机械制造系。

张七桥长期从事工具制造工艺。1987 年，因金刚石滚轮技术成果的推广获上海市科学技术进步二等奖。

参考文献

［1］刘振元，《上海高级专家名录》编辑部 . 上海高级专家名录：第 2 卷［M］. 上海：上海科学技术出版社，1993.

都润祥

都润祥（1930—　），浙江海宁人，高级讲师。1949 年 7 月，考入华东军区军事政治大学，1950 年 8 月，调入华东军区司令部测绘学校，1953 年 1 月，毕业后分配至地质部主办的测绘师资班学习，1954 年秋留校任教。1969—1979 年，下放至泗洪县中学，1980 年返校任教。

都润祥长期从事地质测绘教学工作。主编著作《三角网坐标平差》（测绘出版社，1959 年）；发表论文有《利用补充系数消除联系数的平差方法》等。

参考文献

［1］华东军事政治大学南京校史研究会 . 雄风永存中国人民解放军华东军事政治大学校史资料汇编：续编［M］. 2005.

黄一中

黄一中（1930—　），浙江海宁人，主任医师。1951 年，毕业于陕西中医学院中医专业，曾任克拉玛依卫生学校校长兼任新疆医学教育研究会常务理事等职。

黄一中长期从事中医医疗、教学、科研和管理工作，积极推进中西医结合教育，为克拉玛依市卫生教育事业做出了贡献。

发表论文10余篇，主要有：《捏脊疗法对小儿单纯性消化不良30例治疗观察》《四苓散加味方治疗小儿急性肾炎67例》《中西医结合治疗小儿肺炎100例临床小结》等。

参考文献

[1] 吕发科，周连生．中国专家人名辞典：新疆卷[M]．乌鲁木齐：新疆人民出版社，1998.

于 义

于义（1930— ），江苏南通人，教授级高级工程师，享受政府特殊津贴。1954年8月，毕业于上海水产学院皮革专业。1957年以前，在浙江省工业厅任职。1957年10月—1992年5月，在浙江海宁制革厂供职，先后从制革技术员提升为总工程师。1986—1996年，先后在瑞士山德士化学公司、日本吉川袜式会社、浙江越丰、翔鹰、崇福、崇德、普陀、宁波菲尔德、兽王等制革厂（公司）任皮革技术顾问。1996年，自主创建海宁市于义皮革研究所，任所长，兼任中国皮革协会科技委员会常委，陕西科技大学资源与环境学院名誉教授。两次荣获“浙江省劳动模范”和全国轻工业系统“先进科技工作者”称号，被中国皮革协会授予“中国皮革工业科技先导”荣誉称号。

于义长期从事皮革事业，取得成果55项，其中获浙江省省级以上奖项16个。完成经过鉴定的科研成果7项，其中4项获省科技进步奖。

主编著作：《利用废毛发制造氨基酸》（上海科学技术出版社，1959年）、《猪皮服装革的生产》（轻工业出版社，1975年）。发表论文70余篇，主要有：《猪皮酶法脱毛新工艺的生产实践》《绵羊生态服装革开发研究项目》《堆置酶法脱毛工艺过了关》等。

参考文献

[1] 叶放，嘉兴市地方志编纂委员会．嘉兴年鉴2005[M]．北京：方志出版社，2005.

陈铁年

陈铁年（1930—　），浙江海宁人，中共党员，上海交通大学工业自动化教授。1952年，毕业于交通大学，留校工作，历任上海交通大学电工与计算机科学系副主任，驱动器研究室主任，兼任上海微型电脑应用协会常务理事。

陈铁年长期从事电力拖动和微机控制的教学和研究工作。国家重点攻关任务121一期工程负责人之一，获中华人民共和国国家计划委员会特别奖和博览会金奖。上海市重点攻关项目170兆驱动器总负责人，获上海市振兴一等奖。参加研制的“微机控制的PS—7发泡成型机”获1985年上海市经济和信息化委员会优秀产品奖。

主编著作:《可编程控制器原理与应用》(国防工业出版社，1996年)。发表论文10余篇，主要有:《微型机控制的全数字化精密直流调速系统》《多CPU组成的交流电动机变频调速系统》《硫化机的顺序控制器及计算机控制局部网络》等。

参考文献

[1] 张德龙.上海高等教育系统教授录[M].上海：华东师范大学出版社，1988.

徐建明

徐建明（1930—　），女，浙江海宁硖石人，安徽中医学院内科学副教授、副主任医师。1954年，毕业于浙江医学院。

徐建明长期从事临床医疗及教学工作。发表论文10余篇，主要有:《针灸治疗急性菌痢55例疗效分析》《合肥地区157例正常人HbA2及HbF测定》《安徽省人异型血红蛋白15例的肽链解离和种间分子杂交实验分析》等。

参考文献

[1] 王德祥.中国专家人名辞典[M].北京：海洋出版社，2001.

梅飞鸣

梅飞鸣（1930— ），浙江海宁人，同济大学教授。1952年，毕业于浙江大学机械系，1956年，于哈尔滨工业大学研究生毕业。1980—1981年，在美国佛罗里达大学做访问学者。曾任上海造船学院助教，同济大学热工教研室主任，兼任中国建筑学会建筑物理学术委员会、中国硅酸盐学会房建材料专业委员会、国家教委热工课程教学指导委员会委员，上海工程热物理学会理事，上海地铁一号线车站机电设备安装总监等职。

梅飞鸣长期从事工程热物理的教学与科研工作。研究方向是传热与传质，材料热物性理论与测试，地下热环境研究与节能技术。主要科研项目有："1 400摄氏度耐热材料研制及优化应用""表面直接蒸发式空气冷切器的热工计算""CPC太阳能集热器的热损失分析"等。

主编著作：《辐射传热》（高等教育出版社，1989年）、《传热学》（高等教育出版社，1989年）。参编著作：《热工学》（人民教育出版社，1960年）、《建筑物理》（中国工业出版社，1961年）。发表论文10余篇，主要有：《上海地铁一号线热环境的预测》《地铁列车活塞通风的模拟分析》《轧辊在热轧过程中的穿热分析》等。

参考文献

[1] 张德龙 . 上海高等教育系统教授录［M］. 上海：华东师范大学出版社，1988.

朱大雷

朱大雷（1931— ），女，浙江海宁盐官人，北京友谊医院胸外科主任医师。

朱大雷长期从事胸外科手术临床诊疗工作。发表论文20余篇，主要有：《周围血管严重损伤的诊断与治疗》《纵隔肿块的诊断方法及其评价——160例的临床分析》等。

参考文献

[1] 海宁市史志编纂委员会 . 海宁市志（1991—2010）［M］. 杭州：浙江人民出版社，2018.

查济谦

查济谦（1931— ），浙江海宁袁花人，主任医师。江苏医学院毕业。

参考文献

[1] 查济民．海宁查氏[M]．香港：中国书画出版社，2006.

徐 斌

徐斌（1931— ），浙江海宁人，苏州大学医学部生理学、医学心理学教授，享受政府特殊津贴。1958年，毕业于苏州医学院，留校从事生理学教学、科研工作。1981年起兼教医学心理学。1982年5月，参加北京医学院医学心理学师资班（第二期）学习。历任苏州医学院生理教研室主任，医学院教务处长，高教研究室主任等职，兼任中国心理学会生理心理专业委员会委员，中国性学会性心理专业委员会副主任，《核工业高等教育研究》副主编，《医学与哲学》特约编委。

徐斌长期从事心理学研究。曾获中国核工业总公司优秀教学成果二等奖、江苏省教委优秀教学质量二等奖。

主编著作：《心身医学——心理生理医学的基础与临床》（中国医药科技出版社，1990年）、《医学心理学》（人民卫生出版社，1993年）、《护理心理学》（中国科学技术出版社，1999年）、《实用军事医学心理学》（人民军医出版社，2001年）、《心理生理障碍——心身疾病》（中国医药科技出版社，2005年）、《生理心理学》（中国医药科技出版社，2006年）。发表论文60余篇，主要有：《高尼古丁含量纸烟的即时血液动力学效应》《个体反应的特异性——心理生理反应的内因》《心脏交感神经的突触前受体》等。

参考文献

[1] 周治华，《当代苏州人才录》编纂委员会编．当代苏州人才录[M]．上海：上海三联书店，1999.

盛展武

盛展武（1931— ），原名展我，号葵声，浙江海宁人，大连工学院教授。1953年7月，毕业于大连工学院化工机械专业，后留校任教，1984—1985年，作为访问学者在美国俄克拉荷玛州立大学与贝尔教授合作研究两相流在换热器中的不均匀分布问题。1986—1987年，受香港永新公司聘请任石墨厂代经理及技术顾问，并赴深圳蛇口指导建厂工作。历任教研室主任、研究室主任、系副主任，兼任中国化工学会无机酸碱盐专业学会理事，辽宁省化工学会化工机械委员会副主任、中国机电设备招标中心国家级评委，沈阳机电设备招标公司“专家委员会”副主任、《大氮肥》编辑部特邀审稿员。

盛展武长期从事化工机器设备的教学和科研工作。在教学方面，讲授塔设计、换热器设计、反应设备、回转窑炉、离心机和过滤机、高压甲铵泵、废热锅炉、化学工程、化工装置设计等课程。1954—1956年，在苏联专家指导下从事喷淋装置研究。1972年，作为技术顾问参与化工部引进大型化肥装置的技术谈判工作，负责组织辽河、大庆、湖北等化肥厂的设备技术培训班工作。1980年，大庆两台废热锅炉爆炸，盛展武被石化部特邀做了事故分析专题报告，指出了事故发生的原因，受到各方一致赞同。盛展武还分别在大庆和南京召开的引进设备经验交流会上，针对废热锅炉爆炸事故和刺刀管废热锅炉中的逆循环问题，做了《废热锅炉安全运行》和《逆循环问题事故分析》的综合报告，防止了以后类似问题的发生。科研成果“用板式换热器回收印染水废热”，获1984年辽宁省轻工业厅奖励。

主编著作:《废热锅炉及其安全运行》(化学工业出版社，1984年)、《化工装置经济》(化学工业出版社，1998年)。参编著作:《高压甲铵泵》(化学工业出版社，1979年)、《传热设备及工业炉》(化学工业出版社，1989年)、《传热》(化学工业出版社，1989年)。发表论文20余篇，主要有:《非等温汽化冷凝两相流在换热器中的不均匀分布》《化工企业节能工作中应有的基本流在换热器中的不均匀分布》《化工企业节能工作中应有的基本观点和相应措施》等。

参考文献

[1] 辽宁省教育史志编纂委员会. 辽宁高等学校教授辞典 [M]. 大连：辽宁师范大学出版社，1994.

裴月明

裴月明（1931—　），浙江海宁人，上海海洋地质调查局高级工程师。1958年毕业于苏联莫斯科石油学院开发系，长期从事海洋石油钻探工作。

参考文献

[1] 刘振元，《上海高级专家名录》编辑部. 上海高级专家名录：第4卷 [M]. 上海：上海科学技术出版社，1994.

吴志行

吴志行（1931—2013），字树言，浙江海宁硖石人，中共党员，南京农业大学园艺系教授，蔬菜专家，享受政府特殊津贴。1955年，毕业于南京大学农学院农学系并留校工作。1975年3月—1977年5月，曾受农业部委派至几内亚，帮助几内亚政府发展蔬菜两年余。曾任南京农业大学农艺系蔬菜教研室主任，兼任全国蔬菜育苗技术研究会理事、全国无土栽培学组副理事长，长江流域蔬菜高产协作组理事。1991—2013年，受海宁市政府聘请，任海宁市蔬菜技术顾问。

吴志行长期从事蔬菜栽培及生理的教学与研究工作。科研成果主要有："蔬菜工厂化育苗"获农业部科学技术进步一等奖；"蔬菜快速育苗"获江苏省科技及推广成果二等奖；"蔬菜无土栽培技术"获农业部科学技术二等奖；"沿海滩涂建立速冻蔬菜基地"项目获南京农业大学科学技术进步二等奖。

主编著作20余部，主要有：《薯芋类蔬菜栽培技术》（江苏科学技术出版社，1980年）、《蔬菜快速育苗新技术》（江苏科学技术出版社，1996年）、《蔬菜设施栽培新技术》（上海科学技术出版社，2000年）。发表论文70余篇，主要有：《大棚蔬菜连作障碍及土壤次生盐渍原因与防止》《番茄快速育苗营养液配方及使用方法》《蔬菜种子的大小、干粒重与分级的探讨》等。

参考文献

[1] 中国人民政治协商会议浙江省海宁市委员会文史资料委员会．当代海宁人《海宁人物资料》：第 2 辑 [M]．海宁县政协文史资料工作委员会，海宁县文学艺术界联合会，1988.

查良澄

查良澄（1931— ），浙江海宁人，上海梅山冶金公司医院主任医师。1953 年，毕业于大连医学院医疗系。1955 年，在哈尔滨医科大学附属第一医院妇产科工作，1972 年，调至上海梅山冶金公司医院，曾任妇产科主任。中华医学会上海分会妇产科学会会员。

查良澄长期从事妇产科临床工作。主编教材：《妇产科实习指导》（哈尔滨医科大学出版社，1965 年）。发表论文 10 余篇，主要有：《孕妇尿 E/C 比值应用于过期妊娠及尿毒症》《残角子宫妊娠 4 例报告》《丹参合剂治疗胎儿宫内生长迟缓》等。

参考文献

[1] 刘振元，《上海高级专家名录》编辑部．上海高级专家名录：第 2 卷 [M]．上海：上海科学技术出版社，1993.

周　氏

周氏（1931— ），浙江海宁人，河海大学建工系教授。1952 年，毕业于上海交通大学水利系，分配到华东水利学院任教。曾任建工系主任，兼任河海大学学术、学位委员会委员，江苏省土木建筑学会常务理事，《河海大学学报》《工程力学》杂志编委，曾获“江苏省优秀教育工作者”和“优秀研究生指导教师”称号。

周氏长期从事水工钢筋混凝土结构的教学和科研工作，为该领域的学科带头人和著名专家之一。

主编著作:《现代钢筋混凝土基本理论》(上海交通大学出版社，1989年),《英汉建筑工程大辞典》(河海大学出版社，1989年),《水工钢筋混凝土结构》(水利出版社，1989年，获水利电力部1987年优秀教材一等奖、1988年国家教委全国优秀教材奖)。参编著作:《水工设计手册》(水利电力出版社，1984年)、《中国水利百科全书》(水利电力出版社，1990年)、《水工钢筋混凝土结构设计规范》(获1985年中华人民共和国科学技术委员会技术进步三等奖)。译著:《钢筋混凝土有限元分析》(河海大学出版社，1989年)。发表论文10余篇，主要有:《我国水工混凝土结构设计理论问题探讨》《混凝土徐变度及应力松弛系数的估算方法综述与建议》《双层筒形网壳静力分析模型的研究》等。

参考文献

[1] 杨达寿.全国高等学校优秀教材及作者简介[M].桂林:广西师范大学出版社，1996.

徐思行

徐思行(1931—　)，浙江海宁盐官人，浙江省人民医院病理科主任医师，享受政府特殊津贴。1954年2月，毕业于南京大学医学院，后分配在中国人民解放军空军总医院病理科工作；1957年10月—1965年11月，在杭州市第一人民医院病理科工作；1965年11月—1984年4月，在杭州肿瘤医院工作；1984年4月以后，在浙江省人民医院病理科工作。曾任浙江省人民医院病理科主任，兼任浙江医科大学病理学教授、浙江省医学会病理学会副主任委员、浙江省抗癌协会理事、浙江省肿瘤学会理事，浙江省病理质控中心顾问等职。1979年，被授予“浙江省劳动模范”“全国劳动模范”称号。

徐思行长期从事肿瘤病理研究和诊断治疗工作，在病理诊断方面具有丰富经验，诊断准确度高，具有权威性。徐思行于20世纪70年代发现了一种形态独特的黑色素细胞，命名为“芽瓣细胞”。该细胞在无色素型恶性黑色素瘤内的出现率达到40%~50%，对准确诊断无色素型恶性黑色素瘤并及时治疗具有重要的实用价值。对甲状腺肿瘤亦曾进行过深入研究。曾提出乳头状瘤的病理诊断标准，有别于乳头状癌，这在治疗上甚为重要；还认为“滤泡型乳头状癌”和“乳头滤泡混合癌”均系乳头状癌等。

主编著作:《简明肿瘤病理诊断及鉴别》(浙江科学技术出版社，1981年)、《甲状腺肿瘤病理及诊断》(浙江科学技术出版社，1983年)、《肿瘤生物学》(浙江科学技术出版社，1990年)、《病理诊断与技术规范》(浙江大学出版社，2003年)。发表论文30余篇，主要有:《116例皮肤原发性恶性黑色素瘤的组织形态观察》《"芽瓣细胞"在恶性黑色素瘤内的诊断价值》《大肠癌用淋巴反应和预后关系的探讨》等。

参考文献

[1] 洪国靖.中华人物大典[M].北京：新华出版社，1997.

朱忍安

朱忍安(1931—)，浙江海宁人，上海浦东中心医院副主任医师。1959年毕业于中山医学院医疗系，长期从事血液病内科诊疗。

参考文献

[1] 刘振元，《上海高级专家名录》编辑部.上海高级专家名录：第1卷[M].上海：上海科学技术出版社，1992.

赵关宝

赵关宝(1931—)，浙江海宁人，高级实习指导师。1952年毕业于上海水力发电技工学校。1955年后，在黄坛口电站当工人，历任水利电力部第三工程局机修厂副厂长、技工学校副校长等职。曾参加过黄坛口、刘家峡、石泉、安康等电站建设。1959年、1966年获"甘肃省先进生产者"称号。

参考文献

[1] 沈根才.中国电力人物志[M].北京：水利电力出版社，1992.

陈士民

陈士民（1931—　），浙江海宁人，上海纺织工业设计院高级工程师，总工程师办公室副主任，1955年，毕业于华东纺织工学院纺织系，长期从事采暖、空气调节设计。

参考文献

[1] 刘振元，《上海高级专家名录》编辑部.上海高级专家名录：第2卷[M].上海：上海科学技术出版社，1993.

张直明

张直明（1931—　），字洪治，浙江海宁人，上海工业大学机械系教授、博士生导师，享受政府特殊津贴，著名的润滑理论及轴承专家。1952年，毕业于上海交通大学机械工程系，留校任教。1957年，随学校迁至西安交通大学。1984年3月，调回上海工业大学。1980年10月，曾作为访问学者在西德卡尔斯鲁厄大学进修。曾任上海工业大学机械工程系轴承研究室主任，兼任中国摩擦学会理事、上海轴承学会副理事长等职。

张直明长期从事机械学、摩擦学的教学和研究工作。1965年在一机部20万千瓦汽轮机轴承研究中，主持实现我国第一个滑动轴承电子计算机大型程序。1978年成功解算润滑理论问题的特征矢量法，该法在1984年被机械工业部部标“JB/2209—84”采纳，奠定了我国汽轮机滑动轴承标准计算法基础。同年撰文指出Hirs紊流润滑理论的原理性问题。1980年，首次实现用数值法解算圆柱轴承的临界Taylor数，提出沿此方向进一步解决有限宽偏心实际轴承的临界Taylor数计算。1977年以来论证了用单质量模型计算实际转子轴承系统的安全性，提出失稳转速计算的补充条件，指出了系统阻尼与稳定裕度的异同并提出推进稳定裕度的概念。1982年开始研究滑动轴承动变形对动特性的效应、可倾瓦支点弹性阻尼效应、黏弹性支承面效应、复连通支承（隧道孔轴承）等新机理，从中探求提高轴承动特性和稳定性的新途径，在学术上推进轴承润滑理论的研究。1985年，在理论与实验上解决了圆锥滚子轴承大挡边摆线运动弹流问题，并取得重大效益。在转子轴承系统动力学上提出用双向传递法，解决了我国超大功率齿轮箱复套式转子的理论计算，并为实验证实。

1982年，“流体润滑理论及滑动轴承”项目，获国家自然科学四等奖；1986年，“流体润滑理论及大型高速滑动轴承”项目，获国家教委科技进步二等奖；1988年，“圆锥滚子轴承内圈大档边型面优化及工艺”研究，获上海市科技三等奖；1992年，“转子系统不平衡响应分析”项目，获上海科技振兴三等奖；1990年，“流体润滑理论及应用”项目，获国家教委科技进步三等奖。

主编著作：《机械零件》（大东书局，1953年）、《滑动轴承的流体动力润滑理论》（高等教育出版社，1986年）。译著：《圆柱齿轮及蜗杆传动的啮合要素》（商务印书馆，1956年）、《机器零件的负荷能力和强度计算》（机械工业出版社，1957年）、《机械制造者手册》（机械工业出版社，1963年）、《工程设计学学习与实践手册》（机械工业出版社，1992年）。发表论文90余篇，主要有：《基于高阶振动模型的建筑抗震性能检测》《煤炭大体积建筑体的预应力连续梁支架工程设计与施工》《轴颈偏斜时360° 径向滑动轴承中的油压分布和承载能力的理论探讨》等。

参考文献

[1] 徐君文.上海工业大学人物传略[M].上海：上海工业大学科学研究处，1990.

吴治华

吴治华（1931— ），浙江海宁人，复旦大学原子核物理教授。1952年，毕业于复旦大学数理系物理专业，留校任物理系助教兼教学秘书。1954年，到苏联莫斯科大学攻读中子物理和反应堆物理研究生，1955—1957年，在苏联理论与实验物理研究所进修。1957年回国，任北京中国原子能研究院助理研究员兼室秘书，1960年，调任复旦大学物理系。兼任中国核物理学会、上海核学会、上海计量测试学会理事，中国核数据委员会委员，原子核物理教材委员会副主任委员，《核技术》杂志编委等职。

吴治华长期从事原子核领域的教学和科研工作。在教学方面，主要开设原子核物理实验方法、原子核物理（放化专业）剂量防护和数据处理、电离辐射计量学等课程。

在科研方面，1957年在北京原子能研究院工作期间，从事慢中子能谱学和零功率反应堆的实验工作，此两项工作都填补了我国在这些领域中的空白。1960年到复旦大学物理二系任教后，从事金硅面垒半导体探测器的研制，此工作当时在国内也属首举。1961年起参加并负责物理二系核物理教学实验室和加速器实验室的建设工作。1974年从事矿井手携式石英振荡测尘仪的研制。1978年后任加速器实验室主任，并从事中子物理实验工作，曾对核工业部某院三批专用中子探测器的性能进行了测试和研究，并利用中子活化法进行了^{87}Sr（n，n^{1}），^{115}In（n，2n），^{113}In（n，2n），^{101}Rh（n，n^{1}），^{23}Na（n，2n）等反应截面的测量和研究，还进行了中子瞬发辐射活化分析的研究。1977年起参加中国核数据中心的协作网，承担核衰变纲图的编评和Hf、Na、Ag、In、Cd等元素的中子核数据评价工作。此项工作获1978年全国科学大会奖、1980年国防科工委四等奖、1985年国家科学技术进步二等奖。

主编全国统编教材《原子核物理实验方法》（原子能出版社，1997年），1987年获核工业部原子能类教材的优秀教材奖。发表论文20余篇，主要有：《机械选择器中子能谱仪》《金硅面垒半导体探测器》《^{115}In（n，2n），^{113}In（n，2n）截面测量》等。

参考文献

［1］王增藩．复旦大学教授录［M］．上海：复旦大学出版社，1992.

章贻俊

章贻俊（1931—　），浙江海宁人，江汉石油学院（现为长江大学）教授，高级工程师，享受政府特殊津贴。1953年7月，毕业于南京工学院化工系，先后在新疆、大庆、江汉油田，江汉石油学院工作。1959年3月，赴苏联莫斯科全苏钻井科学研究所研修一年。历任大庆、江汉油田科技处处长，油田处处长，江汉石油学院副院长、院长，是江汉石油学院的创建者之一，主持学院工作15年。兼任中国石油学会第一、二届理事，湖北省石油学会副理事长，中国石油天然气总公司教育指导委员会委员等职。1991年，获“有突出贡献的科技教育专家”称号。

章贻俊长期从事石油化工的教学和研究工作。1986年以来，主持研制的“模拟钻井泥浆动失水仪”取得国家专利，并获部级科技进步二等奖，国家发明四等奖。他首次提出了用动失水法评价油层污染程度的理论与方法，并组织承担了国家“七五”攻关项目“保护油层防止污染的钻井完井技术”中4个子课题研究，其成果“冀中地区保护油层防止污染的钻井完井技术”获石油部科技进步一等奖，“JHDS——高温高乐动失水仪研制”获石油部科技进步二等奖。该项目于1992年获国家科技进步三等奖。“八五”期间承担的部级课题“钻杆防腐蚀技术”及油田横向课题6项，均已通过鉴定验收。

主编著作:《高等教育改革与教学理论研究》(湖北教育出版社，1989年)。发表论文30余篇，主要有:《用损害半径－渗透率模式研究泥浆对油层的损害》《江汉油田地下水的腐蚀作用对注水的影响及处理措施》(用动失水法评价泥浆对油层的损害程度)等，其中《师资建设的改革与实践》1989年获湖北省优秀教学成果一等奖。

参考文献

[1] 中国大学校长名典编辑委员会.中国大学校长名典:上[M].北京:中国人事出版社，1995.

顾广仁

顾广仁(1931—)，曾名慈宠，浙江海宁硖石人，高级工程师，享受政府特殊津贴。1952年，毕业于北京铁道学院电信专科，分配到邮电部工作，是中华人民共和国成立后自己培养的第一代邮电通信工程师，我国第一条长途高速率光纤数字传输无线总负责人之一。1987年，调至上海东方电信公司，主要负责有线室工。1956年，被评为全国邮电先进生产者和全国先进生产者。

顾广仁长期从事邮电通信工程勘测设计和研究试验。从第一个五年计划开始，先后参加我国40余项长途通信干线工程的勘测设计工作，并担任其中北京——呼和浩特——兰州、上海——杭州——长沙——成都、武汉——长沙——南宁、庐山专案长途通信线路载波电话等30余项工程的设计负责人；作为工程第二设计总负责人参加国家重建工程之一“南京——武汉——重庆”间长达2 200公里的长途干线光缆通信工程。完成科研项目：通信线路十二路载波交叉技术、邮电通信用钢筋混凝土电杆(邮电部科技进步一等奖)、电缆防蚀测试用离子选择性电极(获1977年科学大会奖状)、电缆防蚀电位、国家科技开发项目4380路电缆载波中间试验等项目。

参编著作:《明线载波线路工程》(人民邮电出版社，1963年)、《长途电信明线工程设计丛书》(人民邮电出版社，1973年)。参编邮电部《光缆通信技术规范书》和《长途电缆通信工程设计暂行技术规定》。发表论文50余篇，主要有:《非零色散位移单模光纤应用的探讨》《城域/接入网络范畴及展望光缆建设》《光缆拉伸性能及对加强构件与光纤应变要求的探讨》等。

参考文献

[1] 庄毅，中华人民共和国人事部专家司．中华人民共和国享受政府特殊津贴专家、学者、技术人员名录1992年卷：第3分册［M］．北京：中国国际广播出版社，1996.

汪希龄

汪希龄（1931—　），浙江海宁长安人，上海交通大学教授，博士生导师，享受政府特殊津贴。1953年8月，毕业于交通大学造船工程系，1954年8月，调入大连工学院造船系任教。

汪希龄长期从事船舶工程专业教学研究工作。1978年他在国内首次提出一种船体数学线型设计方法，于1980年通过鉴定，获国家科技工业办公室重大技术改进成果二等奖；1984年完成的"船体线型交互设计系统——SLIDES"项目，获1986年中船总公司科技成果二等奖；1988年主持完成的"中小型水面舰艇方案论证程序系统"，获当年中国人民解放军总参谋部的科技进步一等奖及1990年国家级科技进步三等奖。

发表论文40余篇，主要有：《用纵向函数法生成渔船线型的研究》《应用曲率参数的B样条曲线插值方法》《一种改进的小展弦比机翼理论及其在船体水动力计算中的应用》等。

来源

海宁市档案馆．当代海宁名人录（第二集）. 2000.

王颖清

王颖清（1931—　），浙江海宁人，高级工程师。1965年毕业于上海交通大学夜校部机械制造系，长期从事机械工艺、工艺管理、成组技术工作。

参考文献

[1] 刘振元，《上海高级专家名录》编辑部．上海高级专家名录：第2卷［M］. 上海：上海科学技术出版社，1993.

查逊元

查逊元（1931— ），浙江海宁人，主任医师，上海南市区妇幼保健院妇产科主任。1955 年毕业于江苏医学院医疗系。

查逊元长期从事妇产科临床工作。发表论文有《子宫颈妊娠一例报告》《围产儿死因的 APC 综合分析法》等。

参考文献

[1] 刘振元,《上海高级专家名录》编辑部 . 上海高级专家名录：第 1 卷 [M]. 上海：上海科学技术出版社，1992.

封之桢

封之桢（1931— ），浙江海宁盐官人，高级工程师。1953 年，毕业于大连工学院。1953—1982 年，在上海炼油厂工作，先后曾担任技术科长、设计室主任、计划科长、基建科长等职。1982 年，调入上海市高桥石油化工总公司担任技术开发处副处长。1983 年起，担任上海高桥石化公司规划设计院院长，兼任上海市石油学会常务理事及副秘书长等职。

封之桢长期从事石油炼制、石油化工等化工专业和技术管理等工作，曾领导 20 多套大型炼油生产装置的建设、设计和生产，技术经济指标达到国内先进水平。

发表论文 10 余篇，主要有：《加快上海石油化工发展步伐之我见》《充分发挥高桥基地优势，加快石油化工发展步伐》《若干聚烯树脂的后加工及应用》等。

参考文献

[1] 中国人民政治协商会议浙江省海宁市委员会文史资料委员会 . 当代海宁人《海宁人物资料》第 2 辑 [M]. 海宁县政协文史资料工作委员会，海宁县文学艺术界联合会，1988.

费民风

费民风（1931—　），女，浙江海宁人，上海港住宅建设公司高级工程师。1954年，毕业于大连工学院土木系，长期从事土木结构工程建设。

参考文献

[1] 刘振元，《上海高级专家名录》编辑部. 上海高级专家名录：第4卷[M]. 上海：上海科学技术出版社，1994.

冯耀坤

冯耀坤（1932—　），浙江海宁人，航空航天工业部北京航空材料研究所高级工程师。1955年，毕业于浙江大学机械制造工程专业。

冯耀坤长期从事高温陶瓷涂层及热喷涂设备、工艺的研究工作。研制的“B-1000高温陶瓷涂层”，1985年获国家科技进步奖三等奖。研制的“爆炸喷涂设备”，1983年获国家发明奖三等奖。

发表论文10余篇，主要有：《爆炸喷涂技术的发展及应用》《超音速火焰喷涂》《爆炸喷涂》等。

参考文献

[1] 中国发明协会. 中国当代发明家大辞典[M]. 北京：北京理工大学出版社，1995.

徐文彬

徐文彬（1932—　），浙江海宁人，上海立信会计专科学校副校长、教授。1952年就读于东吴大学会计系。在上海市税务局、财政局工作，兼任国际内部审计师协会会员，中国审计学会理事，中国珠算协会教学研究会会长，上海市会计学会副会长，立信财会电脑开发服务中心董事长。

徐文彬长期从事会计教学和研究工作。主编著作20余部，主要有：《工业企业材料管理与核算》(中国财政经济出版社，1984年)、《会计学原理》(立信会计图书用品社，1989年)、《中外合资经营企业会计》(中国财政经济出版社，1991年)、《工业会计》(中国财政经济出版社，1991年)、《财务会计》(东北财经大学出版社，1993年)。参编著作：《中国人民银行总行教材编审委员会选编·会计核算基本原理》(中国财政经济出版社，1963年)。发表论文30余篇，主要有《论国家审计在国民经济宏观控制中的地位和作用》《论会计管理体制的改革》等。

参考文献

[1] 刘晓东. 中国当代经济科学学者辞典[M]. 上海：上海社会科学院出版社，1992.

蒋 芳

蒋芳(1932—　)，女，浙江海宁人，河北省农业科学院棉花研究所副研究员。毕业于河北农学院。参加选育棉花新品种——北棉10号，获1989年河北省科技进步三等奖。

参考文献

[1] 海宁市政协文教卫体与文史委员会. 海宁世家：上[M]. 北京：人民日报出版社，2012.

林瑞芬

林瑞芬(1932—　)，女，浙江海宁人，浙江省农科院病毒室研究员，享受政府特殊津贴。1957年，毕业于山东农学院。1957—1963年，任山东农学院系副主任；1963—1987年，任浙江农业大学、浙江农科院助教、助理研究员、副研究员。

林瑞芬长期从事水稻、蔬菜与麦类作物病毒病的发生、防治、流行预测、病毒种群鉴定以及致病性分化、血清学检测技术等工作。主持国家、部、省重点项目多项，获农业部技术改进二等奖及浙江省科技进步三等奖等，其中“3种水稻病毒病的检测技术”突破了水稻矮缩病（RDV）、条纹叶枯病（RSV）与暂黄病（RTYV）3种病害预测预报中传毒昆虫带毒率的快速测定。

参编著作：《水稻病毒病》（农业出版社，1985年）。发表论文50余篇，主要有：《反向炭凝法检测水稻普通矮缩病毒带毒体》《小麦丛矮病毒（WRSV）的血清学检测法》《水稻齿叶矮缩病的酶联检测法》等。

参考文献

[1] 国家人事部专家司．中华人民共和国享受政府特殊津贴专家、学者、技术人员名录1992年卷：第1分册［M］．北京：中国国际广播出版社，1995.

张彭年

张彭年（1932— ），浙江海宁人，安徽省屯溪茶校高级教师。1953年，毕业于安徽大学农学院茶叶专科。任安徽省屯溪茶校教务主任，兼任全国中等农校教学工作指导委员会园艺学科组成员，安徽省茶业学会学术与国际交流工作委员会委员，黄山市职教研究会理事。1988年，评为安徽省中等农业教育优秀教师。

张彭年主编教材：《怎样栽培茶树》（上海科学技术出版社，1986年）。参编教材：《茶树栽培学》（上海科学技术出版社，1964年）、《茶树栽培学实验实习指导》（农业出版社，1984年）、《茶叶》（安徽省农业中学教材，1984年）。

参考文献

[1]《中国中等专业学校高级讲师人名辞典》编委会．中国中等专业学校高级讲师人名辞典［M］．长春：长春人民出版社，1992.

邹韵华

邹韵华（1932— ），女，浙江海宁人，上海医药工业研究院副研究员。1953年，毕业于上海第一医学院药学系。

邹韵华长期从事制药、抗生素物质提炼研究。发表论文10余篇，主要有：《简易的七烯大环内酯抗生素族间鉴别方法》《克念菌素治疗前列腺增生初步临床考察》《万古霉素的研究开发》等。

参考文献

[1] 刘振元，《上海高级专家名录》编辑部. 上海高级专家名录：第2卷[M]. 上海：上海科学技术出版社，1993.

殷禄祺

殷禄祺（1932— ），浙江海宁人，教授级高级工程师，享受政府特殊津贴。1952年，毕业于杭州高级工业职业学校，曾任职于西南电力设计院。

殷禄祺长期从事电厂设计工作。在国内首次成功地采用其设计的立式同轴水轮泵组，在任总设计师的上海闵行电厂三期扩建工程中，由于技术先进并投资较少，被评为国家优秀工程设计银质奖。在世界银行贷款项目偃师二期工程中，带领各专业人员在国内首次独立编出了火电厂的分岛国际招标的英文标书，得到各方好评并成为此后类似工程的重要参考。

参考文献

[1] 白雪岩. 中国专家人才库5[M]. 北京：人民日报出版社，1999.

王爕章

王爕章（1932— ），浙江海宁人，冶金部第一地质勘查局高级工程师。1954年，毕业于中南矿冶学院地质系探矿专业。1954—1975年，先后在辽宁冶金地质勘探公司、西北冶金地质勘探公司所属105地质勘探队任技术员，1975—1988年，在冶金地质会战指挥部（后改第一冶金地质勘探公司）工作。曾任金属学会地质学术委员会副主任、省金属学会第一地质勘查局分会副理事长。

王燮章长期从事金属矿床地质普查与勘探，对金属矿床勘探经验丰富，特别是对地质勘探报告的编写和储量计算有相当造诣。曾参加杨家杖子大型钼矿勘探。

主编规范文件：《金属矿产找矿勘探工作方法》《冶金地质企业管理》；发表论文有《剖面法计算储量时体积公式的选用》等。

参考文献

[1] 段展样. 中国高级专业技术人才辞典：下 [M]. 北京：中国人事出版社，1996.

杨叙金

杨叙金（1932—　），浙江海宁郭店人，燕山石油化工公司研究院高级工程师。1963年，毕业于上海复旦大学化学系物理二系，后分配在吉林化学工业公司工作。1965年5月—1973年11月，先后在化工部化工原料工业公司二处、化工部四川展光化工厂、化工部青海黎明化工厂工作；1973年12月，调至北京燕山石化公司研究院工作；1992年3月退休后返聘。

杨叙金长期从事化工生产技术管理和化工研究工作，曾参与重水、偏二甲肼、氟油、氟脂、食盐电解、乙烯氧化制环氧乙烷银催化剂以及“三废”处理等项目的管理和研究开发，都取得了成果。其中1963—1965年他参加了反应堆用“重水”的中试研究及其工业化装置的建设，获得成功，并在国内首次生产出合格的工业化“重水”，改变了“重水”靠进口的现状。20世纪80年代以来，他直接参与的乙烯氧化制环氧乙烷银催化剂研究和开发项目获得成功，达到国际先进水平，并实现了工业化生产，取代了进口银催化剂，其成果获国家科技进步二等奖，并在美、英、法等六国取得专利权。

发表论文有《乙烯氧化制环氧乙烷银催化剂载体的研究和开发》等。

来源

海宁市档案馆 . 当代海宁名人录（第一集）. 1996.

陈彭清

陈彭清（1932— ），浙江海宁人，研究员级高级工程师。毕业于上海交通大学。曾任江南造船厂造船设计所副所长，兼任中国造船学会船舶轮机学术委员会委员，上海内燃机学会理事，江南造船厂科学技术协会常委等职。

陈彭清长期从事船舶制造工作。1981 年，作为轮机工艺负责人参加与日本三菱重工长崎船厂的技术合作，领导编订了大量工艺规则，如管系综合放样急需的管系附件八项标准，简化了设计工作量，奠定了管系附件标准的基础。主持“上层建筑整体吊装和预舾装”项目，将上层建筑和舾装件先在平台上组装，待主船体下水后，再整体吊上船安装，这种平行作业法大大缩短了造船周期，在国内属首创。1983 年，获中国船舶工业集团总公司技术进步奖。主持建造的第一艘出口船“世沪号”于 1986 年获国家一等技术进步奖。任主任设计师期间，设计和建造约 24 000 吨汽车滚装船，领导初步设计、详细设计、生产设计、施工现场配合的全过程，共组织了薄板结构控制变形、通道设备制造精度、汽车甲板在船上冲砂和涂装、舱室围壁采用 M1000 复合岩棉板的施工、无人机舱调试、卫生单元和真空马桶系统、玻璃钢缠绕的压载水管、铜镍合金海水冷却管等十几个攻关课题，填补了国内空白，该项目于 1990 年获国家科技进步二等奖。

发表论文 10 余篇，主要有：《SOLAS 公约修正案的价值工程问题》《24 000 吨汽车滚装船的技术特点》《1 750 吨级航标工作船区域性单元组装》等。

参考文献

[1] 武京湘 . 中国当代创业英才：汉英对照 [M]. 北京：中国世界语出版社，2000.

戴严鑫

戴严鑫（1932— ），浙江海宁人，上海无线电仪器厂高级工程师。1965 年毕业于上海市黄浦区业余工学院电工仪表专业。

戴严鑫长期从事晶体管噪声系数测量研究。1979 年因参加 X011 同轴热噪声计量标准装置获上海市重大科研成果一等奖。发表论文 10 余篇，主要有：《Q03 型噪声系数计量装置》《AS2081 型噪声系数校准装置》《AS2081 型噪声系数校准装置》等。

参考文献

[1] 刘振元《上海高级专家名录》编辑部 . 上海高级专家名录：第 2 卷 [M]. 上海：上海科学技术出版社，1993.

张丽娟

张丽娟（1932—　），女，浙江海宁人，高级工程师。1954 年，毕业于南开大学数学系。曾任职于北京中燃干校、江西工学院及化学工业部第一、六设计院。

张丽娟长期从事数学模型开发调制等科研工作。1963 年完成化工部“820”产品双温交换工业化生产控制条件的研究，建立数学模型，编著计算程序，上机调试，及时提供生产过程中所需全部参数，使我国国防化工首创的“820”产品（氢弹所需重水）顺利投入生产，打破封锁，独立自主地发展我国原子能工业。1974 年，“820”产品扩大生产规模，再一次任编制负责人，按时按质完成任务。1979 年起，合作对化工生产中循环水冷却塔三种塔型生产流程编制相应系列软件，进行精确计算，确保工程质量及投资。20 世纪 80 年代，筹建汕头市建筑设计院电子计算组，引进多种结构计算软件，承担各种高层及多层建筑结构计算。

参考文献

[1] 韩本学，广东高级专家大辞典编委会 . 广东高级专家大辞典 1 [M]. 广州：广东人民出版社，1994.

陈少昌

陈少昌（1932—　），浙江海宁人，副主任医师，上海静安区中心医院副院长。1950 年，毕业于上海市开业牙医师进修班，长期从事口腔科诊疗。

参考文献

［1］刘振元.《上海高级专家名录》编辑部.上海高级专家名录：第1卷［M］.上海：上海科学技术出版社，1992.

孙克雄

孙克雄（1932— ），浙江海宁人，上海市黄浦区中心医院内科主任医师。1956年毕业于浙江医学院。

孙克雄长期从事心内科临床诊疗工作。译著：《心音和心杂音汉英对照》（上海翻译出版公司，1985年）、《冠心病监护手册》（复旦大学出版社，1990年）。发表论文10余篇，主要有：《马凡氏综合征12例报告》《医院内各种场合治疗顽固性心室颤动的改良紧急除颤法》《联合瓣膜脱垂综合征30例报告》等。

参考文献

［1］徐世祥.现代名医大典［M］.北京：中国人口出版社，1998.

章又新

章又新（1932— ），字锡周，浙江海宁硖石人，天津大学建筑系教授，享受政府特殊津贴。1953年，毕业于清华大学建筑系，受到著名建筑家梁思成、吴良镛教授及名画家吴冠中教授的亲自指导。后留校攻读建筑系研究生，1956年，毕业分配到天津大学建筑系任教。曾任天津大学美术教研室主任，兼任天津市美育协会理事，中国建筑学会室内设计分会资深会员，资深高级室内建筑师，《建筑画》编委。1983年，被评为天津市市级先进教师，2004年，荣获中国装饰协会“全国有成就资深室内建筑师”称号。

章又新长期从事建筑设计工作。1976年，应邀参加毛主席纪念堂设计，其设计方案被列为基础方案，并发展成现实施工方案。1985年，参加了人大常委会办公大楼“人民大厦”的设计，与胡德君合作，经中央审定后获中选方案。1986年，应邀参加中央军委大厦设计，与胡德君合作，方案获奖。1987年，主持无锡商业大厦室内设计。1988年1月，应日本国松美舍株式会社邀请赴日考察室内设计。1989年，主持招商大厦的室内设计。1994年主持华能集团上安电厂行政楼的室内设计。1997年，主持华能集团东港宾馆的室内设计。1998年，参与天津开发区滨海大厦（天津开发区外商投资服务中心）部分室内设计，获国家鲁班奖。1999年，主持天津开发区海关大厦（天津海关综合设施工程）室内设计，获国家鲁班奖。

主编著作：《章又新建筑画与技法》（黑龙江科学技术出版社，1992年）、《中国建筑画天津大学专辑》（中国建筑工业出版社，1996年）。参编著作：《承德古建筑》（中国建筑工业出版社，1982年）、《高等学校建筑美术系列教材》（1992年）、《建筑画常见病例分析与修正》（黑龙江科技出版社，1997年）。

来源

海宁市档案馆．当代海宁名人录（第一集）．1996.

史奉羔

史奉羔（1932—　），浙江海宁盐官人，浙江省城乡规划设计研究院高级工程师。1957年，毕业于上海同济大学。1957年9月—1982年9月，在吉林省吉林市城建局工作；1982年9月以后，在浙江省城乡规划设计研究院工作。兼任中国城市规划学会居住区规划学术委员会委员，浙江省城市规划学会名誉理事。

史奉羔长期从事城市规划研究、设计工作。主要成果有：1958—1982年，负责编制吉林市及所辖5县和矿山、电站的总体规划及乌拉街等村镇规划等50余项。1982—1993年，负责编制海盐、泰顺、庆元、龙泉、澉浦、楚门及上海沪东新村等规划10余项。

负责及参加编制《城市道路交通规划设计规范》《汽车库建筑设计规范》《浙江省城市公共设施规划设计规范研究》等国家、部、省技术规范3项。发表论文10余篇，主要有：《城市规划中几个问题》《城市公共设施规划探讨》《更新城市住宅区规划观念》等。

来源

海宁市档案馆．当代海宁名人录（第二集）．2000.

俞叔通

俞叔通（1932— ），浙江海宁人，中共党员，教授级高级工程师。1955 年，毕业于东北工学院（现为东北大学）机电系矿山机械专业。中国汽车工程学会矿用汽车分会理事。

俞叔通长期从事矿山机械及工程设计工作，完成矿井、机厂和露天矿改扩建工程以及其他非标准设备等 10 多项设计。早年曾主持筹建钢丝绳检测试验室，并与鞍钢和开滦煤矿合作完成国产第一根三角股钢丝绳的试制与试用。协助抚顺西露天矿深部坑实现罐式喂煤机水力提升，并与龙凤矿合作，将其推广应用于井下排泥。1981 年，赴美国固本煤炭公司中央工程部工作学习，任项目工程师，完成宾夕法尼亚州一深露天煤矿可行性研究设计。1983 年后从事大型矿用自卸车的测试研究，曾兼任国务院重大技术装备露天矿领导小组办公室汽车组组长工作。完成“68 吨自卸车对比试验与测试研究”，系统总结了国内现有进口自卸车和国产自卸车的技术现状，指出进一步完善国产自卸车的主攻方向，获煤炭工业部科技进步三等奖。在“一铲四车”试验中，完成国产 108 吨电动轮自卸车鉴定试验，为发展大型自卸车、实现千万吨级露天矿成套设备国产化，他做了大量的工作，获国家嘉奖。在国产 108 吨耐寒型自卸车的研究中，做了 SF3103 和 LN3101 两种车型的性能测试和考核试验，以及配套用的康明斯和底特律两种发动机在高寒地区的对比试验，获国家重大技术装备成果一等奖。1993 年底还完成国产 154 吨电动轮自卸车的鉴定试验。

发表论文 10 余篇，主要有：《罐式喂煤机水力提升能力研究》《露天矿装载运输设备选择方法》《大型矿用自卸汽车的现场道路试验》等。

参考文献

[1] 洪国靖 . 中华人物大典 [M] . 北京：新华出版社，1997.

史观一

史观一（1932— ），浙江海宁硖石人，上海有机化学研究所研究员。1953 年，毕业于复旦大学化学系。先后在中国科学院有机化学研究所、苏联科学院高分子化合物研究所、中国科学院化学研究所、上海有机化学研究所工作。兼任中国科技大学、中国纺织大学、华南师范大学、青岛化工学院等院校教授。

史观一长期从事高分子科学研究。在20世纪50年代，他从事的“高聚物分子量测定”的研究获得第一届国家自然科学奖三等奖。20世纪70年代，在含氟聚合物的结构与性能上的新发现获得国防科学技术委员会重大科技成果二等奖，在1979年召开的中美双边高分子会议上，得到诺贝尔奖获得者、国际知名高分子科学家弗洛里的好评。20世纪80年代，他在 β 晶相聚丙烯的结构、性能与应用方面进行了开拓性研究，揭示了 β－聚丙烯是一种具有广泛应用前景的新材料。

发表论文30余篇，主要有:《β 晶型聚丙烯研究》《四氟乙烯－六氟丙烯共聚物熔体中的转变》《四氟乙烯－六氟丙烯共聚物的结晶机制》等。

参考文献

[1] 中国人民政治协商会议浙江省海宁市委员会文史资料委员会.当代海宁人《海宁人物资料》第2辑[M].海宁县政协文史资料工作委员会，海宁县文学艺术界联合会，1988.

许国敷

许国敷（1932—　），浙江海宁人，航空工业部沈阳黎明航空发动机公司研究员级高级工程师。1952年，毕业于清华大学，后分配至沈阳国营410厂（喷气发动机修理厂）冶金科中央试验室，从无到有筹建光谱试验室。后又调至新建国营410厂（大型喷气发动机制造厂，国家156项重点工程之一），从无到有筹建中央光谱试验室及5个车间光谱试验室，培训、指导金属仓库防止混料管理的光谱快速检测任务。20世纪60年代初，合并410厂化学分析室与光谱分析室为化学光谱试验室，任主任，统管化学分析、光谱分析任务。

许国敷长期从事光谱快速检测工作。重点攻克难点测试技术——高温合金成分分析（包括ppm级痕量杂质分析）。开发建立了原子吸收光谱分析、光电光谱分析、X射线荧光光谱分析、脉冲加热式气体分析，并应用于日常检测。由他提出的多内标定量色谱法分析金属中的高含量（约50%）为国内首创。研制的新型迁移火花光谱分析，解决焊缝混料事故，为排除200多台发动机一等事故（机毁人亡）的隐患起到决定性作用。

发表论文20余篇，主要有:《碳钢、中低合金钢光谱标准样品研制成功》《一种接触取样迁移火花发射光谱分析金属的新方法》《迁移火花发射光谱分析方法的研究》等。

来源

资料由张云鹏提供。

许政援

许政援（1932— ），女，浙江海宁人，中国著名心理学家、北京大学心理系教授。1950年，入清华大学心理学系，1952年，转入北京大学哲学系心理学专业，1954年，毕业于北京大学哲学系心理学专业。1954—1955年，于北京师范大学由苏联心理学家主讲的心理学进修班学习。1955年之后，在北京大学任教。1981—1982年，曾赴美国进行学术交流，重点对美国加州大学心理系和密执安大学心理系进行了参观、访问和学习。历任北京大学哲学系心理学专业副系主任、系主任，兼任北京大学学术委员会委员、中国心理学会常务理事、中国心理学会发展心理专业委员会副主任、北京心理学会理事等职。

许政援长期从事儿童心理学方面的教学与研究工作，偏重于儿童心理发展的理论、儿童言语发展、儿童言语发展与思维发展的关系等问题。从1956年起，曾用多年时间，先后对5名婴儿从出生起的发音和言语发展进行录音，做追踪研究，根据我国儿童言语发展的实际，将3岁前儿童的言语发展划分成六个阶段，概括了这一时期儿童言语发展的特点和规律。她以比较的方法，研究中美两国儿童代词的发展状况，并从实验和理论两方面研究儿童言语发展与思维发展的关系。根据社会的需要，她又开展了儿童社会性发展的研究，着重于研究儿童性格发展与家庭教育的关系。20世纪90年代中期起，从侧重发展心理的基础研究，转到侧重于应用研究。在这基础上，进一步深入探讨有关发展的理论。即在贯彻理论和实践的辩证关系上，侧重点转向为实际服务，同时在研究年龄阶段上，从出生到青年期更多地转移到研究老龄阶段。

主编著作:《儿童发展心理学》（吉林人民出版社，1984年）曾先后获吉林省优秀图书评比一等奖、国家教委优秀教材二等奖、北京大学优秀教材奖，《儿童发展心理学教学参考资料》（吉林教育出版社，1987年）。发表论文30余篇，主要有:《儿童心理发展的内部矛盾和社会制约性》《初生到三岁儿童言语发展记录的初步分析》《儿童语言和认知（思维）发展的关系》等。

参考文献

［1］徐世京．心理学家传略［M］．上海：上海人民出版社，1986.

查舜行

查舜行（1932—　），女，浙江海宁人，上海医药工业研究院高级工程师。1954 年，毕业于上海第一医学院药物化学系。

查舜行长期从事药物化学研究。1978 年，因参加双炔失碳酯（53 号探亲避孕药）的研究获全国科学大会奖。

发表论文 10 余篇，主要有：《维生素补充剂》《合成维生素 D_3 的文献调研报告》《维生素 A 工业合成的研究 I：甲基乙烯酮的合成》等。

参考文献

［1］刘振元，《上海高级专家名录》编辑部．上海高级专家名录：第 2 卷［M］. 上海：上海科学技术出版社，1993.

徐光华

徐光华（1932—　），浙江海宁人，上海科学技术联合开发公司高级工程师，上海无损检测技术公司副经理。1955 年，毕业于上海交通大学电机制造系。

徐光华长期从事无损检测的计算机技术。1978 年，因“02 工程锆管旋转探头涡流探伤方法研究”获全国科学大会奖；1983 年，因“S195 球铁曲轴珠光体含量在线检测”获机械工业部科研成果二等奖。

参考文献

［1］刘振元，《上海高级专家名录》编辑部．上海高级专家名录：第 1 卷［M］. 上海：上海科学技术出版社，1992.

田荣林

田荣林（1932— ），浙江海宁斜桥人，中共党员，北京矿务局高级工程师。1955 年，毕业于北京矿业学院，分配在北京井巷工程考古所工作。1958 年，到京西矿务局工作，历任大台煤矿技术员、工程师、矿副总工程师、矿总工程师。1983 年 5 月，任北京矿务局总工程师。兼任北京煤炭学会副理事长、中国煤炭学会理事、煤炭部技术委员会委员等职。1982 年，被评为煤炭部劳动模范，1984 年被评为北京市劳动模范。

田荣林长期从事煤炭开采研究。与他人合作共同完成的项目“煤矿冲击地压的地球物理问题研究”获 1990 年北京市科技进步二等奖，“煤矿冲击地压预测及预防”获 1990 年能源部科技进步二等奖和国家科技进步三等奖。

参编著作:《井巷掘进计算实例》(煤炭工业出版社，1958 年)、《岩巷掘进操作技术问答》第 3 集（中国工业出版社，1965 年)、《建井工程手册》第 3 卷（煤炭工业出版社，1986 年)、《中国煤矿建井技术》(中国矿业大学出版社，1995 年)。发表论文有《对隔水厚度计算公式的分析》《大直径炮眼应用中的几个问题》等。

参考文献

[1] 李志强．北京工业志：煤炭志［M］．北京：中国科学技术出版社，2000.

许政范

许政范（1933— ），浙江海宁人，著名偏微分方程专家，上海海运学院数学教授。1959 年，复旦大学数学系研究生毕业。历任复旦大学讲师，安徽大学数学物理研究室主任、研究所所长，上海海运学院应用数学和物理研究所所长。

许政范长期从事应用数学、非线性科学的教学研究。“高阶线性偏微分方程定解问题（强弱一致性及可微性）及高阶正对称方程”研究，一是建立起联系微分算子的迹定理，拓广了 Green 公式；二是定义了 Hk 到 H-（m-x）的（m+1）阶算子 A 的强弱系大（小）算子，并证明其一致性；三是退缩椭圆算子与可微解理论，成果获 1982 年安徽省科技进步二等奖。

参编著作:《数学物理方程》(上海科学技术出版社，1978年)。发表论文20余篇，主要有:《有界单叶函数的第三项系数》《高阶偏微分方程与正对称方程组》《薛瓦兹引理的加强及其对于有界函数的一些应用》等。

参考文献

［1］王生洪.上海高等教育系统教授录：续［M］.上海：同济大学出版社，1994.

查林传

查林传（1933—？），字树华，浙江海宁袁花人，堪萨斯州立大学化学工程博士。毕业于台湾大学。

参考文献

［1］查济民.海宁查氏［M］.香港：中国书画出版社，2006.

查美京

查美京（1933—　），浙江海宁袁花人，北京林业部林产工业规划研究设计院高级工程师。

参考文献

［1］查济民.海宁查氏［M］.香港：中国书画出版社，2006.

孙贤敏

孙贤敏（1933—　），浙江海宁人，南京市鼓楼医院骨科主任医师、教授。1956年，毕业于苏北医学院。江苏省医学会骨科学会副主任委员、顾问，江苏省体育科学学会副理事长，江苏省中西医结合学会骨伤科学会、江苏省小儿麻痹症研究会副主任委员。

孙贤敏长期从事骨科临床工作。“手术误伤股动脉的处理”获 1980 年南京市卫生局科技进步奖；“儿童肱骨下端全骨骺分离”获 1984 年南京市卫生局科技成果奖。

发表论文 30 余篇，主要有：《外固定支架治疗胫腓骨骨折不连 40 例临床分析》《肱二头肌长头肌腱闭合性断裂》《重型小儿麻痹后遗症爬行畸形的矫治（附 10 例报告）》等。

参考文献

[1] 南京市卫生局,《南京卫生年鉴》编辑委员会 . 南京医学界人名录 [M]. 南京：河海大学出版社，1989.

倪维桢

倪维桢（1933— ），浙江海宁人，北京邮电学院教授，硕士研究生导师，享受政府特殊津贴。1953 年 7 月，毕业于浙江大学电机系，1956 年 8 月，于北京邮电学院研究生毕业，留校任教。1980—1982 年，赴美国普林斯顿大学作访问学者。历任电信系副主任，函授学院院长，北京邮电学院副院长。兼任中国通信学会数据通信学会副主任、北京电信通信学会副理事长、中国北京普通高校成人教育研究学会理事长、《数字通信》主编等职。

倪维桢长期从事数字通信、数据通信、信息数字处理的教学与研究。承担“八五”国家重点攻关项目，是国内早期研究数字通信及第一台彩色传真机、24 路数字电话端机的研制者之一。

主编著作：《数据传输原理》（人民邮电出版社，1978 年）、《数字电话通信原理》（人民邮电出版社，1982 年）、《数据通信原理》（北京邮电大学出版社，1996 年）等。发表论文 30 余篇，主要有：《16kb/s LD—CELP 语言编码的实时实现》《调频电报鉴频器的计算方法》《一种计算数字音频压缩中掩蔽门限的方法》等。

参考文献

[1]《北邮人物志》编委会 . 北邮人物志：教授篇 1955—1957 [M]. 北京：北京邮电大学出版社，2015.

吴堃达

吴堃达（1933— ），浙江海宁人，主任医师，享受政府特殊津贴。1958年，毕业于上海第一医学院医疗系。曾任原上海市南市区陈家桥地段医院副院长兼任中华医学会中西医结合上海分会会员，南市区医学会理事等职。

吴堃达长期从事白塞氏病、气管炎的治疗。1977年，因试用“徐金液”治疗白塞氏病获上海市科学大会奖；1977年，因创制核酪注射液及过期麻苗防治气管炎获上海市科学大会奖；1998年，“综合合剂治疗白塞氏病（狐惑病）眼部损害的临床研究”获上海市科技进步奖三等奖。

发表论文20余篇，主要有：《中西医结合治疗白塞氏病国内外进展》《中医治疗系统性红斑狼疮经验》《徐金合剂治疗白塞氏病眼部病变106例临床分析》等。

参考文献

［1］刘振元，《上海高级专家名录》编辑部 . 上海高级专家名录：第1卷［M］. 上海：上海科学技术出版社，1992.

徐书竹

徐书竹（1933— ），浙江海宁人，1956年，毕业于安徽医学院医疗系，长期从事妇产科诊疗工作。曾任上海市普陀区妇婴保健院副主任医师，妇产科主任。

参考文献

［1］刘振元，《上海高级专家名录》编辑部 . 上海高级专家名录：第1卷［M］. 上海：上海科学技术出版社，1992.

吴　报

吴报（1933— ），浙江海宁人，高级工程师，上海机床公司技术开发科副科长。1957年，毕业于上海交通大学机械系，长期从事机床设计工作。

参考文献

[1] 刘振元,《上海高级专家名录》编辑部 . 上海高级专家名录：第 2 卷 [M]. 上海：上海科学技术出版社，1993.

郭薇华

郭薇华（1933— ），女，浙江海宁人，上海市机电工业管理局高级工程师。1959 年，毕业于华东师范大学化学系。

郭薇华长期从事表面处理工艺车间设计。发表论文有《无污染退镀新工艺》等。

参考文献

[1] 刘振元,《上海高级专家名录》编辑部 . 上海高级专家名录：第 2 卷 [M]. 上海：上海科学技术出版社，1993.

金德伟

金德伟（1933—2006），浙江海宁硖石人，电子工业部华东电子工程公司（无锡）设计院高级工程师。1955 年，毕业于南京工学院工业企业电气化专业。1955—1986 年，先后在电子部中国电子工程设计研究院、电子部第十一设计研究院工作；1986 年后，在电子部华东电子工程公司设计院工作。曾任研究院技术委员会委员及电气技术顾问。

金德伟长期从事工业企业电气化装备的研究设计工作，主要成果有："应急诱导灯的研究"获得成功，交付部属力深电源设备厂生产；研究成功的"微正压自动调节系统"，应用于电子集成电路自动调节系统；为适应高层建筑及商业楼消防要求，设计"防火卷帘门的成套系列控制装置"；研制"冷却系统（空调自控）成套控制装置"；"微波暗室"电气技术设计项目，获国家优秀设计奖及科技进步三等奖。

发表论文有：《微正压自动调节系统》《微波暗室》等。

参考文献

［1］虞坤林．海宁历史人物名录［M］．杭州：浙江人民出版社，2010.

查良镒

查良镒（1933—　），浙江海宁人，北京友谊医院内科主任医师，首都医学院内科教授。1955年，毕业于北京医学院医疗系。20世纪60年代曾拜著名中医郗沛龄、宛海洪为师，学习中医，赢得了“查一付”的美誉。在北京友谊医院任职期间，长期负责高级干部和外宾的医疗保健，先后为700多位在职或离休的副部长级以上干部诊疗，并担任国务院前副总理、中共中央政治局常委姚依林18年的专职保健医生。1979年，赴美国约翰·霍普金斯医科大学研修两年半，被聘为客座教授。1992年定居香港。

查良镒长期从事内科消化系统疾病的诊断与治疗。纤维胃镜、肠镜检查技术熟练，动作轻柔，诊断确切，十余年来尚未发现误诊病例。

主编著作:《内窥镜在消化性疾病中的应用》(天津科学技术出版社，1984年)；译著:《胃肠病和肝病的最新治疗》(北京出版社，1994年)。发表论文40余篇，主要有:《纤维内镜应用的一些新进展及其评价》《应用纤维内窥镜的经验交流会纪要》《误诊的原发性腹膜后肿瘤——副神经节细胞瘤》等。

参考文献

［1］丁洪章．中国当代名医辞典［M］．北京：华龄出版社，1991.

徐定烈

徐定烈（1933—　），浙江海宁人，中国船舶工业第九设计研究所研究员，水工工艺大师。发表论文有《近几年船坞设计的特点》等。

参考文献

[1] 海宁市史志编纂委员会 . 海宁市志（1991—2010）[M]. 杭州：浙江人民出版社，2018.

蒋觉先

蒋觉先（1933— ），浙江海宁硖石人，同济大学水力学教授。1953 年 7 月，毕业于同济大学给排水专业，后留校任教。1954 年 1 月—1955 年 1 月，参加清华大学研究生班学习工程流体力学；1957 年 9 月—1958 年 9 月，任苏联专家译员；1980 年 8 月—1983 年 1 月，赴英国南安普敦大学和伯明翰大学，任研究员。1993 年退休后，受聘于上海外高桥保税区管理委员会规划建设管理处工作。兼任国家教委工科力学课程指导委员会委员，上海市水利学会、上海市水力发电学会理事等职。

蒋觉先长期从事工程流体力学、给排水和水利工程等方面的教学和研究。在英国任研究员期间，在“过水堆石坝”和“海港污染自清”两方面，均有突破性的研究成果。

主编高校教材《水力学》（高等教育出版社，1993 年）。发表论文 20 余篇，主要有：《塑料管水力特性》《高浊度水异重流沉淀池特性研究》《高层建筑的减压阀给水系统》等。

来源

海宁市政协文史资料委员会 . 海宁人物资料：第 8 辑 . 1997.

朱心雄

朱心雄（1933— ），浙江海宁人，中共党员，北京航空航天大学教授、博士生导师。1950 年，考入天津国立北洋大学。次年转入清华大学航空学院。1952—1954 年，在北京航空学院学习，毕业后即为学院研究生，1956 年留校任教。1981—1983 年，在美国明尼苏达大学作访问讲学。曾任北京航空学院计算机集成制造系统研究室副主任。

朱心雄长期从事计算机辅助设计与制造，在计算图学、飞机制造、机械设计与制造等方面成果突出。参加并领导设计的“MG-1 三轴仿形滚弯机”获航空航天工业部科技二等奖。

主编著作：《自由曲线曲面造型技术》（科学出版社，2000 年）。参编著作：《电子计算机和数控技术在飞机制造中的应用》（国防工业出版社，1978 年）、《B 样条曲线曲面的原理和应用》（1980 年）、《计算机辅助飞机制造》（1982 年）。译著：《英汉计算机图形学释义词典》（机械工业出版社，1989 年）、《飞机构造工艺性指南》（国防工业出版社，1962 年）、《飞机制造工艺学》（北京科学教育编辑室，1962 年）。发表论文 10 余篇，主要有：*The Hierarchical Representations of 3D Mechanical elemeats*、*A New Approach For Human Body Modelig*、*The Design of Rational B- Spline Surfaces*、《曲面加工与图形处理》等。

参考文献

［1］中外名人研究中心．中国当代名人录［M］．上海：上海人民出版社，1991.

何树良

何树良（1933—　），浙江海宁硖石人，东南大学教授。发表论文有《钛白副产物硫酸亚铁的资源化》《微囊化技术进展及应用》等。

参考文献

［1］海宁市史志编纂委员会．海宁市志（1991—2010）［M］．杭州：浙江人民出版社，2018.

郭振声

郭振声（1933—　），浙江海宁人，上海灯芯绒总厂高级工程师，副厂长。1964 年，毕业于上海业余纺织工学院机织工程系，长期从事织造生产技术及管理。

参考文献

[1] 刘振元,《上海高级专家名录》编辑部 . 上海高级专家名录：第 2 卷 [M]. 上海：上海科学技术出版社，1993.

吴大伟

吴大伟（1933— ），浙江海宁人，高级农艺师。毕业于北京农业大学。广东省农业厅农作物杂交优势利用站主任科员，兼任广东省种子协会理事。荣获广东省农村科学技术先进工作者。1989 年，获农业部杂交水稻推广工作的荣誉证书。

吴大伟长期从事杂交水稻推广工作。经过其调查研究，在广东省组织、建设起推广杂交水稻示范点和制种点共 61 个，开辟大陆沿海制种基地 5 处，改变了过去主要靠海南制种的状况。

参考文献

[1] 韩本学，广东高级专家大辞典编委会 . 广东高级专家大辞典 1 [M] . 广州：广东人民出版社，1994.

许德余

许德余（1933— ），字劲草，浙江海宁盐官人，中共党员，中国人民解放军第二军医大学教授，博士生导师，著名药物化学家，军队文职一级，享受政府特殊津贴。1954 年，毕业于中国人民解放军第二军医大学药学系。历任“523”药物研究室主任、中国人民解放军第二军医大学药物研究所所长、名誉所长。兼任全军医科委药理药化组和激光医学组成员、《中国激光医学》《第二军医大学学报》编委。1990 年，由国家人事部授予“国家有突出贡献科学技术专家”称号。

许德余长期从事药物化学教学和研究工作。1956 年，随我国著名放射生物化学家王世真院士参加全国首期放射性同位素应用训练班教学，是我国最早开展放射性同位素标记药物合成的少数科学家之一。主导研究的一步法合成高比度 P^{32}——标记异丙基氟磷酸酯，在 1964 年上海市科委举办的“四新”展览会展出并获奖。1964 年以后，系统地研究哌嗪氨基氮杂环衍生物的合成及化学结构与抗疟作用的关系，为国内外首次研究提供了带哌嗪侧链的 4- 氨基喹啉衍生物的化学及其构效关系的系统资料，此项成果获全军科技成果二等奖。在此基础上，成功研制疟疾和矽肺治疗新药羟基哌喹，是目前国内外公认的一种低毒高效矽肺防治药物。该项成果先后获全国科学大会优秀科技成果奖、全军科技成果一等奖和国家发明二等奖。

许德余另一个开拓性工作是对四吡咯的化学结构改造。1983 年，任全军肿瘤光动力治疗科研协作攻关组副组长，主持光动力治癌药物研究。1982—1985 年，他领导的研究组首次独立研制成功了光动力治癌新药癌光啉（PsD—007），其疗效明显优于国内外临床使用的血卟啉衍生物，获军队科技进步二等奖。在此基础上，他又研制成功了国内外可供临床试用的唯一单体光动力治癌新药血啉甲醚，两者成为当时全国肿瘤和鲜斑痣临床治疗研究的主要药物。

此外，他还对血红素和叶绿素的化学及叶绿素 a 主要降解产物的分离鉴定及生物活性提出了一系列独创性的研究报告，为国内外首次研究提供了由家蚕粪分离制备叶绿素 a 稳定降解产物二氢卟吩 E_6、E_4、P_6 和紫红素 -18 的工艺路线；首次合成了一系列新的叶绿素降解产物衍生物，并实验证明了此类化合物对肿瘤、消化道溃疡、肝炎以及缺铁和再生障碍性贫血的防治作用。上述工作先后获得 5 项军队三等科技进步奖，1996 年又取得了二氢卟吩 E_4 醚类衍生物抗胃溃疡新药发明专利。

主编著作：《肿瘤光动力疗法》（中国医药科技出版社，1996 年）。译著：《药物贮藏》（人民卫生出版社，1957 年）、《电离辐射的化学防护》（人民卫生出版社，1959 年）。发表论文 90 余篇，主要有：《疟疾和矽肺治疗新药羟基哌喹的研究》《光动力治癌新药癌光啉（PsD-007）的研究》《单体光动力治癌新药血啉甲醚的研究》等。

参考文献

[1] 崔月梨 . 中国当代医学家荟萃：第 5 卷 [M]. 长春：吉林科学技术出版社，1991.

毛康侯

毛康侯（1933— ），浙江海宁袁花人，航天工业总公司二院二部研究员，享受政府特殊津贴。1958年，毕业于哈尔滨军事工程学院，毕业后被分配在国防部五院二分院工作，后转到七机部二院、航天部二院、航空航天部二院、航天工业总公司二院二部工作，历任工程组组长、研究室主任、副总工程师、科技委员会常务委员等职。1979年10月，曾参加中国卫星天线考察团去意大利考察，任代表团副团长，后又去美国、泰国、新加坡、俄罗斯等国参与技术合作洽谈和访问考察。曾任国防科工委抗辐射加固专业组成员，中国电子学会天线专业委员会、电磁场理论与微波技术学位评委会委员，《天线学报》《抗辐射加固》编委等职。

毛康侯长期从事电磁场理论与微波技术、天线工程设计研究以及系统总体电磁兼容性技术研究工作。主持或直接负责、参与的项目有20余项，其中6项分别获部级科技进步一、二、三等奖。

主编著作：《防空导弹天线》（宇航出版社，1991年）、《天线》（哈尔滨工业大学出版社，2017年）。参编著作：《飞行器天线工程设计指南》（国防工业出版社，1989年）。发表论文40余篇，主要有：《天线边值问题中的对偶解法》《飞行器天线边值问题的直线求解法》《在金属圆柱体、楔形体复合边界条件附近的水平振子的理论分析》等。

参考文献

[1] 庄毅，中华人民共和国人事部专家司 . 中华人民共和国享受政府特殊津贴专家、学者、技术人员名录1992年卷：第2分册［M］. 北京：中国国际广播出版社，1996.

朱慧倩

朱慧倩（1933— ），女，浙江海宁人，山西大学昆虫学副教授。

朱慧倩长期从事昆虫学研究。参与的“蜻蜓目分类研究”获山西省科学技术进步理论二等奖。发表论文20余篇，主要有：《陕西南部戴箭蜓属——新种（蜻蜓目、箭蜓科）》《山西省蜻蜓调查初报》《山西省白扇（虫葱）细胞学特性的研究［蜻蜓目：扇（虫葱）科］》等。

参考文献

［1］樊宝珠，宋培贤，山西省史志研究院 . 山西通志：第 38 卷 科学技术志［M］. 北京：中华书局，1994.

张　文

张文（1933—　），浙江海宁人，高级会计师。曾任吉林省耐火材料厂、杭州油墨油漆厂综合会计、成本会计，杭州制动材料厂财务科长，杭州市机械工业局财务处副处长，兼任杭州市财政会计学会理事，机械工业会计学会浙江省分会副会长等职。

张文长期从事财务会计工作，在加强财务、成本管理、节约资金使用，降低产品成本和提高企业经济效益等方面取得较显著的效果。1962 年初，当时财政部《材料会计核算办法》尚未出台，张文参照苏联会计有关方法，在杭州油墨油漆厂成功地推行了材料核算余额法，扭转了该厂材料核算长账期账、账实不符的混乱状况。1986 年，在杭州制动材料厂组织和领导了以全面经济核算为中心的财务整顿工作，修订和进一步贯彻固定资产等制度；改进成本计算方法和培训车间核算员；推行流动资金内部承包；健全基础工作经济责任制的考核等工作。为适应承包经营责任制的实施，1986 年曾探索了石棉制品行业成本计算的新方法——平行结转定额差异法，为今后改革行业成本核算方法做准备。

发表论文有《石棉制动制品费用配起方法——标准时法》《落实资金管理责任制管好企业流动资金》等。

参考文献

［1］左铁镛 . 中国世纪专家 4［M］. 北京：中国环境科学出版社，2002.

许政刚

许政刚（1934—　），浙江海宁人，首都医科大学附属同仁医院内科教授、主任医师、硕士研究生导师。1959 年，毕业于北京医科大学医疗系。

许政刚长期从事内科消化专业，擅长胆石症的非手术治疗，溃疡性结肠炎、溃疡病的诊治，及应用纤维胃镜、结肠镜的诊断和治疗。

主编著作：《中老年与消化系统疾病》（中国环境科学出版社，1997 年）、《新家庭医疗保健》（人民日报出版社，2005 年）、《专家谈消化与吸收》（中国社会出版社，2006 年）。发表论文 50 余篇，主要有：《肝结核之误诊（附 5 例报告）》《临床病例讨论——第 64 例——发烧、溶贫、肾衰》《溃疡病人血清胃泌素与胃黏膜幽门螺杆菌的测定》等。

参考文献

[1] 周望森. 浙江古今人物大辞典：续编 [M]. 北京：方志出版社，2001.

何庆增

何庆增（1934— ），浙江海宁人，中共党员，高级工程师。1956 年毕业于南京工学院机械系，留校任教。1958 年，兼任南京工学院七系机械工厂厂长。1960 年，调至南京工学院工作，历任物理教研组副主任，材料力学实验室主任。1979 年，调任南京市二轻局家用电器研究所副所长，后调任南京市二轻局中专学校校长，兼任南京市物理中心教研组组长，江苏省家用电器协会副主任委员等职。

何庆增长期从事力学及材料学教学及研究工作。主要讲授《普通物理学》《理论力学》《材料力学》等课程。“文化大革命”期间，设计试制了 100 三通化工旋塞阀门，并设计了全套生产阀门的夹具、模具、量具和专用大研磨机，还设计试制了多种农机。1981 年，全国洗衣机生产尚处于萌芽状态，何庆增负责开发了莫愁牌系列单缸洗衣机产品，荣获江苏省优质产品称号。1984 年，又设计试制了莫愁牌双缸洗衣机，当年生产量就达 10 万台。

来源

中国人民政治协商会议浙江省海宁市委员会文史资料委员会. 当代海宁人《海宁人物资料》第 2 辑. 1988.

蒋婉似

蒋婉似（1934—　），女，浙江海宁人，山西医科大学教授。1957年，毕业于山西医学院预防医学系，后留校任教，历任营养与食品卫生教研室助教、讲师、副教授、教授。兼任山西医学院学报编辑室主任、中国高等医（药）学院（校）学报编辑学会及中国保健营养协会山西分会理事。

蒋婉似长期致力于妇女和煤矿工人营养学调查其研究的。其研制的“补血山楂固体饮料”获1983年全国儿童生活用品委员会优秀产品奖、国家经济贸易委员会优秀新产品金龙奖，以及山西省科技成果三等奖、社会主义劳动竞赛三等奖。“山西省粮油中黄曲霉与黄曲霉素污染的调查研究”全国协作课题获1978年全国科技大会奖，“红茶菌实验研究”获山西省1984年科技成果理论二等奖。

参编著作：《中国医学百科全书（营养与食品卫生学）》（上海科学技术出版社，1988年）、《中华人民共和国国家标准（婴幼儿食品“中铁强化固体饮料”）》（中国标准出版社，1990年）、《写作统计学·作者·编者·审者常用医学统计方法》（四川科学技术出版社，1996年）。发表论文10余篇，主要有：《补血山楂饮料对儿童缺铁性贫血的疗效观察》《煤矿工人维生素A营养水平的调查研究》《太原市孕妇孕期营养与胎儿生长发育的调查研究》等。

参考文献

[1] 王照奎.学海明师：第2卷 高校卷[M].太原：山西高校联合出版社，1994.

冯朱何

冯朱何（1934—　），浙江海宁人，西安华山机械工业有限公司研究员级高级工程师。1958年，毕业于北京工业学院，分配至西安华山机械工业有限公司，先后在该厂设计研究所、工艺处、四车间、技术处、质量管理处工作，1994年2月退休。曾任西安华山机械工业有限公司室主任，兼任陕西省兵工系统科普委员会委员。

冯朱何长期从事机械产品设计、加工工艺和全面质量管理等工作。从1961—1979年10月，主管产品工艺设计与管理工作，完成产品定型，并编制定型工艺；1979年10月以后，重点抓全面质量管理，从编写质量管理普及教材、培训各级干部、编制产品抽样检验方案入手，参加对全厂各单位的整质验收工作。

编制、校核《工厂质量手册》，发表论文有《ISQ2859抽查特性曲线（0，C曲线）按二项分布或泊松分布计算的分析》等。

来源

海宁市档案馆．当代海宁名人录（第二集）．2000.

朱嘉芷

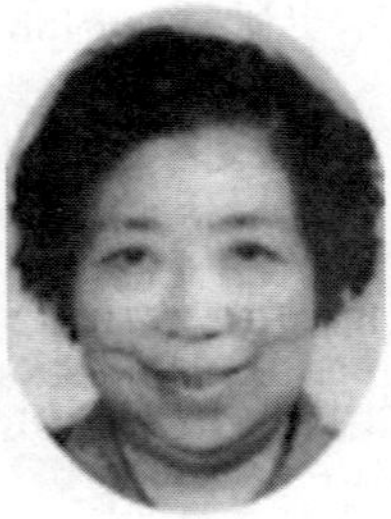

朱嘉芷（1934—　），女，浙江海宁硖石人，首都医科大学附属北京红十字朝阳医院内科主任医师，教授，硕士生导师。中华医学会北京分会血液学委员会第三届委员，《中华内科杂志》第五、六届编委及血液组编审。

朱嘉芷长期从事内科血液、多发性骨髓瘤及其相关的浆细胞病的临床及研究工作，擅长治疗多发性骨髓瘤及相关的浆细胞病，同时对血液系统各种疑难杂病的诊断和治疗具有深厚的造诣，培养了大批内科学、血液病学高级专业人才。获北京市卫生局科技成果奖3项。

参编著作：《中华内科学》（人民卫生出版社，1999年）。发表论文40余篇，主要有：《未定性单克隆丙种球蛋白病转化为多发性骨髓瘤一例》《再生障碍性贫血及结缔组织病患者血浆Sc5b-9含量检测的意义》《多发性骨髓瘤138例与未定性单克隆丙种球蛋白病31例分析》等。

参考文献

［1］柯岩，绿风．女性百科优秀人物集录：第1卷［M］．北京：中国妇女出版社，2000.

郑德明

郑德明（1934— ），浙江海宁盐官人，浙江省电力局教授级高级工程师。1956年7月，毕业于浙江大学电机系发配电专业。1956年9月—1970年4月，在北京华北电力设计院工作；1970年4月—1976年8月，在山西省电力设计院工作；1976年8月，调至浙江省电力局工作，曾任副处长、主任工程师等职。

郑德明长期从事火力发电厂及输变电工程设计、研究工作。1980—1991年，全面主持了国家重点科技攻关项目——“舟山直流输电工业性试验工程”的技术领导工作，获国家科技进步二等奖、机械电子工业部科技进步特等奖、国家教育委员会科技进步二等奖、浙江省科技进步三等奖。

参编著作:《中国电力百科全书电力系统卷》(中国电力出版社，1995年)。发表论文10余篇，主要有:《舟山直流输电工业性试验工程的设计》《舟山直流输电工业性试验工程科研总报告》《海底电力电缆工程设计探讨》等。

来源

海宁市档案馆．当代海宁名人录（第二集）. 2000.

陈立山

陈立山（1934— ），浙江海宁人，上海冶金设计研究院高级工程师。1964年毕业于上海市静安区业余工学院机械制造系。

陈立山长期从事冶金工厂中、小型轧钢、铸钢工厂的工艺设计及冶金设备设计。

参考文献

[1] 刘振元,《上海高级专家名录》编辑部．上海高级专家名录：第2卷[M].上海：上海科学技术出版社，1993.

葛显良

葛显良（1934— ），浙江海宁周王庙人，浙江大学应用数学系副教授，教研室副主任。1959年毕业于北京大学数理系数学专业，即分配到北京农业机械化学院任教。1973—1978年，分别任职于海宁市科技局及浙江省科技局。1978年调入浙江大学。1980—1982年赴美国加州大学圣巴巴腊分校做访问学者取得博士后证书。曾任《数学百科全书》第五卷编译委员会委员，《高校应用数学学报》编委。

葛显良长期从事数学研究及教学工作。主编著作：《局部凸空间与广义函数论》（浙江大学出版社，1992年）、《应用泛函分析》（浙江大学出版社，1996年）、《英汉数学词汇》（清华大学出版社，2005年）、《偏微分方程》（高等教育出版社，2010年）、《国外数学竞赛试题精选（初中分册）》（浙江大学出版社，2010年）。译著：牛顿传（科学出版社，1989年）、《澳洲数学竞赛（AMC）试题解析第一册1978—1984》（台北九章出版社，2000年）。发表文章10余篇，主要有：《七大千禧年难题简介》《数学无处不在》《数在运转——数学与密码学》等。

参考文献

[1] 董耀会，北大人编辑部. 北大人[M]. 北京：书目文献出版社，1993.

查鸿逵

查鸿逵（1934— ），浙江海宁袁花人，中国科学院上海光学精密机械研究所高级工程师，享受政府特殊津贴。1958年，毕业于南京航空学院。1958—1975年，在七机部研制导弹，荣获三等功。1975年之后，在上海光学精密机械研究所工作。

查鸿逵长期从事气动激光器研究，是国家攻关课题负责人，参加“六五”“七五”“八五”国家重点科技攻关项目，先后荣获上海市科学技术进步一等奖，国家科学技术进步二等奖。

发表论文20余篇，主要有：《无He高速流动CO_2激光器的研究》《管板式横流10 kW CO_2激光器的实验研究》《10 kW CO_2激光加工装置可靠性研究》等。获得国家专利4项：《横流气体激光器放电系统》《横流气体激光器双脉冲予电离放电装置》《用于管板式横流气体激光器的新型电极板》等。

参考文献

[1] 庄毅，中华人民共和国人事部专家司．中华人民共和国享受政府特殊津贴专家、学者、技术人员名录：1992年卷 第3分册 [M]．北京：中国国际广播出版社，1996.

潘松林

潘松林（1934—　），浙江海宁硖石人，中国航空工业总公司第六一四研究所高级工程师，是我国航空工业第一代从业人员和专家。1956年毕业于苏州苏南工业专科学校；1956年9月—1960年5月，先后在国营212厂、242厂工作；1960年6月—1969年9月，在航空工业部工作；1969年9月—1978年4月，在陕西省军区国防工业办公室航空工业局工作；1978年5月起，在中国航空工业总公司六一四所工作。

潘松林长期从事航空工业机械制造设计、工艺及管理等工作。主要成果有：1956年9月—1958年8月，负责试制我国第一种歼击机配套产品陀螺磁罗盘获得成功；1958年9月—1960年5月，负责我国重点项目为轰炸机配套的自动驾驶仪试制工作，获得成功；1960年6月—1963年3月，在航空工业部从事工具生产管理与新技术应用的研究工作，取得良好效果，提高了生产技术水平、管理水平和生产效率，解决了新机试制工作中工具制造跟不上的难题；1961年5月—1965年9月，从事陀螺机构及其零件加工与测量技术的研究，在生产设备、工具、工艺和检测技术方面取得了一批新成果，使制造精度提高到一个新水平，在同一时期突破了当时我国不能加工精密齿轮的难题，使新机种的试制得以顺利进行；1981年4月—1982年5月，研制皮辊酸处理机获得成功，填补国内空白，获无锡市科技成果奖；20世纪80年代后期，研制三色冰淇淋机获得成功，该机当时在国内处于领先地位，获得国家颁发的生产许可证。

主编著作：《陀螺机构制造经验汇编》。发表论文20余篇，主要有：《航空工业工艺装备制造技术的现状和发展》《硬质合金工具的制造与应用》《具有防弹强度的金属陶瓷复合材料》等。

来源

海宁市政协文史资料委员会 . 海宁人物资料：第 8 辑 . 1997.

王大同

王大同（1934— ），浙江海宁人，中共党员，桂林电子工业学院副教授。1957 年成都工学院机械系机制专业毕业，分配至桂林电子工业学院，曾任教务处副处长。

王大同长期从事机械加工研究。发表论文 10 余篇，主要有：《在大批量机械制造企业中推行成组技术的探讨》《一种新的刃磨螺旋齿刀具后面的方法》《螺旋齿刀具后面的一种新结构》等。

参考文献

[1] 广西区科技干部局，广西职称改革办公室 . 广西高级专业技术人员名录：第 1 卷 [M] . 南宁：广西人民出版社，1989.

李乾一

李乾一（1934— ），浙江海宁人，上海船舶设备研究所高级工程师，检测中心主任。1964 年，毕业于上海交通大学夜校部电机电器系。

李乾一长期从事船舶电气设备、环境技术和标准的研究。1984 年，因船用变压器标准获中国船舶工业总公司科学技术进步三等奖。

参考文献

[1] 刘振元,《上海高级专家名录》编辑部.上海高级专家名录：第1卷[M].上海：上海科学技术出版社，1992.

查济瑞

查济瑞（1934—　），浙江海宁袁花人，中国电工设备总公司高级工程师，享受政府特殊津贴。1955年7月毕业于浙江大学，分配至机械科学研究院，历任副总工程师、副经理等职。

查济瑞长期从事机制、齿轮与蜗轮传动的科研工作。在齿轮精度加工方面有较深的造诣，是该学科的带头人之一。其科研成果先后获全国机械工业科学大会奖一次，机械工业部级二等奖三次，机械院一等奖一次、二等奖两次。

获得国家专利数项，主要有:《一种直锥齿轮的加工方法》《电火花线切割加工直齿锥齿轮的方法》《叶轮偏置的双锥度锥蜗杆压缩机》等。

参考文献

[1] 庄毅，中华人民共和国人事部专家司.中华人民共和国享受政府特殊津贴专家、学者、技术人员名录：1992年卷　第2分册[M].北京：中国国际广播出版社，1996.

王国锋

王国锋（1934—　），浙江海宁丰士人，高级农艺师。1953年，毕业于杭州农校，后分配至嘉兴农业技术学校工作，1955年9月，被选送入浙江农学院读书，1959年，毕业后分配在嘉兴农科所，历任所长、党委书记等职，兼任浙江省土壤肥料学会理事和嘉兴市农学会、嘉兴市土壤肥料学会副理事长，《嘉兴农业》杂志主编。1989年，被评为嘉兴市有突出贡献的专业人才。

王国锋长期从事土壤肥料方面的研究。他曾对浙北平原绿肥，稻麦作物科学施肥方法，高产农田建设，中低产田改造和农业综合开发等项目进行过专题研究，取得了八项科研成果，分别获浙江省科技成果二、四等奖和嘉兴市、海宁市科技成果一、二等奖。

发表论文20余篇，主要有：《汕优6号的需肥特性和高产施肥技术的探讨》《嘉湖平原农田土壤养分平衡的分析》《浙北嘉湖平原三熟制农田渍害的研究》等。

来源

海宁市档案馆．当代海宁名人录（第一集）．1996.

徐学基

徐学基（1934—　），浙江海宁人，中共党员，复旦大学物理系教授，复旦大学电子、离子和真空物理学科学术带头人之一。1956年，毕业于复旦大学物理系，后留校任教。1981—1982年，在美国国家标准局原子与等离子体辐射处做访问学者。1988—1989年，应邀为德国鲁尔大学访问教授。1989年，受法国教育、科学、体育部聘任为法国奥尔良大学二级教授。曾任物理二系等离子体物理研究实验室、电光源研究所气体放电研究室、光源与照明工程系主任等职。兼任中国照明学会理事，中国力学学会等离子体专业委员会委员，上海物理学会应用等离子体专业组组长，《照明工程学报》副主编等职。

徐学基长期从事光学、光谱学、气体放电和等离子体物理等方面的教学和科研工作。在教学方面，主要讲授《等离子体光谱学》《光谱学方法》《激光物理》《气体放电物理学》等课程。在科研方面，负责完成的重要科研项目和成果有："核爆炸亮度测试仪"，1978年获上海市重大科研成果奖，1982年9月，获中国人民解放军空军科技成果二等奖，该仪器的制成和应用为我国第一次取得核爆炸在空中和地面的亮度数据填补了空白；"激光测烟雷达"，1982年，获上海市科技重大成果二等奖，该雷达能有效地测量烟云在空中的分布，能为气象和环境部门提供实测数据，填补了我国的空白；"照相制版用冷光源——无极平板灯"，1979年，由上海市高教局、出版局主持通过技术鉴定，1985年，由四川省轻工业厅主持通过生产鉴定，由成都灯泡厂投产；"KNG系列125、250、400瓦金属卤化物钪钠灯"，1987年，分别获得上海市科学技术进步三等奖和中华人民共和国农牧渔业部科学技术进步三等奖。

主编著作:《气体放电物理》(复旦大学出版社，1962 年)。参编著作:《受控热核反应》(上海科学技术出版社，1962 年)。译著:《等离子体物理学》(上海科学技术出版社，1962 年)。发表论文 40 余篇，主要有:《氩 - 汞 H 型放电的基本性质》《狭缝式真空紫外光源》《真空紫外光源光谱辐亮度和辐照度的测定》等。

参考文献

[1] 王增藩 . 复旦大学教授录 [M]. 上海: 复旦大学出版社，1992.

朱祖福

朱祖福(1934—)，浙江海宁人，中共党员，高级工程师，副总工程师。1960 年，毕业于上海交通大学夜校部船舶电工系，1963 年，毕业于上海外语学院德语系。历任上海电子光学技术研究所技术员，上海新跃仪表厂高级工程师，上海电子光学技术研究所副总工程师，兼任中国光学学会理事，上海电子光学学会副理事长兼秘书长。1977 年，先后被评为“上海市先进工作者”、“八机部先进科技工作者”和“全国先进科技工作者”；1978 年，被评为“上海市劳动模范”；1979 年，被评为“全国劳动模范”。

朱祖福长期从事电子光学仪器及医疗仪器的研究。他先后参加和主管 10 万倍、20 万倍、40 万倍、80 万倍国产大型电子显微镜的研制工作。1965 年，主管设计的第一台 20 万倍电子显微镜研制成功，使国产电子显微镜技术跨入国际先进行列；1978 年主管设计并研制成功的 DXB2-12 型 80 万倍电子显微镜，达到 20 世纪 70 年代国际先进水平，获全国科学大会奖。

主编著作《电子显微镜》(机械工业出版社，1984 年)。发表论文 10 余篇，主要有:《高分辨率透射电子显微镜试制中的几个问题》《扫描电子显微镜隔振器中螺旋弹簧的最优化设计》《扫描电 - 声显微镜及其应用》等。

参考文献

[1] 陆正廷，王德鸿，《上海航天志》编纂委员会 . 上海航天志 [M]. 上海: 上海社会科学院出版社，1997.

赵长春

赵长春（1934— ），浙江海宁人，中共党员，上海水产大学副教授，享受政府特殊津贴。1957年毕业于上海水产学院养殖生物系，后留校任教。曾任学院水产养殖系副主任、副院长，上海水产大学副校长，兼任上海市海洋湖沼学会副理事长，上海市生态学会理事。

赵长春长期从事天然水域鱼类增殖学的教学和研究工作，在天然水域鱼类增殖和鱼类生态学的研究方面有较深造诣，专攻内陆水域鱼类增殖与养殖、鱼类生态学研究。1963—1966年，在太湖鱼类资源调查基础上，提出并实施大型开放性湖泊鱼类的人工放流，取得明显经济效益与社会效益，推动江苏省和全国大型湖泊的鱼类放流和资源增殖工作。“太湖渔业资源调查和增殖试验”项目获1978年福建省科学技术成果奖。1973—1980年，其主持的河鳗人工繁殖研究课题，促使亲鳗在水池自行产卵受精，培育的鳗苗成活21天，培养产后亲鳗成活育肥并再次成熟排卵、排精等均为国际首次。“河鳗人工催熟、催产及鳗苗早期发育”的研究获1978年福建省科学技术成果奖。

发表论文30余篇，主要有：《河鳗人工繁殖研究》《太湖渔业资源调查和增殖试验》《东太湖鲤鱼夏花放养试验》等。

参考文献

[1]《上海海洋大学百年志》编纂委员会.上海海洋大学百年志 1912—2011 [M].上海：上海人民出版社，2012.

黄炽峰

黄炽峰（1934— ），浙江海宁人，国营红旗机械厂高级工程师。毕业于上海交通大学。

黄炽峰长期从事电子技术工作，曾经主管完成各种厢式车辆、大小拖车和大型半挂拖车的设备研制，在强度计算、密封性结构创造等方面有所突破。

参考文献

［1］中国专家人名辞典编委会．中国专家人名辞典3［M］．深圳：海洋出版社，1992.

朱梓丰

朱梓丰（1934—　），浙江海宁人，主任医师，嘉兴学院医学院教授。1964年，毕业于浙江医科大学医疗系。1974—1984年，先后至上海瑞金医院、仁济医院进修心血管内科和心电向量、心动超声图等新技术。曾任嘉兴市第二医院内科兼心内科主任，兼任浙江省心血管病学会委员，嘉兴市医学会内科组组长兼心血管病学组组长，《心脑血管防治》《实用心电》《嘉兴医学》《浙江临床医药杂志》编委。1992年，被嘉兴市政府授予"优秀专业人才"称号。

朱梓丰长期从事心血管内科诊疗工作。1976年起，主持和开展心血管专科工作，先后建立门诊专科和临床专科。积极从事医疗技术的发展，相继开展了电击除颤、心电向量、食管心房调搏、心脏起搏、动态心电图、心室晚电位、高频心电图、体表希氏束图等检查治疗。主持的科研课题获市政府科技进步三等奖和优秀奖。

发表论文40篇，主要有：《动态心电图检测冠心病心律失常的临床价值（附172例分析）》《乙胺碘呋酮和慢心律联合应用治疗顽固性室性心律失常60例》《苯那普利对高血压病左室肥厚逆转的临床研究》等。

参考文献

［1］嘉兴市第二医院院志编辑委员会．嘉兴市第二医院院志：1895—1995［M］．嘉兴市第二医院院志编辑委员会，1995.

蒋　昭

蒋昭（1934—　），浙江海宁硖石人，机械工业专家，中国重型机械总公司研究员级高级工程师，享受政府特殊津贴。1948年，考入上海交通大学机械工程系。1953年8月，去苏联乌拉尔工学院冶金机械专业学习。1957年，蒋昭以特别优异的成绩毕业并破格留校，继续攻读工学院主管科研的副校长、机械系主任柏尔莫夫教授的研究生。1961年取得副博士学位，回国后被分配在西安重型机械研究所工作。1980年，被机械部委派至瑞士BBC公司进修。1981年回国后，担任第二重机厂总工程师职务。1983年初，蒋昭被机械部委托任宝钢二期工程设备技术负责人。1985年起，又担任中国重型机械总公司总工程师，直接负责宝钢二期工程中热轧联合设计、合作制造。

蒋昭长期从事机械工业设计工作。在苏联期间，他通过建立试验机组，在大量的试验和计算工作的基础上提出了创制张力卷取机卷筒压力计算公式（蒋氏定理），从理论上解决卷取机的计算问题。在BBC公司期间，受公司委托，为公司设计部门解决了扭振计算方法和轧机扭振计算理论。在西安重型机械研究所，他负责上海钢研所4辊、12辊、20辊轧机的调试和配套工作。在第二重机厂担任设计组长时，组织攀钢1450冷轧主机和西南铝加工厂铝镁板轧机的设计工作，采用当时的一系列新技术，在液压压下、快速换辊、新结构卷取等方面做出了贡献。“1900连铸机”获国家重大技术装备成果特等奖，“2050热边轧机”获突出贡献奖。

参编著作:《宝钢2 050毫米带钢热连轧机装备研制技术第1分册机械设计》(黑龙江科学技术出版社，1998年)。

参考文献

[1] 庄毅，中华人民共和国人事部专家司. 中华人民共和国享受政府特殊津贴专家、学者、技术人员名录：1992年卷　第2分册[M]. 北京：中国国际广播出版社，1996.

徐有秋

徐有秋（1934—　），浙江海宁人，中共党员，上海第二医科大学生理学教授。1958年，毕业于上海第一医学院医疗系，1982年，获比利时鲁汶大学医学院生理学博士学位。历任上海第二医科大学生理学教研室主任、心血管研究室主任，兼任比利时鲁汶大学和美国杜伦大学客座教授，上海市生理科学会常务理事、《生理学报》编辑委员会委员等职。

徐有秋长期从事心肌电生理研究，主要是正交心电图、希氏束电图、体表希氏束电图、心肌细胞动作电位、心肌跨膜离子流的研究工作。属于创造性的工作有：体表记录希氏束电图的新方法；抗心律失常药物和心肌细胞膜离子通道结合、解离的动力学研究；心肌细胞膜快钠通道的慢动力学变化等。科研成果有："计划生育天花粉针剂研究"，1978年获中央卫生部科研成果奖。"心肌跨膜离子流测定——双微电极电压钳制术"等三课题分获1987年国家教委科技进步二等奖、1988年获卫生部医药卫生科技进步三等奖、1989年获上海市科技进步三等奖。

发表论文20余篇，主要有：《抗心律失常药物和钠流》《心律平对豚鼠心室肌快反应动作电位的影响》《普鲁帕酮对心肌慢反应动作电位和慢内白离子流的影响》等。

参考文献

[1] 张德龙. 上海高等教育系统教授录 [M]. 上海：华东师范大学出版社，1988.

顾　言

顾言（1934—　），浙江海宁斜桥人，衢州化学工业公司高级工程师，享受政府特殊津贴。1957年，毕业于华东化工学院，分配至衢州化学工业公司，历任设计处技术员、工程师、主任工程师、副总工程师等职，1983年以后，任衢州化学工业公司副厂长、副经理，分管技术改造、基建工作。

顾言长期从事化工设备设计建造。主持设计衢州化学工业公司一、二、三期氨工程、国内第一套重油加压气化制氨装置，为发展重油制氨做出重大贡献；负责省重点工程4 500吨己内酰胺、2万吨PVC项目建设；氨厂造气含氰污水处理设计获部级设计二等奖。

发表论文10余篇，主要有：《浅谈中型氮肥厂的技术改造》《φ800中置式副产蒸汽氨合成塔设计》等。

参考文献

[1] 国家人事部专家司. 中华人民共和国享受政府特殊津贴专家、学者、技术人员名录：1992年卷　第1分册 [M]. 北京：中国国际广播出版社，1995.

黄建华

黄建华（1934— ），浙江海宁马桥人，中国建筑科学研究院建筑机械化研究所高级工程师。1962 年，毕业于东北林学院，后分配到建设部东北工业建筑设计院工作，1981 年，调入中国建筑科学研究院建筑机械化研究所工作。历任建设部东北工业建筑设计院工程师、中国建筑科学院建筑机械化研究所室主任，兼任《建筑机械化》《中国电梯》杂志主编。

黄建华长期从事建筑设计技术和建筑机械化研究，多年担任建筑构件和建筑材料的项目总设计负责人，期间设计完成项目达 10 余项。其中，1965 年主持设计的北京散装水泥中转站工程，为国家试点工程；1978—1980 年，主持设计完成了唐山市第二构件厂、第四构件厂工程，对加速新唐山建设起了积极作用；1975 年主持研究的悬辊法制水泥压力管工艺设备项目，获建材部三等奖。

来源

海宁市档案馆 . 当代海宁名人录（第一集）. 1996.

蒋耀坤

蒋耀坤（1934— ），浙江余杭人，海宁市人民医院副主任医师，享受政府特殊津贴。发表论文 10 余篇，主要有：《精制抗蝮蛇蛇毒血清治疗蝮蛇伤 1 279 例报告》《略谈蝮蛇咬伤发病机理和辨证施治》《海宁市 423 例临界高血压 4 年随访分析》等。

参考文献

[1] 海宁市史志编纂委员会 . 海宁市志（1991—2010）[M]. 杭州：浙江人民出版社，2018.

蒋祖昌

蒋祖昌（1935—　），浙江海宁人，教授级高级工程师。西安建筑工程学院毕业。历任新疆维吾尔自治区第一建筑工程公司技术员、施工队长、工区主任、经理兼总工程师，新疆维吾尔自治区建筑总公司副总工程师，吉尔吉斯经理部经理，兼任新疆维吾尔自治区高级工程师评审委员。

蒋祖昌长期从事涉外建筑建造。数十年转战数百个工地，曾先后三次负重伤。1978年，首先提出并实施专业队大部分承包的体制改革管理办法，被推广至全疆各建筑企业。1991年率领400名工人走出国门，赴吉尔吉斯斯坦共和国创业，承建吉尔吉斯斯坦共和国旅游宾馆，以及中国驻外大使馆等10多个工程。尤其是位于吉尔吉斯首府伏龙芝的共和国旅游宾馆，施工条件异常艰难，经过一年努力奋战胜利竣工，经吉尔吉斯斯坦国家验收委员会评为优良工程，并荣获共和国总统阿卡耶夫的接见和颁发的吉尔吉斯斯坦共和国最高荣誉奖状。

发表论文有《关于增强企业活力有效途径的探讨》。

参考文献

[1] 海宁市政协文教卫体与文史委员会. 海宁世家：上 [M]. 北京：人民日报出版社，2012.

苏洪舒

苏洪舒（1935—　），浙江海宁人，中国科技大学教授。长期从事对电阻率正温度系数（PTC）导电高聚物复合材料及自动限温电加热带的研究与开发工作。研制成功“8 kWD”自动补偿加热器［后改名低温（DXW）自限温加热带］，获1986年全国第二届发明展览会银奖、1989年中国科学院科技进步二等奖、1991年全国高科技节能展览一等奖。

苏洪舒发表论文10余篇，主要有：《氟钽酸钾在不同气氛中热稳定性的研究》《电阻率正温度系数（PTC）导电高聚物复合材料》等。

参考文献

[1] 中国发明协会 . 中国当代发明家大辞典 [M] . 北京：北京理工大学出版社，1995.

郑大立

郑大立（1935— ），浙江海宁市硖石人，冶金部钢铁研究总院教授级高级工程师，享受政府特殊津贴。1958 年，于南京大学物理系磁学专业毕业后分配到冶金部钢铁研究总院工作。历任精研部新材料室主任、副总工程师，兼任中国物理学会磁学专业委员会常委，中国金属学会、中国造船学会、中国物理快报、国家自然科学基金会特约审稿员等职。1988 年，获国防科学技术工业委员会颁发的“献身国防科技事业 30 年”荣誉证章。

郑大立长期从事磁学与磁性材料研究。擅长磁性分析与磁路设计，对磁性新材料、磁屏蔽、永磁新器件、高强磁场、医用磁学和地磁有精深研究。主要研究成果：“H79M4、H80M5”获 1964 年国家三委[①]工业新产品一等奖；“高导磁材料”获 1978 年全国科技成果奖；“红缨 5 号传感器铁芯材料”获 1979 年国防科工委国防工办重大科技成果四等奖；“裂介色谱居里点箔”获 1981 年冶金部科技成果四等奖；“748 工程汉语主题词表”获 1985 年国家科技进步二等奖。“大型磁屏蔽室”获 1990 年冶金科技进步三等奖；“零磁空间试验室”获 1990 年国家地震局科技进步二等奖；“高灵敏度感温磁控开关”，获 1993 年中国爱迪生杯金奖，全国专利科技成果精品金奖；“HMF- 旋转治疗装置的理论基础及应用研究”获 1997 年深圳市科技进步二等奖。

主持制订精密合金用磁学特性和磁学量术语（国标 B279-88）；发表论文 60 余篇，主要有：《垂直悬膜转矩分析》《软磁合金的磁场热处理效应》《精密合金用磁学特性和磁学量术语》等。获得国家专利 6 项，主要有：《一种混凝土构件振动成型装置》《高灵敏度感温磁控开关》《一种低频旋转永磁体强磁场治疗装置》等。

参考文献

[1]《中华创业功臣大典》编委会 . 中华创业功臣大典 5[M] . 北京：中国统计出版社，2001.

---

① 国家三委，指国家计委、国家经贸委、国家科委。

查宏传

查宏传（1935—　），浙江海宁袁花人，北京师范大学教授。毕业于北京体育大学武术系。先后有击剑自动报警器、液化石油应用于汽车及BSPI自动育苗柜（农业部一等奖）等发明。

参考文献

[1] 查济民．海宁查氏［M］．香港：中国书画出版社，2006.

查良锜

查良锜（1935—　），女，浙江海宁人，北京大学信息科学系教授。1956年，考入清华大学工程物理系。

查良锜长期从事计算机的教学及科研工作。在教学方面，主讲《数字电子技术》《计算机图像图形学》《实用微计算机图形学》等课程。在科研方面，先后主持并完成国家自然科学基金资助项目《信息技术对郭林新气功疗效检测与抗癌机理的应用研究》等4个课题，创建了3个计算机系统，摄制了《探索郭林新气功抗癌防病的奥秘》4集科教记录片。

主编著作：《实用微计算机图形学》（电子工业出版社，1990年，获1992年全国计算机基础教育优秀教材二等奖）。发表论文10余篇，主要有：《电子信息技术对郭林新气功抗癌的研究与探索》《多学科交叉对郭林新气功抗癌健身效应的综合研究》《计算机图形学教学的探索与实践》等。

来源

资料源于清华大学电子工程系建系五十周年纪念文集。

徐逢明

徐逢明（1935—　），名贻恒，字逢明，浙江海宁谈桥人，机械工业部大连组合机床研究所高级工程师，我国组合机床专业开创人之一。1957年，毕业于上海交通大学机械系金属切削及其自

动化专业，同年进入机械部大连组合机床研究所工作。兼任国家自然科学基金委员会项目评审员，辽宁省机械工程协会、大连市技术经济科学管理协会会员。

徐逢明长期从事组合机床自动化加工技术领域中设计研究工作。曾参加我国第一条自动线设计和第一台小型组合机床设计；1967—1971年，参加“二汽”设备大会战，期间主管及组织完成设计专用机床10余台、自动线3条。历年主管完成主要科研课题5项，其中“ϕ2、ϕ6钻深孔动力头步进控制系统及保护装置可靠性研究”获1977年大连市重要成果奖；“组合机床小规格通用部件系列标准（部颁标准）”获1987年机械工业部科技标准二等奖；“85年全国科技普查（研究所部分）”获1986年机械工业部科技成果三等奖；“CS-UX02左右转向节加工组合机床自动线”获1980年机械工业部科技进步三等奖。

发表论文10余篇，主要有：《铸铁端面刮削时切削力与功率的计算》《深孔加工常用的几种分级进给机构》《小直径深孔加工控制方法可靠性试验》等。

参考文献

[1] 海宁市政协文教卫体与文史委员会.海宁世家：上[M].北京：人民日报出版社，2012.

唐炳燮

唐炳燮（1935—　），浙江海宁人，中国地震局地震研究所副研究员。1962年，分配至中科院测量与地球地理研究所航测室。1991年，作为高级学者赴苏联访问。

唐炳燮长期从事航测遥感与计算机软件开发设计。《独立模型法区域网平差FORTRAN语言程序》获1983年湖北省和国家地震局科技进步三等奖。

发表论文10余篇，主要有：《独立模型法区域网平差FORTRAN程序系统》《提高空中三角形变测量精度的几点措施》《土地调查面积量算新作业方案及信息处理系统》等。

参考文献

[1] 周望森.浙江古今人物大辞典：续编[M].北京：方志出版社，2001.

虞心南

虞心南（1935—　），浙江海宁人，中国科学院物理研究所副研究员。

虞心南长期从事固体物理学研究。他先后赴瑞士苏黎世理工高等学院固体物理研究所和日本东京工学院大学化学能实验室进行贮氢材料、非晶态合金金属氢化物负极材料和氢化物镍充电电池等研究。曾获部级技术鉴定成果两项，中国科学院重要科学技术成果三项。

发表论文40余篇，主要有：《硅、钛对炸聚晶金刚石一些性能的影响》《$LaNi_5$的硫化物中毒及其再生的表面研究》《贮氢材料TiFeMm中毒与再生的研究》等。

参考文献

[1] 单锦珩 . 浙江古今人物大辞典：下 [M]. 南昌：江西人民出版社，1998.

吴国威

吴国威（1935—　），浙江海宁市硖石人，清华大学电子工程系教授。毕业于清华大学无线电电子学系，后留校任教。曾任清华大学实验室主任，兼任中国电子学会信号处理分会理事等职。

吴国威长期从事电子技术教学和研究工作，以信号图像处理、计算机视觉图像识别和人工智能研究为主要内容。主要研究成果有：先后研制了“TJ-82图像计算机”“GIEB微机高速图形图像处理系统”“IA-87医学图像分析系统”“动态图像视觉跟踪分析系统”“智能地形地图处理系统”等项目，多次获得部委级奖励，部分研究成果还获国家发明专利权。

译著：《数字图像处理》（科学出版社，1981年）。发表论文40余篇，主要有：《三维物体表面的纹理综合》《一种递推最小二乘图像参数辨识》《一种复杂环境下目标图像的自动分割方法》等。

来源

海宁市档案馆 . 当代海宁名人录（第一集）. 1996.

陆锦清

陆锦清（1935—　），浙江海宁人，中共党员，高级工程师。1961年毕业于北京农业机械化学院。海宁市农业机械化技术培训学校副校长。1993年被农业部评为全国农机化科技先进工作者。

陆锦清长期从事农业机械研发。1989年，完成市级课题“51DMF-700复脱机”，通过市级科研鉴定，获国家发明专利。

参编著作：《农机修理工读本》（浙江科学技术出版社，1986年）。主编方案：《海宁县农业机械化区划》获浙江省农业区划委员会科技成果三等奖。

参考文献

[1]《中华人物辞海》编委会．中华人物辞海：当代文化卷1：上[M]．北京：中国国际广播出版社，1997.

俞朱麟

俞朱麟（1935—　），浙江海宁市硖石人，杭州民生药厂高级工程师。1963年，毕业于浙江医科大学药学系，分配至杭州民生药厂工作。历任民生药厂技术员、车间副主任、主任、副厂长、厂长、董事长、总经理等职，兼任中国化学制药工业协会、中国学生营养促进会杭州分会常务理事等职。

俞朱麟长期从事药物合成技术的科研和企业管理领导工作，主要科研成果有：主持进行咖啡因二甲脲路线的工艺改革，做到一次投产成功；主持并决定应用异喹啉作载热体于二甲脲生产，使咖啡因各项技术经济指标达到全国先进水平，产品连续三年被评为全国第一，并获得国家金质奖。

发表论文20余篇，主要有：《提高醋酐在咖啡因缩合生产过程中的回收利用》《咖啡中间体DM、FAu母液的处理改进》等。

参考文献

[1] 中国专家人名辞典编委会.中国专家人名辞典2[M].深圳：海天出版社，1991.

虞润身

虞润身（1935—　），浙江海宁丰士人，同济大学教授。1951年，参加中国人民解放军，在部队雷达学校因学习成绩优秀，得到军委军校嘉奖，1954年到东北部队，1955年复员转业考入高校，先后在青岛工学院及武汉测绘学院工测系学习。1960年毕业后分配至同济大学任教，历任测量实验室主任、测绘仪器校准实验室（沪计量）顾问，兼任上海市计量校准实验室评审委员会比对试验专家组特邀专家、中国莎士比亚学会名誉理事。

虞润身长期从事测量学的教学和电子测量新技术的科研和实验室建设。因教学成绩出色，获校“教学、科研、管理综合特等奖”及“优秀学生工作者”奖励。20世纪70年代以来，从事“激光与红外光电测距仪及电子全站仪”这一电子测量新技术的科研、生产实践及检测方面的工作。1973年，虞润身参加由武汉地震研究所主持的我国第一台自行研制的激光测距仪野外测试全过程工作；1975—1978年，在上海参加我国第一台自动数字显示DCS-1型激光测距仪协作科研，获1977年上海市重大科技成果奖；1987—1991年，参加由上海勘察院主办的城乡建设部华东地区“电磁波测距仪综合检测场”的协作科研，获1993年建设部科技进步二等奖；1988—1992年，主持筹建上海市第一个光电测距仪检定中心——同济大学光电测距仪检定中心。

参编全国高校教材《控制测量学》（测绘出版社，1986年），自编校本教材《光电测距》《红外测距仪与电子速测仪》。作为主编负责人参与制定《全站型电子速测仪国家计量检定规程》《相位式红外测距仪系列及其试验方法和技术条件标准》《中、短程光电测距规范》及国家新技术局关于“我国中、短程光电测距仪研制”的攻关论证。发表论文20余篇，主要有：《90年代电子全站仪的新发展及其计量检测》《光电测距仪的常数检测与地区比长基线的长度设计》《评国产精品D3 000及D2 000红外测距仪的性能与精度检定》等。

参考文献

[1]《同济大学教授录》编委会. 同济大学教授录[M]. 上海：同济大学出版社，2007.

赵正甫

赵正甫（1935— ），浙江海宁盐官人，中国科学院高技术企业局处长、高级工程师。1949年1月—1956年1月，在上海中西静记药房工作；1956年1月—1958年9月，在原南京军区后勤部工作；1958年9月—1963年1月，在中国科学院物理研究所工作和中国科技大学学习；1963年1月—1972年9月，在中国科学院办公厅工作；1972年9月—1978年2月，在中科院物理所、中国科学院导体研究所工作；1978年2月—1981年，在中国科学院中国科学院办公厅工作，1981年12月以后，在中国科学院教育局、新技术开发局、高技术企业局工作，历任秘书、室副主任、副处长、处长等职，兼任中国档案分类法科学研究档案分类表编委。

赵正甫长期从事科技教育、新技术开发、高技术等研究和管理工作。参编著作：《中国科学院企业家手册》（中国科学院新技术开发局，1987年）、《中国科学院科技企业法规文件汇编》（中国科学院高技术企业局，1997年）等。

来源

海宁市档案馆. 当代海宁名人录（第二集）. 2000.

钱士文

钱士文（1935— ），浙江海宁路仲人，中共党员，北京北方车辆制造厂设计所研究员级高级工程师、所长，享受政府特殊津贴。1960年，毕业于北京工业学院车辆工程系，后分配到618厂工作。2016年，其名字被刻在北京火车站旁的明城墙遗址公园的劳模墙上。中华人民共和国人事部于1988年授予“中青年有突出贡献专家”称号；1989 年，被授予“北京市劳动模范”称号；1991 年被授予“兵器工业劳动模范”称号；1989 年和 1995 年，两次被国务院授予“全国劳动模范”称号。

钱士文长期从事装甲车的科研设计和技术管理工作。1973—1982 年，我国的装甲车安装使用引进德国技术的风冷柴油机开发成功，使我国装甲车的技术水平上了个台阶并且打入国际市场，钱士文在技术上起了重要作用，为国防现代化和出口创汇做出了贡献，并使我国轻型履带装甲车发展成为世界上仅次于美国和俄国的第三大轻型履带装甲车族。该项目 1985 年获国家首届科学技术进步一等奖，在主要完成人中名列第一。1983—1989 年，任 ×× 式履带装甲车副总设计师，该车是我军第二代装甲车，其性能和可靠性、维修性得到部队的好评。1986 年，作为中国兵器工业十名专家之一受到党和国家领导人的接见。退休后于 1997—2005 年，在 502 工程和 212 等工程中以顾问的身份参加了我国重点工程的研制，在技术上做出了贡献。

发表论文 20 余篇，主要有：《风冷柴油机在装甲车上的应用》《履带车辆最小滚动阻力系数和行动部分效率》《扭杆弹簧硬化强扭理论的研究》等。

参考文献

[1] 胡天乙，勒贵珍 . 坦克情缘 [M]. 北京：北京理工大学出版社，2010.

朱嘉英

朱嘉英（1935—　），女，浙江海宁硖石人，中国水利水电科学研究院高级工程师。

朱嘉英长期从事农业灌溉节水管理研究工作。主编著作：《灌区用水管理与量水技术论文集》（中国水利水电出版社，1997 年）、《灌区信息技术与水管理论文集》（中国水利水电出版社，2003 年）。参编著作：《节水灌溉工程实用手册》（中国水利水电出版社，2005 年）。发表论文 10 余篇，主要有：《灌溉渠系节制闸结构型式的试验研究》《简易量水槛在冶河灌区矩形断面渠道上的应用》《我国第一部灌溉渠道系统量水规范即将发布施行》等。

参考文献

［1］沈明明，海宁市地方志编纂委员会．海宁年鉴：2004［M］．北京：方志出版社，2004.

严仰光

严仰光（1935— ），浙江海宁人，南京航空航天大学自动化控制室教授、博士生导师，享受政府特殊津贴。1958年毕业于南京航空学院航空电机电器专业，后留校任教，是航空电源航空科技（部级）重点实验室的创建者与首任主任。

严仰光长期从事航空电源系统电机与控制、功率变换技术的教学和科研工作。在教学方面，讲授《电工基础》《飞机电器设备》《飞机电源系统》等课程。在科研方面，1991年研制的以电力电子变换器为核心的变速恒频电源被确定列入航空航天部产品发展规划。成果斐然，先后获国家技术发明二等奖、省部级技术发明一等奖、科技进步二、三等奖多项。

主编著作：《航空航天器供电系统》（航空工业出版社，1995年）、《民航飞机供电系统》（航空工业出版社，1998年）、《脉宽调制DC/DC全桥变换器的软开关技术》（科学出版社，1999年）、《直流开关电源的软开关技术》（科学出版社，2000年）、《双向直流变换器》（江苏科学技术出版社，2004年）、《多电飞机的电气系统》（北京航空航天大学出版社，2016年）。发表论文300余篇，主要有：《无刷直流电动机及其余度接术》《多电飞机与电力电子》《变速恒频电源系统电动工作状态数学模型》等；获授权国家发明专利36项。

参考文献

［1］谢恩光．浙江教育名人［M］．杭州：浙江教育出版社，1994.

都　亨

都亨（1935— ），浙江海宁人，曾任中国科学院空间科学与应用研究中心副主任，中国科学院国家空间科学中心研究员。1960年，北京大学物理系毕业，1965年，同系研究生毕业。世界数据中心中国中心空间科学中心主任。兼任中国空间科学学会理事、中国地球物理学会理事，《空间科学学报》编委等职。

都亨长期从事空间物理、空间环境、空间环境与航天器相互作用、空间环境与军事应用的研究工作。在研究生阶段他就开始进行空间环境研究，参与我国第一颗卫星“东方红一号”在轨道上可能遇到的高能质子和电子的累积通量的计算。1986 年我国开始执行的高技术研究计划，他承担了针对空间站外环境进行的概念研究，全面分析了空间环境对航天器可能产生的影响，提出了我国开展空间环境研究的规划建议。1987 年，他的太阳风进入磁层的机制研究获中科院自然科学二等奖。1988 年，由他组织实施了“大气一号”气球型卫星项目，于 1990 年 9 月 3 日，由“长征四号”运载火箭送入太阳同步轨道，获得 500 ~ 900 千米高度范围内的高层大气密度。此外，他还主持了“实践四号”工作，成功于 1994 年 2 月 8 日由“长征三号甲”运载火箭送入大椭圆轨道，获得了辐射带强度的空间分布，单粒子事件翻转率及其空间分布，测量到卫星被充电事例。成功地分析了发生的单粒子锁定事件并加以恢复，随后制定了研究单粒子事件对策的“实践五号”卫星方案，在太阳同步轨道上测量了地球辐射带和太阳质子事件的分布，试验了多种抗单粒子事件的对策。“实践四号”和“实践五号”分别获得 1995 年和 2001 年中国科学院科技进步一等奖。

20 世纪 80 年代中期，都亨筹建数据库，开始系统地积累国内外空间环境数据。1990 年，作为世界数据中心的组成部分，正式建立了世界数据中心中国数据中心空间科学学科中心。

1992 年，我国载人航天计划正式启动，将空间环境保障纳入工程系统，曾任“神舟”工程应用系统副总设计师和“空间环境预报监测分系统”主任设计师，组建了空间环境预报中心。该中心在设计阶段提供了各种空间环境参数，预测了可能对飞船的影响，提供了太阳活动和空间环境变化的长期、中期、短期预报和现报，以及事件发生前的警报。为此预报中心得到“保障有力”的嘉奖。“神舟”飞船首次飞行时组织了狮子座流星雨的预报，工程总部依据预报将发射时间推迟 48 小时，这也是我国第一次由于空间环境原因改变航天器发射计划。

20 世纪 90 年代末，都亨注意到空间环境在现代战争中的重要作用，提出军事空间环境的概念和研究规划建议。2000 年，国防科学技术委员会启动了“空间碎片行动计划”，组织国内力量全面开展了空间碎片研究，都亨被任命为首席科学家。“十五”期间取得了较大的进展：改善了空间碎片观测手段；建立了空间碎片数据库；比较、分析了国外空间碎片工程模式；掌握了在发射前和在轨运行的空间碎片碰撞预警技术并在“神舟五号”发射时得到应用；全面开展空间碎片防护研究，使空间碎片减缓取得突破。

主编著作：《英汉空间物理学词汇》（科学出版社，1981年）、《空间科学词典》（科学出版社，1987年）、《低轨道航天器空间环境手册》（国防工业出版社，1999年）、《空间碎片》（中国宇航出版社，2007年）、《进入太空日地空间探索》（陕西人民教育出版社，2016年）。发表论文20余篇，主要有：《“实践四号”及空间带电粒子探测》《磁暴主相的经度不对称性》《Dst指数和AE指数的相关关系》等。

参考文献

［1］陈思亮，中国科学院国际学术交流中心，北京华夏前程教育研究院．科学骄子 中英文本［M］．北京：原子能出版社，2006.

杨槐堂

杨槐堂（1935— ），浙江海宁庆云人，浙江大学机械系教授。1953年8月毕业于上海高级机械学校机械科，后考入浙江大学机械系。1958年提前毕业，后留校任教。曾任力学实验室主任，兼任中国力学学会会员。

杨槐堂长期从事机械结构强度和实验力学的研究。在教学方面，开设《材料力学》《实验应力分析》《断裂力学》等课程。

译著：《体积力法：一种以叠加原理为基础的数值解析方法》（浙江大学出版社，1990年）。发表论文20余篇，主要有：《光弹性与全息光弹性确定应力强度因子的一个修正方法》《裂纹尖端应力场和位移场沿 $\theta=0°$ 与 $\theta=90°$ 方向的精确解》《关于内椭园裂纹应力强度因子 K_1 公式的推导》等。

参考文献

［1］中国人民政治协商会议浙江省海宁市委员会文史资料委员会．当代海宁人《海宁人物资料》：第2辑［M］．海宁县政协文史资料工作委员会，海宁县文学艺术界联合会，1988.

吴鹏程

吴鹏程（1935—　），浙江海宁人，中国科学院植物研究所研究员，享受政府特殊津贴。1956年，毕业于复旦大学生物系植物学专业，后分配到北京中国科学院植物研究所工作。1983年和1989年，被聘为美国密苏里植物园副研究员、研究员。曾任中国科学院植物研究所植物分类与进化研究中心主任，兼任《中国孢子植物志》副主编、中国植物学会苔藓专业委员会主任等职。

吴鹏程长期从事苔藓植物区学的分类及植物地理学领域的研究，在中国苔藓植物区系及植物地理学、规律方面均有所发现。他曾组织或参加过20余次野外考察，采集25 000余号标本。主持国家自然科学基金课题：《中国苔藓植物区系与地理分布的研究》《中国苔藓植物东亚特有属和中国特有属的生物学研究》《中国—北美苔藓植物区系及其渊源关系》；中国科学院课题《中国—北美苔藓植物区系研究》《四川华西亚高山植物园颐龙天然苔藓园的调查及其成因研究》。

主要成果：论证喜马拉雅山系隆升对中国苔藓植物区系的影响，从而孕育了中国特有属和东亚特有属；应用板块学说探讨我国苔藓植物区系的成因，对西藏、横断山区、西双版纳和海南存在大量冈瓦纳成分，获得较合理的解释；首次报道我国苔藓植物的东亚特有属和中国特有属的3个分布中心；在我国10个省区发现百余种叶附生苔类植物，其中新种20余种，使我国列入世界最丰富的叶附生苔类植物地区之一；证实了中国和北美苔藓植物区系方面存在密切的关系，两地区还有“活化石”苔藓植物被发现；喜马拉雅山系总的影响在我国显示存在3条分布路线，即由喜马拉雅经秦岭及至我国东北地区、自喜马拉雅向东南达台湾。

主编著作：《中国藓类植物属志（上、下册）》（科学出版社，1978年，获中科院科学技术进步特等奖），《苔藓名词及名称》（科学出版社，1984年），《西藏苔藓植物志》（科学出版社，1985年），《中国苔藓植物孢子形态》（青岛出版社，2006年），《中国高等植物图鉴》（科学出版社，2016年，获国家自然科学一等奖），《隐花植物生物学》（海洋出版社，2016年），《中国苔藓图鉴》（中国林业出版社，2018年）等。发表论文100余篇，主要有：《海南岛苔类植物区系与地理分布的初步讨论》《喜马拉雅南翼苔藓植物的区系特性及其来源》《第四纪藓类植物化石在中国的发现》等。

参考文献

[1] 复旦大学校友联络处 . 复旦学子 [M]. 上海：复旦大学出版社，1995.

潘兆芳

潘兆芳（1935— ），浙江海宁人，高级工程师，中国建筑工程总公司上海分公司副总经理。1961 年，毕业于同济大学土木系，长期从事建筑施工工作。

参考文献

[1] 刘振元,《上海高级专家名录》编辑部 . 上海高级专家名录：第 4 卷 [M]. 上海：上海科学技术出版社，1994.

王 莹

王莹（1935— ），女，浙江海宁人，上海市化工职业病防治研究所主任医师，享受政府特殊津贴，是全国化学中毒救治的知名专家。1957 年，毕业于华西医科大学卫生系。1985—1986 年，先后赴意、美参加国际职业卫生流行病协会学术论文交流。兼任中华预防医学会化工分会副主任，上海市预防医学会劳动卫生与职业病分会秘书，上海医科大学研究生兼职导师，上海市中毒控制中心专家，上海市司法鉴定中心法医毒物鉴定专家等职。1986 年及 1991 年，获化工部“六五”“七五”期间化工工作卫生“先进工作者”称号；1992 年，获“全国优秀女职工”称号；1992 年，获得国务院“突出贡献专家”称号；1994 年，获上海市“专业技术拔尖人才”称号。

王莹长期从事职业病防治、妇女劳动卫生、微量元素、职业性皮肤病、急性中毒抢救等医疗、科研及教学工作。她承担了慢性苯中毒早期诊断等职业病诊断标准及处理原则的研制；经常参加国内重大急性化学中毒事故的急救处理，使病人转危为安；在带教工作中，为全国职业中毒及化学中毒救治培养了大批人才。1979 年，因“聚四氟乙烯职业中毒的研究”获全国医药卫生科学大会奖。1981 年，获卫生部化工部全国防治有机氟中毒科技奖。

主编著作:《有机氟化合物中毒防治》(化学工业出版社，1979年)、《化工职工中毒临床手册》(人民卫生出版社，1982年)、《职业病症状诊断》(人民卫生出版社，1987年)、《现代职业医学》(人民卫生出版社，1996年)。发表论文100余篇，主要有:《慢性重度苯中毒致难治性贫血——临床病例讨论会》《塑料分解产物急性中毒92例临床报告》《硫酸二甲酯与氨混合气体吸入性损伤13例临床分析》等。

参考文献

[1] 王莹主任医师从事职业医学和化学中毒救治50周年座谈会召开[J]. 职业卫生与应急救援，2007(5): 222.

周炳林

周炳林(1935—)，浙江海宁人，中国科学院上海冶金研究所副研究员。1962年，毕业于北京大学物理系。1966年，研究生毕业于中国科学院半导体研究所。

周炳林长期从事半导体物理、半导体测试。发表论文30余篇，主要有:《具有阳极氧化层的N-InP肖特基势垒的研究》《分子束外延AlxGa1-xAs中的持续光电导中心》《关于GaAs的低迁移率问题》等。

参考文献

[1] 刘振元,《上海高级专家名录》编辑部. 上海高级专家名录：第1卷[M]. 上海：上海科学技术出版社，1992.

张芝和

张芝和(1935—)，浙江海宁丰士人，核工业第二研究设计院高级工程师。1961年，毕业于上海交通大学起重运输机械系，后分配至核工业第二研究设计院工作。曾任院技术科科长，兼任全国核能标准化技术委员会动力堆分会委员。

张芝和长期从事核反应堆工艺运输研究设计、核工业标准化管理、技术管理等工作。1961—1972年，他主持研究的核反应堆工艺运输设计工作，满足技术质量要求。组织制定46项核工业国家标准、行业标准，为核工业标准化工作做出了一定的贡献。

主编著作:《原子能工业机械设计材料手册》(原子能出版社，1979年)。发表论文有:《对核电标准化工作的探讨》。

来源

海宁市档案馆．当代海宁名人录（第二集）. 2000.

张金奎

张金奎（1935— ），浙江海宁人，沪东造船厂高级工程师。1954年，毕业于上海船舶制造学校焊接专业，长期从事船舶结构建造及设计工作。

参考文献

[1] 刘振元,《上海高级专家名录》编辑部．上海高级专家名录：第4卷[M]. 上海：上海科学技术出版社，1994.

翁宝华

翁宝华（1935— ），女，浙江海宁人，高级工程师。1958年，毕业于同济大学卫生工程系，长期从事给排水工程研究。

参考文献

[1] 刘振元,《上海高级专家名录》编辑部．上海高级专家名录：第4卷[M]. 上海：上海科学技术出版社，1994.

王正元

王正元（1935—　），女，浙江海宁人，中共党员，副主任医师，享受政府特殊津贴，是富阳妇产科创始人。1953 年 8 月，毕业于浙江省卫生学校助产士班，后到富阳县(现为富阳市）人民政府卫生院工作，历任富阳县卫生院、富阳县人民医院妇产科主任、副院长等。兼任浙江医科大学杭州分校、杭州医学高等专科学校副教授。曾两次当选全国“三八”红旗手、两次当选全国卫生系统“先进工作者”、两次当选浙江省“劳动模范”、并获得“全国计划生育先进工作者”等荣誉。1989 年，浙江省卫生厅、杭州市卫生局授予其“好医师”称号。1994 年，中共富阳县委、县人民政府授予“有突出贡献的优秀专业技术人才”称号。

王正元长期从事妇科医术，熟练掌握子宫切除、盆腔清扫等大难度手术，完成多项临床科研任务，改良了终止中期妊娠引产的方法，探索出了中西医结合保守治疗宫外孕、子宫肌瘤的新路子，四次改进输卵管结扎手术，达到了切口准、操作稳、动作轻和手术快、刀口小、损伤少、复孕率低的要求，她做的 2 万余例绝育手术无一例事故。发表论文有《24 例带宫内节育环并发宫外孕的临床分析》等。

来源

浙江省富阳市妇女联合会 . 富阳妇女运动史：上下 建国前—1998.12. 2000.

俞芝娘

俞芝娘（1935—　），浙江海宁人，中国海洋石油总公司东海石油公司高级工程师。1962 年，毕业于同济大学城市建设系，长期从事建筑及工程管理。

参考文献

［1］刘振元，《上海高级专家名录》编辑部 . 上海高级专家名录：第 4 卷［M］. 上海：上海科学技术出版社，1994.

吴君侯

吴君侯（1935—2017），浙江海宁丰士人，上海市建工集团总公司总工程师、教授级高级工程师。1958 年，毕业于同济大学结构系工业与民用建筑专业，后分配在上海市建筑工程局工作。1958 年 9 月—1985 年 8 月，先后在上海市第四建筑工程公司、上海市第七建筑工程公司、上海市建筑工程管理局、上海市建工集团总公司工作。兼任国家建筑施工学术委员会、上海市建设委员会科学技术委员会委员，中国滑模协会、上海地区空间结构技术发展中心、上海市预应力技术协会副理事长，上海滑升技术工程学会理事长等职。

吴君侯长期从事建筑施工技术和管理工作，曾负责上海市多项重大工程施工和技术管理。负责上海吴泾化工工业区、闵行机电工业区等大、中型工程项目的施工。主持多项大中型项目的施工组织设计的编审，如上海闵行发电厂多台 12.5 万千瓦扩建工程、上海 728 核电站设备工程、华亭宾馆、希尔顿大酒店等。1970 年，担任上海文化广场抢建工程指挥，该工程首次采用大型钢结构网架，现场拼装就位，实现整体吊装成功，为我国大型钢网架整体提升安装提供了范例。1972—1974 年，与上海机电设计院、同济大学合作，研究采用高强钢丝束预应力混凝土，制造大型模锻水压机的设计与施工课题，在上海高压容器厂建成一批高强钢丝束的预应力混凝土水压机。其中“5 000 吨预应力钢筋混凝土水压机的设计与施工”获 1978 年全国科学大会奖。1983 年主持“滑一浇一”高层建筑施工工艺的研究，其成果获 1985 年上海市重大科技成果三等奖。1986 年以后，主持和参与多项大型工程的施工方案制订和审查，参与上海东方明珠电视塔、上海南浦大桥、杨浦大桥施工方案的制订。其中上海地铁工程的科研攻关，其“淮海路地铁车站逆作法施工”课题获市科技成果二等奖。

参编著作：《高层建筑施工手册》（同济大学出版社，1991 年）。发表论文 10 余篇，主要有：《多层冷库采用钢台模技术的技术经济效果》《滑升模板技术在高层建筑中推广应用前景》《5 000 t 高强钢丝预应力混凝土水压机的施工工艺》等。

来源

海宁市政协文史资料委员会 . 海宁人物资料：第 8 辑 . 1997.

王兆洪

王兆洪（1935—2015），浙江海宁硖石人，高级工程师。1961年，毕业于北京铁道学院铁道系站场设计专业，后分配至满洲里车站参加工作。1974年1月返回海宁。1979年10月起，在海宁市水机局工作，历任水机局勘测设计室副主任，水利技术服务站副站长，水利勘测设计所副所长、所长等职。

王兆洪长期从事桥梁设计建造工作。1977—1986年设计建造的农村河道桥梁、市河桥梁有：出海工程桥梁、长山河首批桥梁、盐官出海三孔大跨径的桁架拱桥、硖石镇茅桥、高阳桥、解放桥、袁花支河桥梁、黄山港工程桥梁等。

1992年，他对盐官上塘河提出桥梁建设方案并完成盐官下河补偿河道的跨河桥的初步设计，组织完成硖石镇水月亭大桥的总体设计和施工；1993年，他组织完成国家重点水利工程南排上塘河跨河25座桥梁设计；1994年，他组织完成南排盐官下河17座跨河大桥的初步设计，负责伊桥大桥的总体设计和桥梁引道的部分设计，完成盐仓海涂2座桥梁的总体和沉桩设计；1995年，他完成盐官下河的设计，负责跨河桥的总体布置和引桥的桥位平面设计，负责完成海宁市东西大道跨盐官下河的29号A桥平面总体设计；1996年，他帮助水利勘测设计所承担盐官下河各桥的总体平面布置；1997年，他完成南排盐官上河修川桥梁总体平面布置图；1998年，他负责完成南排盐官上河修川桥、石井桥和万顺桥的总体布置。在长生堰桥的建造中采用“水上钻孔灌注桩”及“承台浇筑”的新施工工艺，仅用了7个半月就完成了全长129米的大桥，节省预算2.4万元。此项技术在浙江省水利系统领先，该桥获得1982年嘉兴地区二等奖。

发表论文有《长生堰桥水上钻孔灌注桩和承台浇筑施工工艺》等。

来源

资料原于微信公众号：海宁一中校友文化工程。

居滋象

居滋象（1935—　），浙江海宁盐官人，中国科学院电工研究所研究员，博士生导师，享受政府特殊津贴。1959年，毕业于苏联乌拉尔工学院。1959—1961 年，在西安交通大学任教；1962—1965 年，赴苏联莫斯科动力学院攻读研究生，获苏联技术科学副博士学位；1965 年回国后分配在第七机械工业部一院工作；1972 年，调至中国科学院电工研究所工作。历任西安交通大学助教、中科院电工研究所研究员、研究室主任。“七五”、“八五”期间兼任国家“863”高技术计划燃坛磁流体发电主题专家组组长，国际磁流体发电联络组执行委员，第 11 届磁流体发电国际会议组织委员会主席等职。

居滋象长期从事传热学和磁流体发电研究工作。主要科研成果有：参加研制的“一号磁流体发电机组”，获中科院重大成果奖；主持研究开发的“千千瓦级磁流体发电机组”，获中科院科技进步二等奖；负责进行的“磁流体发电机的理论分析和基础研究”，获中科院自然科学二等奖。1986—1988 年，中美合作进行的“高互作用磁流体发电机中流体力学研究”，他为中方负责人。

主编著作：《开环磁流体发电》（北京工业大学出版社，1998 年）。译著：《载热质泄出过程研究》（原子能出版社，1982 年）。发表论文 60 篇，主要有：《磁流体发电——一种新型的发电方式》《千千瓦级磁流体发电机组 KDD-2 的研制》《添加种子的煤燃烧产物的组分、热力和电物理性质》等。

参考文献

[1] 庄毅，中华人民共和国人事部专家司．中华人民共和国享受政府特殊津贴专家、学者、技术人员名录 1992 年卷 第 3 分册 [M]．北京：中国国际广播出版社，1996.

朱世伟

朱世伟（1935— ），浙江海宁人，副主任医师。1959 年，毕业于上海第一医学院医疗系，擅长心血管疾病的诊治。参编著作：《心悸》（上海科学技术出版社，1978 年）。

参考文献

[1] 王德祥，《中国专家人名辞典》编委会．中国专家人名辞典 [M]．北京：中国城市经济社会出版社，1989.

宋来凤

宋来凤（1935— ），浙江海宁石路人，中国医学科学院和中国协和医科大学的心血管病理研究员、教授和研究生导师，享受政府特殊津贴。1960 年，毕业于上海第一医学院医疗系，后分配至阜外心血管病医院（现中国医学科学院阜外院）工作。曾任病理科副主任、主任，兼任院所学术委员会委员和副主任委员，国家标准局医用电器标准化委员会委员，《中华心血管病》《中国循环》杂志编委。

宋来凤长期从事心血管病的临床病理和研究工作，对疑难的心血管病能做出较正确的病理诊断。对心肌缺血 – 再灌注损伤、心脏肿瘤、心脏生物瓣的远期损坏原因及计算机在心血管病理领域中的应用等有较深的造诣。

在心肌缺血 – 再灌注损伤研究方面，他建立起国内第一套包括灌流、起搏、检测等功能的整套离体大鼠心脏灌流装置和离体大鼠心脏的缺血模型。研究证明，心肌细胞从缺血到死亡是个渐进又有突变的过程，心肌细胞膜的完整对其维持生存至关重要；最先观察到缺血过程中的肌原纤维过度收缩可致细胞膜撕裂；不可逆期的再灌注可激发心肌细胞坏死形态的加速出现等。作为这一系列研究总结的“离体大鼠心脏缺氧损伤的功能、代谢和形态改变及其相互关系的研究”获 1985 年卫生部科学技术成果乙级奖。“八五”期间进一步研究了高钾对心肌再灌注损伤的保护机理，证明高钾灌注确能抑制肌原纤维的过度收缩，从而减轻心肌细胞膜和毛细血管内皮细胞的损伤和破坏，这一研究获 1991 年中国医学科学院科技进步三等奖。

他在心脏原发肿瘤的病理研究方面收集到大量证据，证明心脏黏液瘤是真性肿瘤，有多分化性，最先提出了心脏黏液瘤的多发和再发概念。发现心脏黏液瘤即使组织分化良好亦有远距离种植的能力，因此其良、恶性的判断要依其综合的生物学行为而不是单一的组织形态。研究发现，瘤与心壁间恒有弹力纤维板间隔，这可作为肿瘤是否完全切除的形态标志。研究成果作为“心脏黏液瘤的诊断、治疗和病理学研究”的主要组成部分获 1982 年卫生部科学技术成果甲级奖。在此基础上还研究了心脏的非黏液性肿瘤，为各类非黏液性肿瘤的临床诊治提供病理学依据。“牛心包生物瓣远期损坏的原因分析”获中国医学科学院、中国协和医科大学 1995、1996 年度院校临床医疗成就三等奖。

他还将计算机运用于心血管病理领域。早在 20 世纪 80 年代末，就建立了病理资料数据库，率先实现阜外医院病理资料的微机管理。“心血管病理资料的微机管理”获 1989 年中国医学科学院科技进步一等奖。又根据心血管病理形态定量分析的特殊要求，应用图形学、图像处理和形态计量等技术完成一套专用的“心血管病理图像微机计量系统”软件，该系统能根据在离体器官上测量到的参数，自动推断在体时的相应参数，使形态定量分析更接近生活状态，是国内最先完成的仿真形态计量系统。

参编著作：《原发性心肌病组织形态与超微结构图谱》（人民卫生出版社，2018 年），另有《心血管病》《病理学》等医学专著。发表论文 60 余篇，主要有：《从干细胞诱导成心肌细胞研究中的理论和技术瓶颈》《心血管病理对现代心脏病学应起作用的思考》《病理图像的数字化处理》等。

参考文献

［1］曹新忠．阜外医院名医［M］．北京医科大学，中国协和医科大学联合出版社，1995.

徐振忠

徐振忠（1935— ），浙江海宁人，中共党员，哈尔滨船舶锅炉涡轮机研究所研究员，副总工程师，博士生导师，享受政府特殊津贴。1962 年，毕业于西安交通大学。曾任中国齿轮专业协会理事。

徐振忠长期从事中国舰船动力传动装置设计研究，是该专业学科带头人。多年来参与中国第一代导弹驱逐舰和核潜艇动力装置的研制，为中国船舶工业做出了贡献。1978—1997 年，先后获得全国科学大会奖 1 项，国防工业重要科技成果二等奖 1 项，中国船舶工业科技进步二等奖 3 项、三等奖 2 项。

发表论文 20 余篇，主要有：《船舰用齿轮箱轴承孔的中心位移及轴线偏移量计算》《船用传动齿轮齿面接触应力分布及修形研究》《船用大功率 CCG 传动系统研究》等。

参考文献

［1］《中华人物辞海》编委会．中华人物辞海：当代文化卷 1 中［M］．北京：中国国际广播出版社，1997.

陈根荣

陈根荣（1936—　），浙江海宁人，青岛大学口腔科教授。1962 年毕业于上海第二医科大学口腔系。

陈根荣长期从事口腔内科学的临床治疗、教学及科研工作。发表论文 10 余篇，主要有：《奋乃静致口腔颌面部肌张力障碍一例报告》《舌动脉争光霉素灌注治疗舌癌 15 年后复发 1 例报告》《三叉神经第二支扯除术治疗上颌支三叉神经痛》等。

参考文献

[1] 青岛大学医学院院志编写组 . 百年沧桑青岛大学医学院附属医院志：1898—1998 [M] . 青岛：青岛出版社，1998.

查良伦

查良伦（1936—　），女，浙江海宁人，上海医科大学中西医结合研究所中西医结合教授，硕士研究生导师。1960 年，毕业于上海第一医学院医疗系，1963 年，获得临床基础内分泌生化副博士学位，毕业后在华山医院内科工作。

查良伦长期从事内科、内分泌医疗、教学和科研工作及中西医结合“肾本质”理论研究，重点研究计划生育、针刺麻醉机理及探讨肾阳虚“证”的物质基础，发现凡肾阳虚患者下丘脑 – 垂体 – 肾上腺皮质轴功能低下，补肾法可改善患者的功能状态，证实肾阳虚证具有特定物质基础的科学论据；“长效口服避孕药研究”和“针麻原理研究”被列为国家重点攻关课题，在国内处于先进水平。

1977 年，负责筹建成立华山医院脏象研究室，致力于甲状腺疾病、糖尿病、垂体瘤等常见内分泌代谢疾病的中西医结合治疗研究，并研制多种中成药在临床应用，获满意疗效。科研工作先后获卫生部二等乙级、乙级，上海市一等、三等、重大科技、医药卫生及高校科研等多项成果奖。

发表论文 60 余篇，主要有：《天寿液对Ⅱ型糖尿病患者细胞膜活性和能量代谢的影响》《中药对免疫豚鼠血清 α – 淀粉酶活力及抗体产生的影响》《补肾中药拮抗皮质激素所致副反应的实验观察》等。

来源

资料由家属提供。

查良钰

查良钰（1936—2002），浙江海宁人，淮南矿业集团高级工程师。毕业于北京矿业学院，曾任安徽淮南市政协副主席。

参考文献

[1] 查济民．海宁查氏［M］．香港：中国书画出版社，2006.

查忠阶

查忠阶（1936— ），浙江海宁人，上海化工研究院高级工程师，毕业于华东化工学院。

参考文献

[1] 查济民．海宁查氏［M］．香港：中国书画出版社，2006.

吴在德

吴在德（1936— ），浙江海宁新仓人，天津大学数学系教授，长期从事数学教学及研究工作。发表论文10余篇，主要有：《一致抛物型方程广义解的弱最大值原理和唯一性定理》《一类非线性抛物型方程整体解的存在性和衰减估计》《椭圆型方程广义解的Phragmen—Lindelof原理》等。

参考文献

[1]《海宁市教育志》编纂委员会．海宁市教育志［M］．杭州：浙江教育出版社，1995.

曹国瑞

曹国瑞（1936—　），浙江海宁人，兰州铁道学院教授。1959年毕业于唐山铁道学院。

曹国瑞长期从事热能动力机械与装置的教学和科研工作。主编高等学校教材《内燃机车电力传动》（中国铁道出版社，1990年）；发表论文10余篇，主要有：《ND5型机车SENTRY屏的改造》《语音合成技术在车载微机系统中的实现》《采用微机控制的机车空转/滑行检测装置》等。

参考文献

［1］《中国普通高等学校教授人名录》编写组．中国普通高等学校教授人名录［M］．北京：高等教育出版社，1988.

陆乃圻

陆乃圻（1936—　），浙江海宁人，中共党员，高级工程师，享受政府特殊津贴。1961年，毕业于吉林工业大学农机系。佳木斯联合收割机厂总工程师，兼任中国农机学会收获加工机械专业委员会、佳木斯市科技经济顾问委员会委员，佳木斯市机械工程学会理事长等职。1979年，被评为佳木斯市“劳动模范”。1991年，获机电部“有突出贡献专家”称号。

陆乃圻长期从事收割机研发。1966年，主持设计成功“丰收1100脱粒机”，成为北方收获机械的主导产品，并出口阿尔巴尼亚等国；1973年主持设计成功“丰收3.0自走式联合收割机”，上述两项成果1978年获全国机械工业科技大会和黑龙江省科技大会奖。1981年，负责迪尔1000系列联合收割机技术引进工作在工厂的技术转化和实现，投产后，改变了国家联合收割机生产的落后状况。该技术于1988年获机械工业科技进步一等奖，于1989年获国家科技进步三等奖。

参考文献

［1］《中华人物辞海》编委会．中华人物辞海：当代文化卷1中［M］．北京：中国国际广播出版社，1997.

周关福

周关福（1936— ），浙江海宁人，上海船舶设备研究所高级工程师。1964年毕业于上海交通大学船舶蒸汽动力装置系。

周关福长期从事船舶机械研究。1987年，因66—10空压机降噪获中国船舶工业总公司科学技术进步三等奖。

参考文献

[1] 刘振元，《上海高级专家名录》编辑部．上海高级专家名录：第1卷［M］．上海：上海科学技术出版社，1992.

徐孝蔚

徐孝蔚（1936— ），浙江海宁人，教授级高级工程师。1959年，毕业于清华大学动力系。1959年，参加内江白马电厂筹建。1975年起，任自贡南电业局电网调度员、生产技术科热动专职工程师、副科长，1986年起，任成都四川电力工业局科技处热动专职工程师、主任工程师、副处长职务。1992年，任四川电力工业局科技处副处长。兼任四川电力系统高级职称评委会委员兼秘书，全国电机工程学会电厂锅炉专业委员会委员。

徐孝蔚长期从事电力科研工作。在基层电厂工作期间，负责四川首台引进捷克1.2万千瓦发电机组的消化吸收、人员培训以及扩建更大机组的投产及安全运行。1982年将计算机应用于电厂汽轮机热效率计算，完成四川电力系统五种机型、五种工况效率的计算，属全国首例。有两项突出科研成果：与清华大学徐旭常教授合作，将其电厂锅炉船形燃烧器理论，应用于四川电厂燃煤锅炉，在降低煤耗和低负荷稳定燃烧性能方面取得了良好效果，获四川省科技进步一等奖；紧跟世界电厂锅炉燃烧技术前沿，率先向电力部申请论证报告，成功从芬兰引进我国首台230吨/时循环硫化床电厂锅炉，并定点建于四川内江高坝电厂，推动了我国该项技术的研究。

发表论文10余篇，主要有：《曲线拟合方法在发电厂中的应用》《新“三高区”原理与多级浓缩煤粉燃烧器》等。

参考文献

[1] 刘茂才．四川人才年鉴 1979—1994 [M]．成都：四川人民出版社，1996.

陈云祥

陈云祥（1936—　），浙江海宁人，高级工程师。1961 年毕业于南京工学院农机设计与制造系。

陈云祥长期从事机械设计。1983 年因二氧化碳半自动车把焊接专机获轻工业部科技成果三等奖。

参考文献

[1] 刘振元,《上海高级专家名录》编辑部．上海高级专家名录：第 4 卷 [M]．上海：上海科学技术出版社，1994.

王传佑

王传佑（1936—　），浙江海宁盐官人，浙江省电力局教授级高级工程师。1958 年毕业于清华大学电力系统自动化专业，1958 年 9 月—1976 年 8 月，在浙江省黄坛口水电厂工作，1976 年调入浙江省电力局工作。1969 年 9—11 月，在瑞典皇家理工学院进修。

王传佑长期从事电力系统继电保护及自动化、高压直流输电技术的试验研究工作。主要成果有：1963 年研究成功发电机电压系统绝缘带电监测及自动报警装置；20 世纪 70～80 年代参加舟山直流输电工程的科研、设计及建设，1987 年 12 月建成舟山高压直流输电线路，获 1991 年度国家科技进步二等奖。在工程建设过程中，与机电部上海继电器厂合作研制成功控制装置和保护装置，与浙江大学合作研究直流输电的运行技术及控制调节保护系统，先后获得国家教委 1989 年度科技进步二等奖，机电部 1990 年度科技进步特等奖。因作为舟山直流输电工程设计的主设计人而获得浙江省电力局科技进步一等奖。

主编著作：《舟山直流输电工业性试验工程资料论文集》（浙江省电力工业局，1990年）；发表论文10余篇，主要有：《舟山直流输电工程的控制保护系统》《高压直流换流桥差动保护的试验研究》《直流输电控制系统的抗干扰》等。

来源

海宁市档案馆．当代海宁名人录（第二集）．2000.

严祖祺

严祖祺（1936—2010），浙江海宁盐官人，上海科技大学教授。1961年，毕业于上海复旦大学物理系，后分配在上海科技大学任教；1991年8月—1993年3月，应邀公派赴美国斯坦福大学电气工程系从事合作研究和访问进修；1993年3月，回国后继续在上海科技大学物理系任教。

严祖祺长期从事物理学的教学和科研工作。对电子辐射和激光所取得的成果颇丰。他对电磁的共振渡越辐射的理论和方法深有研究，修正和发展了渡越辐射系统中电磁波受激放大因子的计算公式；建立并论证了渡越辐射X射线激光器的可行物理模式，采用环行谐振腔，解决了通常腔镜对X射线的反射率过低的困难；发展了短波段自由电子激光理论，结合我国国情，设计了脉冲螺旋磁体；修正和发展了激光频宽公式。在新一代同步辐射光源中波宣器的物理设计，以及X射线自由电子激光机制探索方面取得了若干研究成果。他研究的"激光频宽""软X射线发射机制的研究""渡越辐射和X射线激光"三项课题，均获优秀科技成果奖。

发表论文50余篇，主要有：《周期性简片组应用于自由电子激光》《在同步辐射装置中配置电源扭摆器的建议》《远红外自由电子激光器和螺旋电源扭轨磁体》等。

来源

海宁市档案馆．当代海宁名人录（第二集）．2000.

张国钦

张国钦（1936—　），浙江海宁许巷人，水利电力部上海水工机械厂高级工程师。1958年8月，毕业于杭州水力发电学校建筑机械与装备专业，后分配至燃料工业部上海机械设计室参与产品设计工作。1963年，硕士毕业于北京水利电力学院机械系后，进入水电部上海水电勘测设计院；1971—1977年，在河南郑州市郑州施工机械设计研究所进行机械设计工作；1978年，调至水利电力部上海水工机械厂设计研究室工作。兼任中国水电工程学会及上海市机械工程学会物料搬运专业会员。

张国钦长期从事机械设计和产品研究开发工作，1958年以来，主持、参加设计开发的新产品共有30多项，其中起重钻孔车设计获国家新产品开发金龙奖；合作开发的混凝土拌和搂（3×1 600）升/台及（4×2 400）升/台，获国家银质奖；3.4米直径隧洞掘进机，获国家科技大会奖，并利用该机参与打通杭州玉皇山隧道及保俶山地下隧道；T–I、T–Ⅱ型多斗挖沟机设计，获新产品开发三等奖。另有为12.5~60万千瓦火电站开发5类10多种大型斗轮堆取料机及电站出灰系统的碎渣机等项目。

发表论文有《梭式矿车的设计计算及使用》《重型挂车制动系统的设计及使用》等。

来源

海宁市档案馆．当代海宁名人录（第一集）．1996.

祁关泉

祁关泉（1936—　），浙江海宁郭店人，上海科技大学高级工程师。1965年8月，毕业于上海科技大学，后留校工作，曾任上海科技大学科技计划负责人，兼任中国高校传感学会理事、上海波尔磁电器件公司董事长。

祁关泉作为浙江天通控股股份有限公司技术中心副主任，为天通上市，走向高新技术企业、走向国际先进行业，为中国实现磁性强国，做出了卓越贡献。个人被评为海宁市

“劳动模范”，列入《海宁市先进人物志》。2005年后策划、组建了海宁市伊尔曼格电子有限公司，开拓、发展新型铁硅铝磁粉芯产业及铁硅产业。

他长期从事磁电材料、器件的教学、科研及管理工作。主要研究成果有：1965年1月—1966年10月，参与研制的8毫米微波铁氧体隔离器获得成功，属国内首创；1968—1972年，在国内首次研究成功了3厘米微带环行器，用于石油平台平衡系统；1972—1976年，参加了5厘米微波环行器的研制，在国内首次获得成功；1976—1982年，进行了垂直磁记录研究和直流磁控溅射设备攻关，以及磁性薄膜沉积技术研究；1983—1989年，参加研制成功的磁电阻传感器、强磁场脉冲磁化系统先后通过了上海市高教局鉴定；1988—1994年，对磁电阻编码器、黏结稀土永磁、Mn-Zn功率铁氧体进行了研究和攻关，取得了成功。在科研管理中，组织、审核、申报、洽谈、协调科研和攻关项目2 000多项，编制上海科技大学科研管理和奖励办法；执笔起草上海科技大学“六五”“七五”“八五”科技发展规划，以及上海科技大学新型材料、低温超导、微电子与固体电子器件等10多个专项发展规划；还参加了机电部“七五”“八五”磁传感器发展规划的编制工作。

出版著作：《微带环行器》《数字磁记录》《磁记录物理》。译著《物理学史》（上海教育出版社，1986年）。发表论文30余篇，主要有：《磁性薄膜沉积速率问题讨论》《高分辨率旋转角度检测器中记录毕特与输出位置脉冲的关系》《磁头电磁特性边界元分析方法》等。

参考文献

[1] 曾荣禄. 和谐西部论坛 [M]. 北京：中国广播电视出版社，2010.

孙熙年

孙熙年（1936—　），浙江海宁伊桥人，辽宁大学生物系教授。1961年，毕业于上海复旦大学生物系，后分配在沈阳辽宁大学任教。1987年，曾赴澳大利亚墨尔本市Monash大学遗传系访问研究一年。曾任辽宁大学生物系副主任，兼任辽宁省遗传学会副理事长，辽宁大学学术委员会、学报编委、高级职称评审委员会委员等职。

孙熙年长期从事微生物遗传学与工业微生物菌种选育的教学和研究工作。在教学方面，主要讲授《生物进化论》《遗传学》《微生物遗传学》等课程。同时，还参与制订全省科技发展规划及有关院校、研究所硕士、博士研究生的毕业论文答辩、科研论证会与成果鉴定会等。在科研方面，多次获得省、市优秀论文奖，与他人合作完成省级鉴定科研项目两项：《氢化可的松生产菌——犁头霉的选育》《高效降解石油菌株的筛选》。

主编著作：《生物工程概论》（1989 年）。译著：《现代遗传学题解手册》（辽宁大学出版社，1991 年）。发表论文 50 余篇，主要有：《解烃菌中质粒 DNA 的快速检测》《染色体 DNA 转化原生质体构建解烃工程菌》《质粒 RSFl010 寄主范围特性的遗传学分析》等。

来源

海宁市档案馆 . 当代海宁名人录（第一集）. 1996.

邱道扬

邱道扬（1936—　），浙江海宁硖石人，冶金部第十七冶金建设公司高级工程师，享受政府特殊津贴。

参考文献

[1] 海宁市史志编纂委员会 . 海宁市志（1991—2010）[M]. 杭州：浙江人民出版社，2018.

金成桴

金成桴（1936—　），浙江海宁丁桥人，南京师范大学数学系教授。1959 年，毕业于南京大学数学天文系数学专业，后分配到南京师范大学数学系任教。

金成桴长期从事常微分方程理论及其应用的教学与科研工作。译著：《非线性微分方程》（科学出版社，1983 年）、《拓扑学导论》（高等教育出版社，1992 年）、《应用分支理论基础》（科学出版社，2010 年）、《动力系统引论》（高等教育出版社，2013 年）、《线性算子理论》（科学出版社，2017 年）；发表论文 10 余篇，主要有：《一类放牧系统的稳定性》《一类非线性模型的极限环问题》《二次微分系统Ⅲ *va = 0* 类方程的全局结构与分枝曲线》等。

参考文献

［1］中国人民政治协商会议浙江省海宁市委员会文史资料委员会．当代海宁人《海宁人物资料》：第 2 辑［M］．海宁县政协文史资料工作委员会，海宁县文学艺术界联合会，1988.

蒋琰瑛

蒋琰瑛（1936— ），女，浙江海宁人，中共党员，嘉兴市妇幼保健医院主任医师，享受政府特殊津贴。浙江省卫生厅妇幼保健高级职称晋升专业组专家。1992 年，获得“嘉兴市优秀专业人才”称号。1996 年，被评为“全国妇幼卫生工作先进个人”。

蒋琰瑛长期从事高危妊娠管理、优生优育咨询以及妇科内分泌疾病的诊治，在功能性子宫出血、闭经、子宫内膜异位症、顽固性阴道炎等妇科疑难病，特别是不孕不育的诊治方面有较深的造诣，多次获嘉兴市科技进步奖。20 世纪 70 年代曾作为中国医疗专家援助马里共和国。

发表论文 40 余篇，主要有：《天花粉蛋白注射液治疗胎盘残留 45 例》《降低心脏病孕产妇围产期死亡的体会》《209 例高危孕妇 TOX、CMV、HSV 感染分析》等。

参考文献

［1］叶放，嘉兴市地方志编纂委员会．嘉兴年鉴 2005［M］．北京：方志出版社，2005.

陈 源

陈源（1936— ），浙江海宁人，上海第五钢铁厂高级工程师。1963 年，毕业于浙江大学钢铁冶金系，长期从事电炉炼钢研究。

参考文献

［1］刘振元，《上海高级专家名录》编辑部．上海高级专家名录：第2卷［M］．上海：上海科学技术出版社，1993.

汪健飞

汪健飞（1936—　），浙江海宁人，公安第三研究所高级工程师，第一研究室主任。1957年毕业于上海交通大学电机与电器制造系。

汪健飞长期从事电气制造、计算机技术。1979年，获第一机械工业部科技成果三等奖。

参考文献

［1］刘振元，《上海高级专家名录》编辑部．上海高级专家名录：第1卷［M］．上海：上海科学技术出版社，1992.

沈大时

沈大时（1936—　），浙江海宁人，上海电机厂高级工程师，工艺科科长。1963年，毕业于上海交通大学夜校部电机系。

沈大时长期从事电机制造工艺研究。发表论文10余篇，主要有：《1420冷轧工程配套电机制造中的工艺特点》《大内钻专用设备的改造》《国内最大的Φ4.8米真空压力浸漆设备》等。

参考文献

［1］刘振元，《上海高级专家名录》编辑部．上海高级专家名录：第2卷［M］．上海：上海科学技术出版社，1993.

周炳官

周炳官（1936— ），浙江海宁人，核工业华东二七〇研究所研究员。1960年，毕业于长春地质学院水工系。曾任核工业华东二七〇研究所南昌工程勘察院总工程师，兼任中国地质学会、中国核学会、中国能源研究会会员及江西省工程技术咨询委员会委员。

周炳官长期在核工业系统从事铀矿资源勘察和科研工作。主要研究方向是地下水非稳定流理论及应用，放射性水文地球化学及核同位素，水文地质学在铀、金勘察中的应用，深基坑开挖支护设计和施工。

1960—1970年，先后在浙江、江西主持了7个大中型铀矿床的水文工程地质勘探并编写报告；20世纪80年代以来，先后主持和参与4个科研项目，其中两项分获国家级和部级科技进步奖；1993年后步入工勘市场，主持完成水文地质、工程地质及岩土工程项目40多项，获显著的经济和社会效益。

参编著作：《放射性水文地球化学找矿》（原子能出版社，1980年）。发表论文20余篇，主要有：《地下水非稳定流阶梯流量抽水求逆法》、*Radioisotopic distribution characteristies in groundwater system of voleanic-type U deposits and Isotope-dating of the system*、*The isotope-separative models of U deposits and prospecting by isotopic patterns* 等。

参考文献

[1] 地矿部新生界杂志社. 中国地质矿业家列传 [M]. 北京：新华出版社，1997.

史隆济

史隆济（1936— ），浙江海宁市硖石人，航天工业总公司三院31所教授级研究员。1960年因工作需要，提前毕业于西北工业大学，后分配在国防部五院三分院工作，后转为七机部三院、八机部三院、航天部三院、航空航天部三院、航天工业总公司三院31所。历任工程组长、研究室副主任、党支部书记等职。

史隆济长期从事航天动力装置的研究、设计、试验工作。主要成果有：20世纪60年代曾参与当时我国最大的发动机试验台的设计与配套工作。多次主持或参与各种试验设备的论证、规划改造工作和民用工程的论证、设计、配套工作，如天津佳能复印机装配生产线，北京雪花冰箱厂的门体发泡线等。20世纪90年代，参与引进俄罗斯发动机及有关的试验设备，致力于发动机的研究，多次立功，多次获科技奖、军转民奖。从1992年开始，为国家X重点型号的技术引进工作做技术上的研究，在研仿、试验等方面进行策划和实施，并获二等奖。

发表论文20余篇，主要有：《×发动机地面静态验收试验分析报告》《从×国引进“双轴压气机台”和“双轴滑轮台”综合论证报告》《×发动机综合试验台建台论证报告》等。

来源

海宁市档案馆.当代海宁名人录（第二集）.2000.

查赓忠

查赓忠（1936—　），浙江海宁人，上海东方锅炉集团高级工程师，享受政府特殊津贴。1954年毕业于上海动力机器制造学校锅炉专业，1962年毕业于哈尔滨工业大学夜校部机械制造专业。在东方锅炉厂历任技术员、组长、总师办副主任、处长、副总工程师、总设计师、总工程师等职。

查赓忠长期从事锅炉专业研究设计工作。主持设计我国首台最大机电产品出口项目210兆瓦电站锅炉，1989年获部级科技进步二等奖。该锅炉属国内首创，接近国际先进水平，为国家创外汇2 200万美元。曾任巴基斯坦古杜电站21万千瓦锅炉主任设计师。主持60万千瓦机组锅炉和循环流化床锅炉新产品设计和试验。

参考文献

[1] 国家人事部专家司.中华人民共和国享受政府特殊津贴专家、学者、技术人员名录1992年卷：第1分册[M].北京：中国国际广播出版社，1995.

汪文龙

汪文龙（1936— ），浙江海宁人，高级工程师，上海化工机械厂副厂长兼总工程师。1960年，毕业于华东化工学院化工机械系。

汪文龙长期从事化工及食品机械研究。发表论文有《一种用于葡萄糖生产的新型离心机试制成功》等。

参考文献

[1] 刘振元,《上海高级专家名录》编辑部.上海高级专家名录：第2卷[M].上海：上海科学技术出版社，1993.

吴嘉真

吴嘉真（1936— ），女，浙江海宁人，清华大学化工系教授。1962年，毕业于清华大学，后留校任教。

吴嘉真发表论文10余篇，主要有：《聚偏氟乙烯和PZT陶瓷复合材料压电性的研究》《聚偏氟乙烯各种晶型的形貌特征及其球晶在拉伸过程中的变化》《聚偏氟乙烯的热刺激电流研究（20～150 ℃）》等。

参考文献

[1] 周文业，胡康健，周广业，等.清华名师风采上：增补卷[M].郑州：中州古籍出版社，2016.

冯朱侨

冯朱侨（1936— ），浙江海宁人，上海电子计算机厂高级工程师。1959年，毕业于大连海军水面舰艇学院指挥系，长期从事计量仪表研究。

参考文献

［1］刘振元,《上海高级专家名录》编辑部 . 上海高级专家名录：第 2 卷［M］. 上海：上海科学技术出版社，1993.

朱国春

朱国春（1936— ），浙江海宁人，上海飞乐股份有限公司高级工程师，副总工程师。1962 年，毕业于西安交通大学应用力学系，长期从事技术研究工作。

参考文献

［1］刘振元,《上海高级专家名录》编辑部 . 上海高级专家名录：第 2 卷［M］. 上海：上海科学技术出版社，1993.

孙自强

孙自强（1936— ），浙江海宁沈士人，南京市海通机电技术研究所高级工程师。1962 年，毕业于沈阳机电学院，后分配至南京电讯器材厂工作，1988 年，调至海通机电技术研究所工作。曾任江苏省测控仪器维修中心副主任，兼任中国计量测试学会专业理事等职。

孙自强长期从事标准与计量检测研究与管理工作。研制测量调整电刻仪，获南京市四新成果奖。1985 年后，完成对表面粗糙度测量传感器压陷效应的专题分析。

参与《电子仪器标准机箱系列检测规范》《南京多国仪器展信息检索》及《〈计量基础〉出版大纲》的编写。

参考文献

［1］海宁市政协文史资料委员会 . 海宁人物资料：第 8 辑［M］. 海宁市政协文史资料委员会，1997.

金一鸣

金一鸣（1936— ），浙江海宁袁花人，浙江省气象科学研究所高级工程师，享受政府特殊津贴。1962 年，毕业于南京大学气象系，分配在浙江气象台工作。1970 年 4 月，调至浙江气象科学研究所工作。1984 年，曾去美国迈阿密大学进修热带气象学半年。历任气象台预报员、研究所天气研究室主任、研究所所长、总工程师等职，兼任浙江气象学会理事长，中国气象学会、浙江省海洋学会理事。

金一鸣长期从事灾害性天气预报和大气科学的研究，重点研究台风路径的客观预报。主要成果有：

1970—1979 年，金一鸣用浙江省引进的第一代电子计算机，在 1972 年初研制成一个预报台风的短期路径的统计预报方法，并且在省气象台预报业务中使用，从而改变了本省台风路径预报长期以来处于经验预报的历史，为预报员提供了客观定量的预报依据。与此同时，还在其他方面做了许多重大改进，使得在 1979 年提出了一个台风路径天气统计预报的改进方案，提高了台风路径预报的准确率。成果《台风路径统计预报 79 年改进方案》，1980 年获浙江省人民政府优秀科技成果二等奖。

1980—1985 年，主要是研究供业务使用的几种不同的客观预报方法，在原有台风路径客观预报模式的基础上，又先后研制了我国第一个台风路径的气候学持续性预报模式和我省第一个台风路径统计动力学预报模式。成果《第二警界区台风路径的气候持续性和统计动力学预报方法》，1986 年获浙江省人民政府科技进步四等奖。

1986—1991 年，研究重点在于进一步提高台风路径预报的精度和延伸预报能力，先后完成了一些新的研究项目，并在预报与方法上做了不少改进。成果《台风路径预报专家系统》，1987 年获浙江省人民政府科技进步三等奖。成果《车贝雪夫多项式天气分析和预报中的应用》，1988 年获中国气象局科技进步三等奖。

1992—1996 年，主要从事国家“八五”台风攻关项目的研究，主持完成了西北太平洋、东海和南海台风路径模式的统计订正和择用预报方法的研究以及东海区域台风路径的统计动力学预报模式的研究，研究吸取了国外的先进经验，分别建立了预报模式，其预报误差明显小于国际上台风预报的平均误差，达到国际上同类研究的先进水平。成果《近海热带气旋路径及影响的预报研究》，1993 年获浙江省气象局科技进步一等奖，1994 年获中国气象局科技进步四等奖。

发表论文有 40 余篇，主要有：《第二警界区台风路径的统计动力学预报方法》《台风路径统计动力预报初始场的一个改进》《多预报量双重筛选逐步回归在台风路径预报中的应用》等。

来源

海宁市政协文史资料委员会.海宁人物资料：第8辑.1997.

费云标

费云标（1936—　），浙江海宁人，著名遗传学家，中国科学院发育生物学研究所研究员，享受政府特殊津贴。1964年，毕业于北京大学生物学系。

费云标长期从事遗传基因学研究。与他人合作共同研制的DNA四种单核苷酸注射液和聚肌胞注射液，均已在国内投入生产，其中“聚肌胞的研制与应用”获天津市科技成果奖。在干扰素作用机制的研究中，揭示了干扰素功能表达机理中诱生抗病毒蛋白的动力学和2’-5’A寡核苷酸抗病毒作用的条件和规律。在抗癌药物的研究中，揭示了平阳霉素明显地诱生了染色体畸变和姐妹染色单体交换。1985—1988年，以博士后访问学者的身份在美国哈佛大学牙医学院研究基因表达的调节，与合作者共同建立了中国地鼠二甲基苯并蒽致癌模型，发现了癌化过程与多种癌基因的顺序性过度表达与基因的特异性序列的低甲基化反应相关性，并用反义核酸技术持续性地逆转了肿瘤细胞。回国后开展抗冻蛋白分子生物学和基因工程的研究，从淡水鱼中检出了海洋抗冻蛋白基因的同源序列，获得了抗冻蛋白转基因鱼和转基因植株。从强抗冻植物中分离和纯化了植物抗冻蛋白，测定了抗冻蛋白的活性及其结构。

发表论文100余篇，主要有:《聚肌胞的毒性和临床研究》《平阳霉素三种成分诱发CHO-K1细胞株染色体畸变和姐妹染色单体交换的研究》、*Sequential Expression and Cooperative Interaction of c-Haras and c-erbB Genes in in vivo Chemical Carcinogen-esis* 等。

参考文献

［1］中华爱国工程联合会.中华兴国人物辞典1［M］.北京：中国文联出版公司，1999.

蒋止阳

蒋止阳（1936— ），浙江海宁人，高级农艺师。1959年，于安徽农学院蚕桑系毕业，分配至黑龙江省农业厅工作。曾任黑龙江省蚕业技术指导站副站长，兼任中国蚕学会理事、黑龙江省蚕学会秘书长、《中国柞蚕》杂志常务编委、《黑龙江柞蚕》杂志主编。

蒋止阳长期从事蚕业生产、繁种技术研究和推广工作。研究柞蚕软化病综合防治，并推广至全省，获黑龙江省政府科技进步三等奖。研究柞蚕剪翅剪足纸上产卵生理机制；改进和推广柞蚕二化一放技术，在黑龙江全省实行，为北方柞蚕高产丰收做了基础性工作；研究了柞蚕茧色、毛色等器官的遗传性，提出一些新的观念；制定了一整套黑龙江省繁育良种的技术和技术监督管理的办法并指导各蚕种场实施，使黑龙江改变了种茧生产面貌，由进种茧省变为出种茧省，优质种茧销往辽、吉、内蒙古三省区；研究了柞蚕种茧、种卵的低温控制技术，并推广至全省应用，为防止秋蚕飞蛾和受冻起了很大的作用。蒋止阳在黑龙江省柞蚕由低产变高产，由不稳产变稳产的整个工作中起了重要的作用，为我国柞蚕业的发展做出了贡献。

参编著作：《实用养蚕技术》（黑龙江人民出版社，1973年）、《怎样养好柞蚕》（黑龙江科学技术出版社，1982年）。发表论文有：《天蚕种茧不同光周期保护对羽化和交尾关系》《柞蚕8216A新型选育试验初报》等。

参考文献

[1] 中国农学会.中国当代农业科技专家名录：第1辑[M].北京：中国农业出版社，1995.

范金城

范金城（1936— ），浙江海宁硖石人，九三学社社员，西安交通大学数学系教授。1960年7月，毕业于北京大学数学力学系，分配到西安交通大学任教。1989—1991年，曾先后两次去日本出席数理统计国际会议，并做学术报告。兼任西安市现场统计研究会副理事长，概率统计学会时间序列专业委员会委员，《数理统计与应用概率》《数理统计与管理》《工程数学学报》编委。

范金城长期从事数理统计与时间序列分析研究，在时间序列模型的随机加权逼近、稳健统计与稳健滤波、时间序列建模等领域做出了具有深刻意义与开创意义的贡献。

主编著作：《概率论》（西安交通大学出版社，1987 年）、《概率论与数理统计》（辽宁大学出版社，2000 年）、《统计推断导引》（科学出版社，2001 年）、《数据分析》（科学出版社，2018 年）。发表论文 50 余篇，主要有：《AR（1）序列的样本均值分布的随机加权逼近》《回归系数估计的渐近二次偏差灵敏度》《动态测量系统的有界影响滤波》等。

参考文献

[1] 董耀会，北大人编辑部编．北大人[M]．北京：书目文献出版社，1993.

王绳钊

王绳钊（1937—　），浙江海宁人，中共党员，安徽建筑工业学院结构工程高级工程师，国家一级结构注册工程师。1964 年，毕业于北京水电学院河川枢纽专业。1986 年 7 月，任安徽建筑设计研究院主任工程师。1987 年 12 月，任安徽省工业学院城市建筑设计院副院长。

王绳钊长期从事工业与民用建筑结构设计，曾多次获得安徽省优秀设计奖，其中 1988 年在日用化妆品大跨度预应力厂房设计中，获得安徽科技成果奖。发表论文有《关于 X 光射线对结构防护厚度计算方法》等。

参考文献

[1] 安徽省教育委员会．安徽省高等学校教授副教授人名录[M]．合肥：安徽人民出版社，1989.

朱万森

朱万森（1937— ），浙江海宁盐官人，北京大学教授。1963年，毕业于北京大学数学系计算数学专业，后留校工作。1985年4～8月，在美国波士顿等城市考察学习图书馆自动化。先后在北京大学数学系、电子仪器厂、计算机科学技术系、计算机研究所、电教中心等单位工作。兼任中国图像图形学会理事。

朱万森长期从事系统软件和应用软件研究和开发工作。在系统软件开发方面：1965—1967年，参加以王选为首的科研小组，在121计算机上设计开发我国第一个ALGOL全集编译系统，并出色地完成了系统设计和开发。1969—1973年，作为我国第一个百万次计算机的语言编译系统的设计负责人，不但设计了BD200高级程序语，而且设计了一种新的编译方案，不仅比原AGOL60编译方案容易实现，还实现了代码优化，接着进行了6912计算机的语言编译系统的设计和开发。1974—1982年，负责DJS200系列机FORTRAN语言编译系统的研制，1982年通过鉴定。1987—1992年，研制通用信息管理系统获得成功，并先后用它开发了《北大留学生管理系统》《北大设备处仪器设备管理系统》《北大修建处财务管理系统》等。

在计算机辅助教学开发方面。1986—1990年，负责开发高等数学练习系统和数学符号操作系统、图形系统，并多次得奖，达到国内先进水平；1991年，DOC版的课件开发工具——Mathtool1.0于1993年获全国第一届辅助教学优秀软件二等奖；1994—1996年，在他的带领下，开发成功Windows版的Mathtool2.0；1994年研制成Windows版的计算机辅助教学制作系统JBMT，1996年JBMT获全国第二届软件大奖赛一等奖，1997年获全国第二届辅助教学优秀软件一等奖；1996—1998年，朱万森参与"CERNET网基于WWW的远程交互式教育系统的研究和开发"并通过验收；1998—2000年，与云南师范大学合作，作为北京大学负责人，进行"计算机辅助教学平台研究"。

参编著作：《青鸟师友多媒体课件开发平台使用指南》（地质出版社，1999年）、《计算机辅助教学及多媒体CAI课件设计与制作》（地质出版社，2000年）。发表论文10余篇，主要有：《DJS-200系列机扩充FORTRAN语言》《CAI课件开发支撑环境（CDSE）的设计》《一类课程CAI教材建设的新的开发模式建议》等。

参考文献

[1] 海宁市政协文史资料委员会. 海宁人物资料：第8辑[M]. 海宁市政协文史资料委员会，1997.

许政权

许政权（1937—　），浙江海宁人，中共党员，上海交通大学光学系教授。1962 年，毕业于复旦大学物理系，分配在第一机械工业部上海光学仪器厂光研室工作。1981 年，研究生毕业于上海交通大学应用物理系，后留校任教。先后任上海交通大学应用物理系集成光学实验室主任、应用物理系副系主任。1991 年，获国家科学技术委员会"'863'计划先进工作者"奖。

许政权长期从事真空镀膜技术、薄膜光学和集成光学的教学和研究工作。在教学方面，主要讲授《光学》《集成光学》和《集成光路分析》等课程。在科研方面，承担"863"子项目"集成声光频谱分析系统技术""反射型变周期光栅透镜"等。

主编著作:《介质光波导器件原理》(上海交通大学出版社，1989 年)。参编著作:《光计算》(上海交通大学出版社，1990 年)。发表论文 20 余篇，主要有:《平面光波导的平面内散射的测量》《光栅器件在集成光路中的应用》《波导程差透镜的制作与特性研究》等。

参考文献

[1] 朱美华 . 上海交大百年物理 [M]. 上海：上海交通大学出版社，2006.

杨久松

杨久松（1937—　），浙江海宁人，副研究员。长期从事军事航空医学研究，获军队科技进步奖多项。

主编著作:《飞行员医学临时停飞标准指南》(1991 年)，已在海、陆、空三军航空兵部队中广泛实施；参编著作:《航空医学》(人民军医出版社，1992 年)。发表论文 10 余篇，主要有:《夜间飞行疲劳情况的调查》《夜间飞行中眨眼频率的分析》《飞行员的心脏》等。另主编科普类著作:《怎样活到九十九?》(电子工业出版社，1994 年)、《抗老防衰 130 问》(金盾出版社，1996 年)、《农业劳动卫生保健》(金盾出版社，1998 年)等。

参考文献

[1] 单锦珩 . 浙江古今人物大辞典：下 [M]. 南昌：江西人民出版社，1998.

沈国鑫

沈国鑫（1937— ），浙江海宁人，航空航天部第812研究所研究员级高级工程师，享受政府特殊津贴。1990年获上海市优秀科技工作者称号。

沈国鑫长期从事航天控制器件的精密制造，航天飞行器的液压自动控制技术研究及火力发电站的液压自动控制技术的开发。所主持的研究设计项目，曾获全国科学大会奖，国家级科技进步二等奖，中国科学院科技进步一等奖，上海市新技术产品二等奖，航空航天工业部科技进步三等奖。

参考文献

[1]单锦珩.浙江古今人物大辞典：下[M].南昌：江西人民出版社，1998.

陈苏卿

陈苏卿（1937— ），女，浙江海宁人，复旦大学物理系教授，博士生导师。1957年，毕业于复旦大学物理系。曾任上海原子核所核物理理论组组长。

陈苏卿长期从事粒子物理理论方面的教学和研究工作。主编著作：《莱文森定理，反常和真空相变》（上海科学技术出版社，1995年）获教育部科技进步二等奖，《高等量子力学》（复旦大学出版社，2000年）；发表论文20余篇，主要有：《任意子气体的第二维里系数》《一维实 φ˜3+φ˜4 场在有限温度下围绕孤子的量子起伏》等。

参考文献

[1]《复旦大学百年志》编纂委员会.复旦大学百年志 1905—2005 下[M].上海：复旦大学出版社，2005.

居小燕

居小燕（1937— ），女，浙江海宁人，美国加州理工学院研究员。本科毕业于台湾大学医学院，在美国明尼苏达大学医学院微生物学获哲学博士学位。曾任台北美国海军第二医学研究所医学研究员，台湾大学医学院细菌学科讲师、副教授。

居小燕长期从事基础免疫学的研究。1976年，当选为台湾“十大杰出女青年”。1978年曾出席在印度召开的亚洲寄生虫学大会并主持其免疫学的学术讨论会。

参编著作：《免疫学》（合记图书出版社，1978年）、《免疫学实践手册》、《临床病毒学》及《病毒学原理》4册。

参考文献

[1] 俞佐萍，陆京安，王志邦. 浙江在台人物录[M]. 杭州：浙江省地方志编纂室，1986.

查良镇

查良镇（1937— ），浙江海宁人，清华大学电子工程系教授，博士生导师，享受政府特殊津贴，是我国真空领域泰斗级专家。曾任国际真空科学技术与应用学会应用表面分析委员会委员、国际标准化组织二次离子质谱委员会专家组成员、国际二次离子质谱学会议国际顾问委员会委员、中国计量测试学会和中国真空学会常务理事等职。2014年，荣获“真空科技成就奖”，2018年，荣获“中国二次离子质谱终身成就奖”。

查良镇长期从事质谱、二次离子质谱和表面分析等领域的基础和应用研究，是中国二次离子质谱学科的开拓者。1964年，由查良镇等和沈阳教学仪器厂联合研制的6104型质谱探漏仪列入国家科学技术委员会发明记录并获一等奖。主持研制成功我国第一台自行设计的氦质谱检漏仪、分析四级质谱计、二次离子四级质谱表面分析仪和玻璃微气泡质谱分析仪等，多次获得国家与省部级奖励。

主编著作：《标准漏孔的校准》（清华大学学报编辑委员会，1963年）、《质谱学导论》（清华大学出版社，1982年）、油印资料《残余气体分析》（清华大学，1983年）。发表论文100余篇，主要有：《金丝玻璃型标准漏孔气流特性的研究》《超高真空下清洁硅表面二次离子质谱的研究》《四极质谱计校准和应用研究系统》等。

参考文献

[1] 王平. 仪器仪表 [M]. 北京：新时代出版社，2002.

查美熙

查美熙（1937— ），浙江海宁人，高级工程师。1955年，于上海机械学校化工机械专业毕业。

查美熙长期从事封闭式活塞式制冷压缩机的研究工作。主持完成了“全封闭冷压缩机联合设计”“日本三菱重工半封闭制冷压缩机生产线引进”“G-M制冷”等国家及部、省级重点项目，其中“G-M制冷”于1978年获辽宁省科技成果奖。

发表论文有：《F4Q压缩机与整机匹配的试验研究》等。

参考文献

[1] 叶天祜，秦同洙，《江苏省石化、医药行业高级人才名录》编委会. 江苏省石化、医药行业高级人才名录 [M]. 北京：化学工业出版社，1992.

查涵美

查涵美（1937— ），女，浙江海宁袁花人，上海市药品检验所副主任药师。

查涵美长期从事新药研究，发表论文10余篇，主要有：《注射用更生霉素的含量均匀度测定》《16-次甲基醋酸可的松肝糖元增积作用的初步试验》《用二甲亚砜和薄膜过滤法作脂肪乳剂的无菌试验》等。

参考文献

[1] 查济民. 海宁查氏 [M]. 香港：中国书画出版社，2006.

徐济鋆

徐济鋆（1937— ），浙江海宁人，中共党员，上海交通大学核反应堆工程系教授。1958 年毕业于交通大学运输起重机械系。历任上海交通大学动力机械工程系主任、上海市 14 项重点科技攻关项目核电站设备制造项目专家组组长等职。

徐济鋆长期从事核反应堆工程研究。主持制成 25 MeV 电子静电加速器；参与秦山核电站工程的初步方案设计；完成“核电站注水两相自然循环不稳定性及传热研究”等科研课题，其中“上海市近期能源经济模型”在 1985 年获上海市科技进步三等奖，“上海市核电设备制造基地建设”在 1992 年获上海市科技进步三等奖。

主编著作:《沸腾传热和气液两相流》(原子能出版社，2001 年)。参编著作:《能源技术手册》(上海科学技术出版社，1989 年)等。发表论文 70 余篇，主要有:《二维逆环状流膜态沸腾传热数学解析模型》《CANDU 堆热工水力设计方法和计算机软件》《两相自然循环非能动系统静态分岔特性和参数效应研究》等。获得国家专利 3 项:《数字式温度噪声相关流速测量装置》《带金属覆盖层的表面多孔螺纹管》《合成气常温微加压管道输送装置》。

参考文献

[1] 王生洪 . 上海高等教育系统教授录：续 [M] . 上海：同济大学出版社，1994.

高重辉

高重辉（1937— ），女，浙江海宁人，上海石油化工高等专科学校副教授。1960 年，毕业于华东纺织工学院化学纤维工程专业。

高重辉长期从事教学工作及聚酯合成方面的研究工作。与武荣瑞等人合作发明了“聚酯制造的新催化稳定体系”，并于 1980 年获国家发明三等奖。

主编高校教材《高分子化学》(中国石化出版社，1997 年)。发表论文 20 余篇，主要有:《聚对苯二甲酸乙二酯催化剂的研究——Ⅰ.钛酸四丁酯对聚酯热氧化的影响及其抑制》《Sb_2O_3 在对苯二甲酸与乙二醇的缩聚反应中的催化活性》《DSC 法研究 PET 的热氧化降解》等。

参考文献

［1］中国发明协会．中国当代发明家大辞典［M］．北京：北京理工大学出版社 1995.

郭敏学

郭敏学（1937— ），女，浙江海宁人，淮南矿业学院数学系副教授。1958年毕业于南京大学数学系。

郭敏学长期从事高等数学研究。编著著作：《高等数学疑难解析》（安徽科学技术出版社，1987 年）、《矩阵理论及其应用》（辽宁科学技术出版社，1989 年）。发表论文 10 余篇，主要有：《关于一般线性齐次矩阵微分方程的解法》《线性矩阵方程 sum from i=1 to P（A_iXB_i）=C 的求解》等。

参考文献

［1］安徽省教育委员会．安徽省高等学校教授副教授人名录［M］．合肥：安徽人民出版社，1989.

黄威义

黄威义（1937— ），浙江海宁人，华东师范大学区域地理学教授。1960 年，毕业于华东师范大学地理系。历任华东师范大学地理系副主任，西欧北美地理研究所所长。

黄威义主要从事人文地理学研究，成果有“建立银川伊斯兰内陆经济特区论证”“浦东新区规划与国外若干大城市比较研究”。

参编著作：《法国农业地理》（商务印书馆，1988 年）。发表论文 20 余篇，主要有：《试析国际大城市巴黎郊区的发展》《我国三大地带乡镇工业区域差异的成因及其协调发展研究》《法国钢铁工业的生产和布局》等。

参考文献

[1] 王生洪．上海高等教育系统教授录：续[M]．上海：同济大学出版社，1994.

许政适

许政适（1937—　），女，浙江海宁人，中国地质大学教授。1961年，毕业于武汉测绘学院地图制图系，后留校任教，1972年，调入中国地质大学。曾担任教研室副主任、主任，兼任地质部测绘学课程研究会委员，湖北省测绘学地面与地理信息系统专业委员会委员、副主任委员等职。

许政适长期从事地图制图的教学和科研工作。主讲《地图编制学》《地图设计》《测量学》《地形绘图》等课程。主持的科研项目有："1∶50 000区域地质图地理底图的编辑设计（周口店幅）""天津地区地理底图的编制""广东地区地理底图的编辑设计"等。

参编著作：《地图编制学》（武汉地质学院出版社，1981年）。发表论文有《关于地图数据和地图数据结构的论述》。

参考文献

[1] 湖北省教育委员会．湖北省教育系统高级专业技术人员人名录：第1集[M]．武汉：武汉大学出版社，1991.

沈连森

沈连森（1937—　），浙江海宁硖石人，中共党员，新疆苇湖梁发电厂高级工程师。1965年，毕业于北京电力学校汽轮机装置专业。1956年9月—1961年1月，在电力部技术改进局工作；1961年1—10月，在新疆乌鲁木齐红雁池发电厂工作；1961年10月，调新疆乌鲁木齐苇湖梁发电厂工作。历任分场主任、党支部书记、副总工程师、副厂长兼总工程师等职；兼任中国电机工程学会新疆分会常务理事、新疆维吾尔自治区电力高级专业技术职务任职资格评审委员会委员等职。1994年，被新疆维吾尔自治区推荐为有突出贡献的专业技术人员。

沈连森长期从事火力发电厂的生产管理和技术管理，积累了丰富的专业技术知识和企业管理经验。1973—1983 年，设计改造了苏联设计安装的新疆苇湖梁发电厂 #1、2、3 号炉及 1、2 号机主蒸汽路系统机主蒸汽管路系统，使之合理、经济；解决了 31-124 型汽轮机油系统长期进水的技术难题；编写了《汽轮机的经济运行》，指导电厂的运行工作。1983—1989 年，组织主持解决重大技术改进项目，提高汽轮机内效率、转子找动平衡，改进 #6 机真空抽气系统；组织主持 #2 水塔水泵站及循环水管路的施工安装；解决了列车发电站捷克 2 500 千瓦汽轮机的振动问题。1990—1995 年，负责、主持新安装的火力发电厂 3 兆瓦、12 兆瓦凝汽机组及 3 兆瓦抽汽凝汽机组的成套设备启动调试和投运工作。

主编著作：《发电厂热力系统操作票、工作票标准》(地方标准)、《新疆发电厂热力系统操作票、工作票考核标准》(新疆地区标准)。发表论文 10 余篇，主要有：《31-12 型汽轮机第一调速汽门门杆断裂的原因分析及处理》《捷克 2 500 千瓦汽轮机振动原因的分析及处理》《小型汽轮机振动故障原因分析及处理》等。

参考文献

[1] 王德祥，周连生，《中国专家人名辞典》编委会．中国专家人名辞典 1 新疆卷[M]．乌鲁木齐：新疆人民出版社，1994.

俞锦清

俞锦清（1937—　），浙江海宁丁桥群海村人，中共党员，主任医师，硕士研究生导师，中国人民解放军第 117 医院骨科主任。1963 年，毕业于浙江医科大学医疗系。曾任中国肢体残疾康复专业委员会委员，全国小儿麻痹后遗症研究会理事，浙江省小儿麻痹后遗症研究会会长，浙江省中西医结合研究骨伤科专业委员会副主任委员。

俞锦清长期从事骨科临床诊疗，尤其在驼背矫正、腰椎间盘突出症、椎体滑移、椎管内肿瘤的诊断和全髋关节、全膝关节假体置换手术等方面具有丰富的经验。主持的课题成果分别获杭州市科技进步二等奖和原南京军区科技成果四等奖。

参编著作：《骨伤科诊疗进展》（浙江省科普作协医学专业委员会，1986年）。发表论文60余篇，主要有：《人工股骨头的临床应用（附50例报告）》《脊椎侧凸及其治疗》《第121例：水平骶椎一例》等。

参考文献

［1］金杰.戴村伤科百年 萧山中医骨伤科医院［M］.南昌：江西科学技术出版社，2008.

施炳祖

施炳祖（1937—　），浙江海宁硖石人，北京市发酵工业研究所高级工程师。1962年，毕业于无锡轻工业学院（现为江南大学），后被分配在北京食品酿造工业公司工作；1965年，调入北京酿酒总厂工作；1983年，又调至北京发酵工业研究所。历任北京食品酿造工业公司技术员、北京酿酒总厂工程师、技术科长、北京市发酵工业研究所副所长、所长等职，兼任中国白酒协会和中国黄酒学会理事。

施炳祖长期从事酒类、酶工程的研究与新酶种的开发。他研制的高糖化力菌种在全国推广应用；直接参与酒类标准的制定与实施；发表论文有《UV-11高糖化力菌种在白酒工业上的应用》等。

来源

海宁市档案馆.当代海宁名人录（第一集）.1996.

祝永康

祝永康（1937—　），浙江海宁丁桥人，中共党员，杭州大学地理系教授。1959年7月，毕业于杭州大学，1959年9月—1961年7月，在南京大学地理系教师进修班学习，1961年以后

在杭州大学地理系任教，历任地理系副主任，杭州大学资源与灾害研究所副所长等职，兼任中国海洋学会海岸河口分会专业委员，中国地理学会地貌、第四纪专业委员，浙江省水利学会理事，浙江省防灾协会理事。

祝永康长期从事海岸河口学泥沙运动学教学和研究工作。曾参加长江三峡水库库区砾石淤积和建库后南水北调（中线）调查；20世纪70年代以后，作为课题组负责人先后参加温州瓯江口整治、钱塘江黄湾建闸工程、宁波镇海港、福建福州、马尾港等港口、航道整治工程项目的研究，其中福州港航道与港口试验曾获省政府及省科委科技进步二等奖。

主编著作：《浙江自然地理》（浙江人民出版社，1959年）、《河口河床演变》（华东水利学院出版社，1980年）。发表论文30余篇，主要有：《关于河口演变预测问题的若干探讨》《闽江口分汊河床的特征、类型及其成因》《论瓯江口不同分汊型河段的演变差异与整治》等。

来源

海宁市档案馆.当代海宁名人录（第二集）.1996.

俞忠孚

俞忠孚（1937—　），浙江海宁人，上海港务局高级工程师。1963年，毕业于武汉水运工程学院港口机械系，长期从事起重运输机械研究。

参考文献

[1] 刘振元，《上海高级专家名录》编辑部.上海高级专家名录：第4卷[M].上海：上海科学技术出版社，1994.

詹又华

詹又华（1937—　），浙江海宁人，上海杨浦区中心医院副主任医师，外科副主任。1961年，毕业于上海第二医学院医疗系。

詹又华长期从事神经外科、普外科临床诊疗工作。发表论文20余篇，主要有：《甲状腺癌102例临床分析》《甲状腺原发性鳞状细胞癌5例报告》《原发性甲状腺鳞状细胞癌3例报告》等。

参考文献

［1］刘振元，《上海高级专家名录》编辑部．上海高级专家名录：第1卷［M］．上海：上海科学技术出版社，1992.

董庚寿

董庚寿（1937—　），浙江海宁硖石人，上海飞机研究所研究员。1958年7月，毕业于南京航空学院飞机系，后留校任教。1967年，调至西安飞机设计研究所工作；1980年，调至中国飞行试验研究院工作；1986年，调至上海飞机研究所工作。历任实验室副主任、研究室主任、副总工程师、科技部副部长、研究所科技委副主任；兼任南京航空航天大学、北京航空航天大学兼职教授，中国航空学会飞行力学与飞行试验专业委员会委员，国防科工委航空气动力协作攻关办公室成员，《飞行力学》杂志副主任委员等职。

董庚寿长期从事飞机设计研究和教学工作。主要研究成果有：1958—1960年，参加设计研究的一种飞机，获国家科学技术进步特等奖。1987—1989年，他主持完成的“战斗机滚转性能研究”和“飞机平尾设计”获1993年度部级航空科学技术进步三等奖。1985年曾率中国飞行力学代表团赴西德参加中国、西德第一届应用飞行力学研究工作经验交流会。

1980—1986年在中国飞行试验研究院工作期间，由他负责编制的《军用飞机飞行品质规范》《军用飞机飞行性能规范》《军用飞机强度刚度规范》，分别获1981年度航空部部级科学技术进步二等奖、1984年度部级科技进步一等奖、1988年度国家级科学技术进步二等奖。1986—1987年，他负责编制的《舰船直升机舰面系统规范》获1991年度国防科工委科学技术进步二等奖和1993年度国家科学技术进步三等奖。

主编：《军用规范——有人驾驶飞机的飞行品质（MIL-F-878sC）》（飞行力学编辑部，

1982年)、《有人驾驶飞机－固定翼－飞行品质背景材料和使用说明》(国防科工委航空气动力协作公关办公室，1993年)等。参编著作:《战斗机满意的稳定性和操纵性》(北京国防工业出版社，1978年)。发表论文60余篇，主要有:《对战斗机空战时滚转操纵效能的新要求》《低阶等效系统方法在飞行品质规范中的应用》《飞行品质与飞行性能的“规范—手册—程序”研究》等。

来源

海宁市档案馆.当代海宁名人录(第一集).1996.

俞佩金

俞佩金(1937—　)，女，浙江海宁人，上海交通大学生物技术研究所高级工程师。1964年上海交通大学毕业。

俞佩金长期从事生态农业建设。1983年起研究利用牛粪发酵产生沼气，发明“禽畜粪便近中温产沼系统”获上海市科技成果三等奖；“生态农场的研究与实践”项目获上海市1986—1987年农业科技成果一等奖。

发表论文10余篇，主要有:《五四畜牧场沼气示范工程运行及效益分析》《应用光合细菌处理高浓度有机废水的新技术—PSB法处理家畜排泄物的研究》《生态农场初步研究》等。

参考文献

[1] 湖南省创造学研究会《中国当代发明家辞典》编委会.中国当代发明家辞典第1册[M].长沙:湖南教育出版社，1988.11.

祝蓓里

祝蓓里(1937—　)，女，浙江海宁人，华东师范大学心理系教授。1960年毕业于华东师范大学教育学系。历任华东师范大学教育系普通心理学教研室副主任、主任，体育学系体育心理教研室主任。兼任中国心理学会体育运动心理学专业委员会委员、上海社会心理学会副会长等职。1997 年获上海市育才奖。

祝蓓里长期从事体育心理学、运动心理学、青年心理学、心理测量与咨询。主持教育部“八五”规划项目“运动竞赛状态焦虑测验中国常模的修订及其应用”。

主编著作:《青年期心理学》(上海人民出版社，1986 年)、《心理学》(华东师范大学出版社，1988 年)、《运动心理学原理与应用》(华东化工学院出版社，1992 年)、《体育心理学》(高等教育出版社，2000 年)、《爱与成长：第一代独生子女大学生心录》(华东师范大学出版社，2001 年)。发表论文 100 余篇，主要有:《运动竞赛焦虑量表中国常模的修订》《现代人的九种性格类型及其在运动中的表现》《运动竞赛状态焦虑量表(CSAI-2 问卷)中国常模的修订》等。

参考文献

[1] 上海市社会科学界联合会，上海市哲学社会科学规划办公室. 当代上海社会科学学者辞典 [M]. 上海：上海辞书出版社，2001.

周执明

周执明(1937—　)，浙江海宁硖石人，浙江工业大学化学工程系教授，享受政府特殊津贴。1955 年，毕业于嘉兴医士学校；1955—1956 年，在浙江医学院附属二院工作；1956—1965 年，在复旦大学化学系攻读本科生、研究生；1965 年以后，一直在浙江工业大学任教。曾任浙江工业大学系副主任、主任等职，兼任中国有机试剂研究会理事、全国高校化工类专业教学指导委员会委员、浙江省化工学会理事、浙江省机械工程学会理事、浙江省机械工程学会理化分会理事长等职。1989 年，被国家教委等授予“全国优秀教师”称号。

周执明长期从事教学、科研与管理工作。在教学管理方面，《深入改革，全面提高毕业论文教学质量》获 1989 年省级优秀教学成果二等奖。在科研方面，主要进行“离子交换法”“原子吸收光谱分析”“高灵敏新显色体系”“配合物及其研究方法”4 项系列研究。在“钼(VI)和钨(VI)的阴离子交换性能研究”的系列研究中，阐明了交换原理，并仅用高 2 cm，直径 0.9 cm 的交换柱便可分离大量钨等元素中的微量钼，其分离比例高达（1×10^4）:1 或更高，可用于试剂级钨酸钠中的钼分离，为制备不含钼的钨提供了途径。在系列研究“稀土元素的原子吸收光谱分析研究”中，提出络合增感的概念，发现三种增感类型，并阐明增感机理，该成果于 1987 年获浙江省教委自然科学二等奖。

发表学术论文 130 余篇，主要有:《偶氮氯膦Ⅲ与稀土元素的成络反应及其在分析上的应用》《在空气－乙炔焰中络合剂对镱的增感效应》《稀土元素的原子吸收光谱分析研究（Ⅱ）——在空气－乙炔焰中双络合剂对镱的增感效应》等。

参考文献

[1]《浙江工业大学志》编委会．浙江工业大学志［M］．杭州：浙江古籍出版社，2003.

张赛珠

张赛珠（1937—　），女，浙江海宁人，上海钢铁工艺技术研究所高级工程师。1961 年，毕业于南京大学物理系。

张赛珠长期从事金属 X 射线衍射分析。发表论文 10 余篇，主要有:《X 射线精确测定点阵常数》《用计算机检索与匹配 X 射线粉末衍射花样》《钢包钙处理对奥氏体不锈钢中非金属夹杂物的影响》等。

参考文献

[1] 刘振元，《上海高级专家名录》编辑部．上海高级专家名录：第 2 卷［M］. 上海：上海科学技术出版社，1993.

姜耀秋

姜耀秋（1937—　），浙江海宁人，松江县（现为松江区）眼病防治所副主任医师。1962 年，毕业于苏州医学院医疗系。

姜耀秋长期从事眼科诊疗工作。发表论文有《针摩仪治疗青少年近视818例疗效观察》。

参考文献

[1] 刘振元，《上海高级专家名录》编辑部．上海高级专家名录：第4卷[M]．上海：上海科学技术出版社，1994.

陈方权

陈方权（1937— ），浙江海宁人，北京师范大学数学系教授。主编著作：《解析函数论基础》（北京师范大学出版社，1987年）；发表论文有：《一类带有两个Carleman位移的三元素边值问题》《双调和函数的Dirichlet问题（英）》等。

参考文献

[1]《老照片》编辑部．我的父亲[M]．济南：山东画报出版社，2018.

徐福生

徐福生（1937— ），女，浙江海宁人，上海电缆研究所高级工程师。1960年，毕业于华东化工学院有机工业系。长期从事电线、电缆产品用绝缘材料研究。

参考文献

[1] 刘振元，《上海高级专家名录》编辑部．上海高级专家名录：第2卷[M]．上海：上海科学技术出版社，1993.

丁有德

丁有德（1937— ），浙江海宁人，中共党员，高级工程师。毕业于浙江机械专科学校，兼任浙江省政协常委等职。

丁有德长期从事电力基本建设。先后主持和参与了梅溪电厂、半山电厂二至四期、镇海电厂一至四期、台州电厂一至四期、北仑电厂一、二期，萧山电厂一期、温州电厂一期、长兴电厂三期、嘉兴电厂一期及全省部分220千伏、500千伏输变电项目的厂（站）址选择、可行性研究、设备选型、初设审查、物资供应、施工协调、质量监督、概算调正、调试启动、竣工验收等工作。另外对秦山核电一、二期，石塘水电站建设及黄坛口水电站、乌溪江水电站扩建也参与了部分建设管理工作。

参考文献

［1］左铁镛．中国世纪专家4［M］．北京：中国环境科学出版社，2002.

杜柏林

杜柏林（1937— ），浙江海宁丁桥人，电子工业部第二十三研究所高级工程师。1962年，毕业于南京工学院，后分配在中国人民解放军七三五部队工作；1965年6月，转入上海电子工业部第二十三研究所工作。曾任研究室主任，兼任宁波大学教授、上海市通信学会理事、上海市光通信专业委员会主任、上海科技大学光纤重点实验室学术委员会委员、上海科胜光缆公司董事。

杜柏林长期从事仪器、仪表和光纤、光缆的研究工作，担任课题组长而获奖的项目有："电缆偏心测量控制仪"获全国科技大会重点成果奖；"光纤外径测量控制仪"获国防科技委员会科技成果二等奖，"光纤塑料挤包机"获电子工业部优秀科技成果一等奖；"SCI-MCVD自控系统"获电子工业部优秀科技成果奖；"单摸光纤"获国家科技成果二等奖、上海市科技成果一等奖；"上海'八五'期间光纤通信技术发展方向研究"获上海市科技成果三等奖。

译著：《光纤测量原理》（人民邮电出版社，1986年）。发表论文10余篇，主要有：

《激光在光纤直径测量与控制中的应用》《单模光纤预制棒研制中料温自动控制》《一种减小光纤外径波动的方法》等。

来源

海宁市档案馆．当代海宁名人录（第一集）. 1996.

潘　昂

潘昂（1937—　），浙江海宁人，上海材料研究所高级工程师。1960年，毕业于北京大学化学系。

潘昂长期从事高分子功能性复合材料的研究。发表论文20余篇，主要有：《侧链液晶高分子的非线性光学特征及其应用》《CT-1和CT-2齿轮副接触精度涂料的应用》《厌氧胶中的单体和添加剂的分离与分析》等。

参考文献

[1] 刘振元，《上海高级专家名录》编辑部．上海高级专家名录：第1卷[M]. 上海：上海科学技术出版社，1992.

丰振国

丰振国（1937—　），浙江海宁长安人，无锡机床厂磨床研究所高级工程师，兼任杭州万向节总厂技术顾问。1960年，毕业于吉林工业大学机械系，后分配到河北省邢台市邢台专区农机管理局工作；1962年，调至邢台专区拖拉机修配厂；1963年，调至邢台专区汽车修配厂工作；1964年5月，调至无锡机床厂磨床研究所工作。

丰振国长期从事无心磨床的研究与开发设计和其他机械专机设计工作。由他主管设计成功的无心磨床专机共8种，其他专机4种；参与设计成功的项目近20种，其中1964—

1966年，他主持设计完成的“65-1型X-Y医用同位素扫描机”为国内首创，获1966年国家国防科技委员会及1978年江苏省科学大会荣誉奖状；由他主持设计的“齿分度盘工艺及全套工艺装备”和“M11100/4缝纫机上轴无心磨床”，分别获1978年江苏省科技成果三等奖和1982年无锡市科技成果三等奖。

参编著作:《机械工程手册》(机械工业出版社，1996年)。发表论文10余篇，主要有:《齿分度牙盘的加工工艺及其装备》《无心磨床轴瓦支承结构的改进及轴承间隙的测量》《一种提高蜗轮寿命的新材料——新型锌基合金》等。

来源

海宁市档案馆.当代海宁名人录(第一集).1996.

朱尧洲

朱尧洲(1937—)，浙江海宁斜桥人，华北水电学院教授，享受政府特殊津贴。曾任北京水利水电管理干部学院副院长。

朱尧洲长期从事农田水利工程研究和教学工作，与施钧亮、窦以松等组成的喷滴灌科研组在喷灌设备研制和喷灌系统规划设计等方面达到国内领先水平，先后获得地区、省和全国科学大会奖。其制定的国家标准《喷灌工程技术规范》获1987年水利电力部科技进步三等奖。

主编著作:《喷灌设备与喷灌系统规划设计》(水利电力出版社，1979年，是我国首部喷灌科技专著),《喷灌工程设计手册》(水利电力出版社，1989)。发表论文10余篇，主要有:《灌溉技术更新的经济评价方法探讨》《用边际分析法推求喷灌工程设计风速》《滴灌毛管设计的图解分析法》等。

参考文献

[1] 海宁市史志编纂委员会.海宁市志(1991—2010)[M].杭州：浙江人民出版社，2018.

何积斐

何积斐（1937—　），浙江海宁硖石人，北京联合大学物理学副教授。毕业于南京大学，分配至北京工业大学物理系，后调入北京联合大学，曾任物理学教研室主任。1981年获“北京市科技积极分子”称号。

译著：《气候的物理基础及其模拟》（科学出版社，1982年）。发表论文有：《Hatree-Fock方程的数值解法》《Bemy相因子》等。

参考文献

［1］单锦珩．浙江古今人物大辞典：下［M］．南昌：江西人民出版社，1998.

褚静秋

褚静秋（1937—　），浙江海宁人，上海轻工业设计院高级工程师。1961年，毕业于同济大学机电系，长期从事锅炉房、煤气站、空压站外管线设计及标准规范管理。

参考文献

［1］刘振元，《上海高级专家名录》编辑部．上海高级专家名录：第2卷［M］.上海：上海科学技术出版社，1993.

范孝铨

范孝铨（1937—　），浙江海宁长安人，中共党员，铁道部科学研究院机车车辆研究所研究员。1964年，毕业于浙江大学，分配在铁道部科学研究院机车车辆研究所工作。1989年，调至北京纵横机电技术开发公司任总工程师。

范孝铨长期从事内燃机车柴油机增压技术和增压器设计、试验、研究工作。为提高内燃机车增压器效率，着重研究增压器的离心压气机内部三元及黏性复杂流动问题。从理论上提出了“离心压气机叶片扩压器附面层计算方法”，国内第一个成功地将航空上轴流式压气机串联叶栅技术应用于高压比涡轮增压器产品上，成功地设计出中国第一代双列叶栅扩压器，解决了大功率内燃机车高增压工况时喘振难题，其成果获铁道部科学技术进步二等奖。“TZ-251C 型涡轮增压器与 8NVD 柴油机匹配”技术研究，用国产增压器替换了德国产品，为国家节约了大量外汇，受中铁五局表扬，获铁道部科学研究院科技成果三等奖。1995—1999 年，主持和完成了“阀控密封铅酸蓄电池在铁路内燃、电力机车上的应用研究”，移植通讯部门的 GFM-500 型固定式阀控密封铅酸蓄电池技术，使之成为内燃机车的柴油机起动电源。另外参与的项目有：计算机控制模拟汽车道路行驶条件的“汽车变速箱试验台”；汽车启动机试验用模拟电源；电冰箱滚动式门体发泡机；微机检测涡轮增压器试验台；内燃机车 410 电机反馈试验台等。

发表论文 20 余篇，主要有：《增压器的压气机中叶片扩压器流场计算》《双列叶栅扩压器在增压器上的应用》《离心压气机叶片扩压器附面层计算》等。

来源

海宁市档案馆．当代海宁名人录（第二集）．2000.

王锡玖

王锡玖（1937—　），浙江海宁盐官人，中共党员，宝钢集团上海梅山有限公司教授级高级工程师，享受政府特殊津贴。1962 年 7 月，毕业于北京钢铁学院特种冶金系特种金属制品专业。1960 年 3 月起，曾先后在北京钢铁学院特加教研组任实习助教，上钢二厂任技术员；1968 年 10 月，支援内陆赴江西钢厂，历任江西钢厂丝带分厂技术员、工程师、分厂副主任、副总工程师、总工程师、副厂长等职；1982 年 8 月起，任江西新余钢铁总工程师、董事；1985 年 4 月—1994 年 8 月，兼任江西省钢铁研究所所长；1995 年 8 月，调至上海梅山（集团）有限公司，任副总工程师。

1978 年，获“全国先进科技工作者奖”；1989 年，分别获冶金部“优秀科技工作者”“质量管理先进个人”和江西省“有突出贡献的科技工作者”等称号；1990 年，获“江西省劳动模范”称号。

王锡玖长期从事钢铁冶炼及轧钢的科技专业工作和科技管理工作，着重于特殊钢压力加工、特殊钢丝和板带的生产、研究工作。主要研究成果有：主持研制生产“琴钢丝”，于1978年获全国科学大会奖，1980年获国家银质奖；主持研制“军工用高级弹簧钢丝”，于1980年获国家银质奖；主持研制“军工用高强度弹簧扁钢丝和飞机发动机用柱塞弹簧钢丝”获国务院国防工业办公室国防科技重大成果四等奖，其中“柱塞弹簧钢丝”，1982年获冶金部科技进步三等奖；至1987年止，在他主持和领导下，共开发新产品80余项，其中62项填补了国内空白；他参与研究开发的“计算机辅助孔型设计程序系统”，于1990年获江西省科技进步三等奖。

王锡玖十分重视产品质量的提高，一贯强调质量是企业的生命，企业要以质量求生存、求效益、求发展。1986年，发现江西钢厂的矽钢片质量有问题，立即组织科技人员和职工进行质量攻关，果断提出整改措施，建立了14个保质体系、19个质量QC攻关小组，使矽钢片质量大有提高，达到国家质量标准。

参考文献

［1］胡瑞林，《江西省冶金工业志》编纂委员会．江西省冶金工业志［M］．北京：方志出版社，1999.

孙其荣

孙其荣（1937—　），浙江海宁人，中共党员，海宁市肿瘤防治研究所研究员。1965年，毕业于浙江医科大学。历任海宁市肿瘤防治办公室副主任，海宁市肿瘤防治研究所副所长，兼任浙江省抗癌协会理事，浙江省病理专业委员会委员，海宁市抗癌协会副理事长，《农村医院》和《浙江肿瘤》杂志编委。

孙其荣长期从事大肠癌的筛查工作。主持完成“血吸虫感染与实验性大肠癌的发病关系的探讨”“小白鼠实验性大肠癌的演变过程和起源方式”“2 815例直肠肛管腺瘤息肉十年动态观察”及协作完成“海宁市大肠癌普查资料分析”“全国大肠癌病理研究统一规范”“无症状结肠癌筛检及评价”“直肠肛管息肉分类和腺瘤不典型增生分级及癌变的病理诊断标准”“大肠幼年型息肉的性质与来源”等课题，曾获国家科学技术委员会科技进步三等奖1项，浙江省科技进步二等奖2项、三等奖1项，浙江省教委科技进步二等奖1项、三等奖1项，嘉兴地区科技进步二等奖2项，海宁市科技进步一等奖1项、三等奖2项。

发表论文30余篇，主要有：《海宁市1977—1989年宫颈癌发病率分析》《760例直肠息肉病理分析》《家族性多发性大肠腺瘤病及其癌变（附病理证实的三例临床病理分析）》等。

参考文献

[1]《中华人物辞海》编委会.中华人物辞海：当代文化卷1中[M].北京：中国国际广播出版社，1997.

童乃文

童乃文（1937— ），浙江海宁人，浙江大学信电系教授。1958年，毕业于浙江大学电机工程系，曾任电子线路教研室主任。

童乃文长期从事研制图象分析仪和高速实时数据采集方面的科研工作。用于国防工程的专用测试系统——15通道计时器获得1978年浙江省科技成果三等奖。

主编著作：《音响技术与设备》（浙江大学出版社，1993年）、《数据采集与接口技术》（浙江大学出版社，1995年）。发表论文10余篇，主要有：《内插技术在波形显示器中的应用》《微处理机控制的波形存储显示系统的研究》《集成运放高速性能的扩展》等。

参考文献

[1]王咸昌.当代中国自然科学学者大辞典[M].杭州：浙江大学出版社，1992.

顾顺础

顾顺础（1937— ），浙江海宁人，上海纺织工业设计院高级工程师。1960年，毕业于上海纺织工业学校机织专业。

顾顺础长期从事热力工程设计。1987年，因10-1-26涤纶短纤维熔体输送配管的技术研究获国家科学技术进步三等奖。

参考文献

[1] 刘振元,《上海高级专家名录》编辑部 . 上海高级专家名录：第 2 卷 [M]. 上海：上海科学技术出版社，1993.

许志祥

许志祥（1937—　），浙江海宁袁花人，上海大学通信与信息工程学教授、硕士生导师，享受政府特殊津贴。1961 年，毕业于华东化工学院化工机械与自动化专业，后分配至上海工学院仪表无线电系任教；1961 年 9 月—1963 年 1 月，在上海交通大学四系进修；1972 年 5 月后，在上海科技大学及上海大学任教；1983—1985 年，在美国匹兹堡大学做访问学者。曾任上海科技大学科技开发总公司顾问、电视与图像信息教研室主任、电子工程教研室主任等职；兼任香港理工学院客座教授，上海图像及图形学会常务理事及学术委员会主任，上海影视学会理事,《电视技术》杂志终身名誉编委。1995 年，荣获光华科技基金三等奖。

许志祥长期从事电视技术、图像处理与通信及计算机视觉的教学与科研工作。他负责的国家“863”高技术项目“遥控移动式作业机器人通信系统”通过国家级鉴定，为国内首创，荣获中科院科技进步二等奖；“RT V -1 型三维机器人三眼视觉系统”荣获上海市科技进步二等奖（1992 年）；国家 863 高科技课题“壁面爬行检查作业机器人”荣获国家科技进步三等奖（1996 年）；“三眼立体视觉系统”通过市级鉴定，达到 20 世纪 90 年代初国际先进水平；“X 射线焊缝图像计算机检测与分析系统”达到国际先进水平。在科技成果转化方面也有突出成绩。在大屏幕电视墙推向市场后，在能显示电视图像信号的发光二极管 LED 电子显示屏上研究开发多年，在国内市场上占有一席之地，为证券市场、银行、车站等设计、安装了 LED 电子显示屏数百台。在他的主持下还推出了计算机网络系统、电视会议系统、远程图像监控系统等重大项目，为上海长话局“139”网移动电话 200 多个基站研制远程图像监控系统。

主编著作：《彩色电视集成电路接收机原理》（国防工业出版社，1983 年）、《数字型彩色电视机》（厦门大学出版社，1996 年）、《数字电视与图像通信》（上海大学出版社，2000 年）、《数字电视知识手册》（上海交通大学出版社，2003 年）、《数字电视与图像通信技术》(清华大学出版社，2009年)。编写《数字电视》讲义，这是我国数字电视领域最早的教材之一。发表论文40余篇，主要有：《二阶导数型电缘检测算子边缘定位误差的研究》《X射线焊缝图像计算机质量检测》《一种新的多面体线条结构提取方法》等。

参考文献

[1] 王生洪.上海高等教育系统教授录：续[M].上海：同济大学出版社，1994.

陆秀荪

陆秀荪(1938—)，女，浙江海宁人，中国人民解放军总后勤部某兵工厂担任高级工程师。1958年，毕业于北京航空学院飞机制造系，后分配至中国人民解放军总后勤部某兵工厂，参与研制过不下70种型号的军用、民用运输机。

参考文献

[1] 蒋连根.陆宗舆后人下落揭秘[J].名人传记(上半月)，2011(5).83-87.

金瑞明

金瑞明(1938—)，浙江海宁人，华丰造纸厂高级工程师。

金瑞明长期从事造纸技术研究。1966年，试制出我国造纸业上第一台国产湿式罗茨真空泵。1978年，设计并参与试制出我国造纸行业中第一台卧式专用170 t油压机。1989年应邀赴法国Allimand造纸机械厂考察访问。

发表论文30余篇，主要有：《高浓碎浆法——脱墨除杂质效果显著》《造纸机压榨部气动装置设计的探讨》《薄膜气缸膜片的计算原理》等。

参考文献

[1] 周望森.浙江古今人物大辞典：续编[M].北京：方志出版社，2001.

宋正海

宋正海（1938—　），浙江海宁人，地学史学家，研究员，享受政府特殊津贴。1964 年，从北京大学地质地理系毕业后到中国科学院自然科学史研究所工作。曾任中国科技史学会第三届理事会理事，《自然科学史研究》杂志编委。

宋正海长期从事地学史、科学史理论及地学哲学和天地生综合研究。主张把中国古代有机论自然观引入当代天地生相关的研究，开展历史自然学和历史生物学，历史海洋学及黄河学等学科研究。

在海洋学史、科学史理论、历史自然学等有开创性贡献。主要学术成果有：

（1）中国古代海洋学史的系统研究，撰写学术著作《中国古代海洋学史》。参加在汉堡举行的第四届国际海洋学史会议，是中国人第一次参加此类会议，会上举办了“中国古代海洋学成就”图片展览，中国古代成就得到各国代表的广泛赞扬。

（2）提出“历史自然学”，系统论证其存在的合理性和发展的必然性。目前此学科已发展包括有历史天文学、历史气候学、历史地震学、历史海洋学、历史水文学、历史生物学等分支学科的较大学科体系。

（3）系统论证中国古代有机论自然观的现代科学价值，并努力将此引入现代的天地生综合研究中去。

（4）中国传统地学思想史的广泛研究：组织中国传统地球观问题的讨论，全面论证中国古代传统地球观是地平大地观，不是球形观；提出中国古代传统地学体系是国内区域综合地理学，有着国内性、区域性、综合性、描述性和历史性；提出中国古代传统地图体系是大比例尺制图技术体系；论证地质力学与修斯、泰勒等的早期大陆漂移理论的历史渊源。

（5）从事科学史理论的工作和研究：创议并参与组织科学史理论、地学哲学、天地生综合研究等方面的学术讨论；开展中国近代科学落后原因的研究；论述中国传统文化的大陆内聚性；论证地理环境对社会历史的决定性方面；系统探讨科学史的学科改革问题，努力扩大其社会功能；在全国第一次开设“科学史理论问题”研究生课。

（6）从事并努力推动全国的天地生综合研究，参与组织第一、二、三届全国天地生相互关系学术会议，参与组织第一、二、三、四届全国地学史会议。

（7）提出“黄河学”，把黄河区域的地理、经济、政治、意识形态作为一个系统来研究，以便从宏观上来协调并指导各种重大黄河的决策研究。

（8）主持国家自然科学基金项目“地球科学发展基本数据研究”研究工作，出版大型工具书《地学年表》。

主编著作30余部，主要有：《历史自然学进展》（海洋出版社，1988年）、《中国古代海洋学史》（海洋出版社，1989年）、《中国古代重大自然灾害和异常年表总集》（广东教育出版社，1992年）、《地球科学年表》（石油工业出版社，1998年）等。发表论文100余篇，主要有：《地质力学与早期大陆漂移理论的历史渊源》《中国古代传统地球观是地平大地观》《中国传统海洋学的形成和发展》等。

参考文献

[1] 庄毅，中华人民共和国人事部专家司．中华人民共和国享受政府特殊津贴专家、学者、技术人员名录：1992年卷 第3分册［M］．北京：中国国际广播出版社，1996.

朱勤学

朱勤学（1938— ），浙江海宁人，九三学社社员，高级工程师。1963年，毕业于清华大学冶金系。曾任上海市劳动保护科学研究所副所长，噪声和振动控制研究室主任。

朱勤学长期从事噪声与振动控制、安全管理和评价。1982年，参与的6H45-2型鞋钉机降噪技术获上海市重大科技成果三等奖；1985年，参与制作的DZ82-1型低噪声鞋钉机获上海市科学技术进步三等奖；1989年，参与制作的“机械延时同步跟踪降噪装置”获中国人民解放军原总后勤部科技进步一等奖，1995年获发明专利；1990年，参加制定生产防噪声工程技术措施综合评价，获劳动部科技进步三等奖；1991年，参加的“系统工程在上钢三厂铸钢分厂粉尘治理中的应用和研究”获上海市科技进步三等奖；1995年，参加的“宝钢一号高炉车间安全评价和安全管理模式”获冶金部科技进步三等奖。

参考文献

[1] 中华爱国工程联合会．中华兴国人物辞典1［M］．北京：中国文联出版公司，1999.

邹德明

邹德明（1938— ），浙江海宁人，南京国营长江机器制造厂职工医院副主任医师。1957 年，于中国人民解放军 0101 部队医训队一年半制毕业。1971 年，于河北新医大学邯郸分校医师提高班学习一年。1977 年 5 月—1979 年 5 月，于中国人民解放军三〇一医院普外科进修。长期从事普外科临床和医院管理工作。

参考文献

[1] 南京市卫生局,《南京卫生年鉴》编辑委员会. 南京医学界人名录 [M]. 南京：河海大学出版社，1989.

沈士德

沈士德（1938— ），浙江海宁人，武汉钢铁学院副教授，硕士研究生导师。1961 年，毕业于华东化工学院燃料化学工程专业。中国颗粒学会湖北分会理事。

沈士德从事化学工程教学和科研工作。发表论文 30 余篇，主要有：《离子交换技术浓缩铀》《多孔介质中界面稳定性研究》《往复流离子交换技术用于浓缩铀液时平衡组成、床层侧形及铁回收率的测定和研究》等。

参考文献

[1] 湖北省教育委员会. 湖北省教育系统高级专业技术人员人名录：第 1 集 [M]. 武汉：武汉大学出版社，1991.

宓亢琪

宓亢琪（1938— ），浙江海宁人，中共党员，武汉城市建设学院环境工程系教授，系主任。1963 年，毕业于同济大学。在日本名古屋大学、神奈川大学与东邦煤气公司研修 3 年。中国煤气学会理事，湖北省土木建筑学会城市煤气专业委员会主任委员，湖北省煤气协会常务理事。

宓亢琪长期从事城市燃气工程的教学和科研工作。主编著作：《天然气输配技术》（化学工业出版社，2006年）、《燃气输配工程学》（中国建筑工业出版社，2014年）。发表论文30余篇，主要有：《室内管道设计自动化方法的研究》《埋地燃气钢管抗震计算与分析》《天然气引射器特性方程与工况的研究》等。

参考文献

[1]《中华人物辞海》编委会．中华人物辞海：当代文化卷1中[M]．北京：中国国际广播出版社，1997.

沈静珠

沈静珠（1938—　），女，浙江海宁人，九三学社社员，清华大学化工系教授。1961年，毕业于清华大学动力机械系热能工程专业。1979—1981年，在日本横滨国立大学化学化工部进修。曾任九三学社中央委员，北京市副主任委员，清华大学主任委员。

沈静珠长期从事热工、化学工程及化工系统工程的教学研究，完成“石化系统优化管理软件”等科研项目。

主编著作：《过程系统优化》（机械工业出版社，1990年），获国家教委科技进步二、三等奖；译著：《化工过程系统工程》（化学工业出版社，1981年）、《填充床传热与传质过程》（化学工业出版社，1986年）。发表论文10余篇，主要有：《重油加氢装置动态仿真系统的集成》《流化床中塔型立构件的研究》《加氢裂化反应器工况变化早期诊断方法研究——动态过程信号的分类》等。

参考文献

[1]中华教育研究交流中心，中国教育专家名典[M]．北京：中国国际教育出版社，1997.

宋仁奎

宋仁奎（1938—　），浙江海宁人，教授级高级工程师，享受政府特殊津贴。1961 年 8 月，毕业于上海华东纺织工学院纺机设计专业，分配至山西经纬纺织机械厂工作，曾任设计一室主任。1986 年，被评为晋中地区优秀室主任；1988 年 5 月，荣获山西省社会主义劳动竞赛一等功；1989 年 5 月，被山西省委、省政府授予劳动模范称号；1989 年，获“全国劳动模范”称号，并享有“优秀中青年专家”誉称。

宋仁奎长期从事化纤纺丝、棉纺细纱机械设计，先后参加和主持设计了 8 种型号的细纱机设计工作，其中，由他主持设计的 1294B 细纱机改造获 1982 年山西省科技成果二等奖；FA504 细纱机获 1987 年山西省科技成果一等奖。1988 年对 FA502 细纱机进行改造，节约资金 32 万元；参研的 FA506、FA508 细纱机被命名为国家级产品，曾在大阪举行的国际展览会上展出。

宋仁奎不仅为国内的江西新余、安徽马鞍山、湖北沙市、东北鞍山等厂提供老厂更新改造设想和选择新机方案，还为保加利亚、阿富汗、尼日利亚、巴基斯坦等国提供咨询。两次远赴巴基斯坦，为经纬纺织机械厂出口巴基斯坦的 FA502 细纱机进行安装和技术服务。

主编著作:《行星齿轮减速设计计算及其在纺织机械上的应用》(1967 年)。发表论文 20 余篇，主要有:《R372 短丝纺丝机的设计》《环锭细纱机主电动机负载测算》《FA502 罗拉轴承晃动剖析》等。

参考文献

[1] 吴鹤松 . 经纬风流第 8 卷中国当代纺织劳动模范 [M]. 北京：新华出版社，1991.

胡中雄

胡中雄（1938—　），浙江海宁人，同济大学教授。1962 年，毕业于同济大学地下工程系，后留校任教。兼任上海市地下工程学术委员会、上海市地铁建设公司科技委员会委员，温州大学建筑与土木工程学院院长。1988 年，获中国土木工程学会“优秀中青年土木工程科技工作者”称号。

胡中雄长期从事土力学及地基基础专业的教学和科研工作。研究方向是土力学、土质学基本理论及地下工程问题，1990年后从事环境土工学研究。主要研究成果：“大型油罐软土地基试验研究”获1984年中国石油化工总公司优秀科技进步二等奖；参加“高层建筑深基坑围护工程实践与分析”获2000年上海市科学技术三等奖；参编《建筑基坑工程技术规范》获2001年北京市科学技术进步三等奖。

主编著作：《土力学与环境土工学》（同济大学出版社，1997年）。参编著作：《土工原理与计算》（水利电力出版社，1980年）（获1987年水利电力部高等学校优秀教材一等奖）、《土力学与基础工程》（中国建筑工业出版社，1991年）、《基坑工程手册》（中国建筑工业出版社，1997年）《软土地基和预压法地基处理》（机械工业出版社，2005年）等。发表论文30余篇，主要有：《软黏土准前期固结压力试验及计算公式》《饱和软黏土中单桩承载力随时间的增长》《上海软土地层的应力历史与地质历史》等。

参考文献

[1]《同济大学教授录》编委会.同济大学教授录[M].上海：同济大学出版社，2007.

祝斐玲

祝斐玲（1938— ），女，浙江海宁袁花人，北京第一棉纺织厂高级工程师。1962年，毕业于华东纺织工学院，1963年4月，分配进北京第一棉纺织厂工作，1995年6月退休。历任技术员、工程师、副科长、科长、副总工程师、总工程师等职。

祝斐玲长期从事织造工艺研究、品种开发和质量管理等工作，对新型浆料的试验研究开发和应用有较为丰富的经验，主要研究成果有：参与的“棉纺织水溶性浆纱后上蜡”项目，于1983年获纺织部四等奖；研制的“T/C60^{s}/2X30^{s}卡其”新产品，于1984年获纺织部优质产品奖，1985年获国家银质奖；“T/C6O^{s}X30^{s}卡其企业标准”获北京市标准计量局采用国际标准三等奖；研制的“T/C45^{s}X45^{s}110X76细布”产品，于1990年获纺织部优质产品奖，对外经济贸易部出口产品金奖；参加的仿制丹麦自动接经机获得成功，并获纺织部三等奖，北京市科技三等奖。

发表论文有：《使用国产涤纶的实践与经验》《运用系统工程方法，实现产品质量创优》等。

来源

海宁市档案馆．当代海宁名人录（第一集）．1996.

陈孙敏

陈孙敏（1938—　），女，浙江海宁人，上海市儿童医院副主任医师。1962年，毕业于上海第二医学院儿科系。

陈孙敏长期从事儿童保健。主编著作：《宝宝日记》（少年儿童出版社，1983年）。发表论文10余篇，主要有：《新生儿期应用机械通气存活儿81例随访》《DDST异常小儿的临床及头颅CT检查：附153例报告》《听觉统合训练对儿童孤独症的疗效评估》等。

参考文献

[1] 吴鹤松．经纬风流 第8卷 中国当代纺织劳动模范［M］．北京：新华出版社，1991.

何德华

何德华（1938—　），又名何兰芬，女，浙江海宁硖石人，国家海洋局第二海洋研究所研究员。1962年，毕业于厦门大学生物系。1962年起，先后在中国科学院辽宁分院大连海洋研究所、国家海洋局环境保护研究所和国家海洋局第二海洋研究所工作，兼任浙江省生态学会理事。

何德华长期从事海洋浮游生物和海洋生态学研究工作，研究领域从东海沿岸、河口港湾到大陆架深海，直到南大洋，其最主要的研究项目是两次对秦山核电站临近海域生态的调查。1989年4月—1990年4月，何德华作为项目主持人，在潮差最大达9米的强潮海区用木质运输船采集样品，高质量地完成了四个航次的多学科综合调查，提交了20万字的调查报告。在秦山核电站Ⅲ期工程中，身患乳腺癌的何德华再次担任完成生态调查，完成包括10个专题，54个项目的10万个数据、104幅标准图件和18万字的调查报告，为我国的核电事业做出了贡献，为发展我国河口海湾生态学研究积累了宝贵的资料。调查结果阐明了强潮河口的特殊生态特点，这对评价杭州湾和邻近海域的生态环境保护具有重要意义。另有科技成果包括：渤海污染调查获国家科技成果一等奖；浙江省海岸资源调查获省科技成果一等奖；南大洋调查获国家海洋局科技成果一等奖。

何德华先后完成科研成果报告8项，参加国际学术研讨会并做学述报告3次，发表论文30余篇，主要有：《浙江沿岸上升流区浮游动物生态研究Ⅰ、生物量及主要类群丰度》《长江口航空遥感测定浮游生物》《秦山核电站邻近水域生态特点》等。

参考文献

[1] 周望森. 浙江古今人物大辞典：续编 [M]. 北京：方志出版社，2001.

祝富林

祝富林（1938— ），浙江海宁丰士人，电子部中国华晶电子集团公司市场与应用技术部高级工程师。1964年9月，毕业于浙江大学无线电系，分配到无锡国营七四二厂工作；1986—1989年，在无锡微电子联合公司工作；1989年起，在中国华晶电子集团公司工作。1980—1991年，曾先后四次去日本学习、考察；1987年，去美国参加南加州华人科工协会年会，并进行考察。历任国营七四二厂应用室主任、工程师，无锡微电子联合公司销售部副经理，中国华晶电子集团公司总师办副主任、技术部副主任、应用处副处长、市场与技术应用部副部长等职；兼任国家科学技术委员会汽车电子控制“八五”攻关ECU组副组长。

祝富林长期从事无线电电子领域的研究和半导体（晶体管和集成电路）器件的生产和应用工作。1971年，负责设计、制造的我国第一台全自动八头精缩机（电控部分）获得成功，该机在第30届广交会上展出；1978年，参加了国内第一条集成电路生产线的引进谈判工作，并获得成功；1982—1984 年，负责推广运用的电视机集成电路技术，获电子工业部科技二等奖；1986 年，负责制定的“IC 标准化”，获电子工业部科技三等奖；1991 年以来，他又进一步对广播电视、程控交换机、电话机、汽车电控、家用电器的红外遥控等系统的设计和集成电路的应用取得了一定的成果。

参编著作：《中国集成电路大全》（国防工业出版社，1985 年）；发表论文 10 余篇，主要有：《音乐彩灯电路 CS9482》《一种新的电视伴音电路 CD7243》《电视机用集成电路》等。

来源

海宁市档案馆．当代海宁名人录（第一集）.1996.

张兆杨

张兆杨（1938—　），浙江海宁人，中共党员，上海大学通信与信息工程学院教授、博士生导师，享受政府特殊津贴。1962 年，毕业于西安交通大学无线电技术专业。1962 年 9 月起，先后在上海工学院、上海科技大学、上海工业大学和上海大学任教，历任上海大学通信与电子工程系主任、学院副院长。兼任上海大学学报编委、中国广播电视技术学会副主任、中国图像图形学会常务理事、中国广播电视学会常务委员。1993—1995 年，先后到新加坡、中国香港和日本大阪大学讲学和学术交流。1989 年，获“全国优秀教师”称号。

张兆杨长期从事数字视频、信息处理与传输、视音频编解码与多媒体通信、互联网流技术、HDTV 及相关技术等方面的教学和研究。先后承担电业部项目：“数字视频特殊效果的理论与实用研究”，“863”子项目“CMS 底层通信与四分画显示系统”；国家自然基金项目 5 项：“数字电视处理系统与测量方法”“基于规范式描述的模型城图像压缩与处理”“基于模型分割和小波变换的体视频编码”“任意形状视对象的自动提取及其形状编码”“移动宽带视频广播传输系统及关键技术研究”。科研成果有：“多功能 6×6 彩色电视组合屏电视墙”获 1991 年上海市科技进步二等奖；“数字视频特技效果技术及其应用”获 1992 年电子工业部科技进步二等奖；“波带信号源在 DTV 测试中的应用研究及 DTV 参数测试”获 1993 年上海市科技进步三等奖；“CZT 彩色大屏幕技术”获 1993 年云南省科技进步三等奖；“VGA 多屏显示技术”获 1997 年上海市科技进步三等奖；“动态图像压缩新技术”获1998年上海市科技进步三等奖。

主编著作:《视频对象分割的原理与应用》(科学出版社，2009年)、《二维和三维视频处理及立体显示技术》(科学出版社，2010年)。参编著作:《工业电视》(科学出版社，1982年)、《微光电视》(国防工业出版社，1984年)、《数字电视演播中心》(上海工业大学出版社,1987年)、《数字电视原理》(科学出版社,1989年)。译著:《彩色电视原理——PAL制》(国防工业出版社，1973年)、《工业电视摄像机》(国防工业出版社，1983年)。发表论文90余篇，主要有:《6比特画中画彩色电视机的设计》《16QAM调制原理及其在HDTV中的应用》《HDTV的双向预测及多重DCT编码》等。在高效压缩编码和视频对象分割提取上已申请8项国家发明专利。

参考文献

[1] 方明伦. 上海大学教授录[M]. 上海：上海大学出版社，2002.

章云祥

章云祥(1938—)，浙江海宁硖石人，中国科学院上海有机化学研究所研究员、博士生导师。1962年，毕业于上海复旦大学化学系高分子专业，后分配至中国科学院上海有机化学研究所工作，曾任第九研究室副主任。1986—1989年，在美作访问教授。1993年，应邀先后赴中国台湾、日本、美国做学术报告。

章云祥长期从事功能性高分子的研究和试制工作，对全氟离子交换膜及含氟气体分离膜合成和性能的研究、含氟高聚物合成及性能研究、含氟疏水缔合型高聚物的研究成果颇丰。获奖项目有:“氟自由基化学”获国家自然科学三等奖(1982年);“氟塑料FS-40G研制和扩试”获中国科学院科技进步二等奖(1992年);“全氟磺酸离子交换树脂的研制和扩试”获中国科学院科技进步二等奖(1992年);“氟塑料FS-40G防腐风机”获江苏省常州市科技进步三等奖(1994年);“幅照交联氟塑料FS40G航空导线”获机械工业部科技进步一等奖(1997年)。

发表论文50余篇，主要有:《二羟丙基纤维素涂料的合成和性质》《一种新的含氟碳疏水缔合型聚丙烯酰胺共聚物》《全氟磺酸树脂中空纤维的离子交换性能的研究》等。获得国家专利9项，主要有:《表面可侵蚀聚氨酯、制备方法及其应用》《含氟碳基团疏水缔合型增稠剂、合成方法和用途》《含氟碳基团水溶性高聚物、制备及应用》等。

来源

海宁市档案馆 . 当代海宁名人录（第二集）. 2000.

胡奇明

胡奇明（1938—　），浙江海宁人，上海航道局设计研究所高级工程师，副所长。1962 年，毕业于华东水利学院水道及港口水工建筑系，长期从事土建及现代管理工作。

参考文献

［1］刘振元,《上海高级专家名录》编辑部 . 上海高级专家名录：第 4 卷［M］. 上海：上海科学技术出版社，1994.

朱立平

朱立平（1938—　），浙江海宁丰士人，中国协和医科大学基础医学院教授，博士生导师。1961 年，毕业于上海第一医学院医疗系，后留校任教。1968 年，研究生毕业于中国医学科学院实验医学研究所。1968 年 4 月—1972 年 4 月，于上海第一医学院病理教研室任教；1972 年 4 月以后，于中国医学科学院基础医学研究所、中国协和医科大学基础医学院任教，曾任教研室主任。1981 年 8 月—1983 年 8 月，为美国国立卫生研究院传染病与变态反应研究所免疫调节实验室访问学者。兼任北京市免疫学会秘书长，《中华微生物学》和《免疫学》杂志副总编辑，《中国医学科学院学报》编委会委员，国家药品监督管理局药品审评专家，卫生部继续教育委员会学科组成员。

朱立平长期从事免疫学研究，如人淋巴细胞分化抗原基因克隆与功能的研究，致力于寻找新的分化抗原，特别是人 B 淋巴细胞的分化抗原。新发现 2 个 cDNA，登记号分别为 U25041 和 U37248。先后承担国家“七五”攻关课题 1 项，国家自然科学基金 3 项，卫生部基金 2 项和中国医学科学院基金 1 项。曾获国家图书奖提名奖 1 项、卫生部科技进步三等奖2项、中国医学科学院科技进步奖4项，河北省科技进步三等奖1项。

主编著作：《风湿病学》（科学技术出版社，1998年）、《人B淋巴细胞的分化和调节》（科学出版社，1988年）、《免疫学常用实验方法》（人民军医出版社，2000年）。译著：《现代免疫学词典》（科学出版社，1993年）、《癌症免疫治疗》（化学工业出版社，2004年）、《感染性疾病免疫学》（化学工业出版社，2005年）。发表论文100余篇，主要有：《某些免疫抑制剂对B淋巴细胞功能的影响》《inhibition of metastasis to lung of a human nasopharyngeal carcinoma cell line CNE-212 transfected with pRc/CMV-antisense 6A8 cDNA injnude mice》《cloning and characterigation of a cDNA encoding a new human lymphocy to membrane-associated protein》等。

参考文献

[1] 牛学胜，李介祚. 中国协和医科大学、中国医学科学院博士生指导教师名录[M]. 北京：北京医科大学；中国协和医科大学联合出版社，1997.

朱志恒

朱志恒（1938— ），浙江海宁人，高级工程师，核工业部（核工业总公司）国营405厂主任工程师。获得国家发明专利1项：《汽车短断路声光极警装置》。

参考文献

[1] 张武太，徐杰，雷宁副. 中国专利发明人大全：第4卷 上[M]. 北京：知识产权出版社，2001.

封继康

封继康（1938— ），浙江海宁人，吉林大学化学系教授，博士生导师，享受政府特殊津贴。1961年，毕业于吉林大学。1985—1988年，赴美国佛罗里达大学量子理论中心访问研究。曾任吉林大学理论化学计算国家重点实验室主任，兼任量子化学专业委员会主任，《中国化学》《分子科学》《化学研究与应用》《吉林大学自然科学学报》编委。曾获1995年国家教委科学技术进步奖，1997年吉林省教育委员会科学技术进步奖，2001年中国高校自然科学一等奖。

封继康长期从事物理化学、量子化学教学和研究工作。在教学方面，主讲《物理化学》《高等物化》《量子化学》等课程。参与的成果："物理化学学科建设与人才培养"获1993年国家教委优秀教学成果一等奖。在科研方面，先后承担一项国家重点基础研究发展规划（973）项目："有机/高分子发光材料重大基础问题的研究"；一项国家自然科学基金重大项目："原子团簇的化学与物理"；一项国家自然科学基金重点项目："有机分子和高分子的光子学基础研究"；八项国家自然科学基金面上项目："原子簇化合物的电子结构和光谱性质""分子内激发态质子转移反应的理论研究""有机分子非线性光学性质的理论研究""金属碳笼的结构和性质的理论研究"等。较早对C等碳笼的电子结构、光谱、化学及光物理性质进行了理论研究，成功预测了C的结构、稳定结构和电子光谱，其中，关于C_{60}存在两种键长的理论预测与其后的NMR实验结果吻合得相当好。在分子的二阶、三阶非线性光学性质与分子结构的关系方面，对国际上流行的β的双态模型、分子间电荷转移络合物的Mulliken模型提出了有创新性的看法。首次提出电荷转移量Δq随共轭链长，增加而减少的观点，由此可解释当链长增加到一定程度时，β_2会达到饱和等现象。

主编著作：《基础量子化学原理》（高等教育出版社，1987年）、《单电子原子结构——研讨一种不用特殊函数的解》（吉林大学出版社，1992年）、《量子化学基本原理与应用》（高等教育出版社，2017年）。发表论文300余篇，主要有：《电致发光材料的分子设计研究》《3-羟基黄色素母酮激发态质子转移反应的理论研究》《3-羟基对氧萘酮分子内激发态质子转移反应位能面和机理的研究》等。

参考文献

［1］桑逢文．中国吉林大典下［M］．长春：吉林人民出版社，1997.

何宗才

何宗才（1938— ），浙江海宁人，上海科学院高级工程师。1962年，毕业于上海交通大学船舶设计与制造系。

何宗才长期从事造船、拆船、船舶操纵性的研究。1980年，因MD3舵三分力仪获国防工办技术进步三等奖。译著:《日本造船学会第三届操作性讨论会论文集》(1986年)。发表论文有《MD3舵三分力仪》。

参考文献

[1] 刘振元,《上海高级专家名录》编辑部.上海高级专家名录:第1卷[M].上海:上海科学技术出版社,1992.

周迺华

周迺华(1938—),女,浙江海宁人,上海机床厂高级工程师。1961年毕业于南京工学院机械系。

周迺华长期从事磨床设计工作。发表论文10余篇,主要有:《MC100型半自动平面磨床》《立轴圆台平面磨床进给机构改进设计》《M7475B型立轴圆台平面磨床磨头吸风罩的改进》等。

参考文献

[1] 刘振元,《上海高级专家名录》编辑部.上海高级专家名录:第2卷[M].上海:上海科学技术出版社,1993.

黄燮康

黄燮康(1938—),浙江海宁人,上海建工医院耳鼻喉科主任、主任医师,上海市聋儿听力语言康复中心负责人。1963年,毕业于浙江医科大学医疗系,兼任中国残疾人康复协会听觉、语言康复专业委员会委员和上海市康复医学与工程协会理事。

黄燮康长期从事耳鼻喉科临床工作,以听力学、语言学为主,开展聋儿听力和语言康复工作,成绩显著。参编著作:《听力与语言康复训练指导》(上海市残疾人三项康复工作办公室编,1990年)。发表论文10余篇,主要有:《婴幼儿行为测听和助听器选配》

《高危新生儿行为测听跟踪观察》《脑干听觉诱发电位在窒息新生儿听力监测中的应用及评价》等。

参考文献

[1] 东方电视台《健康天地》节目组．“东方名医”与上海特色门诊[M]．上海：复旦大学出版社，1997.

顾友鸿

顾友鸿（1938—　），浙江海宁盐官人，南京金陵石化公司高级工程师。1963年，毕业于浙江大学化工系塑料专业，后分配在南京塑料厂研究所工作。1981—1982年，先后派往冈比亚、上沃尔特援外各一年；1985年后，在金陵石化公司科技发展部、规划部工作；在研究所、石化公司期间，先后三次出国去日本、美国、比利时、荷兰、瑞士、意大利和西德进行技术考察。历任课题组组长、研究所所长、金陵石化公司规划部发展部副总工程师等职，兼任南京市塑料行业协会顾问，《现代塑料》杂志编委等职。

顾友鸿长期从事石油化工、精细化工及其助剂的开发、生产及应用技术的研究，特别在聚醚、聚氨酯领域是国内最早的研究人员之一。主要研究成果有：1963年以来，主持了聚醚、聚氨酯的开发。聚醚研制出30多个品种，多次被评为南京市、江苏省科学大会奖；1970年，主持研究的“一步法聚醚型软质聚氨酯泡沫”获南京市科技成果三等奖；1976年研制的“快速临事密”获煤炭部科技成果二等奖；1981年研制的“聚醚型塑胶跑道”获江苏省科技二等奖；1984年主持研制的“F-6聚醚”获中国石化总公司科技三等奖；1984年研制的“高抗冲聚苯乙烯”获江苏省科技二等奖；1986年研制成功的“2801聚醚”获中国石化总公司科技三等奖。

参编著作：《环氧化物合成聚醚》（石油化学工业出版社，1976年）。发表论文20余篇，主要有：《环氧化物合成聚醚》《环氧化物合成聚醚及其声学性质》《EOPO在发展表面活性剂工业中的地位》等；获得国家专利的有：《植物多元醇聚氨酯硬泡材料》。

参考文献

[1] 叶天祜，秦同洙，《江苏省石化、医药行业高级人才名录》编委会 . 江苏省石化、医药行业 高级人才名录 [M] . 北京：化学工业出版社，1992.

吕懋芬

吕懋芬（1938— ），女，浙江海宁人，中国科学院上海硅酸盐研究所高级工程师。1964 年毕业于复旦大学物理二系，长期从事原子核物理研究。

参考文献

[1] 刘振元，《上海高级专家名录》编辑部 . 上海高级专家名录：第 1 卷 [M]. 上海：上海科学技术出版社，1992.

王炳夫

王炳夫（1939— ），浙江海宁人，浙江医科大学人体寄生虫学副教授，寄生虫学教研室主任。

王炳夫长期从事寄生虫学教学和研究。曾摄制《蛔虫》《蛲虫》《肺吸虫病》《肺吸虫研究进展》以及《双目显微镜的使用》5 部教学录像片，其中《蛔虫》和《肺吸虫研究进展》两片于 1993 年由卫生部教育司颁发医学视查听教材证书，向全国推广应用。另有科教录像片《防治蛲虫病》和《防治肺吸虫病》，后者在卫生部“白鹤奖”评比中获三等奖。

发表论文 20 余篇，主要有：《长膜壳绦虫病一例报告》《淡水蟹体内并殖吸虫囊蚴的调查及囊蚴、后尾蚴和成虫形态观察》《杭州市区幼儿园儿童蛲虫感染调查及卫生宣教在预防蛲虫感染中的作用探讨》等。

参考文献

[1] 单锦珩 . 浙江古今人物大辞典 下 [M] . 南昌：江西人民出版社，1998.

金祖铨

金祖铨（1939—　），浙江海宁人，天津大学天津石油化工技术开发中心研究员，科研开发一室主任。

金祖铨长期从事新型高分子材料研发工作，主持科研10余项。

主编著作:《聚碳酸酯树脂及应用》(化学工业出版社，2009年)。发表论文30余篇，主要有:《聚合物芳核上C-H键的键离解能与聚合物的热稳定性》《聚合物PTMPS和PTMPS-DMS的SAXS研究》《均相-非均相溶液聚合法制取高分子量聚脲酸及聚喹唑啉二酮》等。获得国家专利8项。

参考文献

[1] 周望森.浙江古今人物大辞典：续编[M].北京：方志出版社，2001.

查贤传

查贤传（1939—　），浙江海宁人，高级会计师。1957年，毕业于上海工业管理学校，山东省生建八三厂财务科长。

参考文献

[1] 梁自洁.山东社会科学人名辞典[M].济南：山东人民出版社，1990.

钱志浩

钱志浩（1939—　），浙江海宁丁桥人，高级工程师。1957年，毕业于浙江大学工程设计专业。1961年起，他先后在海宁硖石房管所、海宁第二建筑公司、海宁建筑总公司、海宁市城乡建筑设计所、海宁市建筑设计研究院、海宁建设局规划处等担任负责人或总工程师。退休后，创立华恒建筑设计有限公司，建筑项目包括：嘉兴市第一栋高层建筑——嘉兴人民医院住院部、海宁第一栋高层建筑——15层的粮油大楼、海宁第一个高层小区——华庭现代城等。

钱志浩长期从事建筑设计工作。当时市行政中心大楼是由浙江省建筑设计研究院设计，由钱志浩复审，在仔细查看并研究了项目施工设计图后，发现项目桩基采用50米钻孔深注桩，造价昂贵，浪费严重。钱志浩提出桩基采用25米预应力管桩，节省了500万元。其余如皮都锦江大酒店、皮革城北区等项目的设计方案经过钱志浩的优化，为甲方节省了20%~30%的建设成本。钱志浩主持或参与的设计项目多达1 000多项，其中50多项获嘉兴市级以上优秀设计。

主编著作：《多高层钢筋混凝土房屋工程设计实践——建筑结构设计分析与验算》（大连理工大学出版社，2019年）。发表论文30余篇，主要有：《楼板温度与收缩效应分析及抗裂设计》《30 m跨预应力混凝土双曲抛物面壳板结构设计》等。

参考文献

[1] 钱志浩：一辈子专注设计好一幢幢大楼[N]. 海宁日报.2019.9.24（第a0006版：爱海宁）

徐治国

徐治国（1939— ），浙江海宁人，成都中医学院方剂学教授，国家级重点学科中药学学术带头人之一，硕士研究生导师，享受政府特殊津贴。1964年，毕业于成都中医学院医学系中医专业，后留校任教，先后担任中药方剂教研室副主任、主任，兼任《当代中医内科学》主编、《中华本草》编委等职。

徐治国长期从事中药方剂学的教学和科研工作。在教学方面，开设《中药学》《中医基础理论》《方剂学》《中药学专论》等课程。坚持用中医理论阐发中药的功能主治，并采用对比方法讲授，受到师生一致好评。为探索中药学课程的实验教学和提高研究生的实验动手能力，从1985年以来，主持了教研室的实验室建设，在国内较早地开设了中药学实验课，并逐步建立了研究生的实验基地。受国家教委委托，起草了普通高校中医、中医五官科学和中药专业的《中药学课程基本要求》。主持、草拟并多次修订了中药学硕士、博士生的培养方案，制定了研究生的《中药学》《方剂学》和《中医基础理论》的教学大纲。在科研方面，主持的课题“脾不统血动物模型研究”获1994年四川省中医药科技进步一等奖、国家中医药科技进步二等奖。

主编著作：高等中医院校教材《中药学》（四川科学技术出版社，1991年），《清热药阐微切用》(台湾辰益出版公司，1993年)为我国第一部清热药专著，获1995年第二届世界传统医学大会国际优秀成果奖和国际金杯奖。参编著作:《四川中药志》(四川人民出版社，1978年，获1978年全国科学大会奖和四川省重大科技成果二等奖)。发表论文50余篇，主要有:《常用补气、健脾益气药药效作用的比较研究》《单味人参，定志小丸等对小鼠脑组织胆碱酯酶活力的影响》《止血药的理论与应用》等。

参考文献

[1] 郑士杰，李明富. 杏林名师——成都中医药大学优秀教师成果荟萃[M]. 四川：四川科学技术出版社，1996.

陆金甫

陆金甫(1939—　)，浙江海宁丁桥新仓村人，清华大学数学科学系教授。

陆金甫长期从事数学教学研究。主编著作:《偏微分方程值解法》(清华大学出版社，1987年)、《偏微分方程差分方法》(高等教育出版社，1988年)、《数值分析基础》(高等教育出版社，1998年)、《数值方法》(清华大学出版社，2006年)；译著:《数值线性代数》(人民邮电出版社，2006年)；发表论文30余篇，主要有:《非线性伪双曲组的线性化差分格式》《关于非定态对流扩散方程的迎风加权差分格式》《拟线性抛物组的一个线性化差分格式》等。

参考文献

[1]《丁桥镇志》编纂委员会. 丁桥镇志[M]. 北京：方志出版社，2018.

张明康

张明康(1939—　)，浙江海宁人，上海市农业机械研究所高级工程师。1964年毕业于浙江农业大学农机系。

张明康长期从事农业及畜牧机械设计。1977 年因电动泥浆泵获上海市科学大会奖，1982 年因 2ZT-7 带土小苗插秧机获上海市重大科技成果三等奖。

参考文献

[1] 刘振元，《上海高级专家名录》编辑部．上海高级专家名录：第 2 卷 [M]. 上海：上海科学技术出版社，1993.

王以谋

王以谋（1939— ），浙江海宁人，生于上海，中国科学院海洋研究所研究员。1963 年，毕业于山东海洋学院物理海洋专业，同年分配到中国科学院海洋研究所工作。

王以谋长期从事海浪研究。1965—1966 年，参加了国家科学技术委员会组织的“海浪预报方法研究”工作，撰写《海浪预报手册》等 8 篇研究报告，并且进行了试验性预报，取得了好的结果；1966—1976 年及 1986—1999 年，因渤海、南海开发海上石油的需要，受石油部门委托，参加在海上石油平台上进行海洋水文气象观测和分析研究。每年提交特定平台海域研究报告共 30 多篇，期间还进行了国内首次的海浪对桩柱作用力测量与研究，对平台设计和建造起了重要作用；在 1979—1984 年的山东石臼港和 1986—1994 年的山东黄河海港工程中，王以谋为建港部门提供港区水域的海浪特性及建港需要的海浪参数，提交研究报告 10 多篇，为港口建设发挥了重要的作用。1990 年，“渤海辽东湾石油开发区水文气象观测及潮汐潮流预报研究”获中国科学院科技进步二等奖。

参编著作：中国海洋丛书《海洋工程》（山东教育出版社，2004 年）。发表论文 20 余篇，主要有：《海浪记录零点漂移的分析》《海面波浪与水下压力波的关系》《黄河口“烂泥”波浪特性的分析》等。

杨涤清

杨涤清（1939—2019），浙江海宁硖石人，植物学家，享受政府特殊津贴。1964 年，毕业于复旦大学生物系高等植物专业，之后进入中国科学院庐山植物园，曾任中国科学院庐山植物园园长，兼任中国植物园协会常务理事、中国植物协会分类专业委员会委员、中国兰花协会理事等职。

杨涤清长期从事物种生物学及植物引种驯化研究，先后完成“白穗花的染色体核型分析”（1982 年）、“十二种国产兰科植物的染色体数目”（1984 年）、“攀枝花苏铁的核型分析”（1985 年）、“银兰和金兰的核型研究”（1988 年）、“万年青属和开口箭属五个种的核型研究”（1990 年）。对人参属等中国特有物种染色体核型进行研究，结合形态学、化学成分、地理分布，提出中国西南地区是人参属现代发布中心，也是变异和起源中心的新见解。

主编著作：《天麻人工栽培技术》（江西人民出版社，1977 年）、《中国文献报道的植物染色体数目索引有关中国苔藓植物的染色体数目资料》（上海科学技术文献出版社，1988 年）。发表论文 20 余篇，主要有：《几种人参属植物的细胞分类学研究》《白穗花的染色体核型分析》《万年青属和开口箭属的核型研究》等。

参考文献

［1］常世英 . 江西省科学技术志［M］. 北京：中国科学技术出版社，1994.

张晓康

张晓康（1939—　），浙江海宁人，绍兴第二医院主任医师。

参考文献

［1］《海宁市教育志》编纂委员会 . 海宁市教育志［M］. 杭州：浙江教育出版社，1995.

宓维孝

宓维孝（1939— ），浙江海宁人，高级工程师。毕业于武汉水电大学。曾任湖南省水利水电厅川河水电工程筹建处、湖南省大坝技术中心总工程师，兼电力部《水电能源科学学报》编委，湖南省水电学会副秘书长等职。

宓维孝长期从事水利水电工程总体规划设计和结构分析，善于运用先进技术解决复杂的水电工程建筑问题。先后主持完成了20余处大、中型水利水电工程设计，其中韶山灌区获全国科技大会奖；筷子篓砌石拱坝、车田江水库获湖南省水电优秀设计、勘测一等奖；主持完成的“筷子篓超薄型双曲拱坝研究试点”“小型抽水蓄能电站研究”“湖南省建国40年灌溉经济效益计算研究”分获湖南省水电科技一等奖及湖南省科技进步二、三等奖。

参编著作:《韶山灌区——设计与施工》第2分册（水利电力出版社，1976年）。发表论文30余篇，主要有:《车田江黏土心墙堆上坝的设计特点》《小水电站改造为抽水蓄能电站》《湖南省岩屋潭水电站压力隧洞出口管段事故分析》等。

参考文献

[1] 江涛，刘国雄，王海滨．中国专家大辞典：二[M]．北京：中国人事出版社，1999.

林德孝

林德孝（1939— ），浙江海宁人，上海印刷技术研究所高级工程师。1963年，毕业于复旦大学化学系。

林德孝长期从事高分子化工研究。1987年，因不锈钢刀片印字墨获新闻出版署科学技术进步四等奖。发表论文5篇，主要有:《印报油墨质量是怎样控制的》《对“印刷适应性”研究的建议》《何谓水墨平衡》等。

参考文献

[1] 刘振元，《上海高级专家名录》编辑部．上海高级专家名录：第4卷[M]. 上海：上海科学技术出版社，1994.

顾寄平

顾寄平（1939—　），浙江海宁人，交通第三航务工程勘察设计院高级工程师。1963 年，毕业于大连工学院水利工程系。

顾寄平长期从事港口工程建设。发表论文 10 余篇，主要有：《连云港西大堤设计施工中的一些体会》《盐田港二期工程集装箱码头桩基设计与施工》《晋江围头码头遭受台风损坏的情况及原因分析》等。

参考文献

[1] 刘振元，《上海高级专家名录》编辑部 . 上海高级专家名录：第 4 卷 [M]. 上海：上海科学技术出版社，1994.

周执平

周执平（1939—　），浙江海宁硖石人，上海爱德华造船有限公司设计部高级工程师。1962 年，毕业于上海交通大学船舶制造系船舶工程力学流体力学专业，同年分配在上海中华造船厂从事设计、技术、工艺工作。1992 年 8 月后，在上海爱德华造船有限公司设计部工作。历任船舶制造总工艺设计师、总体科科长，兼任国家军用标准我国第一部登陆舰规范编委，中国民主同盟浦东区委船舶支部主委。

周执平长期从事船舶设计与制造工作。曾主持和参加 203 型和 204 型巡逻快艇、军用航标船、潜水工作船、480 匹浅水拖轮、15 000 吨级散装货船及我国第一艘出口万吨船 17 500 吨级多用途货船，3 800 吨双尾鳍沿海节能型货船、8 200 吨级集装箱出货船、600 客位沿海客船、1 000 m^3/h 全液压后吸式挖泥船、2 000 吨级油船、4 200 cbm 液化气船等船舶产品设计工作，其中 3 800 吨级双尾鳍沿海节能型货船“浙海 304”“浙海 305”荣获中国船舶工业总公司技术进步二等奖，1 000 m^3/h 全液压后吸式挖泥船——滨海“110”号荣获 1990 年上海市市优产品。在爱德华造船有限公司时，任浙江省造船史上最大箱位德国 1 800 TEU 集装箱船下水工程技术总负责人。

发表论文270余篇，主要有:《76 m超低温秋刀鱼渔船襟翼舵的水动力与回转性能》《500吨级超低温金枪鱼延绳钓船及其操纵性》《绞吸式挖泥船绞刀架转轴不镗孔安装工艺》等。

参考文献

[1] 海宁市史志编纂委员会.海宁年鉴2006[M].北京：方志出版社，2006.

孙健国

孙健国（1939— ），浙江海宁人，博士生导师，南京航空航天大学教授，美国纽约科学院院士，享受政府特殊津贴。我国航空发动机建模与控制研究领域的知名专家。1962年，毕业于南京航空学院飞机系。1982—1984年，在美国哥伦比亚大学做访问学者，师从世界著名控制专家、美国航天学会第一副主席朗曼教授，进行最优控制理论与应用的技术研究。1984年底回国，进入南京航空航天大学任教。曾任南京航空航天大学动力工程系副主任、主任，汽车摩托车学院常务副院长。兼任《航空动力学报》副主编，《航空学报》编委，中国航空学会动力分会委员，中国航空学会动力控制专业委员会副主任，江苏省科技进步奖评审委员会委员，中国航天工业总公司“九五”规划飞机技术专家组成员。1993年，被评为江苏省优秀研究生指导教师。

孙健国长期从事航空发动机控制与故障诊断方面的科研工作，主要研究领域有：发动机建模、飞行推进系统体化控制、发动机多变量鲁棒控制、发动机智能控制、发动机及其数控系统的故障诊断及智能容错技术、机器人自适应控制等。在20世纪70年代曾从事机械设计及液压技术的科研工作，参加我国第一台飞机液压泵的技术攻关工作；负责某型飞机恒速传动装置液压泵——马达的设计及研制工作，获江苏省科学大会奖。另获省部级科技进步奖6次，航空科学基金优秀成果奖2次，在航空预研及型号研制中立功2次。

主编著作:《现代航空动力装置控制》(航空工业出版社，2001年)。发表论文70余篇，1986年，其论文《具有非线性补偿的机器人模型参考自适应控制》发表在美国控制年会，并被邀请为大会线性系统分会场副主席。1993年论文《高速机械手自适应准时间最优控制》，参加东京第二届国际机电一体化会议，并被邀请担任大会组委会联合主席和机器人分会场联合主席。另有论文：《发动机防喘系统仿真技术研究》《用输入输出测量值的涡喷发动机多变量自适应控制》《求解涡扇发动机数学模型的有限域搜索方法》等。

参考文献

[1] 李新河．国魂：中华新世纪兴国英才传略［M］．北京：中国人事出版社，2000.

虞承端

虞承端（1939—　），浙江海宁丰士人，中共党员，中国科学院合肥智能机械研究所研究员，享受政府特殊津贴。中国科学院传感器技术学科带头人之一。1964年，毕业于浙江大学半导体材料及器件专业。1964—1967年，在华东自动化所工作。1967—1979年，在安徽电子研究所工作。1979年以后在中国科学院合肥智能机械所工作。曾先后赴苏联、荷兰、比利时、日本、新加坡、韩国等国家和中国香港考察、访问及合作研究。历任中国科学院传感器技术国家重点实验室副主任、主任，兼任安徽省仪器仪表学会副理事长，合肥工业大学兼职教授，《实验力学》《传感器技术》杂志编委。

虞承端长期从事半导体敏感元件及传感器、传感器智能化研究与开发工作。负责国家“八五”重点科技攻关项目“智能气体传感器”和“新型谐振力敏传感器”的研究，国家“九五”重点科技攻关项目“厚膜力敏传感器工程化研究”，上述科研项目均通过国家级技术鉴定，达到国际先进水平。先后取得科研成果16项，其中获奖6项：“半导体应变片式压力传感器”获1978年全国科学大会奖；“半导体应变片及传感器”获1978年安徽科学大会奖；“BP-2型颅内压监护仪”获1982年国家经济贸易委员会金龙奖及1982年安徽省科技成果三等奖；“PN组合型及小型硅应变片”获1985年中国科学院重大科技成果二等奖；“2 mn小型硅应变片”获1989年中国科学院科技进步三等奖；“微差压传感器”获1993年安徽省科技进步三等奖。

发表论文30余篇，主要有：《微机械加工技术与微传感器》《肺表面张力测定仪的试制》《半导体应变片及传感器在电测技术中的应用》等。获得国家发明专利3项：《一种基于陶瓷厚膜技术的六维力传感器》《一种厚膜三轴向传感器》《厚膜压阻式三轴向加速度传感器》。

参考文献

[1] 庄毅，中华人民共和国人事部专家司 . 中华人民共和国享受政府特殊津贴专家、学者、技术人员名录 1992 年卷 第 3 分册 [M]. 北京：中国国际广播出版社，1996.

俞金寿

俞金寿（1939— ），浙江海宁人，中共党员，华东化工学院化工机械系教授，博士生导师，享受政府特殊津贴。1963 年，毕业于华东化工学院化工机械系，后留校任教。历任自动控制系副主任、主任，自动化研究所副所长。兼任中国自动化学会过程控制委员会副主任、化工自动化及仪表专业委员会秘书长、中国自动化学会技术过程的故障诊断与安全性专业委员会委员、石油化工自动化编委会副主任等职。

俞金寿长期从事工业过程模型化与控制、计算机优化控制、先进控制系统、控制理论及应用等教学与研究工作。先后主持“过程动态数学模型”“工业过程微机优化控制”“双线性系统和分布参数系统控制及其工业过程中的应用”“高抗扰性动态系统稳态优化的相关积分法研究”“精馏过程建模与控制”“甲醇转化过程微机控制”“酮苯脱蜡计算机溶剂比优化控制系统”“酮苯脱蜡装置最适处理量和脱蜡油收率优化控制”“乙烯装置中丙烯精馏系统先进控制技术和控制软件”9 项科研成果先后获国家教委、上海市、中石化科技进步二、三等奖。

主编著作 30 余部，主要有：《化工过程控制工程》（化学工业出版社，1981 年）、《传热设备的自动调节》（化学工业出版社，1981 年）、《信息科学与工程》（科学出版社，2007 年）等。发表论文 400 余篇，主要有：《软测量技术在石油化工中的应用》、*MIMO Soft Sensor for Estimating Product Quality of Hydrocracking Fractioona tor Based on RBFN*、《基于极值动力学机制和信息融合搜索的混合算法及其应用》等。

参考文献

[1] 徐凤云，《华东理工大学志》编纂委员会 . 华东理工大学志 1992.7—2002.6 [M]. 上海：华东理工大学出版社，2002.

曹欣玉

曹欣玉（1939—　），浙江海宁人，浙江大学教授，博士生导师，享受政府特殊津贴。1964 年，毕业于浙江大学电机工程学系，1967 年，于浙江大学燃烧学专业研究生毕业后留校工作，先后在电机工程学系、热物理工程学系、能源工程系任教。1992 年 12 月—1993 年 7 月，在美国天主教大学进行科技合作。曾任国家水煤浆工程技术研究中心浙江大学燃烧技术研究所副所长，兼任全国高校热能动力专业指导委员会委员。

曹欣玉长期从事燃烧理论与技术，燃烧污染控制的研究。主持、参与的课题有：电站锅炉应用水煤浆技术的研究（国家“八五”攻关项目）；国家水煤浆工程技术研究中心建设；催化洁净燃烧和优化配煤技术的研究。国际合作项目：岳阳电厂 300 MW 性能试验；脱硫型水煤浆燃烧基础试验。获奖科研成果：油煤混合燃料制备输送燃烧小型试验研究，1983 年获中国科学院科技成果一等奖；燃油锅炉改烧油煤混合燃料工业性试验，1984 年获中国科学院科技成果一等奖；水煤浆燃烧器及在线过滤器的研制，1992 年获浙江省科技进步三等奖；水煤浆供油燃烧技术，1993 年获国家教委科技进步三等奖。

参编著作：《锅炉燃烧试验研究方法及测量技术》（水利电力出版社，1992 年）获能源部优秀教材一等奖。发表论文 30 余篇，主要有：《油煤混合燃料流变特性的试验研究》、*experimental results on characterizations of a coal-water slurry Flame*、*test of burning coal-water slurry at a single ckorner on the 230/Utility oil- fired boiler in Baiyanhe power plant* 等。

参考文献

[1] 唐晋发 . 浙江大学教授录 [M]. 杭州：浙江大学出版社，1996.

高秋松

高秋松（1939—　），浙江海宁丁桥民利村人，浙江中医药大学附属第三医院泌尿科主任中医师，浙江中医药大学教授。1965 年毕业于浙江中医学院（现为浙江中医药大学），浙江省中医男性学专业委员会副主任。

高秋松长期从事临床医疗工作，尤其擅长泌尿生殖系统疾病的治疗。发表论文30余篇，主要有《阳痿、不射精和精液异常的中医治疗》《治疗不同证型的不孕症六例介绍》《桂枝龙骨牡蛎汤临床应用举例》等。

参考文献

[1]《丁桥镇志》编纂委员会．丁桥镇志[M]．北京：方志出版社，2018.

陈静森

陈静森（1939— ），浙江海宁人，高级工程师。1960年毕业于北京大学化学系。

陈静森长期从事环境保护工作。1980年，因“热解吸色谱方法的几点改进及大孔型离子交换树脂孔结构测定方法研究”获国防科学技术委员会重大科技成果三等奖。发表论文10余篇，主要有：《萃淋树脂的结构与性质》《上海市大气颗粒物高浓度区污染物的源解析》《上海市区污水治理战略方案经济分析》等。

参考文献

[1]刘振元,《上海高级专家名录》编辑部．上海高级专家名录：第4卷[M].上海：上海科学技术出版社，1994.

郭成甫

郭成甫（1939— ），浙江海宁盐官人，航天总公司三十三所研究员。1965年8月，毕业于西安军事电信工程学院。1965年8月—1966年6月，加入河北省怀来县七机部三院社教工作队。1966年6月至1978年3月，在七机部三院三十四室工作。1978年3月—1980年4月，在七机部三院五五八厂工作。1980年4月以后在航天总公司（原航天部）三十三所工作。历任副主任设计师、科技委员等职。

郭成甫长期从事雷达技术、导弹控制系统的科研工作。负责研制的某些型号产品已装备部队，负责某重点型号研制，其中两项获部级科技进步二等奖。

参编著作：《飞航导弹测高装置与伺服机构》（宇航出版社，1993年）。

来源

海宁市档案馆．当代海宁名人录（第二集）．2000.

朱申生

朱申生（1939—　），女，浙江海宁人，上海进出口检验局高级工程师。1963年，毕业于上海第一医学院药学系。

朱申生长期从事高压液相色谱和荧光光谱分析。1987年，因“高压液相色谱法测定辣椒干和辣椒油脂中辣椒素含量”获对外经济贸易部科学技术进步四等奖。

发表论文20余篇，主要有：《高压液相色谱法测定对羟基苯甲酸中邻位和间位羟基苯甲酸含量》《苯酐中马来酸和苯甲酸含量的高压液相色谱测定方法》《农药呋喃丹（75%可湿性粉剂）的高压液相色谱测定方法》等。

参考文献

[1] 刘振元，《上海高级专家名录》编辑部．上海高级专家名录：第4卷［M］．上海：上海科学技术出版社，1994.

许浩根

许浩根（1939—　），浙江海宁人，中国华东电力联合公司高级工程师。1966年，毕业于清华大学发电厂、电力网、电力系统专业。

许浩根长期从事继电保护工作。发表论文10余篇，主要有：《负序功率方向继电器接线正确性检验方法》《PDP—11/24计算机在继电保护故障计算中的应用》《220千伏单相重合闸线路零序电流保护必须注意的一个问题》等。

参考文献

［1］刘振元，《上海高级专家名录》编辑部．上海高级专家名录：第2卷［M］．上海：上海科学技术出版社，1993.

朱绍龙

朱绍龙（1940—　），浙江海宁人，复旦大学电子离子与真空物理教授。1963年，毕业于复旦大学物理系。1981年，在英国牛津大学工程科学系获理学硕士学位。曾任复旦大学电光源研究所所长，光源与照明工程系主任。

朱绍龙长期从事气体放电物理、等离子体光谱、气体放电光源与气体放电器件方面的教学和研究工作。在教学方面，主要讲授《气体放电物理》《气体放电光源》和《等离子体物理》等课程。在科研方面，曾主持完成了科学技术委员会项目"真空紫外光源及光电离研究"，上海市高等教育局项目"低气压Ar-Hg放电通性研究"，工程物理研究院院外基金"氘离子源特性研究"，飞利浦照明公司项目"T8荧光灯条纹放电研究"等。合作完成科研项目"高效真空紫外光源制作方法"获发明专利，轻工部项目"紧凑型荧光灯"获教育部科技进步一等奖；"25千瓦水冷电极短弧氙灯"获1980年国防科工委重大科技成果二等奖；"H型节能荧光灯"获1984年国家科技进步三等奖；"合成纤维判色光源"获1987年纺织工业部科技进步三等奖。

参编著作：《电光源原理》（上海科学技术出版社，1977年）、《电光源原理引论》（复旦大学出版社，1988年，是国内从事电光源研究和技术工作的主要参考书）。发表论文40余篇，主要有：《大气中电弧的电极位降区及电极效应》《荧光灯自动排气机工艺原理及工位安排》《140～200 nmVUV光谱辐射探测系统的强度定标》等。

参考文献

［1］电光源科研中的难忘经历与心得体会：专访复旦大学光源与照明工程系朱绍龙教授［J］．照明设计.2012（5）：80-82.

陈达力

陈达力（1940—　），女，浙江海宁人，电力部华东勘测设计研究院高级工程师。1958年，毕业于北京水力发电学校地质专业，1966年，于吉林省函授学院物理系毕业。兼任浙江省声学会理事，浙江省力学会建筑结构动力学与应用专业学术委员会、中国声学会检测分科学会低频专业委员会委员等职。

陈达力长期从事工程检测，特别是检测声学在工程检测中的应用理论及技术方法研究。1959—1965年，参与“冻土热物理性质研究”，1988年，主持的“岩石声波频谱分析测试技术研究”，通过部级技术鉴定，其专用软件获浙江省1988年度计算机优秀软件三等奖。1990年主持完成了“岩石声波频谱分析测试技术的应用研究”，该成果具有国内领先水平，研究方法具有国际领先水平，与整个专题“岩体力学测试及高坝坝基原位监测技术研究”一起获国家“七五”科技攻关重大成果集体奖。

发表论文20余篇，主要有：《岩石的声谱特性》《页岩泥化程度的声谱分析》《岩石超声谱测试技术》等。

参考文献

[1]《中华创业功臣大典》编委会. 中华创业功臣大典5[M]. 北京：中国统计出版社，2001.

查震元

查震元（1940—　），浙江海宁袁花人，华北电力设计院高级工程师。毕业于清华大学，1978年定居香港。

参考文献

[1] 查济民. 海宁查氏[M]. 香港：中国书画出版社，2006.

钱宝庆

钱宝庆（1940— ），浙江海宁人，杭州市中医院心血管科主任医师，教授，浙江省名医。兼任中国中医药内科学会心脏病专业委员会、杭州医学会心血管委员会、杭州市中西医结合专家委员会委员，《中华中西医杂志》《浙江临床医学杂志》编委，浙江省名中医研究院研究员。

钱宝庆长期从事中西医结合的内科临床工作，擅长运用中西医结合治疗各种心、脑血管病，尤其在治疗高血压、冠心病、心律失常、心力衰竭、病毒性心肌炎等方面有独到之处。主编著作：《高血压病医护养防》（杭州出版社，1999 年）。发表论文 50 余篇，主要有：《病毒性和细菌性脑膜炎的血脂改变》《绞股蓝口服液治疗高脂血症 60 例》《参附强心合剂为主治疗充血性心衰 45 例观察》等。

参考文献

[1]《海宁市教育志》编纂委员会．海宁市教育志［M］．杭州：浙江教育出版社，1995.

蒋沛璋

蒋沛璋（1940— ），浙江海宁硖石人，西安航空发动机公司主任工程师，享受政府特殊津贴。

参考文献

[1] 海宁市史志编纂委员会．海宁市志（1991—2010）［M］．杭州：浙江人民出版社，2018.

张宝康

张宝康（1940— ），浙江海宁丁桥人，中共党员，浙江省建筑科学研究所高级工程师，享受政府特殊津贴。就读于上海科技大学硅酸盐化学与工学系。1965年，毕业后进入浙江省建筑科学研究所工作，曾任新型建筑材料研究室主任。

张宝康长期从事建筑材料与制品工作。完成多项省部级科研项目：绍兴浬渚铁矿尾矿渣综合利用；石煤渣综合利用；泡沫玻璃的研制；金属陶瓷密封环的研制；烧结微晶铸石；建筑钢模板脱模剂的研制；砼界面剂的研制；钢模板长效脱模剂研制和工业生产线；静电喷塑钢门窗研制和工业生产线；砼外加剂和砂浆外加剂研制；SN型建筑黏结剂的研制；砂浆抗裂剂的研制；石膏摸灰砂浆的研制等项目。基本上每个项目都达到技术鉴定，并推广用于生产中去。上述项目中，"烧结微晶铸石"于1979年获浙江省科技进步二等奖；"SN型建筑黏结剂"获浙江省科技进步三等奖。

发表论文20余篇，主要有：《粉末静电喷涂钢门窗工艺》《ZM-90建筑模板涂料的研制和工程上的应用》《F811-2防锈型钢模脱模剂》等。

参考文献

［1］国家人事部专家司．中华人民共和国享受政府特殊津贴专家、学者、技术人员名录：1992年卷 第1分册［M］．北京：中国国际广播出版社，1995.

陈治中

陈治中（1940— ），浙江海宁人，浙江大学物理系教授。

主编著作：《简明统计热力学》（浙江大学出版社，1989年）、《大学物理（第2版）》（浙江大学出版社，2001年）。发表论文有：《聚（丙烯酸－丙烯酰胺）－碱金属盐复合物的合成与表征》《聚（丙烯酸－丙烯酰胺）－碱金属盐复合物的离子电导性》等。

参考文献

［1］《海宁市教育志》编纂委员会．海宁市教育志［M］．杭州：浙江教育出版社，1995.

徐天仇

徐天仇（1940— ），浙江海宁人，沈阳铝镁设计研究院教授级高级工程师。1962年9月，毕业于合肥工业大学，后分配到沈阳铝镁设计研究院工作。

徐天仇长期从事铝镁系统矿山设计、研究工作。参加了山东铝厂、郑州铝厂、中州铝厂、山西铝厂、青海民和镁厂等相应矿山的设计、科研和业务建设工作。参加的"'剥离－采矿－复垦'一体化复垦新工艺试验研究"项目获1995年度国家土地管理局科技进步二等奖；参加的"全国铝土矿资源分析及综合技术经济评价"项目获1999年度国家有色金属工业局科技进步三等奖。

参与起草《铝矿山土地复垦工程设计规程》国家行业标准。发表论文10余篇，主要有：《我国铝土矿资源对氧化铝工业保证程度分析》《希腊、法国铝土矿开采考察报告（1）（2）》等。

来源

资料由家属王惠黎提供。

蔡福兴

蔡福兴（1940— ），浙江海宁长安人，北京航空航天大学分校教授。

参考文献

[1] 海宁市史志编纂委员会. 海宁市志（1991—2010）[M]. 杭州：浙江人民出版社，2018.

朱惠斌

朱惠斌（1940— ），浙江海宁人，上海石油化工总厂炼油化工高级工程师。1963年，毕业于北京石油学院机械系，长期从事石化工程建设。

参考文献

［1］刘振元,《上海高级专家名录》编辑部. 上海高级专家名录：第2卷［M］. 上海：上海科学技术出版社，1993.

陈静剑

陈静剑（1940— ），浙江海宁人，六机部七院702研究所高级工程师。1963年，毕业于复旦大学数学系。

陈静剑长期从事数学、计算流体力学的教学和研究。发表论文10余篇，主要有：《船波阻力数值计算发展概况》《几何相似模型推进性能的尺度效应及相关分析》《肥大型船舶线型（75-101型）设计的一个方法》等。

参考文献

［1］刘振元,《上海高级专家名录》编辑部. 上海高级专家名录：第1卷［M］. 上海：上海科学技术出版社，1992.

汪德正

汪德正（1940— ），浙江海宁硖石人，北京科学院电工研究所高级工程师，享受政府特殊津贴。曾任北京中国科学院电气高技术公司总经理、副董事长。曾获中国科学院重大成果奖，第二届全国科技实业家创业奖银奖。发表论文有《用于直接点燃煤粉锅炉的KD-3型空气电弧喷枪》等。

参考文献

［1］海宁市史志编纂委员会. 海宁市志（1991—2010）［M］. 杭州：浙江人民出版社，2018.

苏洪钧

苏洪钧（1940—2017），浙江海宁人，出生于四川泸州，中国科学院国家天文台研究员，著名天文学家。历任中国科学院天文委员会副主任、主任，中国天文学会秘书长，“九五”国家重大科学工程——LAMOST项目总经理，紫金山天文台副台长，北京天文台副台长。

苏洪钧长期从事天体物理研究，在旋涡星系密度波的厚度效应、活动星系的盘结构和核活动、星系团中盘星系自转向量指向分布和星暴星系等方面取得成果；在天文仪器和技术，如大气消光和视宁度、光学及红外探测器和天文图像处理等方面造诣颇深，多次参与全国天文学科规划和学术咨询。

发表论文20余篇，主要有:《大天区面积多目标光纤光谱天文望远镜（LAMOST）》《有限厚度的盘状星系中物质密度的分布》《二个新观测到的红外选赛弗特星系》等。

参考文献

[1] 海宁市史志编纂委员会 . 海宁市志（1991—2010）[M]. 杭州：浙江人民出版社，2018.

周申一

周申一（1940—　），浙江海宁人，上海市建筑施工技术研究所高级工程师。1963年，毕业于清华大学水工建筑系。

周申一长期从事基础与地下工程。参编著作:《沉井沉箱施工技术》（人民交通出版社，2005年）。发表论文10余篇，主要有:《试论我所与企业相结合的几种可能形式》《地下连续墙在墨西哥城市建设中的应用》《深基坑的开挖和支护》等。

参考文献

[1] 刘振元,《上海高级专家名录》编辑部 . 上海高级专家名录：第4卷[M]. 上海：上海科学技术出版社，1994.

金申生

金申生（1940—　），浙江海宁人，中国船舶工业总公司上海船舶研究设计院高级工程师。1965 年，毕业于武汉水运工程学院造船系，长期从事船舶设计。

参考文献

[1] 刘振元,《上海高级专家名录》编辑部 . 上海高级专家名录：第 4 卷 [M]. 上海：上海科学技术出版社，1994.

徐长林

徐长林（1940—　），浙江海宁人，上海医疗器械厂教授级高级工程师。1965 年，毕业于浙江大学无线电系。曾任上海医疗器械厂总工程师办公室主任，上海计算机断层扫描装置研究所所长等职。

徐长林长期从事医用 X 射线设备和医用电子仪器的研制工作。20 世纪 60 年代，完成了“晶体管电测听仪”和“蒸馏水纯度检测仪”的研制，均为国内首创。20 世纪 70 年代，参与了“1 000 mA 医用 X 射线机”的研制，完成具有影像增强电视、高压注射器、快速换片机等先进装置，可进行心、脑血管造影的大型 X 射线机组，为当时国内最高水平，填补了国内空白，大大缩小了我国大型 X 射线机与国际先进水平的差距。后又参与“XG800 医用诊断 X 射线机”的研制，于 1982 年获国家医药管理局科学技术二等奖。1983—1986 年，主持“X 射线数字减影血管造影（DSA）设备”的研制，该项目达到 20 世纪 80 年代国际先进水平，填补了国内空白，获 1986 年上海市优秀新产品一等奖、1987 年上海市科技进步二等奖。1985—1987 年，主持“XG800A 医用 X 射线机”的研制，在医用大功率 X 射线机设备中居国内领先地位，获 1988 年上海市科技进步二等奖。1993 年采用 CCD（电荷耦合器件）研制成功医用 X 射线电视设备，达到 20 世纪 90 年代国际先进水平。20 世纪 90 年代后期以来，从事中频大功率 X 射线机的研制并负责 IS09001、IS013485、CCC、CE 认证和产品注册等工作。

发表论文 20 余篇，主要有：《X 射线影像增强电视系统》《国产 X 射线数字减影血管造影（DSA）设备提高图像质量的措施》《国产中频大功率 X 射线机的研制》等。

参考文献

［1］海宁市政协文教卫体与文史委员会．海宁世家：上［M］．北京：人民日报出版社，2012.

都明生

都明生（1940— ），浙江海宁人，高级工程师。1964年，毕业于浙江大学仪器仪表系。

都明生长期从事科技管理工作。参编著作：《仪表本安防爆技术》（机械工业出版社，2002年）。发表论文20余篇，主要有：《带微型计算机的数字式程序调节器（DCP511）》《HOMAC系列电子式过程控制系统》《高炉焦炭用穿透型水分计的研制：利用同时探测穿透的快中子和 γ 射线的方法》等。

参考文献

［1］刘振元，《上海高级专家名录》编辑部．上海高级专家名录：第2卷［M］．上海：上海科学技术出版社，1993.

王福荣

王福荣（1940— ），浙江海宁周王庙人，天津科技大学食品工程与生物技术学院教授。1965年9月，毕业于复旦大学化学系，分配至天津轻工业学院。历任天津轻工业学院食品工程系发酵教研室副主任、主任，科研处副处长，研究生部主任等职。兼任天津轻工业学院学术委员会秘书长，商业部调味品标准化技术顾问，中国微生物学会酿造学会理事，《天津轻工业学院学报》副主编，《中国酿造》编委等职。

王福荣长期从事食品酿造、发酵检测技术的教学和科研工作。1979年，进行的“改善苏丹棉可纺性的研究”获天津市科技成果二等奖、纺织部科技成果四等奖；1984年，参加“青稞酿制啤酒”的研究，获宁夏回族自治区科技成果三等奖；1991年，进行的

“工业酶制剂分析方法的研究”，获中国轻工业科学技术进步二等奖。

主编著作：《白酒生产分析检验》（轻工业出版社，1985年）、《生物工程分析与检验》（中国轻工业出版社，2005年）、《酿酒分析与检测》（化学工业出版社，2005年）。参编著作：《工业发酵分析》（中国轻工业出版社，1980年）、《大豆制品的加工》（轻工业出版社，1985年）、《中国调味食品技术实用手册》（中国标准出版社，1991年）。发表论文40余篇，主要有：《利用发酵法改善苏丹棉可纺性的研究》《利用纸上层析法测定发酵产品中24种氨基酸》《福林－酚试剂法测定蛋白酶活力条件试验》等。

来源

海宁市档案馆.当代海宁名人录（第二集）.2000.

汤崇熙

汤崇熙（1940—　），浙江海宁盐官人，东南大学工程机械系教授。发表论文20余篇，主要有：《等温淬火球铁等温转变过程与奥贝球铁生产的若干问题》《高铬铸铁中以锰代钼的可行性研究》《灰铁化学成分及工艺参数与性能的关系（Ⅰ）灰铁性能预测的人工神经网络模型》等。

参考文献

[1] 海宁市史志编纂委员会.海宁市志（1991—2010）[M].杭州：浙江人民出版社，2018.

田顺宝

田顺宝（1940—　），女，浙江海宁人，中国科学院上海硅酸盐研究所副研究员。1963年，毕业于上海科学技术大学硅酸盐系。1982—1984年，在法国科研中心固体化学实验室从事新氟离子体的研究，获博士学位。1993—1994年，在加拿大McMaster大学从事高温高分子快离子导体的研究，使其离子电导率在该组原有水平上提高四个数量级。

田顺宝长期从事固体化学、物理化学、快离子导体的研究。1982 年，因“稀土氧化物——高熔点氧化物系统相平衡与结晶化学规律的研究”获国家自然科学三等奖，1986 年因“NASICON 快离子导体”获中国科学院科学技术进步二等奖。

主编著作:《无机材料化学》(科学出版社，1993 年)。参编著作:《英汉、汉英陶瓷辞典》(江西高校出版社，1994 年)。发表论文 40 余篇，主要有:《高温高分子快离子导体 PMDA-ODA-PSX-DABSA 的合成和性能》《无机物质对 BPDA-ODA/$LiCiO_4$ 系电导率的影响》《Ln_2O_3-SrO-V_2O_5 (Ln=Y，Nd) 系统的相关系》等。

参考文献

[1]《中华人物辞海》编委会. 中华人物辞海：当代文化卷 1：中 [M]. 北京：中国国际广播出版社，1997.

祝修龙

祝修龙 (1940—)，浙江海宁人，高级工程师。1964 年，毕业于山东工学院机械系，长期从事机械制造工艺及设备设计。

参考文献

[1] 刘振元,《上海高级专家名录》编辑部. 上海高级专家名录：第 2 卷 [M]. 上海：上海科学技术出版社，1993.

沈芸华

沈芸华 (1941—)，女，浙江海宁人，中共党员，金华市人民医院妇产科主任。

沈芸华长期从事妇产科诊疗工作，掌握了难产处理及妇科的一些重大手术操作，而且未出现过重大差错及事故。1990 年，获“全国五一劳动奖章”。

参考文献

［1］高明岐，《全国五一劳动奖章获得者大辞典》编委会．全国五一劳动奖章获得者大辞典［M］．太原：山西经济出版社，1998.

顾尉敏

顾尉敏（1941—　），浙江海宁长安人，浙江省船舶工业公司高级工程师。1963年，毕业于大连海运学院，同年进入武汉水运工程学院学习；1965年8月，毕业后分配在广州黄埔造船厂工作；1989年10月，调入浙江省船舶工业公司工作。历任广州黄埔造船厂和浙江船舶工业公司监造师、分厂厂长等职，兼任全国造船学会修船学组委员。

顾尉敏长期从事水运工程领域的船舶研究和制造工作。1969—1979年，在广州工作其间，承担总监造、总指挥师，负责制造037型反潜护卫艇，制造出口海外战斗舰艇，获1979年全国科技奖。1980年，指挥完成了涠103（北海）单点系泊工程建设，获1980年全国优秀奖。1989年以来，为开拓浙江修船业，主办并创建了浙江省第一个万吨坞。

来源

海宁市档案馆．当代海宁名人录（第一集）．1996.

高宜云

高宜云（1941—　），浙江海宁人，教授级高级工程师，享受政府特殊津贴。中国华陆工程公司（化工部第六设计院）副总工程师，兼任中国装饰协会建筑电气委员会常务理事及陕西省建筑电气学会常务委员。对工程技术事业做出巨大贡献，获中国石油化学工会全国委员会中国化学总公司“劳动模范”称号。

参考文献

［1］周望森．浙江古今人物大辞典：续编［M］．北京：方志出版社，2001.

何上虹

何上虹（1941— ），女，浙江海宁人，上海市防疫站副主任医师。1965 年，毕业于上海第一医学院卫生系。

何上虹长期从事昆虫防治工作。1987 年，发明的第二代抗凝血杀鼠剂“溴敌隆”获上海市科学技术进步三等奖。发表论文 20 余篇，主要有：《蠊的危害、习性及防制》《戊酸醚酯对蜚蠊的杀灭试验》《新杀鼠剂溴敌隆》等。

参考文献

[1] 刘振元，《上海高级专家名录》编辑部 . 上海高级专家名录：第 4 卷 [M]. 上海：上海科学技术出版社，1994.

许海堂

许海堂（1941— ），浙江海宁郭店人，航空工业总公司 601 研究所高级工程师。1965 年，毕业于北京航空学院自动控制系，后分配至航空工业总公司沈阳 601 研究所。曾任电源专业组组长、×× 型飞机防喘系统副主任设计师、“83”工程发动机电气系统主任设计师等职。

许海堂长期从事航空电源及发动机电气系统的研究设计工作，主要成果有：提出并主管“×× 型飞机双发同时起动和自起动实现”项目，提高了飞机战术技术性能，获 601 所科技成果奖；负责组织“×× 型飞机直流电源系统高空高温试验”项目，该项目为定型 ×× 型飞机直流发电机在高空高温条件下，输出 80% 额定容量做出贡献，属国内首次；参加并组织电源专业完成“×× 型飞机模拟电传发图”试验并成功，获航空航天部科学技术研究院二等奖；参加并组织电源专业重点型号研制的三次大的发图、攻关等工作，使多个型号上天，装配部队，成绩显著，荣立航空工业部个人三等功 3 次（1988 年，1992 年，1997 年）；参加标准化工作，主编《航标 HB6637.1-92》，获航空工业部科技三等奖。

主编试验报告及标准准则：《航空工业标准 HB6637.1-92 航空电气图编制方法——飞机》《×× 型飞机双发同时起动和自起动试验报告》《×× 型飞机说明书、改装讲义（电源、起动、加力、操纵电气升空等部分）》。翻译俄罗斯标准有《TOLT2213-79》《TOCT16308-84》《TOCT9362-68》《TOCT6940-74》及《连接器手册》等约30万字。发表论文有《关于VSCF电源过电压和过电流问题》《关于VSCF电源跳闸故障的讨论》等。

来源

海宁市档案馆.当代海宁名人录（第二集）. 2000.

朱　安

朱安（1941—　），女，浙江海宁人，高级工程师。1964年，毕业于上海交通大学电机工程系，长期从事计算机预测技术及电力系统调度自动化。

参考文献

[1] 刘振元,《上海高级专家名录》编辑部.上海高级专家名录：第2卷［M］.上海：上海科学技术出版社，1993.

张建寅

张建寅（1941—　），浙江海宁人，上海联合化工厂高级工程师，享受政府特殊津贴。1963年，毕业于上海化学工业专科学校化工专业。1985年，获“上海市劳动模范”称号。

张建寅长期从事有机化工研究工作。研制“七五”重点项目多效唑产品，以其为首的科研组用两年时间使该项目转化为生产力并出口东南亚地区，1990年获上海市经济委员会新产品开发一等奖，上海市科学技术委员会新产品二等奖。

参考文献

[1] 国家人事部专家司.中华人民共和国享受政府特殊津贴专家、学者、技术人员名录：1992年卷 第1分册［M］.北京：中国国际广播出版社，1995.

杨佩江

杨佩江（1941— ），浙江海宁人，公安第三研究所高级工程师。1965年，毕业于重庆通信兵工程学院电信工程系。

杨佩江长期从事电信工程、有线通信工作。1985年获国家科学技术进步三等奖。1986年，获公安部科学技术进步三等奖。

参考文献

[1] 刘振元,《上海高级专家名录》编辑部. 上海高级专家名录：第1卷[M]. 上海：上海科学技术出版社，1992.

张竞端

张竞端（1941— ），女，浙江海宁人，高级工程师。1966年，毕业于上海科学技术大学无线电系。

张竞端长期从事电子技术、微波技术的研究工作。发表论文有《大气对毫米波雷达的影响》等。

参考文献

[1] 刘振元,《上海高级专家名录》编辑部. 上海高级专家名录：第1卷[M]. 上海：上海科学技术出版社，1992.

徐云基

徐云基（1941— ），浙江海宁人，道桥工程师。浙江龙泉城乡建设环境保护局副局长。毕业于浙江林学院。

徐云基长期从事道路桥梁建设。主要贡献：1982年，负责测量设计的龙泉屏南至瑞垟的林区公路（全长 367 千米），获林业部优秀设计奖；1984 年，设计了 4 跨全长 140 米的查田桥（等截面悬链线双曲拱桥）；1985 年，设计了单跨 50 米瑞竹垟墙（等截面悬链线石拱桥）。

参考文献

［1］中国专家人名辞典编委会．中国专家人名辞典 2［M］．深圳：海天出版社，1991.

周康源

周康源（1941—　），浙江海宁人，中国科技大学电子工程及信息科学系教授，博士生导师，是我国第一艘核潜艇 404 水声侦察站的主要设计研制者之一。1964 年，毕业于上海交通大学水声工程专业。1967 年，研究生毕业于上海交通大学水声工程专业。1981—1983 年，在日本东京工业大学精密工学研究所奥岛基良教授（日本超声医学学会会长）研究室进修生物医学超声。曾任中国科技大学声学教研室主任、系学术委员会副主任，生物医学工程博士点负责人。兼任中国声学学会生物医学超声委员会、中国超声医学工程学会委员。1986 年、1988 年、1990 年 3 次被聘为日本东京工业大学客座研究员，与大木规茂雄教授合作进行超声组织定征及医学成像领域的研究。

周康源长期从事声信号检测与处理、声成像技术及图像处理、生物医学超声工程的研究。完成的主要项目及成果为："幅度差体内声衰减测试法"获安徽省科技进步一等奖；"差比校正法体内声衰减测试法"获安徽省科技进步二等奖，"TS-1 型体内声衰减测试仪"获安徽省科技进步二等奖；"汽车倒车超声测距报警系统"获全国重点高校优秀发明一等奖；"CSC-1 型 5~250MHy 声速衰减测试仪"研究获中国科学院重大科技成果三等奖；"QH3 晶体管参数综合测试仪"获广东省科学大会奖等。

主编著作：《生物医学超声工程》（四川教育出版社，1991 年）。发表论文 40 余篇，主要有：《脉冲回波声成像系统斑纹噪声的一种消减方法》《均匀散射体媒质中液柱超声波断层像的分析》《B 超图象 PACS 系统的研制》等。

参考文献

［1］中国科学技术大学．中国科学技术大学教授名录［M］．合肥：中国科学技术大学出版社，1998.

胡树樑

胡树樑（1941— ），浙江海宁硖石人，天线工程专家，四机部二十二研究所高级工程师。1965年8月，毕业于中国人民解放军西安军事电信工程学院天线与电波传播专业，分配到四机部二十二研究所工作。曾任工程组长、研究室副主任、主任，是中国电子学会、中国通信学会高级会员。2001年9月退休并返聘，同时被聘到浙江新嘉联公司、北京顶天昊公司、泰兴迅达公司、鹤壁海能达公司等单位协助工作。

胡树樑长期从事军工、民用天线工程任务。科研成果多次荣获国家科技进步奖及部、省级科技进步奖，其中国家重点科研项目"'烽火一号'战术卫星通信应用系统研制"获国家科技一等奖；"'烽火一号'TBV-310型单兵背负站天线"获国家科技一等奖；"城市电子辐射自动监测装置系统"获中国电波传播研究所一等奖；"1.1 GHz电磁波传播测试仪"获中国电波传播研究所一等奖。

退休后主要工作：国家广电总局多个台站的天线工程任务；交通部海事部门多个海岸电台的天线工程任务；国家无线电监测中心多个监测站的天线工程任务；为交通部、国家无线电监测中心、总参通信部等单位进行天线技术培训讲座。

参考文献

［1］钱春良．胡树樑：国防军工事业的天线专家［N］．海宁日报，2020-3-21

何永仁

何永仁（1941— ），浙江海宁人，中共党员，浙江中招经济技术发展公司高级工程师。毕业于浙江化工学院。

何永仁长期从事化工工艺设计工作。完成部、省级新产品农药、化肥、高分子合成材料、精细化工等多项设计，兼营化工总图、上下水工程设计。

参考文献

[1] 白雪岩 . 中国专家人才库 5 [M] . 北京：人民日报出版社，1999.

汤宝骅

汤宝骅（1941—　），浙江海宁人，上海第四棉纺织高级工程师。1963 年，毕业于青岛纺织专科学校棉纺科，长期从事棉纺织厂技术改造。

参考文献

[1] 刘振元,《上海高级专家名录》编辑部 . 上海高级专家名录：第 2 卷 [M]. 上海：上海科学技术出版社，1993.

居怀明

居怀明（1941—　），女，浙江海宁盐官人，清华大学核能技术设计研究院研究员。长期从事核能工艺研究。主编著作:《载热质热物性计算程序及数据手册》(原子能出版社，1990 年)；发表论文 20 余篇，主要有:《化学热管系统在高温堆上的应用》《高温气冷堆工艺热应用研究》《HTR-10 蒸汽发生器试验回路及其水动力特性分析》等。

参考文献

[1] 海宁市史志编纂委员会 . 海宁市志（1991—2010）[M] . 杭州：浙江人民出版社，2018.

钱妙芬

钱妙芬（1941— ），女，浙江海宁斜桥人，四川成都气象学院教授。1966年7月，毕业于中国农业大学农业物理气象系，任教于四川成都气象学院。

钱妙芬长期从事农业气象学教学和研究工作。主编著作：《四川旅游气候》（气象出版社，2018年）。发表论文80余篇，主要有：《鹤望兰叶面积数学模拟、花苞包片长度与花茎长度相关性研究》《塑棚地载鹤望兰冬季小气候特点及管理》《成都地区节能日光温室气象参数设计》等。

参考文献

[1] 敬枫蓉，饶华．成信故事［M］．成都：电子科技大学出版社，2016.

陈柏松

陈柏松（1941— ），浙江海宁丁桥万新村人，建设部长沙建设机械研究院高级工程师，多次获国家级和省部级科技进步奖。

参考文献

[1]《丁桥镇志》编纂委员会．丁桥镇志［M］．北京：方志出版社，2018.

陈　卓

陈卓（1942— ），字子越，浙江海宁人，台湾大学物理系教授。毕业于美国西北大学，获哲学博士学位。曾任美国麻省理工学院磁性研究所客座专家，行政院国家科学委员会、中国物理学会理事。发表有关磁性理论、晶体动力学论文多篇。

参考文献

[1] 单锦珩．浙江古今人物大辞典 下［M］．南昌：江西人民出版社，1998.

查良钿

查良钿（1942—　），女，浙江海宁袁花人，中国科学院电子软件研究所研究员。毕业于北京外国语学院俄语系。

查良钿长期从事软件研究工作。主编著作：《计算机网络译文集》（科学出版社，1983年）、《codeview及实用程序手册》（北京科海培训中心，1991年）、《Turbo C++图形编程技巧》（科学技术文献出版社，1993年）、《家庭电脑多媒体应用》（宇航出版社，1995年）、《新英汉计算机软件词汇》（电子工业出版社，1999年）。译著：《MS-DOS80286汇编语言》、《Visual Basic for Windows实用编程指南》（清华大学出版社，1994年）、《通信新时代》（中国青年出版社，1998年）。发表论文20余篇，主要有：《比较分析ILLIACIV语言的初步结果》《一个串行程序的并行执行方案》《向量机上矩阵基准程序结果的初步报告》等。

参考文献

[1] 查济民. 海宁查氏[M]. 中国书画出版社，2006.

邬伯安

邬伯安（1942—　），浙江海宁丁桥新仓村人，北京科学院微生物流行病学研究所研究院，正师级。参与抗疟药物复方蒿甲醚的研制及赴尼日利亚指导药物生产。发表论文30余篇，主要有：《预防日本血吸虫尾蚴感染新药——紫香驱蚴灵对实验动物毒性的研究》《优唑霜的局部毒性试验》《蒿甲醚对Beagle狗的长期毒性》等。

参考文献

[1]《丁桥镇志》编纂委员会. 丁桥镇志[M]. 北京：方志出版社，2018.

徐株宏

徐株宏（1942— ），浙江海宁人，上海石油化工总厂科技情报所高级工程师。1965年，毕业于华东化工学院物理化学专业。

徐株宏长期从事石油化工规划论证、科技情报、石油化工工程管理等工作。主编著作：《化工节能实例选编》（化学工业出版社，1989年）。发表论文10余篇，主要有：《精细催化合成的发展》《充分利用资源优势，开发塑料新品种》《硬聚氯乙烯加工助剂丙烯酸酯共聚物》等。

参考文献

[1] 刘振元,《上海高级专家名录》编辑部.上海高级专家名录：第2卷[M].上海：上海科学技术出版社，1993.

王一心

王一心（1942— ），浙江海宁人，上海市有色金属总公司高级工程师。1964年，毕业于中南矿冶学院有色冶金系。

王一心长期从事重金属冶炼工作。1985年，因发明“铜液浓差快速定氧技术”获上海市科学技术进步二等奖。

参考文献

[1] 刘振元,《上海高级专家名录》编辑部.上海高级专家名录 第2卷[M].上海：上海科学技术出版社，1993.

杨琪瑜

杨琪瑜（1942— ），浙江海宁人，南京林业大学数学教授。

杨琪瑜长期从事数学研究及教学工作。主编著作：《统计分析方法》（中国林业出版社，1990年）、《偏微分方程原理及题解》（中央图书出版社，2000年）、《高等数学2》（高等教育出版社，2002年）、《矢量图形设计师》（高等教育出版社，2002年）。发表论文10余篇，主要有：《应用特征多项式简化求常系数非齐次线性微分方程特解的方法》《单种群生长的广义Logistic模型中参数的一种估值方法》《关于Cauchy问题离散现象中一个定理的证明》等。

参考文献

[1] 南京市玄武区地方志编纂委员会．玄武区志［M］．北京：方志出版社，2005.

王则民

王则民（1942—　），浙江海宁湖塘人，中共党员，上海师范大学化学系教授。1964年，毕业于上海师范学院化学系，后留校任教，曾任无机化学教研室主任，兼任校教学指导委员会、校图书情报委员会委员，校学科评审组成员，《上海师范大学学报》编委，中国化学会、中国稀土学会会员，上海市稀土学会学术交流工作委员会委员。2001年，获上海市科技进步一等奖，2001年，荣获“全国优秀教师”称号，2002年，获国家科技进步二等奖。

王则民长期从事无机化学和配位化学教学和科研工作。在稀土配合物的合成、表征和应用研究方面取得较大成果，主持、参与8项科研课题。1973—1976年，他参加并完成了“溶剂萃取法分离钴、镍”“溶剂萃取法分离砷、锑、铋”等科研攻关项目；1980—1987年，参研“间－（β－羧基丁内酰胺）苯酚甲醛树脂”“大孔酰肼基螯合树脂合成”等项目，达到国内先进水平；1991年主持的“稀土氨基酸配合物合成、性质及其在植物栽培上应用”和“荧光稀土配合物在塑料、涂料、花卉上的应用”两项研究成果，均为国内首创；1994年，他参与的“稀土生长素类配合物的合成及农业上应用”的研究项目，达到了国际先进水平；1995年主持的“含稀土防霉剂的研制”项目，达到国内领先水平。

发表论文90余篇，主要有：《稀土萘乙酸邻菲罗啉三元配合物的合成和表征》《稀土水杨酸与8－羟基喹啉三元配合物的研究》等。

参考文献

[1] 杨春茂，佟学. 全国优秀教师词典 [M]. 北京：新华出版社，2006.

高尔鼎

高尔鼎（1942— ），浙江海宁人，南京化学工业（集团）有限公司高级工程师。1964年8月，毕业于浙江化工学院，后分配在南京化学工业（集团）有限公司，先后在催化剂厂、技术开发部、信息中心、质量处工作，历任技术员、副科长、科长、副厂长、厂长等职，兼任中国化工学会江苏省催化剂学组副组长，中国化工企业管理协会理事等职。

高尔鼎长期从事化工生产工艺的管理和研究工作。主要科研成果有：负责并参加的合成氨净化新流程三项催化剂攻关和试产均获得成功，1978年获全国科技大会奖；1989年，参加并负责提出"推行目标责任制承包，讲求经济效益"合理化建议的实施，获南京市颁发的二等奖；1992—1993年，参加的"中国技术成果大全"的宣传推广应用，获2次三等奖。

参编资料：《氨合成催化剂生产技术资料》《硫酸钒催化剂生产技术资料》《合成氨净化催化剂生产技术资料》等。发表论文20余篇，主要有：《坚持四性，健康深入地开展QC小组活动》《B112型催化剂的开发程序及产品寿命周期》《加强科技改革、增强企业后劲》等。

来源

海宁市档案馆. 当代海宁名人录（第一集）. 1996.

杨重荫

杨重荫（1942— ），浙江海宁人，上海电力建设局机关高级工程师，副总工程师。1965年，毕业于上海交通大学发配电系。

杨重荫长期从事输变电施工管理。发表论文有《英国超高压输电线路施工技术及管理》。

参考文献

[1] 刘振元,《上海高级专家名录》编辑部．上海高级专家名录：第2卷[M].上海：上海科学技术出版社，1993.

沈瀛坪

沈瀛坪（1942—　），浙江海宁硖石人，华东理工大学研究员。

沈瀛坪长期从事石油化工研究工作。主持科研项目：扬子石化公司粗PTA加氢纯化反应动力学研究和反应管优化；天津石化公司DMC二段加氢反应动力学研究和中试，成果通过中石化鉴定；巴陵石化公司环己烷仿生氧化生成环己酮反应动力学研究和中试研究；上海高桥石化公司在大反应器中生产高固含率丁苯乳胶可行性研究。

发表论文40余篇，主要有：《瞬变应答法研究CO_2甲烷化的反应过程机理》《聚酯（PET）反应过程研究：V预缩聚反应过程分析和反应动力学研究》《列管式固定床反应器振荡操作研究：以Bang-Bang控制方法产生强制振荡》等。

参考文献

[1] 沈明明，海宁市地方志编纂委员会．海宁年鉴2005[M]．北京：方志出版社，2005.

陆秀芬

陆秀芬（1942—　），女，浙江海宁人，铁道部科学研究院机车车辆研究所副研究员。

陆秀芬长期从事内燃机车机械研究工作，参与制定了铁道部九项标准。发表论文10余篇，主要有：《内燃机车TK型板式空心细滤器》《滤芯黏接工艺的质量控制》《内燃机车 TK 型板式空气细滤器》等。获得国家专利 2 项："动车制动系统""滤清排污系统"，并荣获全国科技大会二等奖。

参考文献

[1] 蒋连根 . 陆宗舆后人下落揭秘 [J]. 名人传记（上半月），2011（5）. 83-87.

酆惠芬

酆惠芬（1942— ），浙江海宁硖石人，中国科学院电工研究所高级工程师，享受政府特殊津贴。

参考文献

[1] 海宁市史志编纂委员会 . 海宁市志（1991—2010）[M]. 杭州：浙江人民出版社，2018.

王慕雪

王慕雪（1942— ），女，浙江海宁人，农工民主党党员，无锡市第三人民医院心内科主任医师。1966 年 7 月，毕业于上海铁道医学院医疗系，后分配至成都铁路局西昌分局任医师。1984 年，调入无锡市第三人民医院。

王慕雪长期从事内科临床诊疗。发表论文 10 余篇，主要有：《老年心房纤颤患者心率快慢时血浆心钠素变化》《急性脑卒中患者血脂水平探讨》《吲哚帕胺与利尿合剂对高血压疗效比较》等。

来源

无锡开化敦伦堂族谱 古吴朱氏 .

何宗川

何宗川（1942—　），浙江海宁人，上海内燃机厂高级工程师。1963年，毕业于上海农学院农业机械系。

何宗川长期从事机械设计及技术改造工作。发表论文10余篇，主要有：《UX_{02}—C_8立式缸孔粗镗床主轴咬死问题的解决》《以铰代镗提高加工质量及生产率——改进柴油机进、排气摇臂的加工》《钩形压板回转夹紧装置的改进》等。

参考文献

[1] 刘振元,《上海高级专家名录》编辑部 . 上海高级专家名录：第2卷 [M]. 上海：上海科学技术出版社，1993.

张端梁

张端梁（1942—　），浙江海宁人，沪东造船厂高级工程师，享受政府特殊津贴。1965年，毕业于上海交通大学涡轮机系，后分配至沪东造船厂。1966年，任沪东造船“390”联合设计室技术员。

张端梁长期从事内燃机研究工作。在解决柴油机性能及设计方面问题的能力很强，是增压器产品开发的带头人，是“390”柴油机技术攻关主要参加者，是6E34/82机主要完成人。

发表论文10余篇，主要有：《GZ680废气透平增压器的气动热力学设计及其性能》《E34/82 Ⅱ SDZC柴油机的研制》《从增压系统改进实例探讨旧机性能改进的途径》等。

参考文献

[1] 庄毅，中华人民共和国人事部专家司 . 中华人民共和国享受政府特殊津贴专家、学者、技术人员名录：1992年卷 第3分册 [M]. 北京：中国国际广播出版社，1996.

查传钰

查传钰（1943—　），女，浙江海宁袁花新袁村人，江汉石油学院教授。1968年，毕业于清华大学工程物理系。中国核物理学会、中国石油学会会员。

查传钰长期从事核测井的教学和研究工作。发表论文20余篇，主要有：《用NMR测井资料评价毛管束缚水饱和度的方法》《再论测速对NMR测井数据的影响》《理论研究在核测井研究工作中的作用与地位》等。

参考文献

[1]《袁花镇志》编纂委员会 . 袁花镇志［M］. 北京：方志出版社，2010.

查忠圻

查忠圻（1943—　），浙江海宁袁花人，中国石油化工股份有限公司石油勘探开发研究院总工程师，毕业于长春地质学院。

查忠圻发表论文10余篇，主要有《油气藏综合地球物理技术现状和认识》《水平井的垂直地震剖面》《地震资料的统计信噪比估算》等。

参考文献

[1] 查济民 . 海宁查氏［M］. 香港：中国书画出版社，2006.

钱锦康

钱锦康（1943—　），浙江海宁丁桥海潮村人，中国航天员中心研究员，硕士生导师，享受政府特殊津贴，获军队科技一等奖1项，二等奖1项，三等奖9项。发表论文30余篇，主要有：《大花红景天对悬吊大鼠和职业运动员的防护作用》《多媒体显微诊断仪对人体亚健康状态检测》《微达康治疗雷达作业人员的微波损伤》等。

参考文献

[1]《丁桥镇志》编纂委员会. 丁桥镇志[M]. 北京：方志出版社，2018.

许佩新

许佩新（1943—　），女，浙江海宁人，浙江大学化学系教授，博士生导师。

许佩新长期从事电外科和医用传感器领域的研发和创新工作，是国内外知名的医学工程学科带头人。主编著作：《简明统计热力学》（浙江大学出版社，1989年）。发表论文30余篇，主要有：《心电电极模拟除颤恢复性能与法拉第电阻关系的研究》《溶剂对碳系填充型导电聚合物导电性能的影响》《二元锡合金心电电极模拟除颤恢复性能的研究》等。获得国家专利2项：《一种医用压敏导电胶的制造方法》《一次性心电电极》。

参考文献

[1]《海宁市教育志》编纂委员会. 海宁市教育志[M]. 杭州：浙江教育出版社，1995.

杨明华

杨明华（1943—　），浙江海宁硖石人，化工部自动化研究所高级工程师，享受政府特殊津贴。发表论文有《橡胶制品硫化罐微机控制系统》《一种价格便宜的间断生产升温恒温控制系统》《乙烷裂解炉数学模型、模拟及控制方案》等。

参考文献

[1] 海宁市史志编纂委员会. 海宁市志（1991—2010）[M]. 杭州：浙江人民出版社，2018.

林　烈

林烈（1943—　），浙江海宁人，中国科学院力学研究所研究员，博士生导师。1966年，毕业于浙江大学，后分配到中国科学院力学研究所工作。1992年，在英国Heriot-Watt大学做高级访问学者。兼任中国力学学会等离子体专业委员会委员。

林烈长期从事低温等离子体的基础性研究，获国家级、院级自然科学奖及科技进步奖4项。发表论文50余篇，主要有：《液体射流注入高温高速气流后的雾化特性》《高温气流中材料表面催化特性研究》、*Characteristics of an AC Tgree-Phase GlidArx Plasma Generator* 等；获得国家专利3项：《磁驱动高压非平衡等离子体产生方法及装置》《电弧等离子体发生器脉动进气装置》《中空阴极轴向送粉等离子体喷涂枪》。

参考文献

［1］杨旭．中国科技发展精典文库：2003卷［M］．北京：中国言实出版社，2003.

蒋　通

蒋通（1943—　），浙江海宁硖石人，同济大学地震工程学教授。1965年，毕业于西安冶金建筑学院建筑工程系工业与民用建筑专业。1965年赴内蒙古，在冶金部包头冶金建筑研究所任助理工程师。1978年，考入同济大学结构理论研究所的固体力学专业研究生，师从力学家、地震工程学家徐植信教授。1980年，赴日本大学留学，师从国际著名地震工程学家田治见宏教授。1982年回国后，在同济大学结构理论研究所工作。1984年，获同济大学工学硕士学位。1986年，应日本国立丰桥技术科学大学的邀请赴日工作和讲学。1988年，在日本大学获工学博士学位。

蒋通长期从事地震工程专业的教学、研究工作。研究方向是地震地面运动及地基——结构运动相互作用、重大工程结构抗震、环境振动的预测与防治。

在包头冶金建筑研究所工作期间，蒋通参加包头钢铁公司的建设工作，包括初轧厂、无缝厂等大型工业厂房结构构件的设计和试验研究。1974 年，参加冶金部制氧机动力机器基础设计的攻关试验研究，研究成果被编入国家动力机器基础设计规范。

1976 年后，蒋通选择“地震波的传播理论”作为主攻方向，是国家自然科学基金项目“地震波在岩土介质中的传播”课题和国家“七五”攻关项目“核电站结构抗震研究”的主要参加人，研究成果达到或接近国际先进水平，荣获上海市科技进步三等奖。

1990—1991 年，他主持完成了宝山钢铁公司生命线工程——地上管道主干线的抗震验算、鉴定和加固研究项目。1995 年，承担上海市建委的“高层结构抗震设计计算方法的研究”“地铁隧道抗震设计方法的研究”等课题。

主编著作:《地基—结构动力相互作用分析方法薄层法原理及应用》(同济大学出版社，2009 年)。参编著作:《中国土木工程师手册》(上海科学技术出版社，2000 年)；译著:《土木工程结构抗震设计》(同济大学出版社，1994 年)、《被动减震结构设计 · 施工手册》(中国建筑工业出版社，2008 年)。发表论文 60 余篇，主要有：*Three-dimensional Resonance of Deposit-filled Valley Subjected to Incident Waves*、高层框—剪结构空间协同弹塑性地震反应分析》、*Improvement and Suggestion on Seismic Design Method of Buried Pipeline with Flexible joints* 等。

参考文献

[1]《同济大学教授录》编委会. 同济大学教授录[M]. 上海：同济大学出版社，2007.

杨维榕

杨维榕(1943—)，浙江海宁人，中共党员，高级工程师，享受政府特殊津贴。1965 年，毕业于华东纺织工学院。中国石油化工集团公司信息中心副主任，兼任中国石油学会、中国软科学研究会、中国化工学会石油化工学会理事，《合成纤维工业》《石油化工技术经济》《聚酯工业》编委会副主任委员。

杨维榕曹如玉长期从事石油化工、合成纤维科技信息分析研究工作。1984 年起，完成的课题先后 6 次获中国石化总公司科技进步三等奖。1988 年进行的“国内外合成纤维应用开发调研”对合成纤维新产品开发的实施提供了依据；1992 年，“振兴石化成为支柱产业的战略研究”获全国科技信息优秀成果二等奖。其间参与了《石油化工主题词表》的修改和增补工作，为国内石油化工信息检索奠定了基础。1992 年参与的《1986—2000 年全国科技发展长远规划前期研究》课题获国家科技进步一等奖。

参编著作：《苏联化学工业》（化学工业部科学技术情报研究所，1979 年，获化工部科技成果三等奖）、《世界合成纤维工业》（化学工业部科学技术情报研究所出版社，1981 年，获化工部科技成果三等奖）、《己内酰胺生产及应用》（烃加工出版社，1988 年）、《新编中国大百科全书》（印刷工业出版社，2001 年）。译著：《化工生产中事故的预防》（化学工业出版社，1987 年）、《聚酰胺树脂手册》（中国石化出版社，1994 年）。发表论文 20 余篇，主要有：《聚对苯二甲酸乙二酯的合成反应和催化活性的研究》《扩大合成纤维在工农业方面的应用》《吸湿性合成纤维的发展动态》等。

参考文献

[1] 王德祥．中国专家人名辞典 [M]．北京：海洋出版社，2001.

周炳泉

周炳泉（1943— ），浙江海宁硖石人，教授。1968 年，毕业于浙江大学。1968—1973 年，在西安黄河机器制造厂任技术员；1974—1978 年，在嘉善邮电局工作；1978—1982 年，在浙江大学攻读硕士研究生；1982—1986 年，在华东化工学院任助理讲师、讲师；1986 年以后，在德国克劳斯塔尔工业大学（TU Clausthal）和德累斯顿工业大学（TU Dresde）攻读博士学位，毕业后留校任教。

周炳泉长期从事 3D 复合材料结构、性能、构造、改进及在汽车、高铁及航空航天上的应用研究。

来源

资料由家属提供。

赵立甫

赵立甫（1943—　），浙江海宁盐官人，总参气象局高级工程师。参编《中国军事百科全书》（第二版）和《军事气象装备》等书的条目撰写。

参考文献

［1］沈明明，海宁市地方志编纂委员会．海宁年鉴：2005［M］．北京：方志出版社，2005.

曹如玉

曹如玉（1944—　），上海梅陇人，中共党员，海宁市纺织机械厂高级工程师，享受政府特殊津贴。1995年，被评为全国劳动模范。1966年，毕业于华东纺织工学院机械制造工艺及设计专业。1968年，分配到河北省邯郸纺织机械厂工作。1981年，调入海宁纺织机械厂，后任该厂研究所副所长。

曹如玉长期从事纺织机械研制工作。主持和参与开发的纺织机械中，曾获得嘉兴市、浙江省奖励的就有6项：ME5918磨砺机1987年获嘉兴市科学技术进步奖二等奖，1988年被评为浙江省优质产品；Z851E系列钢针拉毛机于1987年获浙江省科学技术进步奖三等奖，1988年，被评为浙江省优质产品；MA473系列钢丝起毛机于1989年获嘉兴市科学技术进步奖三等奖，1990年，被评为浙江省优质产品；MH373系列单刀箭毛机、ME774系列行星式磨绒机、ME405钢丝起毛机，分别于1991年、1999年、2003年荣获嘉兴市科学技术进步三等奖。

参考文献

［1］嘉兴市政协文史资料委员会，嘉兴市文史研究会．嘉兴群英［M］．北京：当代中国出版社，2007.

朱新华

朱新华（1944— ），女，浙江海宁人，昆明医科大学药学院教授。长期从事中药药理学教学和研究工作。发表论文40余篇，主要有：《珠子参皂甙对小鼠免疫功能影响初探》《四逆汤对小鼠淋巴细胞内及血浆中环核苷酸含量影响的研究》《阳虚症小鼠环核苷酸系统反应性变化的研究》等。

参考文献

[1] 海宁市史志编纂委员会 . 海宁市志（1991—2010）[M]. 杭州：浙江人民出版社，2018.

吴令安

吴令安（1944— ），女，浙江海宁人，吴其昌之女，中国科学院物理研究所研究员、中国科学院大学博士生导师。1968年，毕业于北京大学物理系。1972年，进入中国科学院物理所任翻译，曾任邓小平、华国锋的翻译，参与过毛泽东的遗体处理。1987年，在美国德州大学奥斯汀分校物理系获博士学位。曾任《中国物理快报》副主编、《欧洲光学学报半经典与量子光学分册》(*J.of Optics B*）编委等职。2004年，被评为“全国三八红旗手”。2013年荣获第四届“谢希德物理奖”。

吴令安长期从事激光、非线性光学和量子光学实验及理论研究，是国内最早开始量子密码通信实验研究的科学家。1986年，吴令安与其导师Kimble合作实现了光的压缩态，这是世界上首次利用光参量谐振腔实现光压缩态，创63%压缩率纪录，文章单篇引用600多次。博士毕业后，吴令安回到国内，克服了当时国内科研设施差、基础薄弱等困难，甚至在没有任何基金的支持下，于1995年在国内首次演示自由空间中量子密钥的分发；2000年，首次实现1.1千米全光纤量子密码通信实验系统，同时开始研制基于单光子的真随机数源。提出分辨纠缠态与可分离态的新理论判据，即“矩阵拉直”法。另外还注意基础研究的开发应用，如研制的法拉第光隔离器已由物科公司生产。

发表论文150余篇，主要有：*Energy Quantization and Probability Density of Electron in Intense-Field-Atom Interactions*、*Electronic Wave Packet in a Quantized Electromagnetic Field*、《850 nm光纤中1.1 km量子密码通信系统》等。申请/获得发明专利16项。

参考文献

［1］刘鑫源.吴令安：她年过七十，仍活跃在物理学研究一线［J］.创新时代.2017（11）：44-45.

徐　欣

徐欣（1944—　），浙江海宁硖石人，济南艾达日化公司总工程师。1966年，毕业于华东理工大学无机工业系，分配到济南艾达日化公司工作，1987—1988年，被选派到德国（原西德）进修，1991年再次去德国。兼任全国日用化学工业刊物编委会、中国洗涤用品工业协会科技委员会委员。

徐欣长期从事油脂化工、日用化工等领域的科研、设计工作，是山东省日用化工专业方面的学术带头人之一。在科研方面，先后完成脂肪酸烷醇酰胺、不饱和醇硫酸盐等十几项科研项目，荣获山东省科技进步奖、山东省优秀产品奖、济南市科技进步奖、济南市优秀新产品奖。在工业设计方面，作为工艺负责人，参加过国家大中型项目合成脂肪酸的工艺设计、安装、试车。先后担任轻工部批准的3万吨/年油脂水解、2万吨/年脂肪酸蒸馏、3 500吨/年甘油引进项目的技术负责人和国家经贸委批准的2万吨/年脂肪醇项目的技术负责人。

发表论文30余篇，主要有：《正十五碳酸与异构十五碳酸的分离》《洗涤剂用纤维素酶的研制与应用》《油醇硫酸盐制备中的中和技术的研究》等。

参考文献

［1］《中国专家人名辞典》编委会.中国专家人名辞典8［M］.北京：地质出版社，1999.

阮月芳

阮月芳（1945—　）女，浙江海宁人，工程师。1965年，毕业于杭州船校。任中国船舶工业总公司第七研究院七〇工厂电装车间副主任。

阮月芳长期从事电装焊接工艺的研究。在大型舰船的惯导系统及精密导航设备的电气装配方案、方法及工艺实践诸方面卓有建树。发表论文有《军用电气和电子设备安装焊接技术要求》《手工装联焊接技术》等。

参考文献

[1]《科教兴国丛书》编辑委员会.工业技术文库2[M].北京：中国三峡出版社，1997.

苏克曼

苏克曼（1945— ），女，浙江海宁人，华东理工大学教授，分析测试中心主任。

苏克曼长期从事分析化学的研究和教学。主编著作：《分析化学手册——质谱分析（第9分册）》（化学工业出版社，2000年）、《大学有机化学基础》（华东理工大学出版社；化学工业出版社，2000年）、《波谱解析法》（华东理工大学出版社，2002年）、《仪器分析实验（第2版）》（高等教育出版社，2005年）。译著：《工业水污染控制》（华东化工学院出版社，1991年）。发表论文70余篇，主要有：《负离子质谱技术鉴别二元取代苯位置异构体的研究》《润滑油的清净分散剂——石油磺酸钙的分析》《B/E联动扫描亚稳离子谱鉴别二元取代苯位置异构体的研究》等。

参考文献

[1]苏克曼，周永传.超临界CO_2流体萃取的树兰净油的化学成分[J].香料香精化妆品.1997（1）：3-5.

查良镳

查良镳（1945— ），浙江海宁袁花人，高级工程师。毕业于北京化工学院。历任辽宁锦西化工机械厂工程师，天津市纺织局副总工程师。

参考文献

[1] 查济民 . 海宁查氏 [M]. 香港：中国书画出版社，2006.

查强中

查强中（1945—　），浙江海宁袁花人，美国通用汽车公司高级工程师。本科毕业于西安交通大学自控系，研究生毕业于重庆大学，博士毕业于美国伊利若大学。

查强中发表论文10余篇，主要有：《运算放大器误差分析的一种简易方法》《开关电容滤波器的原理及其最佳设计》《用信号流图和双积分器结构精确设计开关电容滤波器》等。

参考文献

[1] 查济民 . 海宁查氏 [M]. 香港：中国书画出版社，2006.

郑祖明

郑祖明（1945—　），浙江海宁黄湾人，中共党员，高级工程师。1968年12月，毕业于清华大学自动控制系，后进入大华仪表厂工作。先后任设计科技术员、厂长，上海市仪器仪表工业公司党委书记，上海仪表集团公司理事长、总经理，上海自动化仪表股份有限公司党委书记、副董事长，兼任上海仪器仪表行业协会副理事长、理事长等职。

郑祖明长期从事仪器仪表的研制和组织开发。早年参加国防科工委所立项的彩色图形显示器试制工作，该装置以仿美PDP Ⅱ计算机为核心，经过历年的试制、反复调试与装置的整体联调，最终实现了实时观看、监察、控制和指挥所需的功能。该设备成功地配套使用在我国“远望一号”测量船和北京导弹发射指挥控制中心的设备上，为实现国防现代化做出了贡献，荣获国防科工委科技进步三等奖。

为推进加速提升我国仪器仪表水平，促进了法国法码通、日本千野、美国西屋公司与企业的合资合作。同时，企业先后引进工业发达国家的24项产品新技术、新工艺、新设备、新材料，通过引进消化吸收国际先进技术，实现产品技术提速10年的发展成果，达到国际20世纪70年代或80年代初先进水平，带动中国仪器仪表行业的快速发展；在国家引进第三代核电技术的决策中，成功地将第三代核电仪表和控制系统关键技术的消化、吸收和国产化落实到企业，为我国仪表行业核电技术赶超国际先进水平、防范国外技术垄断做出了历史性的贡献。积极推进与国内顶尖高校合作，与上海交通大学在核电数字化系统研发上开展合作，完成了核电保护系统的原理样机，并通过上海市经济和信息化委员会重大装备处组织的专家鉴定。

来源

资料源于微信公众号：海宁一中校友文化工程。

陈方枢

陈方枢（1945— ），浙江海宁人，教授级高级工程师，武警部队水电指挥部主任。1968年，毕业于清华大学水利系。历任武警水电指挥部第二总队副总队长、总队长、武警水电指挥部副主任兼后勤部长。1999年，晋升武警少将警衔。

陈方枢长期从事水利水电建设，参与陈村、龙羊峡、万安、三峡等水电站施工。

参考文献

[1] 沈根才.中国电力人物志[M].北京：水利电力出版社，1992.
[2]《老照片》编辑部.我的父亲[M].济南：山东画报出版社，2018.

徐又林

徐又林（1945— ），浙江海宁硖石人，高级工程师。1970年，毕业于浙江大学土木系工民建专业。曾任浙江省第三建筑工程公司副总工程师、浙江舜杰建筑集团总工程师。

徐又林长期从事建筑施工工作，组织和主持了200余项建设工程。从1985年初浙江省第一批高层建筑杭州新侨饭店开始建造起，主持和解决了高层建筑施工组织设计的全面和科学性编制、高层建筑大跨度悬挑外脚手架设计与施工、内爬式塔吊在快速施工中安全迅速地进行提升，以及在高空中进行内爬式塔吊安全地加以拆除的设计与施工等一系列技术难题，是浙江省第一批高层建筑施工技术的先行探索者，总结出一系列成功的经验。

徐又林擅长组织和主持编制大中型建设工程的施工组织设计与施工大纲，在浦东国际机场能源中心、苏州工业园区太湖取水工程、上海外高桥保税区高帆大厦160米超高层商务大楼的加层与改造工程、义乌市大型体育馆工程、上海三林世博村、上海中远两湾城一期至四期高层住宅群建设、杭州百货大厦等数十项大中型工程的招投标中均以明显的技术优势取胜，并最终以优质的工程竣工，多次荣获“钱江杯”、“西湖杯”、上海市“白玉兰”杯及建筑安装“申安杯”等奖项。其中，上海浦江茗园工程获得2001年国家级建筑最高金奖——“鲁班奖”。

发表论文10余篇，主要有：《单锚深埋钢板桩深基围护设计》《预制装配式H型框架结构的施工》《无承台钢格构柱塔吊基础设计》等。

参考文献

[1] 海宁市政协文教卫体与文史委员会. 海宁世家：上 [M]. 北京：人民日报出版社，2012.

汪乐宇

汪乐宇（1945— ），浙江海宁人，浙江大学教授，享受政府特殊津贴。1968年，毕业于浙江大学电机工程学系工业自动化专业，1981年，研究生毕业于浙江大学科学仪器工程学系。1968—1979年，在石油工业部第六工程公司工作。1981年后，在浙江大学科学仪器工程学系、光电与科学仪器工程学系任教。曾任科学仪器工程学系主任，检测技术和智能化仪器研究所副所长，兼任中国仪器仪表学会过程检测控制仪表学会理事。1991年，被机械电子工业部授予国家“七五”科技攻关突出成绩先进个人。

汪乐宇长期从事计算机辅助测试技术及智能仪器的教学及科研工作。在教学方面，主要讲授《计算机在工程中的应用》《计算机语言》《传感器理论与设计》《编码与信息理论》

《智能测试仪器与系统》等课程。在科研方面，主持国家“八五”科技攻关项目：大型旋转机械状态监测、分析及故障诊断技术的研究，智能监视仪表的研制，模拟式监视仪表的研制，压力/温度智能传感器的研制。主持浙江省“八五”科技攻关项目：大中型成套空分关键设备监测与分析诊断系统。横向项目：管道液化气工程计算机监测系统；WDY-1型多功能电能计量仪，于1985年获浙江省科技进步三等奖；大型汽轮发电机组监测故障诊断系统，于1993年获机械电子工业部科技进步一等奖。

主编著作：《电涡流检测技术》（原子能出版社，1986年）。发表论文20余篇，主要有：《电涡流传感器的数学模型与计算机辅助设计方法自动化仪表》、*A microprocessor based instrumentation system for multi-parameter monitoring on large turbine compressors*、*An on-line monitoring and fault diagnostic expert system for steam turbine and generators* 等。

参考文献

[1] 唐晋发．浙江大学教授录[M]．杭州：浙江大学出版社，1996.

张建中

张建中（1945— ），浙江海宁长安人，电子工业部第18研究所研究员级高级工程师。1968年，毕业于中国科技大学无线电电子学系，分配在电子部1418所工作；1979年，在上海外国语学院出国留学预备部学习德语；1980—1982年，在德国卡尔斯鲁厄大学物理系应用物理研究所进修；1982年回国后，在电子工业部第18研究所工作。

张建中长期从事温差发电和温差电致冷领域的研究、开发工作，主要成果有：主持为东风21A工程配套的ZLQ-2致冷器研制，完成设计定型工作，项目达到国内领先水平；主持温差电致冷组件研制，完成组件设计定型，产品性能达国际先进水平，获电子部科技成果三等奖、首届国际电子博览会金奖；温差发电器材料低温性能测试方法研究，其性能达国际先进水平，已批量生产；撰写温差电致冷材料和组件测试方法等五项部颁标准，获电子工业部科技成果三等奖；WQ-15、WQ-50气体温差发电器的设计、试验和定型2项成果，同获电子工业部科技成果二等奖。

发表论文20余篇，主要有：《半导体材料低温热导率的测试方法》《国外温差电致冷技术发展概况》《温差电致冷材料低温电导塞贝克系数测试方法》等。

来源

海宁市档案馆.当代海宁名人录（第一集）.1996.

周宏鸣

周宏鸣（1945— ），浙江海宁人，高级工程师。1970年，毕业于西安交通大学内燃机设计与制造专业，曾任职于地质部西北探矿机械厂设计科，浙江省探矿机械厂技术科，浙江海宁纺织机械厂纺机研究所。

周宏鸣长期从事机械设计研究，曾参加岩心钻机、胶带输送机、1吨锻锤用的全液压锻造操作机、内燃装运机、煤粉碎机、内燃通风机、大理石加工设备——螺杆式砂锯、纱线烧毛机、剪毛机与烫光机等机械设计。

发表论文10余篇，主要有：《HQ302型空气燃气混气箱设计计算书》《内燃装运机螺旋锥齿轮打牙原因与改进措施》《引射燃烧原理在MF583型纱线烧毛机上的应用》等。

参考文献

[1] 人民日报社文化事业中心.盛世中华：中华精英篇[M].北京：人民日报出版社，2004.

郑守曾

郑守曾（1945— ），浙江海宁硖石人，出生于上海，中共党员，中医名家，教授。1968年，毕业于上海中医学院医学系，1981年，硕士毕业于成都中医学院内经专业。历任国家中医药管理局教育司副处长、人事教育司处长、科技教育司副司长，北京中医药大学副校长、校长。兼任中华中医药学会副会长、全国民族医药学会副会长、全国中医药高等教育学会副会长、全国大学生体育协会传统体育分会理事长等职。

郑守曾长期从事中医临床及中医药教学行政管理工作。主持教育部，国家中医药管理局多项教育研究项目，对中医学专业课程体系、教学内容和教学质量评测理论和方法进行了改革。主编教育部组织的面向21世纪课程教材《中医学》(人民卫生出版社，1983年)，国家中医药管理局统编教材《中医药管理学概论》(上海科学技术出版社，1991年)，《常见妇科病》(中国医药科技出版社，2003年)等。发表论文40余篇，主要有：《阴阳五行与系统理论》《气虚体质与气虚证的关系探讨》《收藏气虚体质个性特点的调研与分析》等。

参考文献

[1] 海宁市史志编纂委员会. 海宁市志(1991—2010)[M]. 杭州：浙江人民出版社，2018.

许政暟

许政暟(1945—)，浙江海宁人，九三学社社员，中国科学院上海植物生理研究所正研究员，博士生导师。1968年毕业于上海复旦大学生物系生物化学专业。1968—1970年4月，在湖南洞庭湖47军军垦农场劳动锻炼；1970年4月—1978年9月，在湖南株洲市第三、第七中学任教物理。1978年10月，考入复旦大学生物系植物生理专业研究生，师从薛应龙教授。1980年7月，受教育部公费派遣赴美国肯塔基大学植物病理系就读研究生，分别在SJ Sheen和JG Shaw教授指导下，从事植物病毒TMV对烟草抗病性的生化研究和TMV在烟草早期感染过程中的基因表达研究，于1983年获硕士学位，1986年获博士学位。1985年10月—1988年12月，在美国罗氏分子生物学研究所DL Nuss教授实验室做博士后，研究植物伤瘤病毒的基因结构和表达调控研究。1988年12月底回国。1989年4月，进入中国科学院上海植物生理研究所植物分子遗传国家实验室工作。历任植物生理研究所所长助理、副所长、所长，植物分子遗传国家实验室副主任、主任，上海大学生命科学学院院长。兼任中国植物生理学会理事长，上海交通大学生命科学技术学院副院长等职。

许政暟长期从事以下三方面研究：

(1)植物病毒病理学。以烟草和重组烟草花叶病毒为独特的研究系统，研究植物与病毒相互作用的分子机理。

（2）植物逆境生理学。以盐藻为研究材料，借助功能基因组学等最新的研究手段，研究植物对逆境抗性的分子机理。

（3）能源微生物的研究。在“八五”“九五”和“十五”期间承担国家“863”高技术科研项目，中科院基础研究重大项目。

发表论文100余篇，主要有：*Expression of foreign gene in Dunaliella by electroporation*、*TMV recombinants encoding fused foreign transmembrane domains to the CP subunit caused local necrotic response on susceptible tobacco*、《利用ITS序列对两个盐藻株的分子鉴定》等。

参考文献

［1］周鸿刚．风雨同舟创辉煌　上海大学统战工作巡礼［M］．上海：上海大学出版社，2004.

唐迪石

唐迪石（1945—　），浙江省海宁人，工程师。1969年毕业于武汉水运工程学院。任职于马鞍山港务管理局和上海三钢运输装卸公司。

唐迪石长期从事港口装卸工艺研究。1984年，在马鞍山港务管理局任职期间，参与编写、制订《马鞍山港装卸工艺作业标准》，1984年，获马鞍山市优秀科技成果奖。1989年，参与制订《上海第三钢铁厂轧钢设备检修质量技术标准》，为该厂轧钢设备检修质量验收合格的依据，负责制订上海钢铁三厂设备管理系统的方针目标和管理制度。对生产经营活动中的码头起重装卸设备，多次提出技术改进的合理化建议和检修技术工艺方案，节约了修理费用，缩短了修理时间，创造了可观的经济效益，并对推广引进新技术起到积极作用。1995年8月，参加上海冶金局选址浙江舟山外洋螺筹建废钢专用码头的装卸工艺和设备选型的可行性设计方案。

发表论文有《试析起重机用钢丝绳的损伤及防止》。

参考文献

［1］王德祥．中国专家人名辞典［M］．北京：海洋出版社，2001.

查擎美

查擎美（1946— ），浙江海宁袁花人，美国西拉尼斯醋酸纤维公司高级研究员。毕业于北京钢铁学院获化学学士学位，上海大学获工学硕士学位，美国内布拉斯加大学获理学博士学位。曾任英美烟草公司美国分公司高级研究员，定居美国。

参考文献

[1] 查济民 . 海宁查氏 [M] . 香港：中国书画出版社，2006.

钱锦文

钱锦文（1946— ），浙江海宁丁桥海潮村人，浙江大学高分子科学与工程学系教授、博士生导师。1970 年，毕业于浙江大学化学系，留校任教。1987 年，获包兆龙 – 包玉刚中国留学生奖学金，在加拿大 Waterloo 大学化学系做访问学者（1987—1989 年）；香港中文大学化学系做访问教授（1996 年）。

钱锦文长期从事高分子物理和高分子溶液的基础应用研究。曾提出了求算高分子特性黏数的新的一点法方程，被本科生教材《高分子实验技术（第二版）》（复旦大学出版社，1996 年）引用；建立了适用浓度范围宽，无待测参数及形式简单的高分子链尺寸溶液浓度定量关系新模型，成功用于预测高分子溶液的热力学和流体力学性质，被研究生教材《高分子物理近代分析方法（第二版）》（武汉大学出版社，2006 年）引用；同时，还创建了从非 Theta 实验条件下直接获取 Theta 状态时高分子特性黏数的新方法等。先后主持国家自然科学基金面上项目 6 项，及以主要成员参加国家自然科学基金面上项目 3 项，国家自然科学重点基金 3 项，国家“973”子课题 1 项。获国家发明三等奖 1 项，教育部科技进步三等奖 1 项，浙江科技进步四等奖 1 项，浙江教育委员会科技进步二等奖 1 项，杭州市科技进步三等奖 1 项，授权发明专利 7 项。

参编著作：《高分子辞典》（中国石化出版社，1998 年）《高分子膜材料》等 3 本。在 *Macromolecules*、*Langmur* 和 *J Membr Sci* 等发表期刊学术论文 110 余篇，被 SCI 他引 210 余次，主要有：《胺甲基化聚丙烯酰胺稀溶液行为的研究——pH 值对黏性行为及其絮凝作用的影响》《聚电解质 – 磺化聚砜浓溶液的流变特性》《关于聚电解质浓溶液的黏度 – 浓度幂律方程中指数（α）的探讨》等。

参考文献

[1]《丁桥镇志》编纂委员会.丁桥镇志[M].北京：方志出版社，2018.

程伟基

程伟基（1946—　），浙江海宁人，中国科学技术大学地球化学系副教授。1968年，毕业于中国科学技术大学地球化学系。

程伟基长期从事地球化学方面的研究。发表论文20余篇，主要有：《二元n+m（m ≥ 3）多相体系可能网的拓扑结构》《由封闭网和物理实在网理论对二元六相（n + 4）多体系八点直线网的推导》《热液系统的物理化学性质和硫同位素演化——lgfo2—pH—δSi34图解的原理、用途与使用方法》等。

参考文献

[1]安徽省教育委员会.安徽省高等学校教授副教授人名录[M].合肥：安徽人民出版社，1989.

王立人

王立人（1946—　），浙江海宁人，浙江大学城市学院教授，博士生导师。1967年，毕业于浙江大学光学仪器系仪器专业，1968年，分配至沈阳中捷友谊厂工作。1981年4月—1983年7月，公派至意大利比萨大学工学院E.Piaggio研究中心做访问研究，专攻新型传感器技术。回国后，1985年调回浙江大学，在科学仪器系任教。历任东海实业公司总经理，浙江大学校长办公室主任，浙江大学城市学院院长等职。

王立人长期从事现代设施农业环境监测与控制技术研究。发表论文50余篇，主要有：《高聚物碳黑复合体化学传感器的研究及其在电子舌中的应用》《食用菌温室栽培的环境影响因子及控制系统》《近红外光谱透射法测量废水化学需氧量（COD）的光程选择》等。

参考文献

[1] 海宁市史志编纂委员会.海宁市志（1991—2010）[M].杭州：浙江人民出版社，2018.

陈根生

陈根生（1946— ），浙江海宁人，浙江大学光学仪器系教授。1970年，毕业于浙江大学光学仪器系，后留校任教。

陈根生长期从事激光技术的教学和应用研究。发表论文10余篇，主要有：《CO_2激光显微手术仪及其在临床中的应用》《低能量He-Ne激光血管内照射疗法（ILIB疗法）及临床应用》《一种新颖的宽带可调谐掺钛蓝宝石激光器》。获得国家专利2项：《激光管镜片的激光封接技术》，1988年获国家教育委员会科技进步奖；《一种矩形管壳式的易调激光头》。

参考文献

[1] 马以惇.当代中国科学家与发明家大辞典：第1卷[M].北京：当代中国出版社，1995.

虞大成

虞大成（1946— ），浙江海宁人，中共党员，高级工程师。昆明高新区创业中心主任。1994年，获“云南省有突出贡献优秀专业技术人才”荣誉称号。

虞大成长期从事科技管理，承担国家某型号发射控制系统研制工作。1988年、1989年分别获航天部科技进步二等奖、三等奖，在测试设备、电子整机的开发及产品可靠性的研究上均取得一定的成绩，为我国航天事业科研生产、科技管理工作做出一定的贡献。

参考文献

[1] 昆明高新技术产业开发区志编纂委员会.昆明高新技术产业开发区志[M].昆明：云南科学技术出版社，2002.

俞学中

俞学中（1946—　），浙江海宁盐官人，浙江大学医学院附属第二医院骨科主任医师，硕士研究生导师。

俞学中长期从事髋、膝等关节外科置换及力学研究。发表论文20余篇，主要有：《全髋关节置换术下肢不等长的临床分析及对策》《颈椎骨折及合并截瘫的急诊治疗探讨》《纤维拔出时Coulomb摩擦界面应力传递》等。

参考文献

[1] 海宁市史志编纂委员会．海宁市志（1991—2010）[M]．杭州：浙江人民出版社，2018.

李纯恭

李纯恭（1946—　），浙江海宁人，甘肃秦安第四机械工业部国营749厂高级工程师。1970年，毕业于上海科技大学无线电系。

李纯恭长期从事半导体器件的研制工作。1980—1983年，主持研制成功“ZF605型数据放大器组件”，获1984年电子工业部科技成果二等奖、1987年甘肃省优质产品奖。

发表论文10余篇，主要有：《高压型运算放大器》《数据放大器》《有时间显示的晶体管时间继电器》等。

参考文献

[1] 蔡培川，天水市科学技术志编写领导小组，《天水市科学技术志》编辑部．天水市科学技术志[M]．兰州：甘肃文化出版社，2004.

朱　沙

朱沙（1947—1989），浙江海宁盐官人，高级工程师。毕业于上海交通大学船舶动力专业。曾入伍锻炼，1972年分配在杭州船厂工作，历任技术员、厂技校教师、船研所设计员、钱江分厂办公室主任。曾获杭州市交通管理局“局级优秀科技工作者”称号。

朱沙长期从事船舶轮机工程及甲板机械等专业设备的研究设计。

参考文献

[1] 虞坤林. 海宁历史人物名录[M]. 杭州：浙江人民出版社，2010.

宓鹤鸣

宓鹤鸣（1947— ），浙江海宁人，第二军医大学药学院药物分析学教研室教授，研究生导师。1970年，毕业于南京药学院。1983年，获硕士学位。1986年，获博士学位。兼任中国人民解放军中医学会中药专业委员会副主任委员，中国药学会老年药学专业委员会副主任委员，国家药典委员会委员，《中国药典》英文版副主编等职。

宓鹤鸣长期从事生药学与中药药理学、药物分析与中药标准化研究。参与中医药“七五”国家重点攻关项目“常用中药品种整理与质量研究”中“菟丝子”课题，研究成果达到国际先进水平。其他课题研究先后获军队科技进步三、四等奖各1项。

参编著作：《药物发现史》(中国科学技术出版社，1993年)、《抗衰老药物学》(中国医药科技出版社，1994年)等。发表论文100余篇，主要有：《国产血竭总黄酮成分的纯化及活性成分的含量测定》《女贞子微量元素的模糊聚类分析》《中药红曲的支色谱法鉴别》等。

参考文献

[1]《中华创业功臣大典》编委会. 中华创业功臣大典5[M]. 北京：中国统计出版社，2001.

居滋培

居滋培（1947—　），浙江海宁盐官人，上海理工大学电气学院教授。

居滋培长期从事电气计算机研究和教学工作。主编著作：《可靠性工程》（原子能出版社，2000 年）、《过程控制系统及其应用》（机械工业出版社，2005 年）。发表论文 70 余篇，主要有：《暂态电能质量分析中的小波算法及应用》《热电元件性能测试系统的电路设计》《微波频偏软测量及基于 LabVIEW 的分析方法》等。

参考文献

[1] 海宁市史志编纂委员会 . 海宁市志（1991—2010）[M]. 杭州：浙江人民出版社，2018.

毛建新

毛建新（1947—　），浙江海宁钱塘江人，能源部苏州热工研究所高级工程师。1970 年 8 月，毕业于浙江大学电机系热能动力装置专业，后分配至河北省峰峰发电厂工作；1978 年，调至河北省马头发电厂工作；1990 年，调入电力工业部苏州热工研究所。历任主任工程师、工程科副科长、核电常规技术研究室汽机专业组组长、汽机仪控室主任等职。

毛建新长期从事能源（热工）的研究工作，对发电厂节能技术改造尤为突出。1980—1987 年，他在电厂担任项目负责人期间，先后完成的项目有：马头发电厂一单元、四单元的循环水系统改造；一、二、三单元的给水系统的设备改进；二单元汽机通流部分的改进；全厂给水系统的改进等。项目成果曾多次获得省电力局节能奖、技术进步三等奖。1990 年 9 月以后，他负责光学全散射蒸汽温度测量装置的研制和江苏省利港发电厂 35 万千瓦机组给水系统的调试，以及大亚湾核电站竣工文件的善后技术服务等工作。

来源

海宁市档案馆 . 当代海宁名人录（第一集）. 1996.

陆秀菁

陆秀菁（1948— ），女，浙江海宁人，南开大学元素有机化学研究所教授。1989 年留学英国，后赴美国佐治亚大学读博士。

陆秀菁长期从事配位化合物研究。译著:《无机合成（第 17 卷）》（科学出版社，1986 年）；发表论文 10 余篇，主要有:《抗癌新药一系列有机 Ge 化合物的 ~1H，~（13）C NMR 谱研究》《不对称双烃基硫桥六羰基二铁异构化的动态 NMR 研究》《用 NMR 法研究几种不对称双烃基硫桥六羰基二铁的异构化动力学》等。

参考文献

[1] 蒋连根 . 陆宗舆后人下落揭秘 [J]. 名人传记（上半月），2011，(5)：83-87.

俞斌伟

俞斌伟（1948— ），浙江海宁人，航空航天工业部上海新新机器厂技师。毕业于上海航空工业中等技术学校机械专业。中国发明协会会员。

俞斌伟长期从事线切割应用技术的研究。先后研究出“复杂曲面线电报加工”技术和“线切割差位加工”技术。发明的“回转端面曲线型面线切割加工法”，1985 年，获上海市科技进步奖二等奖。1986 年，获航天工业部科技进步一等奖和第二届全国发明展览会银奖。1987 年，获国家科技进步二等奖。

参考文献

[1] 中国发明协会 . 中国当代发明家大辞典 [M]. 北京：北京理工大学出版社，1995.

孙正心

孙正心（1948— ），浙江海宁人，中共党员，高级工程师。1969 年 5 月，在浙江省海宁中丝三厂参加工作。1970—1978 年，为黑龙江生产建设兵团工人、鸡西煤校学生、红旗煤矿技术员。1982 年，毕业于中国矿业大学机械系，后分配到煤炭科学研究总院上海分院，历任掘进机研究室课题组副组长、基建科副科长、联合支部书记、条件处副处长、科研管理处副处长、副院长兼测试中心主任等职。1990 年，研究生毕业于上海复旦大学管理学院。1995 年 5 月，任上海分院党委书记，兼任煤炭部煤炭科研职工政研会副会长、中国质量检验协会理事、中国煤炭学会煤矿运输委员会副主任等职。

孙正心长期从事掘进机研究。“六五”期间，任国家科研攻关项目“直径 5 米全断面掘进机”课题组副组长，该项目获煤炭部科技进步一等奖和国家科技进步二等奖。

参考文献

[1] 孙正心 . 煤炭科学研究总院上海分院志编纂委员会 . 煤炭科学研究总院上海分院志 [M]. 北京：煤炭工业出版社，1999.

朱毅力

朱毅力（1948—　）女，浙江海宁盐官人，出生于上海，研究员。1975 年，毕业于北京化工学院。历任北京市自动化系统成套工程公司副总经理、总工程师兼北京自动化系统工程研究设计院院长。

朱毅力长期从事自动化系统工程设计、开发、技术管理工作。其设计开发的项目多次获得国家建设部及北京市优秀设计奖、科技进步奖。

参考文献

[1] 卞援朝 . 北京工业志 仪器仪表志 [M]. 北京：中国科学技术出版社，2003.

[2] 海宁市史志编纂委员会 . 海宁市志（1991—2010）[M]. 杭州：浙江人民出版社，2018.

孙建昌

孙建昌（1949— ），浙江海宁丁桥海潮村人，心内科介入专家。历任原成都军区心脏起搏中心主任、原成都军区心血管专业组副组长、中国人民解放军47中心医院副院长，兼任中华医学会心脏起搏专业委员会第一、二届委员，中国中青年心律失常研究会第二届常委。

孙建昌长期从事各种心脏起搏器植入、二尖瓣球囊扩张、射频消融、先天性心脏病导管封堵等临床诊治工作，是我国最早开展植入式心脏起搏器研制与临床应用的专家之一。曾从事外科临床8年，专门学习医用电子工程课程，并在德国、美国、意大利等国家接受过心脏起搏介入技术的专业培训，是我国当时少有的集外科、电子工程、心内科和心脏起搏介入技术为一身，并且具有丰富临床经验的心脏病学专家。多年来为全国各地军内外病人安装心脏起搏器1 500余台，手术无一例失败，手术操作时间最短仅用15分钟。获得军队和省级科技奖15项，组办全国性学术会议5次，曾应邀到10余个国家参加国际性学术会议和学术交流。

发表论文30余篇，主要有：《永久性右室心内膜起搏电极的安插方法（附180例报告）》《经胸外侧静脉安插永久性心脏起搏导管的初步报告》《利用普通电极导管测定在体心脏单相动作电位的研究》等。

参考文献

[1]《丁桥镇志》编纂委员会．丁桥镇志［M］．北京：方志出版社，2018.

查锡良

查锡良（1949— ），浙江海宁人，复旦大学教授，博士生导师，享受政府特殊津贴。1987年，毕业于上海医科大学化学与分子生物学系，获医学博士学位。1984—1986年，于美国密执安大学作博士后，1991—1993年，于加拿大马尼托巴大学生物化学与分子生物学系做访问学者。曾任复旦大学上海医学院副院长，生物化学与分子生物学系主任，卫生部糖复合物重点实验室主任。兼任中科院上海生命科学院学术委员会委员，中国生物化学与分子生物学会常务理事，《生命的化学》杂志副主编等职。1993年被评为“卫生部中青年科技之星”“卫生部有突出贡献的中青年专家”。1998年获全国优秀教师称号。

查锡良长期从事“蛋白质糖基化修饰与其功能”等方向研究。负责三项国家自然科学基金项目:《整合蛋白介导的细胞黏附分子机制的研究》《整合蛋白和TGFβ受体介导信号转导的Cross-talk》《人肝癌细胞中*PTEN*基因突变的研究》，一项上海市教委重点研究项目《人肝癌中细胞黏附分子与糖基转移酶基因表达的变化》。《序列固相植物凝集素柱层析法分析N-糖链结构》获1993年卫生部科技进步三等奖，上海市科技进步三等奖;《人肝癌细胞逆转的体外研究》获1994年卫生部科技进步三等奖，上海市科技进步三等奖。

主编著作:《医学分子生物学》(人民卫生出版社，2004年)、《生物化学与分子生物学》(科学技术文献出版社，2005年)、《生物化学》(复旦大学出版社，2008年)、《生物化学学习指导与习题集》(人民卫生出版社，2008年)。发表论文200余篇，主要有:《小鼠肾脏芳香酰胺酶纯化和催化性质的研究》《正常小鼠肝脏和HepA腹水型肝癌中芳香酰胺酶的比较研究》《人胎盘纤连蛋白N糖链结构研究》等。

参考文献

[1]《复旦大学百年志》编纂委员会.复旦大学百年志1905—2005下[M].上海:复旦大学出版社，2005.

陆启凯

陆启凯(?—)，浙江海宁人，教授级高级工程师，享受政府特殊津贴。1970年，毕业于北京工业大学精密仪器制造工艺专业，1986—1987年，于机械部英语口语进修班培训一年。历任中国电器科学研究院院长，工业产品环境适应性国家重点实验室顾问，全国材料环境腐蚀站网专家组成员，广东省材料检测与评价科技创新平台办公室主任，兼任全国电子电工产品环境技术标准委员会主任委员、广州擎天新材料研究开发公司总经理。

陆启凯长期从事科研体制改革与管理工作，成功组建了4个广东省级重点实验室和工程中心并兼任项目负责人，主持或主要参加多项国家、省级科技攻关项目，其中1993年研制的“燃油式自动控制器汽车喷漆烘漆房”获第四届全国新技术新产品博览会银奖;

2009年，由他领衔的“汽车环境适应性关键技术研究与推广应用”项目获中国机械工业集团科学技术奖二等奖，2011年获广东省科学技术奖三等奖。

主编著作:《汽车气候老化试验技术》(华南理工大学出版社，2010年)。发表论文40余篇，主要有:《电工产品环境适应性试验研究的现状与发展趋势》《工程塑料应用于家用电器时的安全可靠性》《我国应重视工业产品环境适应性及环境失效的研究》等。获得国家专利有:“智能型家电遥控器”(1998年)等多项。

参考文献

[1] 陈莉.潜心研究环境科学技术 助推制造大国向强国迈进——专访工业产品环境适应性国家重点实验室陆启凯教授[J].广东科学技术，2012(22):47-50.

马汤楹

马汤楹(生卒未详)，字绪卿，号寒蝶，浙江海宁盐官人，南社社员，近代中医教育家。曾任教于浙江中医专门学校，与上海名医秦伯未一起编辑中医学校教材，著有《时症金篦录》。其编写的《杂证学讲义》被列入“近代国医名家珍藏传薪讲稿”，2013年由上海科学技术出版社出版。

参考文献

[1] 张如青，黄瑛.近代国医名家珍藏传薪讲稿:内科类[M].上海:上海科学技术出版社，2013.

查朋传

查朋传(？—2003)，字孟华，浙江海宁袁花人，美国海军武器研究所高级工程师。毕业于东吴大学法学系，美国马里兰大学核子物理学博士。

参考文献

[1] 查济民.海宁查氏[M].香港:中国书画出版社，2006.

黄伯裔

黄伯裔（？—　），浙江海宁人，中国地质大学教授。1947 年，入海宁简易师范学校，一学期后即辍学。次年初，赴上海一工厂做学徒。1953 年，被选送入同济大学附设工农速成中学学习，1957 年，考入北京地质学院地质测量与找矿专业。1962—1969 年，在建材部地质总公司任职。1970 年，调入中国地质大学（武汉）从事地质调查工作。

来源

资料源于黄伯裔自传

管启良

管启良（？—　），浙江海宁人，杭州大学生物系遗传教研室副教授。1954 年，毕业于浙江省杭州农业学院。

管启良长期从事小麦遗传学研究。1978 年，获全国科学大会奖，1985 年，获国家发明一等奖，1986 年，获浙江省教育委员会自然科学一等奖。发表论文 20 余篇，主要有：《八倍体小偃麦的形成、减数分裂稳定性和染色体组型的分析》《苏联球茎大麦、（拟）智利大麦和普通大麦的核型比较研究》《大麦和硬粒小麦属间试管授精结籽》等。

来源

浙江省杭州农业学院校志编写委员会 . 浙江省杭州农业学院校志 .1993.

索　引

F

G

H

J

T

W

致　谢

该书在撰写过程中，以下人士或热情提供线索和资料，或认真帮助校稿，在此我们表示深切的敬意和感谢。

葛宗良（海宁市疾控中心）

郭娱亲（海宁市退休教师）

胡利林（海宁市热心市民）

蒋小红（海宁市档案馆）

李　军（海宁市中医院）

李成顺（山东兖州龙桥街道办事处）

卢明华（海宁市政协文史资料委员会）

马伟华（海宁市中医院）

毛红燕（海宁市文联）

毛珏园（海宁市卫生健康局）

潘建琴（海宁市妇幼保健院）

濮亚钏（斜桥镇科学技术协会）

钱春良（海宁市第一中学）

沈建庆（丁桥镇科学技术协会）

沈正宜（浙江正大机电公司）

孙其荣（海宁市肿瘤防治研究所研究员）

汪关乾（海宁化纤厂退休职工）

王惠黎（现居山东青岛）

王剑辉（江西婺源文史爱好者）

王学松（海宁市会计学会）

王以谋（中国科学院海洋研究所研究员）

王志江（海宁吴越书画艺术馆）

吴以凡（杭州电子科技大学副教授）
徐国华（海宁市传媒中心）
徐培武（《浙江日报》高级编辑）
杨　锦（海宁卫生学校）
杨克卫（辽源职业技术学院）
姚静夫（海宁市第一初中退休教师）
姚心怡（盐官镇科学技术协会）
於天立（於燧女儿）
虞坤林（海宁市史志办）
袁良华（海宁市委宣传部）
张丽霞（海宁市档案馆）
张毅强（海宁市史志办）
张云鹏（海宁市博物馆）
周海浪（海宁市农学会）
朱　冰（海宁市中医院）

后 记

“名人文化”是海宁三大特色文化之一，海宁目前的名人文化研究多涉及文化名人，如王国维、徐志摩、金庸等。作为名人文化的重要板块，科技人物长久以来被人们所忽视，没有得到充分的展示和宣传。海宁科技人物除了七大院士之外，其余诸如王子仁、朱颐龄、王绍明、潘鼎、王家柱等，都是各自领域的权威专家，在海宁几乎无人知晓。海宁科协为补此不足，同时丰富海宁名人文化研究，更加全面地打造“名人文化”，特委托编撰组编写《海宁科技人物》一书。

编撰组在接手这项工作之后，开会讨论确定收录人物的学科领域和成就标准，随即开展资料搜集。随着资料挖掘的不断深入，海宁科技人物源源不断地涌出，大大超出了编撰组前期的预计，特别是改革开放后，有成就的科技人才更是层出不穷，遂果断决定按照科技人物出生时间划分，将编撰工作分为中华人民共和国成立前和中华人民共和国成立后两部分。本书以中华人民共和国成立前的近现代人物为主，包括古代部分。中华人民共和国成立后则待以续编的形式编撰。

本书的编写得益于多种大型数据库的综合运用，同时利用《海宁日报》平台发布征集海宁科技人物资料与线索的公告。如在编撰“於毴”条目时，编撰组与於毴的女儿於天立取得联系。其提供了大量的一手信息，包括个人照片、去世时间、出生地点等。在交谈中，我们告诉於女士：“其实您的父亲在纺织行业是一等一的权威专家，其信息早已被收录在《中华人民共和国享受政府特殊津贴专家、学者、技术人员名录》中了。”於女士听闻很惊讶，随即莞尔一笑说：“我的父亲向来很低调，从来都不和我们说他这方面的事情。”於老先生深藏功与名尽至如此，连家人都要隐瞒一辈子，令我们为之感叹。

在编写过程中，为了获得真实、全面的资料，编撰组多次联系人物原单位。如在写到无线电微波技术专家蒋通时，托人探寻其信息，却苦苦寻觅不得。编撰组决定从他的工作单位入手，想方设法联系。但是这又谈何容易，单位名称几经变迁，在排除十余条可疑信息后，我们电话联系到中国航天科技集团第八研究院的人事处，但是对方表示他们集团上上下下有 2 万余人，仅知道一个名字查询起来相当麻烦。但是对方在详细听完查询目的之后，决定给予帮助。两天后接到对方的来电，告知蒋老先生更进一步的信息。这样的例子还有很多，正是在这种小心谨慎的查询验证中，书稿一步一步地充实完善起来。

还有一些资料的来源带有一些机缘巧合，或许这也是冥冥之中的安排。2020 年 9 月 28 日，核反应堆及核电工程专家叶奇蓁院士回海宁参加海商大会。经过海宁市科学技术协会（简称海宁市科协）领导的引荐，编撰组得以利用中午时间在开元名都大酒店与叶老会面。在大厅休息区的茶几边，叶老看着递到手中的《海宁科技人物》稿本，大加赞赏："想不到，海宁有这么多的科技人！你们这件事情做得很有意义。"叶院士虽八十有六，但眼不花，手不抖，修改自己的传略，亦是逐句通读，时而抬头用浅显的语言跟我们解释专业术语，5 000 余字的内容整整改了半个多小时。老一辈科技工作者认真严谨的态度，值得我辈学习。事后，叶老为稿本题写"创新中国"四个大字，遒劲有力。

本书的形成与海宁市科协领导的关心和支持是分不开的。在初稿形成之后，海宁市科协领导多次组织座谈会，对搜集的科技人物信息进行查缺补漏，市政协、市委宣传部、市档案局、市教育局、市文联、市卫健局、各镇（街道）科协等诸多单位指出了许多不足之处，提出了中肯的修改意见，为本书的质量打下了基础。可以这么说，本书的形成是众人辛勤付出的成果。在此，本编撰组对曾经帮助和支持本书征集和编写工作的单位和个人表示由衷的感谢。

在资料收集过程中，限于客观条件，尤其是近现代科技人物遍布海内外，信息沟通、收集有一定障碍，可能会存在一定的缺失与错谬，恳请广大读者批评指正。还有的科技人物回信说，"我已经隐姓埋名了一辈子，就让我继续保持下去吧，数风流人物，还看今朝"。故没有收录，但是他们低调谦逊的品格让人敬佩。另外，本书收录的为中华人民共和国成立前出生者，而中华人民共和国成立后出生并活跃在各科技领域的人才众多，值得进一步去挖掘、梳理和研究。希望有志于此事者，今后能在此基础上不断完善至臻。

编撰者

2021 年 6 月 25 日